Kuropka: Clemens August Graf von Galen

Clemens August Graf von Galen

Neue Forschungen
zum Leben und Wirken des Bischofs von Münster

Herausgegeben von
Joachim Kuropka

Verlag Regensberg Münster

Die Deutsche Bibliothek – CIP-Einheitsaufnahme

Clemens August Graf von Galen: Neue Forschungen zum Leben und Wirken des Bischofs von Münster / herausgegeben von Joachim Kuropka. –
Münster : Regensberg, 1992
  ISBN 3-7923-0636-0
NE: Kuropka, Joachim [Hg.]

ISBN 3-7923-0636-0

Alle Rechte vorbehalten
© by Verlag Regensberg, Münster 1992
Gegründet 1591
Umschlaggestaltung: Rainer Eichler, Telgte
Gesamtherstellung: Regensberg, Münster

Inhaltsverzeichnis

Vorwort 7

Maria Anna Zumholz
    „Die Tradition meines Hauses".
    Zur Prägung Clemens August Graf von Galens in Elternhaus,
    Schule und Universität. 11

Barbara Imbusch
    „... nicht parteipolitische, sondern katholische Interessen ..."
    Clemens August Graf von Galen als Seelsorger in Berlin 1906
    bis 1929. 31

Joachim Kuropka
    Clemens August Graf von Galen im politischen Umbruch der
    Jahre 1929 bis 1934. 61

Rudolf Willenborg
    „Katholische Eltern, das müßt ihr wissen!" Der Kampf des
    Bischofs Clemens August Graf von Galen gegen den totalen
    Erziehungsanspruch des Nationalsozialismus.
    Wirkungen auf Partei und Staat unter besonderer Berücksichtigung des oldenburgischen Teils der Diözese Münster. 101

Maria Anna Zumholz
    Clemens August Graf von Galen und der deutsche Episkopat
    1933 bis 1945. 179

Werner Teuber/Gertrud Seelhorst
    „Die christliche Frohbotschaft ist die von Gott den Menschen
    aller Rassen geschenkte unveränderliche Wahrheit"
    Der deutsche Episkopat, der Bischof von Münster und die
    Juden. 221

Susanne Leschinski
    Clemens August Kardinal von Galen in der Nachkriegszeit 1945/
    46. 245

Joachim Maier
    Von Gott reden in einer zerrissenen Welt.
    Beobachtungen zu einer ‚Theologie' Clemens August Graf von
    Galens in seinen Predigten und Hirtenbriefen. 273

Wilhelm Damberg
    Bischof von Galen, die münsterische Synode von 1936 und der
    Wandel pastoraler Planung im 20. Jahrhundert. 297

Klemens-August Recker
    Das Verhältnis der Bischöfe Berning und von Galen zum
    Nationalsozialismus vor dem Hintergrund kirchenamtlicher
    Traditionen des 19. Jahrhunderts. 327

Joachim Kuropka
    Leistete Clemens August Graf von Galen Widerstand gegen den
    Nationalsozialismus? 371

Christoph Arens
    Zeitzeugen berichten 1991 über Verbreitung und Wirkung der
    Predigten des Bischofs von Münster, Clemens August Graf von
    Galen, im Sommer 1941. 391

Bernd Koopmeiners
    Religiöse Erziehung durch Vorbilder – Clemens August Kardinal von Galen im Religionsunterricht der Sekundarstufe I. . . . 403

Literaturverzeichnis 425
Abbildungsnachweis 439
Autorenverzeichnis 439

Vorwort

Wer sich mit den Problemen des Kirchenkampfes in der NS-Zeit befaßt, stößt unweigerlich auf die Gestalt des Bischofs von Münster, Clemens August Graf von Galen, der durch seinen Protest gegen Klostersturm und Euthanasie über die Konfessionsgrenzen hinweg weite Zustimmung und Unterstützung gefunden hat. Wenn Bischof Clemens August im öffentlichen Bewußtsein als eine herausragende Gestalt des kirchlichen Widerstandes angesehen wurde und wird, so gilt er andererseits gewissermaßen auch als Vertreter einer vorweggenommenen „Kapitulation des Katholizismus", der schon vor dem eigentlichen Machtgewinn der Nationalsozialisten im März 1933 der NSDAP aufgeschlossen gegenübergestanden habe.[1] Träfe dieses Urteil zu – was nicht der Fall ist, wie in diesem Band gezeigt wird – wäre Clemens August Graf von Galen den Weg vieler Zeitgenossen gegangen, die erst durch die praktische Erfahrung mit dem totalitären NS-Regime zu dessen Gegnern geworden sind.

Über diese und weitere wichtige Fragen lassen sich der Galen-Literatur hinreichende Antworten nicht entnehmen. Während die ersten biographischen Arbeiten über den Bischof noch von dem unmittelbaren Erleben der Zeitgenossen geprägt sind und seinen Kampf gegen das Unrechtsregime – wissenschaftlich gesehen – unkritisch in den Vordergrund stellen, werden in späteren Arbeiten merkwürdigerweise ungeprüfte Annahmen und Meinungen fortgeschrieben, die nicht durch Quellenbelege gestützt sind – ganz abgesehen davon, daß eine Reihe von wichtigen Fragen um den Bischof von Galen bisher überhaupt nicht thematisiert wurde.

Um diese Defizite zu verringern, bedurfte es vor allem einer gesicherten Quellengrundlage, die sich nunmehr durch Peter Löfflers 1988 erschienene Edition der kirchenpolitisch relevanten Akten, Briefe und Predigten des Bischofs[2] stark verbessert hat. Allerdings setzt die Edition erst mit dem Jahre 1933 ein und ermöglicht somit nicht, das bischöfliche Wirken Galens auch aus seinen Voraussetzungen zu erklären, nämlich seiner Prägung durch Elternhaus, Schule und Universität sowie aus seinen Erfahrungen und Einsichten bis zum 55. Lebensjahr, in dem er Bischof wurde.

Ausgangspunkt der Forschungen, die zu den hier vorliegenden Ergebnissen führten, waren – neben kleineren Arbeiten des Herausgebers seit 1976 – Zugänge zum Thema Galen durch das im Jahre 1986 abgeschlossene Kreuzkampf-Projekt, als dessen Ergebnisse im Jahre 1986 eine historische Ausstellung veranstaltet und eine Publikation vorgelegt wurde.[3] Der 50. Jahrestag der berühmten Predigten des Bischofs aus dem Jahre 1941 und die Erinnerung an die von ihm dort und in den folgenden Jahren eingeforderten allgemeinen Menschenrechte führten zu einer intensiven Beschäftigung mit seiner Person und seinem Wirken. Als Ergebnis dieser Bemühungen ist eine historische Wanderausstellung entstanden, die in

---

1 Vgl. Klaus Scholder: Die Kirchen und das Dritte Reich, Bd. 1: Vorgeschichte und Zeit der Illusionen 1918-1934, Frankfurt/M./Berlin/Wien 1977, S. 303.
2 Peter Löffler (Bearb.): Bischof Clemens August Graf von Galen. Akten, Briefe und Predigten 1933-1946, 2 Bde., Mainz 1988.
3 Joachim Kuropka (Hrsg.): Zur Sache – Das Kreuz! Untersuchungen zur Geschichte des Konflikts um Kreuz und Lutherbild in den Schulen Oldenburgs, zur Wirkungsgeschichte eines Massenprotests und zum Problem nationalsozialistischer Herrschaft in einer agrarisch-katholischen Region 2., durchges. Aufl., Vechta 1987.

verschiedenen Städten gezeigt wird. Der dazu erschienene Katalog enthält Bilder und Dokumente zum Leben und Wirken des Bischofs[4], und der hier vorliegende Band die Ergebnisse der Vorstudien zur Ausstellungskonzeption.

Neue Erkenntnisse sind vor allem dann zu erwarten, wenn auch neue Quellen erhoben werden können. Dies ist in erheblichem Umfange gelungen. So konnten bisher unbekannte Quellen aus verschiedenen Pfarr- und Bistumsarchiven, dem politischen Archiv des Auswärtigen Amtes und dem nun auch für ‚bürgerliche' Historiker zugänglichen ehemaligen Zentralen Staatsarchiv der DDR, jetzt der Außenstelle Potsdam des Bundesarchivs, aber auch aus Privatbesitz ausgewertet werden. Es stellte sich jedoch auch heraus, daß für die Interpretation des bischöflichen Wirkens Galens die im Prinzip bekannten Unterlagen aus der Zeit vor 1933 bisher so gut wie nicht herangezogen wurden, was übrigens auch für einen Teil der publizierten Akten deutscher Bischöfe gilt.

Die in diesem Band zusammengefaßten Untersuchungen beziehen sich auf vier Themenkomplexe. Es geht um Bereiche aus Galens Lebensphase bis zur Bischofsweihe, um Probleme seines öffentlichen Wirkens als Bischof von Münster, um seine theologisch-seelsorgliche Konzeption und um Fragen der Bewertung seines Handelns und Wirkens.

Maria Anna ZUMHOLZ verfolgt die Grundlegung des Galenschen Denkens in seiner Jugend- und Ausbildungszeit und kann die Wurzeln seiner Frömmigkeit und seiner theologisch-gesellschaftspolitischen Grundansichten freilegen. Barbara IMBUSCH schildert erstmals Galens Wirken als Seelsorger in Berlin und zeigt, daß seine politischen Aktivitäten allein seelsorglich motiviert waren. Für die politischen Ansichten Galens, seine Einschätzung durch bestimmte Teile der Öffentlichkeit in der Weimarer Zeit, für seine Haltung gegenüber den Nationalsozialisten in den Jahren 1932 und 1933 sowie für das Problem der staatlichen Zustimmung zu seiner Bischofsweihe im Jahre 1933 kann Joachim KUROPKA lange weitergegebene, durch die Quellen nicht gestützte Behauptungen korrigieren.

Bei der Analyse der Stellung Galens innerhalb des deutschen Episkopats zeigt Maria Anna ZUMHOLZ den Weg Galens vom Mahner zum Vorreiter einer offensiven Strategie, in einer Rolle also, in der die Forschung bisher Bischof von Preysing gesehen hat. Für Bischof von Galen war die Schulfrage ein entscheidender Punkt der Auseinandersetzung mit dem NS-Regime. Dieser Konflikt wird von Rudolf WILLENBORG erstmals dargestellt, insbesondere in den Auswirkungen der Aktionen des Bischofs auf die Partei- und staatlichen Stellen. Zu der oft gestellten Frage nach der Haltung Galens zu den Juden wird von Werner TEUBER und Gertrud SEELHORST der derzeitige Forschungsstand dargestellt. Susanne LESCHINSKI erörtert Galens Wirken in der Nachkriegszeit mit dem Ergebnis, daß er seine Grundsatzpositionen auch gegenüber der englischen Besatzungsmacht vertrat, was jedoch akzeptiert wurde, ohne daß Galen, wie bisher angenommen, in die Isolation geriet; dazu werden Galens Vorstellungen zum gesellschaftlichen und politischen Wiederaufbau aufgearbeitet.

---

4 Joachim Kuropka unter Mitarbeit von Maria Anna Zumholz: Clemens August Graf von Galen. Sein Leben und Wirken in Bildern und Dokumenten, Cloppenburg 1992.

Joachim MAIER legt erstmals eine Interpretation der Galenschen Theologie vor, und Wilhelm DAMBERG findet über die Analyse der Diözesansynode von 1936 einen Zugang zu Galens seelsorglichem Denken, das zukunftsweisender war, als bisher angenommen wurde. Aus der vergleichenden Untersuchung zu den Bischöfen Galen und Berning gewinnt Klemens-August RECKER neue Einsichten über die länger wirkenden Denktraditionen, in denen Galen stand.

Die methodischen Voraussetzungen einer Bewertung des Handelns des Bischofs von Münster legt Joachim KUROPKA dar und kann dazu neue Erkenntnisse über Maßnahmen des Regimes gegen Galen vorlegen, nämlich daß er sogar in zwei Strafverfahren verwickelt war. Die Rezeption des Galenschen Wirkens in unseren Tagen verfolgen Christoph ARENS in der Auswertung von Berichten von Zeitgenossen und Bernd KOOPMEINERS anhand einer Analyse von Schulbüchern und Materialien für den Religionsunterricht.

Die Heranziehung neuer Quellen und die Auswertung bislang nicht genügend beachteter Quellen führen in der überwiegenden Zahl der Beiträge zu wichtigen neuen Erkenntnissen, die in manchen Bereichen die bisherigen Vorstellungen stark korrigieren, in anderen Teilen neue Akzente setzen. Als fruchtbar hat sich der Versuch erwiesen, den ‚ganzen' Galen in den Blick zu nehmen und seine Jugend- und Studienzeit sowie seine Seelsorgetätigkeit und die damals gewonnenen Ansichten des späteren Bischofs zur Interpretation seiner Handlungen unter dem NS-Regime heranzuziehen. Die Untersuchungen stellen insofern Vorstudien zu einer Biographie des Bischofs Clemens August Graf von Galen dar, die merkwürdigerweise als wissenschaftliches Werk bis heute nicht vorliegt.

Die Mehrzahl der Autoren hat sich über mehrere Semester an den intensiven Diskussionen über diese Probleme beteiligt. Ihnen und den anderen Teilnehmern meiner entsprechenden Lehrveranstaltungen möchte ich für diese kritisch-anregende und daher auch fruchtbare Arbeit danken. Die finanziellen Mittel für das Forschungs- und Ausstellungsprojekt stellten die Stiftung Niedersachsen, die Landkreise Vechta und Cloppenburg, das Bischöflich Münstersche Offizialat in Vechta, die Städte Vechta und Cloppenburg und die Gemeinde Dinklage zur Verfügung. Für diese Unterstützung gebührt den Verantwortlichen ebenso Dank wie den Leitern und Mitarbeitern der benutzten Archive und Herrn Bernhard Graf von Galen und Frau Baronin Mariaschnee von Boeselager-Galen für die Ermöglichung der notwendigen Quellenstudien. Die redaktionelle Betreuung des Buches lag in den Händen von Herrn Ass. d. L. Herbert Behnke, Frau Ass.'in d. L. Susanne Leschinski und Frau Maria Anna Zumholz, denen ich für ihr besonderes Engagement zu Dank verpflichtet bin. Das Manuskript haben Frau Marianne Averbeck, Frau Marianne Baumgart und Frau Rita Becker erstellt. Ihnen möchte ich besonders für die Geduld in der letzten Arbeitsphase danken.

Vechta, im März 1992　　　　　　　　　　　　　　　　　　　　　　Joachim Kuropka

Die „Tradition meines Hauses"[1].

Zur Prägung Clemens August Graf von Galens in Familie, Schule und Universität

Maria Anna Zumholz

„Wenn ich mir auch bewußt bin, daß Gottes Gnade mich durch das Priestertum zu einem Stande berufen hat, dem kein Adel der Welt an Würde und Verpflichtung gleichkommt, so darf und will ich doch auch nicht vergessen, was ich der adeligen Familie verdanke, durch die mir Gott das zeitliche Leben, die Erziehung zu seinem Dienste und unzählige Wohltaten an Leib und Seele gespendet hat", schrieb der Pfarrer von St. Lamberti in einer von ihm 1925 verfaßten Familienchronik.[2] Galen stellte in dieser Schrift nicht nur eine Chronologie seiner Vorfahren und Familienmitglieder, sondern auch das geistige Erbe seiner Familie als Vorbild für die nachfolgenden Generationen dar. Anhand seiner eigenen Aussagen, die durch einen Schriftwechsel Galens mit seinem Berliner Kaplan Heinrich Holstein ergänzt werden, sollen im folgenden die prägenden Einflüsse der Familie auf die Persönlichkeit und das Wirken des späteren Bischofs aufgezeigt werden. Weiterhin sollen Geist und Erziehungsziele der von ihm besuchten Schulen und Universitäten, insbesondere der „Stella Matutina" in Feldkirch/Vorarlberg und der Universität Innsbruck, vorgestellt werden.

Im Blickfeld der Veröffentlichungen über Clemens August von Galen hat bisher primär seine Bischofszeit gestanden, während seine Jugendzeit eher vernachlässigt wurde. Heinrich Portmann referiert in seinem Standardwerk „Kardinal von Galen" Auszüge aus der schon angeführten Chronik Galens und schildert zusätzlich kurze Episoden aus Feldkirch, Vechta und Freiburg sowie Eindrücke aus Innsbruck.[3] Max Bierbaum beschreibt in „Nicht Lob Nicht Furcht" die Jugendstationen des späteren Bischofs im Spiegel der Korrespondenz Galens mit seiner Familie, insbesondere mit seiner Mutter. Beide thematisieren die intensive religiöse und auch politische Prägung Galens durch das Elternhaus, die auch Kuropka herausstellt.[4] Die „Quellen und Grundkräfte der bischöflichen Wirksamkeit" beleuchtet Bierbaum in einer 1947 veröffentlichten Publikation über den Bischof von Münster mit Schwerpunkt auf der Innsbrucker Zeit, die ihm als Alt-Innsbrucker aus eigener Anschauung geläufig war.[5] Es fehlt jedoch die auch in neueren Publikationen nicht geleistete systematische Zusammenstellung der prägenden Einflüsse von Elternhaus und Erziehung auf den späteren Bischof.

1878-1890: Jugend in Dinklage

Clemens August von Galen wurde am 16. März 1878 als elftes von dreizehn Kindern des Grafen Ferdinand und seiner Frau, der Reichsgräfin Elisabeth von Spee, auf der Burg Dinklage im Oldenburger Münsterland geboren. Galen liebte die Burg, die seit 1667 im Besitz der Familie von Galen[6] war, als „älteste bewohnbare Heimat unserer Familie"[7] wie auch Dinklage über alles. „Hier fühlte er sich wohl, unter diesen einfachen katholischen Bauern. Mit ihnen sprach er ungezwungen platt, nahm teil an ihren Sorgen und Nöten."[8] Das Leben auf der

Burg war spartanisch einfach, es gab weder Heizung noch Wasserleitung. So anspruchslos und schlicht wie das Leben in Dinklage war auch Galens Naturell. In Berlin galt er deshalb als „schwerfällig in seinem Wesen, sehr ernst und zurückhaltend", als „sturer Oldenburger".[9]

Als „kostbarstes Erbe" seiner Vorfahren bezeichnete von Galen „adelige Tradition und Gesinnung"[10], die „einen unerschütterlich festen katholischen Glauben und Liebe zur heiligen Kirche" und „ein ungewöhnliches Maß an Interesse und Verständnis für die Fragen des öffentlichen Lebens, für die Freuden und Leiden der Kirche, das Wohl und Wehe des Volkes, der Heimat und des Vaterlandes"[11] beinhaltete. Die Herkunft aus dem Adel war verbunden mit einem besonderen Ethos. Adelig zu sein war ihm nicht primär ein Privileg, sondern eine Verpflichtung zu „selbstlosem gemeinnützigen Wirken ... ohne Rücksicht auf den eigenen Vorteil und Menschengunst".[12] Vornehmlich ging es ihm um die Förderung des Gemeinwohls verbunden mit der Durchsetzung christlicher Ideale im politischen und gesellschaftlichen Leben. Grundlegend war für ihn die Überzeugung, daß es gottgegebene Freiheiten und fundamentale Rechte gab, die dem Zugriff des Staates entzogen waren. Derartige mit der „Unabhängigkeit des freien Edelmannes"[13] vertretene Prinzipien machten die Galens zu unbequemen Verfechtern nicht nur katholischer Interessen, sondern von Freiheit und Recht für alle Menschen. Der Kulturkampf gegen die katholische Kirche, „vor allem in Preußen, wo man auch dieses letzte Bollwerk gottgegebener Freiheit und vom Staate unabhängigen Rechts unter die Oberhoheit der Staatsallmacht zwingen wollte," führte dazu, „daß bei Vater und bei uns die Ergebenheit gegen Staat und Herrscherhaus mehr auf vernünftiger Überzeugung und dem vierten Gebot, als auf Herzensneigung begründet war und blieb."[14] Diese aus dem Mittelalter übernommene ritterliche Denkungsart, wurzelnd in der religiös fundierten Verantwortung für Kirche, Volk und Staat begründete eine ausgeprägt nationale Einstellung: National im Sinne von Liebe zum Vaterland und der Bereitschaft zur Übernahme von Verantwortung, nicht aber in unkritischer Obrigkeitshörigkeit.

Galens großes Vorbild war sein Großonkel Wilhelm Emmanuel von Ketteler, der „Arbeiterbischof" von Mainz. Äußeres Zeichen dieser Verehrung war die Tatsache, daß Galen in seinem spartanisch eingerichteten Arbeitszimmer in Berlin ein großes Ölgemälde dieses Bischofs aufgehängt hatte. Schon als Siebzehnjähriger hatte er dessen Schrift „Freiheit, Autorität und Kirche" als Weihnachtswunsch angegeben.[15] Er bezeichnete die „Grundsätze und Auffassungen" Kettelers als „Gemeingut aller Glieder der ihm so nahe stehenden Galenschen Familie".[16] Doch nicht nur Kettelers Gedankengut, auch die Tatsache, daß dieser „als Einzelpersönlichkeit bestimmend in die Welt- und Kirchengeschichte" eingegriffen hatte, weckte in dem jungen Clemens August den Wunsch und die Hoffnung, diesem Beispiel zu folgen.[17]

Wilhelm Emmanuel von Ketteler, 1811 in Münster/Westfalen geboren, wählte zunächst die juristische Laufbahn, um nach dem sog. „Kölner Ereignis" – der Verhaftung des Kölner Erzbischofs durch die preußische Regierung wegen seiner kontroversen Position in der Frage der konfessionellen Mischehen – den Staatsdienst zu quittieren, weil er einem Staat, der Gewissensentscheidungen nicht respektierte, nicht dienen wollte.[18] Er wurde 1844 zum Priester geweiht, kam als Pfarrer von Hopsten/Westfalen mit der erschreckenden Not der Landbevölkerung in Berührung, wurde als Propst der St. Hedwigskirche in Berlin mit der Situation

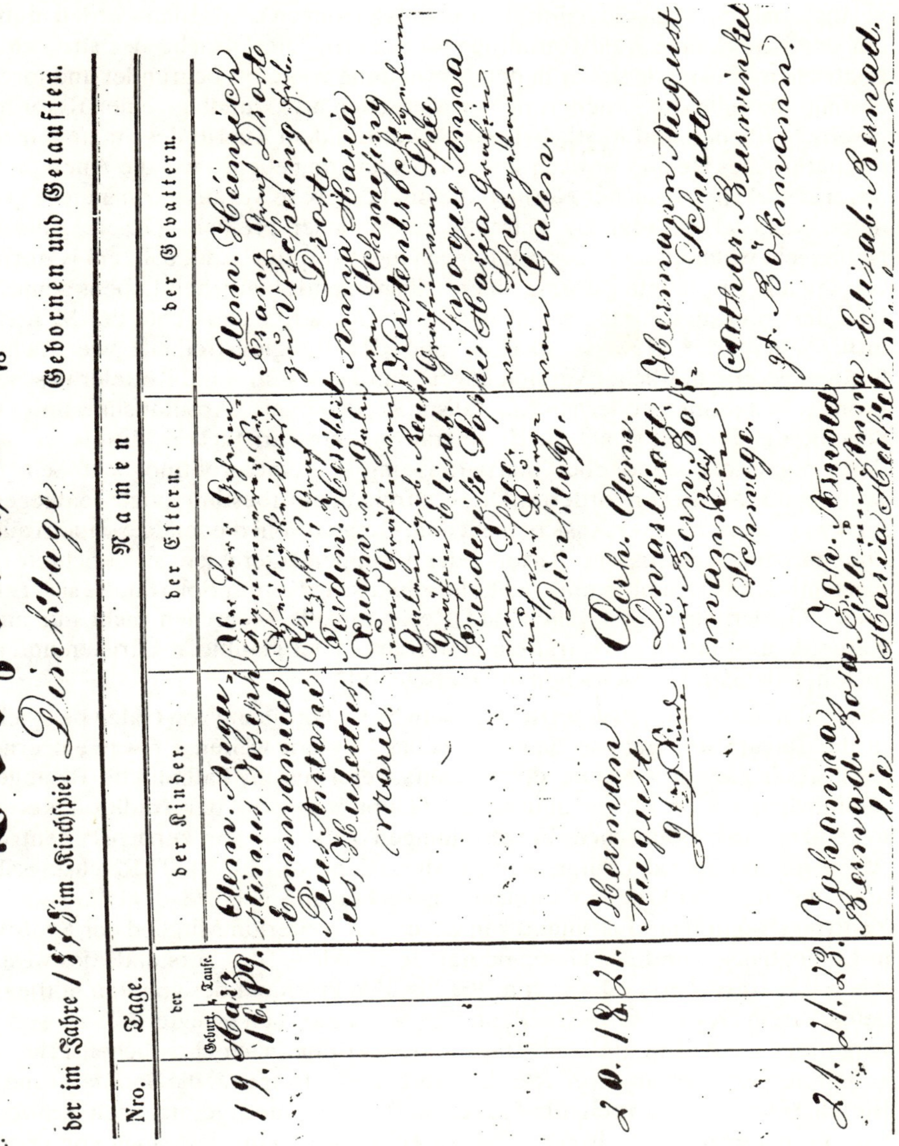

Abb. 1 Auszug aus dem Kirchenbuch der Pfarrgemeinde St. Katharina in Dinklage

einer protestantisch geprägten Großstadt konfrontiert und erhielt 1850 den Ruf auf den Bischofsstuhl von Mainz.

Obwohl Ketteler sich stark politisch und insbesondere sozialpolitisch engagierte, u. a. als Abgeordneter des Frankfurter Paulskirchen-Parlaments 1848 wie auch im ersten deutschen Reichstag 1871, verstand er sich in erster Linie als Geistlicher, der für das Seelenheil der Gläubigen verantwortlich war. Ketteler war zu der Einsicht gelangt, daß zunächst die politischen Voraussetzungen geschaffen werden mußten, um der Kirche eine freie Entfaltung zu sichern. Die Ursache der sozialen und politischen Mißstände sah er in der Abwendung von Gott begründet und forderte deshalb die religiöse Erneuerung der Menschen als Grundlage einer Reform der gesellschaftlichen und staatlichen Zustände. Ein dem Zugriff des Staates entzogenes natürliches Recht war nach seiner Überzeugung ebenso wie die Anerkennung unveränderlicher sittlicher Normen die unabdingbare Voraussetzung eines geordneten Staatslebens und die Garantie persönlicher Freiheit. Gesetze, die dem Naturrecht widersprachen, waren folglich nicht verpflichtend, d.h. am Naturrecht wurden alle Erscheinungsformen menschlichen und staatlichen Lebens gemessen. Kettelers zentrales Anliegen war die Sicherung der Grundrechte der Menschen, insbesondere der Gewissensfreiheit und der Religionsfreiheit, wie auch der Freiheit gesellschaftlicher Vereinigungen. Infolgedessen stand Ketteler in scharfer Frontstellung zum „modernen Liberalismus", den er als „Absolutismus unter dem Scheine der Freiheit"[19] ansah. Er vertrat eine am christlichen Mittelalter orientierte organische ständische Staatsauffassung, die eine größtmögliche Selbstverwaltung der Menschen forderte. Dieser „freien Selbstbestimmung"[20] entgegengesetzt war die nach seiner Ansicht nicht dem Gemeinwohl dienende, sondern auf die Durchsetzung egoistischer Partei- oder Gruppen-Interessen ausgerichtete sog. mechanische Staatsauffassung. Kettelers politische Konzeption wandte sich gemäß seiner Forderung nach Freiheit und Recht für alle Menschen nicht nur an die Katholiken, sondern er vertrat ein „Programm aller gläubigen Christen und aller rechtlich denkenden Menschen in Deutschland."[21]

Diese Gedanken Kettelers setzte auch sein Neffe Ferdinand von Galen beispielhaft in die Tat um und gab sie damit an seine Kindern weiter. Er war ein ernster, idealistisch gesinnter Mann, der in vielfacher Hinsicht katholische Belange im öffentlichen Leben vertrat und dessen Hauptinteresse – der Tradition Kettelers folgend – sozialpolitischen Fragestellungen galt. Er war zunächst Zentrums-Abgeordneter im oldenburgischen Landtag, dann von 1873-1903 Reichstagsabgeordneter des Wahlkreises Cloppenburg-Vechta und gehörte dem Vorstand der Zentrumsfraktion an. Ferdinand von Galen war weiterhin Mitglied der Kreistages in Lüdinghausen und des Gemeinderats in Dinklage, des Vorstands des westfälischen Bauernvereins und war von 1881 bis 1896 Präsident des von ihm mitbegründeten Vereins Katholischer Edelleute. Großes Aufsehen erregte 1877 ein von ihm vorgetragener Antrag im Reichstag, in dem er eine nach christlichen Prinzipien gestaltete Sozialordnung forderte. Konkret verlangte er u.a. die Sonntagsruhe, die Einschränkung der Arbeit für Frauen und Kinder und gesetzlichen Schutz für Fabrikarbeiter und Handwerker. Es waren jedoch nicht diese auch von anderen Parteien erhobenen Forderungen, die im Reichstag einen Sturm der Entrüstung entfachten, sondern seine Feststellung, daß es nicht nur eine gottgewollte Naturordnung, sondern „auch eine ‚christlich-soziale' Weltordnung gebe" und die sozialen und wirtschaftlichen Mißstände eine Folge des vom Christentume und seinen Geboten getrennten menschlichen Egoismus" seien.[22]

Eine besondere Verbindung bestand zwischen der Familie von Galen, Dinklage und dem Oldenburger Münsterland. Die Grafen von Galen waren 1641 als Drosten des Fürstbischofs von Münster im Amt Vechta eingesetzt worden und hatten 1677-1827 die Rechte über die „Herrlichkeit Dinklage" innegehabt. Auch nach deren Aufhebung kam Ferdinand von Galen in patriarchalischer Weise seinen traditionellen Verpflichtungen nach, indem er die politische Vertretung des Oldenburger Münsterlandes sowie die Fürsorge sowohl für die Einwohner Dinklages als auch für treue Hausgenossen übernahm. Beide Eltern gaben ihren Kindern ein Vorbild christlicher Nächstenliebe. Anfangs suchte Ferdinand von Galen die Armen in Dinklage persönlich auf, bis er bemerkte, daß dieses Verhalten den Betroffenen peinlich war. Daraufhin überließ er diese Aufgabe seiner Frau.

„Früher, wie wir es richtig verstanden, suchte er uns das Verständnis für die ‚organische' Staats- und Gesellschaftsidee im Gegensatz zu der herrschenden ‚mechanischen' des Liberalismus klar zu machen, erinnerte sich Clemens August von Galen an die Erziehung seines Vaters."[23] Ferdinand von Galen vermittelte seinen Söhnen die Einsicht, daß Gesinnung und äußere Form miteinander in Einklang stehen mußten.[24] Jeden Morgen nach dem Frühstück las er seiner Frau und den größeren Kindern aus historischen Werken, Zeitschriften wie den „Historisch-politischen Blättern" und „Stimmen aus Maria Laach" oder sonstigen religiös-philosophischen Werken vor. Dies war neben politischen und kirchlichen Tagesereignissen, die man in katholischen Zeitungen verfolgte, Gesprächsstoff innerhalb der Familie,[25] und Clemens August hat „das alles mit glühendem Interesse verfolgt und studiert".[26]

Die Mutter Elisabeth von Galen erteilte den Kindern den Katechismus-Unterricht und bereitete sie auf die erste Beichte vor. Sie vermittelte ihren Kindern ein so grundlegendes religiöses Wissen, daß Clemens August erst das Studium der Theologie „neue Erkenntnisse (vermittelte), die über das bei Mutter gelernte hinausgingen."[27] Zur Erstkommunion schenkte sie ihren beiden Söhnen die „Nachfolge Christi" des Thomas von Kempen, deren Gedankengut ihrem persönlichen Frömmigkeitsideal entsprach und auch von Clemens August übernommen wurde. Die „Nachfolge Christi" steht in der geistigen Tradition der Devotio moderna, einer geistigen Erneuerungsbewegung des 14./15. Jahrhunderts, die als Reaktion auf die religiösen und politischen Wirren entstanden und deren Ziel eine persönliche, innerliche Frömmigkeit war. Die „Nachfolge Christi" enthält keine neue Theologie und keine philosophischen Spekulationen, sondern in starker Anlehnung an die Heilige Schrift die schlichte, für jeden Menschen verständliche Aufforderung: sich „selbst verleugnen, die Welt verachten, sein Kreuz auf sich nehmen, Christus nachfolgen".[28] Trotz dieser stark asketischen Grundhaltung beinhaltet sie keine Absage an die Welt, sondern die positive Aufforderung, gemäß dem Willen Gottes das Leben als Geschenk anzunehmen und zu gestalten. Dieser Gesinnung entsprechend war die Erziehung der Galenschen Kinder gestaltet. Pünktlichkeit, Fleiß, Ordnung, Gehorsam und Selbstdisziplin wurden strikt verlangt. Doch trotz aller Strenge haben die Eltern ihren Kindern „eine köstliche, fröhliche Jugendzeit im Elternhaus" bereitet.[29] Spiele mit der Dorfjugend, Spaziergänge, Reiten und Jagen machten die Freuden des Landlebens aus. Die religiöse Erziehung durch die Mutter war mit dem Verlassen des Elternhauses nicht abgeschlossen, sondern wurde durch einen intensiven Briefwechsel weitergepflegt, in dem sie ihre Söhne zur Selbstverleugnung und Ergebenheit in den Willen Gottes aufforderte sowie dazu, das Leben als eine Vorbereitung auf die Ewigkeit zu gestalten. „Das Leben ist so kurz, und eine so herrliche Ewigkeit sollen wir damit erkaufen; da darf kein Tag verloren werden, um uns dieses Zieles zu versichern und für Gott etwas zu leisten, sei es in welcher Stellung es sei", schrieb sie ihrem Sohn zum Namenstag 1891 nach Feldkirch.[30]

Gemäß der Grundeinstellung der Eltern war das Leben auf der Burg streng religiös. Der katholische Glaube war „das Grundelement und die niemals in Frage gestellte Richtschnur für Gesinnung und Leben aller Bewohner der Burg Dinklage".[31] Damit korrespondierte eine besondere Ehrfurcht vor dem geistlichen Stand und insbesondere dem Heiligen Vater in Rom, die Ferdinand von Galen durch eine mehrmonatige Romfahrt, die er allen seinen Söhnen während des Studiums ermöglichte, noch vertiefte. Jedoch war die enge Bindung an den Papst nicht durch blinde Hingabe gekennzeichnet. Galen erinnerte sich noch als Erwachsener sehr „deutlich des fast schmerzlichen Staunens in meinem Elternhause, dessen Aeußerung nur durch die Ehrfurcht vor dem hl. Vater unterdrückt wurde, als Leo XIII. i.J. 1885 (ich war damals 7 Jahre alt) dem Vater des Kulturkampfes, Bismarck, den ‚Christusorden' verlieh."[32] Gehorsam war ein Ordnungsprinzip, das auch befolgt wurde, wenn eine Anordnung als falsch angesehen wurde; die Grenze markierte das Gewissen.

Diese religiöse Ausrichtung traf auch für den Ort Dinklage zu, dem Galen sich zeitlebens zugehörig fühlte. So freute er sich 1933 „als Dinklager Kind doch mit den Dinklagern, daß einer aus" ihrer Mitte zum Bischof ernannt worden war[33] und schrieb 1946 an den Bürgermeister der Gemeinde Dinklage: „Möge die rückhaltlos katholische Gesinnung und treu kirchliche Haltung, unter deren Einfluß ich meine Jugend verleben durfte, allzeit ein treu behütetes Erbstück der Gemeinde Dinklage bleiben!"[34] Dieses katholische Umfeld in Heimat und Familie war der Entscheidung für einen geistlichen Beruf sehr förderlich, wie die große Anzahl der Geistlichen und Ordensleute in der Familie von Galen zeigt.[35]

Großen Wert maßen die Eltern einer guten katholischen schulischen Erziehung bei, traditionell kam für die Söhne die juristische, militärische oder geistliche Laufbahn in Frage. Clemens August wurde zunächst gemeinsam mit seinem 1879 geborenen Bruder Franz vom Hauslehrer Clemens Arens unterrichtet, der am 4. Mai 1886 sein Amt antrat.[36] Im Mai 1890 wechselten die Brüder auf das Gymnasium der Jesuiten in Feldkirch in Vorarlberg.

1890-1894: Stella Matutina

Die Stella Matutina wurde 1868 von Jesuiten als Privatschule mit Internat eingerichtet, an der nach deutschen Lehrplänen unterrichtet wurde; erst 1888 wurde auch der österreichische Lehrplan eingeführt.[37] An der Schule konnte bis 1930 kein deutsches Abitur abgelegt werden, was zur Folge hatte, daß die Schüler nach Abschluß der Klasse 6, spätestens jedoch nach der siebten Klasse die Schule verlassen mußten, um auf einer deutschen Schule zwei oder drei Schuljahre zuzubringen und dann das Abitur zu machen. Der Übergang war in der Regel an eine Aufnahmeprüfung geknüpft; zudem waren in Deutschland Jesuiten ausgesprochen unbeliebt, was sich auch auf deren Schüler übertrug. Viele Stellaner entschieden sich deshalb für die katholischen Schulen in Vechta (Oldenburg) und Ravensberg, die sie zuvorkommend aufnahmen.

Die Stella Matutina verstand sich als eine Eliteschule, deren Ziel eines der zentralen Anliegen des Jesuitenordens war: Christliche Jugenderziehung in enger Zusammenarbeit mit gut katholischen Eltern, um die Schüler auf Führungspositionen in der Gesellschaft – sowohl im weltlichen, als auch im kirchlichen Bereich – vorzubereiten.[38] Die Schüler kamen aus ganz Europa, insbesondere aus Deutschland, Frankreich und der Schweiz, aber auch aus Übersee; viele stammten aus adeligen Familien.[39] Die Schulleitung begrüßte ein solches Großinternat, in dem „nicht nur verschiedene Stände, sondern auch verschiedene Volksstämme, ja Nationen ... zusammen aufwachsen und aufeinander angewiesen werden", weil sich dadurch „ein freier Blick, eine weite Lebensauffassung frühzeitig entwickeln," entsprechend den „Zeitverhältnissen ... und wie sie auch dem universalen Geist des Christentums eigen sind."[40]

Ihren Ruf verdankte die Stella Matutina der Qualität des Unterrichts und der Ausstattung der Schule. Etliche der Patres waren neben ihrer Schultätigkeit noch wissenschaftlich oder literarisch tätig. Die Schule hielt z. B. 52 Fachzeitschriften und besaß eine Bibliothek mit 30 000 Bänden, hinzu kam eine 5000 Bände umfassende Schülerbibliothek. Die Erziehung war ganzheitlich ausgerichtet, sie sollte Geist, Seele und Körper umfassen. Grundprinzip der Ausbildung war die Anleitung zu strenger Disziplin bzw. Selbstdisziplin, der Tagesablauf verlief nach festem Plan, Pünktlichkeit und strikte Ordnung waren selbstverständlich und entsprachen damit einer Tradition, die schon im Galenschen Elternhaus gepflegt worden war. Zum religiösen Leben gehörten täglicher Gottesdienst, eine besonders feierliche Gestaltung der kirchlichen Feste, eine in Marianischen Kongregationen gepflegte intensive Marienverehrung, die dem Jesuitenorden eigene Anleitung zu besonderer Treue zum Heiligen Vater sowie die Einführung in ignatianische Exerzitien, die Galen sein Leben lang bevorzugte, wie er auch die silberne Kongregationsmedaille, die er am 14. Dezember 1890 anläßlich seiner Aufnahme in die Kongregation erhielt, zusammen mit seinem Taufkreuz bis zu seinem Tod getragen hat. Insbesondere das Fronleichnamsfest wurde – wie auch in Dinklage – „mit geradezu erlesener Pracht gefeiert. Der Altar, der sich an der Stirnseite des Pensionats erhob, übertraf an Schönheit alles Gesehene, und selbst die Landbewohner strömten von nah und fern zu Tausenden herbei".[41]

Die Schüler erhielten eine fundierte Allgemeinbildung; das Interesse für viele Themenbereiche wie auch das Bedürfnis nach umfassender Information wurde bewußt geweckt. Daneben stand die Erziehung zu körperlicher Ertüchtigung und zur Pflege des Gemeinschaftsgeistes. Die Stella hatte schon früh ein Schwimmbad und ein Landgut, im Sommer wurde neben Schwimmen Hockey und Fußball, im Winter Rodeln, Eislaufen, Eishockey und Schlittenfahren geübt. Hinzu kamen an jedem Dienstag Ausflüge zum Landgut, sowie kleinere und größere Exkursionen auf die Berge der Umgebung Feldkirchs, die der körperlichen Abhärtung der Schüler und dem Kennenlernen der Bergwelt dienten. Eine große Rolle spielten weiterhin Theateraufführungen und Musik.

Thomas Mann setzte der Stella Matutina im „Zauberberg" ein Denkmal, als er die besondere Atmosphäre dieser Schule aus der Sicht einer seiner Hauptpersonen, des Juden Naphta, beschrieb: „Grund und Boden der Erziehungsanstalt waren weitläufig wie ihre Baulichkeiten, die Raum für gegen vierhundert Zöglinge boten. Der Komplex umfaßte Wälder und Weideland, ein halbes Dutzend Spielplätze, landwirtschaftliche Gebäude, Ställe für Hunderte von Kühen. Das Institut war zugleich Pensionat, Mustergut, Sportakademie, Gelehrtenschule und Musentempel; denn beständig gab es Theater und Musik. Das Leben hier war herrschaftlichklösterlich. Mit seiner Zucht und Eleganz, seiner heiteren Gedämpftheit, seiner Geistigkeit und Wohlgepflegtheit, der Genauigkeit seiner abwechslungsreichen Tageseinteilung schmeichelte es Leo's tiefsten Instinken ... Der Kosmopolitismus der Anstalt verhinderte jedes Hervortreten seines Rassengepräges. Es waren da junge Exoten, portugiesische Südamerikaner, die ‚jüdischer' aussahen als er und so kam dieser Begriff abhanden."[42]

Clemens August von Galen und sein Bruder Franz trafen Ende Mai 1890 in Feldkirch ein. In seinen Briefen berichtet Clemens August über Freuden und Leiden seines Schullebens: über schulische Probleme, den Eintritt in das Schulorchester, seine Mitwirkung an Theateraufführungen und sportliche Aktivitäten. Der Unterricht bereitete ihm anfangs offensichtlich Schwierigkeiten – er klagte über Konzentrations- und Gedächtnisprobleme. Hinzu kam ein ausgeprägter Eigenwille verbunden mit starkem Selbstbewußtsein, der sich darin äußerte, daß er bei Konflikten die Schuld regelmäßig bei seinen Lehrern und nicht bei sich selbst suchte. So kommentierte der Generalpräfekt eine briefliche Klage des jungen Clemens August an seine Mutter: „In Wirklichkeit läßt es Clemens recht oft fehlen und ist in den Flegeljahren mit allen ihren Gefahren. Die Hauptschwierigkeit, ihm ... behülflich zu sein, liegt in der vollständigen Unfehlbarkeit von Clemens. Um keinen Preis ist er dazu zu bringen zuzugestehen, daß er im Unrecht ist – es sind immer seine Professoren und Präfekten ..."[43]

In ihren Briefen sprach die Mutter diese Problematik an und wirkte auf ihren Sohn ein, indem sie ihn zu Pflichterfüllung und Selbstüberwindung, zur Aufgabe von Egoismus und Ergebenheit in den Willen Gottes, zum Ertragen auch schweren Schicksals in der Nachfolge Christi aufrief. Unterstützt wurde sie in ihrem Bemühen durch den Generalpräfekten Pater Karl Schäffer, der 1882 sein Amt übernommen hatte und der großen Einfluß auf Clemens August ausübte. Schäffer besaß vielfältige Talente, die ihm in den Augen der Schüler hohes Ansehen verschafften. Er unterrichtete nicht nur Englisch und Naturgeschichte und hatte einiges zur Schulgeschichte geschrieben, sondern er leitete auch die sog. Blechmusik und das Theater, besaß eine gute Allgemeinbildung sowie eine ungewöhnliche Kenntnis der Berge, war sportlich und musikalisch, fröhlich bis manchmal sogar übermütig. Zudem war er „immer freundlich, zu jeder Auskunft und Hilfe bereit, klar und nüchtern im Urteil ... und bei aller Leutseligkeit der gefürchtete P. Präfekt, der bei Notenverlesungen oder auch bei Strafverteilung unerbittlich sein konnte, aber doch bei allen geliebt und geachtet wegen seiner absoluten Gerechtigkeit."[44] Schäffer war ein guter Pädagoge, der anschaulich erklären konnte, mit Interesse für politische und soziale Fragen, die im Unterricht angeschnitten wurden. Clemens August begegnete diesem Erzieher mit „blinder Ehrfurcht", und selbst in einer kritischen Rückschau urteilte er: „Er war ein seltener Mann".[45]

Bei Galens späterer Entscheidung für das Theologiestudium hat das Vorbild dieses Lehrers eine große Rolle gespielt, denn gemeinsam mit ihm traf er nach mehrmonatiger Bedenkzeit seine Entscheidung, Theologie in Innsbruck zu studieren. Der erste Weg des angehenden Studenten auf dem Weg ins Philosophiestudium in Freiburg/Schweiz führte im Mai 1897 zu Pater Schäffer nach Feldkirch, mit dem er „sehr angenehm über (s)eine Wünsche" sprach. „Er meinte, ich solle ruhig weiterleben, beten, warten und überlegen und hauptsächlich so leben, dass ich mich dieser grossen Gnade möglichst würdig mache",[46] berichtete Galen seiner Mutter. Sechs Monate später waren nach einem erneuten Besuch bei seinem früheren Lehrer alle Zweifel geschwunden. Galen entschloß sich, dem „Rat von Pater Schäffer" zu folgen und im Jahr darauf ein Theologiestudium zu beginnen, war sich aber noch nicht darüber im klaren, ob er den Weg ins Kloster wählen sollte.[47] Er tendierte jedoch dazu, dem Beispiel seines Lehrers zu folgen und Jesuit zu werden, wie er nach einem Aufenthalt in Maria Laach an seine Mutter schrieb: „Laach ist wunderschön und man fühlt sich da soz. in einer heiligen Luft. ... Aber alles in allem glaube ich doch, daß ich besser für einen Jesuiten tauge, um mit Gottes Gnade etwas Ordentliches zu werden."[48] Auch an dem Entschluß, sich doch für die Laufbahn eines Weltpriesters zu entscheiden, war der Generalpräfekt beteiligt,[49] dessen Beispiel Galen später als Präses des Katholischen Gesellenvereins in Berlin nachzuahmen versuchte, wie er auch die Erziehungsprinzipien der Stella Matutina im Kolpingverein zu verwirklichen suchte.[50]

1894-1896: Gymnasium Antonianum in Vechta

Im Herbst 1894 begann für Clemens August und Franz von Galen der Unterricht am Antonianum in Vechta. Damit kehrte er in seine Heimat zurück, das Oldenburger Münsterland, das als Teil des Niederstifts Münster 1803 dem evangelischen Großherzogtum Oldenburg angegliedert worden war. Aufgrund des Kulturkampfes in Preußen kamen ab 1876 vermehrt Schüler aus dem preußischen Teil der Diözese Münster vor allem an die oberen Klassen des Antonianums nach Vechta. Schon 1889 stellte diese Gruppe über die Hälfte aller Schüler.[51] Insbesondere Familien, die Bismarcks Politik nicht billigten oder persönlich durch den Kulturkampf betroffen waren, wollten ihre Kinder nicht an staatlichen Schulen in antikatholischem Geist erziehen lassen. Am Antonianum gehörten 1895 von elf Lehrern fünf dem geistlichen Stand an.[52]

Die Brüder Galen, die in der sog. Elmendorffsburg bei dem Geistlichen Professor Brägelmann wohnten und am Wochenende nach Dinklage fuhren, trafen in Vechta Mitschüler aus Feldkirch wieder, allein in ihrer Klasse waren noch vier weitere Altstellaner vertreten. Wie schon in Feldkirch waren Clemens August und Franz Mitglieder der Gymnasialkapelle und wirkten bei Theateraufführungen mit. Das Abitur am 21. August 1896 schloß Clemens August mit eher mittelmäßigen Leistungen ab. Zwar konnte er sich in den mündlichen und schriftlichen Abiturprüfungen stark verbessern, doch kam ihm hier der Umstand zugute, daß sein Klassenlehrer wegen Krankheit ausgefallen war und seine Vertreter ausgesprochen milde Beurteilungen gaben.[53] Als Berufswunsch nannte er ebenso wie sein Bruder Franz das Studium der Jurisprudenz.

1897-1898: „Universität der Katholiken"[54] in Freiburg/Schweiz

Da Clemens August zum Zeitpunkt des Abiturs erst 18 Jahre und sein Bruder Franz gerade 17 Jahre alt war, verbrachten beide die nächsten Monate im Elternhaus. Verschiedene Anhaltspunkte sprechen dafür, daß Clemens August schon zu diesem Zeitpunkt ein Theologiestudium ins Auge gefaßt hatte. Die Familientradition und die katholische Erziehung legten eine solche Entscheidung ohnehin nahe. Die Eltern wollten jedoch ihren Söhnen eine selbständige, freie, von Elternhaus und Schule unabhängige Entscheidung ermöglichen, wie ihr Vorgehen im Falle des ältesten Bruders Friedrich erweist. Als dieser sich für den geistlichen Beruf entschieden hatte, forderten die Eltern ein Jahr Bedenkzeit, woraufhin Friedrich und der Bruder August, die zuvor übrigens ebenfalls die Stella Matutina besucht hatten, für ein Jahr an die katholische Universität in Lille und dann nach Paris, Lourdes und Bonn gingen. Bei Friedrich stellte sich heraus, daß er nach einem Studium im Germanikum in Rom und den niederen Weihen 1891 zu der Einsicht kam, nicht zum Priestertum berufen zu sein.[55] Daher zeugte es von Vorsicht, wenn die Eltern auch Clemens August und Franz im Frühjahr 1897 zunächst für ein Jahr an die „Universität der Katholiken" in Freiburg schickten. Um im Falle einer Entscheidung für das Jurastudium keine Zeit zu verlieren, wurde ein geschickter Kompromiß gefunden: offiziell schrieben sich beide Brüder an der Universität in München für das juristische Studium ein[56], tatsächlich hörten sie als Gasthörer der theologischen Fakultät der Universität Freiburg philosophische Vorlesungen und übten sich in der französischen Sprache. Ausschlaggebend war der Wunsch des Vaters nach einem soliden philosophischen Fundament, das seine Söhne befähigen sollte, alle Entscheidungen nach festen Grundsätzen zu fällen und sich nicht an Moden und Tagesmeinungen zu orientieren.

Nach einem kurzen Aufenthalt in München trafen die Gebrüder Galen Ende Mai 1897 in Freiburg ein. Die Universität in Freiburg hatte erst 1886 den Lehrbetrieb aufgenommen, die dem Dominikanerorden übertragene theologische Fakultät war 1890/91 eröffnet worden.[57] Die offiziellen Sprachen waren Deutsch und Französisch, und viele Studenten entschieden sich für Freiburg, um dort eine zweite Sprache zu lernen. 1894-1895 hatte die Universität 168 immatrikulierte Studenten, davon 35 Freiburger, 81 sonstige Schweizer, 56 Ausländer; im Zeitraum von 1895 bis 1921 waren in der Mehrzahl Ausländer immatrikuliert.[58] Für die neue Universität wurden junge Professoren mit hervorragendem wissenschaftlichen Ruf in ganz Europa angeworben. In den ersten Jahren stand sie situationsbedingt „im Zeichen eines militanten Katholizismus ... dazu neigend, sich in Verteidigungsstellungen zu versteifen."[59] Als jedoch die Wirkung des Kulturkampfes, in dessen Gefolge sie gegründet worden war, allmählich nachließ, versachlichte sich das Klima wieder.

Dem theologischen Studienprogramm lagen die Schriften Thomas von Aquins zugrunde, Vorlesungen wurden in lateinischer Sprache gehalten, um die Verständigung zu vereinfachen. „Die Philosophie ist recht interessant, das Latein des P. Michael sehr gut zu verstehen. Leider betont P. Bartige das Latein so abscheulich, daß es sehr schwer ist, ihm zu folgen"[60], schrieb Clemens August seinen Eltern. Neben philosophischen Vorlesungen umfaßte das Studium auch Unterricht in der französischen Sprache. So berichtete Clemens August nach Hause, daß er ein französisches Literaturkolleg besucht habe und außerdem an einem praktischen Französischkurs teilnehme, der ihm sehr empfohlen worden war. „Es zeigte sich aber, daß das eine Stunde für ganz unwissende Anfänger ist, so wurde ich z. B. einmal ersucht, avoir zu konjugieren, was ich auch wirklich zu Wege brachte."[61]

Während gegen Ende des Sommersemesters noch keine definitive Entscheidung über den weiteren Studienweg gefallen war und Clemens August die Eltern Anfang Juli um Anweisungen bat: „Sollen wir uns auch auf dem Rückweg in München exmatrikulieren lassen? Wenn wir möglicherweise im Winter wieder hierhinsollen, thun wir das besser nicht"[62], stand im November die Entscheidung fest. Clemens August von Galen wollte im folgenden Jahr das Studium der Theologie an der von Jesuiten geleiteten theologischen Fakultät der Universität Innsbruck aufnehmen.

1898-1903: Theologische Fakultät und Konvikt in Innsbruck

Eine theologische Fakultät wurde an der 1669 gegründeten Universität Innsbruck erstmalig 1671 eingerichtet und den Jesuiten bis zum Verbot der Societas Jesu übertragen. 1857 wurde sie erneut unter Leitung der Gesellschaft Jesu eröffnet. Der gute Ruf des Professorenkollegiums verschaffte der Fakultät überregionales Ansehen und eine große Anziehungskraft auf Theologiestudenten aus aller Welt. Trotz starker Bedrängung durch das liberale Bürgertum Österreichs nahm die Fakultät einen raschen Aufschwung, so daß sie um die Jahrhundertwende nach der Gregoriana in Rom die größte theologische Fakultät der Welt war. Um die auswärtigen Studenten unterbringen zu können und deren sittliche Erziehung zu gewährleisten, wurde ein Konvikt als unentbehrlich angesehen. 1858 konnte das Nikolaihaus, das schon 1588 als Konvikt für arme Studenten erstmalig eingerichtet worden war, erneut eröffnet werden.[63] Die ca. 250 Studenten, die mit Clemens August von Galen im Konvikt wohnten, stammten aus 64 Diözesen und 16 Ordenshäusern – neben Österreichern, Schweizern und Deutschen waren u. a. Theologiestudenten aus Ungarn, Italien, England, Amerika, Rußland, Albanien und Polen vertreten. Künftige Welt- und Ordenspriester, Bürgertum und Adel bildeten eine bunte Mischung. Der Gedankenaustausch zwischen Vertretern verschiedenen Nationen, Kulturen und Stände, der von den Jesuiten durch feste Regeln des Gemeinschaftslebens gezielt gefördert wurde, erweiterte den Horizont, förderte Verständnis und Toleranz, führte zu einer Art „Parlamentsstimmung ... Der Konservatismus aristokratischer Elemente kam mit extremen Vorwärtsstürmern der Bourgeoisie und niederer Stände in Berührung; beide konnten und mußten voneinander lernen – in der Auffassung der sozialen Probleme wie auch in dem, was guter Ton und Lebensart ist."[64]

Die Prinzipien des Zusammenlebens im Konvikt waren enthalten in den von Pater Nikolaus Nilles (1860-1875 Regens des Konvikts) verfaßten sog. „Consuetudines", der geschriebenen Verfassung des Nikolaihauses. Der Tagesablauf war genau festgelegt. Unter der Leitung von erfahrenen Patres wurde an erster Stelle die Pietas, die persönliche Frömmigkeit, geübt im Sakramentenempfang, in täglichen halbstündigen Betrachtungen, in geistlichen Lesungen und als Höhepunkt in jährlichen ignatianischen Exerzitien. Das zweite Grundprinzip war die Pflege der Wissenschaft, aber nicht als einseitige intellektuelle Übung, sondern als Einheit von Denken und Handeln, von Theorie und Praxis. Weitere Kapitel der „Consuetudines" befaßten sich mit angemessenem Benehmen und der brüderlichen Liebe. Im Zusammenleben der Konviktoren sollte der Wahlspruch des Hauses „Cor unum et anima una" (Ein Herz und eine Seele) verwirklicht werden durch das Ideal der Nächstenliebe, die vor allem in der Rücksicht gegenüber Schwachen und in vornehmer Bescheidenheit ihren Ausdruck fand und deren geistige Grundlage in der Auffassung vom Menschen als Ebenbild Gottes lag. Bei allem strengen Reglement hatten die Studenten Spielraum zur Selbstentfaltung und Selbstbetrachtung, da auf gemeinsame Betrachtungen und Lesungen weitgehend verzichtet wurde und im eigenen Studierzimmer die Möglichkeit zum Studium und Alleinsein gegeben war.

Um den Kontakt zwischen Alt- und Jungkonviktoren nicht abreißen zu lassen, wurde 1866 der sog. Priestergebetsverein ins Leben gerufen.[65] Mitglieder konnten Theologiestudenten, die mindestens ein Jahr im Konvikt zugebracht hatten, werden. Das Ziel dieses Vereins war die Pflege der Verbundenheit zwischen

Ehemaligen, Studenten und Lehrern, der Erfahrungsaustausch und die gegenseitige Hilfe in der seelsorglichen Praxis sowie die Verbreitung der Herz-Jesu-Verehrung. Diesem Zweck diente außerdem ein Vereinsorgan, das sog. Korrespondenzblatt, das vierteljährlich erschien und dem Gedankenaustausch förderlich war. Jedes Mitglied mußte sich verpflichten, einmal jährlich einen Brief an die Redaktion zu schicken, der sich für die Veröffentlichung eignete. Während des Kulturkampfes in Deutschland, Österreich und der Schweiz machten viele Altkonviktoren von der Möglichkeit Gebrauch, über ihre Verfolgung durch staatliche Stellen, über Verhaftungen, Mißhandlungen und Haft zu berichten.

Galens Studienzeit fiel in das „apologetisch-polemische Zeitalter" der Fakultät, die in diesem Zeitraum ihre Hauptaufgabe in der Abwehr der äußeren Bedrohung durch den Kulturkampf in Deutschland, Österreich und der Schweiz und der inneren Bedrohung durch den Modernismus sah.[66] Der Schwerpunkt der theologischen Ausbildung an der Innsbrucker Universität lag in diesem Zeitraum vor allem in der gründlichen Ausbildung der Theologiestudenten in scholastischer Philosophie und Theologie, d. h. in der Bewahrung des katholischen Lehrguts gegen alle Anfechtungen der Zeit, nicht aber in der Entwicklung und Weitergabe von neuen Ideen und Konzepten. Die Jesuiten bemühten sich, das durch Thomas von Aquin geprägte Naturrechtsdenken für eine moderne christliche Gesellschaftslehre fruchtbar zu machen. Diese nach 1878 einsetzende neuthomistische Prägung der Theologie machte zwar die Dinge klarer, verschloß jedoch den Blick für manche Zeitströmungen, da man überzeugt war, die Wahrheit zu kennen, und auf eine Suche nach neuen Antworten auf die Fragen der Zeit verzichtete.[67]

Unter den Professoren ist Hieronymus Noldin hervorzuheben, der 1875 zum Regens des Nikolaihauses ernannt wurde.[68] Von 1886 bis 1890 lehrte Noldin an der theologischen Fakultät philosophische Propädeutik, 1890 wurde er zum ordentlichen Professor für Moral- und Pastoraltheologie ernannt, eine Berufung, für die er prädestiniert war. Noldins Erzieher- und Lehrtätigkeit war ausgerichtet auf die Bedürfnisse der praktischen Seelsorge, ohne dabei den Wert der theoretischen Grundlagen zu verkennen. Seine Vorlesung begann er mit den Worten: „Meine Herren, bevor ich beginne, lateinisch vorzutragen, möchte ich eine deutsche Bemerkung machen. Nach Innsbruck kommen viele Herren mit hohen Plänen, Herren, die Anleitung wünschen, um große Gelehrte zu werden; mögen diese indes mein Kolleg nicht aufsuchen; ich lese für Seelsorger."[69] Seine dreibändige „Summa theologiae moralis", die ihn weltweit bekannt machte, vermittelte nicht ein abgeschlossenes moraltheologisches System, sondern war ein Handbuch für Seelsorger und Beichtväter, aufgeteilt nach den zehn Geboten und den sieben Sakramenten. Ein Schwerpunkt seiner Frömmigkeit war die Herz-Jesu-Verehrung, der er eine Reihe von Publikationen widmete.

Eine weitere herausragende Erzieher- und Priesterpersönlichkeit mit dem „Charisma des echten Erziehers und Seelenführers"[70] war Michael Hofmann, der im Urteil des jungen Clemens August von Galen schon 1900 ein „Heiliger" war. Hofmann, geboren 1865 in Tirol, Absolvent der Gregoriana in Rom, hatte zunächst von 1892-1895 in Salzburg Kirchengeschichte und Kirchenrecht gelesen, in Innsbruck lehrte er ein Jahr philosophische Propädeutik und von 1898-1918 Kirchenrecht.[71] Außerdem hielt er Vorlesungen über die „soziale Frage" und gründete, um die Theorie auch in die Praxis umzusetzen und seine Studenten zu tätiger Nächstenliebe anzuregen, im Konvikt einen sozialen Studentenzirkel. Von

Abb. 2 Clemens August Graf von Galen als Theologiestudent in Innsbruck 1899

1900 bis 1918 war er Regens des Nikolaihauses und von 1928 bis 1938 auch der Regens des neuen Konvikts, des Canisianums.

Sein schlichter Glaube verband sich mit einem starken Führungswillen, der sich in den ersten Jahren auch in Temperamentsausbrüchen entladen konnte. Wichtig war ihm die Einheit von innerer Gesinnung und äußerer Haltung sowie die bewußte Beschränkung auf die Grundlagen des Glaubens. Hofmann war kein brillianter Wissenschaftler und wollte dies auch gar nicht sein, weil seine Vorliebe seiner Tätigkeit als Regens und der praktischen Seelsorge galt. In seinem Wesen und in seiner Frömmigkeit sind deutliche Parallelen zu Clemens August von Galen erkennbar. „Er war ein Frommer im tiefsten Sinn des Wortes. Sein theologisches Denken, bis hinein in die kirchenrechtliche Disziplin, war geprägt von dem, was ihm tirolische Herkunft, frommes Elternhaus und vor allem eine geradezu innige Mutterliebe mitgegeben haben. Alles daran war von einer bäuerlichen Schlichtheit und Klugheit zugleich: Er liebte nur das Einfache; alles Komplizierte war ihm verhaßt, und also empfand er im Grunde schon jede theologische oder gar fromme Problematik als verdächtig."[72]

Galen begann am 17. Oktober 1898 mit dem Studium in Innsbruck. Auf Wunsch seines Vaters trat er erst im zweiten Jahr in das theologische Konvikt ein. Der Regens erkannte seine Führungsqualitäten und ernannte ihn zum Bidell, dem Mittelsmann zwischen den 250 Studenten des Konvikts und den Patres. Er schrieb Galen zum Abschied ins Konviktgedenkbuch: „Er war ein ungemein frommer, kindlicher Charakter, dabei aber heiter und männlich ohne Menschenfurcht. Er hat sich ein Jahr lang als Bidell sehr bewährt."[73]

Im ersten Studienjahr lag der Schwerpunkt des Studiums auf der Philosophie, was Clemens August jedoch nicht sonderlich lag. Seiner Mutter schrieb er, daß er sich freue, wenn dieses erste Jahr um sei, „denn diese abstrakte Philosophie ist wirklich schwere Kost."[74] Das im zweiten Jahr beginnende eigentliche Studium der Theologie, in dem er Vorlesungen über Dogmatik, Moral, Kirchengeschichte und Kirchenrecht hörte, sagte ihm dagegen mehr zu, insbesondere Dogmatik und Moral waren seiner Ansicht nach „doch viel interessanter, für meinen Geschmack, als die trockene Philosophie vom vorigen Jahr, auch abgesehen davon, daß sie direkter auf das Ziel" hinführten.[75] Modernistische und liberale Bestrebungen lehnte Galen eindeutig ab. Zu einem Hirtenbrief des Bischofs von Trier, der sich mit der sog. liberalen Richtung unter den deutschen Katholiken befaßte, äußerte er lobend, daß es „auch sicher ein großes Glück (ist), wenn mal ein Bischof ein energisches Wort in solchen Sachen spricht."[76]

Das Studium fiel ihm nicht leicht, so daß er seinem Bruder Franz am 1. März 1890 berichtete, „wenn ich irgendeinen Grund habe, drücke ich mich immer noch gern am Studieren vorbei."[77] Auch zum Predigen zeigte er kein großes Talent. Als Galen am 27. November 1899 vor einer kleinen Gruppe von Konviktoren eine Probepredigt hielt, bewertete er sie als mangelhaft und hölzern.[78] Jedoch arbeitete er ständig an sich, um seine Fehler zu bekämpfen.[79]

Eine besondere Vorliebe zeigte er für Pater Michael Hofmann, den er sich als Beichtvater wählte. „Er ist auch ein ganz ungewöhnlich vortrefflicher Mann, ein ‚Heiliger' und dabei sehr praktisch und klug, eher ziemlich streng, aber vernünftig"[80], schrieb er seinem Bruder Franz. Auch die von Hofmann im Januar 1899 abgehaltenen Exerzitien lobte er sehr: „Der gute P. Hofmann, der Friedrich (Galens Bruder, M.A.Z.) von Rom her kennt und liebt, gab die vier täglichen Vorträge so nett, wie nur möglich, einfach und ohne alle Übertreibung und ungewöhnlich praktisch."[81] Galen bewahrte seinem Regens sein Leben lang ein ehrenvolles Andenken. Als ihm in Rom anläßlich der Ernennung zum Kardinal vom Nachfolger des kurz zuvor verstorbenen Pater Hofmann die Glückwünsche im Namen des Canisianums und des soeben verstorbenen Regens überbracht wurden, traten „ihm die Tränen in die Augen und er sagte zum Generalpostulator der

Gesellschaft Jesu", er möge jetzt dafür Sorge tragen, „dem jüngsten Heiligen der Gesellschaft Jesu die Ehre der Altäre (zu) verschaffen!"[82]

Aus dem Briefwechsel mit den Eltern spricht das zunehmende Interesse für politische Fragen. Themen, die ihn naturgemäß am meisten interessierten, waren Zentrumspolitik, die Frage der Wiederzulassung des Jesuitenordens im Deutschen Reich und Kirchenpolitik allgemein. So äußerte er in einem Brief an seinen Vater sein Befremden, daß in bezug auf die Religionsfreiheit „noch immer die elementarsten Forderungen der Gerechtigkeit im deutschen Reich unberücksichtigt geblieben sind."[83] Um ausreichend informiert zu sein, hielt er sich auch in Innsbruck die in Berlin erscheinende Zentrumszeitung Germania.[84] In seiner Freizeit blies er im Konviktorchester Althorn, spielte bei Theateraufführungen mit und unternahm Ausflüge in die Berge.[85]

Das Vorbild der Jesuiten in Innsbruck verstärkte in Clemens August den Wunsch, in die Societas Jesu einzutreten. Er beabsichtigte, sich in Münster zum Priester weihen zu lassen, um anschließend seine Studien bei den Jesuiten aufzunehmen. Nachdem er Anfang März 1903 sein Introitus-Examen abgelegt hatte, wechselte er in das münsterische Priesterseminar und wurde in Münster am 28. Mai 1904 zum Priester geweiht, kam jedoch schon vorher zu der Erkenntnis, daß er nicht zum Ordensleben, sondern zum Weltpriester berufen war.[86]

Clemens August von Galen setzte die Erziehung in Innsbruck als Großstadtseelsorger in Berlin so vorbildlich um, daß ihm die Universität Innsbruck für diese Tätigkeit 1937 die Ehrendoktorwürde verlieh.[87] In seiner Ansprache betonte der Rektor der Universität, daß insbesondere die Seelsorge in der Großstadt mit der Zielsetzung der geistigen Förderung der Jugend und der Erwachsenen und der tätigen Hilfe für Bedürftige „eine Dissertation über soziale Gerechtigkeit und Liebe, geschrieben zwar nicht mit der Feder, aber mit dem Herzen und dem Einsatz der ganzen Persönlichkeit" sei.[88] Galen fühlte sich dem Jesuitenorden in seinem weiteren Leben eng verbunden. Nicht zufällig war die Beschlagnahmung der beiden Jesuitenniederlassungen in Münster der Anstoß zur ersten seiner drei Sommerpredigten von 1941, in der er ausführte, daß er der Gesellschaft Jesu, seinen „Lehrern, Erziehern und Freunden bis zum letzten Atemzug in Liebe und Dankbarkeit verbunden bleiben werde."[89] Bezeichnend für seine Wertschätzung der Gesellschaft Jesu ist auch, daß Galen 1946 gemeinsam mit dem Jesuiten Gustav Gundlach, dem führenden Staatsrechtler seiner Zeit, ein katholisches Programm für die Nachkriegszeit entwarf.[90]

Eine katholische Erziehung

Im Rückblick erscheint die Erziehung Clemens August von Galens wie aus einem Guß: seine Herkunft aus einer katholischen Adelsfamilie, die Jugend im katholischen Oldenburger Münsterland, die Schulzeit in der von Jesuiten geleiteten Stella Matutina und am Antonianum in Vechta, das Studium an der katholischen Universität in Freiburg, an der theologischen Fakultät und im Konvikt in Innsbruck und in Münster. Seine Herkunft und Erziehung waren also durch und durch katholisch gefärbt. Schon bei dem Studenten von Galen war diese Prägung so offensichtlich, daß ein Konviktgenosse in Innsbruck urteilte: „Sein katholischer Glaube war so ganz und gar eins mit ihm, daß man als junger Mensch etwas an ihm spürte, was einem in dieser totalen Form noch nicht begegnet war."[91]

25

Die konkrete Religiosität geht zu einem großen Teil auf die Erziehung der Mutter zurück, die durch ihren Katechismusunterricht ein so festes Fundament schuf, daß Galen noch als Erwachsener seinen anschaulichen Kinderglauben nahezu unversehrt erhalten hatte. In Innsbruck erhielt er zusätzlich eine grundlegende theologische Schulung, insbesondere in der Moral- und Pastoraltheologie, deren Akzent auf der Festigung der fundamentalen Gaubenswahrheiten und nicht auf der Entwicklung neuer theologischer Richtungen lag. In der geistigen Tradition seines Regens Michael Hofmann lehnte auch Galen philosophische Spekulationen und Anpassungen an Moden ab. Aus diesem Grund erregte Galen als Seelsorger in Berlin auf den ersten Blick den Eindruck, zwar ein „demütiger, frommer, äußerst gewissenhafter, seelsorglich eifriger Priester" zu sein, aber auch „schwerfällig in seinem Wesen, sehr ernst und zurückhaltend, in seinen geistigen Gaben ... wenig talentiert."[92] Auch seine Predigten, die weder theologische Spitzfindigkeiten enthielten, noch brilliant formuliert waren oder eindrucksvoll vorgetragen wurden, waren vor allem bei jungen Geistlichen und auch bei etlichen seiner Pfarrkinder nicht sonderlich beliebt. Jedoch fand Galen eine gute Resonanz bei einfachen Menschen, die seine Sprache und seine Gedankengänge verstanden, denen er Hilfestellungen für den Alltag geben konnte und die sich durch die Fürsorge des Pfarrers angesprochen fühlten. Galen überzeugte als „tief fromme, demütig gläubige, für Christus wirkende Persönlichkeit, ... und ein aus diesem Streben heraus formulierter Inhalt drang tiefer in die Seelen als das brillierende Feuer der glänzenden Prediger anderswo."[93]

Ein weiteres Merkmal seiner Erziehung ist die politische Prägung. Das durch das Elternhaus tradierte Selbstverständnis von den Pflichten des katholischen Adels beinhaltete die Verantwortung für das Gemeinwohl, die Verwirklichung katholischer Wertvorstellungen im öffentlichen Leben. Die Jesuiten, deren Erziehungsziel auf die Formung einer katholischen Elite für den weltlichen und den geistlichen Bereich ausgerichtet war, verstärkten die aus dem Elternhaus übernommenen Ansätze. Weiterhin bestimmten die Kulturkampferfahrungen der eigenen Familie und der Jesuiten Galens politische Prägung, denn sie weckten in ihm ein grundlegendes Mißtrauen gegenüber staatlichen Anordnungen. Galen verband seine politischen Neigungen mit seiner seelsorglichen Tätigkeit und verfolgte als Priester die Intention, sowohl das jenseitige als das zeitliche Wohl seiner Mitmenschen zu fördern. Auch und vor allem als Priester sah er es als seine Aufgabe an, katholische Prinzipien auch im öffentlichen Leben zu verfolgen.

Eine dritte Eigenart seiner Erziehung ist die schon in der Jugendzeit durch den Vater begonnene, an den Gedanken Kettelers orientierte philosophische Schulung, die in Freiburg und Innsbruck fortgesetzt wurde. Geprägt durch das neuthomistische Gedankengut Kettelers und der Jesuiten in Innsbruck, wurde das Naturrecht für Galen zum Maßstab der Bewertung von Ideologien und deren praktischen Ausformungen. Von Ketteler übernahm Galen in diesem Kontext auch dessen dezidierten Antiliberalismus bzw. Antisozialismus. Insbesondere das naturrechtlich orientierte Denken Galens beeinflußte seine Auseinandersetzung mit dem Nationalsozialismus.

Clemens August von Galen war sowohl durch seine kämpferische Persönlichkeit, sein persönliche Freiheit, überstaatliches Recht und Verantwortung für das Gemeinwohl betonendes adeliges Selbstverständnis als auch durch seine sorgfältige katholische Erziehung optimal auf die Herausforderung durch den Nationalsozialismus vorbereitet. Die Überzeugung, daß alle Tages- und politischen Ereignisse von prinzipieller Seite her betrachtet werden, d. h. auf christliche und letztlich naturrechtliche Prinzipien überprüft werden mußten, bewog ihn früh zur kompromißlosen Auseinandersetzung mit der Ideologie des Nationalsozialismus und zu Protesten gegen deren rechtswidrige Umsetzung in die Praxis. Wer Galen kannte, war sich dessen bewußt, wie auch ein nationalsozialistisch gesinnter Zeitgenosse ganz klar erkannte, der Galen sehr zutreffend als Repräsentanten eines „fanatischen Ultramontanismus" identifizierte und folgerte: „Hier fällt mit Galen die Entscheidung. Hier reiben sich die Kapitulare und Jesuiten die Hände über diesen unerhörten Sieg wider Hitler, der ihnen blind in die Hände gespielt wurde. ... Das wäre ein verheerender, unerträglicher Schlag für alle Sehenden und Hoffenden. Unerhört wäre es, ... wenn unter Hitler gar ein Laienverpestler zum Bischof dieser gefährlichen ultramontanen Hochburg Münster i. Westfalen würde."[94]

Anmerkungen

1 Galen an Holstein v. 25.1.1928. Bistumsarchiv Münster (im weiteren BAM), Sammlung Kardinal von Galen A 9.
2 Haus- und Familienchronik der Grafen von Galen auf Burg Dinklage und Haus Assen. Galensches Archiv, Haus Assen.
3 Vgl. Heinrich Portmann: Kardinal von Galen. Ein Gottesmann seiner Zeit, Münster [18]1986, S. 24-47.
4 Vgl. Max Bierbaum: Nicht Lob Nicht Furcht. Das Leben des Kardinals von Galen nach unveröffentlichten Briefen und Dokumenten, Münster [9]1984, S. 11-99; Joachim Kuropka: Clemens August Graf von Galen. Das Bild des Bischofs zwischen zeitgenössischer Bewunderung und neuerer Kritik. In: Joachim Kuropka/ Willigis Eckermann (Hrsg.): Oldenburger Profile, Cloppenburg 1989, S. 95-123, hier S. 103.
5 Max Bierbaum: Kardinal von Galen. Bischof von Münster, Münster 1947, S. 78-82.
6 Zur Geschichte der Grafen von Galen in Dinklage vgl. Clemens August von Galen: Chronik (wie Anm. 2); Georg Reinke: Die Familie von Galen und das oldenburgische Münsterland. In: Heimatblätter. Zeitschrift des „Heimatbundes für das Oldenburger Münsterland". Beilage zur „Oldenburgischen Volkszeitung", 15. Jg., Nr. 10 vom 30.10.1933, S. 145-168; Clemens Heitmann: St. Catharina Dinklage, Dinklage 1971, S. 19-26; ders.: Clemens August Kardinal von Galen und seine geistlichen Verwandten, Dinklage 1983; Wilhelm Kohl: Die Ämter Vechta und Cloppenburg vom Mittelalter bis zum Jahre 1803. In: Albrecht Eckhardt (Hrsg.): Geschichte des Landes Oldenburg, Oldenburg 1987, S. 229-270.
7 Clemens August von Galen an Christoph Bernhard von Galen v. 19.9.1933. In: Peter Löffler (Bearb.): Bischof Clemens August Graf von Galen. Akten, Briefe und Predigten 1933-1946, Band I: 1933-1939, Mainz 1988, Band II: 1939-1946, Mainz 1988 (im weiteren Löffler I und II), Zitat Löffler I, S. 8.
8 Heinrich Holstein: Erinnerungsbilder an Clemens August aus der Zeit 1915-1926 in Berlin. BAM Nachlaß Portmann A 22, S. 4.
9 Ebd., S. 11.
10 Chronik (wie Anm. 2), S. 2.
11 Ebd, S. 15.
12 Galen an Holstein vom 30.11.1926 (wie Anm. 1).
13 Chronik (wie Anm. 2), S. 47.
14 Ebd, S. 48.
15 Vgl. Bierbaum (wie Anm. 4), S. 50.
16 Chronik (wie Anm. 2), S. 15; zu Kettler vgl. Adolf M. Birke: Bischof Ketteler und der deutsche Liberalismus. Eine Untersuchung über das Verhältnis des liberalen Katholizismus zum bürgerlichen Liberalismus in der Reichsgründerzeit, Mainz 1971; Erwin Iserloh: Wilhelm Emmanuel von Ketteler. In: Martin Greschat (Hrsg.): Gestalten der Kirchengeschichte. Die neueste Zeit II, Bd. 9,2, Stuttgart/Berlin/Köln/Mainz 1985, S. 87-101; ders. (Hrsg.): Wilhelm Emmanuel von Ketteler

1811-1877, Paderborn 1990 (im weiteren Ketteler); Ingobert Jungnitz: Bischof Wilhelm E. von Ketteler. Stationen seines Lebens, Mainz 1977.
17 Chronik (wie Anm. 2), S. 86; vgl. von Galen an Holstein v. 25.1.1928 (wie Anm. 1).
18 Vgl. Iserloh: Kettler (wie Anm 16), S. 7.
19 Wilhelm Emmanuel von Ketteler: Freiheit, Autorität und Kirche. Erörterungen über die großen Probleme der Gegenwart, Mainz 1862, S. 101.
20 Ebd., S. 36.
21 Wilhelm Emmanuel von Ketteler: Die Katholiken im Deutschen Reiche. Entwurf zu einem politischen Programm, 1873. In: Iserloh: Ketteler (wie Anm. 16) S. 143.
22 Ferdinand von Galen, zit. nach Georg von Hertling: Erinnerungen aus meinem Leben, Bd 1, Leizig-Reudnitz 1919, S. 316-317.
23 Chronik (wie Anm. 2), S. 43.
24 Galen an die Mutter v. 15.12.1902, zit. nach Bierbaum (wie Anm. 4), S. 93.
25 Chronik (wie Anm. 2). S. 40.
26 Galen an Holstein v. 25.1.1928 (wie Anm. 1).
27 Chronik (wie Anm. 2), S. 51.
28 Lothar Hardick: Vorwort zu Thomas von Kempen: Die Nachfolge Christi, Kevelaer 1987, S. 21.
29 Chronik (wie Anm. 2), S. 45.
30 Elisabeth von Galen an Clemens August v. 20.11.1891. In: Bierbaum (wie Amn. 4), S. 38.
31 Chronik (wie Anm. 2), S. 39.
32 Galen an Holstein v. 25.1.1928 (wie Anm. 1).
33 Galen an Renschen v. 19.9.1936. In: Löffler I, S. 6.
34 Galen an Mäckel v. 10.1.1946. In: Löffler II, S. 1270.
35 Vgl. Clemens Heitmann: Kardinal von Galen und seine Ahnen, Dinklage 1975.
36 Vgl. Heitmann: St. Catharina (wie Anm. 6), S. 148; Wilhelm Arens: Erinnerungen an den Hochwürdigsten Herrn Clemens August Kardinal von Galen. BAM, Nachlaß Portmann A 22.
37 Zum folgenden vgl. Josef Knünz: 100 Jahre Stella Matutina 1856-1956. Sonderausgabe der Kolleghefte „Aus der Stella Matutina", Feldkirch 1956; Stella Matutina (Hrsg.): 75 Jahre Stella Matutina. Festschrift, Band III: Stellazeiten und Stellaleben, Feldkirch 1931; dies. (Hrsg.): Zöglinge der Stella Matutina 1856-1906 und Schüler des k.k. Gymnasiums in Feldkirch 1856-1868, Feldkirch 1906; Christoph Vallaster: Stella Matutina 1856-1979, Bregenz 1985.
38 Vgl. Josef Knünz: Die Stella Matutina in Feldkirch 1856-1931. In: 75 Jahre Stella Matutina (wie Anm. 37), S. 3-8, Zitat.
39 Vgl. Zöglinge der Stella Matutina (wie Anm. 37), S. 74-77.
40 100 Jahre Stella Matutina (wie Amn. 37), S. 93.
41 Josef Wichner: Im Studierstädtlein, Wien 1913, zit. nach Vallaster (wie Anm. 37), S. 71.
42 Thomas Mann: Der Zauberberg, Frankfurt 1982, S. 468-469.
43 Karl Schäffer v. 3.6.1893, zit. nach Bierbaum (wie Anm. 4), S. 32-33.
44 Josef Duhamel: Das siebente Lustrum der Stella Matutina: 1886-91. In: 75 Jahre Stella Matutina (wie Anm. 37), S. 168-178, hier S. 170.
45 Galen an Franz v. 24.11.1907, zit. nach Bierbaum (wie Anm. 4), S. 117.
46 Galen an seine Mutter v. 25.5.1897, BAM Sammlung Kardinal von Galen A 2.
47 Galen an seine Mutter v. 28.11.1897, ebd.
48 Galen an seine Mutter v. 24.10.1897, ebd.
49 Vgl. v. Galen an seine Mutter v. 4.5.1904, ebd.
50 Vgl. Edmund Miczka: Kardinal Graf von Galen als Präses des Katholischen Gesellenvereins in Berlin 1906-1919. BAM, Nachlaß Portmann A 22.
51 Vgl. Josef Hackmann: Entwicklung von Schülerzahlen am Gymnasium Antonianum. In: Gymnasium Antonianum Vechta (Hrsg.): Iuventuti Instituendae. Festschrift zur 275-Jahrfeier des Gymnasium Antonianum in Vechta, Vechta 1989, S. 31-42.
52 Vgl. Christina Oeltjen: Als die Preußen kamen – Kein Kulturkampf am Antonianum. In: Iuventuti Instituendae (wie Anm. 52), S. 107-117.
53 Vgl. Bericht über die im Herbst 1896 in Vechta abgehaltene Reifeprüfung. Archiv des Gymnasium Antonianum in Vechta.
54 Augustin Macharet: Portrait der Universität Freiburg. In: Universität Freiburg 1889-1989, Freiburg 1989, S. 41-86, Zitat S. 83.
55 Vgl. Chronik (wie Anm. 2), S. 55ff.
56 Vgl. Immatrikulationsbuch der Universität München 1896/1897. Archiv der Ludwig-Maximilians-Universität in München. Clemens August v. Galen hat sich am 15.5.1897 unter der laufenden Nr.

1020 für das Studium der Rechtswissenschaften immatrikuliert. Vgl. außerdem die Belegbögen für das SS 1897 und das WS 1897/87. Ebd. Offiziell wohnten die Gebrüder im SS in der Bayerstr. 23 und im WS in der Amalienstr. 92. Vgl. Amtl. Verzeichnis des Personals der Lehrer, Beamten und Studierenden an der königlich-bayerischen Ludwig-Maximilians-Universität zu München für das Sommer-Semester 1897 und das Wintersemester 1898, S. 60, ebd.

57 Zur Geschichte der Universität vgl. Stéphane Marti: Geschichtlicher Überblick. In: Universität Freiburg (wie Anm. 54), S. 15-35.
58 Vgl. Macharet (wie Anm. 54), S. 41-86.
59 Ebd, S. 81.
60 Galen an die Eltern v. 5.7.1897 (wie Anm. 46).
61 Galen an die Mutter v. 28.11.1897, ebd.
62 Galen an die Mutter v. 2.7.1897, ebd.
63 Zur Geschichte der theologischen Fakultät und des Konvikts vgl. Andreas Jungmann: Im Nikolaihaus. In: Festschrift zur Hundertjahrfeier des theologischen Konvikts Innsbruck 1858-1958, Innsbruck 1958, S. 10-23; Hugo Rahner: Die Geschichte eines Jahrhunderts. Zum Jubiläum der Theologischen Fakultät der Universität Innsbruck 1857-1957. In: Zeitschrift für Katholische Theologie 80 (1958), S. 1-65.
64 Michael Hofmann: Das theologische Konvikt zu Innsbruck einst und jetzt. Das Nikolaihaus in Innsbruck einst und jetzt, Innsbruck 1908, S. 165; zum folgenden vgl. ebd. S. 155-174.
65 Vgl. ebd., S. 45-51; Josef Bunda: Der Priestergebetsverein im theologischen Konvikt Canisianum. In: Festschrift zur Hundertjahrfeier (wie Anm. 63), S. 99-100.
66 Ebd., S. 101.
67 Vgl.: Franz Lakner. Die dogmatische Theologie an der Universität Innsbruck 1857-1957. In: Zeitschrift für katholische Theologie (wie Anm. 63), S. 101-141; Emerich Coreth: Die Philosophie an der theologischen Fakultät Innsbruck 1857-1957. Ebd., S. 142-183.
68 Vgl. Gottfried Heinzel: Hieronymus Holdin und sein Werk. In: Zeitschrift für katholische Theologie (wie Anm. 63), S. 200-210.
69 Zit. nach Heinzel (wie Anm. 68), S. 206.
70 Hugo Rahner: P. Michael Hofmann. In: Festschrift zur Hundertjahrfeier (wie Anm. 63), S. 69-72; hier S. 71.
71 Zu Michael Hofmann vgl. außerdem Albert Oesch: P. Michael Hofmann S.J. Regens des theologischen Konvikts Canisianum in Innsbruck, Innsbruck 1951. Das Canisianum ist das neue Konviktgebäude, das 1911 bezogen wurde, nachdem das Nikolaihaus zu klein geworden war.
72 Rahner (wie Anm. 70), S. 70.
73 Konviktgedenkbuch. Archiv des Canisianums in Innsbruck; vgl. außerdem Korrespondenzblatt des Priestergebetsvereins im theologischen Konvikte Canisianum zu Innsbruck Nr. 1 v. April 1946, S. 20.
74 Galen an die Mutter v. 1.2.1899. BAM Sammlung Kardinal v. Galen A 2.
75 Galen an die Mutter v. 11.11.99. ebd.
76 Galen an die Mutter v. 17.2.1902 (wie Anm. 74); vgl. dazu außerdem von Galen an die Mutter v. 11.5.1902, ebd.
77 Galen an Franz v. 18.2.1900. BAM, Sammlung Kardinal v. Galen A 5.
78 Galen an Franz v. 9.12.1899, ebd.
79 Vgl. Oenipotanus: Klemens August Graf Galen. In: Begegnung. Zeitschrift für Kultur und Geistesleben, 27. Jg., Nr. 1 v. 15.1.1947, S. 27-30.
80 Galen an Franz v. 13.6.1900 (wie Anm. 77).
81 Galen an die Mutter v. 10.1.1899 (wie Anm. 74).
82 Zit. nach Oesch (wie Anm. 71), S. 111-112.
83 Galen an die Mutter v. 2.12.1900 (wie Anm. 74)
84 Galen an die Mutter v. 16.2.1899, ebd.
85 Galen an die Mutter v. 22.2.1900., ebd.
86 Vgl. Bierbaum (wie Anm. 4), S. 95-99.
87 Universitätsarchiv der Leopold-Franzens-Universität Innsbruck. Akte Ehrendoktorat Clemens August von Galen. Der Zeitpunkt der Verleihung im Mai 1937 im Kontext der Enzyklika „Mit brennender Sorge" legt die Vermutung nahe, daß die Verleihung des Ehrendoktorats als moralische Unterstützung für den Bischof von Münster gedacht war.
88 Von der Alma Mater. In: Korrespondenz des Priestergebetsvereins im theologischen Konvikte zu Innsbruck Nr. 4 vom Juli 1937, S. 90.
89 Predigt v. Galens v. 13.7.1941. In: Löffler II, S. 845.

90 Vgl. Bierbaum (wie Anm. 4), S. 285 und 385-390.
91 Oenipotanus (wie Anm. 79), S. 28.
92 Heinrich Holstein: Erinnerungsbilder an Clemens August aus der Zeit 1915-26 in Berlin. BAM, Nachlaß Portmann A 22, S. 11.
93 Ebd., S. 18.
94 Dr. Adolf ten Hompel an Prof. Johannes Stark v. 22.10.1933, zit. nach Joachim Kuropka: Widerstand gegen den Nationalsozialismus in Münster. Neuere Forschungen zu einigen Problemfeldern. In: Westfälische Zeitschrift 137 (1987), S. 182.

„...nicht parteipolitische, sondern katholische Interessen..."

Clemens August Graf von Galen als Seelsorger in Berlin 1906 bis 1929

Barbara Imbusch

Clemens August Graf von Galen verbrachte fast auf den Tag genau 23 Jahre, vom 23. April 1906 bis zum 16. April 1929, in Berlin. Das war die längste Zeit in seinem Leben, die er an einem einzigen Ort tätig war. Die Berliner Zeit erlangt für seinen Lebensweg aber nicht nur durch ihr zeitliches Ausmaß große Bedeutung, sondern vor allem auch durch seine hier bereits deutlich werdende Auffassung von Seelsorge, die immer wieder politische Bezüge hat. Daher sollen im folgenden mit Hilfe bislang kaum oder gar nicht eingesehener Quellen[1] das Wirken des späteren Bischofs von Münster als Seelsorger in Berlin sowie vor allem die Grundlagen seines Verhaltens, das – wie zu zeigen sein wird – nicht parteipolitisch, sondern seelsorglich motiviert war, dargestellt werden.

1. Das Umfeld

Im Jahre 1821 legte Papst Pius VII. die Bistumsgrenzen in Preußen neu fest. Die Provinzen Brandenburg und Pommern, die seit 1667 zum sog. ‚Apostolischen Vikariat des Nordens' gehört und überwiegend dem Bischof von Hildesheim unterstanden hatten, waren nun als ‚Delegaturbezirk Berlin' dem Fürstbischof von Breslau unterstellt.[2] Das Bistum Berlin wurde erst im Jahre 1930 errichtet, während schon sieben Jahre zuvor der Propst von St. Hedwig[3], Josef Deitmer, die Würde eines Weihbischofs erhalten hatte. Deitmer war von 1892-1893 Kaplan an St. Matthias in Schöneberg gewesen.[4]

Schöneberg, das ‚Milchvordorf' Berlins, zählte 1805 nur 278 Einwohner. Die Katholiken in dieser Gegend waren einzig auf die St. Hedwigs-Kirche in der Nähe der Straße Unter den Linden angewiesen. In den Jahren 1867/68 wurde die (alte) St. Matthias-Kirche an der Potsdamer Straße erbaut. Die Matthias-Pfarrei wurde und wird noch heute mit Geistlichen des Bistums Münster besetzt. Diese Regelung beruht auf einer testamentarischen Stiftung des Geheimen Regierungsrates im Preußischen Kultusministerium Matthias Aulicke aus Münster von 1865. Aulicke hatte verfügt, daß die Summe von 20 000 Talern zur „Errichtung einer Seelsorgestation vor dem Potsdamer Tore in Berlin"[5] dienen solle, verbunden mit der Auflage, der Bischof von Münster habe die Stelle stets mit einem Geistlichen seines Bistums zu besetzen. Die neue Pfarrei zählte ca. 800 Seelen.[6] Matthias Aulicke hatte mit seiner Stiftung „den Grund gelegt zu einem weitgreifenden Ausbau der Seelsorge im Westen Berlins, der sich bei dem raschen Anwachsen der Weltstadt nach der Gründung des Deutschen Reiches bald als notwendig und segensreich erweisen sollte."[7]

In den sogenannten Gründerjahren setzte eine beträchtliche Bautätigkeit ein, die sich bis nach Schöneberg zog. Die alteingesessenen Schöneberger Milchbauern erzielten in den neunziger Jahren für den Verkauf ihrer Gehöfte an Bauspekulanten außerordentlich hohe Gewinne. Ein Fresko im Schöneberger Rathaus erinnert noch daran.[8] Die Anzahl der Katholiken wuchs: 1892 waren es 10 000, drei Jahre später trotz der zwischenzeitlich stattgefundenen Abpfarrung von Steglitz und Vororten bereits 11 000.[9] Die Kirche an der Potsdamer Straße erwies sich rasch als zu klein.

So wurde zwischen 1893/95 die neue St. Matthias-Kirche am Winterfeldtplatz errichtet, deren Konsekration der Breslauer Fürstbischof Georg Kardinal Kopp am 24. Oktober 1895 vornahm. Die neue Kirche wurde Pfarrkirche der St. Matthias-Pfarrei; auf sie gingen alle Rechte der alten Pfarrkirche über, die nunmehr von einem Kuratus betreut wurde, der zugleich Kaplan an St. Matthias war. Die Matthias-Kapelle, wie die alte Kirche nun hieß, erlangte 1921 unter Pfarrer Clemens August Graf von Galen die seelsorgliche Selbständigkeit.[10] 1928 erhielt sie den neuen Namen St. Ludgerus.[11]

Bei der St. Matthias-Kirche am Winterfeldtplatz handelt es sich um eine dreischiffige gotische Hallenkirche aus rotem Rathenower Ziegelstein. Mit einer Fläche von 1483 qm gehört sie zu den größten Kirchen Berlins. Für den Bau und die Ausstattung gingen eine Reihe höherer Spendenbeträge ein. Eine Kirchenkollekte im Bistum Münster erbrachte z. B. 30 000 Mark, ein Betrag, der exakt so hoch war wie die Spende Kaiser Wilhelms II.[12]

Dritter Pfarrer von St. Matthias und erster an der neuen Matthias-Kirche war Theodor Kappenberg aus Nordkirchen (1890-1900). Unter ihm fand der Kirchenneubau statt. Er legte den St. Matthias-Friedhof in Mariendorf an[13] und setzte die Errichtung einer zweiten katholischen Schule im Schöneberger Bezirk durch, die allerdings erst 1904 eröffnet wurde.[14] Während der ‚Ära' Kappenberg war zwischen 1893 und 1894 Dr. Clemens Pagenstert aus Lohne in Oldenburg als Hilfsgeistlicher an St. Matthias tätig.

Nachfolger Kappenbergs wurde von 1900 bis 1909 Augustin Dierken aus Goldenstedt (Amt Vechta i. O.). Neben der Ausstattung der Kirche war vor allem die Herausgabe des St. Matthias-Blattes sein Verdienst. Am 4. November 1906 erschien die erste Nummer des Pfarrblattes.[15] Ab 1924 wurde das St. Matthias-Blatt als Pfarrnachrichten mit eigener Kopfleiste Teil des „Katholischen Kirchenblattes der Fürstbischöflichen Delegatur für Berlin, Brandenburg und Pommern".[16]

Als fünfter Pfarrer kam 1909 Franz Sprünken aus Straelen nach St. Matthias. Der unermüdliche Sprünken stattete die Kirche weiter aus, baute das St. Norbert-Krankenhaus, die St. Norbert-Kirche und das Pfarrhaus, kaufte verschiedene Häuser, richtete ein Jugendheim ein und setzte die Umwandlung des St. Franziskus-Lyzeums in ein Oberlyzeum durch[17] – das erste katholische Oberlyzeum in Berlin und der Mark Brandenburg.[18] Seine Kapläne waren Wilhelm Strunk aus Recklinghausen (1908-1915), Heinrich Heufers (1908-1921) aus Lippborg, Alois Schleppinghoff (1911-1921) aus Freckenhorst, Heinrich Holstein (1915-1926) aus Hamm und Clemens August Graf von Galen (1906-1911) aus Dinklage (Amt Vechta i. O.).

2. Der Kaplan und Gesellenpräses

„Wat seggste nu?", soll Clemens August Graf von Galen an seinen Bruder Franz geschrieben haben, als er die Mitteilung erhielt, Bischof Dingelstad habe ihn als Kaplan an die Pfarrei St. Matthias in Schöneberg bei Berlin versetzt.[19] Dies bedeutete einen Sprung aus dem traditionellen katholischen Milieu Südoldenburgs und Münsters in eine Großstadtdiaspora. Am 23. April 1906 trat er seinen Dienst bei Pfarrer Dierken an.[20] Bereits zehn Tage später berichtete er seiner Schwester Ursula, daß er mit der Leitung des Gesellenvereins für ganz Berlin beauftragt worden sei. Galen fand dies, „neben allem Anderen, wohl etwas viel für den Anfang."[21]

Obwohl für diese Aufgabe nur seine freie Zeit blieb[22], zeigte er großes Engagement. Schon im Mai 1906 schrieb er, das Gesellenhaus solle umgebaut und vergrößert werden.[23] Das Gebäude befand sich damals in der Niederwallstraße, ganz in der Nähe der Hedwigskirche, etwa eine Stunde Fußmarsch von St. Matthias entfernt. Am Sonntagnachmittag hielt der Präses hier die Versammlungen ab, und jeden Montagabend hielt er einen Religionsvortrag. Das Gesellenhaus war zwar in einem unauffälligen alten Gebäude untergebracht, aber, nach den Ausführungen eines Berliner Mitgliedes, „so ein richtiges Stück von Alt-Berlin. Einige Stufen führten von der Straße hinauf, und durch einen schmalen Hausflur und über einen kleinen Hof kam man in das eigentliche Vereinslokal."[24] Am 1. Januar 1907 zählte der Verein 1118 Mitglieder, die aus allen Teilen des Deutschen Reiches, aus Österreich-Ungarn, Italien, der Schweiz, Holland und Dänemark kamen.[25] Das Haus – „ein alter Kasten, aus ein paar Mietshäusern zusammenge-

Abb. 3 Clemens August Graf von Galen (3. Reihe Mitte) 1904 in Rom, als Begleiter des Weihbischofs Max Gereon von Galen (1.v.r.)

baut, voll von Wanzen, mit etwa 60 schlechten Betten", wie es Vizepräses Rensing beschreibt[26] – aber war viel zu klein, um auch nur einem Teil der Gesellen eine Wohnung zu bieten.[27] Galen, der sein Amt als Präses sehr ernst nahm, sah seine vordringlichste Aufgabe in dem Bau eines genügend großen und den Umständen der Reichs- und Residenzstadt Berlin entsprechenden Hauses. In dieser Angelegenheit wandte er sich auch an den Fürstbischof in Breslau.[28] Knapp ein Jahr später heißt es in einem Brief an seinen Bruder Franz, er stehe für *sein* Gesellenhaus in Grundstücks-Verhandlungen.[29] 1908 war ein Grundstück gefunden, der Vertragsabschluß hingegen unsicher, da zu befürchten war, daß die staatliche Ankaufsgenehmigung bis zum Ablauf der ersten Anzahlungsfrist nicht gegeben würde. „Da wäre es nun sehr angenehm", schrieb Galen in diesem Zusammenhang an seine Mutter, „wenn ich eine größere Summe zur Verfügung hätte, um ev. einzuspringen, und selbst den Kauf abschließen zu können, in den doch später St. Hedwig eintreten würde." Daher habe er seinen Bruder gebeten, die Auszahlung aus seinem Erbteil nach und nach vorzubereiten, „denn es ist doch wirklich nicht nötig, daß man bei meinem Tode noch ein Vermögen vorfindet." Er wolle das Geld nicht verschenken, sondern unter bestimmten Bedingungen leihen, da St. Hedwig die Mittel zum Bau habe.[30]

Abschließend bat er seine Mutter – für ihn typisch und seiner Glaubensauffassung entsprechend – „um Förderung durch Gebet. Gerade in dieser Sache habe ich trotz manchen Mißerfolgs sehr oft schon beobachtet, daß ganz unerwartet sich Ansichten und Stimmungen änderten und Schwierigkeiten verschwanden, was ich nur auf Gebetserhörung zurückführen konnte."[31]

Die Behörden genehmigten den Bau des Gesellenhauses und der dazugehörigen Clemenskirche erst im Jahre 1910. Am 18. September d. J. fand die Grundsteinlegung statt. Zu diesem Zeitpunkt war das Gesellenhaus bereits bis zum dritten Stock hochgezogen, wie Galen in einem Brief an seine Mutter berichtete, bei dem Wohnhaus an der Wilhelmstraße das Dach gerichtet und die Kirche über den niedrigen Seitenschiffen bereits gewölbt.[32] Der Komplex befand sich zwischen der heutigen Stresemannstraße (damals Königgrätzer Straße) und der parallel verlaufenden Wilhelmstraße, im Herzen Berlins, ganz in der Nähe des Anhalter Bahnhofs, auf dem viele Gesellen aus allen Himmelsrichtungen ankamen.[33]

Am 25. Juni 1911 vollzog der Breslauer Fürstbischof die Weihe der nach dem heiliggesprochenen Bäckergesellen Clemens Maria Hofbauer benannten Kirche und des gut ausgestatteten Gesellenhauses.[34] Neben den Unterbringungsmöglichkeiten für über 200 Gesellen befanden sich in dem Komplex Räume für Durchreisende, Fremdenzimmer, Säle für Versammlungen und Festlichkeiten, ein Speisesaal mit Gastwirtschaft sowie ein Lesesaal. Hier lagen ständig führende katholische Zeitschriften des Deutschen Reiches und Österreich-Ungarns aus. Darüber hinaus gab es Unterrichtsräume, einen Gesangs- und Musiksaal, eine Turnhalle und Werkstätten, in denen nach Feierabend unter Anleitung gearbeitet werden konnte. Im 5. Stock lagen die Baderäume, und darüber befand sich ein Dachgarten.[35]

Über das „blühende Vereinsleben" berichtet ein Zeitzeuge: „Die Vereinsversammlungen, die im Winter an den Sonntagabenden, im Sommer an einem Werktagabend stattfanden, waren immer sehr interessant und gemütlich. Meistens sprach an diesen Abenden unser Präses zu seinen Gesellen. Es wurden dafür aber auch Reichstagsabgeordnete und führende Männer des Handwerks, der Industrie

Abb. 4 Das Innere der Clemens-Hofbauer-Kirche in Berlin

und anderer Gebiete als Redner gewonnen. Berufsidealismus, Berufsfreude und Berufstüchtigkeit wurden ständig gepflegt. Oft brachte der Sängerchor, die Theater- und Turnabteilung, der Kino- und Lichtbildapparat Abwechslung in die Versammlungen und Festlichkeiten. An einem Abend in der Woche versammelte sich die Vereinsfamilie zu einem religiösen Vortrag. Da der Präses im Gesellenhaus wohnte, konnte er sich ... noch mehr dem Vereinsleben und jedem einzelnen Mitglied widmen."[36]

Neben den etwa fünf Tanzvergnügungen, die der Gesellenverein pro Jahr in einem großen Saal in der Stadt ausrichtete, war ein weiteres Ereignis der jährliche Dampferausflug auf einem großen Spreedampfer für 400 bis 500 Personen.

Um die Gesellen „vor allem von den öffentlichen Freibädern fernhalten" zu können[37], pachtete Galen am ‚Langen See' bei Schmöckwitz ein Wald- und Wassergrundstück von der Staatlichen Forstverwaltung. Das Grundstück wurde eingezäunt, eine Hütte zum Übernachten errichtet, ein Bootssteg angelegt und Sportgeräte aufgebaut. So hatten die Vereinsmitglieder in den heißen Sommermonaten die Möglichkeit, ihre Freizeit außerhalb der Stadt zu verbringen. Auch Galen, der ein guter Schwimmer war, erschien dort hin und wieder und veranstaltete Wettschwimmen mit den Gesellen.[38] Einmal im Jahr fand dort ein großes Sommerfest statt, an dem dann auch die Meister mit ihren Familien teilnahmen.[39]

Seinen Gesellen gegenüber führte Galen „ein strenges Regiment, aber dennoch immer mit väterlicher Milde". Er führte die monatliche Gemeinschaftskommunion ein. Sein Ziel war die Hebung des „religiöse(n) und sittliche(n) Leben(s)" der jungen Männer. Die Teilnahme an den religiösen Veranstaltungen und den Montagsvorträgen wurde kontrolliert[40], ebenso die Stunde des Eintreffens der nach 24 Uhr ins Gesellenhaus Heimkehrenden, die der Nachtportier in die sog. ‚Nachtausgabe' einschrieb.[41] Nächtliche feuchtfröhliche Runden beendete er ohne Aufregung oder Schimpfen „bewundernswert ruhig".[42] Fand er bei der häufiger stattfindenden Revision der Zimmer zu beanstandende Publikationen oder Bilder, versuchte er zunächst mit Güte, dem Besitzer des anstößigen Materials ins Gewissen zu reden, statt sogleich die vorgesehene Strafe des Ausschlusses aus dem Haus und dem Verein anzuwenden.[43]

Der Provinzial der Jesuiten hatte einige Monate nach der Einweihung des Hauses anläßlich eines Besuches bei Galen versprochen, im Laufe des Winters zwei Patres auf Dauer nach St. Clemens zu schicken. Diese sollten zwar nicht ausschließlich dem Präses helfen, aber zumindest einen Kaplan ersetzen.[44] Galen erbat sich als Kaplan und Vizepräses Pater Franz Rensing S.J., den er bereits aus seiner Zeit im Münsteraner Priesterseminar kannte.[45] Dieser trat im Dezember 1911 seinen Dienst an und unterstützte Galen in seinen Bemühungen um Gesellenhaus und Gemeinde.[46] Im Januar 1912 traf der zweite Kaplan, Pater Lauck, ein, der ebenfalls etwas Erfahrung und viel Interesse für den Gesellenverein mitbrachte.[47] Galen bezahlte diesen aus eigener Tasche, da St. Hedwig nur eine Kaplanstelle genehmigte.[48]

Nicht nur die Seelsorge im Gesellenhaus, auch die neue Gemeinde St. Clemens, die etwa 3000 Seelen umfaßte, mußte ausgebaut werden. Viele der Katholiken arbeiteten in den umliegenden großen Hotels und hatten aufgrund ihrer Arbeitszeit am Sonntagmorgen keine Zeit zum Kirchgang. Daher bemühte sich Galen, der seit der Gründung der Gemeinde 1912 neben seiner Funktion als Gesellenpräses auch das Amt des Kuratus von St. Clemens innehatte, schon damals um die Erlaubnis aus Rom, am Sonntagabend eine Messe lesen zu dürfen – allerdings ohne Erfolg.[49]

Er hielt Religionsunterricht in der Schule, bereitete die Kinder auf die Erstkommunion vor, besuchte die Familien zu Hause und sorgte für die Ausstattung der Kommunionkinder. Den Armen und Kranken in seiner Gemeinde „schenkte er sein ganzes Herz und viel aus seiner Tasche".[50]

Das Predigen fiel Galen trotz intensiver Vorbereitung schwer. Er sprach meist stockend und sich räuspernd.[51]

Aufgrund des Mangels an Meßdienern ministrierte häufiger einer der in der Nähe wohnenden katholischen Abgeordneten, so etwa der spätere Reichskanzler Wilhelm Marx oder auch Galens Bruder Friedrich[52], der während der Reichstagssitzungen zwei Zimmer des Gesellenhauses bewohnte.[53]

Die anfangs sehr geringe Zahl an Kirchenbesuchern in St. Clemens stieg mit der Zeit. Auch an den Werktagen kamen immer mehr Katholiken zum morgendlichen Gottesdienst.[54]

Sehr wichtig nahm Galen das Berliner Kirchenblatt, auf dessen letzter Seite jede Woche Artikel und Gottesdienst-Nachrichten jeweils einer Pfarrei veröffentlicht wurden, die Galen für St. Clemens schrieb. „Die Bedeutung eines gut redigierten

Kirchenblattes wußte er nicht hoch genug zu schätzen und setzte sich mit allem Einfluß dafür beim Berliner Klerus ein."[55] Darüber hinaus achtete er auch auf die Verbreitung in den katholischen Familien und den großen Hotels der Umgebung. Seine Sorge um angemessene Lektüre drückte sich besonders in der Einrichtung eines Borromäusvereins in St. Clemens aus. Neben diesem existierten noch ein Frauen- und Mütterverein, dessen Präses er war, sowie der Vinzenzverein katholischer Männer. Die Räumlichkeiten des Gesellenhauses stellte Galen auch anderen Pfarreien für Veranstaltungen zur Verfügung, etwa für die Sitzungen des neu gegründeten katholischen Gymnasiastenzirkels[56], eines Vorläufers des ‚Bundes Neudeutschland'. So entwickelte sich St. Clemens „zu einem Zentrum des katholischen Lebens in Berlin".[57]

Graue Schwestern führten den Haushalt des Gesellenhauses. Der Präses hatte tagsüber keine Bedienung. Besuchern öffnete er selbst – „und es kamen viele, auch Bettler und Arme zu ihm".[58] Wenn er ausging, hängte er ein Schild ‚Abwesend' vor die Tür. Auch in seinen persönlichen Dingen war Galen bescheiden. In seiner sehr einfach eingerichteten Wohnung duldete er keine „Staubfänger": Gardinen und Teppiche.[59] Im Sommer und Winter trug er die gleiche anspruchslose Kleidung und, da abgehärtet gegen Hitze und Kälte, auch im strengsten Winter kein Unterzeug. Selbst bei Ausflügen war er stets in priesterlicher Kleidung anzutreffen.[60]

Das Essen im Gesellenhaus war einfach, aber gut und reichlich. Galen hatte Anweisung gegeben, daß nichts aufgewärmt werde. Wer zu spät kam, mußte es kalt essen. Diese Regelung traf häufig ihn selbst. Mehrmals in der Woche hatte er um 12 Uhr im nahegelegenen Gymnasium an der Kochstraße Religionsunterricht zu halten. Gegessen wurde in St. Clemens um 13 Uhr. Kam er zu spät, weil er in der Schule aufgehalten worden war, aß er das Mittagessen eben kalt. „Er hatte einen guten Magen, er konnte alles vertragen, nur mußte er die nötigen Mengen haben."[61] Hierzu berichtet Rensing anläßlich eines gemeinsamen Ausfluges in den Wildpark bei Potsdam, wo Galen gerne die Hirsche beobachtete, folgendes:

„Todmüde kamen wir abends am Potsdamer Bahnhof in Berlin an. ‚Komm, wir wollen im Pschorrbräu zu Abend essen', sagte er. ‚Zu Hause ist die Essenszeit doch vorüber'. Und wir gingen in das nahegelegene Pschorrbräu. ‚Ober, bitte die Speisekarte und zwei Maß!' Schnell war seine Wahl getroffen: ‚Eisbein mit Sauerkraut, mit Kartoffeln und Erbsenpüree.' Es gab gewaltige Portionen. Aber bald war er mit seiner Portion fertig und rief den Kellner: ‚Ober, dasselbe noch mal!' Ich hatte an meiner einen Portion mehr als genug."[62]

Ein Ausflug wie etwa in den Wildpark war eine Erholung für Wochen. Aus Großstadtvergnügungen machte Galen sich nichts. Er besuchte weder Konzerte noch Theater. An Gesellschaften nahm er nur teil, wenn er familiäre Verpflichtungen hatte.[63] Bei den Tanzvergnügungen des Gesellenvereins allerdings war Galen gezwungen, manchmal bis zum frühen Morgen dabeizusitzen und nach dem Rechten zu sehen: „Wenn mir jemand diese Art Seelsorge abnehmen wollte."[64]

Einmal wöchentlich aber ging er zum Konveniat des münsterschen Klerus in Berlin, das bei Pfarrer Sprünken in St. Matthias stattfand. „Dort wurde es bei angeregter Unterhaltung und langer Pfeife oft spät. Aber niemals habe ich ihn Kartenspielen sehen", erinnert sich Rensing.[65] An anderer Stelle heißt es über ihn: „Er kam öfter zum Konveniat, sonntags nach Matthias oder donnerstags zum allgemeinen Konveniat der münsterschen Geistlichen, das donnerstags abwechselnd in der Wohnung eines münsterschen Geistlichen war. Er kam aber nicht regelmäßig, war sehr schweigsam und beim Doppelkopfspielen sehr uninteressiert und ein schlechter Spieler."[66] Galen selbst merkte einige Jahre später kritisch-ironisch an, es sei doch auf den Konveniaten für die jüngeren Mitbrüder so wenig „lustig", wenn mal ein ernstes Thema besprochen werde und nicht „gewisse ‚Witze'" den ganzen Abend füllten.[67]

Seinen Urlaub, den er in die Zeit der Schulferien legte, verbrachte er, wenn irgend möglich, zu Hause in Dinklage. Die Rückkehr und die Eingewöhnung in das Großstadtleben nach dieser „Glanzzeit der Ferien"[68] fiel ihm immer wieder schwer.[69]

Neben seinen Aufgaben als Präses und Kuratus setzte sich Galen für die Errichtung des bis heute bestehenden Exerzitienhauses in Süd-Biesdorf bei Berlin ein, nachdem ihm Rensing von dem Ordens-Exerzitienhaus der Gesellschaft Jesu in Emmerich erzählt hatte. Zusammen mit seinem Bruder Friedrich Graf von Galen, dem Zentrumsvorsitzenden Matthias Erzberger und dem Abgeordneten Pfarrer Salzgeber von Moabit gründete er die GmbH ‚Erholungsheim Biesdorf'. Auch der Provinzial der Jesuiten hatte seine Unterstützung für das Projekt zugesagt, doch konnte dessen Mitwirkung vor dem Hintergrund der durch das Jesuitengesetz auferlegten Beschränkungen nicht öffentlich gemacht werden. Die zunächst durch den Landrat abgelehnte Baugenehmigung – die für die Haushaltsführung vorgesehenen drei Ordensschwestern stellten seiner Meinung nach eine verbotene Ordensniederlassung dar – wurde durch Erzbergers Eingreifen dann doch erteilt.[70] Der Erste Weltkrieg verzögerte die Fertigstellung des Baues dann allerdings noch um mehrere Jahre.

Ein Großteil der Gesellen wurde eingezogen, und fast alle übrigen meldeten sich freiwillig: „Ich ermuntere sie auch dazu, denn ich meine, jeder, der es kann, muß sich jetzt in den Dienst des Vaterlandes stellen." Und auch Galen selbst zeigte sich dem Kaiser gegenüber loyal: „Ich war gestern beim Armeebischof und habe mich ihm, falls meine Obern zustimmen, zur Verfügung gestellt. Ich habe das u. a. darum getan, weil ich glaube, gerade meinen Gesellen ein gutes Beispiel geben zu müssen."[71]

Er wurde jedoch nicht angenommen, da zu diesem Zeitpunkt alle Stellen aufgrund der zahlreichen Freiwilligen bereits besetzt waren.[72]

Im Gesellenhaus wurde ein Lazarett für etwa 200 Verwundete eingerichtet. Mit den Gesellen an der Front blieb Galen durch Rundbriefe, die Informationen aus dem Verein, Ermahnungen und Aufmunterungen enthielten, in Kontakt.[73] Während er kurz nach Ausbruch des Krieges noch an seine Mutter schrieb, wie „wahrhaft erhebend und erbauend ... die durchweg ernste und würdige Begeisterung des ganzen Volkes" sei und „unzählige erkennen, daß das Heil des einzelnen und des Ganzen nur bei Gott zu finden" sei, der Krieg wirke schon jetzt „wie eine Mission"[74], heißt es 1916 in einem seiner Rundbriefe schon sehr viel nüchterner, es gebe nur „einen wahren Arzt und Erlöser der Welt. – Der Krieg ist es nicht."[75] Im August 1917 nahm Galen an einer Frontreise nach Frankreich teil, wo er „viel Schreckliches", aber auch „viel Erfreuliches und Erhebendes" insbesondere in bezug auf die Stimmung der deutschen Truppen gesehen habe.[76]

In den Jahren 1916 und 1917 hielt Galen zwei Referate über die Ansiedlung u. a. aus Südrußland vertriebener katholischer deutscher Bauern in den von deutschen

Truppen besetzten Teilen Osteuropas.[77] Er begrüßte die Ansiedlungspläne und erweiterte sie im Hinblick auf die Notwendigkeit der Ansiedlung von Katholiken insbesondere in Litauen. Als Ziel nannte er dabei, „nicht die einheimische Bevölkerung, die Letten und Litauer zu verdrängen oder gar auszurotten, sondern sie selbst zu deutschem Denken und Fühlen, zu Hochachtung und Liebe für das neue Vaterland zu erziehen."[78] Das werde eine kleine Schar deutscher Bauern nicht vermögen; sie selbst werde in Gefahr sein, ihr Deutschtum zu verlieren, wenn ihnen nicht eine deutsche Oberschicht einen Rückhalt biete, ihr Führer und Vorbilder stelle. Hierzu bedürfe es einer führenden und vorbildhaften Schicht, die nicht nur mit dem Land verwachsen sei, sondern auch „unabhängig und treu die wahren Interessen des Deutschtums und der Volksgenossen vertreten, auch die Volksgenossen der neuen fremdstämmigen Volksgenossen."[79]

Im Gegensatz zu Kurland sei in Litauen erst eine deutsche Oberschicht zu schaffen: „Katholische deutsche Familien müssen sich dort niederlassen, müssen dort Wurzel schlagen, Heimatrecht erwerben, auf eigenem Grund und Boden, der durch Umfang und Ertrag ihnen die Führerstellung gegenüber den umwohnenden litauischen und etwa deutschen Bauern anweist, der sie auch unabhängig macht und stark genug, um die Rechte und Interessen des Volkes selbstlos zu vertreten."[80]

Hinter diesen Ausführungen Galens wird sein strenges Verständnis von der Pflicht und Aufgabe des Adels, insbesondere des katholischen Adels, gegenüber Staat und Gesellschaft sichtbar. Clemens August Graf von Galen – wie schon sein Vater Graf Ferdinand Heribert – sah den Adelsstand seiner Familie nicht vom Staat bzw. den jeweils Regierenden her begründet, was ihr erlaubte, trotz aller dem König und Kaiser geschuldeten und ihm gegenüber gezeigten Loyalität vom Staat begangenes Unrecht auch als solches zu bezeichnen und dessen steigenden Machtanspruch zu kritisieren.[81] Für Galen stand die „Verpflichtung, der in selbstlosem gemeinnützigen Wirken bewährten Vorfahren wert zu sein, ‚edel' zu sein, d.h. ohne Rücksicht auf eigenen Vorteil und Menschengunst das Gute zu wollen und zu erstreben, edelmütig, über die Grenze des streng Gebotenen hinaus" im Vordergrund.[82] Vor diesem Hintergrund wird auch seine Beteuerung gegenüber anderslautenden Anschuldigungen glaubhaft, er habe sich, solange er bewußt denken könne, für *jedes* Recht, für *jede* berechtigte Freiheit eingesetzt, von *jedem* Vergewaltigten, wer er auch sei, das Unrecht abzuwehren sich bestrebt, ob er König oder Graf oder Bürger oder Bauer oder Bettler sei. Galen, der offenbar schon während seiner Zeit als Kaplan und Kuratus Zentrumsmitglied war[83], betonte in diesem Zusammenhang, er habe vor dem Kriege die Enteignung polnischer Bauern ebenso scharf verurteilt wie später die Fürstenenteignung während seiner Zeit als Pfarrer von St. Matthias.[84]

3. Der Pfarrer

Durch die Versetzung von Pfarrer Franz Sprünken nach Emmerich am Niederrhein war die Pfarrei St. Matthias seit dem 1. November 1919 verwaist. Als Pfarrverwalter fungierte Kaplan Heufers.

„Natürlich waren wir sehr gespannt auf den Nachfolger", berichtet der damals an St. Matthias tätige Kaplan Holstein und fährt in aller Anschaulichkeit fort: „Alle möglichen Namen wurden genannt, aber an Galen dachte keiner. Der Name wurde nie genannt. Ich weiß mich noch zu erinnern, wie ich eines Nachmittags von einer Beerdigung auf unserm Matthiasfriedhof zurückkam. Ich war kaum in meinem Zimmer, als mein Nachbar, Kaplan Schleppinghoff, auch schon hereinstürmte mit der Nachricht: Der neue Pfarrer ist ernannt. Natürlich fragte ich begierig, wer es sei, erhielt aber die Weisung, mich erst zu setzen, sonst würde ich umfallen. Als ich mich gesetzt hatte, mußte ich raten: Ein Westfale? – Nein. – Ein Rheinländer? – Nein. – Ein Oldenburger? – Ja. – Und ob ich ihn kenne? – Ja! – Ein Oldenburger, der in Berlin schon tätig sei? – Ja. – Untraut?-Wienhues?[85] – Nein. – Dann weiß ich keinen mehr. Doch, sagte Schleppy, Galen. Worauf ich ganz entsetzt antwortete: ‚Das geht im Leben nicht gut', worauf er antwortete: ‚Das sagen wir auch.'"[86]

Unter seinen Mitbrüdern galt Galen zwar zum einen als „lieber Confrater", der seinen Adelstitel nie betonte und der bekannt war als ein „demütiger, frommer, äußerst gewissenhafter, seelsorglich eifriger Priester". Auf der anderen Seite aber hieß es, er sei „streng in seinen kirchlichen Ansichten", „schwerfällig in seinem Wesen, sehr ernst und zurückhaltend, in seinen geistigen Gaben ... wenig talentiert", „als Prediger langweilig und ohne jedes Talent". Darüber hinaus galt er als „sturer Oldenburger", dem die Einfühlungsgabe in Menschen und Verhältnisse fehle.[87]

Galen selbst hatte erwartet, als Subregens nach Münster geschickt zu werden, und bereits begonnen, innerlich Abschied zu nehmen, „indem ich anfange, ‚Berlin zu besichtigen': in freien Stunden gehe ich in die Museen, um doch eine Ahnung davon mitzunehmen, was dort zu sehen ist".[88] Als dann aber Kardinal Kopp in Übereinstimmung mit dem Bischof von Münster entschied, er solle die Pfarrei St. Matthias übernehmen, entsprach Galen zwar diesem Wunsch, „wenn es mir auch herzlich sauer wird."[89]

Nach seiner Ernennung zum Pfarrer von St. Matthias am 11. November 1919 kehrte Galen in seine alte Gemeinde in Schöneberg zurück, wo am 21. Dezember die feierliche Einführung stattfand. In seinem ersten Hirtenwort an die Gemeinde hob er im Hinblick auf seine Zeit als Kaplan hervor, „er komme nicht als Fremder zu Fremden". Er sei sich der Nachfolge Kappenbergs, Dierkens und Sprünkens bewußt und trete dieses Amt mit „dem ernsten Streben, allen alles zu werden" an.[90] Die Matthias-Gemeinde hieß den neuen Pfarrer willkommen, und das St. Matthias-Blatt schrieb dazu: „Wir wissen, und er weiß es mit uns, daß bald, vielleicht allzubald, Disteln und Dornen reichlich auf seinem Hirtenpfade wachsen werden. In den letzten Jahrzehnten hat nicht oft ein Seelsorger die schwere Verantwortung für 25000 unsterbliche Seelen unter gleichen der Kirche und dem religiösen Leben drohenden Gefahren übernommen. Wir in der Diaspora brauchen nur das Wort ‚Schulfrage' zu nennen, um den furchtbaren Ernst der Lage zu beleuchten."[91]

Während Galen die Beschlüsse der Weimarer Nationalversammlung zur Freiheit der Kirche „wohl annehmbar" fand, schienen ihm diejenigen über die Schule „viel bedenklicher".[92]

Anläßlich der Erörterungen der Nationalversammlung über die Schulfrage fanden im Sommer 1919 mehrere Versammlungen zur Verteidigung der Bekenntnisschule statt, die die Geschlossenheit der Berliner Katholiken (einschließlich der Vororte und Groß-Berlins) demonstrierten[93] – so auch in St. Matthias.[94] In allen Versammlungen wurde eine Resolution angenommen, in der kategorisch mit öffentlichen

Mitteln finanzierte katholische Volksschulen für katholische Kinder gefordert wurden. Ebenso wurden in allen Pfarreien Unterschriften gesammelt, allein in St. Matthias waren es 8017.[95] Aufgrund eines Kompromisses zwischen Zentrum und SPD blieb der bisherige Zustand im wesentlichen erhalten: die Konfessionsschule blieb neben der Simultanschule bestehen.[96]

Die Weimarer Verfassung sah in Art. 146 die Gemeinschaftsschule als Regelschule vor, die Eltern hatten jedoch das Recht, eine Bekenntnisschule quasi als Ausnahme von der Regel zu fordern. Das Nähere sollte ein Reichsschulgesetz regeln.[97] Zur Pfarrei St. Matthias gehörten vier katholische Bekenntnisschulen: drei Gemeindeschulen und die anerkannte höhere Mädchenschule, ein angeschlossenes Oberlyzeum der Franziskanerinnen und ein Volksschullehrerinnen-Seminar nebst Präparandie.[98] Das Oberlyzeum mußte aufgrund der Auswirkungen der Inflation von 1920 bis 1925 geschlossen werden.[99]

Galen sah das Elternrecht und die Rechte der Kirche als Teil des Naturrechts, des göttlichen Rechts, von dem kein Fußbreit abgewichen werden könne, ohne das Vertrauen und die Rechte des katholischen Volkes zu verraten.[100]

In diesem Sinne beinhaltete das St. Matthias-Blatt zu vielen Gelegenheiten wie etwa Einschulung oder Wahl der Schul-Elternbeiräte regelmäßig die Mahnung und dringende Aufforderung an die Eltern zum Schutz der Konfessionsschule.

Im Frühjahr 1922 fanden im Reichstag die Beratungen über ein neues Reichsschulgesetz statt. In diesem Zusammenhang verfaßte Galen einen Beitrag über ‚Die freie Schule dem freien Volke'[101], der über die ‚Katholische Korrespondenz'[102] in verschiedenen Zeitungen erschien.[103]

In dem Artikel, der einen Kommentar zu einer Schrift des Paderborner Weihbischofs Hähling[104] darstellte, erklärte Galen, das Staatsschulmonopol, das seinen Ursprung im Absolutismus habe, sei ein unbefugter Eingriff des Staates in das Natur- und Elternrecht. Es gebe „keine entwürdigendere und empörendere Knechtschaft, als wenn der Staat die heiligsten Familienrechte mit Füssen tritt, die Kinder den Eltern entreißt und ihnen in der Zwangsschule gewaltsam staatlich abgestempelte Weisheit aufzwingt"[105], heißt es am Schluß des Artikels, der nach Galens eigener Aussage „verunstaltet", d. h. abgemildert abgedruckt wurde.[106]

Leise Kritik an den Bischöfen wird laut, wenn er in einem Brief an seinen Bruder Franz schreibt: „Aber alles wird nicht helfen, wenn nicht die Bischöfe die Sache in die Hand nehmen, ihrem Volk mit aller Energie und Klarheit die Augen öffnen, und den sicheren Ausgangspunkt des Kampfes zeigen, wo wir in unanfechtbarer Stellung sind: auf dem Boden des Elternrechts, das die Staatsgewalt nicht schmälern darf, sondern schützen muß. Hoffentlich leitet der hl. Geist die Bischöfe zu baldigem Vorgehen!"[107]

Galens Argumentation in der Diskussion um die Bekenntnisschule macht bereits die Grundlage seines Denkens deutlich. Für ihn galt es, das Naturrecht und die Freiheit der Kirche in allen Bereichen des religiösen *und* gesellschaftlichen Lebens zu bewahren und zu verteidigen. Dies setzte er in seiner Gemeinde insofern praktisch um, als er die Eltern mehrmals auf die Bedeutung der Neuwahlen der Schul-Elternbeiräte für den Erhalt der Bekenntnisschule gerade während der Verhandlungen zum Reichsschulgesetz aufmerksam machte und sie aufforderte, „ihre Stimme nur für eine Liste abzugeben, deren Kandidaten christlich gesinnt sind."[108] Bereits 1920 war im St. Matthias-Blatt der Aufruf eines Elternbeirats einer der zur Pfarrei St. Matthias gehörenden Schulen erschienen, in dem die christlichen Eltern dringend aufgefordert wurden, zu einer großen Protest-Versammlung zu erscheinen, um die beabsichtigte Wahl eines den Vorstellungen der katholischen Eltern nicht entsprechenden Oberstadtschulrats zu verhindern.[109] Allein der Abdruck dieses Aufrufes im St. Matthias-Blatt zeigt, daß Galen dessen Inhalt zumindest billigte, wenn nicht gar selbst unterstützte.

Galens Start als Pfarrer in Schöneberg gelang zwar, doch wurde er bald darauf immer schweigsamer. Auf Fragen seiner Kapläne nach der Ursache bekannte er, daß sich sehr viel seit seinem Weggang aus St. Matthias 1911 geändert habe und die Verhältnisse kompliziert geworden seien.[110] Auch in Schöneberg und der Pfarrei St. Matthias machten sich die Auswirkungen des verlorenen Krieges, der Revolution und der Konstituierung der von vielen ungeliebten demokratischen Republik bemerkbar.[111]

Das Kirchenvolk bewies allerdings zum größten Teil Treue gegenüber Pfarrer und Gemeinde. Dies zeigen die Vorgänge um den Kapp-Putsch – „vielfach Schießereien auf den Straßen, Generalstreik, Aussetzen der Straßenbahn und der Beleuchtung" – die das Kirchenvolk nicht davon abhielten, an der um diese Zeit stattfindenden Volksmission in der Matthias-Gemeinde teilzunehmen: „(D)ie Vorträge in allen drei Kirchen (wurden) gut besucht."[112]

Auch in der Zeit der Inflation verhielt sich das Kirchenvolk loyal. Der Bezugspreis für eine Nummer des St. Matthias-Blattes stieg nach Einsetzen der Inflation auf 20 000 000 RM am 4. November 1923 und belief sich eine Woche später bereits auf „mindestens eine Milliarde".[113] Das Blatt überlebte; das Kirchenvolk zahlte und spendete überdies für den Erhalt der Zeitung.[114]

Darüber hinaus brachte die Gemeinde im August 1923 durch Kollekten einen Betrag auf, mit dem Hilfsgeistlichen und Kirchenangestellten ein zumindest kleines Gehalt gezahlt werden konnte. Dies veranlaßte Galen dann, anläßlich der Danksagung um weitere Spenden für die Armen, Kranken und Bedürftigen der Gemeinde zu bitten.[115] Zudem organisierte er ein ‚Hilfswerk zur Linderung der Not' in seiner Gemeinde. Jeder Gläubige sollte seine Möglichkeit der finanziellen oder materiellen Hilfeleistung notieren und die entsprechende Notiz im Pfarrhause abgeben, wo dann die Hilfe koordiniert wurde.[116] Unterstützt durch Armenkollekten, konnten auf diese Weise in der Pfarrei über mehrere Monate hinweg täglich durchschnittlich 100 warme Mahlzeiten kostenlos an Bedürftige ausgegeben werden.[117]

Doch neben solchen Beispielen sozialer Hilfe und Loyalität gegenüber der Gemeinde machte Galen auch andere Erfahrungen. Immer wieder kamen Einbrüche in der Kirche und auf dem Friedhof oder Entwendung von Opfergeld, auch durch Kinder, vor.[118] Immer wieder mußte er seine Gemeinde bezüglich ihres Verhaltens ermahnen, z. B. nicht während des Gottesdienstes in der Kirchenzeitung zu blättern oder im Gang herumzulaufen und darauf zu achten, daß die Kinder nicht die Kirchenmauern beschmierten.[119] Auch die Wahlbeteiligung bei der Neuwahl des Kirchenvorstandes nach der neuen Wahlordnung von 1924 verlief für Galen enttäuschend: neben 29 Ordensfrauen übten nur 13 Laien ihr Wahlrecht aus.[120]

Bereits im ersten Jahr seiner Tätigkeit gelang ihm die Vergrößerung des von Pfarrer Kappenberg 1892 erworbenen Friedhofs der Schöneberger Gemeinde, der in Mariendorf lag. Galens Vorgänger Sprünken hatte bereits darüber verhandelt, konnte den Plan aber nicht mehr verwirklichen, da, wie es in der Pfarrchronik von St. Matthias heißt, „der radikal-socialdemokratische Gemeindevorstand von Mariendorf die Vergrößerung des Friedhofs zu vereiteln suchte."[121] Nach einer weiteren Vergrößerung im Jahre 1922 griff Galen den Plan Sprünkens auf, eine Friedhofskapelle errichten zu lassen.[122] Am 1. November 1927 wurde auf dem Friedhof der St. Matthias-Gemeinde die St. Fidelis-Kirche konsekriert.[123] Dazu gehörte ein Klosterbau, in dem die Herz-Jesu-Missionare auf Anregung Galens eine Niederlassung errichteten.[124]

Auch zur Ausstattung der bei seinem Amtsantritt noch recht kahlen Matthias-Kirche tat Galen einiges. Als Beispiel sei hier die Anschaffung dreier Bronzeglocken genannt, die am 26. Dezember 1924 feierlich eingeweiht und an Silvester d. J. zum ersten Mal geläutet wurden.[125] Im Frühjahr 1921 richtete Galen in seinem Fremdenzimmer im Pfarrhaus ein Pfarrsekretariat ein, das von einer Franziskanerin geleitet wurde.[126]

Neben den Auswirkungen der politischen Unruhen wurde Galen der Anfang in St. Matthias auch dadurch erschwert, daß zwei seiner Kapläne, Heufers und Schleppinghoff, die Kursusgenossen und Jugendfreunde gewesen waren, größere Erfahrung und Kenntnis der Gemeinde besaßen. Heufers erkannte selbst, daß Galen „mehr Luft haben" müsse[127], und ging 1921 nach Tempelhof, Schleppinghoff wurde im selben Jahr Kuratus an der Matthiaskapelle in der Potsdamer Straße.[128] Nachfolger wurden die Kapläne Franz Hartz aus Hüls und Heinrich Lampe aus Oldenburg.[129]

Holstein rückte zum ersten Kaplan auf und kam „damit in ein Verhältnis zu Galen, wie ich es mir schöner nicht denken konnte."[130] Im Laufe der Zusammenarbeit mit Galen sah er sich gezwungen, seinen ersten Eindruck von diesem in weiten Teilen zu revidieren.

Holstein schreibt ihm eine „brennende Liebe" zur katholischen Kirche zu, ein außerordentlich vielseitiges Interesse in allen Fragen der Seelsorge und des Verhältnisses zwischen Kirche und öffentlichem Leben sowie ein durch Erziehung begründetes Gefühl für „die gerade katholische Linie, die ihn meistens instinktmäßig richtig leitete." Dazu gesellte sich eine „unbeirrbare Konsequenz ohne Kompromisse an irgendwelche Personen oder Zeitströmungen".

Sein Amt, so Holstein weiter, nehme er ernst und sei gewissenhaft in seiner Ausübung, dabei selbstlos und hilfsbereit, und er zeichne sich durch ein tieffrommes und gütiges Wesen aus.[131]

Galen war alles andere als ein kritischer Kopf der Amtskirche gegenüber. Von einer „heißen Liebe zur katholischen Kirche"[132] erfüllt, war er von einer kritischen Haltung gegenüber der kirchlichen Hierarchie weit entfernt, auch wenn er Irrtümer offizieller kirchlicher Stellen einkalkulierte[133] oder vorsichtige Kritik an der zögerlichen Haltung der Bischöfe verlauten ließ, wie etwa 1922 in der Diskussion um das Reichsschulgesetz.[134] Er selbst spricht von einem engen, demütigen und freudigen Anschluß an die Kirche: „Wir müssen die Kirche lieben, nicht nur ihr Idealbild, wie Christus sie gewollt und gegründet, sondern so, wie sie konkret, heute unter der Leitung des hl. Geistes vor uns steht."[135] Und an anderer Stelle heißt es: „Und da sind wir nun so glücklich, an der Mutterhand der Kirche zu gehen: sollen wir nicht lieber einen Schritt weniger tun, wenn die Kirche und ihre rechtmäßigen Vertreter, noch Bedenken hat, oder gar warnt, als uns der Gefahr aussetzen, einen Fehltritt zu tun?"[136] Empört und zornig wies Galen seinen Kaplan Holstein zurecht, als dieser einmal bemerkte, wie oft die mittelalterlichen Päpste den Kirchenbann zu politischen Zwecken mißbraucht hätten. Er sei „für eine vernünftige Diskussion in diesen Fragen überhaupt nicht zugänglich" gewesen.[137]

Bereits 1910 hatte er sich anläßlich der wegen ihrer Darstellung des Protestantismus vor allem bei den Protestanten umstrittenen und in der Presse nicht publizierten Borromäus-Enzyklika Papst Pius X. geäußert: „Wie ekelhaft ist die Hetze gegen den hl. Vater und die Borromäus-Encyklika; man muß wirklich an die portae infaeri denken; die Haltung unserer Zeitungen finde ich jammervoll schwächlich: niemand wagt zu sagen, daß der hl. Vater nur die Wahrheit ausgesprochen hat."[138]

Galens Glaube war einfach, und in seiner Frömmigkeit war er traditionalen Erfahrungen aus Elternhaus, Erziehung und Studienjahren verhaftet.[139] Dies spricht aus zahlreichen seiner Briefe. Auch Holstein spricht von einer „fest verankerten, kindlich-gläubigen Art", die ihm nur sehr schwer Zugang zu den Problemen der älteren Jugend verschafft habe. Er habe deshalb die Religionsklassen der Kleinen übernommen: „(D)a begegneten sich die verwandten Seelen: die der unschuldigen Kinder und seine eigene Seele, die sich den Glauben der Kindheit ungebrochen und unangekränkelt bewahrt hatte."[140]

Offen begegnete Galen kritischen Äußerungen gegenüber seiner Person. Unbestritten arbeitete er an sich, „die Kanten meines Wesens abzuschleifen" und das, „was ich glaube, richtig gemacht zu haben, ... in Zukunft noch richtiger zu machen." Stolz, Ehrgeiz und Eitelkeit – Eigenschaften, die für ihn zu den schweren Sünden gehört haben dürften – waren ihm insofern nicht fremd, als er sich bewußt war, solchen Anfechtungen auch ausgesetzt zu sein. Er leugnete nicht, diese bei sich schon festgestellt zu haben, wollte sie aber überwinden. Auf den Vorwurf der „,Unnahbarkeit'" entgegnete er: „(E)s ist wahr, daß ich im allgemeinen mir Unbekannte etwas kühl empfange, daß ich auch bei bekannten Besuchern versuche, nicht allzu viel Zeit mit unnützem Geschwätz zu verlieren."[141]

Wie schon in St. Clemens nahm Galen auch in seiner Pfarrei die Seelsorge sehr ernst. Er machte regelmäßige Hausbesuche in den Familien. Mit besonderer Aufmerksamkeit wandte er sich den Armen und Kranken in der Gemeinde zu, bei denen er u. a. finanzielle Hilfe aus seinem Privatvermögen leistete. Während ihm das Predigen auch weiterhin schwer zu schaffen machte[142], fand er hier leicht die richtigen Worte. Es wurde erzählt, daß er sich auch nicht gescheut habe, einen Kranken, der sich im Bett verunreinigt hatte, selbst zu waschen und anzukleiden sowie das Bett frisch zu beziehen.[143]

Seine Gewissenhaftigkeit in diesem Teil der Seelsorge manifestiert sich in einem Tagebuch, das er zu dem Zweck anlegte, keinen Bedürftigen in seiner Gemeinde zu übersehen.[144]

Auch seinen Kaplänen begegnete er mit Nachsicht. Im Gegensatz etwa zu Sprünken nahm Galen deren Fragen und Probleme nicht nur seelsorglicher Art ernst und kam solange darauf zurück, bis alles geklärt war.[145] Nach Auskunft Holsteins bürdete er seinen Kaplänen niemals eine Arbeit auf, die er selbst erledigen konnte. Im Gegenteil, er nahm ihnen, soweit dies möglich war, lästige oder unangenehme Arbeiten ab. Seine Kapläne nannten ihn daher zwar scherzhaft, aber nicht gerade schmeichelnd das „Drangfatt": jenes Faß in westfälischen Bauernhäusern, in das der Abfall für das Vieh geworfen wurde.[146]

Das von seinem Biographen Heinrich Portmann ihm unterstellte Mönchsideal dürfte schwer zu beweisen sein. Portmann führt als Beispiele hierfür Galens Ablehnung von Einladungen zum Essen mit anschließender Geselligkeit[147] an sowie den Umstand, daß Galen ab 1921 bei seinem ersten Kaplan beichtete.[148] Dies hatte Galen aber während seiner Zeit in St. Clemens ähnlich gehandhabt, wo Kaplan Rensing sein Beichtvater gewesen war.[149] Daß Galen keine gesellige Natur war, hatte sich schon in seiner Tätigkeit als Gesellenpräses gezeigt. In Laienkreisen verkehrte er privat grundsätzlich nicht, den Adel eingeschlossen. Freundschaftlichen Verkehr pflegte er nur mit Geistlichen, besaß allerdings offenbar keinen wirklichen Freund.[150]

Er las vor allem historische Werke und fand in der Kunst nur zu andächtigen und harmonisch wirkenden Bildern einen Bezug. Konzerte oder die Oper besuchte er auch während seiner Zeit als Pfarrer nie. Stattdessen bevorzugte er einen „vernünftigen Militärmarsch".[151]

Der Bitte eines zur Matthias-Gemeinde gehörenden Tenors an der Berliner Oper, Galen möge doch eine seine Aufführungen besuchen, entsprach dieser erst nach einigen Überredungsversuchen Holsteins: Er gab „resigniert nach, schellte seine Haushälterin und sagte ihr: ‚Katharina, machen Sie mir ein paar Butterbrote, ich muß in die Oper.'"[152]

Esprit, Witz und Schlagfertigkeit besaß er nicht, aber er hatte ein fundiertes theologisches Wissen und zeichnete sich durch Gründlichkeit in seinen Studien aus.[153] Mit besonderem Interesse wandte er sich den Lehren der letzten Päpste und ihren „ernsten Mahnungen und Warnungen für das Staatsleben" zu.[154] Nach Holsteins Eindruck war er in öffentlichen Angelegenheiten „unter der Hand hinter den Kulissen oft sehr tätig". Eine spätere schriftliche Mitteilung Galens an Holstein, er habe sich nie in der Politik betätigt, wertet dieser als „Selbsttäuschung": „Er war sehr aktiv."[155]

4. Der „Politiker": „... nicht parteipolitische, sondern katholische Interessen ..."[156]

Bezeichnete man Galen als ‚Politiker', hätte er selbst wohl am entschiedensten protestiert. Doch im Hinblick auf seine Veröffentlichungen und Referate zu aktuellen politischen Themen und grundsätzlichen Fragestellungen, drängt sich dem Betrachter zunächst der Eindruck eines parteipolitisch agierenden Menschen auf, den man als einen „Rechtskatholiken" einzuordnen geneigt ist.

Eine solche schablonenhafte Beurteilung, zurückzuführen auf die geringe Beachtung, die den Quellen seiner langen Berliner Zeit und der Entwicklung, die er hier durchmachte, bisher geschenkt worden ist, findet sich in der Galen-Forschung fast durchgängig. Diese ist im wesentlichen von den Untersuchungen Rudolf Morseys geprägt.[157] Insbesondere die Korrespondenz Galens, und hier vor allem die Briefe an seinen Kaplan Heinrich Holstein aus den Jahren 1925 bis 1928, machen deutlich, daß die bisherige Beurteilung revisionsbedürftig ist. Um zu differenzierten Aussagen über seine Person und sein Verhalten zu kommen, das nicht parteipolitisch, sondern seelsorglich motiviert war, ist es unumgänglich, zunächst den Hintergrund Galenschen Denkens näher zu beleuchten.

Die bisherige Galen-Forschung vertrat im wesentlichen die folgenden Auffassungen:

- Entwicklung Galens zum „scharfen Kritiker der Weimarer Verfassung" und zu „einem Verfechter der ‚Dolchstoßlegende'"[158];
- "Aus einer betont ‚nationalen' Sicht kommentierte er politische Zeitfragen"[159];
- "Die Erhaltung der religiösen Grundlage des nationalen Lebens bildete für ihn die Voraussetzung für eine gedeihliche staatliche Entwicklung"[160];
- Er „zählte zu den Anhängern des ‚Rechtskatholizismus', die kritische Distanz zur Zentrumspartei hielten"[161];
- "Durch Franz von Papen gelangte er in den Aufsichtsrat der Berliner Zentrumszeitung ‚Germania', dessen Vorsitzender Papen war"[162].

Im folgenden werden die genannten Punkte unter Einbeziehung der bisher nicht oder zu wenig beachteten Quellen differenziert bzw. richtiggestellt.

Der Schlüssel zum Verständnis seines ‚politischen' Denkens liegt in der in Galens Schriften immer wieder auftauchenden Betonung von „Freiheit". Dies meinte vor allem die „Freiheit" von staatlicher Bevormundung und damit die „Freiheit", ein Staatswesen nach christlichen Grundsätzen zu ordnen. Eine solche auf dem Naturrecht beruhende und daher für ihn rechtmäßig erscheinende Ordnung sei, so Galen, in einem „allgewaltigen, unbeschränkt mächtigen, niemand verpflichteten Staat", den er „die Idee vom Staatsgott" nannte, nicht möglich.[163]

Von dieser Aussage kann jedoch keineswegs eine generelle Abneigung Galens gegen die Weimarer Republik abgeleitet werden. Wenn er auch einige Male vorsichtig durchblicken ließ, daß die Monarchie die ihm persönlich genehmere Staatsform sei[164], so kritisierte er doch nicht die Staatsform an sich, sondern untersuchte diese auf die seiner Meinung nach unverzichtbaren christlichen Elemente. Sah er ‚Gottesrecht' und das christliche Sittengesetz nicht oder nur unzureichend berücksichtigt, trat er als Verteidiger dieses von ihm als einzige Wahrheit und daher auch als Grundlage jeder Gesellschaft erkannten Rechts auf.

Vor diesem Hintergrund setzte er sich mit den Fragen von Parlamentarismus und Demokratie auseinander und erklärte beispielsweise, die gesetzliche Festsetzung der Wahlpflicht bedeute nicht Schaffung neuer Pflichten für den Bürger. Das Wahlrecht spreche „eine im Naturrecht und christlichen Sittengesetz begründete öffentliche Pflicht der Staatsbürger positiv aus und erfüllt somit in schönster Weise die Aufgaben staatlicher Gesetzgebung."[165]

Ebenso stellte er in seinem Artikel ‚Unsere Stellung zu Artikel I der Reichsverfassung'[166] fest, daß die Nationalversammlung „unzweifelhaft" das Recht und die Pflicht zur Bestimmung der Staatsform des Deutschen Reiches sowie zur Einsetzung einer Regierungsgewalt habe, „die befugt ist, nicht nur durch äußeren Zwang, sondern auch im Gewissen verpflichtende Gesetze im Rahmen der durch Gottes Gebot und das Naturrecht gegebenen Schranken das deutsche Volk zu leiten."[167] Dies betone er, wie er weiter schrieb, vor allem im Hinblick auf diejenigen, deren Mithilfe beim „Wiederaufbau" nötig sei, die aber „nicht wenige Bedenken tragen, die Rechtmäßigkeit der neuen Staatsverfassung, der neuen Regierungsgewalt innerlich anzuerkennen."[168] Grundlage seiner Ausführungen waren das Rundschreiben ‚Diuturnum illud' Papst Leos XIII.[169] als auch Worte des Apostels Paulus.[170]

Satz 1 des Artikels 1 der Weimarer Verfassung[171] stimmte er somit zu und erwartete von den Christen „Ehrfurcht und Gehorsam" gegenüber der republikanischen Regierung. Satz 2 hingegen könne er nur als *Bezeichnung* des Gewaltinhabers gelten lassen, nicht aber als *Verleihung* des Rechtes der Gewalt an ihn: „Wenn also die Regierung ausdrücklich und bewußt sich nur auf den Volkswillen stützt, von ihm allein ihre Gewalt herleitet, ihre schönste Würde und die Grundlage ihres Rechtes, als Gottes Stellvertreterin uns zu gebieten, zurückweist, dann verzichtet sie selbst auf das einzige sichere Fundament ihres Bestandes, dann kann sie nicht Gehorsam fordern, ‚um des Gewissens willen'"[172].

Hier handelte es sich nicht um eine „scharfe Kritik" (Morsey) an der Weimarer Verfassung. Seine Ablehnung bezog sich auf den zweiten Satz des Art. 1: „Die Staatsgewalt geht vom Volke aus", einer, wie er meinte, bewußten Gegenüberstellung einer Staatsgewalt „von Volkes Gnaden" versus „von Gottes Gnaden" durch Sozialdemokraten und Liberale. Von seinem ‚politischen' Verständnis her sah er sich dazu aufgefordert, das ignorierte „Recht Gottes" einzufordern. Daher kann Galen keinesfalls als „Rechtskatholik" (Morsey) bezeichnet werden, denn er plädierte gerade nicht für das altkonservative bzw. absolutistische Gottesgnadentum, wie es für den Rechtskatholizismus typisch war.

Für Galen war der Grad der Berücksichtigung und Aufnahme katholischer Lehre (Naturrecht, Sittengesetz) in ein Staatswesen Maßstab für seinen ‚politischen Standort'. Innerhalb dieser Kategorien dachte und bewegte er sich. Daher lehnte er auch nicht von vornherein Republik und Demokratie pauschal ab, sondern fragte zunächst nach der Umsetzung christlich-katholischer Grundsätze, bevor er zustimmte oder protestierte. In einem Brief an seinen Kaplan und Freund Heinrich Holstein äußerte er dazu: „Wenn ich den Grundgedanken der Parlamentsomnipotenz und der Rechtssetzung durch Majoritätsabstimmung für grundsätzlich verfehlt halte, so richtet sich mein Widerspruch gegen jede Rechtssetzung durch *bloße Macht,* sei es die Macht der Majorität, sei es die Macht der Geldbeutel."[173] "Bloße" Macht bedeutete für ihn vor allem die fehlende Berücksichtigung der göttlichen Gewalt. Ihre Verteidigung sowie die „Durchsetzung christlicher Ideale"[174] in Staat und Gesellschaft war sein daraus abgeleitetes konsequentes Handlungsprinzip.

Der Auffassung einer „absolutistischen heidnisch-egoistischen Staatsphilosophie" vom Herrscherrecht als „ein(em) Mittel der Macht, um die selbstsüchtigen Ziele des Herrschenden oder der herrschenden Klasse ohne Rücksichtnahme auf höhere sittliche Lebenselemente durchzusetzen", setzte Galen die „freiheitliche, christlich-altruistische Auffassung" eines Herrscherrechtes als „heilige Dienstpflicht, um das wahre Glück des ganzen Volkes und jedes einzelnen Volksgenossen durch heilsame Ordnung des gesamten sozialen Lebens selbstlos zu fördern", entgegen.[175]

Prononciert faßte er diese Einstellung in ‚Wo liegt die Schuld?' (1918) zusammen.[176] Im Mittelpunkt des 24seitigen Aufsatzes stand wiederum die ‚wahre Freiheit' und die damit verbundene Warnung vor einem absolutistischen und vom Liberalismus übernommenen „Staatsgott". Die Schuld an der Revolution, so Galen, liege bereits in „Preußen-Deutschland" begründet.[177] Ein allmächtiger Staat habe einem vereinzelten Bürger gegenübergestanden, der Objekt, nur am Wahltag Subjekt gewesen sei. Das Volk, mißtrauisch und innerlich dem Staat nicht zugeneigt, habe daher die Revolution mit Wohlwollen betrachtet und zugelassen.[178] Nun bestehe aber die Gefahr, daß dieser „Krebsschaden"[179] in neuer

Ordnung weiterbestehe. Deshalb müsse man „der echten Freiheit eine Gasse bahnen".[180]

Daher verlangte er „nicht Gewährung der Freiheit, soweit es der Staatsgewalt beliebt, sondern Anerkennung der Freiheit, als einer allen Menschen verliehenen Gottesgabe". In diesem Sinne forderte er:
– die Berücksichtigung der natürlichen Rechte und Freiheiten des Individuums, „nicht nur sich zu betätigen, sondern auch sich frei zu binden und mit andern zu verbinden"[181],
– die „Freiheit der religiösen Überzeugung und Betätigung, Freiheit der Kirche und ihrer Organe, Einrichtungen und Verbände"[182],
– die „Freiheit der Familie" unter Einschluß des Elternrechts[183],
– die „Freiheit der Gemeinde" sowie der „verschiedenen deutschen Stämme und Länder"[184], wobei er sich gegen „(öde) Gleichmacherei einer zentralistischen Gewaltherrschaft"[185] aussprach,
– die Freiheit der Berufsstände, um durch „ständische Organisation dauernd bestimmenden Einfluß auf das gesamte Staatsleben auszuüben"[186].

Eine Anerkennung dieser Rechte und Freiheiten in der Verfassung sowie deren konsequente Umsetzung im Staatsleben würde der Beziehung Bürger – Staat ein anderes Gewicht zugunsten des Bürgers verleihen, und das Volk würde „das Wohl des Staates als sein eigenes Wohl empfinden und erstreben, dann wird es nie mehr wie heute dem Unglück des Staates teilnahmslos zusehen."[187]

Daher sei der wahrhaft Schuldige „die Idee vom Staatsgott, vom allgewaltigen, unbeschränkt mächtigen, niemand verpflichteten Staat."[188]

Nicht die „Erhaltung der religiösen Grundlage des nationalen Lebens bildete für ihn die Voraussetzung für eine gedeihliche staatliche Entwicklung" (Morsey), sondern die Verankerung natürlicher Rechte und Freiheiten in der Verfassung und deren Umsetzung im Staat, die es dem Bürger möglich machten, sich mit diesem Staat zu identifizieren. Galen strebte durchaus eine religiöse Grundlage des Staates an, aber von einer „Erhaltung" dieser Grundlage kann nicht gesprochen werden, denn, eine solche Grundlage habe es, wie Galen selbst immer wieder betonte, zumindest seit dem Mittelalter nicht mehr gegeben.[189]

Ebenso ist Galens Standpunkt nicht von einer „betont ‚nationalen' Sicht" (Morsey), sondern von seinem naturrechtlichen Blick auf die Verhältnisse geprägt. Zwar wandte er sich ausdrücklich gegen eine internationale Schuldzuweisung an Deutschland und erklärte den ‚Dolchstoß der Revolution' in den Rücken des „geschwächten, aber unbesiegten" Heeres für eine „unbestreitbare Tatsache".[190] Aber im Glauben an die ‚Dolchstoßlegende' war Galen nicht mehr als ein Kind seiner Zeit, einer von vielen Zeitgenossen, die die Oberste Heeresleitung über die Frontsituation im Westen bewußt im unklaren gelassen hatte und die das deutsche Waffenstillstandsangebot psychologisch vollkommen unvorbereitet traf.

Galen handelte nicht als ‚Politiker', sondern als *Seelsorger,* der seine Aufgabe nicht nur im Sinne der Sorge um das Heil der Seelen der ihm anvertrauten Gemeinde (Lehramt, Meßopfer, Sakramentenspendung) sah. Die darüber hinausgehende Bedeutung der cura animarum, die Interessen der Religion auch außerhalb der Kirche zu vertreten, nahm er in praktischer Hinsicht ernst.[191] Er wollte „nicht verbittert der Vergangenheit nachtrauern, nicht tatenlos warten, bis ein erträumtes Zukunftsbild sich verwirklicht, sondern um Gottes willen mit den

Menschen, wie sie jetzt einmal sind, für die Menschen, zwischen die uns Gott gestellt hat, selbstlos arbeiten."[192] Als die Pflicht eines Geistlichen sah Galen es an, auch in bezug auf das Staatsleben die entsprechenden Grundsätze des Naturrechts und des christlichen Sittengesetzes zu kennen und dem Volk nahezubringen, und kritisierte, daß dieses Gebiet den Laien überlassen werde. Er selbst hielt politische Fragen für wichtig genug, „sie im Lichte ewiger Wahrheiten zu betrachten" und versuchte, sich „in diesem Licht ein von Menschengunst und Menschenlob unabhängiges Urteil zu bilden".[193]

Der Inhalt seiner 1932 – zu diesem Zeitpunkt war er als Pfarrer an St. Lamberti in Münster tätig – veröffentlichten ‚Pest des Laizismus'[194] stellte nur eine Zusammenfassung seiner schon viel früher entwickelten und niedergelegten Einstellung dar. Nach eigenem Bekunden – dies als Antwort auf Kritik vor allem auch die seiner Confratres – habe er die ‚Pest' „wirklich nur aus seelsorglichem Interesse geschrieben ... und politische Geschehnisse nur vom religiös-seelsorglichen Standpunkt behandelt."[195]

Ähnlich aufgebaut wie ‚Wo liegt die Schuld?' ist der 1922 erschienene Artikel ‚Der Feind der deutschen Volksgemeinschaft'. Er nimmt Bezug bzw. wiederholt die dort ausgesprochenen Forderungen, indem er das christliche Naturrecht gegen den absolutistisch/liberalistischen „Staatsgott" stellt, hier jedoch nicht nur auf Preußen-Deutschland, sondern auf die Weimarer Republik bezogen: „Der Staatsabsolutismus, das ist der Feind der deutschen Volksgemeinschaft; sein Machtprinzip bedroht beständig die berechtigte Selbstliebe, jedes natürliche Recht, die wahre Freiheit der einzelnen, der Familien, der Kirche, der Gemeinden, der Stände, wie der deutschen Stämme und Länder; aus seinem Wurzelboden wächst der rücksichtslose Egoismus der einzelnen wie der Stände ins Unangemessene; sein Beispiel legitimiert das Faustrecht im Privatleben, das den Nächsten niederschlägt, wenn er dem eigenen Vorteil im Wege steht; er entfesselt und schürt den erbitterten Kampf der Volksschichten und Klassen um den Besitz der Staatsgewalt."[196] Insofern war für ihn der Sozialismus „ein echter Sohn des Liberalismus".[197]

Die im Mittelpunkt seines Interesses und seines Engagements stehende Verwirklichung des regnum Christi bezog sich jedoch nicht nur auf das staatsrechtliche Gebiet. Wie seine Gedanken zu allen Bereichen des gesellschaftlichen Lebens eine naturrechtliche Basis aufwiesen, so galt dies auch in bezug auf Wirtschaftsfragen. 1923 hielt er einen Vortrag über die „Katholische Wirtschaftsordnung" während einer Zusammenkunft des rheinisch-westfälischen katholischen Adels[198]: „Unfehlbare Verkünderin des göttlichen Sittengesetzes ist die katholische Kirche. Daher ist nur jene Ordnung des wirtschaftlichen Handelns gut und dem göttlichen Willen entsprechend, welche mit der Sittenlehre der katholischen Kirche übereinstimmt. In *diesem* Sinne sprechen wir von ‚katholischer Wirtschaftsordnung.'"[199]

Im Gewerkschaftsstreit zwischen der sog. „Berliner" und der „München-Gladbacher Richtung", der im wesentlichen auf unterschiedlichen Ansichten über die Interkonfessionalität innerhalb der christlichen Gewerkschaften beruhte, gehörte Galen eher der gemäßigten Berliner Richtung an. Er war nicht generell gegen Interkonfessionalität eingestellt, nur wollte er die katholischen Interessen in der Gewerkschaft abgesichert sehen. 1910 suchte er in seinem Artikel ‚Friede in Sicht'[200] Ausgleich zwischen beiden Richtungen zu schaffen. Die Kompetenzfrage beantwortete er auf die für ihn typische Art und Weise, die zum einen seine relative

Kritiklosigkeit gegenüber kirchlichen Hierarchien und zum anderen wiederum die Einfachheit seiner Beurteilungsmaßstäbe zeigte: nicht den katholischen Sozialpolitikern, Gewerkschaftsführern, -vorständen oder Präsides obläge die Entscheidung, wo Interkonfessionalismus angestrebt oder geduldet werden dürfe. Dies sei, sich auf entsprechende Worte des Papstes beziehend, „‚Sache der Bischöfe, je nach Lage der örtlichen Verhältnisse zu beurteilen, ob gemischte oder konfessionelle Vereinigungen am Platze seien'. Dies ist ein Wort, das wahrhaft befreiend wirkt."[201]

Seine im Naturgesetz und der christlichen Sittenlehre verankerten Denkmuster werden auch bezüglich seiner Überlegungen zur Moderne, zur Sittlichkeit, zum ‚neuen Lebensstil' und ‚freier Entwicklung' deutlich. Auch wenn er zunächst einräumte, daß „nicht all das in der Moderne zu Tage tretende ... ‚Erbsünde und Folge der Erbsünde'" sei, stellte er gleich darauf aber doch die Frage, wo bestimmte Strömungen der Zeit ihre Ursache hätten, warum sie sich in der Öffentlichkeit geltend machten, die öffentliche Meinung beherrschten und immer mehr Menschen, besonders die Jugend, in ihren Bann zögen.[202] Seine Antwort entsprach seinem grundsätzlichen Denken. So komme etwa die „neue Sitte" der Körperkultur „ganz sicher aus jenen Kreisen, die Erbsünde und Begierlichkeit leugnen, die bewußt die Schamhaftigkeit als ein Produkt der Erziehung und Gewöhnung, als ungesunden Rest einer überwundenen Kulturepoche ansehen."[203] Diese Auffassungen seien auch dann abzuweisen, wenn sie von Menschen vertreten und verbreitet würden, die zwar subjektiv das Beste wollten, die Wahrheit von der Erbsünde jedoch nicht kennten. Denn die Hinnahme solcher Ansichten führe langsam zur praktischen Leugnung der Erbsünde. Auch solche gutmeinenden Menschen seien „‚Blinde und Führer von Blinden'".[204]

Dieses starr anmutende naturrechtliche Denken Galens ließ keinen Raum für Kompromisse. Dies liegt bereits in einem solchen Denkschema selbst begründet: wäre er nur in Teilen von ihm abgegangen, hätte die gesamte Grundlage seiner Weltanschauung (von der alles umfassenden Macht Gottes) keine Gültigkeit mehr beanspruchen können. Konsequenz der Galenschen Einstellung war sein Streben nach „Gerechtigkeit"[205], das sich in seiner Vorliebe „für *alle* Bedrückten, Bedrängten, zu Unrecht Angegriffenen, wehrlos Verhöhnten" äußerte. Das sei auch „die Gesinnung, die mir vielleicht einmal ein scharfes Wort auf die Zunge gelegt hat, wenn Menschen, die sich früher in Kaisersgeburtstagsbegeisterung, die ich nie geteilt habe, nicht genug tun konnten, jetzt für die Tragik des Schicksals eines Wilhelms II., eines Kaiser Karl kein Verständnis zeigen, sondern sich darin gefallen, dem ‚toten Löwen den Eselstritt zu geben'."[206]

Vor diesem Hintergrund und seinen vom Naturrecht her begründeten Denkschemata und Zielsetzungen erklärt sich auch Galens umstrittene Haltung zum Zentrum. Tatsächlich hielt er eine „kritische Distanz zur Zentrumspartei" (Morsey), die jedoch keineswegs die Schablone ‚Rechtskatholik' rechtfertigt. Diese Beurteilung in der Forschung ist nicht neu. Bereits aus dem Kreis seiner Confratres wurde der Vorwurf laut, er sei ein ‚Deutschnationaler', und Galen antwortete darauf ganz im Sinne des bisher Dargestellten: „Solange ich nicht den ‚citoyen Egalité' spiele und im gehorsamen Nachbeten aller modernen Phrasen, die wir früher als Liberalismus bekämpft haben, meine innere Gesinnung verleugne, wird das Vorurteil nicht überwunden werden. Ein Vorurteil, das auch die Germania begründet und gefördert hat, obgleich ich im Aufsichtsrat sitze."[207]

Galen gehörte dem Aufsichtsrat des Zentrumsorgans seit dem 18. Mai 1920 an[208] und vertrat seit Winter 1925/26 dort auch den Aktienbesitz des Fürstbischofs von Breslau.[209] Er gelangte nicht, wie Morsey[210] schreibt, durch Franz von Papen in den Aufsichtsrat der Germania, da dieser erst 1924 durch Aktienankauf in den Aufsichtsrat kam und 1925 zu dessen Vorsitzenden gewählt wurde.[211]

Die Aussage Bachs, Galen habe die politische Linie Papens nach dessen Eintritt in den Aufsichtsrat der Germania vertreten[212], wird durch eine Bemerkung Galens in einem seiner Briefe an Holstein relativiert: „Du hast übrigens ganz recht: auch nach meinem Gefühl müßte Papen oft ‚klüger und vorsichtiger' sein. Es fällt mir gar nicht ein, ihn in allem zu decken und mich mit ihm zu identifizieren. Aber er ist ein dem Willen nach ganz katholischer Mann und insofern es wert, daß ich ihn in seinem opferreichen, und wie ich wirklich glaube, selbstlosen Arbeiten für die Gesundung der Germania unterstütze."[213]

Galen bemängelte von Beginn seiner Zugehörigkeit zum Aufsichtsrat der Germania an die politische Linie der Zeitung, die ein Organ Erzbergers[214] geworden sei und sich von ihrer ursprünglichen Zielsetzung, im Sinne der großen katholischen Führer wie Windthorst und Hertling zu wirken, weit entfernt habe.[215] 1924 klagte er in einem Brief an seinen Bruder Franz, die katholische Presse sei „leider durchweg nicht mehr katholisch genug", um Hirtenschreiben des Papstes ausführlich zu veröffentlichen. Gleichzeitig bat er ihn, „ihr Versagen in diesen Dingen" im Zentralkomitee der Katholiken zur Sprache zu bringen.[216] Bereits zwei Jahre zuvor hatte er in seinem Artikel ‚Katholische Presse – Zentrumspresse' moniert, das der katholische Zeitungswesen bedürfe dringend der Verbesserung und des Ausbaues. Nur so könne es seine doppelte Aufgabe erfüllen: die Schaffung und freimütige Vertretung einer einheitlichen öffentlichen Meinung der Katholiken und dem Zentrum eine „kampfbereite geschlossene Gefolgschaft" zu sichern.[217] Wenn er auch die Germania für eine „oft langweilig(e), oft auch wenig sympathisch(e)" Zeitung hielt, war er auch hier der für ihn typischen Ansicht, man könne „nur zu kritisieren und zu bessern wagen, wenn man selbst kennt, was man mißbilligt, und seine Kritik auf tatsächliche Beobachtungen stützt."[218] So unternahm er etwas gegen die seinen Vorstellungen nicht entsprechende Entwicklung der Germania. Anfang Januar 1928 wandte er sich dringend mit der Bitte an seinen am 11. Januar großjährig werdenden Neffen Bernhard, ihm doch noch an seinem Geburtstage per Eilbrief eine Vollmacht zur weiteren Vertretung der sechzehn Germania-Aktien Bernhards zuzusenden. Einen entsprechenden Vordruck hatte Galen bereits beigelegt. Am 12. Januar sollte zur Neuwahl des Aufsichtsrates eine Generalversammlung der Germania AG stattfinden. Bei der Abstimmung, so Galen, könne es auf nur wenige Stimmen ankommen, um einen „guten Einfluß" geltend zu machen. Leider sei es „durch die Gleichgültigkeit vieler verehrter Standesgenossen, die weder selbst kamen, noch sich vertreten ließen, dahin gekommen, daß der Adel seinen bis dahin ausschlaggebenden Einfluß auf die Germania verloren hat. Jetzt sitzen sie zu Hause und schimpfen auf das Blatt, das durch ihre Bummelei ihren Händen entglitten ist, (zum großen Teil ohne die Germania zu halten und zu lesen!)".[219]

Sein naturrechtlich begründetes Beurteilungsmuster wandte Galen auch auf das Zentrum an, dem er vorwarf, nicht „von Worten zu Taten"[220] zu kommen. Trotz seiner kritischen Betrachtungsweise ließ er keinen Zweifel daran, daß das Zentrum die einzig wählbare Partei für einen Katholiken und damit auch für ihn sei.[221] Er selbst habe dazu aufgerufen, Zentrum zu wählen[222], und verwahre sich gegen eine andere Deutung: Wenn jemand nach christlichen Grundsätzen, nach den Weisungen der Päpste eine abweichende Meinung äußere, eine Warnung ausspreche oder Kritik übe, „dann hört man nur die Kritik heraus und die Opposition wirft ihn mit allen andern Opponenten aus dem nichtkatholischen Lager in einen Topf und glaubt ihm nicht, daß es im Grunde nur Sorge um die katholische Sache, nur Liebe zum Volk ist, was ihn so sprechen läßt."[223] Es erschien ihm „unmöglich, eine andere Partei zu unterstützen. Auch nicht die Deutsch-Nationalen ... ."[224] Aufgrund der Tradition seines Elternhauses glaubte er, „mehr von Zentrumstradition zu verstehen, wie manche Nachkriegsabgeordnete" und „die tiefsten Zusammenhänge und grundsätzlichen Fragen besser zu übersehen."[225]

Der Eklat blieb jedoch nicht aus. 1927 geriet Galen mit dem ehemaligen Verlagsdirektor der Germania, Reichspressechef Dr. Carl Spiecker, einem Vertreter des linken Flügels der Zentrumspartei[226] derart aneinander, daß dieser beim Fürstbischöflichen Offizialat einen Prozeß gegen Galen anstrengte. Spiecker hatte in einer Entgegnung in der Germania[227] zu einem Schreiben Papens in der gleichen Zeitung[228], das gegen Spieckers Versuche der Einflußnahme auf die Germania und die Politik des Zentrums gerichtet war, geäußert: „'Höchst peinlich' nicht für mich, aber für Herrn von Papen ist seine objektiv falsche und von einer geringen Kenntnis der Geschichte der ‚Germania' zeugende Behauptung, daß Herrn von Papens schlesische und westfälische Freunde einst die Gründer der ‚Germania' gewesen seien. ... Die westfälischen und schlesischen Herren, die Herr von Papen als seine Freunde bezeichnet, genießen in der Geschichte der Germania nicht den Ruf von Gründern und Förderern, sondern sind von der ‚Germania' als Staats-Katholiken – ein Begriff, über den sich Herr von Papen bei jedem Zentrumsmann leicht Klarheit verschaffen kann – als Gegner der Zentrumspartei und als Schädlinge des katholischen deutschen Volkes jahrelang heftig bekämpft worden."[229] Daraufhin veröffentlichten Galen und Freiherr von Heeremann als Mitglieder des Germania-Aufsichtsrates ihre „Feststellungen", in denen sie sich gegen den Vorwurf des Staatskatholizismus verwahrten und betonten, „daß dieser Teil der abgedruckten Entgegnung des Herrn Dr. Spiecker die *Unwahrheit* und eine *ungerechte Verunglimpfung* früherer verdienter Zentrumsabgeordneter und eines Teiles des katholischen Adels enthält."[230] Galen hatte sich darüber hinaus in verschiedenen privaten Briefen an eine dritte Person über Spiecker und seine Unterstellungen beschwert, die wiederum Spiecker zugingen und diesen wegen „gewisse(r) Ausdrücke" zu der Klage veranlaßten.[231]

Der Prozeß wurde durch Erklärungen beider Seiten schon in der ersten Verhandlung am 4. Februar 1928 beigelegt.[232]

18 Jahre später, am 5. Oktober 1946, erklärte Spiecker dennoch auf einer Zentrumsversammlung: „Kardinal Graf von Galen gehört zu dem reaktionären Kreis um Franz v. Papen, den ich schon 1929 als volksschädlich und als Schrittmacher des 3. Reiches bekämpft habe".[233]

Zusammenfassend läßt sich sagen, daß Galen nicht zu den Anhängern des sog. Rechtskatholizismus zu zählen ist. Überhaupt war er kein ‚Parteipolitiker'. Gerade dies ließ ihm die Möglichkeit, seine naturrechtlich begründeten Beurteilungsmaßstäbe frei von jeglichen parteipolitischen Zwängen anzuwenden. Galen handelte aus der Verantwortung eines Seelsorgers heraus, der die cura animarum und ihre in das gesellschaftliche und staatliche Leben hineinragenden Anforderungen ernst nahm und umsetzte.

Seine ‚Politik' wird nur aus seinen naturrechtlich begründeten Denk- und Wertmustern heraus verständlich. Er prägte keine neuen Gedanken, ihm lag vielmehr entsprechend dem katholischen Milieu Südoldenburgs, dem er entstammte, das Beharren im und Bewahren des Traditionellen. Galens ‚politische Anschauungen' waren seelsorglich motiviert. Ihnen lagen seine naturrechtlich geprägten Maßstäbe zur Beurteilung gesellschaftlicher und staatlicher Verhältnisse zugrunde. Dies ermöglichte dem späteren Bischof von Münster auch ein rasches Erkennen des Wesens des Nationalsozialismus, das ihm beispielsweise von Morsey[234] abgesprochen wird.

Galens Denk- und Beurteilungsmuster wurden auch in seinem Verhalten gegenüber den Nationalsozialisten deutlich. Weitaus mehr als in seiner Berliner Zeit erzielte er hier konkrete politische Wirkung. Die immer wiederkehrende Betonung seines naturrechtlichen Freiheitsverständnisses, aus dem sich etwa seine Position in der Auseinandersetzung um die Bekenntnisschule und nicht zuletzt auch die Anprangerung der Ermordung von Geisteskranken durch die Nationalsozialisten ergab, beeinflußte die Einstellung und das Verhalten vieler Katholiken – und nicht nur dieser – gegenüber dem Nationalsozialismus und seinen Vertretern.

Anmerkungen

1 Hier seien vor allem Galens Korrespondenz mit seinem langjährigen Kaplan Heinrich Holstein (Bistumsarchiv Münster=BA MS, Sammlung Kardinal von Galen, A9), die Briefe an seinen Bruder Franz (Sammlung Bernhard von Galen) sowie Galens Veröffentlichungen, meist Zeitungsartikel bzw. Referate, genannt.
2 Vgl. Josef Schütte (Hrsg.): Auftrag und Weg. 100 Jahre Priester aus der Diözese Münster in Berlin, Berlin o. J., S. 10.
3 Die Hedwigskathedrale wurde später Bischofskirche.
4 Vgl. Schütte (wie Anm. 2), S. 18.
5 Zit. nach Peter Löffler: Bischof Clemens August Graf von Galen. Akten, Briefe und Predigten 1933-1946, 2 Bde., Mainz 1988, hier Bd. I, S. LIV (im weiteren als Löffler I bzw. Bd. II als Löffler II zitiert).
6 Vgl. Schütte (wie Anm. 2), S. 31.
7 Ebd.
8 Vgl. ebd., S. 15.
9 Vgl. ebd., S. 32.
10 Vgl. Pfarrchronik St. Matthias 1921, S.204. In: Pfarrchronik 1865-1930, Pfarrarchiv St. Matthias, Berlin-Schöneberg (zit. als Pfarrchronik).
11 Vgl. ebd. 1928, S. 228.
12 Vgl. Schütte (wie Anm. 2), S. 36.
13 Hierzu falsch: Heinz Hürten: Kardinal Clemens August Graf von Galen – Mensch und Priester. In: Unsere Seelsorge 2 (1978), S. 10, der Galen die Schaffung des Friedhofes zuschreibt.
14 Vgl. Schütte (wie Anm. 2), S. 17/18.
15 Einzelheiten im Pfarrarchiv St. Matthias, Berlin-Schöneberg.
16 Vgl. ebd.
17 Vgl. Schütte (wie Anm. 2), S. 21.
18 Vgl. ebd., S. 98.
19 Vgl. hierzu Hans Schlömer: Seelsorger an St. Matthias – Berlin. In: Heimatblätter (Beilage zur Oldenburgischen Volkszeitung) vom 8.4.1978 sowie Günter Beaugrand: Kardinal Graf von Galen, Aschaffenburg 1985, S. 19; aus dem eingesehenen Briefwechsel aus der Sammlung Bernhard von Galen sowie aus dem BA MS, Sammlung Kardinal von Galen, A5 und A7, konnte dies nicht ermittelt werden.

20 Vgl. Löffler I, S. LIV.
21 Schreiben vom 3.5.1906; BA MS, Sammlung Kardinal von Galen, A7.
22 Vgl. Edmund Miczka: Kardinal Graf von Galen als Präses des Katholischen Gesellenvereins in Berlin 1906-1919, S. 1; BA MS, Nachlaß Portmann, A22.
23 Vgl. Galen an Franz von Galen, 10.5.1906; BA MS, Sammlung Kardinal von Galen, A5.
24 Miczka (wie Anm. 22), S. 1.
25 Vgl. Bericht über die Tätigkeit des katholischen Gesellenvereins, Berlin C, im Jahre 1907, Februar 1908; Sammlung Bernhard von Galen.
26 Vgl. Franz Rensing: Clemens August Graf von Galen als Kuratus von St. Clemens und Kolpingpräses in Berlin. In: Paulus und Ludger, Münster 1948, S. 29.
27 Vgl. dazu im einzelnen den Bericht Galens zur Zielsetzung und Situation des Berliner Gesellenvereins vom Herbst 1910; Sammlung Bernhard von Galen.
28 Vgl. Wilhelm Hünermann: Clemens August. Aus dem Lebensbuch des Kardinals Graf von Galen, Bonn 1947, S. 39; Rensing (wie Anm. 26), S. 28.
29 Schreiben vom 18.3.1907; BA MS, Sammlung Kardinal von Galen, A5 (Hervorhebung B.I.).
30 Vgl. Schreiben vom 14.7.1908; BA MS, Sammlung Kardinal von Galen, A3. Ob er das Geld zurückerhalten hat oder ob er – wie in einigen Darstellungen zum Ausdruck kommt – sein Erbteil tatsächlich für das Vorhaben verwendete, ist aus den Quellen nicht zu ersehen.
31 Ebd.
32 Vgl. Galen an seine Mutter, 16.9.1910; BA MS, Sammlung Kardinal von Galen, A3.
33 Ein Teil der Gebäude, u.a. die Kirche, bestehen bis heute, wurden aber z.T. anderen Nutzungszwecken zugeführt.
34 Vgl. Miczka (wie Anm. 22), S. 2.
35 Vgl. ebd.
36 Ebd., S. 2/3.
37 Ebd., S. 5.
38 Vgl. ebd., S. 6; dazu auch Galen an Holstein, 6.8.1925; BA MS, Sammlung Kardinal von Galen, A9 sowie Rensing (wie Anm. 26), S. 34.
39 Vgl. Rensing (wie Anm. 26), S. 34.
40 Vgl. ebd., S. 32.
41 Vgl. ebd., S. 30.
42 Vgl. Miczka (wie Anm. 22), S. 3.
43 Vgl. ebd., S. 4.
44 Vgl. Galen an seine Mutter, 31.10.1911; BA MS, Sammlung Kardinal von Galen, A3.
45 Vgl. Rensing (wie Anm. 26), S. 28.
46 Vgl. ebd., S. 28 sowie Galen an seine Mutter, 19.12.1911; BA MS, Sammlung Kardinal von Galen, A3.
47 Vgl. Galen an Ursula von Galen, 20.1.1912; BA MS, Sammlung Kardinal von Galen, A7.
48 Vgl. Hünermann (wie Anm. 28), S. 40.
49 Vgl. Rensing (wie Anm. 26), S. 29.
50 Ebd., S. 30.
51 Vgl. ebd.
52 Zentrumsabgeordneter im Reichstag von 1907-1918.
53 Vgl. Rensing (wie Anm. 26), S. 30.
54 Vgl. ebd.
55 Ebd., S. 35/36.
56 Vgl. ebd., S. 36.
57 Ebd.
58 Ebd., S. 29.
59 Vgl. ebd., S. 28/29.
60 Vgl. ebd., S. 31.
61 Ebd.
62 Ebd.
63 Ebd.
64 Galen an seine Mutter, 14.9.1911; BA MS, Sammlung Kardinal von Galen, A3.
65 Rensing (wie Anm. 26), S. 31.
66 Heinrich Holstein: Erinnerungsbilder an Clemens August aus der Zeit 1915-26 in Berlin, S. 11; BA MS, Nachlaß Portmann, A22.
67 Vgl. Galen an Holstein, 30.11.1926; BA MS, Sammlung Kardinal von Galen, A9.

68 Galen an Franz von Galen, 19.9.1922; BA MS, Sammlung Kardinal von Galen, A5.
69 Vgl. Rensing (wie Anm. 26), S. 31.
70 Vgl. ebd., S. 34/35.
71 Galen an seine Mutter, 3.8.1914; BA MS, Sammlung Kardinal von Galen, A4.
72 Vgl. ebd.
73 Vgl. Rundbrief vom 2.2.1916, vom 19.3.1916 und Rundbrief des Generalpräses Schweitzer mit beigefügtem Brief Galens vom Mai 1916; Sammlung Bernhard von Galen.
74 Galen an seine Mutter, 3.8.1914; BA MS, Sammlung Kardinal von Galen, A4.
75 Rundbrief des Generalpräses Schweitzer mit beigefügtem Brief Galens, Mai 1916; Sammlung Bernhard von Galen.
76 Galen an seine Mutter, 5.9.1917; BA MS, Sammlung Kardinal von Galen, A4.
77 Clemens August Graf von Galen über Ansiedlung im Kurland, Mai 1916, sowie Referat des Grafen Cl. Aug. Galen über Ansiedlung im Osten nach dem Kriege, 1917; beide Sammlung Bernhard von Galen. Vgl. auch Galen an seine Mutter, 5.12.1916; BA MS, Sammlung Kardinal von Galen, A3.
78 Referat des Grafen Cl. Aug. Galen über Ansiedlung im Osten nach dem Kriege, 1917, S. 5; Sammlung Bernhard von Galen.
79 Ebd.
80 Ebd., S. 6.
81 S. dazu auch Heinz Hürten (wie Anm. 13), bes. S. 7-9.
82 Galen an Holstein, 30.11.1926; BA MS, Sammlung Kardinal von Galen, A9. – Zur Aufgabe des Adels aus der Sicht Galens s.a. seine Denkschrift ‚Vexilla Regis prodeunt! Erwägungen und Anregungen zur ersten Feier des Festes unseres Königs und Herrn Jesus Christus am 31. Oktober 1926. Dem deutschen katholischen Adel dargeboten von mehreren Priestern aus seinen Reihen'..
83 "... daß ich durch Tradition und langjährige Mitgliedschaft dem Zentrum angehöre", Galen an Holstein, 30.11.1926; BA MS, Sammlung Kardinal von Galen, A9; und in einem Brief an seine Mutter vom 18.11.1908 erwähnt er, er ginge in eine „Centrumsversammlung in Schöneberg"; BA MS, Sammlung Kardinal von Galen, A3.
84 Vgl. Galen an Holstein, 25.1.1928; BA MS, Sammlung Kardinal von Galen, A9. Seinen Protest tat Galen z.B. kund, indem er, der zuvor meist ohne auf seinen Adelstitel, auf dessen Anführung im Namen er zwar meist wenig Wert gelegt hatte, nun voll ausschrieb; vgl. dazu St. Matthias-Blatt vor und nach 1926; Pfarrarchiv St. Matthias, Berlin-Schöneberg.
85 Hier handelt es sich offensichtlich um Druckfehler. Gemeint sein können nur Josef Unkraut aus Oldenburg, 1896-1936 Hausgeistlicher im ‚Guten Hirten', Berlin-Reinickendorf, gestorben 1936 daselbst, sowie Heinrich Wienken aus Cloppenburg, 1912-1927 Kaplan von St. Sebastian, 1917 mit der Führung des Caritas-Verbandes von Groß-Berlin und ab 1921 mit der Hauptvertretung des Deutschen Caritas-Verbandes in Berlin betraut, zugleich Kuratus am St. Nikolaus-Stift in der Frankfurter Allee, 1930 Päpstlicher Geheimkämmerer, 1934 Päpstlicher Hausprälat, 1937 Leiter des Commissariates der Fuldaer Bischofskonferenz in Berlin. Sein Büro war im Pfarrhaus von St. Matthias. 1937 Berufung zum Titularbischof von Arethusa und Coadjutor mit dem Recht der Nachfolge für den damaligen Bischof von Meißen, 1951 Bischof von Meißen, 1957 Designation und Ernennung zum Titular-Erzbischof. Er starb am 21.1.1961 im St. Franziskus-Krankenhaus in Berlin. Vgl. Schütte (wie Anm. 2), S. 28 und 22. Zu Wienken vgl. ausführlich Martin Höllen: Heinrich Wienken. Der ‚unpolitische' Kirchenpolitiker. Eine Biographie aus drei Epochen des deutschen Katholizismus, Mainz 1981.
86 Holstein (wie Anm. 66), S. 10/11.
87 Ebd., S. 11.
88 Galen an seine Mutter, 7.8.1919; auszugsweise abgedruckt bei: Max Bierbaum: Nicht Lob – Nicht Furcht. Das Leben des Kardinals von Galen nach unveröffentlichten Briefen und Dokumenten, 7., erw. Aufl., Münster 1974, S. 172.
89 Galen an seine Mutter, 21.8.1919; vgl. auch Galen an seine Mutter, 27.8.1919; beide auszugsweise abgedruckt: Ebd., S. 173.
90 St. Matthias-Blatt vom 28.12.1919; zur Einführung vgl. auch St. Matthias-Blatt vom 14. und 21.12.1919; Pfarrarchiv St. Matthias, Berlin-Schöneberg.
91 St. Matthias-Blatt vom 21.12.1919; ebd.
92 Galen an Ursula von Galen, 9.4.1919; BA MS, Sammlung Kardinal von Galen, A7.
93 Vgl. Germania vom 11.7.1919.
94 Vgl. St. Matthias-Blatt vom 15.6.1919; Pfarrarchiv St. Matthias, Berlin-Schöneberg.
95 Vgl. Germania vom 11.7.1919.

96 Vgl. ebd.
97 Vgl. Horst Hildebrandt (Hrsg.): Die deutschen Verfassungen des 19. und 20. Jahrhunderts, Paderborn 1977, S. 104.
98 Vgl. St. Matthias-Blatt vom 26.9.1920; Pfarrarchiv St. Matthias, Berlin-Schöneberg.
99 Vgl. Schütte (wie Anm. 2), S. 98.
100 Vgl. dazu Clemens August Graf von Galen: Die freie Schule dem freien Volke, Manuskript mit dem Kopf „Katholische Korrespondenz" und masch.schriftl. Einfügung „Nr. 106 – 2. Mai 1922"; BA MS.
101 S. ebd.
102 Bei der ‚Katholischen Korrespondenz' handelte es sich um einen Pressedienst, der die abonnierten Redaktionen katholischer Zeitgenossen mit wöchentlichen Nachrichten über alle religiös-kulturellen Fragen des In- und Auslandes versorgte. S. dazu Der große Herder, Bd. 6, Freiburg/Br. 1933, Sp. 1199.
103 Vgl. Galen an Franz von Galen, 22.5.1922; BA MS, Sammlung Kardinal von Galen, A5. Welche Zeitungen diesen Artikel veröffentlichten, ließ sich nicht ermitteln.
104 Heinrich Hähling von Lanzenauer: Auf zum Kampf für die freie, konfessionelle Schule, Paderborn 1922. Vgl. dazu auch Galen an Franz von Galen, 22.5.1922; BA MS, Sammlung Kardinal von Galen, A5. – Hähling (1861-1925) war von 1912 bis 1925 Weihbischof in Paderborn, s. dazu von Erwin Gatz: Heinrich Hähling von Lanzenauer. In: Ders. (Hrsg.): Die Bischöfe der deutschsprachigen Länder 1785/1803 bis 1945. Ein biographisches Lexikon, Berlin 1983, S. 276.
105 Galen (wie Anm. 100).
106 Galen an Franz von Galen, 22.5.1922; BA MS, Sammlung Kardinal von Galen, A5.
107 Ebd.
108 St. Matthias-Blatt vom 4.6.1922. Vgl. auch St. Matthias-Blatt vom 7.5., 14.5., 21.5., 4.6.1922; Pfarrarchiv St. Matthias, Berlin-Schöneberg.
109 Vgl. St. Matthias-Blatt vom 19.9.1920; Pfarrarchiv St. Matthias, Berlin-Schöneberg.
110 Vgl. Holstein (wie Anm. 66), S. 11.
111 Zu den Auswirkungen in Schöneberg siehe im einzelnen: Volker Viergutz: Schöneberg, Berlin 1988, S. 83ff.
112 Pfarrchronik 1920, S. 197.
113 Vgl. St. Matthias-Blatt vom 2.12.1923; Pfarrarchiv St. Matthias, Berlin-Schöneberg.
114 Vgl. insbes. St. Matthias-Blatt vom 25.6.1922; ebd.
115 Vgl. St. Matthias-Blatt vom 9.9.1923; ebd.
116 Vgl. ebd.
117 Vgl. Pfarrchronik 1923, S. 213.
118 Vgl. St. Matthias-Blatt vom 8.4.1923; ebd.
119 Vgl. ebd.
120 Vgl. Pfarrchronik 1925, S. 218.
121 Pfarrchronik 1920, S. 199.
122 Vgl. ebd. 1926, S. 221.
123 Vgl. ebd. 1927, S. 225.
124 Vgl. ebd. 1927, S. 223.
125 Vgl. ebd. 1924, S. 216/217.
126 Vgl. ebd. 1921, S. 205.
127 Holstein (wie Anm. 66), S. 11.
128 Vgl. Pfarrchronik 1921, S. 202.
129 Vgl. ebd., S. 202/203
130 Holstein (wie Anm. 66), S. 12. Nachfolger Holsteins wurde 1926 Wilhelm Hünermann aus Kempen. Vgl. dazu seine Erinnerungen (wie Anm. 28).
131 Vgl. Holstein (wie Anm. 66), S. 12.
132 Galen an Holstein, 6.8.1925; BA MS, Sammlung Kardinal von Galen, A9.
133 Vgl. ebd.
134 Vgl. Galen an Franz von Galen, 22.5.1922; BA MS, Sammlung Kardinal von Galen, A5.
135 Ebd.
136 Galen an Holstein, 13.8.1925; BA MS, Sammlung Kardinal von Galen, A9.
137 Holstein (wie Anm. 66), S. 7.
138 Galen an seine Mutter, 14.6.1910; BA MS, Sammlung Kardinal von Galen, A3. Zwei Monate später druckte die ‚Germania' eine Rede Friedrich von Galens zu den Vorgängen um die Enzyklika ab, die dieser auf einer Zentrumsversammlung in Friesoythe (Südoldenburg) gehalten

hatte, vgl. Germania vom 9.8.1910. Dieser wies u. a. darauf hin, daß das Schreiben des Papstes an die Bischöfe und nicht an „urbi et orbi" gerichtet sei.
139 S. dazu auch den Aufsatz von Heinz Hürten: Aktualität und Geschichtlichkeit. In: Unsere Seelsorge 2 (1978), S. 14/15.
140 Holstein (wie Anm. 66), S. 18/19.
141 Galen an Holstein, 30.11.1926; BA MS, Sammlung Kardinal von Galen, A9.
142 Vgl. Holstein (wie Anm. 66), S. 17. Zur Unterstreichung dessen wird dort folgende Begebenheit erzählt: „Einmal kam ein Herr zu mir und bot mir an, 100,-- Mark für die Armen an den Weihnachts- und Ostertagen geben zu wollen, wenn ich es fertig brächte, ihn (Galen, B.I.) an diesen Tagen von der Kanzel zu halten, er verdürbe den Leuten durch seine Predigten die ganze Festfreude. Und er wußte auch darum. An einem Mittag am Silvestertag erzählte er, wie ihn morgens eine Dame angerufen habe, wer abends die Predigt halten würde; auf seine Antwort: ‚Der Pfarrer' sei die Gegenbemerkung gekommen: ‚Nun, dann können wir uns die Predigt schenken.'"
143 Vgl. Holstein (wie Anm. 66), S. 20.
144 Vgl. ebd.
145 Vgl. ebd., S. 12.
146 Vgl. ebd., S. 13. Vgl. dagegen die Erinnerungen Hünermanns (wie Anm. 28), S. 44: „Indessen darf man nicht glauben, Galen wäre ein bequemer Vorgesetzter gewesen. Er, der sich selbst nicht schonte, verlangte auch von seinen Kaplänen restlose und rastlose Pflichterfüllung. Wer es daran fehlen ließ, den nahm er streng ins Gebet . . . ."
147 Vgl. Holstein (wie Anm. 66), S. 15 (Einfügung Portmanns in den Text).
148 Vgl. ebd., S. 13 (Einfügung wahrscheinlich ebenfalls von Portmann).
149 Vgl. Rensing (wie Anm. 26), S. 32.
150 Vgl. ebd., S. 15.
151 Vgl. ebd.
152 Ebd.
153 Vgl. Holstein (wie Anm. 66), S. 13.
154 Galen an Holstein, 30.11.1926; BA MS, Sammlung Kardinal von Galen, A9.
155 Holstein (wie Anm. 66), S. 13.
156 Galen an Franz von Galen, 23.5.1925; BA MS, Sammlung Kardinal von Galen, A5.
157 Vgl. hierzu v.a. Rudolf Morsey: Clemens August Kardinal von Galen (1878-1946). In: Ders. (Hrsg.): Zeitgeschichte in Lebensbildern, Bd. 2: Aus dem deutschen Katholizismus des 20. Jahrhunderts, Mainz 1975, S. 37-47; von Morsey einschließlich falscher Angaben fast wörtlich übernommen durch Eduard Hegel: Klemens August Graf von Galen. In: Erwin Gatz (Hrsg.): Die Bischöfe der deutschsprachigen Länder 1785/1803 bis 1945. Ein biographisches Lexikon, Berlin 1983, S. 225-227; vgl. ebenso Erwin Iserloh: Clemens August Graf von Galen. In: Robert Stupperich (Hrsg.): Westfälische Lebensbilder, Bd. 14, Münster 1987, S. 189-208.; etwas differenzierter Paul Willenborg: Clemens August Kardinal von Galen. Zeitzeugnis und Vermächtnis, Cloppenburg 1992. Ausgenommen werden müssen die beiden leider zu wenig beachteten Beiträge von Heinz Hürten: Kardinal Clemens August von Galen – Mensch und Priester sowie Aktualität und Geschichtlichkeit, beide in: Unsere Seelsorge 2 (1978), S. 7-12 bzw. S. 13-17.
158 Morsey (wie Anm. 157), S. 38.
159 Ebd.
160 Ebd., S. 39.
161 Ebd., S. 38.
162 Ebd., S. 38/39.
163 Clemens August Graf von Galen: Wo liegt die Schuld? Gedanken über Deutschlands Niederbruch und Aufbau. In: Historisch-politische Blätter für das katholische Deutschland 164 (1919), S. 305.
164 Vgl. z.B. Clemens Graf von Galen: Unsere Stellung zu Artikel I der Reichsverfassung. In: Germania vom 20.7.1919.
165 Clemens Graf von Galen: Wahlrecht – Wahlpflicht. In: Allgemeine Rundschau v. 8.6.1918; Sammlung Bernhard von Galen.
166 Germania vom 20.7.1919.
167 Ebd.
168 Ebd.
169 „Wenn die Gerechtigkeit nicht verletzt wird, ist es den Völkern unbenommen, jene Regierungsform bei sich einzuführen, welche ihrem Charakter oder den Sitten und Gewohnheiten von Alters her am meisten entspricht." Zit. ebd.

170 "Jedermann unterwerfe sich der obrigkeitlichen Gewalt; denn es gibt keine Gewalt außer von Gott; die aber besteht, ist von Gott angeordnet." (Römer 13,1) Zit. nach ebd.
171 Artikel 1 der Weimarer Verfassung lautete: „Das Deutsche Reich ist eine Republik. Die Staatsgewalt geht vom Volke aus."
172 Galen (wie Anm. 164).
173 Galen an Holstein, 25.1.1928; BA MS, Sammlung Kardinal von Galen, A9 (Hervorhebung im Original).
174 Galen an Holstein, 28.1.1928; ebd.
175 Galen (wie Anm. 165).
176 Wie Anm. 163; im weiteren zitiert aus dem Sonder-Abdruck.
177 Vgl. ebd., S. 12.
178 Vgl. ebd., S. 13ff.
179 Ebd., S. 15.
180 Ebd., S. 16, ebenso S. 17. Vgl. hierzu auch Joachim Kuropka: Clemens August Graf von Galen. Das Bild des Bischofs zwischen zeitgenössischer Bewunderung und neuerer Kritik. In: Joachim Kuropka/Willigis Eckermann (Hrsg.): Oldenburger Profile, Cloppenburg 1989, S. 95-123.
181 Galen (wie Anm. 163), S. 17.
182 Ebd.
183 Ebd.
184 Ebd., S. 18.
185 Ebd., S. 20.
186 Ebd., S. 21.
187 Ebd., S. 23.
188 Ebd., S. 24.
189 Vgl. ebd, S. 15; vgl. a. Galen (wie Anm. 165).
190 Galen (wie Anm. 163), S.2ff, bes. S. 4.
191 Vgl. Artikel ‚Seelsorge'. In: Kirchenlexikon oder Encyklopädie der katholischen Theologie und ihrer Hülfswissenschaften, Freiburg/Br. 1899, Sp. 66: „ ... in allen Beziehungen des öffentlichen Lebens, in welchen die Interessen der Religion oder der christlichen Charitas in Frage kommen, auch außer der Kirche belehrend, mahnend und warnend, berathend und unterstützend thätig zu werden."
192 Galen an Franz von Galen, 6.9.1927; Sammlung Bernhard von Galen, Nr. 223.
193 Galen an Holstein, 30.11.1926; BA MS, Sammlung Kardinal von Galen, A9.
194 Graf Clemens von Galen: Die „Pest des Laizismus" und ihre Erscheinungsformen. Erwägungen und Besorgnisse eines Seelsorgers über die religiös-sittliche Lage der deutschen Katholiken, Münster 1932.
195 Galen an seinen Nachfolger an St. Matthias, Pfarrer Albert Coppenrath, 17.6.1932; Pfarrarchiv St. Matthias, Akte Marienaltar.
196 Allgemeine Rundschau vom 8.8.1922.
197 Galen an seinen Neffen Anton Max Freiherr von Salis-Soglio, 31.12.1922; Sammlung Bernhard von Galen.
198 Veröffentlicht in: Katholische Politik. Eine Sammlung von Vorträgen gehalten bei Zusammenkünften des rheinisch-westfälischen katholischen Adels (1924), Heft 1, S. 21-31.
199 Ebd., S. 22 (Hervorhebung dort).
200 Allgemeine Rundschau vom 19.2.1910, S. 117-118.
201 Ebd., S. 118.
202 Galen an Holstein, 6.8.1925; BA MS, Sammlung Kardinal von Galen, A9.
203 Ebd.
204 Ebd.
205 Galen an Holstein, 25.1.1928; BA MS, Sammlung Kardinal von Galen, A9.
206 Ebd.
207 Galen an Holstein, 30.11.1926; BA MS, Sammlung Kardinal von Galen, A9.
208 Vgl. Jürgen A. Bach: Franz von Papen in der Weimarer Republik. Aktivitäten in Politik und Presse 1918-1932, Düsseldorf 1977, S. 202.
209 Galen an Holstein, 30.11.1926; BA MS, Sammlung Kardinal von Galen, A9.
210 Vgl. Morsey (wie Anm. 157), S. 38/39.
211 S. dazu Bach (wie Anm. 208), S. 269.
212 Vgl. ebd., S. 266.
213 Galen an Holstein, 30.11.1927; BA MS, Sammlung Kardinal von Galen, A9.

214 Bereits 1912 hatte das Zentrum einen Linksruck unter der Führung Matthias Erzbergers (1875-1921) erfahren. Zu seiner Friedensresolution von 1917 nahm die Germania eine positive Haltung ein. Am 11.11.1918 unterzeichnete Erzberger als Führer der deutschen Delegation im Wald von Compigne den Waffenstillstandsvertrag. Graf Schönburg-Glauchau, Mitglied des Aufsichtsrates der Germania, spricht in einem Rundschreiben vom 23.4.1920 davon, Erzberger habe die Germania auf einen dem „katholischen Adel entgegengesetzten Kurs" gebracht; vgl. Bach (wie Anm. 208), S. 199.
215 Vgl. Rundschreiben des Grafen Schönburg-Glauchau, 19.5.1920; zit. nach ebd., S. 202/203.
216 Galen an Franz von Galen, 2.2.1924; BA MS, Sammlung Bernhard von Galen, Nr. 226.
217 Vgl. Allgemeine Rundschau vom 27.5.1922; Sammlung Bernhard von Galen.
218 Galen an Bernhard von Galen, 3.1.1928; Sammlung Bernhard von Galen.
219 Ebd.
220 Galen an seine Schwester Ursula, 5.12.1912; BA MS, Sammlung Kardinal von Galen, A7.
221 Vgl. Galen an Holstein, 7.12.1926; BA MS, Sammlung Kardinal von Galen, A9.
222 Vgl. Galen an Holstein, 30.11.1926; BA MS, Sammlung Kardinal von Galen, A9.
223 Galen an Holstein, 7.12.1926; BA MS, Sammlung Kardinal von Galen, A9.
224 Galen an Franz von Galen, Allerheiligen 1924; Sammlung Bernhard von Galen, Nr. 226.
225 Galen an Holstein, 25.1.1928; BA MS, Sammlung Kardinal von Galen, A9.
226 S. hierzu auch Bach (wie Anm. 208), S. 308: „... daß Männer wie Spiecker ..., die auf die Redaktion der Germania einen nicht zu unterschätzenden Einfluß ausgeübt hatten, der SPD nicht allzu fern standen."
227 Germania vom 27.10.1927 (Abendausgabe).
228 Germania vom 27.10.1927 (Morgenausgabe).
229 Germania vom 27.10.1927 (Abendausgabe).
230 Germania vom 19.11.1927 (Hervorhebung dort).
231 Galen an Weihbischof Deitmer, 10.2.1928; BA MS; Sammlung Kardinal von Galen.
232 Vgl. Galen an Holstein, 11.2.1928 sowie Galen an Weihbischof Deitmer, 10.2.1928; BA MS; Sammlung Kardinal von Galen, A9.
233 Flugblatt der CDU vor den Kreistagswahlen in der britischen Zone, Oktober 1946; Sammlung Bernhard von Galen.
234 Vgl. Morsey (wie Anm. 157), S. 41.

Clemens August Graf von Galen im politischen Umbruch der Jahre 1932 bis 1934

Joachim Kuropka

I. Offene Forschungsfragen um Galens politische Haltung 1932/34

Seit seiner Ernennung zum Bischof von Münster im Jahre 1933 war die Öffentlichkeit an der Person des Grafen Clemens August von Galen stark interessiert. Das hing zunächst damit zusammen, daß Galen der erste Bischof war, der unter dem NS-Regime in sein Amt kam, was allein schon zu der Vermutung führte, er habe gewisse Sympathien für die neuen Machthaber und diese sähen ihn, als ‚national‘ eingestellten Mann, auch nicht ungern auf dem Bischofsstuhl in Münster. Als Galen seit 1934 öffentlich dem Parteiideologen Rosenberg widersprach, viele Proteste gegen Maßnahmen des Regimes vorbrachte und 1941 öffentlich gegen Euthanasie und Klostersturm protestierte und sogar Strafanzeige erstattete, wurde er ein weltberühmter Mann, dessen Taten in der NS-Zeit von Papst Pius XII. im Jahre 1946 unter dem Beifall der Weltöffentlichkeit durch die Erhebung zum Kardinal gewürdigt wurden und dessen plötzlicher Tod die Öffentlichkeit zutiefst erschütterte.

Angesichts dieser Umstände ist es bemerkenswert, daß bis heute keine wissenschaftlich zureichende Biographie über Galen existiert und viele Fragen um den Bischof, sein Wirken und dessen Motive sowie um seine Wirksamkeit nicht hinreichend geklärt sind, nicht zuletzt, weil bekannte Ansichten unbesehen und vor allem ungeprüft wiederholt werden. Rudolf Morsey hat sicher recht mit seiner Meinung, die 1988 erschienene Edition der Akten, Briefe und Predigten Galens von 1933-1946[1] sei der „bisher letzte qualitative Sprung der Galen-Forschung"[2]. Genauer müßte man wohl sagen, die Edition *ermöglicht* neue Erkenntnisse, doch bedarf es dazu beträchtlicher Forschungsanstrengungen, die sich auch noch auf die Auswertung der umfangreichen publizierten Quellen[3] stützen können, die keineswegs ausreichend rezipiert sind. Darüber hinaus ist aber vor allem auch die Erhebung *neuer* Quellen erforderlich, die bei entsprechenden Bemühungen durchaus möglich ist, und es dürfte nötig sein, die Forschungen auch auf die Zeit *vor* 1933 auszudehnen, denn dazu ist der erst mit der Zeit des bischöflichen Wirkens einsetzenden Edition, deren erstes Stück vom 12. September 1933 stammt, nichts zu entnehmen.

So gibt es über die politische Haltung des damaligen Pfarrers an der St. Lamberti-Kirche in Münster (1929 bis 1933) und des Pfarrers an der St. Matthias-Kirche in Berlin (1919 bis 1929) tradierte Auffassungen und Vermutungen, die nicht durch zweifelsfreie Quellenbelege gestützt sind. Dies beginnt mit Galens Rückberufung nach Münster, die Morsey – unzutreffend – als im Zusammenhang mit der späteren Bischofsernennung stehend vermutet[4], und führt über die politische Haltung des Pfarrers von St. Lamberti in Münster bzw. des Pfarrers an St. Matthias in Berlin bis zu dessen religiös-kirchlicher Einordnung. Selbst die – mutmaßlich – positive Einstellung der nationalsozialistisch geführten Reichsregierung zu dem Bischofskandidaten von Galen ist nicht auf einigermaßen gesicherte Quellen gestützt.

Eingängige Behauptungen wie die, man sei über die Ernennung Galens allgemein verblüfft gewesen und der neue Bischof habe „nicht als eigenständiger politischer Denker" und trotz eines kleinen Buches auch nicht als „geistlicher Schriftsteller" gegolten[5], halten in dieser Verallgemeinerung einer näheren Überprüfung nicht ohne weiteres stand. Nicht nur Galen war es bekannt, daß er ein möglicher Bischofskandidat war[6], sondern in der Presse wurde er schon seit März 1933 – Bischof Johannes Poggenburg war am 5. Januar 1933 verstorben – als möglicher Nachfolger angesehen, ja er galt sogar schon gleich nach Poggenburgs Tod neben Prälat Hartz aus Schneidemühl und Dompropst Dr. Donders als aussichtsreicher Kandidat.[7] Wenn auch zugestanden werden muß, daß Galen wegen seiner 1932 erschienenen Schrift „Die ‚Pest des Laizismus' und ihre Erscheinungsformen"[8] nicht gerade als ‚geistlicher Schriftsteller' gelten konnte, so war er andererseits doch auch nicht ein solcher Durchschnittspfarrer, wie diese Beurteilungen suggerieren. Für einen Großstadtpfarrer ist es vielmehr erstaunlich, daß er sich überhaupt mehrfach öffentlich zu Wort gemeldet hat. Die von ihm selbst in einem Brief im Januar 1928 zusammengestellte Liste seiner „gesammelten ‚politischen' Schriften", wie er ironisch schrieb, umfaßte bis dahin elf Nummern von Artikeln, die in der Allgemeinen Rundschau, im Westfälischen Merkur, in der Germania, in den Historisch-politischen Blättern und in der Katholiken-Korrespondenz zwischen 1910 und 1922 erschienen waren. Dazu kamen einige Referate in einer „beschränkten Öffentlichkeit" vor Versammlungen katholischer Adeliger, die teilweise auch für den internen Gebrauch gedruckt wurden.[9] Darüber hinaus saß Galen seit 1919 im Aufsichtsrat der Germania. Er hatte dieses Amt nach Rückfrage bei Kardinal Bertram angenommen, der ihm dann auch Generalvollmacht für seinen Aktienbesitz übertragen hatte.[10]

Neben solchen zwar auch nicht unwesentlichen, aber doch für das Persönlichkeitsbild Galens und seine Einordnung in das kirchliche und politische Umfeld zu Beginn der dreißiger Jahre nicht entscheidenden Kennzeichnungen finden sich als Ergebnisse der neueren Forschung aber auch Feststellungen und Vermutungen, die Galen in einer Weise kennzeichnen, die zu seinem späteren Verhalten gegenüber dem neuen Regime nicht passen wollen. Auch hier dürfte Morseys oben zitiertes Bändchen den Stand der Forschung wiedergeben: Dort findet sich nicht nur der zeitgenössische Eindruck aufgenommen, Galen sei „als Garant für ein harmonisches Zusammenwirken zwischen Kirche und sogenanntem ‚neuen Staat'" erschienen, sondern Galen wird auch sozusagen als Ergebnis historischer Forschung in eine gewisse Nähe zu den neuen Machthabern gerückt. Die Installierung des ‚Dritten Reiches' habe er „keineswegs als Weltuntergang verstanden", wofür als Indizien die Teilnahme von SA-Formationen mit Hakenkreuzfahnen an der Bischofsweihe im Dom und der „örtlichen Spitzen von Regierung und NSDAP" an der Gratulationsfeier angeführt werden.[11]

Darüber hinaus wird argumentiert, daß es gegen den „konservativ-nationalen Kandidaten keine Einwände" der preußischen Regierung gegeben habe, die aufgrund des Preußenkonkordats von 1929 möglich gewesen wären, und – was im Kontext der politischen Entwicklung noch schwerer wiegt – Galen sei „zu den sogenannten Rechtskatholiken" zu zählen gewesen. Mit der weiteren Behauptung, der Pfarrer und Bischof von Galen sei von manchen „national-patriotischen Bekundungen der braunen Bewegung, deren Wesen er nicht durchschaute"[12], beeindruckt geblieben, schlösse sich – wenn dies zutreffend wäre – tatsächlich die

Argumentationskette, die mit einiger Schlüssigkeit Galens, wenn auch nicht ideologische, so doch politisch-praktische Nähe zu den Nationalsozialisten belegen könnte, waren doch nicht wenige „Rechtskatholiken" auf ihrem politischen Weg vom Zentrum über die Deutsch-Nationalen zur NSDAP gelangt, von der sie die Verwirklichung ihrer christlich-konservativen Staatsvorstellungen erwarteten.[13] An Martin Spahns Beispiel wird deutlich, daß sich die Rechtskatholiken, wenn überhaupt, erst seit Mitte der dreißiger Jahre vom Nationalsozialismus zu distanzieren begannen. Von solchen und anderen Persönlichkeiten, wie z. B. den 1933 ins Amt gekommenen Oberpräsidenten von Westfalen und der Rheinprovinz, den Brüdern Ferdinand Joseph Freiherr von Lüninck und Hermann von Lüninck, von denen der Erstgenannte an der Aufstandsbewegung vom 20. Juli 1944 beteiligt war, würde Galen dann nur unterscheiden, daß er sich etwas eher als diese vom Nationalsozialismus abwandte.

Im folgenden soll nun durch eine eingehende Interpretation bisher wenig oder nicht beachteter Quellen, vor allem aber durch die Heranziehung neu aufgefundener Quellen versucht werden, diesen Problemhorizont aufzuhellen und dazu insbesondere drei Fragenkomplexe zu klären:
1. Galens Einschätzung der politischen Situation sowie seine politische Haltung in der Endphase der Weimarer Republik und in den ersten Monaten der NS-Herrschaft, also z. Zt. seines Wirkens als Pfarrer an St. Lamberti in Münster;
2. die Frage, ob Galen zu den sogenannten „Rechtskatholiken" zu zählen ist, und
3. das Problem der staatlichen Zustimmung zu seiner Ernennung zum Bischof von Münster.

II. Clemens August Graf von Galen – ein politisch interessierter und engagierter Seelsorger in Münster[14]

Konflikte und Kontroversen des Pfarrers von St. Lamberti mit der NSDAP in Münster

Schon Heinrich Portmann zitiert eine Passage aus der Pfarrchronik von St. Lamberti, daß erst die entgegenkommenden Erklärungen des Reichskanzlers Hitler und die Zurücknahme der Warnungen der Bischöfe vor der NS-Bewegung die Teilnahme der nationalsozialistischen Stadtverordneten in Uniform und mit Fahne an dem von Pfarrer von Galen zelebrierten Hochamt am 3. April 1933 zur Eröffnung der neuen Stadtverordnetenversammlung in der Lambertikirche ermöglicht hätten. Ebenso vermerkt Portmann die Eintragung vom 1. Juli 1933 in der gleichen Chronik über die Proteste des Pfarrers von Galen gegen die Auflösung des Jungmännervereins. Portmann spricht im weiteren von dem zunächst korrekten Verhältnis des Pfarrers zu den Repräsentanten des Regimes. Doch wuchs nach seinen Worten der „schon in der ersten Stunde bei ihm vorhandene Argwohn ... von Woche zu Woche". Es sei allgemein eine „tragische und folgenschwere Periode des Abwartens, Zusehens und Abtastens" gewesen, bis der neue Bischof im Fastenhirtenbrief vom 29. Januar 1934 sich erstmals öffentlich gegen die „Anbetung der Rasse" gewandt habe.[15]

Clemens August Graf von Galen war am 1. März 1929 zum Pfarrer von St. Lamberti ernannt und am 24. April in dieses Amt feierlich eingeführt worden. An dem der Einführung folgenden Frühstück nahm auch der Oberbürgermeister der Stadt Münster, Dr. Sperlich, teil, der in seiner Rede von „der unwandelbar

Abb. 5 Bei der Einführung als Pfarrer von St. Lamberti in Münster 1929

katholischen Grundlage des öffentlichen Lebens in Münster" sprach, die die Stadt „auch in Zukunft mit dem Stadtklerus erhalten und pflegen" wolle.[16] Diese Worte waren ganz nach dem Herzen des neuen Pfarrers, der bei seiner Einführung als Bischof von Münster nun von seiner Seite gegenüber dem (nationalsozialistischen) Oberbürgermeister Hillebrand den Wunsch aussprach, daß es „so bleiben wird, wie es gewesen ist ... und daß die alte katholische Kultur Münsters erhalten bleibt."[17] Vor diesem Hintergrund sind die ersten Konflikte des Pfarrers von Galen mit den neuen Machthabern zu sehen, die mit der gegen das Votum des Magistrats erfolgten Hissung der Hakenkreuzfahne auf dem Rathaus in Münster am 6. März 1933 begannen.[18]

Der Eintragung in die Pfarrchronik zufolge war es schon um die Teilnahme der NS-Fraktion am Einführungsgottesdienst in der Stadt- und Marktkirche St. Lamberti zu einer Kontroverse gekommen, die dann angesichts der Veränderung der kirchenpolitischen Lage durch die Regierungserklärung Hitlers vom 23. März und die Verlautbarung der Bischöfe vom 28. März 1933 kurz vor der Eröffnungssitzung der Stadtverordnetenversammlung am 3. April noch beigelegt wurde. Doch findet sich in den ernsten Worten der Predigt des Pfarrers von Galen in diesem Gottesdienst noch ein Hinweis auf die tieferen Ursachen des Konflikts, bei dem es doch um mehr und anderes gegangen war als allein um Uniformen und Fahnen in der Kirche.

Galen betonte unter deutlicher Bezugnahme auf die NS-Methoden gegenüber den „katholischen Christen", als die ja auch die Nationalsozialisten in die Lambertikirche gekommen waren, die „Grundlagen des christlichen Gemeinschaftslebens, wie sie die heilige katholische Kirche uns lehrt: Gerechtigkeit und Nächstenliebe. Nächstenliebe, die in jedem Mitmenschen das Ebenbild Gottes ehrt, die Haß und Feindschaft nicht kennt ... Gerechtigkeit, die jedem das Seine gibt, sei es die Innehaltung vertraglicher Verpflichtungen, sei es in gleichmäßiger Verteilung öffentlicher Vorteile und Lasten, ohne Ansehen der Person, sei es in weiser Beschränkung der Vorschriften und Belastungen, welche die Freiheit und Selbständigkeit der Bürger nicht mehr beengen dürfen, als es vom Gemeinwohl nachweislich gefordert wird."[19] Das war fünf Wochen nach der Einschränkung der Grundrechte durch die sogenannte „Brandverordnung" vom 28. Februar 1933 und mitten in der Diffamierungs- und Verleumdungskampagne der NSDAP gegen Politiker und Anhänger aller anderen Parteien, in Münster insbesondere der Zentrumspartei.

Der Protest des Pfarrers von Galen gegen den Versuch zur Auflösung des Jungmännerverbandes am 1. Juli 1933 zeigt bereits die Struktur der vielen Proteste, die Galen dann als Bischof gegen Maßnahmen des Regimes vorbringen sollte. Die Polizei erschien am 1. Juli, einem Samstag, beim Präses des Pfarrvereins, um die Geschäftsstelle zu schließen und das Vermögen zu beschlagnahmen sowie die Veranstaltungen zu verbieten. Am Montag protestierte Galen als verantwortlicher Pfarrer schriftlich *und mündlich* bei der Polizei und beim Regierungspräsidium mit rechtlich differenzierten, präzisen Argumenten und einer Qualifizierung der Maßnahme als „unerträgliche öffentliche Ehrenkränkung der Vereinsmitglieder, des Präses und des verantwortlichen Pfarrers."[20]

Galens nächster Protest auf kommunaler Ebene datiert vom 6. November 1933, als er – 15 Tage nach seiner Inthronisation als Bischof – Eingriffe des münsterischen Stadtschulrates Glowsky[21] in den Religionsunterricht zurückwies und sich an den Oberbürgermeister wandte, nachdem sein Protest ohne Antwort geblieben war.[22] Aus dem Schreiben an den Stadtschulrat geht noch hervor, daß Galen bereits als Pfarrer von St. Lamberti diesen zum Widerruf einer Maßnahme veranlaßt hatte.

Ein weiterer Konflikt mit der NSDAP-Stadtleitung ergab sich um den katholischen Bücher- und Leseverein (Borromäusverein), dessen öffentliche Bibliothek in einem städtischen Gebäude untergebracht war und der durch einen regelmäßigen Zuschuß unterstützt wurde. Die Stadtverwaltung hatte im Mai 1933 den jährlichen Zuschuß gestrichen und im Herbst auch die städtischen Räume gekündigt. Um das Eigentum an den Büchern und der Einrichtung wurde dann gestritten, bis man sich so einigte, daß die Stadt die Einrichtung erhielt und die Bücher dem Verein verblieben. Die Stadt eröffnete dann eine Städtische Volksbücherei, in der vor allem nationalsozialistisches Schrifttum angeboten wurde.[23]

Galen ein Deutsch-Nationaler?

Angesichts dieser Spannungen und Konflikte seit Anfang März 1933 zwischen dem in einem ‚unpolitischen' Amt tätigen Pfarrer und den münsterischen Nationalsozialisten muß es durchaus verwundern, daß dieser Pfarrer als den Nationalsozialisten nahestehend angesehen wird. Die wichtigste Quelle, die ausdrücklich und nicht nur von irgendwelchen Eindrücken aus der Perspektive der Nachkriegszeit zu dieser Beurteilung kommt, stellen die Erinnerungen des Philosophen Josef Pieper dar. Pieper berichtet von einer Versammlung des Katholischen Akademikerverbandes im Februar 1933 zum Thema „Das Recht der kleinen Lebenskreise", auf der Galen in der Diskussion für „‚die neue politische Bewegung', wie er sich unter Vermeidung des Namens der NS-Partei ausdrückte, eine gerechte und sachliche Beurteilung" forderte – „vor einer großen, ihn klar mißbilligenden, eisig schweigenden Hörerschaft." Pieper resümiert zur Haltung Galens, er habe „vor allem bei seinen geistlichen Mitbrüdern, kurz gesagt als ‚Nazi' gegolten", wie man ihn wohl auch früher schon in seiner Berliner Zeit, nicht ohne Grund, eher für einen Deutsch-Nationalen als für einen Zentrumswähler gehalten habe.[24]

Daß Galen in Berlin eher als Deutsch-Nationaler gegolten habe, ist demnach ein aus der Endphase der Weimarer Republik stammender Eindruck. Immerhin hat Pfarrer von Galen seit 1919 im Aufsichtsrat der Germania gesessen, dessen Vorsitzender seit 1925 Franz von Papen war. Wenn Papens Weg vom Zentrum zu den Deutsch-Nationalen geführt hat, so ist das, trotz der persönlichen Bekanntschaft der beiden, für sich genommen doch noch kein Indiz dafür, daß dies auch für Galen gegolten hätte. Clemens August von Galen war auf seine Mitarbeit im Aufsichtsrat der Germania durchaus bedacht und auch bemüht, den kirchlichen Einfluß zu stärken, wenn er z. B. bei einer Kapitalerhöhung im Jahre 1928 seinen Neffen bat, die Aktien entweder selbst zu beziehen – obwohl man sich eine Dividende nicht versprechen konnte – oder sein Bezugsrecht an das Breslauer Bischöfliche Delegaturamt abzutreten, um die gut katholische Seite zu stärken.[25] Es wäre also zum einen zu prüfen, was in Berlin zu dieser von Pieper wiedergegebenen Beurteilung geführt haben könnte, und zum zweiten, welche Bedeutung der Äußerung vom Februar 1933 zukommt.

Schon seine Aufsichtsratstätigkeit in der Germania, der führenden Zentrumszeitung, läßt deutsch-nationale Einstellungen nicht sehr wahrscheinlich sein. Zwar war Galen mit der Richtung der Germania nicht immer zufrieden, aber doch nicht in solcher Weise, daß er das Amt aufgegeben oder gar die Zentrumspartei verlassen hätte, wie dies einige seiner westfälischen Standesgenossen getan haben.[26] Zum politischen Testfall für die deutsch-nationalen Strömungen innerhalb der Zentrumspartei wurde das Verhalten nach dem Sturz des Reichskanzlers Heinrich Brüning am 30. Mai 1932. Zum Nachfolger ernannte Reichspräsident von Hindenburg den Zentrumspolitiker Franz von Papen, der dem rechten Flügel der Partei zuzurechnen war, mit der Übernahme des Amtes jedoch gegenüber seiner Partei grob illoyal handelte, was zum „unheilbaren Bruch" zwischen Papen und der Zentrumspartei führte.[27] Die Ministerliste des ‚Kabinetts der Barone', wie die neue Reichsregierung von ihren Kritikern genannt wurde, zeigt den Versuch des Brückenschlages zu den Deutsch-Nationalen, denn unter den ansonsten durchweg parteilosen Reichsministern fanden sich drei Deutsch-Nationale, Innenminister von Gayl, Justizminister Gürtner und Ernährungsminister von Braun, der gleichzeitig Reichskommissar für die Osthilfe war. Offizielle Zentrumspolitik war nach dem Sturz Brünings eine scharfe Opposition gegenüber der Regierung Papen. Als Alternative dachte man an ein Konzept, das die ‚Zähmung' der NSDAP vorsah, indem man diese in eine gemeinsam zu tragende Regierungsverantwortung einzubinden gedachte. Die ersten – ergebnislosen – Verhandlungen zwischen NSDAP und Zentrum datieren von Ende Mai 1932.[28]

Vor diesem Hintergrund ist die Frage nach Galens politischer Haltung von besonderem Interesse, so daß ein vom Verfasser in den Akten der St. Matthias-Pfarre in Berlin aufgefundener Brief an seinen Nachfolger in Berlin, den Pfarrer Albert Coppenrath, außerordentlich aufschlußreich ist, gibt er doch Galens Beurteilung der politischen Lage im Sommer 1932 wieder und ermöglicht somit erstmals eine präzise Einordnung Galens in das damalige politische Spektrum. Im Zusammenhang mit einer Auskunft zu einer Baufrage erörtert Galen ausführlich die öffentliche Aufnahme seiner Schrift „Die ‚Pest des Laizismus' und ihre Erscheinungsformen"[29], gegen die „von manchen Stellen, auch von Confratres ... Stimmung gemacht wird", und zwar in dem Sinne, daß er die Schrift in der Erwartung einer „kommenden ‚reaktionären' Regierung Papen" verfaßt habe, um den Abbau von Sozialgesetzen auf diese Weise vorbereiten zu helfen. Dies sei „natürlich glatter Unsinn, aber ein Zeichen, wie sehr manche Mitbrüder in Vorurteilen befangen sind" – so Galens Kommentar dazu –, dabei sei seine Schrift „wirklich nur aus seelsorglichem Interesse geschrieben". Ihre Veröffentlichung habe er sowieso schon bis nach den Landtagswahlen in Preußen (24. April 1932) aufgeschoben, und er hätte noch weiter abgewartet, wenn er geahnt hätte, daß jetzt Reichstagswahlen stattfinden, womit er die Wahl vom 31. Juli 1932 meinte.

Noch aufschlußreicher sind einige Sätze zur aktuellen politischen Situation, die Galen „nicht so tragisch" einschätzt „wie ‚die Stimme des Volkes'". Er hält Brünings Entlassung zwar auch für „ein Unglück" und wendet sich ausdrücklich *gegen* diejenigen, die Hitler als Reichskanzler favorisieren, was auch vom Zentrum abgelehnt wurde: „Ich kann nicht einsehen, daß man unbedingt nach Brünings Abgang den Hittlerleuten (!), als den Exponenten der immer größer werdenden radikalen Kopfzahl, die Machtmittel des Staates hätte ausliefern müssen." In der Berufung der Regierung Papen sieht er den Versuch, „durch Bildung einer im Brüning-Kurs steuernden Rechtsregierung der Herrschaft des Radikalismus zuvor zu kommen". Galen wünscht sich aus diesen Erwägungen eine Chance für die Regierung Papen, offenbar auch dessen Duldung durch das Zentrum, wenn er schreibt, „m.E. dürfen aber wir nicht durch eine blöde Agitation unter dem Kriegsruf: ‚Rache für Brüning' mitschuldig werden, daß der Versuch, am Radikalismus vorbeizukommen, mißlingt."[30]

In Vorlagen für seinen Bruder Franz, seit der Landtagswahl 1932 Abgeordneter im preußischen Landtag, hatte Clemens August von Galen diese Position ebenfalls vertreten, ohne jedoch von vornherein auf die Linie Papens einzuschwenken, dem man nicht „blinde Gefolgschaft" versprechen könne, aber auch nicht „im voraus Opposition" machen sollte. Entscheidend war für Pfarrer von Galen, ob die Taten der Regierung dem ‚katholischen Programm' entsprächen.[31] Sorge bereitet Galen das Vordringen des „nationalsozialistischen Radikalismus" auch in die „bisher staatserhaltenden christlichen Kreise außerhalb des Zentrums"[32] – um die er sich, wie noch gezeigt wird, innerhalb des Adels besonders bemühte –, denen sein Bruder vor Augen führen sollte, daß der mit „angeblich absoluter Machtvollkommenheit" ausgestattete Hitler niemals Rosenberg und ähnlichen seiner Parteigenossen widersprochen habe. Von den Katholiken sei die Anerkennung des Hirtenamtes der Bischöfe einzufordern und deshalb der Verzicht darauf, „eine Bewegung zu unterstützen, vor der unsere Oberhirten warnen."[33]

Auch als das Ergebnis der Reichstagswahl vom 31. Juli 1932 solche Erwartungen nicht rechtfertigte, sondern die Zahl der NSDAP-Abgeordneten von 107 auf 230 anwachsen ließ, blieb Galen bei seiner offenen Haltung gegenüber der Regierung Papen. Er kritisierte in seinem im Münsterischen Anzeiger anonym erschienenen Artikel – „von geschätzter Seite ... aus Zentrumswählerkreisen" – die Deutsch-Nationalen und das Zentrum, daß sie dem Geschäftsordnungsantrag des KPD-Abgeordneten Torgler in der Eröffnungssitzung des Reichstages nicht widersprochen hatten, der zur Auflösung des Reichstages und damit zu Neuwahlen führte, über deren Ausgang Galen sich keinen Illusionen hingab.[34] Es würde wieder eine „radikale Mehrheit" im Reichstag geben, die „den radikalen Umsturz der bestehenden Staats- und Gesellschaftsordnung will" und die, wenn sie erst einmal „die Machtmittel des Staates in die Hand bekäme, vielleicht die formale Legalität wahren und auf ‚verfassungsmäßigem Wege' eine Gewaltherrschaft sei es kommunistischer, sei es faschistischer Prägung aufrichten würde". Galen selbst ging es um die Erhaltung der objektiven, der naturrechtlich begründeten Rechtsordnung, die dann „geradezu verhängnisvoll gefährdet" wäre. Schützenswert schien ihm gerade auch die Weimarer Verfassung, weil sie viele naturrechtlich begründete Rechtssätze selbst in einer säkularisierten Gesellschaft festschrieb. Galen dachte also wesentlich differenzierter über die Weimarer Republik, als gemeinhin angenommen wird. Er suchte nach einer Lösung in dieser ausweglos scheinenden politischen Situation auf „verfassungsmäßigem, legalem Wege". Dies konnte nach seiner Meinung nicht eine Koalition des Zentrums mit den Nationalsozialisten sein, über die verhandelt wurde, weil „der Nationalsozialismus die unbedingte Alleinherrschaft im Staate anstrebt". Dadurch würde das Zentrum „das trojanische Pferd in die Stadt" schleppen, so daß er eine Zusammenarbeit des Zentrums mit der Regierung Papen und dem Reichspräsidenten und eine durch Volksentscheid anzustrebende Reform des Wahlrechts befürwortete, um die „mit Sicherheit zu erwartende Mehrheit radikaler, revolutionärer, in Wirklichkeit volksfremder Parteien" zu verhindern.[35]

Damit stand Galen nicht auf der politischen Linie des Zentrums, das auf den Sturz Papens hinarbeitete und sich im Sommer und Herbst 1932 in Verhandlungen mit der NSDAP befand, wenn auch in der taktischen Absicht, sie „an die verfassungsmäßige Legalität zu binden", ohne ihr das Kanzleramt auszuliefern.[36] Demgegenüber lehnte Pfarrer von Galen *jede* Beteiligung der NSDAP an der Macht ab, wenn er auch die Erfolgsaussichten der Regierung Papen zu optimistisch einschätzte. Wenn Galen also nach Piepers Darstellung „bei seinen geistlichen Mitbrüdern, kurz gesagt, als ‚Nazi'" galt, so wird deutlich, daß es sich um eine grobe Fehleinschätzung handelte, um ein Gerücht, das auf seine Haltung gegenüber der Regierung Papen Bezug nahm, ohne seine strikte Ablehnung der NSDAP und vor allem einer Machtübertragung an die NSDAP zu rezipieren. Zu fragen ist allerdings, worauf sich diese Fehleinschätzung stützt, denn Pieper ist sicher abzunehmen, daß er einen damals vorhandenen Eindruck richtig wiedergibt.

Dazu sind Quellen vorhanden, die durchaus bekannt und zugänglich sind, jedoch von der Galen-Forschung bisher nicht zur Kenntnis genommen wurden. Es handelt sich um den Schriftwechsel Clemens August von Galens mit seinem Freund Heinrich Holstein, der von 1915 bis 1926 Kaplan an St. Matthias in Berlin war und danach Vikar in Herbern.[37] Ihm gegenüber hat Galen ausführlich erörtert, was er „die leidige Politik" nannte. Er wollte nicht „aus der Politik bleiben", doch, wie er erläutert, „nur in dem Sinn, daß ich auch politische Fragen für wichtig genug halte, sie im Lichte ewiger Wahrheiten zu betrachten und versuche, mir in diesem Licht ein von Menschengunst und Menschenlob unabhängiges Urteil zu bilden", womit eines seiner Lebensmotive anklingt, das er dann als Wahlspruch für sein bischöfliches Amt wählen sollte.[38] Wenn von Galen sich der Tatsache durchaus bewußt war, daß manche ihn für „einen verdächtigen Erzreaktionär" hielten, daß ‚sein guter Ruf' auch bei seinen Confratres „wohl für immer dahin" sei, weil man ihm sogar schon ins Gesicht gesagt habe, er sei ein Deutsch-Nationaler und es sei ihm einfach nicht zu glauben, daß sein Interesse für die Politik nur durch die katholische Sache und das Wohl des Volkes motiviert sei, versuchte er doch, alle Vorwürfe zu widerlegen, die ihm von Holstein vorgetragen wurden. Anknüpfungspunkte für eine im bezeichneten Sinne kritische Einstellung ihm gegenüber konnten seiner Meinung nach lediglich zwei Ursachen haben. Die eine lag im Bereich der Seelsorge, sah er sich doch verpflichtet, „der pastor animarum auch für jene Katholiken zu sein, die nicht mehr in allem dem Zentrum folgen wollen". Vorwürfe mache man ihm zum zweiten wegen seines Verhaltens bei der Reichspräsidentenwahl 1925, als er in Befolgung eines Erlasses des Breslauer Kardinals die Wahlagitation auf dem kirchlichen Grundstück nicht zugelassen[39] und mit vielen anderen Geistlichen eine Eingabe an die Bischöfe unterzeichnet habe, was wahrheitswidrig als Unterzeichnung eines Aufrufs für Hindenburg verleumdet worden sei. Galen hatte dem in der Germania widersprochen; er hatte allerdings den Gegenkandidaten Hindenburgs, den Zentrumspolitiker Marx auch nicht gewählt, sondern war der Wahl ferngeblieben. Er hätte, wie er schrieb, „an sich gern Marx gewählt", doch habe es ihm die Art der Agitation für Marx in Berlin unmöglich gemacht, „zur Wahl zu gehen: leider!"[40] Damit mußte nach außen allerdings der Eindruck entstehen, Galen habe auf seiten derjenigen Teile des Klerus gestanden, die Marx aus politisch-inhaltlichen Gründen ablehnten.[41]

Holstein hatte die gegen Galens politische Haltung vorgebrachte Kritik in fünf Punkten zusammengefaßt, die Galen einzeln diskutiert bzw. widerlegt: Danach ließ Galen sich angeblich von solchen beeinflussen, die nach der Revolution an alten Privilegien festhalten wollten; der Antrieb seiner politischen Aktivitäten sei die Tradition seines Hauses und Standes; er betone einseitig nur die Aspekte des katholischen Glaubens, die der wirtschaftlich starken politischen Rechten nutzten, und er wolle den Minderbemittelten die volle politische Gleichberechtigung verweigern. Nicht ohne Bitternis weist Galen alles dies als Unterstellungen zurück. Er sei immer für das Zentrum eingetreten, habe immer dazu aufgefordert, die Zentrumspartei zu wählen, und könne in diesem Bild „wirklich absolut keine Ähnlichkeit" mit sich selbst erkennen. Für solche Ansichten ließen sich weder in seinen Artikeln, noch in seinen Worten – selbst im privaten Kreise – noch in seinen Taten, geschweige denn in seiner Gesinnung oder gar in der Tradition seines Elternhauses irgendwelche Belege finden. Dort seien „neben religiösen Wahrheiten Zentrumspolitik, Kirchenpolitik, Sozialpolitik tägliches Gesprächsthema" gewesen. Es sei „einfach nicht wahr", daß er für das einträte, was den „Grafen" nütze: „Ich habe z. B. vor dem Kriege die Enteignung polnischer Bauern ebenso scharf verurteilt, wie nachher die Fürstenenteignung. Allgemein gesprochen: Ich habe mich, solange ich bewußt denken kann, für *jedes* Recht, für *jede* berechtigte Freiheit eingesetzt, von *jedem* Vergewaltigten, wer er auch sei, das Unrecht abzuwehren mich bestrebt, ob er König oder ‚Graf' oder Bürger oder Bauer oder Bettler war. Und wenn ich für jemand Partei genommen habe, dann war es der eben in dem Augenblick in seinen Rechten Gekränkte, ohne Ansehen der Person.

Das mag vielleicht auch einmal der ‚Graf' gewesen sein: Ich tat es aber dann nicht um des ‚Grafen' Willen, sondern um des verletzten Rechtes Willen!"[42]

Im Zusammenhang dieser Erörterungen werden auch Namen von Politikern genannt, und es wird deutlich, daß Galen der Richtung innerhalb des Zentrums, die durch Politiker wie Erzberger, Marx und Wirth verkörpert wurde, kritisch gegenübersteht, wenn er auch ausdrücklich betont, daß er nie öffentlich etwas gegen diese Persönlichkeiten gesagt, sondern im Gegenteil hervorgehoben habe, daß sie gute Katholiken seien. Interesse für Grundsatzfragen habe er demgegenüber bei Politikern wie Stegerwald, Joos und Krone gefunden. In zwei Briefen wird ausdrücklich auch Franz von Papen erwähnt, doch bezeichnenderweise in sehr distanzierter Form. So schreibt Galen einmal, es fiele ihm „gar nicht ein, ihn in allem zu decken und mich mit ihm zu identifizieren", wenn er in ihm auch einen guten Katholiken sehe, der es wert sei, bei seiner Arbeit für die Gesundung der Germania unterstützt zu werden.[43] An anderer Stelle assoziiert Galen mit denen, die ihn angeblich leiten, den Namen Papen, verweist aber auf eine große Distanz, habe er ihn doch nicht einmal gekannt, als er noch manchmal einen politischen Artikel geschrieben habe und jetzt, also 1928, sähe er ihn nur bei den Sitzungen des Aufsichtsrates der Germania.[44]

Weil er nun diese Vorwürfe guten Gewissens entkräften kann, stellt sich ihm selbst um so schärfer die Frage, „auf welche Tatsachen hin" man ihn in dieser Weise verdächtige. Und da bliebe nur sein Name, der „Makel" seiner Geburt, den er nicht ablegen könne. Galen kommentiert dies einmal ironisch, einmal resignativ. So schreibt er, sein Name genüge, „um vorauszusetzen und unter der Hand zu verbreiten, daß ich ‚als ostelbischer Junker die Leibeigenschaft wieder einführen wolle.'" Solange er „nicht den ‚citoyen Egalité' spiele, und im gehorsamen Nachbeten aller modernen Phrasen, die wir früher als Liberalismus bekämpft haben, meine innere Gesinnung verleugne, wird das Vorurteil nicht überwunden werden"[45], und er bemerkt gut ein Jahr später, was ihn hauptsächlich verdächtig mache, sei die Tatsache, daß er „Grundsätze habe, die nicht jeden Tag mit der augenblicklich populären Tagesmeinung wechseln ... Von diesen Grundsätzen werde ich, solange ich sie für wahr halte, nicht ablassen; und werde sie auch bei Gelegenheit, wenn ich hoffe, daß es Nutzen stiften kann, aussprechen und verteidigen, auf die Gefahr hin, daß ich mir nicht nur ‚die Finger', sondern die ganze Hand verbrenne!" Die Konsequenzen wollte er schon tragen, wenn ihn der Bischof wegen der „Gegnerschaft gegen den ‚Grafen' aus seiner verantwortungsvollen Seelsorgestelle versetzen sollte: „Ich bin ganz darauf gefaßt und würde das Resultat dankbar begrüßen."[46]

Nun handelt es sich bei Galens Antworten auf die ihm durch seinen Freund nahegebrachten Vorwürfe um die Aussagen des Betroffenen, die allerdings den Vorteil haben, daß sie in ihrem Wahrheitsgehalt, zumindest was seine schriftlichen Äußerungen, die überlieferten ‚Taten' und die Tradition seiner Familie angeht, überprüft werden können, mit dem Ergebnis, daß Galens Argumente nicht widerlegbar sind. Sie fügen sich auch durchaus ein in die Beurteilung der politischen Situation im Herbst 1932, so daß sich seine Haltung gegenüber den Nationalsozialisten bestenfalls geändert haben könnte, nachdem weder Papen noch Schleicher als Reichskanzler hatten Erfolge vorweisen können. Es bleibt also zu prüfen, inwieweit vom Sommer 1932 bis in das Jahr 1933 hinein eine Veränderung in Galens Haltung beobachtet werden kann und inwieweit diese sei es durch die „national-patriotischen Bekundungen der braunen Bewegung"[47], sei es durch die Erklärungen Hitlers und der Bischöfe vom März 1933 beeinflußt war.

Geht man von Galens Grundsätzen aus, wie sie sich u. a. auch in der genannten Schrift „Die ‚Pest des Laizismus'" finden, dann erscheint eine Änderung seiner Einstellung gegenüber den „Radikalen", wie er die Nationalsozialisten nannte, nicht sehr wahrscheinlich. Immerhin waren schon vier Wochen nach dem sogenannten Tag der ‚Machtergreifung' wichtige Grundrechte außer Kraft gesetzt, und der Gleichschaltungsprozeß lief kurze Zeit später auf vollen Touren. Das konnte demjenigen nicht geheuer erscheinen, der, wie Galen, das Grundübel der neuesten deutschen Geschichte in der preußischen Staatsauffassung mit ihren zentralistischen und den Staat verabsolutierenden Elementen sah und darin die Ursache für Deutschlands Niedergang ortete, wie er im Ersten Weltkrieg offenbar geworden war.[48] Nun trat Schritt für Schritt genau das ein, was Galen im Herbst 1932 vorausgesagt hatte, falls man die Nationalsozialisten an der Macht beteilige.

Berater der Zentrumspartei in Münster

Galen hat die Zeit der nationalsozialistischen Machtergreifung als politisch interessierter und engagierter Pfarrer an der Stadt- und Marktkirche St. Lamberti in Münster erlebt, und er war in dieser Eigenschaft eine Person des öffentlichen Lebens. Mit dem politischen Geschehen war der Pfarrer nicht zuletzt dadurch verbunden, daß sein jüngerer Bruder Franz, mit dem er in engem Kontakt stand, zwei Jahre Stadtverordneter des Zentrums in Münster gewesen war und seit 1932 als Zentrumsabgeordneter im Preußischen Landtag saß.

Die erste spektakuläre öffentliche Aktion der münsterischen Nationalsozialisten und Stahlhelmer war die Hissung der Hakenkreuz- und schwarz-weiß-roten Fahne auf dem Rathaus am Tag nach der Reichtagswahl, dem 6. März 1933. Die Flaggenhissung gehörte zum ‚Machtergreifungs'-Ritual und hatte in Münster nur insofern eine besondere Note, als der Magistrat unter dem Oberbürgermeister Dr. Zuhorn die Hissung zu verhindern suchte, was zu diesem Zeitpunkt schon so ungewöhnlich war, daß es im ganzen Reich Aufmerksamkeit fand.[49] Zu Galens ablehnender Reaktion gibt die oben zitierte Pfarrchronik entsprechende Hinweise. Mit der Kommunalwahl in Preußen am 12. März 1933 gewannen die Nationalsozialisten die Ausgangsposition für die Überwältigung der Kommunen. In Münster hatte die Zentrumspartei zwar kaum Wähler verloren, war aber von der NSDAP knapp überrundet worden, wenn letztere auch nicht die absolute Mehrheit erreichte. Nachdem das eine KPD-Mandat eingezogen und die drei Sozialdemokraten seit der zweiten Sitzung der Stadtverordnetenversammlung an der Wahrnehmung ihrer Mandate gehindert worden waren, begann gegen das Zentrum, die frühere Mehrheitspartei, ein Kesseltreiben, dem weder die Spitzen der Verwaltung noch etwa die Angehörigen der Fraktion in der Stadtverordnetenversammlung gewachsen waren.[50]

In einer Reihe von Städten war es zu Fraktionsübertritten vom Zentrum zur NSDAP gekommen, und auf der Suche nach Orientierung fand in intellektuellen Kreisen Münsters der unter der Schirmherrschaft des Vizekanzlers Franz von Papen gegründete Bund ‚Kreuz und Adler' größere Aufmerksamkeit, der für einen Brückenschlag zwischen Katholizismus und nationalsozialistischer Partei eintrat. In dem Bund, der sich übrigens im Oktober 1933 schon wieder auflöste,

71

fanden sich vor allem diejenigen zusammen, die aktiv im politischen Leben des nationalsozialistisch bestimmten Staates mitarbeiten wollten.[51]

Die geringe Chance des politischen Überlebens wollte auch der Vorsitzende der Zentrumsfraktion der münsterischen Stadtverordnetenversammlung ausloten, der sich an Franz von Galen mit der Bitte wandte, einen Termin bei Papen zu vermitteln. Der Fraktionsvorsitzende Boyer war zusammen mit einem anderen Zentrumsstadtverordneten beauftragt, den weiteren Kurs der Partei abzustecken. Auch in Münster gab es eine Gruppe, die unter Hinweis auf die Übertritte in anderen Städten – und auf solche von leitenden Richtern in Münster – den Kurs des Zentrums in Richtung NSDAP lenken wollte. Für die politische Situation in Münster sind Boyers Worte bezeichnend: „Leider fehlt uns hier in Münster der unerschrockene Führer von Format ... Alles grau in grau. Wenn wir Sie doch bloß hier hätten"[52].

Wenn auch nicht der ersehnte „Führer von Format", so war Pfarrer Clemens August Graf von Galen doch wenigstens eine standfeste Vertrauensperson der münsterischen Zentrumsführung, wie aus einem Schreiben an seinen Bruder Franz vom 12. Mai 1933 hervorgeht, in dem er „über die hiesige Gefechtslage" berichtet: Die Stadtverordnetensitzung vom 10. Mai „war ein wohlberechnetes nervenzerrüttendes Trommelfeuer. Die Zentrums-Fraktion vollständig erschüttert" mit der Folge, daß in der Fraktion ventiliert wurde, alle Mandate niederzulegen.[53] Galen riet davon ab („Die Folge würde Neuwahl sein mit unkontrollierter Alleinherrschaft der Nazi"), und er empfahl: „Aushalten, bis die Feuerwalze sich erschöpft! Überall, wo es möglich ist, positiv mitarbeiten. Und in Ruhe die Entwicklung abwarten". Pfarrer von Galen versuchte einen politischen Weg für das Zentrum zu markieren und gleichzeitig den in Gewissensnöten befindlichen Katholiken eine seelsorglich vertretbare Richtung aufzuzeigen. Politisch sollte die Position des Zentrums gehalten werden: „Zusammenbleiben, vorläufig auf Demonstrationen und große Aktionen verzichten, aber sich bereithalten, grundsatztreu mitzuarbeiten, wo sich Gelegenheit bietet". Wer allerdings das Zentrum verlassen wollte, sollte „im Frieden ausscheiden", und wer „aus äußeren Gründen den erlaubten Schritt in nationalsozialistische Organisationen zu tun genötigt ist", sollte sein Mandat niederlegen „und in der neuen Umgebung für ‚Wahrheit, Recht und Freiheit' eintreten". In einer Kanzelverkündigung, deren Inhalt er seinem Bruder skizziert, wandte er sich an die Katholiken, um deren Gewissen zu beruhigen, wenn sie „zum Anschluß gezwungen werden". Gleichzeitig wurden die Nationalsozialisten auf die Zusicherungen Hitlers festgelegt und aufgefordert, christliche Grundsätze zu beachten, und gewissermaßen gewarnt, „daß wir nach wie vor Unrecht auch Unrecht nennen und für alle Zurückgesetzten objektive Untersuchung und gerechte Beurteilung fordern", sowie ermahnt, „sich freventlichen Urteils und übler Nachrede zu enthalten"[54].

Damit war auch ein durchaus konkreter Fall gemeint, ging es doch in diesen Tagen um Person und Amt des Oberbürgermeisters Dr. Zuhorn. Fiel Zuhorn, dann standen den Nationalsozialisten alle Mittel der Verwaltung zur Verfügung; die Überwältigung der Stadt wäre dann sofort möglich gewesen, weil in diesem Fall auch die Zentrumsfraktion aufgegeben hätte. Pfarrer von Galen versuchte, dem entgegenzuwirken, indem er Zuhorn beschwor, im Amt zu bleiben, der bereits nach der ersten Stadtverordnetensitzung mit dem Beschluß über die Ehrenbürgerschaft Hitlers und Hindenburgs hatte zurücktreten wollen. Galens Argument war,

„auch diese Regierung braucht integre Beamte."[55] Gleichzeitig wandte sich Galen an seinen Bruder Franz, der versuchen sollte, etwas für Zuhorns und Pünders (unter Brüning Staatssekretär in der Reichskanzlei und seit Herbst 1932 Regierungspräsident in Münster) Verbleib zu tun. „Wenn Du etwas tun kannst, um beide zu halten, so könntest Du damit ein gutes Werk tun."[56] Sein Bruder Franz kam diesem Wunsche wahrscheinlich bei Papen nach[57] – ohne daß dies weitere Konsequenzen gehabt hätte, denn Zuhorn wurde am 19. Mai auf Anweisung des preußischen Innenministers Hermann Göring durch den Regierungspräsidenten beurlaubt, ebenso der zweite Bürgermeister. Mit der Wahrnehmung von dessen Geschäften wurde der bisherige Stadtverordnetenvorsteher Hillebrand (NSDAP) beauftragt.[58] Regierungspräsident Pünder wurde im Sommer 1933 abgelöst, auch auf Geheiß Görings, wenn auch in vornehmerer Form.[59]

Inzwischen verdüsterte sich die politische Lage für das Zentrum in Münster immer mehr. Die Zentrumsfraktion verlor durch Mandatsniederlegungen eine Reihe ihrer Mitglieder und stand weiterhin unter dem von der NSDAP durch Demagogie und Terror ausgeübten Druck. Aus einem Brief des Vorsitzenden der münsterischen Zentrumspartei an Franz von Galen spricht tiefe Resignation. Der Parteivorsitzende Dieckmann hoffte auf eine Änderung der Lage und versprach sich dies noch am ehesten vom Episkopat, so daß er schrieb, „wenn nur die Stimme der Bischöfe erschallte."[60]

Die Auflösung der Zentrumspartei schritt nicht nur durch inneren Zerfall fort, denn zu den ‚Märzgefallenen' kamen nun Parteiaustritte von Mitgliedern, die *nicht* der NSDAP beitraten, sondern die Zentrumspartei verließen, weil es angeblich einen „Widerstreit der Parteien heute in Deutschland" nicht mehr gebe „und man sich durch Zugehörigkeit zu einer Partei nicht abseits der werdenden Volksgemeinschaft stellen" wollte.[61] Den tatsächlichen Motiven ist dabei schwer auf die Spur zu kommen, denn einer der damals Ausgetretenen gab später als wirklichen Grund seines Austritts das Chaos in der Zentrumspartei an[62], was nicht ganz von der Hand zu weisen ist, denn die eher bürgerliche Honoratiorenpartei stand den Angriffen der Nationalsozialisten fassungslos gegenüber und war allein von ihrer Organisationsstruktur her einer politischen Auseinandersetzung dieser Qualität nicht gewachsen, wenngleich eine straffere Organisation im politischen Umfeld der nationalsozialistischen ‚Revolution' auch keine gravierenden Vorteile gebracht hätte.

Die letzte überlieferte Stellungnahme des Pfarrers von St. Lamberti zu den Problemen der Zentrumspartei in Münster datiert vom 23. Mai 1933. Er schrieb seinem Bruder, daß er ein Fortbestehen des Zentrums weiter für notwendig halte, „als Gesinnungs- und Kampfgemeinschaft derjenigen, welche berufen sind und die Pflicht erkennen, die katholischen Grundsätze in den Volksvertretungskörperschaften zu vertreten."[63] Im gleichen Sinne argumentierte eine auf Bitten der Zentrumsspitze von Clemens August von Galen verfaßte Stellungnahme zu den Austritten, die in ähnlicher Form dann öffentliche Verwendung fand. Dort war der wichtigste Bezug noch deutlicher ausgesprochen, ginge es doch nicht darum, sich durch „Zugehörigkeit zu einer Partei abseits der werdenden Volksgemeinschaft" zu stellen, „sondern es heißt im Gegenteil, die werdende Volksgemeinschaft durch Mitarbeit gemäß den unveränderlichen, weil in Gott gegründeten Grundsätzen" zu fördern, allerdings durch Mitarbeit *in* der Zentrumspartei.

Mit den Nationalsozialisten hatte Galen in Münster eine Reihe konkreter Erfahrungen gemacht, aus denen durchweg die nationalsozialistischen Intentionen gegenüber der Kirche und dem katholischen Volksteil deutlich wurden. Dies und Galens grundsätzliche Auffassungen über Staat und Gesellschaft ließen besondere Nähe zu den Nationalsozialisten nicht erwarten. Auch eine Wirkung von deren national-patriotischen Bekundungen, die nach dem Tag von Potsdam am 21. März 1933 einen zweiten Höhepunkt am 1. Mai fanden, lassen sich bis zum Abbruch der Überlieferung Ende Mai 1933 nicht beobachten. Galen war nicht nur Mitglied der Zentrumspartei geblieben, sondern er versuchte sogar aktiv daran mitzuwirken, das Überleben der Partei zu sichern, die er auch für den Fall für notwendig hielt, „wenn die heute noch theoretisch bestehende parlamentarische Demokratie wirklich zu Bruch geht und eine andere Art der Volksvertretung an seine (!) Stelle tritt."[64]

Dabei überlagerten sich für den politisch interessierten Pfarrer zwei Problemkreise. Während sein politisches Engagement auf die Erhaltung der Zentrumspartei gerichtet war, mußte er als Seelsorger auch diejenigen betreuen, die aus den verschiedensten Gründen – auch durch Zwang – zu den Nationalsozialisten übergegangen waren. Diese Situation führte jedoch auch dazu, daß Galen gezwungen war, die für einen Katholiken unverzichtbaren Positionen zu formulieren. Das waren natürlich die in der Kanzelerklärung genannten christlichen Grundsätze, die in der „Mahnung an alle (alten und neuen) Nationalsozialisten, für Durchführung der christlichen Grundsätze einzutreten", genannt waren.[65] Präziser ausgedrückt war das Gemeinte im Antwortentwurf an diejenigen, die die Zentrumspartei verlassen hatten, denen nämlich vor Augen geführt wurde, daß es auch in Zukunft „um die Durchsetzung der Forderungen ‚des Naturrechts und des christlichen Offenbarungsgutes', wie sie von der katholischen Kirche gelehrt werden", ging, was Galen bezeichnenderweise nach ‚Das Zentrum' 1932, No. 10/11, Seite 297, zitierte.[66]

Es kann also weder die Rede davon sein, daß Clemens August Graf von Galen die deutsch-nationalen Positionen übernommen, noch daß er gar den Nationalsozialisten nahegestanden hätte. Das gilt auch für den Zeitraum *nach* den öffentlichen Zusicherungen Hitlers an die katholische Kirche und den katholischen Volksteil und der Erklärung der Bischöfe, die von den Katholiken überwiegend als Rücknahme der früheren Warnungen verstanden worden war, und ist auch durch die national-patriotischen Bekundungen der Nationalsozialisten nachgewiesenermaßen bis Ende Mai 1933 nicht anders geworden. Zu diesem Zeitpunkt enden Galens Stellungnahmen, was nicht nur mit dem Zerfall und Verbot der Parteien zusammenhängen dürfte. Vielmehr hatte sich auch die Sicherheitslage in solchem Maße geändert, daß sich in Galens Schriftwechsel, nicht nur mit seinem Bruder, keine politischen Meinungsäußerungen mehr finden.

Im Schlußsatz seines Entwurfs einer Antwort an die am 20. Mai aus der münsterischen Zentrumspartei ausgetretenen Herren deutet Galen an, daß von den Nationalsozialisten die Beachtung der naturrechtlichen Prinzipien *nicht* erwartet werden könne, wenn er schreibt, es sei seine Hoffnung, „Sie, auch nach ihrem Austritt aus der Zentrumspartei, auf Grund Ihrer, wie wir annehmen dürfen, unveränderten Wertschätzung dieser ewigen Güter, bei einem etwaigen Kampf um ihre Geltung im öffentlichen Leben nach wie vor als Bundesgenossen betrachten (zu) dürfen"[67].

Galen und das ‚Wesen' des Nationalsozialismus

Wer im Mai 1933 solche Aussichten sich am politischen Horizont entwickeln sah, mußte allerdings zu den wenigen politisch Weitblickenden gezählt werden. Wenn heute davon gesprochen wird, Clemens August Graf von Galen habe das „Wesen" der nationalsozialistischen Bewegung nicht erkannt[68], dann würde ihn dies zwar von der überwältigenden Mehrheit seiner Zeitgenossen nicht unterscheiden, doch trifft diese Beurteilung nicht zu. So hat Galen, wie gezeigt, im Herbst 1932 die Errichtung der Diktatur als unausweichliche Folge einer Machtbeteiligung der Nationalsozialisten angesehen und in den Monaten nach dem 30. Januar 1933 zunächst die Rechtsbrüche der Nationalsozialisten penibel registriert. Als Analyseinstrument zum Verständnis der Gegenwart diente ihm eine holzschnittartige Geschichtsinterpretation unter den Leitbegriffen Autorität und Freiheit, die ihm in ihrer Verkürzung doch eine Erklärung der aktuellen politisch-gesellschaftlichen Phänome zu ermöglichen schien, so daß ihm die weitere Entwicklung, wenn natürlich auch nicht in allen Konsequenzen, durchaus deutlich vor Augen stand.

Abgelehnt hat Galen nach wie vor die von den Bischöfen seit 1930 verurteilten Lehren des Nationalsozialismus[69], was auch durch die bekannte Erklärung der Bischöfe vom 28. März 1933 noch einmal bestätigt worden war, in der es hieß, daß „die in unseren früheren Maßnahmen liegende Verurteilung bestimmter religiös-sittlicher Irrtümer"[70] nicht aufgehoben sei. Deutlich gesehen hat Galen, wie oben gezeigt, die Nichtbeachtung, wenn nicht Bekämpfung der naturrechtlich begründeten Rechte im öffentlichen Leben durch die Nationalsozialisten, und er hat durch die Stützung der Zentrumspartei in seinem Wirkungskreis in Münster daraus die politischen Konsequenzen gezogen und insofern – entgegen der Ansicht Morseys – durchaus „parteipolitische Ratschläge" erteilt[71], auch an seinen Bruder, dem er empfahl, eine etwaige Wahl in den Parteivorstand anzunehmen, gegebenenfalls unter Vorbehalt des Rücktritts, falls die Parteiarbeit durch die ‚katholische Aktion' ersetzt werden sollte.[72] Clemens August von Galens für seinen Bruder Franz geschriebene Vorlagen und Gedankenskizzen, die Morsey lediglich als Konkretisierung der katholischen Staatslehre apostrophiert[73], haben nicht nur konkrete Bezüge zur politischen Lage im Herbst 1932, sondern auch im Frühjahr 1933.

In einer Erörterung vom 28. Februar 1933 entwickelte Clemens August von Galen schon den Gedankengang, den er in verkürzter Form am 19. April 1934 auf einer Dechantenkonferenz vortrug[74]: Die „Wirren der Zeit" hatten in seiner Interpretation ihren Ausgang im „Mißbrauch kirchlicher Führerstellung" in der vorreformatorischen Zeit genommen. Mit der daraus folgenden Ablehnung bzw. Abschaffung jeglichen kirchlichen Lehr- und Hirtenamtes durch Schwarmgeister, Wiedertäufer u. a. begann ein sich durch die europäische Geschichte ziehender gesellschaftlicher Prozeß von sich gegenseitig ablösenden Wellen extremer Autorität oder ebenso extremer Freiheit. Der sich aus den Folgen der Reformation ergebende Frühkonstitutionalismus kannte dann kein „objektives Recht" mehr, sondern Recht war, was der die Macht ausübende Fürst für Recht erklärte. Nachdem das Pendel in der Französischen Revolution zur anderen Seite ausgeschlagen war und im Konstitutionalismus Staatsmacht und Volk sich „als Rivalen" gegenüberstanden, erforderte der Erste Weltkrieg strenge Autorität, die nach dessen unglücklichem Ausgang zur „Willkürherrschaft der jeweiligen Mehrheit" führte, ohne daß eine Befriedigung der Verhältnisse erreicht worden wäre. Während in der Weimarer

Republik das „Wohl des Individuums" im Vordergrund stand, fällt nach Galens Ansicht der „neue Nationalismus" ins andere Extrem: „Der Einzelne ist für das Wohl des Ganzen da", was sogar für die „überzeitliche Substanz" des Staates, für die Nation, für die Rasse gefordert werde.

Im Ergebnis seiner Überlegungen sieht Galen in den „lockenden, jakobinisch klingenden Formeln, mit denen der neue Nationalismus uns in sein Lager lockt", Erscheinungsformen einer „unkatholischen Geisteshaltung", die auf andere Weise auch der ‚Liberalismus' der Weimarer Zeit verkörpert habe. Freiheit und Autorität seien demgegenüber „an die objektiven Normen des in Natur und Offenbarung kundgemachten Willens Gottes zu binden", was überhaupt erst das Wohl der Menschen ermögliche.[75]

Unter solchen Prämissen bewertet Galen in den folgenden Wochen Äußerungen nationalsozialistischer Politiker und Erscheinungen des öffentlichen Lebens. Ein Schlüsselerlebnis muß für ihn die gewaltsame Hissung von Hakenkreuzfahnen auf den Rathäusern gewesen sein, denn gegenüber der Begründung dieses Vorgehens durch Göring, es sei nur der Wille der Mehrheit des Volkes vollzogen worden, verweist er auf das objektive Recht und die rechtmäßig bestehenden positiven Gesetze, durch die allein die Minderheit geschützt werden könne: „Wenn die öffentlichen Gebäude, in denen alle Staats- und Gemeindebürger ihr Recht und die gerechte Förderung des ‚bonum commune' für alle suchen, heute durch die Parteifahne eines Teils der Bevölkerung, meinetwegen der Mehrheit, bezeichnet sind, so steigt unwillkürlich die Befürchtung auf, daß daselbst nicht mehr objektives Recht, sondern der Wille der Mehrheit maßgebend sein sollen. Videant consules!"[76]

Bestätigt fand Galen sich durch eine Rede Görings in Essen am 10. März 1933, in der dieser erklärt hatte, „ich danke meinem Schöpfer, daß ich nicht weiß, was objektiv ist", er stehe einzig und allein zu seinem Volke und müsse „das vernichten, was gegen mein Volk steht". Galen notierte auch das in dieser Rede gefallene Wort Görings von den drei Internationalen, deren Symbol „die Farben Schwarz-Rot-Gelb waren". Neben der roten sozialistischen und der gelben Internationale des „jüdischen Finanzkapitals" (Göring) also eine schwarze Internationale, wozu Galen vermerkt: „Wen meint er? Das Zentrum ist nicht international, wohl aber die katholische Kirche!" Wie genau Galen diese Grundsatzäußerungen nationalsozialistischer Führer verfolgte, zeigt auch eine Notiz zu einer Aussage Hitlers, der am 11. März 1933 die „Kraft" als „ewige Mutter des Rechts" bezeichnet hatte. Ferner fiel ihm auf, wie sich die (nationalsozialistische) Nationalzeitung auf die katholische Bevölkerung einstellte, indem sie das Wort von der ‚Schwarzen Internationale' ausließ, während die Westfälische Landeszeitung den vollen Wortlaut veröffentlichte.

In einer Art Selbstvergewisserung zur Frage der Grenzen der Staatsgewalt notiert Galen die Verstöße gegen die natürlichen Rechte und das Recht der Kirche: mangelnde Vertragstreue, gewaltsame Gleichschaltung der Länder, staatlichen Behörden, Verbände, Vereinigungen; Zwang zur Hitlerspende am 20. April 1933, Zwang zur Demonstration am 1. Mai 1933; er stellt sich die Frage nach der Zukunft der Konfessionsschulen, der Jugendverbände und der parteipolitischen Durchdringung der Lehrerschaft; er notiert, mit Offenheit könne nicht mehr „für Freiheit und Recht" eingetreten werden. Seine in Frageform gekleidete Folgerung lautet:

„Schützengraben aufwerfen, Stellung befestigen, um die zurückflutenden Katholiken aufzufangen, wenn der Mißerfolg kommen sollte?"[77]

Seine an ‚katholischen' Grundsätzen orientierte Staats- und Gesellschaftsauffassung ermöglicht Galen eine erstaunlich klare Sicht des im Februar 1933 ablaufenden Prozesses von der liberalen Demokratie zur totalitären Diktatur. Er ist in keiner Phase von der damals vielfach zu beobachtenden Euphorie erfaßt, sondern verfolgt fast schon akribisch die Rechtsbrüche der Nationalsozialisten und die Unterdrückung derjenigen, die nicht zur vorgeblich neuen Mehrheit zählen. Dabei sieht er den totalitären Grundzug des Nationalsozialismus, „der sich mit den Ideen des Sowjetbolschewismus" berühre[78], wenn die Lebensberechtigung des einzelnen nur vom Wohl der Gesamtheit her gesehen werde. Bei aller Distanz zur Weimarer Republik ist ihm die andere Qualität des NS-Regimes deutlich: Man kann nicht mehr öffentlich „für Freiheit und Recht" eintreten, und er stellt fest: „Nicht jede Achtung der Freiheit ist Liberalismus."[79] Seine Worte auf der Dechantenkonferenz von 1934, gegen mißbrauchte Macht „werden wir mit der Kirche auf Seiten der Freiheit stehen"[80], gründen also bereits in den Erfahrungen der ersten Monate des Jahres 1933.

III. Galen ein ‚Rechtskatholik'?

Galens gesellschaftliches Umfeld

Clemens August von Galen galt seinen Zeitgenossen als durchaus volkstümlicher Kaplan und Pfarrer, der die Aufgaben eines Großstadtseelsorgers in Berlin ausgesprochen ernst nahm und der ohne jeglichen Standesdünkel mit seinen Mitbrüdern und den Pfarrangehörigen verkehrte.[81] Das betraf den persönlichen Umgang wie auch seine spartanische Lebensführung und ging soweit, daß er als Pfarrer in Berlin wöchentlich bei seinem ältesten Kaplan beichtete.[82] Auch nach der Rückkehr in das ihm durch Herkunft, Ausbildung und Verwandtschaft eng verbundene Westfalen als Pfarrer an St. Lamberti in Münster änderte sich an seiner Lebensweise und seinem engen Verhältnis gerade auch zu den kleinen Leuten nichts. Die Betonung dieser Seite seines seelsorglichen Engagements läßt seine Verwurzelung im westfälischen Adel leicht in den Hintergrund treten, doch liegt darin keineswegs ein Gegensatz. Seine adelige Herkunft empfand er als tiefe patriarchalisch gefärbte Verpflichtung und nicht als irgendwelche Vorrechte begründende. Für sich oder für den Adel habe er nie irgendwelche Privilegien gewünscht oder beansprucht, schrieb er seinem Freund Holstein, „nur das Privileg oder besser die Vorbelastung und Verpflichtung, der in selbstlosem, gemeinnützigen Wirken bewährten Vorfahren wert zu sein, ‚edel' zu sein, d. h. ohne Rücksicht auf eigenen Vorteil und Menschengunst das Gute zu wollen und zu erstreben, edelmütig, über die Grenze des streng Gebotenen hinaus"[83]. Wenn Adelige sich dieser Verpflichtung entzogen und ihre Stellung lediglich als Chance für ein feudales oder großbürgerlich orientiertes Leben ansahen, zogen sie höchstens Galens Verachtung auf sich.[84] Als „Drohnen" und „beklagenswerte(n) Toren" bezeichnete er diejenigen, die „mit vielleicht ganz guten und harmlosen Beschäftigungen, Liebhabereien ihre Zeit vertrödeln", weil sie meinen, „daß der liebe Gott ihnen dazu verhältnismäßig leicht und ohne viel eigene Anstrengung eine relativ unabhängige Stellung gegeben habe", wo doch „Gott mit der Zuweisung der schönen Stellung und die Mitmenschen bei Anerkennung ihrer schönen Stellung mit Recht" besondere Leistungen erwarten könnten, z. B. auch, „furchtlos nach oben und nach unten für das Recht und die gottgewollte Ordnung einzutreten."[85] Mehrfach brachte Galen seine Ansicht über die Stellung des Adels auf den kurzen Nenner, „der ererbte Adelstitel hat ja kaum einen Wert, wenn die edle Gesinnung der Vorfahren verlorengeht."[86] Bei aller Selbstverpflichtung auf hohe Ideale dürfte aber auch zutreffen, was sein Freund Holstein notierte, daß Galen im Adel nämlich die natürliche Führungsschicht sah und in manchen politischen Ansichten „die Kräfte seiner Erziehung und Tradition sein Denken und Wollen beeinflußten"[87].

In seinen Berliner Jahren hielt Galen mit seiner großen Familie Kontakt, hatte Verbindung mit katholischen Politikern und Verbandsvertretern und erhielt auch Besuch von auswärtigen Parlamentariern sowie von seinen Standesgenossen, wiewohl er nicht in Adelskreisen gesellschaftlich verkehrte und insgesamt sehr zurückgezogen lebte.[88] Aktiv beteiligte er sich jedoch an der Arbeit der Standesvertretung des katholischen westfälischen Adels, dem Rheinisch-Westfälischen Verein katholischer Edelleute, dessen satzungsmäßige Zielsetzungen in der „Verteidigung des Glaubens, Ausübung der Werke der Barmherzigkeit und Beteiligung am katholischen Vereinsleben sowie an allen auf Besserung der sozialen und öffentlichen Zustände in wahrhaft konservativem Geiste gerichteten Bestrebungen"[89] lagen. Während seiner Pfarrtätigkeit in Berlin hatte Galen eine öffentliche Kontroverse auszutragen und während seiner Tätigkeit als Pfarrer in Münster eine Kontroverse innerhalb des Vereins katholischer Edelleute, die seine Stellung zum ‚Rechtskatholizismus' deutlich werden lassen.

Rechtskatholiken, Staatskatholiken, Nationalkatholiken

Die sogenannten ‚Rechtskatholiken' in der Weimarer Republik stehen in der Tradition der ‚Staatskatholiken', die sich in einer Huldigungsadresse an Kaiser Wilhelm I. am 14. Juni 1873 im Kulturkampf auf die Seite des Staates schlugen. Im Konflikt um Vorrang oder Gleichrangigkeit zwischen Staat und Kirche bzw. der rechtlichen Unterwerfung der Kirche votierten unter Führung schlesischer Adeliger die zumeist aus Schlesien stammenden Unterzeichner in erster Linie aus opportunistischen Motiven für den Vorrang des Staates, weil sie befürchteten, sonst ihre und ihrer Kinder Aufstiegschancen in der protestantisch geprägten preußischen Monarchie zu verspielen. In einem lesenswerten Aufsatz hat Horst Gründer die Entwicklung der Staatskatholiken-Bewegung bis in die Weimarer Republik nachgezeichnet. Die Staats-, National- oder Rechtskatholiken lehnten demnach „die von der Zentrumspartei als der politischen Vertretung der katholischen Volksmassen verfochtene, naturrechtlich fundierte Staats- und Gesellschaftslehre ab und bekannten sich im Kaiserreich zu dem von Hegel und der historisch-rechtspositivistischen Staatslehre indoktrinierten allmächtigen Staat bzw. begegneten nach 1918 der westlichen Demokratie mit den bekannten Vorbehalten neokonservativ-nationalistischer Herkunft."[90]

Diese Richtung stellte für die Zentrumspartei eine durchgehende politische Belastung dar, die zu Übergängen zur politischen Rechten führte. Von staats- bzw. rechtskatholischer Seite wurde argumentiert, daß die Zentrumsposition zwar in kirchenpolitischen Fragen unterstützt würde, in nicht religiös-politischen und wirtschaftlichen Fragen teile man aber andere Vorstellungen, vornehmlich die der Konservativen. In der politischen Praxis bedeutete dies, daß sich die staatskatholischen Gruppen vor dem und im Ersten Weltkrieg für eine aktive Kolonialpolitik, für mehr Lebensraum, gegen die Änderung des preußischen Wahlrechts, für das Durchhalten im Weltkrieg, für Annexionen, gegen die sogenannte ‚Kaplanokratie' – d.h. den Einfluß des Klerus in der Zentrumspartei – aussprachen. Im und nach dem Weltkrieg wandte man sich gegen die Parlamentarisierung des Reiches, gegen die Idee der Volkssouveränität und in der Zentrumspartei gegen das sogenannte „Erzbergertum"[91], mit dessen Namen man eben diese abgelehnten Entwicklungen verband.

Auch innerhalb des westfälischen katholischen Adels waren Übergänge von der Zentrumspartei zu den Konservativen und später zu den Deutschnationalen zu beobachten. Im Zentrum versuchten westfälische Adelige eine Kurskorrektur in ihrem Sinne, eine Rückbesinnung auf die ‚alten' Grundsätze der Zentrumspartei; in erster Linie sind Hermann und Ferdinand von Lüninck und nicht zuletzt Franz von Papen zu nennen[92], der sich selbst einmal als „Deutschnationaler im Zentrumslager" bezeichnet hatte.[93]

Clemens August Graf von Galen wird von Gründer wegen seiner Ablehnung der auf dem Gedanken der Volkssouveränität fußenden Weimarer Verfassung in eben diese Reihe der Rechtskatholiken eingeordnet.[94] Neben seiner – angesichts der gemeinsamen Aufsichtsratstätigkeit scheinbar gegebenen – Nähe zu Papen lassen sich durchaus weitere Indizien für Galens mögliche Einordnung unter die Rechtskatholiken finden. Dafür könnten nicht nur seine christlich-konservativen Ansichten über die rechte Staats- und Gesellschaftsordnung angeführt werden, sondern auch seine Ideen über eine Ansiedlung deutscher Adeliger in Kurland, die er nach einer Reise dorthin für den Verein katholischer Edelleute im Jahre 1916 zusammenfaßte.[95] Doch weist dieser frühe Text nicht die im üblichen Sinne annexionistischen oder kolonialen Tendenzen auf, denn Galen spricht sich darin zwar für die Förderung des Deutschtums im Baltikum aus und will den katholischen Adel an der Ansiedlung beteiligen, allerdings „ohne Antastung des Privateigentums der Landesbewohner", was ihm angesichts der dünnen Besiedlung möglich erschien. Solche Indizien und eben sein Name, der „Graf", dürften dazu geführt haben, daß Galen fälschlich als Deutschnationaler angesehen wurde, obwohl er, wie oben gezeigt, bis zuletzt sich als treues Mitglied für die Zentrumspartei eingesetzt hat.

Der Begriff ‚Staatskatholiken' wurde in den Auseinandersetzungen innerhalb der Zentrumspartei von interessierter Seite als politischer Kampfbegriff eingesetzt, was in einem Fall im Jahre 1927 zu einer öffentlich ausgetragenen Kontroverse zwischen dem Ministerialdirektor und früheren Direktor der Germania, Carl Spiecker, und Pfarrer Clemens August von Galen führte. Spiecker hatte in der Germania am 27. Oktober 1927 über die Aufsichtsratsmitglieder dieser Zeitung geschrieben, „die westfälischen und schlesischen Herren, die Herr von Papen als seine Freunde bezeichnet, genießen in der Geschichte der ‚Germania' nicht den Ruf von Gründern und Förderern, sondern sind von der Germania als Staatskatholiken – ein Begriff, über den sich Herr von Papen bei jedem Zentrumsmann leicht Klarheit verschaffen kann – als Gegner der Zentrumspartei und als Schädlinge des katholischen Volkes jahrelang heftig bekämpft worden."[96] Dem hatte Pfarrer von Galen aufs heftigste in der Germania widersprochen. Er warf Spiecker vor, „die Unwahrheit" gesagt und „eine ungerechte Verunglimpfung früherer verdienter Zentrumsabgeordneter und eines Teils des katholischen Adels" vorgenommen zu haben.[97] Der Streit spitzte sich zu[98], bis Spiecker mit einer Klage vor dem bischöflichen Gericht in Breslau gegen Galen vorging, wo die Angelegenheit durch einen Vergleich bereinigt wurde, weil Spiecker erklärte, er habe mit den ‚westfälischen und schlesischen Freunden des Herrn von Papen' weder Galen noch Aktionäre der Germania noch deren Vorfahren gemeint, sondern „irgendwelche anderen Kreise, die näher zu bezeichnen er sich dann freilich weigerte", wie Galen in seinem Bericht erläuterte.[99]

Galen wies die Unterstellung, er oder seine Vorfahren seien ‚Staatskatholiken', nachdrücklich zurück und nahm für sich in Anspruch, „ein treuer Zentrumsmann" zu sein. Bei seinen Pfarrkindern wollte er noch nicht einmal den Verdacht aufkommen lassen, daß er auch nur von ‚Staatskatholiken' abstamme. Er komme, wie er seinem Freund Holstein schrieb, aus einer gänzlich anderen Familientradition. In seinem Elternhaus habe man „ein instinktives Mißtrauen gegen die ‚Preußen' und gegen die Hohenzollern" gehabt, weder die schwarz-weiße noch die schwarz-weiß-rote Fahne sei dort zu sehen gewesen, sein Vater[100] sei gegen die Flottenvorlage von 1890 und ein Protagonist der Sozialpolitiker im Zentrum gewesen, obwohl die Mehrheit der Zentrumsfraktion die Alters- und Invalidenversicherung aus Grundsatzerwägungen damals abgelehnt habe.[101]

Die Spannungen in der Zentrumspartei fanden innerhalb des westfälischen Adels ihre Entsprechung und verstärkten sich insofern, als konservativ-monarchische Grundeinstellungen sich mit ökonomischen Motiven verbanden und über diese auch eine gewisse Rückbindung zu einer ‚Massenbasis' in der Bauernschaft ermöglichten.[102] Schon 1907 hatte man im Edelleute-Verein die Frage mit ‚Nein' beantwortet, ob der Adel noch so einmütig beim Zentrum stünde wie zur Zeit des Kulturkampfes.[103] Solche Diskussionen gewannen nach 1918 erheblich an Schärfe und bewegten die Generalversammlungen des Vereins in den Jahren von 1919 bis 1932.[104] Die immer stärkere Abwendung von der Zentrumspartei führte zu Übergängen von Adeligen zur DNVP, aber auch zu Überlegungen, eine Lösung in der Spaltung des Zentrums in ein ‚altes' Zentrum, eine ‚konservative Volkspartei' einerseits und in eine ‚christlich-demokratische Volkspartei' andererseits anzustreben, weil es ja „ein politisches System, das allen Katholiken gemeinsam wäre", nicht gebe, wie Freiherr von Lüninck meinte.[105]

Die Bischöfe betrachteten diese Entwicklung mit einiger Sorge, weil sie gerade in Westfalen und im Rheinland im Adel traditionell eine der Stützen der Kirche sahen und mit seinem Ausscheren aus der Zentrumspartei offenbar Befürchtungen hegten, daß dies nicht ohne Einfluß auf deren Vertretung der kirchlichen Interessen bleiben würde. „Um den Adel wieder auf die rechte Bahn zu bringen, darum in erster Linie habe ich ihn hierher versetzt", hatte Erzbischof Johannes Poggenburg Augustinus von Galen erklärt, der dies gegenüber seinem Bruder Franz zitierte. Im Zusammenhang einer Kontroverse zwischen einigen Adeligen und den Bischöfen um einen Arbeitskreis auf dem Katholikentag 1931 in Münster waren die kirchenpolitisch-politischen Differenzen offenbar geworden, so daß dadurch der Anstoß zu einer Initiative im Edelleute-Verein gegeben wurde, die von Pfarrer von Galen ausging, der im Auftrag des Bischofs, wie sein Bruder schrieb, „die Sache schmeißen" sollte.[106] Galen war nicht nur der richtige Mann, weil er Mitglied und Geistlicher war, sondern auch, weil ihm die politische Richtung, die im Verein katholischer Edelleute vorherrschend geworden war, absolut nicht paßte. Die tonangebenden Kreise im Edelleute-Verein verfolgten nach seinem Eindruck mit „Pauschalverdächtigungen alles", was nach ihrer

Ansicht „unter dem verderblichen Einfluß des Zentrums steht". Erst wenn solche Verhältnisse beseitigt würden, könnte der Verein Positives im Sinne seiner Gründer leisten, gelänge dies nicht, „hat der Verein keinen Zweck mehr und würde am besten sich auflösen".[107] Nichts kennzeichnete die Verhältnisse im Edelleute-Verein besser als die Bemerkung beim Auszug einiger Mitglieder – darunter des Pfarrers von Galen – aus der Generalversammlung am 30. Januar 1931. Wegen der Behandlung eines Antrages, in dem behauptet wurde, der Katholikentag 1930 sei der „Verbreitung jüdisch-freimaurerischer Bestrebungen auch im katholischen Lager dienstbar gemacht" worden, verließen eine Reihe von Mitgliedern die Versammlung, worauf jemand bemerkte, „da geht das Zentrum hinaus"[108].

In der außerordentlichen Generalversammlung des Edelleute-Vereins am 8. August 1932 wurde mit einem Antrag des Pfarrers von Galen nach entsprechenden Vorgesprächen mit Erzbischof Poggenburg und Mitgliedern des Vereins der Versuch unternommen, die Richtung im Verein zu ändern. Galens Antrag war formal unpolitisch und beinhaltete eine Ergebenheitserklärung gegenüber den Bischöfen, denen „unwandelbar treu-katholische Gesinnung und Haltung im privaten und öffentlichen Leben" versprochen werden sollte sowie Gehorsam gegenüber den „kirchlichen Weisungen und Warnungen".[109] Es handelte sich also im Sinne der Satzung des Vereins gewissermaßen um eine Selbstverständlichkeit, die beschlossen werden sollte. Galen erläuterte in seiner Begründung ausdrücklich, was „Gehorsam gegen kirchliche Warnungen" bedeute: „Den autoritativen Hinweis auf die Gefahr ehrfurchtsvoll annehmen und sein Wollen und Verhalten so einrichten, daß nach dem Willen des Obern die Gefahr vermieden wird."[110]

Von Politik war in dem Antrag und in der ausführlichen Begründung nicht die Rede. Und doch wurde der Antrag des Pfarrers von Galen so aufgefaßt, wie dies auch intendiert war, und bereits in der ersten Entgegnung des Freiherrn von Elverfeldt deutlich angesprochen und von Ferdinand von Lüninck unterstrichen wurde. Beide bezogen den Begriff der ‚Warnung' auf die bischöflichen Warnungen vor dem Stahlhelm und der NSDAP und sahen in dem Antrag ein Verbot der Mitgliedschaft und Tätigkeit im Bauernverein, im Stahlhelm und in der NS-Bewegung. In der Diskussion vermischten sich die Fragen nach dem ‚Gehorsam' gegenüber dem Episkopat auch in politischen und wirtschaftlichen Fragen mit den aktuellen Problemen der Unterstützung der Deutsch-Nationalen und der Nationalsozialisten. Ferdinand von Lüninck hielt es für seine Pflicht, sich in der NSDAP zu betätigen, „damit auch der katholische Einfluß in dieser Bewegung wirksam wird."[111] Elverfeldt sah als eigentlichen Feind die „freimaurerisch-jüdischen Mächte, die den Kampf gegen Thron und Altar führen und unter deren Herrschaft auch der Adel erledigt ist" und deren Tarnkappe das parlamentarische System sei. Mit Hitler sei es endlich gelungen, gegen diese Mächte eine „Volksbewegung" zustande zu bringen. In der Zentrumspartei gebe es dagegen beträchtlichen jüdischen Einfluß, ebenso in der katholischen Presse. Ferdinand von Lüninck geißelte die Betätigung von Geistlichen im Zentrum als schweren Mißstand, denn diese Geistlichen bekämpften aus parteipolitischen Motiven die „nationale Bewegung". Von anderen Teilnehmern wurden diese Reden als Propaganda für den Nationalsozialismus empfunden. Hermann von Lüninck sprach davon, der internationale Logenkongreß in Buenos Aires und die internationale Gottlosenbewegung in Moskau hätten die Entfachung des Kampfes zwischen „christlich-gläubigen" und „nationalen bodenständigen Kräften" als Parole ausgegeben. Er redete sich seinen Groll gegen jede Zusammenarbeit von katholischen Politikern mit Liberalen, Sozialisten, Juden und Freimaurern von der Seele und verstieg sich zu der Behauptung, auch der Antrag des Pfarrers von Galen liege „in Richtung – ganz gewiß unbewußt und ungewollt – der Wünsche von Moskau und Logenzentrale". Pfarrer von Galen entgegnete[112] u. a., die nach Lünincks Meinung ausgegebene Parole werde nach seinen Beobachtungen „von vielen Nationalsozialisten erschreckend und verderblich befolgt"[113].

Galens Hinweis darauf, die Sorge der Bischöfe bezüglich des Adels richte sich gegen die „religiöse Haltung zum kirchlichen Hirtenamt", nicht auf politische Fragen, fand bei der Mehrheit keinen Widerhall. Beschlossen wurde eine Resolution, in der man bedauerte, daß die „politische Haltung des katholischen Adels" beim Erzbischof in Münster Besorgnisse hervorgerufen habe, in der die „treukatholische Gesinnung und Haltung", aber die Freiheit der Gewissensentscheidung des einzelnen betont und damit der Vorbehalt derjenigen artikuliert wurde, die sich entgegen den bischöflichen Warnungen bei den Nationalsozialisten engagierten. Unterstrichen wurde das Bemühen – übrigens mit Zustimmung Galens –, an der „Entwicklung der gesunden nationalen Kräfte des Volkes" mitzuwirken und für „ihre Durchdringung mit christlichen Grundsätzen" sich einsetzen zu wollen, womit man an Gedanken bischöflicher Verlautbarungen aus dem Jahre 1931 über den Unterschied von ‚berechtigtem' und ‚fanatischem' Nationalismus anknüpfte.[114] Doch war der politische Dissens damit keineswegs beigelegt, sondern die Abwendung eines großen Teils der katholischen Adeligen von der Zentrumspartei und ihrer Politik eher noch besiegelt worden.[115]

Zur Frage der rechtskatholischen Einstellungen des Pfarrers von Galen ist aus seiner Haltung in den beiden geschilderten Kontroversen abzuleiten, daß er in Berlin als rechtsstehender Zentrumsmann galt und in politisch-persönlichen Auseinandersetzungen von interessierter Seite in die Reihe der ‚Staatskatholiken' in diffamierender Absicht öffentlich eingereiht wurde. Galen verwahrte sich dagegen mit großem Nachdruck unter Hinweis auf seine Treue zur Kirche, zum Zentrum und auf seine Familientradition. In den internen Auseinandersetzungen im Rheinisch-Westfälischen Verein katholischer Edelleute war Galen auf Wunsch des Bischofs von Münster und aus eigener Überzeugung derjenige, der als Repräsentant der zentrumstreuen Minderheit die rechtskatholische Mehrheit des Vereins wieder auf den rechten Weg bringen sollte, was allerdings mißlang. Trotz mancher Berührungspunkte zu einzelnen Ansichten auf rechtskatholischer Seite ist Clemens August Graf von Galen weder von seinen Handlungsmotiven noch von seinen Handlungen und deren Wirkungen her zu der Gruppe der Rechtskatholiken zu zählen.

IV. ‚Berlin' und der Bischofskandidat von Galen

Die Bischofsernennung in einem preußischen Bistum regelte sich nach den Bestimmungen des Preußen-Konkordats von 1929. Danach reichten das betreffende Domkapitel wie auch die Bischöfe Preußens nach Erledigung eines bischöflichen Stuhles dem Vatikan Listen von kanonisch geeigneten Personen ein. Der Hl. Stuhl benannte „unter Würdigung dieser Listen" dem Domkapitel drei Personen, „aus denen es in freier, geheimer Abstimmung den Erzbischof oder Bischof zu wählen" hatte. Weiter bestimmte der Artikel 6, daß der Hl. Stuhl keinen

Kandidaten zum Bischof bestellen werde, „von dem nicht das Kapitel nach der Wahl durch Anfrage bei der Preußischen Staatsregierung festgestellt hat, daß Bedenken politischer Art gegen ihn nicht bestehen."[116]

Wenn Clemens August von Galen schon im März 1933 als möglicher Kandidat in der Öffentlichkeit genannt wurde, so kann das darauf zurückzuführen sein, daß er auf einer der Rom einzureichenden Listen gestanden hat, sei es der des münsterischen Domkapitels, sei es der der Bischöfe. Aus dem Wahl- und Ernennungsverfahren jedenfalls ging ein anderer als Bischof von Münster hervor, nämlich sein Mitbruder, der ebenfalls Kaplan an St. Matthias in Berlin gewesen war, der Berliner Domkapitular Wilhelm Heinrich Heufers.[117]

Die Preußische Staatsregierung hatte politische Bedenken gegen Heufers nicht erhoben, so daß er der Kurie als Bischof gemeldet wurde. Heufers lehnte die Wahl jedoch unter Berufung auf gesundheitliche Gründe ab. Die tatsächlichen Ablehnungsgründe sind durchaus greifbar[118], denn am 17. August 1933 schrieb Pater Leiber im Zusammenhang der Konkordatsverhandlungen zu Artikel 14 des Konkordats an Kardinalstaatssekretär Pacelli, Heufers habe auf entsprechende Fragen geantwortet, „es seien ihm von Regierungsseite so viele Schwierigkeiten gemacht und so viele Hindernisse angedroht worden, daß er eingesehen habe, eine ruhige und freie Verwaltung seiner Diözese würde ihm doch nicht möglich sein. Deshalb habe er es für klüger gehalten, zu verzichten."[119]

Heufers waren also doch politische Schwierigkeiten gemacht worden bzw. hatte er entsprechende Befürchtungen, was für die kirchenpolitische Einordnung Galens und für dessen Selbstbewußtsein von Bedeutung ist, wie noch zu zeigen sein wird. Galen jedenfalls ist durch den ganz außergewöhnlichen Umstand in das Bischofsamt gekommen, daß ein bereits gewählter Kandidat verzichtete. Die lange Vakanz des bischöflichen Stuhles in Münster – Erzbischof Poggenburg war schon am 5. Januar 1933 verstorben –, der ungewöhnliche Verzicht eines Gewählten und die Zeit des politischen Umbruchs von der Weimarer Republik zum NS-Staat gab Anlaß zu vielfältigen Spekulationen um die Wahl und Ernennung des neuen Bischofs von Münster, deren Spuren bis in die heutige wissenschaftliche Diskussion zu verfolgen sind, weil die Akten über die Bischofswahl in Münster und auch in Berlin durch die Kriegseinwirkungen verlorengegangen sind und die vatikanischen Akten der Forschung noch nicht zur Verfügung stehen. Zu den zeitgenössischen Spekulationen gehört die bis heute vorgebrachte Ansicht, die sich etwa auch bei Morsey findet, daß zwischen der Wahl Galens und der Machtübernahme durch die Nationalsozialisten im Reich ein Zusammenhang bestehe. Vor diesem Hintergrund habe es auch keine Einwände der preußischen Staatsregierung gegen Galen gegeben, „wie sie auf der Grundlage des Preußenkonkordats von 1929 möglich gewesen wären. Im Gegenteil: Der neue Bischof ... erschien als Garant für ein harmonisches Zusammenwirken zwischen Kirche und ‚neuem' Staat".[120] Löffler spricht gar davon, daß die Wahl Galens „den neuen Machthabern nur genehm" sein konnte.[121] Wenn die Überprüfung dieser Ansichten durch Auswertung der kirchlichen und staatlichen Überlieferung nicht möglich ist, bleibt doch der Weg, Quellen aus dem weiteren Umfeld der Geschehnisse aufzuspüren, die bekannten Vorgänge möglichst genau zu analysieren und aus den aktenmäßig belegten Vorgängen anderer Bischofsernennungen mögliche Analogieschlüsse zu ziehen. Dieser Weg soll im folgenden beschritten werden.

Abb. 6 Nach der Bischofsweihe 1933

Die Eidesleistung

Neben den Inthronisationsfeierlichkeiten am 28. Oktober 1933 war die nach Artikel 16 des Reichskonkordats vorgeschriebene Eidesleistung ein weiteres öffentliches Zusammentreffen zwischen Bischof und Repräsentanten des Staates, das am 19. Oktober 1933 stattfand. Galen war der erste Bischof, der den Eid ablegte, dessen Formulierung in dem Satz „ich schwöre und verspreche, die verfassungsmäßig gebildete Regierung zu achten und von meinem Klerus achten zu lassen", eine in der weiteren Entwicklung des NS-Regimes nicht ganz problemlose Festlegung enthielt.

Bei Galens Haltung zur Frage der Eidesleistung fällt zunächst ins Auge, daß er besonderen Wert darauf legte, den Treueid „in die Hand des Herrn Reichspräsidenten selbst ablegen zu dürfen." Er begründete dies mit dem Wunsch, „der ehrwürdigen Person des General-Feldmarschalls von Hindenburg, den das ganze deutsche Volk als den Vater des Vaterlandes verehrt und liebt, meine ehrfurchtsvolle Huldigung darbringen zu können."[122] Nach dem Konkordat war der Eid in die Hand des Reichsstatthalters zu leisten, da aber die Diözese Münster in zwei Ländern des Reiches lag, nämlich Preußen und Oldenburg, wurde der Reichspräsident als zuständig angesehen.[123] Allerdings hielt man im Reichsinnenministerium den Reichspräsidenten für befugt, den Reichskanzler als Reichsstatthalter in Preußen mit der Abnahme des Eides zu beauftragen. Dieser Weg wurde vom Reichspräsidentenbüro auch vorgesehen[124] und der Vereidigungstermin auf den 24. Oktober mittags 1.00 Uhr festgesetzt, dann jedoch aus unbekannten Gründen auf den 19. Oktober vorgezogen. Galens Bitte, die er erstaunlicherweise nicht auf die Rechtslage stützt, läßt den Schluß zu, daß er Hitler vermeiden wollte. Hitler war in diesem Zeitraum im ‚Wahlkampf' für die sogenannte Reichstagswahl und Volksabstimmung am 12. November 1933. Er hatte am 18. Oktober in Berlin auf einer Führertagung gesprochen und in Frankfurt a.M. eine Pressekonferenz abgehalten, war am 22. Oktober in Kelheim und Regensburg gewesen und hatte am 24. Oktober eine Wahlrede im Berliner Sportpalast gehalten.[125] Hitler war also am 24. Oktober in Berlin anwesend, wahrscheinlich auch am 19. Oktober, so daß nicht ohne weiteres äußere Gründe für die Beauftragung Görings als preußischen Ministerpräsidenten und stellvertretenden Reichsstatthalter in Preußen durch Hitler sprechen. Wenn Galen den Eid vor dem Reichspräsidenten ablegen wollte, bildet dafür möglicherweise den Hintergrund der gegenüber dem Auswärtigen Amt vorgebrachte Wunsch des Hl. Stuhles. Die Nuntiatur wurde in der Angelegenheit mehrmals vorstellig und legte vor allem deshalb Wert auf die Beteiligung des Reichspräsidenten, weil es sich um die erste Eidesleistung nach dem Reichskonkordat handelte.[126] Für diese beharrlich vorgebrachte Forderung lassen sich nur ähnliche Motive vermuten wie für Clemens August Graf von Galen. Allerdings gab es keine rechtliche Handhabe, nach der die Beteiligung des Reichspräsidenten eingefordert werden konnte, weil nach dem Konkordat vorgesehen war, den Eid in die Hand des Reichsstatthalters *oder* des Reichspräsidenten abzulegen, so daß sich das Reichsinnenministerium als für die Auslegung des Konkordats zuständige Behörde für ein Vorgehen nach dem Wortlaut entschieden haben dürfte.

Zur Eidesleistung selbst brachte der neue Bischof Kruzifix und Neues Testament vorsichtshalber nach Berlin mit, und es zeigte sich, daß beim preußischen Ministerpräsidenten Göring diese Gegenstände prompt nicht verfügbar waren.[127] Durch die Antwort Galens auf Görings Anmahnung vom 5. März 1942, wie der

Bischof sein Verhalten mit seinem Eid in Einklang bringen könne, sind wir über die kurze Rede informiert, die Galen bei der Eidesleistung gehalten hat. Darin betonte der Bischof, daß es ihm nicht nur Pflicht, sondern auch „Herzenssache" sei, Volk, Heimat und Vaterland nach besten Kräften zu dienen und als Christ die rechtmäßige Obrigkeit zu achten. Galen gab aber auch seine Interpretation des Eides, der ihn auch verpflichte, „auf drohende Gefahren für das Wohl unseres Volkes aufmerksam machen zu müssen", was er mit der Hoffnung verband, dann bei der Staatsleitung „verständnisvolles Gehör" zu finden.[128]

Nun muß dieser Hinweis auf „drohende Gefahren", der sich übrigens auch in seinem ersten Hirtenbrief vom 28. Oktober 1933 findet[129], nicht in direktem Sinne auf die politischen Gegebenheiten im Jahre 1933 bezogen sein, doch läßt diese Bemerkung im Kontext der geschilderten anderen Beobachtungen durchaus den Schluß zu, daß dem Bischof daran gelegen war, eine gewisse Distanz zu dem neuen Regime zu halten.

„Bedenken politischer Art"

Nach dem Preußenkonkordat konnte die Staatsregierung gegen einen Bischofskandidaten „Bedenken politischer Art" geltend machen, nach dem Reichskonkordat „Bedenken allgemein politischer Natur", was als eine gewisse Erweiterung des Rahmens angesehen werden kann. Wenn zu Galen festgestellt wird, daß die preußische Regierung keine Einwände erhoben hat, so wird damit vorausgesetzt – und teilweise sogar ausdrücklich behauptet –, daß dies möglich gewesen wäre und allein deshalb unterblieben ist, weil der Bischofskandidat von Galen für die neuen Herren akzeptabel gewesen, wenn nicht sogar von ihnen als erwünscht angesehen worden sei.[130] Zu klären wäre also, ob diese Voraussetzung zutraf, was davon abhängt, welche Möglichkeiten die Formel der Konkordate dem Staat überhaupt bot.

Darüber herrschte auch in Berlin keine Klarheit, denn als im November 1933 der als Nachfolger für den verstorbenen Bischof von Berlin, Christian Schreiber, vorgesehene Hildesheimer Bischof Nikolaus Bares vom Berliner Domkapitel gewählt war, entstand eine Diskussion bei den staatlichen Stellen, ob politische Bedenken angemeldet werden sollten oder konnten. Auf Anfrage des Auswärtigen Amtes übermittelte der deutsche Botschafter beim Vatikan, Diego von Bergen, die vatikanische Interpretation der Formulierung ‚Bedenken politischer Natur' unter Hinweis auf den modus vivendi der Kurie mit der Tschechoslowakei vom 29. Januar 1928.[131] Ein Vermerk des Vatikanreferenten im Auswärtigen Amt, des Vortragenden Legationsrates Menshausen, informierte Minister und Staatssekretär, daß danach solche Bedenken zu verstehen seien, „die die Regierung mit Gründen unterstützen kann, die sich auf die Sicherheit des Landes beziehen, z. B. daß sich der auserwählte Kandidat politische, irredentistische, separatistische oder gegen die Verfassung oder die öffentliche Ordnung im Staate gerichtete Tätigkeit zu Schulden kommen ließ."[132] Der rechtliche Rahmen für mögliche Ablehnungsgründe war also relativ eng gezogen, so daß eine Ablehnung nicht etwa auf Antipathie, und sei es politischer Art, gestützt werden konnte, sondern es mußten handgreifliche Gründe vorliegen. Eine Ablehnung Galens also war wenigstens unter rechtsstaatlichen Gesichtspunkten, auf die das Regime 1933 im internationalen Verkehr noch achtete, überhaupt nicht möglich. Eine andere Frage ist es, ob die Bestimmungen des Preußen- bzw. Reichskonkordats nicht genutzt werden konnten, um unliebsame Persönlichkeiten vom Bischofsamt auszuschließen, indem man Ablehnungsgründe vorschob, die die eigentlichen Motive verdeckten. Unter diesem Gesichtspunkt soll auf das staatliche Verhalten bei einigen Besetzungen von Bischöflichen Stühlen seit 1933 eingegangen werden, um von daher Rückschlüsse auf den Fall Galen zu ermöglichen.

Von dem vom Berliner Domkapitel gewählten Bischof von Hildesheim, Nikolaus Bares, wollte Göring zunächst „nichts wissen"[133], machte dann aber doch keine Bedenken geltend.[134] Im Vorfeld hatte das preußische Kultusministerium den Kandidaten ablehnen wollen mit der Begründung, „daß Bares noch im verflossenen Jahre die von Zentrumsseite in seiner Diözese (Hildesheim, J.K.) betriebene Pressekampagne gegen den Nationalsozialismus und die politische Terrorisierung der katholischen Bevölkerung durch verschiedene Geistliche seines Bezirks zumindest geduldet habe"; auch gelte der Hildesheimer Generalvikar als „besonders gehässig". Bares habe ein an ihn gerichtetes Telegramm der „Abwehrstelle gegen Kirchenmißbrauch" nicht beantwortet, und „jedenfalls bestehe kein Zweifel, daß Bischof Bares – wie wohl die meisten Mitglieder des deutschen Episkopats – dem Nationalsozialismus innerlich ablehnend gegenüberstehe". Im Kultusministerium hielt man es für wünschenswert, für den „besonders wichtigen Berliner Bischofsstuhl" eine Persönlichkeit zu finden, „deren nationalsozialistische Gesinnung einwandfrei feststehe". Im Auswärtigen Amt befürchtete man dagegen, daß eine Ablehnung des 1928 akzeptierten Bischofs von Hildesheim zu „Weiterungen" mit der Kurie führen könnte. Bares sei ein „streng kirchlicher Bischof", der „abgesehen von seiner früheren Zugehörigkeit zum Zentrum und seinen persönlichen Beziehungen zu den damaligen Parteiführern politisch nicht weiter in die Erscheinung getreten" sei. Auch dem Regierungspräsidenten von Hildesheim waren keine Tatsachen bekannt, mit denen Bedenken politischer Natur begründet werden konnten. Nach Menshausens Eindruck war die Anregung der Ablehnung „offenbar von anderer, nichtamtlicher Stelle" ausgegangen. Im übrigen wurde von seiten des Auswärtigen Amtes geltend gemacht, daß Bares bei einer Ablehnung ja Bischof in Hildesheim bliebe.[135] Hitler, der eigens eingeschaltet wurde, hatte keine Bedenken gegen Bischof Bares, sofern eine Einigung mit Preußen erzielt würde, das sich den Bedenken des Auswärtigen Amtes dann doch nicht verschließen konnte.[136]

Am 1. März 1935 verstarb der 1933 ins Amt gekommene Berliner Bischof Dr. Nikolaus Bares. Das Domkapitel wählte den Bischof von Eichstätt, Konrad Graf von Preysing, zum neuen Bischof. Die preußische bzw. Reichsregierung erhob zwar keine politischen Bedenken gegen den Grafen von Preysing, machte aber geltend, daß er nicht die Voraussetzung nach Artikel 14, Abs. 1, Ziffer 1 des Reichskonkordats erfülle, da er seine Studien und sein Examen nicht in Deutschland abgelegt habe, sondern in Innsbruck. Man wollte dies nicht zum endgültigen Ablehnungsgrund machen, doch sollte ein Antrag auf Befreiung von den Auflagen des Artikels 14 gestellt werden.[137] Der Kardinalstaatssekretär zeigte sich von dieser Nachricht empfindlich getroffen, weil es sich um einen „bewährten Bischof" handele, und brachte zum Ausdruck, er „wolle den Kampf aufnehmen", wenn es nicht zu einer Einigung käme.[138] Auf einen entsprechenden Antrag hin wurde von der Reichsregierung Dispens erteilt. Bezeichnenderweise hatte Reichsaußenminister Freiherr von Neurath davon abgeraten, so vorzugehen, war jedoch vom Ministerium für Wissenschaft, Erziehung und Volksbildung in einem, wie Neurath sich gegenüber Erziehungsminister Rust beschwerte, „gereizten und ausfallenden Ton" zurückgewiesen worden.[139]

Einige andere Fälle mögen die sich in den nächsten Jahren weiter versteifende Haltung des Staates beleuchten. Am 22. Mai 1937 teilte das Domkapitel von Aachen der preußischen Staatsregierung mit, daß der Pfarrer von Kevelaer, Wilhelm Holtmann, zum Bischof von Aachen gewählt worden sei. Der Reichs- und Preußische Minister für die kirchlichen Angelegenheiten antwortete am 5. Januar 1938, daß Pfarrer Holtmann „in seiner Einstellung zum heutigen Staat politisch nicht genehm" sei und seine Ernennung als unfreundlicher Akt angesehen würde.[140] Wiewohl man im Auswärtigen Amt den Wunsch des Nuntius, die Gründe der Ablehnung zu erfahren, als „nicht unberechtigt" einstufte[141], war man doch nicht bereit, dem Nuntius die Gründe mitzuteilen. In einer Unterredung am 10. Juni 1938 äußerte Reichsaußenminister Ribbentrop gegenüber dem Nuntius, wenn dem Domkapitel mitgeteilt worden sei, daß der Pfarrer wegen seiner Einstellung zum heutigen Staat politisch nicht genehm sei, dürfte sich aus dieser Mitteilung „der Grund der Ablehnung in hinreichender Weise erkennen lassen"[142]. Der Vatikan ernannte 1938 den Weihbischof Hermann Joseph Sträter zum Administrator der Diözese Aachen, was im Reichsministerium für die kirchlichen Angelegenheiten jedoch für „unerwünscht" gehalten wurde, weil ein Administrator „in viel stärkerem Maße als ein Bischof von den Weisungen des Hl. Stuhles abhängig ist."[143]

Auch der Ernennung des Professors Dr. Wendelin Rauch zum Koadjutor mit dem Recht der Nachfolge des Bischofs von Fulda, Dr. Joseph Damian Schmitt, der aus gesundheitlichen Gründen zurücktreten wollte, wurde von staatlicher Seite widersprochen. Wie der interne Schriftwechsel zeigt, galt Rauch als „ein besonders gehässiger Gegner des Nationalsozialismus", allerdings vor der sogenannten nationalen Erhebung.[144] Die Gestapo in Darmstadt machte geltend, Rauch habe den verstorbenen Bischof von Mainz, Dr. Hugo, gegen die nationalsozialistische Bewegung aufgehetzt, so daß dieser sich z. B. geweigert habe, Nationalsozialisten kirchlich zu trauen. „Als Jesuitenschüler und ausgesprochener Gegner der deutschen Sterilisationsgesetze" werde er von Rom in jeder Weise gestützt. Er müsse als „Gegner der nationalsozialistischen Bewegung und des neuen Staates angesehen werden"[145]. Als weiterer Beweis für diese Haltung galt der Gestapo, daß Rauch als Dozent am Priesterseminar tätig war.[146] Der Reichsstatthalter in Hessen berichtete weiterhin nach Berlin, daß Rauch zu jenen Klerikern gehöre, „die aufgrund ihrer geistigen Beweglichkeit sich selbstverständlich keine Blöße geben, die gestatten würde, sie als offene Gegner der Partei und des Staates zu brandmarken und von Staats wegen gegen sie vorzugehen. Die Erfahrung hat aber gelehrt, daß diese Herren umso gefährlicher sind."[147]

Während für die Ende 1933 stattgefundene Wahl des Berliner Bischofs sich erst eher tastende Einflußversuche des preußischen Kultusministeriums feststellen lassen, wollte der preußische Kultusminister Bernhard Rust[148] bei der Wahl des Nachfolgers von Bischof Bares in Hildesheim auf die Besetzung des Bischöflichen Stuhles direkt Einfluß nehmen, indem er drei ihm genehme Priester vorschlug, die das Auswärtige Amt über den deutschen Botschafter beim Vatikan benennen sollte. Außenminister von Neurath sah für ein solches Vorgehen jedoch absolut keine Chance, und Botschafter von Bergen machte auf weitere Schwierigkeiten aufmerksam. Vom Hildesheimer Domkapitel wurde am 3. Mai 1934 der Seminarprofessor Joseph Godehard Machens zum Bischof gewählt. Auf Anforderung des Kultusministeriums versuchten der Regierungspräsident in Hildesheim und die NSDAP-Gauleitung in Hannover Erkundigungen einzuziehen, die jedoch nur erbrachten, daß Machens in politischer Hinsicht hinter der Regierung stehe, „soweit man dies von einem katholischen Geistlichen, der ja in Zweifelsfragen dem kanonischen Recht und den Weisungen seiner kirchlichen Oberen unterworfen ist, sagen kann", so daß Bedenken gegen ihn nicht erhoben werden konnten.[149]

‚Politische Bedenken' gegen Galen im Kontext anderer Bischofsernennungen und die gelenkte Meinung der Zeitgenossen

Auf Galen trifft in noch höherem Maße die Beurteilung zu, die der Regierungspräsident von Hildesheim über Bischof Bares abgab, er sei nämlich politisch nicht hervorgetreten. Als Pfarrer von St. Lamberti hatte Graf von Galen nicht besonders im Blickpunkt der Öffentlichkeit gestanden, sicher weniger als in seiner Eigenschaft als Pfarrer von St. Matthias in Berlin. Aus der Sicht des Auswärtigen Amtes kamen also Bedenken gegen Galen nicht in Frage, hätte doch oder hat vielleicht sogar der Regierungspräsident von Münster auch nur berichten können, daß keine Tatsachen bekannt seien, auf die Bedenken allgemein politischer Art gestützt werden könnten.

Die im Auswärtigen Amt geäußerte Vermutung, die Bedenken gegen Bares gingen „von anderer, nichtamtlicher Stelle aus", zielte eindeutig auf Parteistellen, die jedoch Substantielles nicht vorzubringen hatten. Wenn es üblich wurde, wie gegenüber Bischof Machens von Hildesheim, daß das Kultusministerium sowohl bei den staatlichen Stellen, als auch bei der NSDAP-Gauleitung Informationen einhole, so war der Weg für eine Einflußnahme solcher, in der Diktion des Auswärtigen Amtes ‚nichtamtlichen Stellen' direkt geöffnet. In der Sache konnte für Galen ebenso wie für Bares auch nur gelten, daß er sich abgesehen von seiner früheren Parteizugehörigkeit und persönlichen Bekanntschaft zu ehemaligen Parteiführern nicht besonders politisch betätigt hatte.

Mit der sich verstärkenden Auseinandersetzung zwischen Kirche und Regime und der stärker auf die Partei ausgerichteten Konstituierung des Kirchenministeriums wurden erstmals wohl bei der Wahl von Bischof Machens Gesichtspunkte vorgebracht, die 1933 noch nicht zum Tragen gekommen waren. Dies zeigt sich vor allem am Fall des Bischofs von Preysing, der zwar nicht abgelehnt wurde, auf den aber die konkordatären Regelungen doch in einer Rigorosität angewandt wurden, die den Unwillen des Auswärtigen Amtes hervorrief. Auf Galen traf ebenfalls zu, daß er seine theologischen Studien nicht in Deutschland abgeschlossen hatte, ohne daß dies im Herbst 1933 thematisiert worden wäre. Seit seinem Fastenhirtenbrief vom 31. Januar 1934[150], spätestens aber seit seinem Osterhirtenbrief vom 26. März 1934[151], in dem, wie Gauleiter Carl Röver (Weser-Ems) schrieb, jeder Satz „vom Haß gegen den Nationalsozialismus diktiert" sei[152], hätte auch für Galen gegolten, was gegen den Bischofskandidaten Sträter vorgebracht wurde, daß er wegen seiner Einstellung zum NS-Staat politisch nicht genehm sei.

Wenn gegen den Koadjutor für Fulda, Wendelin Rauch, vorgebracht wurde, er sei vor der Machtübernahme „ein besonders gehässiger Gegner des Nationalsozialismus" gewesen, so hat dies von den Tatsachen her auch für Galen gegolten. Wenn Sträter die Ablehnung auch 1936 noch bekundete, wäre das zu diesem Zeitpunkt auch von Galen behauptet worden. Menshausen äußerte gegenüber dem Nuntius in dieser Angelegenheit, „im übrigen käme es im Falle des Prof. Rauch doch weniger auf die Einzelheiten als auf die Gesamteinstellung des Kandidaten zum heutigen politischen Regime in Deutschland an"[153], und darin dürfte sich Galen von Sträter nicht unterschieden haben. Auch Galen war „Jesuitenschüler", wie dies von der Gestapo in Darmstadt gegen Rauch vorgebracht wurde, die ihm ferner die Ablehnung der Sterilisationsgesetze ankreidete, die Galen ebenso ablehnte, was er in seinem Fastenhirtenbrief vom 31. Januar 1934 sogar öffentlich artikulierte.

Wenn also Bedenken allgemein politischer Art gegen Galen nicht geltend gemacht wurden, so darf *diese* Tatsache nicht zu der Folgerung verleiten, er sei dem Regime von vornherein besonders genehm gewesen. Das Auswärtige Amt interpretierte die entsprechende Klausel des Preußenkonkordats bzw. des Reichskonkordats im engeren Sinne. Eine extensive Interpretation, wie sie Rust im Gegensatz zum Auswärtigen Amt seit 1934 anstrebte, hatte im Sommer 1933 noch kein Sprachrohr in Berlin. Selbst die im November 1933 gegen Bares vorgebrachten Einwände von Parteistellen reichten damals nicht aus, Hitler zu einer Ablehnung zu bewegen. Vergleichbare Einwände standen gegen Galen nicht einmal zur Verfügung, auch weil er, anders als Bares, als einfacher Pfarrer nicht in gleicher Weise im Blickpunkt der Öffentlichkeit stand wie dieser als Hildesheimer Bischof.

Abb. 7 Große Prozession in Münster 1935

Trotz dieser eindeutigen Gegebenheiten läßt sich wenig sagen über das, was man auf seiten der Partei, sei es in Münster, sei es in Berlin, tatsächlich über den Bischofskandidaten von Galen dachte. Für Berlin – und wohl auch für Münster – liegt es nahe anzunehmen, daß man in Galen den Rechtskatholiken vermutete wie andere Zeitgenossen sogar bis in die Zentrumspartei hinein auch. In der Besetzung des Oberpräsidentenamtes durch von Lüninck und des Bischofsstuhles durch von Galen konnte rein äußerlich eine für das Regime günstige Konstellation gesehen werden. Dafür spricht weniger die Tatsache, daß gegen Galen keine politischen Bedenken erhoben wurden – die hatte man gegen Heufers offiziell auch nicht vorgebracht –, als der Umstand, daß Galen nicht wie Heufers schon im Vorfeld der Bischofswahl politische Schwierigkeiten gemacht bzw. angedroht wurden.[154] Für das inoffizielle Vorgehen gegen Heufers findet sich noch ein weiterer Beleg in einem Bericht des Nuntius Orsenigo an Kardinalstaatssekretär Pacelli. Orsenigo informierte Pacelli Anfang April 1933 über die Themen, die Vizekanzler Papen bei seinem Rombesuch ansprechen könnte, darunter auch die Ernennung des Bischofs von Münster – also Heufers –, über den die Regierung „nicht begeistert ist und zwar, wie es scheint, aus gewissen ... parteipolitischen Erwägungen", allerdings beabsichtige sie nicht, „formell Einwände zu erheben"[155].

Wenn Galen gegenüber Heufers als dem Regime näherstehend angesehen wurde, hatte man der Fama vertraut und nicht – etwa in Galens Schriften – selbst recherchiert. Ein hellsichtiger Zeitgenosse, es war ein aus völkischen Kreisen 1933 zur NSDAP Gestoßener, schrieb am 22. Oktober 1933 – am 28. Oktober war die Bischofsweihe – an Prof. Stark mit der Bitte um Weiterleitung an Hitler: „Hier (in Münster, J.K.) und nicht in Köln, München oder Breslau ist die Hochburg Roms in Deutschland. Hier fällt mit Galen die Entscheidung. Hier reiben sich die Kapitulare und Jesuiten die Hände über diesen unerhörten Sieg wider Hitler, der ihnen blind in die Hände gespielt wurde."[156]

Auch in Münster waren die Zeitgenossen überwiegend der Meinung, Galen sei der Mann der NSDAP. Dafür mochte der Augenschein sprechen, wenn bei der Bischofsweihe die Uniformen vorherrschend waren und vom Mann auf der Straße natürlich nicht unterschieden wurde, wer in welcher Funktion anwesend war, ob also als Vertreter des Staates oder – was nicht der Fall war – der Partei. Für die ‚richtige' Art der öffentlichen Meinungsbildung sorgte dann die Partei selbst, wenn in der in Essen erscheinenden Nationalzeitung, dem Parteiblatt für Westfalen, zu lesen war, Galen habe nicht gezögert, der neuen Lage nach der Erklärung der Bischöfe vom März 1933 „aufs allerdeutlichste Rechnung zu tragen", und als Beleg angeführt wurde, er habe beim Gottesdienst zur Eröffnung der Stadtverordnetenversammlung gepredigt. „Wohl schon seit damals hat er sich eine weitgehende Sympathie in den örtlich führenden Kreisen der NSDAP gesichert, das (!) nunmehr durch die ihm zuteil gewordene päpstliche Berufung ... seine Krönung erfuhr." Selbst aus dem Veröffentlichungstermin im Osservatore Romano, der mit der Ratifikation des Reichskonkordats zusammenfiel, wurde in der Nationalzeitung ein besonderes Einvernehmen zwischen dem Vatikan und der Reichsregierung konstruiert.[157] Das aber war ein Propagandatrick, der die Wahrheit auf den Kopf stellte, denn, wie oben gezeigt, war die Predigt Galens beim Eröffnungsgottesdienst der Stadtverordnetenversammlung alles andere als ein Kompliment an die Nationalsozialisten, vielmehr eine ernste Mahnung gerade an ihre Adresse.

Abb. 8 Treuekundgebung der Gläubigen nach der Großen Prozession in Münster 1935

V. Zusammenfassung

Durch die genaue Analyse einzelner Umstände, durch die bisher nicht erfolgte Auswertung zugänglicher Quellenbestände und durch die Heranziehung bislang unbekannter Quellen ist eine gesicherte Klärung der in der Literatur umstrittenen Haltung Clemens August Graf von Galens in der Endphase der Weimarer Republik und im ersten Jahr der nationalsozialistischen Herrschaft möglich geworden. Dabei erwies sich ein altbekannter historischer Zugang als fruchtbar, nämlich nach den längerfristigen Entwicklungslinien zu fragen und, bezogen auf von Galen, die Interpretation nicht erst mit seiner Ernennung zum Bischof einsetzen zu lassen, wie dies auch durch die 1933 einsetzende Edition der Akten, Briefe und Predigten geschieht. Galen war immerhin schon im vorgeschrittenen Alter von 55 Jahren, als er auf den Bischofsstuhl in Münster kam, so daß seine Grundansichten zu seelsorglichen, gesellschaftlichen und politischen Fragen längst festgelegt gewesen sein dürften.[158] Angesichts seiner landsmannschaftlichen und seiner familiären Herkunft lag auch nicht etwa das behende Einschwenken auf politische oder soziale Moden nahe. Unter solchen, für den Historiker naheliegenden Gesichtspunkten muß es verwundern, daß Galens Schriften aus der Zeit bis 1933 in der Forschung kaum herangezogen oder nur mit einigen pauschalnachsichtigen Bemerkungen abgetan werden. Vielleicht geschah dies auch aus einem mehr äußeren Grund, weil selbst seine Veröffentlichungen nicht ganz einfach zugänglich sind, so daß zumindest deren Edition als Desiderat angesehen werden muß.

Wenn schon Galens veröffentlichte Stellungnahmen zu Zeitfragen in Seelsorge und Politik von großer ‚katholischer' Grundsatztreue im Sinne der päpstlichen Lehrschreiben und von einer tiefen Frömmigkeit und Treue zur Kirche zeugen, so läßt bereits die Auswertung des Schriftwechsels mit seinem Mitbruder und Freund Heinrich Holstein einige der bis heute tradierten Vorstellungen über Galens politische Auffassungen als verfehlt erkennen. Was man ihm schon in seiner Berliner Zeit nachsagte bzw. teilweise in diffamierender Absicht vorwarf –, er sei ein Rechtskatholik und Deutschnationaler –, wurde bis heute aus Unkenntnis weitergegeben und teilweise aus im weiteren Sinne politischen Motiven nur zu gern aufgegriffen. Die Entstehung dieser Legende erklärt sich daraus, daß Galen in die Spannungen um die politische Richtung der Zentrumspartei in den 20er Jahren nolens volens involviert war und über solche Nachreden, die durch Tatsachen nicht zu belegen waren, von interessierter Seite politisch kaltgestellt werden sollte, was insbesondere seine Haltung als Aufsichtsratsmitglied der Germania betraf. Schon solche Anwürfe, gegen die sich der Pfarrer von Galen vehement, wenn auch letztlich erfolglos wehrte, verkannten seine Motive zu öffentlichem Engagement völlig: Galen war eben nicht ein homo politicus, ihm ging es vielmehr im wahrsten Sinne des Wortes um das Himmelreich und um dessen Abglanz in dieser Welt. Er war auch als politisch engagierter Geistlicher nur Seelsorger, der das „regnum Christi zu verwirklichen" trachtete.[159]

Wenn er auch verständlicherweise die nationalen Gefühle seiner Zeitgenossen teilte, so fehlten ihm doch fast alle Voraussetzungen für einen ‚Rechtskatholiken' der Weimarer Zeit. Er verkörperte im guten Sinne einen „naturrechtlichen Radikalismus", den der münsterische Staatsrechtler Leo von Savigny zu Beginn des Jahrhunderts dem Zentrum vorgeworfen hatte.[160] Das gerade unterschied Galen von seinen ‚rechtskatholischen' Standesgenossen, denn während er die naturrechtlichen Positionen mit großer Energie verteidigte, waren sie vom rechtskatholisch orientierten Adel preisgegeben worden. Für die aus diesem Kreis vorgetragenen Verschwörungstheorien über Juden und Freimaurer hatte Galen absolut kein Verständnis. Schon 1923 hatte er zu entsprechenden Gerüchten, daß Reichskanzler Cuno von den Freimaurern beeinflußt sei, ironisch im westfälischen Jargon kommentiert, „Kinners, Kinners, die Spökenkieker sind anscheinend noch nicht ausgestorben!"[161] Zwar war er – mit theologischer Begründung – kein Freund der liberalen Demokratie, aber er schätzte doch in einem spezifischen Sinne die Weimarer Verfassung, weil dort die naturrechtlich begründeten Menschenrechte festgeschrieben waren, was er angesichts der von ihm mit großer Betrübnis konstatierten fortschreitenden Säkularisierung der deutschen Gesellschaft als einen erheblichen Gewinn gegenüber dem Kaiserreich ansah. Diesem wiederum hatten seine Familie und er bei allem nationalen Empfinden große Sympathie nicht entgegengebracht: ‚Preußenlied' oder ‚Heil Dir im Siegerkranz' sei im Hause Galen niemandem über die Lippen gekommen, die „Kaisergeburtstagsbegeisterung" habe er nie geteilt[162], so daß man sich auf Burg Dinklage mit diesen apreußischen, wenn nicht antipreußischen Einstellungen in einer guten oldenburgischen Tradition befand.[163]

Bei seiner katholischen Grundsatztreue haben praktisch-politische Entscheidungen der Zentrumspartei nicht immer Galens Beifall gefunden, ohne daß er jedoch daran gedacht hätte, seine Bindung an die katholische Partei, das Zentrum, aufzugeben. Angesichts dieser Haltung schien er dem Erzbischof in Münster sogar als der am besten geeignete Mann, die ‚rechtskatholischen Abweichler' im westfälischen Adel wieder auf die rechte Bahn, nämlich entsprechend den Warnungen der Bischöfe vor den Deutschnationalen und den Nationalsozialisten zurück zum Zentrum zu holen. Eigens deshalb, nicht in der Absicht, ihn als Bischofskandidaten ins Gespräch zu bringen, wurde Galen von Berlin nach Münster versetzt. Allerdings war der Abwendungsprozeß vom Zentrum im Adel schon soweit fortgeschritten, daß auch Galen mit seinen Bemühungen erfolglos blieb. Als bemerkenswertes Ergebnis zur eingangs formulierten Frage, ob Galen ein Rechtskatholik gewesen sei, bleibt also festzuhalten, daß er nicht nur nicht zu dieser Gruppe zu zählen ist, sondern im Gegenteil sogar im Auftrage seines Bischofs aktiv tätig gewesen ist, um diese wieder zu stärkerer Kirchentreue zu bewegen.

Unter solchen Voraussetzungen ist die Frage nach Galens Nähe zum Nationalsozialismus so gut wie schon beantwortet; er war und blieb über die Umbruchsphase im Jahre 1933 hinweg ein entschiedener Gegner des Nationalsozialismus. In dieser seiner Ablehnung war er gewissermaßen grundsatztreuer als die Zentrumspartei, denn Galen lehnte *jede* Beteiligung der Nationalsozialisten an der Macht ab und daher auch die Koalitionsgespräche der Zentrumspartei mit der NSDAP. Wenn er daher die Kanzlerschaft Papens wenigstens als Versuch gelten lassen wollte, am ‚Radikalismus' vorbeizukommen, wurde ihm gerade das andersherum ausgelegt, als Stützung eines ‚reaktionären' Regimes.

Es gab also, das kann als weiteres wichtiges, neues Ergebnis festgehalten werden, zu keinem Zeitpunkt Sympathien Galens für die Nationalsozialisten. Er hat wie nur wenige das ‚Wesen' des Nationalsozialismus gesehen und – anders als die Deutschnationalen um Papen – klar formuliert, daß jede Beteiligung der NSDAP an der Macht zur totalen Diktatur führen werde. So war es nur konsequent, wenn er sich im Rahmen seiner Möglichkeiten politisch engagierte, indem er seinen Bruder und die Zentrumspartei in Münster beriet. Dabei ließ er allerdings die seelsorglichen Gesichtspunkte nicht außer acht und wollte den Kontakt zu denen nicht abbrechen lassen, die sich, sei es aus Opportunismus, sei es aus Zwang, den Nationalsozialisten angeschlossen hatten.

Auch die Frage der staatlichen Zustimmung zu dem Bischofskandidaten von Galen kann trotz des Verlustes bzw. der Unzugänglichkeit der zentralen Quellen mit hinreichender Sicherheit beantwortet werden. Dazu ist zunächst festzuhalten, daß zum Zeitpunkt der Ernennung Galens die alte Ministerialbürokratie die eingegangenen Verträge im traditionell rechtsstaatlichen Sinne interpretierte und anwandte, was im konkreten Fall bedeutete, daß die Konkordatsbestimmungen für ‚politische Bedenken' gegen Galen gar nicht in Anspruch genommen werden konnten. Dieses Verhalten änderte sich mit dem zunehmenden Einfluß aus Parteikreisen erst im Laufe des Jahres 1934 und ist erstmals greifbar Ende 1933 bei der Wahl des Bischofs Bares durch das Berliner Domkapitel. Möglicherweise ist Galen aber auch von seiten der Preußischen Staatsregierung verkannt worden, was als Folge seiner Einschätzung in Berlin plausibel wäre. Ein Vergleich mit den Problemen bei späteren Bischofswahlen zeigt, daß Galen bei der dann wirksam werdenden extensiven Interpretation der politischen Klausel des Konkordats durch die staatlichen Stellen keine Chance gehabt hätte, die staatliche Zustimmung zu erlangen.

So war mit Clemens August Graf von Galen unter ganz außergewöhnlichen Umständen ein Mann auf den Bischofsstuhl in Münster gelangt, der ein Maß an Grundsatztreue, Charakterstärke und persönlichem Mut mitbrachte, das ihm die Verwirklichung eines Jugendtraums ermöglichte, wenn auch wohl in anderen Formen, als er sich dies damals vorgestellt hatte. Als man ihn in Berlin als ‚reaktionär' verketzerte und er kaum eine Möglichkeit sah, diesen Diffamierungen zu begegnen, schrieb er an Heinrich Holstein: „Die Hoffnung, die einst (nicht recht eingestanden) mein jugendlicher Ehrgeiz hegte, ich würde mir einmal eine weithin sichtbare Führerstellung erringen und das zeitliche und ewige Glück meiner Mitmenschen durch außerordentliche Taten fördern können, ist von mir längst als eine Dummheit erkannt. Ich weiß längst, daß der liebe Gott mir durch das Priestertum und besonders durch den Wirkungskreis als Seelsorger in Berlin eine Aufgabe und Verantwortung auferlegt hat, deren Größe und Schwere mich oft erschreckt, ja wirklich ängstigt. Ich wünsche mir wahrhaftig keine anderen und höheren Verantwortungen mehr dazu."[164] Als Clemens August Graf von Galen im Jahre 1933 doch zu höherer Verantwortung berufen wurde, nahm er diesen Ruf ohne zu zögern an, und nur wenige Monate später nahm er ‚eine weithin sichtbare Führerstellung' ein und versuchte ‚das zeitliche und ewige Glück' seiner Mitmenschen zu fördern, durch Taten, die von diesen Mitmenschen als außerordentlich empfunden wurden.

Anmerkungen

1 Peter Löffler (Bearb.): Bischof Clemens August Graf von Galen. Akten, Briefe und Predigten 1933-1946, 2 Bde. (im weiteren als Löffler I und II zitiert), Mainz 1988.
2 Rudolf Morsey: Clemens August Kardinal von Galen – Größe und Grenze eines konservativen Kirchenfürsten (1933-1946). In: Jahres- und Tagungsbericht der Görres-Gesellschaft 1990, S. 5.
3 Vor allem sind die von Bernhard Stasiewski und Ludwig Volk edierten Akten deutscher Bischöfe über die Lage der Kirche 1933-1945 zu nennen. (Veröffentlichungen der Kommission für Zeitgeschichte, Reihe A: Quellen, Bde. 5, 20, 25, 30, 34, 38), Mainz 1968f.
4 Rudolf Morsey: Clemens August Kardinal von Galen. Bischöfliches Wirken in der Zeit der Hitler-Herrschaft, Düsseldorf 1987, S. 12.
5 Ebd., S. 8.
6 So auch Morsey, ebd., S. 11.
7 Münsterländische Tageszeitung v. 24.3.1933.
8 Münster 1932.
9 An Holstein v. 25.1.1928, Bistumsarchiv Münster (im weiteren BAM), Sammlung von Galen, A 9.
10 Galen an Holstein vom 30.11.1928, ebd.
11 Morsey (wie Anm. 4), S. 12. Diese Angaben sind übrigens nicht zutreffend bzw. zu differenzieren, denn Vertreter der NSDAP haben als Repräsentanten der Partei an der Gratulation nicht teilgenommen (vgl. Löffler I, S. 38f.); die SA hat auf dem Domplatz Spalier gestanden und danach an der Feier im Dom teilgenommen; im Dom lag der Ordnungsdienst beim Bürgerschützenkorps; an dem Fackelzug der katholischen Jugend für den neuen Bischof hatte sich die HJ nicht beteiligt, wie dies zunächst angekündigt war (vgl. Löffler I, S. 17).
12 Ebd., S. 11/12.
13 Vgl. Gabriele Clemens: Martin Spahn und der Rechtskatholizismus in der Weimarer Republik, Mainz 1983, S. 207f.

14 Ein Teil des folgenden Abschnitts wurde erstmals vorgetragen in Joachim Kuropka: Clemens August Graf von Galen. Politisch interessierter Seelsorger in Münster 1929 bis 1933. In: Hermann Bringmann/Hubert Stuntebeck (Hrsg.): Den Menschen lebensstark machen. Festschrift für Bernd Thonemann, Hannover 1991, S. 118ff.

15 Heinrich Portmann: Kardinal von Galen. Ein Gottesmann seiner Zeit, Münster 1948 (18. Aufl. 1986), S. 80/81, 88f.; Fastenhirtenbrief vom 29.1.1934 (nicht bei Löffler) im Kirchlichen Amtsblatt für die Diözese Münster Nr. 2 v. 31.1.1934.

16 Pfarrchronik St. Lamberti, Pfarrarchiv St. Lamberti, Münster; vgl. Joachim Kuropka: Aspekte des kulturellen Lebens in Münster während der NS-Zeit. In: Franz-Josef Jakobi/Thomas Sternberg (Hrsg.): Kulturpolitik in Münster während der nationalsozialistischen Zeit, Münster 1990, S. 96.

17 Pressebericht des Münsterischen Anzeigers (im weiteren MA) v. 31.10.1933 über die Inthronisierungsfeierlichkeiten vom 28.10.1933. Zit. nach Löffler I, S. 41.

18 Joachim Kuropka: Die Machtergreifung der Nationalsozialisten (Geschichte original – am Beispiel der Stadt Münster 2), 4. Aufl., Münster 1981, S. 5 u. Dokumente 5a-d.

19 Zit. nach MA v. 3.4.1933.

20 Zit. nach Pfarrchronik St. Lamberti; vgl. auch Pfarrbericht über die kirchenpolitische Geschichte der Gemeinde St. Lamberti, Münster, im Dritten Reich, BAM A 101-12.

21 Kuropka (wie Anm. 16), S. 98.

22 Löffler I, S. 46f.; vgl. Joachim Kuropka: Widerstand gegen den Nationalsozialismus in Münster. Neuere Forschungen zu einigen Problemfeldern. In: Westfälische Zeitschrift 137 (1987), S. 168; S. auch Wilhelm Damberg: Der Kampf um die Schulen in Westfalen 1933-1945, Mainz 1986, S. 86.

23 Kuropka (wie Anm. 16), S. 105f.

24 Josef Pieper: Noch wußte es niemand. Autobiographische Aufzeichnungen 1904-1945, München 1976, S. 105.

25 Clemens August von Galen an Bernhard von Galen v. 3.1.1928 u. 25.10.1928, Graf von Galensches Hausarchiv, Haus Assen; vgl. auch Galen an Graf Praschma v. 13.9.1922. In: Herbert Gottwald: Franz von Papen und die „Germania". Ein Beitrag zur Geschichte des politischen Katholizismus und der Zentrumspresse in der Weimarer Republik. In: Jahrbuch für Geschichte 6, Berlin (Ost) 1972, S. 581.

26 Horst Gründer: Rechtskatholizismus im Kaiserreich und in der Weimarer Republik unter besonderer Berücksichtigung der Rheinlande und Westfalens. In: Westfälische Zeitschrift 134 (1984), S. 145; Friedrich Keinemann: Soziale und politische Geschichte des westfälischen Adels 1815-1945, Hamm 1976, S. 107-155.

27 Ernst Rudolf Huber: Deutsche Verfassungsgeschichte seit 1789, Bd. VII: Ausbau, Schutz und Untergang der Weimarer Republik, Stuttgart 1984, S. 982.

28 Vgl. Rudolf Morsey: Der Untergang des politischen Katholizismus. Die Zentrumspartei zwischen christlichem Selbstverständnis und ‚Nationaler Erhebung' 1932/33, Stuttgart/Zürich 1977, S. 57f.; Herbert Hömig: Das Preußische Zentrum in der Weimarer Republik, Mainz 1979, S. 260f; Detlef Junker: Die deutsche Zentrumspartei und Hitler 1932/33. Ein Beitrag zur Problematik des politischen Katholizismus in Deutschland, Stuttgart 1969, S. 72f.

29 Die Schrift kam wohl im Mai 1932 in den Handel.

30 Galen an Coppenrath v. 17.6.1932, Pfarrarchiv St. Matthias, Berlin.

31 Vgl. dazu z.B. Peter Tischleder: Die Staatslehre Leos XIII., M. Gladbach ³1927.

32 Manuskript (Juli 1932?), Vereinigte westfälische Adelsarchive Schloß Cappenberg, Nachlaß Franz von Galen, Nr. 44.

33 Clemens August von Galen an Franz von Galen (Juli 1932), ebd.

34 „Der kurze Moment wurde nicht genutzt", MA v. 21.9.1932.

35 Konzept vom September 1932 (wie Anm. 32), Nr. 45. Gedanken zu einer Verfassungsreform waren von Joseph Eberle: Ein Gespräch über politische Fragen in Deutschland. In: Schönere Zukunft, 8. Jg., Nr. 4 v. 23.10.1932, geäußert worden.

36 Huber (wie Anm. 27), S. 1071.

37 Vgl. Löffler I, S. LVIf.

38 Galen an Holstein v. 30.11.1926, BAM, Sammlung Galen, A 9.

39 Vgl. John K. Zeender: The German Catholics and the Presidential Elections of 1925. In: The Journal of Modern History 35 (1963), S. 374f.

40 Galen an Holstein v. 7.12.1926 (wie Anm. 38).

41 Vgl. Ellen Lovell Evans: The German Center Party 1870-1933. A Study in Political Catholicism, Carbondale/Edwardsville 1981, S. 298/99.

42 Galen an Holstein v. 25.1.1928, BAM, Sammlung Galen, A 9; Hervorhebung im Original.
43 Galen an Holstein v. 30.11.1927, ebd.
44 Galen an Holstein v. 25.1.1928, ebd.
45 Galen an Holstein v. 30.11.1926, ebd.
46 Galen an Holstein v. 25.11.1928, ebd.
47 Morsey (wie Anm. 4), S. 11.
48 Vgl. z. B. Galens Aufsatz „Wo liegt die Schuld? Gedanken über Deutschlands Niederbruch und Aufbau." In: Historisch-politische Blätter für das katholische Deutschland 164 (1919), S. 294f.
49 Vgl. Kuropka (wie Anm. 18), S. 5.
50 Joachim Kuropka: Auf dem Weg in die Diktatur. Zu Politik und Gesellschaft in der Provinzialhauptstadt Münster 1929-1934. In: Westfälische Zeitschrift 134 (1984), S. 163f.
51 Rudolf Morsey: Franz von Papen (1879-1969). In: Ders. (Hrsg.): Zeitgeschichte in Lebensbildern, Bd. 2: Aus dem deutschen Katholizismus des 20. Jahrhunderts, Mainz 1975, S. 83; Klaus Breuning: Die Vision des Reiches. Deutscher Katholizismus zwischen Demokratie und Diktatur (1929-1934), München 1969, S. 225f.
52 Boyer an Franz von Galen v. 28.4.1933, Vereinigte Westfälische Adelsarchive Schloß Cappenberg, Nachlaß Franz von Galen, Nr. 46.
53 Zur Sitzung vgl. Kuropka (wie Anm. 18), S. 8f. u. Dokument 9b.
54 Clemens August von Galen an Franz von Galen v. 12.5.1933, Nachlaß Franz von Galen, Nr. 46.
55 Schriftliche Nachricht von Frau Elisabeth Ketteler-Zuhorn an den Verfasser vom 7.12.1990.
56 Clemens August von Galen an Franz von Galen v. 17.5.1933, Nachlaß Franz von Galen, Nr. 46.
57 Franz von Galen an Clemens August von Galen v. 19.5.1933, ebd.
58 Kuropka (wie Anm. 18), S. 9.
59 Hermann Pünder: Von Preußen nach Europa. Lebenserinnerungen, Stuttgart 1968, S. 140.
60 Dieckmann an Franz von Galen v. 20.5.1933, Nachlaß Franz von Galen, Nr. 46.
61 Münsterische Zeitung v. 21.5.1933.
62 Gespräch des Verfassers mit Dr. Bernhard Terrahe vom 28.3.1984.
63 Clemens August von Galen an Franz von Galen v. 23.5.1933, Nachlaß Franz von Galen, Nr. 46.
64 Ebd.
65 Ebd.
66 Das Zentrum. Mitteilungsblatt der Deutschen Zentrumspartei, 3. Jg. 1932; zitiert ist aus dem Artikel „Grundsätzliches zur Kulturpolitik. Die naturrechtlich-christliche Staatslehre".
67 Wie Anm. 64.
68 Morsey (wie Anm. 4), S. 11.
69 Hans Müller: Katholische Kirche und Nationalsozialismus. Dokumente 1930-1935, München 1963, S. 5f.
70 Text bei Müller, S. 76f., hier S. 77.
71 Morsey (wie Anm. 4), S. 11.
72 Clemens August von Galen an Franz von Galen vom 2.5.1933, Nachlaß Franz von Galen Nr. 46.
73 Morsey (wie Anm. 4), S. 11.
74 Löffler I, S. 82f.
75 Manuskript v. 28.2.1933, Nachlaß Franz von Galen, Nr. 46.
76 Manuskript v. 10.3.1933, ebd.
77 Handschriftliches Manuskript, undatiert (Mai 1933), ebd.
78 Manuskript vom 28.2.1933, ebd.
79 Wie Anm. 77.
80 Wie Anm. 74.
81 Portmann (wie Anm. 15), S. 54f.; Max Bierbaum: Nicht Lob nicht Furcht. Das Leben des Kardinals von Galen nach unveröffentlichten Briefen und Dokumenten, 8. Aufl., Münster 1978, S. 119f.
82 Portmann (wie Anm. 15), S. 61.
83 Galen an Holstein v. 30.11.1926, BAM, Sammlung von Galen, A 9.
84 Portmann (wie Anm. 15), S. 201.
85 Clemens August von Galen an Christoph Bernhard von Galen v. 1.3.1927, Galensches Hausarchiv, Haus Assen.
86 Clemens August von Galen an Christoph Bernhard von Galen v. 18.11.1925, ebd.
87 Heinrich Holstein: Erinnerungsbilder an Clemens August aus der Zeit 1915-26 in Berlin, BAM, Nachlaß Portmann, A 22.
88 Ebd.

89 Satzung im Nachlaß Franz von Galen, Nr. 41.
90 Gründer (wie Anm. 26), S. 107.
91 Clemens (wie Anm. 13), S. 85 f.
92 Gründer (wie Anm. 26), S. 141f.; Keinemann (wie Anm. 26), S. 218f.
93 Gründer (wie Anm. 26), S. 150.
94 Ebd., S. 144; Gründer nennt Galen auch noch als Verfechter der Dolchstoßlegende, was sich aus den dort angeführten Belegen bei Bierbaum nicht entnehmen läßt. Ein Beleg für diese Meinung Gründers findet sich vielmehr in Galens Aufsatz „Wo liegt die Schuld?" (wie Anm. 48), S. 227.
95 Galens Ausarbeitung vom Mai 1916 wurde als Privatdruck im Edelleuteverein verbreitet.
96 Carl Spiecker: „Eine Entgegnung", Germania v. 27.10.1927 (Abendausgabe). Spiecker antwortete auf Franz von Papen: „Rideamus", Germania v. 27.10.1927 (Morgenausgabe).
97 Clemens August von Galen: Feststellungen, Germania v. 19.11.1927.
98 Vgl. Galen an Holstein v. 30.11.1927, 30.12.1927 u. 11.2.1928, BAM, Sammlung Galen, A 9.
99 Bericht an den Weihbischof v. 19.2.1928, Abschrift ebd.
100 Galens Vater, Ferdinand Graf von Galen, war Reichstagsabgeordneter des Zentrums von 1871 bis 1903.
101 Galen an Holstein v. 25.1.1928, BAM, Sammlung von Galen, A 9.
102 Dieter Gessner: Agrarverbände in der Weimarer Republik. Wirtschaftliche und soziale Voraussetzungen agrarkonservativer Politik vor 1933, Düsseldorf 1976, S. 253f.
103 Gründer (wie Anm. 26), S. 131.
104 Keinemann (wie Anm. 26), S. 207 f.
105 Zit. nach ebd., S. 215.
106 Augustinus von Galen an Franz von Galen v. 29.9.1931, Nachlaß Franz von Galen, Nr. 42.
107 Clemens August von Galen an Max von Oer v. 6.2.1931, Abschrift im Nachlaß Franz von Galen, Nr. 42.
108 Ebd.
109 Gedrucktes Protokoll, S. 4.
110 Ebd., S. 7.
111 Ebd., S. 15; in einem Interview aus dem Jahre 1974 berichtet Freiherr Hermann von Lüninck, daß weder er, noch sein Bruder Ferdinand auch zu dem Zeitpunkt, als beide im Jahre 1933 Oberpräsidenten wurden, der NSDAP angehörten. Vgl. Keinemann (wie Anm. 26), S. 320.
112 In einer Protokollnotiz ließ Galen vermerken, er habe dies überhört, sonst hätte er dazu Stellung genommen.
113 Protokoll (wie Anm. 109), S. 21.
114 Z.B. Kardinal Bertram: Ein offenes Wort in ernster Stunde, Tremonia vom 1.1.1931. Zit. nach Müller (wie Anm. 69), S. 16/17; Kundgebung der Bischöfe der Kölner Kirchenprovinz v. 7.3.1931, ebd., S. 26/27.
115 Portmann (wie Anm. 15), S. 199f. spricht dagegen von einer Loyalitätserklärung gegenüber dem Bischof.
116 Artikel 6 des Vertrages des Freistaates Preußen mit dem Heiligen Stuhle vom 14.6.1929, Text bei Joseph Listl (Hrsg.): Die Konkordate und Kirchenverträge in der Bundesrepublik Deutschland, Berlin 1987, 2. Bd., S. 709f.
117 Zum zeitlichen Ablauf der Bischofswahl vgl. Löffler I, S. LXI.
118 Ebd., S. LXI, Löffler vermutet lediglich mögliche politische Gründe.
119 Leiber an Pacelli v. 17.8.1933. Zit. nach Ludwig Volk: Das Reichskonkordat vom 20. Juli 1933. Von den Ansätzen in der Weimarer Republik bis zur Ratifizierung am 10. September 1933, Mainz 1972, S. 246. Der Artikel 14 des Reichskonkordats regelt die Besetzung der Bischöflichen Stühle; Text ebd., S. 237.
120 Morsey (wie Anm. 4), S. 12.
121 Löffler I, S. LXII.
122 Galen an Frick v. 7.10.1933, Löffler I, S. 13.
123 Frick an Büro des Reichspräsidenten v. 12.10.1933, Löffler I, S. 19/20.
124 Vgl. Löffler I, S. 20, Anm. 3.
125 Daten nach Max Domarus: Hitler. Reden und Proklamationen 1932-1945, Bd. I, 1, Wiesbaden 1973, S. 317f.
126 Aufzeichnung Menshausens v. 6.10.1933. In: Dieter Albrecht (Bearb.): Der Notenwechsel zwischen dem Heiligen Stuhl und der deutschen Reichsregierung, Bd. III, Mainz 1980, S. 12f.
127 Portmann (wie Anm. 15), S. 82.
128 Galen an Göring v. 16.3.1942, Löffler II, S. 947/48.

129 Text bei Löffler I, S. 34.
130 Morsey (wie Anm. 4), S. 12.
131 Von Bergen an Auswärtiges Amt v. 23.11.1933, Politisches Archiv des Auswärtigen Amtes (im weiteren PAAA), Politik 20, Vatikan, Berlin, Bd. 1.
132 Vermerk v. 28.11.1933, ebd.
133 Vermerk v. 2.12.1933, PAAA, Vatikan, Pol 19, 20, R 30567-69k.
134 Vermerk Menshausens v. 19.12.1933, PAAA, Vatikan, Pol 20, Berlin, Bd. 1.
135 Aufzeichnung Menshausens v. 24.11.1933, PAAA, R 30538; zur Wahl von Bares in Hildesheim vgl. Hans-Georg Aschoff: Die Hildesheimer Bischofswahlen im 20. Jahrhundert. In: Die Diözese Hildesheim in Vergangenheit und Gegenwart, 48, 1980, S. 74f.
136 Vermerk über die Stellungnahme des Reichskanzlers zu den Anfragen des Ministerialdirektors Dr. Buttmann, Anlage zur Aufzeichnung v. 24.11.1933, PAAA, Vatikan, Pol 19, 20, R 30567 – 30569k.
137 Reichserziehungsminister Rust an das Domkapitel v. 4.6.1935, PAAA, Pol. 20, Vatikan, Berlin, Bd. 1.
138 Telegramm von Bergens an Auswärtiges Amt v. 1.6.1935, ebd.
139 Neurath an Rust v. 19.7.1935, ebd.
140 Zit. nach Nuntiatur an Auswärtiges Amt v. 19.1.1938, PAAA, Pol. III, 13, Bd. 1.
141 Vermerk v. 26.1.1938, ebd.
142 Vermerk des Referenten Haidlen v. 17.6.1938, ebd.
143 Reichsminister für die kirchlichen Angelegenheiten an Auswärtiges Amt v. 9.8.1938, ebd.
144 Reichskirchenminister an Auswärtiges Amt v. 14.4.1936, PAAA, R 30567-3069k.
145 Geheime Staatspolizei Darmstadt an den Reichsstatthalter in Hessen v. 23.4.1936, ebd.
146 Gestapo Darmstadt an Reichsstatthalter in Hessen v. 21.4.1936, ebd.
147 Reichsstatthalter in Hessen an Reichsminister für die kirchlichen Angelegenheiten v. 23.4.1936, ebd.
148 Seit Mai 1934 zugleich Reichsminister für Wissenschaft, Erziehung und Volksbildung.
149 Bericht des Regierungspräsidenten in Hildesheim v. 12.5.1934. Zit. nach Aschoff (wie Anm. 135), S. 78; Darstellung der Rustschen Einflußversuche ebenfalls nach Aschoff, S. 76f.
150 Kirchliches Amtsblatt für die Diözese Münster, LXVII. Jg. Nr. 2 v. 31.1.1934 (nicht bei Löffler).
151 Löffler I, S. 67f.
152 An Reichskanzlei v. 6.4.1934, Löffler I, S. 74.
153 Aufzeichnung Menshausens v. 18.4.1936, PAAA, R 30567-69k.
154 Vgl. Anm. 119.
155 Orsenigo an Pacelli v. 2.4.1933. Zit. nach Ludwig Volk (Bearb.): Kirchliche Akten über die Reichskonkordatsverhandlungen 1933, Mainz 1969, S. 8/9 (Originaltext), S. 10 (Übersetzung).
156 Dr. Adolf ten Hompel an Prof. Dr. Johannes Stark v. 22.10.1933, Staatsarchiv Münster, Nachlaß ten Hompel, Nr. 253; vgl. Kuropka (wie Anm. 22), S. 182.
157 Nationalzeitung v. 13.9.1933.
158 Vgl. Joachim Kuropka: Clemens August Graf von Galen. Das Bild des Bischofs zwischen zeitgenössischer Bewunderung und neuerer Kritik. In: Joachim Kuropka/Willigis Eckermann (Hrsg.): Oldenburger Profile, Cloppenburg 1989, S. 104, 117.
159 Holstein (wie Anm. 87), S. 21.
160 Zit. nach Gründer (wie Anm. 26), S. 132.
161 An Franz von Galen v. 1.3.1923, Nachlaß Franz von Galen, Nr. 222.
162 An Holstein v. 25.1.1928, BAM, Sammlung Galen, A 9.
163 Vgl. Joachim Kuropka: Zur historischen Identität des Oldenburger Münsterlandes, Münster ²1987, S. 17.
164 Wie Anm. 162.

„Katholische Eltern, das müßt ihr wissen!"

Der Kampf des Bischofs Clemens August Graf von Galen gegen den totalen Erziehungsanspruch des Nationalsozialismus.
Wirkungen auf Partei und Staat unter besonderer Berücksichtigung des oldenburgischen Teils der Diözese Münster[1]

Rudolf Willenborg

1. Das Programm und erste Konflikte

„Heute ist Hochzeitstag! ... Die Braut Christi hier auf Erden, die heilige Kirche, das Bistum Münster ist mir anvertraut, angetraut."[2] Mit diesen Worten leitete Clemens August Graf von Galen die Festansprache ein, als ihm am 28.10.1933 vom Erzbischof von Köln, Kardinal Schulte, am „Traualtare", wie von Galen sich ausdrückte, der geweihte Ring als Bischof von Münster an den Finger gesteckt wurde.

Bereits das erste Hirtenschreiben vom gleichen Tage enthielt in nuce das gesamte Programm seines Widerstandes gegen den nationalsozialistischen Totalitätsanspruch. Ausgehend von seinem Wahlspruch „Nec laudibus, nec timore"[3] versprach er den ihm anvertrauten Gläubigen, er wolle „niemals auch nur um ein Jota abweichen von der Lehre der einen, heiligen, katholischen und apostolischen Kirche". Dabei nahm er deutlich Bezug auf die gegenwärtigen „Zeitverhältnisse", „Zeitströmungen" und „Zeitgefahren" und erklärte: „Glaubt nicht, daß euere Bischöfe sorglos Gefahren übersehen, wenn sie noch schweigen, während ihr nach Wegführung verlangt! Seid versichert: zentnerschwer lastet jeden Tag das Bewußtsein der Verantwortung für euere Seelen auf ihnen, und sie wissen, daß sie ihre eigenen Seelen nicht retten können, wenn sie zur Unzeit schweigen oder sprechen." Den hohen Stellenwert, den von Galen bei diesem Auftrag der Erziehung zusprach, verdeutlichte er gleichfalls in diesem ersten Hirtenwort, als er die Eltern und Lehrer als Mitstreiter an seine Seite rief: „Ich vertraue auf die Mitarbeit besonders aller katholischen Eltern, welche ja von Gott berufen sind, durch Beispiel und Wort die ersten Religionslehrer der Kinder zu sein. Ich hoffe und vertraue auch besonders auf die Mitarbeit der katholischen Lehrer und Lehrerinnen, welche beauftragt durch die Kirche, bisher die treuesten Gehilfen der Eltern und der Priester waren, um die Jugend nach den heilbringenden Grundsätzen der christlichen Lehre zu bilden und zu erziehen." Damit kündigte von Galen bereits am Tage seines Amtsantrittes einen der wichtigsten Konfliktpunkte seines späteren Kampfes gegen die Machthaber des Dritten Reiches an: die Sicherung der christlichen Bildung der Kinder und Jugendlichen vor dem totalen Erziehungsanspruch des Nationalsozialismus.

Zur Diözese Münster gehörte mit Westfalen und dem Niederrhein nicht nur preußisches Gebiet, sondern auch das damalige Land Oldenburg. Den oldenburgischen Teil der Diözese verwaltete ein Bischöflicher Offizial mit Sitz in Vechta, der nicht dem Generalvikar, sondern dem Bischof direkt unterstand, also eine Art Generalvikar für den oldenburgischen Teil darstellte. Da der Bischöfliche Offizial Meyer kurze Zeit nach dem am 5.1.1933 verstorbenen Bischof Johannes Poggenburg ebenfalls gestorben war, mußte der neuernannte Bischof von Galen am 6.12.1933 als eine seiner ersten Amtshandlungen Franz Vorwerk als neuen Offizial in Vechta einführen. In seinem Schreiben an die oldenburgische Staatsregierung gab von Galen der Hoffnung Ausdruck, daß die Beziehungen zwischen Staat und Kirche „von gegenseitigem Vertrauen und Wohlwollen getragen" sein würden.[4] Sowohl der Bischof als auch der neu ernannte Bischöfliche Offizial wurden offensichtlich, was ihre politische Einstellung betraf, von den Nationalsozialisten nicht ungünstig beurteilt. Als von Galen Vorwerk bei der Staatsregierung in Oldenburg vorstellte, betonte der Minister der Kirchen und Schulen Pauly, er habe den neuen Offizial bereits als eine Persönlichkeit kennengelernt, die in vaterländischer Hinsicht durchaus zuverlässig sei, kurzum als einen Mann, auf den man sich in jeder Beziehung verlassen könne, und der neue Offizial vertrat die Überzeugung, „daß Staat und Kirche in dieser Zeit treu und friedlich zusammenarbeiten" würden.[5] Als Pauly am folgenden Tag an der feierlichen Amtseinführung Vorwerks in Vechta teilnahm, überbrachte er Grüße und Wünsche von Reichsstatthalter Röver und Ministerpräsident Joel und äußerte die Hoffnung, „daß das Zusammenarbeiten zwischen Regierung und Offizialat wie bisher immer zum Guten führen werde, zum Wohl der gesamten Oldenburger Bevölkerung".[6] Diese Einschätzung sollte jedoch für die staatlichen Instanzen nur solange Gültigkeit besitzen, als die Vertreter der Kirche gewillt waren, der Verwirklichung nationalsozialistischer Ziele zumindest nicht im Wege zu stehen. So waren gleich von Beginn an Auseinandersetzungen vorprogrammiert, denn auch von Galen hatte bei seiner Predigt zur Einführung des Bischöflichen Offizials in Vechta zwar die Anerkennung der staatlichen Obrigkeit gefordert, aber mit dem deutlichen Hinweis, solange ihre Anordnung „nicht im Widerspruch steht mit Gottes Willen".[7] Dieser Gedanke entwickelte sich in der Folgezeit immer stärker zum zentralen Motiv für den Widerstand von Galens. Das erhoffte gute Zusammenwirken von Staat und Kirche erfüllte sich daher nicht. Beide, der Offizial und der Bischof, führten von Anfang an in gegenseitiger Stützung einen erbitterten Kampf gegen den nationalsozialistischen Staat und seinen totalen Anspruch auf Erziehung.

Sogar noch vor seiner Inthronisation als Bischof bahnte sich für von Galen der erste Konflikt an, so daß man sagen kann, daß die Auseinandersetzungen um die Schule den Bischof vom ersten Tag seiner Amtszeit an begleitet haben.[8] Am 24.10.1933 hatte der Stadtschulrat Glowsky in Münster an sämtliche Volksschulen eine Anweisung herausgegeben, wonach „im Anschluß an Allerseelen" Unterrichtslektionen zur Vererbungslehre und Rassenkunde erteilt werden sollten und im Fach Religion die „demoralisierende Macht" des Volkes Israel aufzuzeigen war. Von Galen versuchte zunächst in einem privaten Schreiben die Angelegenheit zu klären, weil er als Pfarrer von St. Lamberti mit dem Stadtschulrat auf diesem Wege schon einmal einen Dissens beseitigt hatte. Er wies Glowsky darauf hin, daß die Verbindung dieses Themas mit den religiösen Gedanken des Allerseelenmonats doch wohl sehr „gekünstelt" sei und „die Gefahr einer Verwischung katholischer Lehren über die heilsgeschichtlichen Aufgaben des israelitischen Volkes" beinhalte. Vor allem aber machte er ihm deutlich, daß die Einmischung in den Religionsunterricht Vereinbarungen zwischen der Regierung und dem Episkopat, besonders aber dem Artikel 21 des Reichskonkordats zuwiderlaufe, wonach der Lehrstoff für den Religionsunterricht im Einvernehmen mit der kirchlichen

Oberbehörde festzusetzen sei.⁹ Als Glowsky darauf nicht reagierte, erhob von Galen beim Oberbürgermeister der Stadt Münster Hillebrand Einspruch, Glowsky sei „nicht berechtigt, von sich aus eine Abänderung des festgelegten Stoffverteilungsplanes anzuordnen" und „nicht befugt, eine Einwirkung auf den sachlichen Inhalt der Religionslehre auszuüben."¹⁰ In einer Besprechung mit Hillebrand am 30.1.1934 erhielt von Galen die Zusage der Abhilfe.

Der geschilderte Fall zeigt bereits zwei typische Eigenschaften des Galenschen Widerstandes: das sofortige Einschreiten bei jeder sich bietenden Gelegenheit und das konsequente Einklagen bestehender Rechtspositionen. Außerdem ist erkennbar, auf welcher Ebene sich die ‚erste Runde des Kampfes' abspielte, auf der Ebene der Inhalte des Religionsunterrichtes.¹¹

2. Die erste Kampfphase bis zum Jahre 1936

2.1. Grundlegende Klärungen – Motivationen von Galens - Kampfmittel und -methoden – Reaktionen der nationalsozialistischen Machthaber

„Das Herzensanliegen des Bischofs war die Schule."¹² Daher führte von Galen in den ersten Jahren seiner Amtszeit einen grundlegenden Kampf gegen die nationalsozialistische Ideologie, da diese immer stärker die Inhalte des Unterrichts in der Schule bestimmte. In einer kaum zu überbietenden Schärfe setzte der Bischof sich mit den Dogmen der Deutschen Glaubensbewegung, der nationalsozialistischen Rassenlehre und insbesondere dem Pseudokult Rosenbergs auseinander. Die Wirksamkeit des bischöflichen Kampfes zeigte sich am deutlichsten an den Reaktionen der nationalsozialistischen Machthaber, die an Heftigkeit kaum zu übertreffen waren. Eine Vielzahl von Anweisungen an die Schulen und Lehrkräfte lasen sich als unmittelbare Gegenmaßnahmen von Staat und Partei auf die Attacken des Bischofs, deren Wirksamkeit dadurch paralysiert werden sollte.

In dieser Auseinandersetzung mußte die christliche Gehorsamspflicht diesem ‚Erziehungsstaat' gegenüber und der daraus resultierende Gewissensentscheid der Eltern zu einer zentralen Frage werden. Das hauptsächliche Motiv seines Handelns bildete für den Bischof die Überlieferung des Glaubens durch das Elternhaus und die christlichen „Vorfahren". Dem nationalsozialistischen „Germanenkult" wurde die Glaubenstreue der Vorväter entgegengesetzt und dabei nach dem wahren Sinn von Tradition gefragt. Die Klärung dieser Aspekte war für den Bischof von ausschlaggebender Bedeutung im Kampf für eine christliche Erziehung der Jugend.

Die wichtigsten Mittel der Auseinandersetzung stellten zunächst Hirtenbriefe und Predigten dar, für den Erziehungsbereich insbesondere auch die alljährlichen Hirtenschreiben zum Schulsonntag. Bei der Umsetzung seiner Gedanken in die Praxis und der Abklärung des methodischen Vorgehens – weitgehend dokumentiert in den zahlreichen Anweisungen an die Pfarrer – spielten die Dechantenkonferenzen eine Schlüsselrolle. Ein Vergleich der ersten Jahre belegt durch einen nahezu parallelen Verlauf die Systematik und Regelmäßigkeit der Proteste von Galens, nur daß der Kampf von Jahr zu Jahr schärfer wurde und die Position des Bischofs sich inhaltlich und methodisch klarer abzeichnete.

2.1.1. Das Jahr 1934

Am 24.1.1934 wurde Rosenberg zum „Beauftragten des Führers für die Überwachung der gesamten geistigen und weltanschaulichen Schulung und Erziehung der NSDAP" ernannt, und er erklärte in einem Tagebucheintrag vom Mai 1934 die Durchsetzung der nationalsozialistischen Weltanschauung „gegen alle Gegner" zur vordringlichsten Aufgabe.[13] In seinem Buch „Der Mythus des 20. Jahrhunderts" hatte Rosenberg die Grundzüge seiner Ideologie niedergelegt.[14] Von Galen gelangte immer mehr zu der Überzeugung, daß gerade auch im Hinblick auf die schulische Erziehung eine grundsätzliche, in die Öffentlichkeit getragene Kritik der Weltanschauung Rosenbergs unbedingt erforderlich sei, da sowohl in Westfalen als auch in Oldenburg wichtige Amtsinhaber in Partei und Staat fest hinter Rosenberg standen, sogar bis hin zu enger freundschaftlicher Beziehung. Von Galen wählte zur Auseinandersetzung zunächst die wirksame Form des Hirtenbriefes. Bereits im Fastenhirtenbrief vom 29.1.1934 distanzierte er sich in entscheidender Weise von der Rassenlehre Rosenbergs, als er gegen dessen „Blutsverbundenheit der Menschen gleicher Rasse" die „höhere Art der Blutsverbundenheit" in der „Gemeinschaft der Erlösung ... der Welt aus Sünde und Schuld" durch Christus stellte.[15] Die erste große ‚Abrechnung' aber folgte im Osterhirtenbrief vom 26.3.1934. „Verkündige das Wort, tritt auf, ob gelegen oder ungelegen ...". Aus diesem einleitenden Bibelzitat zog von Galen die Folgerung, daß ein Bischof nicht schweigen dürfe, wenn Feinde des Christentums durch Irrlehren die Fundamente der Religion und der gesamten Kultur angriffen. Dazu zählte er insbesondere Rosenberg, der der Sittlichkeit nur dann Geltung für ein Volk zuerkennen wollte, wenn sie der Förderung der Rasse diente. Von Galen warf ihm vor, dadurch die Rasse über die Sittlichkeit und das Blut über das Gesetz zu stellen. „Das ist neues Heidentum", rief der Bischof aus. Und die Erzieher mahnte er am Ende des Hirtenschreibens: „Wachet insbesondere, ihr christlichen Eltern, über die euch anvertraute Jugend."[16]

Das Hirtenschreiben wirkte auf Klerus und Kirchenvolk befreiend und fand auch im Ausland ein lebhaftes Echo. „Darum erhebe ich als deutscher Bischof meine warnende Stimme ..." zitierte die Saarbrücker Landeszeitung die Worte von Galens sogar in der Titelüberschrift, brachte lange Auszüge aus dem „Bischofswort gegen das Neuheidentum", das „sich mit großer Entschiedenheit gegen die neuheidnische Bewegung in Deutschland" richte, und stellte den Kernausspruch von Galens „Das neue Heidentum" in einem Zwischentitel in Großlettern heraus. Unter der Überschrift „Papst contra Rosenberg" zitierten die Baseler Nachrichten aus den Werken von Rosenberg und Vertretern der Deutschen Glaubensbewegung, die „den Weg zurück über den Sachsenherzog Widukind zum alten germanischen Gottesglauben" suchten.[17]

Die Nationalsozialisten registrierten sehr genau die Reaktionen, indem sie die Presseberichte akribisch sammelten[18], und reagierten mit teils kaum verhohlener Wut. Vom Reichsministerium für Volksaufklärung und Propaganda erhielt das ehemalige Zentrumsorgan, die Oldenburgische Volkszeitung, eine Verwarnung, weil es den Osterhirtenbrief veröffentlicht hatte.[19] Carl Röver, Gauleiter im Gau Weser-Ems und Reichsstatthalter in Oldenburg und Bremen, der als getreuer Freund und Anhänger Rosenbergs diesen des öfteren nach Oldenburg einlud, um mit ihm, wie er sich auszudrücken beliebte, „nationalsozialistische Gottesdienste" zu feiern[20], bemerkte, jeder Satz dieses Hirtenschreibens sei vom „Haß gegen den Nationalsozialismus diktiert."[21]

Der Kampf um die Schule spiegelte sich insbesondere auch in den jährlichen Hirtenbriefen zum Schul- und Erziehungssonntag wider. Das Schreiben des Jahres 1934 wies nachdrücklich auf die Anerkennung der katholischen Bekenntnisschule in Artikel 23 und die Absicherung der katholischen Privat-, Ordens- und Diasporaschulen in Artikel 25 des Reichskonkordates hin.[22]

Die grundlegende Auseinandersetzung von Galens mit Rosenberg rief im Erziehungsbereich sofort heftige Gegenmaßnahmen auf nationalsozialistischer Seite hervor. Gauleiter Röver hatte für seinen Herrschaftsbereich die Parole ausgegeben: „In Oldenburg wird nur mit Rosenberg geschult!"[23] Prompt beschwerte sich der Minister der Kirchen und Schulen Pauly beim Bischöflichen Offizial Vorwerk, der Osterhirtenbrief habe in weiten Kreisen den Eindruck erweckt, daß er gegen die NSDAP gerichtet sei und man der Partei „Neuheidentum" vorwerfe.[24] Im Gegenzuge verpflichtete er die Lehrer, die Schüler darüber aufzuklären, „daß die nationalsozialistische Bewegung mit dem sogenannten Neuheidentum nichts zu tun" habe. Von Rust, dem Reichsminister für Wissenschaft, Erziehung und Volksbildung, nach den „besonderen Gründen" für die Herausgabe dieses Erlasses befragt, antwortete Pauly, die Anordnung sei erfolgt, weil in den katholischen Kreisen des Oldenburger Landes durch Stellungnahmen fast aller Geistlichen eine große Verwirrung eingetreten sei und man die nationalsozialistische Bewegung mit dem sogenannten Neuheidentum gleichsetze.[25] Geflissentlich folgte man denn auch auf der unteren Ebene dem Vorbild der übergeordneten Behörde. So übte ein Schulrat in Vechta auf seine Untergebenen starken Druck aus, indem er die Kenntnis des „Mythus" von Rosenberg verlangte, obwohl ihm nach eigener Aussage bekannt war, daß das Buch von der Kirche auf den Index der verbotenen Bücher gesetzt worden war und daher von katholischen Lehrern nicht gelesen werden durfte.[26]

Aber auch von Galen blieb solchen Bestrebungen gegenüber nicht untätig. Das Generalvikariat verfaßte eine Anweisung über den Umgang mit verbotenen Büchern, speziell dem „Mythus" Rosenbergs, die der Lehrerschaft bis hin zu Lektürehilfen Richtlinien an die Hand gab, wenn Schulungsleiter, Schulräte oder Direktoren die Lektüre des „Mythus" verlangten und die Lehrer so unter Druck gerieten.[27] Kurz darauf veröffentlichte das Generalvikariat eine Erklärung des Preußischen Kultusministeriums, wonach für den „Mythus" keine Lesepflicht bestehe.[28] Der deutsche Episkopat reagierte mit einem gemeinsamen Hirtenbrief[29], der in Oldenburg in Form von kleinen Broschüren verteilt wurde, was Pauly jedoch auf Veranlassung der Gauleitung untersagen ließ.[30] Von Galen protestierte unter Berufung auf Artikel 4 des Reichskonkordates gegen die Beschlagnahme des Hirtenbriefes.[31] Der Kampf gegen Rosenberg wurde ebenfalls durch Artikelserien im Katholischen Kirchenblatt für die Stadt Münster unterstützt.[32] Die wichtigste Hilfe bildete eine im Erzbistum Köln erarbeitete Gegenschrift zu Rosenbergs „Mythus", die unter dem Titel „Studien zum Mythus des XX. Jahrhunderts" als amtliche Beilage des erzbischöflichen kirchlichen Anzeigers erscheinen sollte. Kurz vor der Drucklegung widerrief Kardinal Schulte jedoch seine Zusage, um die Privilegien seines Amtsblattes nicht durch dessen formale Verbindung mit einer umfangreichen, gegen die NS-Ideologie gerichteten Publikation zu gefährden.[33] Von Galen rettete das Unternehmen durch die spontane Zusage, die „Studien" als Beilage zum Amtsblatt seines Bistums zu veröffentlichen.[34] Gegen die „Studien" verfaßte Rosenberg seinerseits die Schrift „An die Dunkelmänner unserer Zeit"[35].

Die Predigt war neben dem Hirtenschreiben das zweite wichtige Mittel der grundsätzlichen Kritik am nationalsozialistischen Staat. Im gesprochenen Wort konnte von Galen deutlichere und kräftigere Töne anschlagen, so daß die Predigten stärker politische Züge aufwiesen als die Hirtenschreiben. Inhaltlich wurde auch hier die Auseinandersetzung mit Rosenberg fortgesetzt, jedoch trat ein zweites Thema zunehmend in den Vordergrund, das Verhältnis von Staat und Kirche und im besonderen die Frage nach der Gehorsamspflicht des Christen in einem Unrechtsstaat und der daraus resultierende Gewissenskonflikt zahlreicher Eltern. Wie bei der Begründung der christlichen Schule bereits deutlich wurde, war die Argumentation von Galens immer am rechtsstaatlichen Denken orientiert. Für den Bischof stand fest, daß der Christ als Staatsbürger zum Gehorsam verpflichtet war. „Nein, wir stehen nicht in verneinender Opposition gegen den Staat, gegen die jetzige Staatsgewalt!" rief er in einer Ansprache in Recklinghausen aus, um dann festzustellen: „Treu deutsch sind wir, – wir sind auch treu katholisch!"[36], einem in der Galenkritik ebenso beliebten wie stereotyp wiederholten Zitat, wobei meistens nur der erste Teil erwähnt wird.[37] Doch gerade der Nachsatz spielte für von Galen eine ganz entscheidende Rolle in der Frage, wieweit der Christ der Obrigkeit Gehorsam schuldig sei. In der Predigt kritisierte er zunächst die Verbreitung der Lehren Rosenbergs in Schulen, Lehrerkreisen, Führerkursen und Arbeitsdienstlagern und bezeichnete es nicht nur als religiöse, sondern geradezu als nationale Pflicht, die Propaganda dieses angeblich „deutschgläubigen" Heidentums zu unterbinden. Der Protest des Bischofs richtete sich nach seinen eigenen Worten nicht gegen die staatliche Obrigkeit, deren Fundament und höchste Würde als Stellvertreterin Gottes er gerade schützen und verteidigen wollte, sondern gegen die Schädigung des Staates durch die öffentliche Verbreitung „neuheidnischer Irrlehren", die ungestraft mit dem Anspruch auftreten durften, die Weltanschauung des Nationalsozialismus zu sein. Die Recklinghauser Rede gefiel denn auch, wie einer Aktennotiz des Bischöflichen Offizials Vorwerk zu entnehmen ist, dem Minister der Kirchen und Schulen in Oldenburg ausgesprochen gut.[38] Doch kannte er wohl nur die von vielen Zeitungen gewählte Balkenüberschrift „Treudeutsch sind wir". Hätte er das Berliner Tageblatt, das ebenso titelte, genauer gelesen, hätte er dort die Worte von der „nationalen Pflicht" zum Kampf gegen Rosenberg fast wörtlich wiederfinden können.[39]

Auf einer Kundgebung in Bethen im Oldenburger Land, dem Herrschaftsbereich Rövers und Paulys, startete von Galen in einer Predigt erneut heftige Angriffe gegen die Ideologie Rosenbergs, verband diesen Gedanken jedoch nun mit der Tradition, der treuen Überlieferung des Christentums durch die germanischen Vorfahren. Er nahm auf die „Irrlehre" Rosenbergs Bezug, der behauptete, daß ein Sündenbewußtsein der nordischen Rasse fremd sei, da der Deutsche so edel von Natur sei, daß er keiner Buße und Sühne bedürfe. Dem hielt von Galen entgegen: „Der Heiland, der Heiland unserer Vorfahren, dessen tapferer Sieg über Satan und Sünde unsere heimischen Vorfahren, das Heldenvolk der Sachsen, begeistert hat zur heldenmütigen Nachfolge auf dem Kreuzeswege, soll nicht erleben, daß die Männer und Frauen und Kinder des katholischen oldenburgischen Münsterlandes

Abb. 9 Bischof Clemens August Graf von Galen im Fenster des bischöflichen Palais', davor Jugendliche mit Bannern ihrer Verbände

weniger tapfer und mutig den glorreichen Zug der Nachfolge Christi mitschreiten."[40]

Diese Predigt von Galens im Oldenburger Land richtete sich eindeutig auch gegen die Absichten Paulys, in den Schulen im Sinne der Lehre Rosenbergs verstärkt die Heldentaten der germanischen Vorfahren, insbesondere die der Sachsen und Stedinger, im Kampf gegen das Christentum behandeln zu lassen.[41]

Die grundsätzliche Kritik von Galens mußte – sollte sie Wirkung zeigen – über das einmalige Hören der Hirtenschreiben und Predigten hinaus stetig und wiederholt im Bewußtsein der Bevölkerung verankert werden. Bei dieser Umsetzung im Sinne einer Elternschulung spielten die Dechantenkonferenzen eine wichtige Rolle. Im Jahre 1934 bildeten alle bisher angesprochenen Fragen zentrale Themen der Konferenz, als von Galen einen „Überblick über die Zeitlage" gab. Unter Berufung auf die „im Konkordat ausdrücklich verbürgten Rechte" berichtete er über erste Erfolge im „Kampf um die Schule". Thematisiert wurde auch das Verhältnis von „Freiheit und Autorität". Mit deutlichem Zeitbezug sprach er vom „Hineintaumeln des Volkes in eine blinde Hingabe an die Autorität eines Führers", wenn statt des christlichen Glaubens eine neue nationale Religion, statt des göttlichen Sittengesetzes eine autonome deutsche Sittlichkeit verkündet werde. Bei der Umsetzung dieser Gedanken sollte auch die „Katholischen Aktion", die eine verstärkte Arbeit von Laien vorsah, eine bedeutende Rolle spielen.[42]

2.1.2. Das Jahr 1935

Die Fortsetzung des Kampfes erfolgte im Jahre 1935 nach einem nahezu identischen Ablaufmuster wie im Vorjahr. Fast zum gleichen Termin erschien der zweite grundlegende, in der Schärfe der Argumentation und sprachlichen Eindringlichkeit jedoch noch wirksamere Hirtenbrief von Galens, in dem er sich erneut mit der Ideologie Rosenbergs auseinandersetzte. Wiederum leitete er ihn mit einem treffenden Wort aus der Schrift ein: „Was toben die Heiden und erfinden Truggebilde die Völker?", um im Anschluß daran festzustellen: „Es gibt wieder Heiden in Deutschland." Der Bischof verfolgte die Ideologien der „Neuheiden" bis in die philosophischen Ursprünge, insbesondere die Auswirkungen des deutschen Idealismus, zurück. Dadurch wurde die Kritik im Gegensatz zum ersten Hirtenbrief grundsätzlicher, radikaler und inhaltlich fundierter.[43]

„Die nationalsozialistische Weltanschauung wurzelt in der Erkenntnis der Bedeutung von Blut und Boden, von Rasse und Volkstum. Sie sieht besonders in Blut und Rasse gewollte Ordnungen des Schöpfers..." Solche nahezu wörtlich zitierten Gedanken Rosenbergs, die von Galen in seinem Hirtenbrief heftig angegriffen und kritisiert hatte, übernahm der oldenburgische Minister der Kirchen und Schulen in eine ganze Folge von Erlassen und reagierte damit noch schärfer als im Jahr davor auf die Angriffe des Bischofs. Binnen einer Woche gab er vier umfangreiche Erlasse heraus – die ersten beiden trugen das Datum desselben Tages –, einen fünften und sechsten schob er einige Zeit später nach. Die von der Diözese Münster herausgegebenen „Studien", die den Lehrern gute Gegenargumente zu Rosenbergs „Mythus" lieferten, griff der Minister besonders scharf an, bezeichnete sie als „Tendenzschrift" und empfahl den Lehrern nachdrücklich, den „Mythus" selbst und die Kampfschrift „An die Dunkelmänner unserer Zeit" zu studieren. Da die Schriften aber auf dem Index der von der Kirche verbotenen Bücher stünden, werde es der größte Teil der katholischen Volksgenossen nicht wagen, die Schriften zu lesen. Daher sah Pauly sich veranlaßt, in den Erlassen lange Passagen aus den Schriften Rosenbergs wortwörtlich zu zitieren und mit eigenen Erläuterungen zu versehen. Die nationalsozialistische Weltanschauung erhob er zum Unterrichtsprinzip, das ganzheitlich alle Fächer zu durchziehen habe und „bedingungslos zur Grundlage der Erziehung zu machen" sei. Was die Lehrer erwartete, die nicht bereit waren, die nationalsozialistische Weltanschauung zu übernehmen, brachte er gleich zu Beginn des ersten Erlasses unmißverständlich zum Ausdruck: „Wer weltanschaulich nicht restlos nationalsozialistisch ist, kann die Aufgaben, die ihm vor Gott und seinem Volk obliegen, nicht erfüllen und sollte daher von sich aus einsehen, daß er als Erzieher nicht geeignet ist."[44]

Gleich nach dem Erscheinen sandte Vorwerk von Galen den ersten Erlaß zu und fragte an, ob in Preußen eine gleiche Verordnung erschienen sei oder ob es sich wieder nur um einen „Vorstoß von Oldenburg" handele. Der Offizial vermutete, daß die Lehrpersonen nach den Ferien auf den Inhalt dieses Erlasses verpflichtet werden sollten.[45] Als Reaktion auf den Vorstoß Paulys erließ Vorwerk seinerseits „Richtlinien für den katholischen Religionsunterricht", worin er sich auf die aktuellen Auseinandersetzungen bezog, religiösen Auseinandersetzungen, an denen der katholische Religionslehrer nicht achtlos vorübergehen könne, und empfahl als grundlegende Literatur unter anderem die „Studien".[46] Pauly wertete denn auch richtig diese Richtlinien als Antwort auf seine Rosenberg-Erlasse und weigerte sich, sie an die Religionslehrer weiterzugeben.[47]

Das gemeinsame Hirtenwort des deutschen Episkopats zum Schul- und Erziehungssonntag, das der Bischof am 5.5.1935 im Gottesdienst verlesen ließ, entsprach ganz der Intention von Galens. Hatten Rosenberg und Pauly die nationalsozialistische Weltanschauung zum alles durchdringenden Unterrichtsprinzip in den Schulen erhoben, sprachen nun die Bischöfe der Religion diese Rolle zu und verlangten als Konsequenz daraus die „bekenntnismäßig einheitliche Schule". Das von der Kirche mit ihrer ganzen Autorität geschützte „heilige Elternrecht" fand sich in der kurzen Formel wieder: „Für ihre katholischen Kinder die katholische Schule und katholische Erzieher!"[48] Von Galen achtete strikt darauf, daß der Hirtenbrief in den Gottesdiensten verlesen wurde, obwohl nationalsozialistische Kreise das zu verhindern suchten.[49]

Die angesprochenen Themen griff von Galen in der Folgezeit auch in den Predigten verstärkt auf, wobei seine Auffassung immer deutlichere Konturen annahm und im Sinne des „Man muß Gott mehr gehorchen als den Menschen" zu einem immer entschiedeneren Widerstand gegen das Regime führte.[50]

Gleichfalls wie im Vorjahr forderte von Galen auf der Dechantenkonferenz die Durchführung der „actio catholica" im Bistum, „jetzt noch dringender", da inzwischen sogar schon die Kinder und Jugendlichen die „Last und Hitze" des Kampfes zu tragen hätten.[51] Ein zentrales Thema der Konferenz bildete daher erneut die christliche Erziehung. Inhaltlich standen wiederum die Auseinandersetzung mit Rosenberg und besonders das Verhältnis von Staat und Kirche im Vordergrund. Der Bischof verpflichtete zunächst den Klerus, auf der Kanzel, in der Schule und im Privatgespräch politische Auseinandersetzungen zu vermeiden und auch die Gläubigen zum Gehorsam gegen die Obrigkeit anzuleiten. Aber den im Satz „Alle Gewalt kommt von Gott" geforderten Gehorsam betrachtete er als

109

aufgehoben im Falle menschlicher Willkürherrschaft. Diese Willkür sah er massiv bei Rosenberg gegeben, der Heidentum und Götzendienst zur Grundlage der „nationalen und politischen Erziehung des Volkes" machen wolle. In dieser Weise relativierte von Galen immer wieder die oft so ergeben klingenden Aussagen zum Gehorsam gegenüber dem für ihn legitimen Staat.[52] Der Bischof listete einen ganzen Katalog auf, wie das Konkordat, das rechtlichen Schutz der christlichen Erziehungsmittel bieten sollte, in der Praxis immer wieder unterlaufen werde. Angesichts dieser Gravamina stellte er mehrfach die bange Frage, ob die Gläubigen hinreichend gerüstet seien, die Irrlehren zurückzuweisen und gegebenenfalls „Gott mehr zu gehorchen als den Menschen". Als Mittel für eine dazu erforderliche gründliche Schulung nannte von Galen den Religionsunterricht, die Kanzel, den Hausbesuch, Einkehrtage und Exerzitien sowie religionspädagogische Zirkel und Arbeitskreise. Insbesondere für die zuletzt genannte neue Form der Fortbildung konnte der Bischof bereits ein halbes Jahr später an vielen Orten fruchtbare Auswirkungen feststellen. Den Pfarrstellen, die diese katechetischen Arbeitsgemeinschaften noch nicht gebildet hatten, empfahl er dringend, sie einzurichten, und gab dazu auch neue Anregungen heraus.[53]

2.1.3. Die Folgezeit

Die auf der Dechantenkonferenz in die Wege geleitete Schulung wurde Anfang des Jahres 1936 unterstützt durch eine Anweisung zum Religionsunterricht und durch eine Erziehungswoche. Auf der Fuldaer Bischofskonferenz waren am 8.1.1936 „Katholische Grundsätze für den Religionsunterricht in unserer Zeit" verabschiedet worden.[54] Von Galen brachte sie im Kirchlichen Amtsblatt den geistlichen Religionslehrern zur Kenntnis.[55] Für die Laienlehrkräfte gab er einen Sonderdruck mit einer ausführlichen Einleitung heraus, dem er am Schluß die Artikel 21-25 des Reichskonkordates anfügte.[56] Die Pfarrer, die die Broschüre den Lehrpersonen persönlich auszuhändigen hatten, wies er an, Lehrpersonen, die den Religionsunterricht nicht nach Artikel 21 des Reichskonkordates „in Übereinstimmung mit den Grundsätzen der katholischen Kirche" erteilten oder nach Artikel 22 wegen ihrer Lehre und sittlichen Führung ungeeignet seien, sofort unter Beifügung der Beweisstücke dem Bischof zu melden.[57]

Das Hirtenwort zum Schul- und Erziehungssonntag des Jahres 1936 wies entsprechend dem Topos „Die Mutter ist die erste Religionslehrerin des Kindes" der katholischen Bekenntnisschule eine subsidiäre Funktion zu. Im Sinne der bereits erwähnten ganzheitlichen Erziehung wurde der christliche Glaube zum alles durchdringenden Unterrichtsprinzip gemacht, um das Kind als „geschlossene Persönlichkeit" heranbilden zu können.[58] Der Schulsonntag war begleitet von einer Erziehungswoche, in der an zwei bis drei Abenden auch die Eltern gründlich geschult wurden. Dazu gab es eine Materialmappe der bischöflichen Hauptarbeitsstelle in Düsseldorf mit Predigt- und Vortragsskizzen sowie Gestaltungsvorschlägen unter dem Titel „Eltern, hütet das christliche Erbe der Väter in eurem Kind!"[59]

Besonders in den Predigten faßte von Galen in den Folgejahren die drei großen Themen der grundlegenden Auseinandersetzung, den Kampf gegen die Ideologie Rosenbergs, die Frage nach dem Gehorsam gegenüber dem Staat und die Rolle der Tradition bei der Glaubensüberlieferung immer wieder in einer seltenen Bündigkeit, Klarheit und Dichte zusammen.[60] In zwei Predigten in Xanten nahm er Bezug auf die dort bestatteten römischen Märtyrer, den Heiligen Victor und seine

Gefährten, und erinnerte mit einem eindeutigen Blick auf die Gegenwart daran, daß sie starben, weil sie sich hartnäckig geweigert hatten, „von Menschen erdachte, vom Staat anerkannte Gottheiten" anzubeten. Von Galen sprach von dem schwersten Gewissensdruck auf die Beamten und Angestellten, auf die Eltern und Lehrer, die gezwungen würden, zu wählen zwischen der Treue gegen Gott und ihrem christlichen Gewissen und dem Wohlgefallen und der Gunst derer, von denen ihre Stellung und ihr Lebensunterhalt abhänge.[61] Noch deutlicher als in früheren Fällen zeigte er unter Bezug auf Eph. 6,1f. und Röm. 13,1f. die Grenzen des Gehorsams auf. Im Rekurs auf die Freiheit des Gewissens warnte er mit einem vierfach anaphorischen „Hüte dich" die Herrscher, ihre Macht zu mißbrauchen, Willkür zu üben, von den Untergebenen Verbotenes zu verlangen und damit die Gewissen zu vergewaltigen. Unter Bezug auf das Wort aus der Apostelgeschichte „Man muß Gott mehr gehorchen als den Menschen" und das Wort der Stedinger Bauern „Lieber tot, als Sklave!", das die Nationalsozialisten gern für sich in Anspruch nahmen, fielen dann die inhaltsschweren Worte: „Aber ein Gehorsam, der die Seelen knechtet, der in das innerste Heiligtum der menschlichen Freiheit, in das Gewissen greift, ist roheste Sklaverei. Das ist schlimmer als Mord; denn es ist eine Vergewaltigung der menschlichen Persönlichkeit"[62].

Rosenberg notierte, diese Zeilen zitierend, daß der Bischof von Münster nun auch keine Gelegenheit mehr vorübergehen lasse, um gegen Staat und Partei zu wettern. Er verstand von Galen genau richtig, wenn er den Inhalt der Predigt auf die knappe Formel brachte: „Immer wenn die Obrigkeit Unrechtes gebot, haben die Christen widerstanden. Lieber tot als Sklave!"[63] Die klaren Worte von Galens gingen zu diesem Zeitpunkt selbst einem Teil des deutschen Episkopates eindeutig zu weit. Als man sich anläßlich einer Besprechung im Reichskirchenministerium bei Bischof Berning, der im Auftrag der Fuldaer Bischofskonferenz die mündlichen Verhandlungen mit den Berliner Regierungsstellen führte, über von Galen beschwerte, erklärte der Osnabrücker Oberhirte, „daß in bischöflichen Kreisen insbesondere auch die Xantener Rede sehr verschnupft habe."[64]

Fragt man abschließend nach dem Hauptmotiv von Galens, das ihn zu der grundlegenden Abrechnung mit Rosenberg bewog und ihn in der Frage nach der Staatstreue immer stärker auf das im Gewissensentscheid begründete „Man muß Gott mehr gehorchen als den Menschen" zurückführte, so ist es sicherlich in einem durch nichts zu erschütternden Glauben zu suchen. Als 1940 der Münsteraner Philosoph Peter Wust starb, gab von Galen das tiefe Glaubensvermächtnis, das Wust dem Bischof kurz vor seinem Tode bei einem Besuch hinterlassen hatte, sofort in einem Hirtenbrief an seine Gläubigen weiter.[65] Doch den Titel des Hauptwerkes von Peter Wust „Ungewißheit und Wagnis" verstand der Bischof zeit seines Lebens nicht.[66] Glaube war ihm nie Ungewißheit und erst recht nicht ein Wagnis, sondern das „Selbstverständlichste, Sicherste", das er kannte, wie Kardinal Frings in der Trauerpredigt über den verstorbenen Bischof in Anspielung auf das Werk von Peter Wust vermerkte.[67] Es war ein doppelt in der Tradition begründeter Glaube, den er von den christlichen Vorfahren ererbt und in der katholischen Familie erlebt hatte. In einer Predigt in Vreden, einer Stiftskirche der Nachfahren Widukinds, setzte von Galen sich in ungewöhnlicher Schärfe mit Rosenberg auseinander, der Widukind und seine Gefährten wegen ihrer Bekehrung zum Christentum als „Verräter am deutschen Blut" und „entartete Schwachköpfe" bezeichnet hatte. Eine Weltanschauung, erklärte der Bischof mit einem

Verweis auf seine Abstammung aus altem westfälischen Adel, die solches behaupte, könnten Christen nicht akzeptieren: „Wenn das die nationalsozialistische Weltanschauung ist, dann lehnen wir die nationalsozialistische Weltanschauung ab!" Und mit Bezug auf die doppelte Erziehungstradition erklärte er: „Wir Westfalen, wir Münsterländer und deutschen Männer vom Niederrhein bleiben treu dem Blut und besten Erbe unserer christlichen Vorfahren, bleiben treu dem römisch-katholischen Glauben, den wir im Wort und Beispiel eines gottesfürchtigen Vaters erfahren, den wir mit der Muttermilch eingesogen, den wir auf den Knien der Mutter gelernt haben! Schande über den, der an seinen christlich-deutschen Voreltern zum Verräter würde!"[68]

Rosenberg, der Vreden mit Verden verwechselte, verstand gar nicht, warum der Bischof von Widukind und nicht vom Blutbad Karls des Großen sprach. Rosenberg nahm Bezug auf einen Artikel der Zeitung „La Croix" mit der Überschrift: „War Widukind ein Verräter an der germanischen Rasse, als er sich taufen ließ?" Aber Rosenberg brachte den Kern der Predigt sicher auf den Punkt, wenn er feststellte: „An der Stellung zu Karl und Widukind scheidet sich immer noch völkisches und übervölkisches Geschichtsbewußtsein."[69]

2.2. Im alltäglichen „Kleinkrieg"

Die grundlegenden Auseinandersetzungen mit der NS-Ideologie in den Hirtenbriefen und Predigten waren bereits seit 1933 begleitet von zahllosen Einzelbeschwerden, Eingaben, Protesten des Bischofs gegen alltägliche Übergriffe und Maßnahmen seitens der Partei- und Staatsstellen jeglicher Rangstufe, so daß man sagen kann, daß die Wirklichkeit des Kampfes nicht nur so sehr aus den dramatischen Höhepunkten, die gerne in den Mittelpunkt der Betrachtung gestellt werden, bestand, sondern in viel stärkerem Maße aus einem „zermürbenden Kleinkrieg".[70] Es läßt sich nachweisen, daß von Galen jeden Angriff, war er auch noch so gering, gegen die Kirche ernst nahm und darauf zumeist umgehend reagierte. Das soll an drei Fällen verdeutlicht werden. Obwohl es sich vom Ursprung her eher um lokal begrenzte Streitigkeiten handelte, nahmen die Fälle doch dadurch, daß von Galen sie so hartnäckig und unnachgiebig verfolgte, einen so grundsätzlichen Charakter an, daß schließlich sogar höchste Staats- und Parteistellen damit befaßt waren.

2.2.1. Gegen Rosenberg, den „obersten Diktator der deutschen Kultur und Erziehung"

Nicht nur in der theoretischen Auseinandersetzung in Wort und Schrift, sondern auch in der Praxis versuchte von Galen die Ausbreitung der Lehren Rosenbergs zu verhindern. Da insbesondere die vom Staat abhängigen Beamten aufgefordert wurden, Rosenbergs Schriften zu lesen und für ihre Verbreitung zu sorgen, protestierte der Bischof dagegen mit gleicher Regelmäßigkeit.[71] Das „widerchristliche Buch", der „Mythus" Rosenbergs, solle zwangsweise in die Büchereien christlicher Schulen gestellt und zum „Lehrbuch nationalsozialistischer Weltanschauung" erklärt werden, hieß es in einem Beschwerdebrief.[72] Den Höhepunkt erreichte die Angelegenheit, als von Galen versuchte, beim Oberpräsidenten der Provinz Westfalen von Lüninck das Auftreten Rosenbergs auf dem Gauparteitag in Münster im Jahre 1935 zu verhindern, mit dem Hinweis, die mit aufhetzender

Leidenschaft vorgetragenen Ansichten dieses fanatischen Bekämpfers des Christentums empfinde die Bevölkerung „als eine aufreizende Provokation und als eine Verhöhnung ihrer heiligsten und berechtigtsten religiösen Überzeugung". Der Oberpräsident wies das Ansinnen von Galens zurück und sandte den Brief nach Berlin weiter.[73]

Auf dem Gauparteitag kam es zu der erwartet heftigen Abrechnung mit dem Bischof von Münster, wobei Rosenberg den Brief von Galens seinen Attacken zugrunde legte und von einer „Aufpeitschung der Bevölkerung" sprach, während Frick die „völlige Entkonfessionalisierung des öffentlichen Lebens" forderte: „Was hat es heute noch für einen Sinn, katholische Beamtenvereine zu haben? Wir wollen weder katholische noch protestantische Beamte, nein, wir wollen lediglich deutsche Beamte."[74] Die nationalsozialistische Presse setzte in den Folgetagen bei ihrer Berichterstattung über den Gauparteitag die Angriffe auf von Galen fort. Das Berliner Tageblatt befaßte sich zum Beispiel genüßlich mit der „Antwort Rosenbergs auf ein bischöfliches Schreiben".[75] „Unverschämte Herausforderung von Partei und Staat durch den Bischof von Münster", betitelte der Völkische Beobachter das Vorgehen von Galens, was die deutschen Bischöfe ihrerseits Hitler unter den „Schmähungen und Verdächtigungen" mitteilten, die ihnen von Staat und Partei zugefügt worden seien.[76] Die wohl heftigste Reaktion kam von Göring, der in einem fünfseitigen Runderlaß allen preußischen Staatsbeamten auf das Unmißverständlichste einschärfte, wie den staatsfeindlichen „Treibereien" des politischen Katholizismus zu begegnen sei. Er forderte härtestes Vorgehen bis hin zur strafrechtlichen Verfolgung gegen die Geistlichen, die sich immer noch nicht mit der „politischen Totalität des Nationalsozialismus" abfinden wollten und weiter gegen den Führer und seinen nationalsozialistischen Staat hetzten. Radikal forderte Göring eine „Reinigung der Schulen", den Ausschluß solcher Geistlicher vom Religionsunterricht und Ersetzung durch „dem nationalsozialistischen Staat ergebene katholische Lehrer". Von den Geistlichen im Staatsdienst und allen anderen Staatsdienern verlangte er, daß sie sich mit ihrer „ganzen Persönlichkeit rückhaltlos hinter den nationalsozialistischen Staat" stellten.[77] Im Begleitschreiben zum Erlaß nannte Göring den bekannten Brief des Bischofs von Münster gegen das Auftreten des Reichsleiters Rosenberg als unmittelbaren Anlaß für seine Maßnahmen.[78] Die von Göring angekündigte Reinigung der Schulen sollte denn auch nicht lange auf sich warten lassen.

Der Vatikan nahm die Auseinandersetzung um den Gauparteitag zum Anlaß, um von Galen massiv in seinem Kampf gegen Rosenberg zu unterstützen. In einer scharfen Note an das Auswärtige Amt berief sich Kardinalstaatssekretär Pacelli auf die Rechtsgrundlage des Konkordats und verlangte Gewissens- und Bekenntnisfreiheit für die Katholiken.[79] Artikel im Osservatore Romano, der Zeitung des Vatikan, sekundierten Pacelli und griffen Rosenberg in seiner Funktion als Beauftragter für die Erziehung zum Nationalsozialismus an. Mit Rosenberg sei der rabiateste und frevlerischste Vernichter des Christentums zum Leiter der politischen Jugenderziehung bestellt worden, hieß es in einem Artikel vom gleichen Tage.[80] Kurze Zeit später veröffentlichte und kommentierte der Osservatore Romano eine weitere sehr scharfe Verlautbarung des Heiligen Stuhles zum Göring-Erlaß[81] und bezeichnete Rosenberg als den „obersten Diktator der deutschen Kultur und Erziehung" sowie Spiritus rector und Führer im Kampf gegen die Kirche. Dieser Mann sei „zum obersten Leiter der Volksbildung und Volkserziehung ernannt worden" und gebrauche ungestört seine Amtsgewalt, um seine christentumsfeindlichen Ideen als untrennbaren Bestandteil der nationalsozialistischen Ideologie unter den Schutz des Staates zu stellen. Dank Rosenberg und Genossen sei der Kulturkampf in Deutschland bereits wieder „tragische Wirklichkeit der Gegenwart" geworden.[82] Auch andere ausländische Zeitungen griffen die Vorfälle in Münster groß auf und verteidigten von Galen. Der französische Figaro beispielsweise kritisierte den Göring-Erlaß, lobte „die mutige Haltung des Bischofs von Münster" und betonte, General Göring werfe den Katholiken vor, daß sie sich mit Politik befaßten, in Wirklichkeit sei es aber der Nationalsozialismus, der sich mit Religion befasse und einem neuen Kulturkampf den Boden bereite.[83]

Wie ernst die Drohung Görings mit Strafverfolgung gemeint war, zeigte die Tatsache, daß vom Justizministerium ein Strafantrag gegen Bertram und von Galen in die Wege geleitet wurde.[84] Beide hatten einen Artikel des Osservatore Romano, der sich anläßlich der Vorfälle in Münster mit Konkordatsfragen beschäftigte, in ihren Amtsblättern veröffentlicht.[85] Das bildete den äußeren Grund für den Strafantrag, den man ursprünglich sogar auf alle Geistlichen ausdehnen wollte, die den Artikel von der Kanzel verlesen hatten.

Von Galen selbst bedankte sich im Katholischen Kirchenblatt für die Stadt Münster unter der Überschrift „Bischöflicher Dank" für die zahlreichen Beweise der Zustimmung und Anteilnahme, die ihm aus allen Teilen Deutschlands, besonders aber aus seiner Diözese, von Einzelpersonen und Gemeinschaften, auch von Nichtkatholiken, aus allen Ständen, von Geistlichen und Laien, vom Adel und aus der Bürgerschaft, von Bauern und aus Kreisen der gewerblichen Bevölkerung zugegangen seien.[86] Die Rheinfront wandelte diese detaillierte Auflistung der Phalanx Galenscher Anhänger ab zu der Überschrift „Politischer Dank" und bezeichnete Galens Dankesworte als „unverfrorene politische Hetze zentrümlicher Dialektik"[87]. Im Rahmen dieser Auseinandersetzungen griff von Galen auch erstmals zu einem Mittel, das er künftig des öfteren verwenden sollte. Er ließ seinen Briefwechsel mit dem Oberpräsidenten und wichtige Redepassagen Rosenbergs und Fricks im Kirchlichen Amtsblatt veröffentlichen.[88] Der Regierungspräsident von Münster bescheinigte daraufhin dem Amtsblatt, von dem er dem Reichskirchenminister ein entsprechendes Exemplar zusandte, „den eindeutigen Charakter eines politischen Kampfblattes" und regte ein Verbot an.[89]

2.2.2. Die Verteidigung der kirchlichen Lehrfreiheit in den Schulen

In den ersten großen grundlegenden Auseinandersetzungen mit dem Nationalsozialismus spielte das Mittel des Hirtenbriefes für den Bischof eine wichtige Rolle. Darin konnte er in einer fundierten, in sich geschlossenen Darlegung den ihm anvertrauten Gläubigen die Gefahren der nationalsozialistischen Ideologie, die Grundsätze seiner Theologie und die Motive für seine Opposition aufzeigen, auseinanderlegen und argumentativ entfalten. Auch waren die bischöflichen Verlautbarungen, insbesondere die Hirtenschreiben zum Schulsonntag, ein bedeutsames Mittel zur Unterweisung der Jugend. Sie wurden üblicherweise in den von den höheren Schulen durchgeführten sonntäglichen Gottesdiensten verlesen, die als Schulveranstaltungen galten. So war es verständlich, daß von Galen dieses Mittel zur Unterweisung der Jugend besonders hoch einschätzte. Das zeigte sich daran, daß er einen an sich unbedeutenden Vorfall – an einer Schule wurde einem Geistlichen das Vorlesen verboten – gleichsam zu einem Prinzipienfall erhob, der sich zu einem der schwersten Konflikte entwickeln sollte. Er zog sich über zwei Jahre hin, und an ihm waren außer den Regionalbehörden letztlich fünf Berliner Ministerien und der Vatikan beteiligt.[90]

Gegenstand des Konfliktes, den man auch als Kampf um die Verteidigung der kirchlichen Lehrfreiheit in den Schulen bezeichnen könnte, war das bereits erwähnte Hirtenwort zum Schulsonntag des Jahres 1935. Der Direktor des Gymnasium Dionysianum in Rheine erhielt Kenntnis vom Inhalt des Schreibens und untersagte dem geistlichen Oberstudienrat Schlüter die Verlesung. Dieser war zum Nachgeben bereit, hielt zuvor aber noch Rücksprache mit seinem Bischof. Von Galen jedoch verpflichtete Schlüter ausdrücklich, den Hirtenbrief zu verlesen, und protestierte gleichzeitig beim Oberstudiendirektor in Rheine und beim Oberpräsidenten. Von Lüninck bezeichnete darauf in einem Erlaß den Schulgottesdienst ausdrücklich als Schulveranstaltung, in dem nicht in ablehnender oder abfälliger Weise Einrichtungen und Maßnahmen des nationalsozialistischen Staates kritisiert werden dürften. Der Oberpräsident drohte, gegen derartige Verstöße mit aller Schärfe – gegebenenfalls durch Suspendierung von Lehrpersonen – vorzugehen.[91] Er informierte von Galen über den Erlaß und machte ihn für etwaige Maßregelungen der Lehrer verantwortlich.[92] Von Lüninck übersandte auch Rust den Erlaß sowie das Schreiben an den Bischof, unterrichtete ihn über den Sachverhalt und teilte ihm mit, er habe die Verantwortung für eventuelle Maßnahmen, wie etwa die Suspendierung von Lehrpersonen, „schon jetzt dem Bischof zugeschoben".[93]

Von Galen gab nach. Er beugte sich dem harten Druck auf die Lehrer und dispensierte Schlüter von der Verlesung von Hirtenbriefen. Andererseits wendete er den Erlaß aber geschickt zu seinen Gunsten. Wenn der Oberpräsident den Schulgottesdienst zur Schulveranstaltung erkläre, seien die Schüler zur Teilnahme und die Lehrer zur Aufsicht verpflichtet. Er forderte daher den Oberpräsidenten auf, gegen eine in den letzten Jahren festzustellende Vernachlässigung dieser Verpflichtung mit aller Konsequenz einzuschreiten. Im übrigen verbat er sich die Kritik seiner Amtsführung, die Beurteilung des Inhaltes seiner Verlautbarungen durch einen Verwaltungsbeamten und die willkürliche Unterbindung des ihm durch göttliches Recht und das Reichskonkordat verbrieften Rechtes der freien Verkündigung. Von Galen drohte damit, sich beim zuständigen Minister zu beschweren und dem Heiligen Stuhl die Verletzung des Reichskonkordates mitzuteilen.[94]

Von Lüninck jedoch bekräftigte dem Bischof gegenüber nochmals seinen Standpunkt[95] und unterrichtete Rust, indem er ihm den bis dahin angefallenen Schriftwechsel zusandte.[96] Der Reichserziehungsminister reagierte mit einem Erlaß, in dem er den Schülern den Besuch der Schulgottesdienste, Andachten und überhaupt Feiern religiösen Charakters freistellte.[97] Von Lüninck sandte den gesamten Schriftwechsel auch dem Reichsinnenminister[98], den er bereits im Vorfeld des Gauparteitages kurz über den Rheiner Sachverhalt informiert hatte, mit dem Bemerken, er werde dem Bischof eine „Zurechtweisung" erteilen.[99] So war Frick bereits ausführlich informiert, als das Auswärtige Amt ihm den Protest des Apostolischen Nuntius Orsenigo vorlegte, den von Galen inzwischen eingeschaltet hatte. Der Nuntius erhob unter Berufung auf das Reichskonkordat eine formelle Beschwerde gegen den Oberstudiendirektor in Rheine und gleichfalls gegen den

Erlaß des Oberpräsidenten, indem er dessen Schreiben an den Bischof zugrunde legte.[100] Frick informierte Rust, der nun mit Erlaß vom 6.8.1935 die vom Oberpräsidenten getroffenen Maßnahmen billigte, dabei aber auf seinen inzwischen ergangenen Runderlaß verwies.[101]

Von Galen wandte sich jetzt auch an Reichskirchenminister Kerrl, der vom Auswärtigen Amt ebenfalls zur Stellungnahme aufgefordert worden war[102], und beschwerte sich über den Oberpräsidenten wegen dessen Suspendierungsandrohung und der Beschränkung der in Artikel 1 und 4 des Reichskonkordates gewährleisteten Verkündigungsfreiheit. Er legte „schärfsten Protest" ... „gegen die durch nichts bewiesene beleidigende Unterstellung" ein, seine Anordnungen und Hirtenbriefe entsprächen nicht „der pflichtmäßigen und für jeden katholischen Bischof selbstverständlichen staats- und vaterlandstreuen Haltung".[103] Als von Lüninck zum Bericht aufgefordert wurde, übersandte er Kerrl ebenfalls den gesamten Briefwechsel mit dem Hinweis, daß Rust seine Maßnahmen gebilligt habe.[104] Kerrl teilte Rust daraufhin mit, daß die Verfügung des Oberpräsidenten „nicht zu beanstanden" sei, bat aber, weiter an der Sache beteiligt zu werden.[105]

Nun verschleppte sich die Angelegenheit, da zwischen dem neu eingerichteten Reichskirchenministerium und dem Reichserziehungsministerium sowie zwischen den Abteilungen des Reichserziehungsministeriums Meinungsverschiedenheiten und Zuständigkeitsstreitigkeiten auftraten.[106] Fünf Briefe Kerrls wurden von Rust gar nicht erst beantwortet, obwohl er immer wieder bat, ihn „bei der Bearbeitung der Angelegenheit zu beteiligen".[107] Am 12.12.1935 fand im Reichserziehungsministerium eine Abteilungssitzung statt, auf der man die Auffassung des Oberpräsidenten, daß der Schulgottesdienst als eine Schulangelegenheit zu betrachten sei, verwarf. Dem Bischof von Münster sollte mitgeteilt werden, daß für Schüler der Besuch religiöser Andachten und Feiern in der Schule freiwillig sei und eine Aufsichtspflicht der Lehrer entfalle. Die Maßnahme des Oberpräsidenten wollte man jedoch billigen, obwohl man im Ministerium von einer anderen Rechtsauffassung ausging. Der Brief wurde nicht abgesandt, weil der Inhalt doch wohl zu widersprüchlich war.[108]

Am 4.4 1936 erneuerte von Galen beim Reichskirchenminister seine Beschwerde vom August des Vorjahres, auf die er noch immer keine Antwort erhalten hatte.[109] Kerrl drängte Rust erneut, den Bischof alsbald zu bescheiden[110], und teilte von Galen mit, daß er sein Schreiben an Rust weitergeleitet habe.[111] Wegen erneuter Meinungsverschiedenheiten zwischen den Abteilungen im Reichserziehungsministerium wurde für den 14.5.1936 eine Besprechung anberaumt, auf der man wohl zu einem Ergebnis kam.[112] Am 4.6.1936 teilte Rust dem Bischof kurz und bündig mit, daß die vom Oberpräsidenten erlassene Verfügung vom 7.6.1935 zu Recht bestehe.[113] Abschriften des Schreibens erhielten der Reichskirchenminister, das Auswärtige Amt und der Oberpräsident.[114]

Trotzdem verfolgte von Galen mit Hilfe des Nuntius die Sache weiter. Am 17.6.1936 brachte Orsenigo im Reichskirchenministerium mündlich die „nicht befriedigende Erledigung der nunmehr ein Jahr sich hinziehenden Angelegenheit in Rheine" zur Sprache und bat unter abermaliger Berufung auf das Reichskonkordat um eine „erneute Bearbeitung". Als Kerrl Rust um Information über die in der Angelegenheit getroffenen Verfügungen und um einen Termin für eine Besprechung bat[115], antwortete Rust, daß die Angelegenheit durch Erlaß vom 4.6.1936 bereits erledigt sei, wovon er, Kerrl, ja auch eine Abschrift erhalten habe. Rust hielt damit die Sache für abgeschlossen.[116]

Nun griff von Galen zu einem noch schärferen Mittel, indem er im Kirchlichen Amtsblatt bekanntgab, daß das seit eineinhalb Jahren bestehende Verbot des Oberpräsidenten, bischöfliche Hirtenbriefe in sonntäglichen Schulgottesdiensten zu verlesen, immer noch nicht aufgehoben sei.[117] Sofort protestierte der Oberpräsident bei von Galen. Ein allgemeines Verbot dieser Art sei niemals ergangen, er habe lediglich die Schulleiter angewiesen, in Schulgottesdiensten abfällige Kritik an Maßnahmen des Staates zu unterbinden.[118] Dabei hatte der Oberpräsident noch wenige Wochen zuvor einem Geistlichen den Auftrag zur Erteilung von Religionsunterricht entzogen, als derselbe nicht etwa im Schulgottesdienst, sondern lediglich in einer sonntäglichen Spätmesse einen Hirtenbrief verlesen hatte. Das warf von Galen dem Oberpräsidenten vor, als er nun sogar den gesamten Schriftverkehr der Rheiner Angelegenheit im Kirchlichen Amtsblatt veröffentlichte. Dieses Vorgehen, das der Bischof bereits bei den Auftritten Fricks und Rosenbergs in Münster mit großem Erfolg praktiziert hatte, sollte hier sowohl die Unrechtmäßigkeit und fehlende Begründung als auch die zögerliche Bearbeitung der Sache dokumentieren.[119] Kerrl übersandte Rust sicherlich nicht ohne Schadenfreude die entsprechende Nummer des Kirchlichen Amtsblattes „zur gefälligen Kenntnisnahme".[120]

2.2.3. Im „Kleinkrieg" mit Schulräten um die Gestaltung des Unterrichts

Der Bischof hatte bereits bei seinem Amtsantritt erfahren müssen, daß sofort nach der Machtübernahme Hitlers untere Instanzen der NS-Verwaltung darangingen, den Unterricht, insbesondere den Religionsunterricht, im nationalsozialistischen Sinne umzugestalten. Im Verlauf der Jahre wurden die Übergriffe zahlreicher und massiver, erfolgten häufig auf breiter Front und beschränkten sich nicht nur auf Einzelmaßnahmen. So kann man sagen, daß schon bald der konkordatär abgesicherte Status quo nicht mehr respektiert wurde und einer schrittweisen Neuordnung des Schulwesens wich, in dem für die Kirche und christliche Tradition kein Platz mehr war.[121] Eine Auflistung von Fällen, die sich alle während eines Monats abspielten, vermag die zunehmende Häufung der Eingriffe zu belegen.

Wieder war es zunächst der bereits bekannte Stadtschulrat Glowsky in Münster, der erneut in die Inhalte des Religionsunterrichtes eingriff, indem er Anweisungen zur Behandlung völlig abwegiger Themen zum Verhältnis von Religion und Nationalsozialismus herausgab. Am 4.7.1935 erhob von Galen Beschwerde beim Regierungspräsidenten und bat ihn, Glowsky das Recht abzusprechen, eigenständig „den Gegenstand des Religionsunterrichtes zu bestimmen und die Ausführung des amtlichen Stoffverteilungsplanes durch willkürliche Einschiebungen zu behindern."[122] Am 18.7.1935 beschwerte sich von Galen über einen Schulrektor und Kreisamtsleiter des Nationalsozialistischen Lehrerbundes (NSLB) wegen dessen Äußerungen zu Bibel und Judentum, allerdings erfolglos. Zwei Tage später intervenierte er, weil einem Geistlichen die Unterrichtserlaubnis entzogen worden war, obwohl die entsprechende Vorschrift erst später nachgereicht wurde. Nach weiteren vier Tagen wurde ein Religionslehrer am Gymnasium in Emmerich entlassen, wogegen von Galen in aller Schärfe beim Reichskirchenminister protestierte.[123] Diese Beispiele ließen sich fortsetzen. Inhaltlicher Schwerpunkt der Protestschreiben von Galens war das Einklagen des Artikels 21 des Reichskonkordats, wonach der Religionsunterricht nach den Grundsätzen der Kirche zu erteilen war und die Festsetzung des Lehrstoffes im Einvernehmen mit der kirchlichen Oberbehörde zu erfolgen hatte.

Der wohl schärfste Angriff von nationalsozialistischer Seite, der sogar überregionales Aufsehen erregte und auch zu heftigen Protesten seitens der Bevölkerung führte, ließ die ganze Bandbreite staatlicher Willkürmaßnahmen deutlich werden, durch die die inhaltliche Gestaltung und ordnungsgemäße Durchführung des Religionsunterrichtes behindert wurden.[124] Die Sache ging von zwei jungen, offenbar befreundeten Schulräten in den Kreisen Steinfurt und Ahaus aus. Zu Ostern 1936 schaffte zunächst der Schulrat in Ahaus die vierte Religionsstunde an den Volksschulen ab. Als Begründung wurden Stundenausfälle aufgrund des Staatsjugendtages angegeben, was jedoch nur wenig stichhaltig war, denn den Staatsjugendtag gab es bereits seit zwei Jahren. Am 23.5.1936 protestierte von Galen beim Regierungspräsidenten unter Berufung auf Artikel 21 des Reichskonkordates. Er halte es nicht für möglich, den auf vier Stunden abgestimmten Lehrstoff in den drei Stunden ausreichend durchzunehmen und auszuwerten.[125] Klemm war über das Vorgehen des Schulrates überhaupt nicht informiert. Keine zwei Wochen später folgte der Schulrat in Steinfurt dem Beispiel seines Kollegen in Ahaus und strich in seinem Bezirk ebenfalls die vierte Religionsstunde, wogegen von Galen in Ergänzung zu seinem ersten Schreiben ebenfalls bei Klemm Beschwerde erhob. Auch aus anderen Schulaufsichtsbezirken gingen Meldungen beim Bischof ein, daß man entweder wöchentlich eine Bibelstunde vom Stundenplan abgesetzt oder durch Einführung des Frühsports beide Bibelstunden um 20 Minuten gekürzt hatte. Gegen alle diese Maßnahmen erhob von Galen umgehend Protest.[126]

Inzwischen hatten die beiden Schulräte einen ganzen Katalog von Anordnungen erlassen, um, wie der Schulrat des Kreises Ahaus bemerkte, den Kampf mit der Kirche aufzunehmen, wobei er seinem Kreis eine Vorreiterrolle zudachte. Aus den Berichten, die dem Ortspfarrer Dietrich von Nagel in Schöppingen aus verschiedenen Schulen zugingen, war zu ersehen, daß die Schulräte keine Möglichkeit auslassen wollten, den Religionsunterricht in seiner Wirksamkeit gründlich einzuschränken. Im einzelnen ergingen folgende Verfügungen: 1. Streichung der vierten Religionsstunde, 2. Verlegung der Religionsstunden in die Eckstunden, 3. Einübung religiösen Liedgutes nur in der Religionsstunde, nicht mehr im übrigen Unterricht, 4. Entfernung aller religiösen Bilder und Statuen (außer den Kruzifixen) aus den Klassenräumen, 5. keine Unterstützung der Religionslehrer bei Faulheit oder Störungen der Kinder durch das Kollegium, 6. Hospitation der Schulleiter im Unterricht der Geistlichen, 7. Forderung nach vaterländischer und sozialer, sprich nationalsozialistischer Erziehung der Kinder im Religionsunterricht, 8. keine Teilnahme der Schüler an Gottesdiensten während der Schulzeit, 9. Visitation des Religionsunterrichtes durch den Bischof oder seinen Beauftragten nur mit Genehmigung der Schulaufsichtsbehörde.[127]

Der Schulrat in Ahaus bemerkte auf einer Schulleiterkonferenz, wo er den Maßnahmenkatalog erläuterte: „Der Bischof von Münster hat sich bewogen gefühlt, eine Beschwerde über mich an den Herrn Regierungspräsidenten zu richten ... Ich sehe in dem Schreiben des Bischofs eine Kampfansage. Ich nehme den Kampf auf."[128]

Im Juli setzte von Galen seine Beschwerden über die Schulräte fort. Am 2.7.1936 sprach er persönlich beim Regierungspräsidenten in Münster vor, um gegen die Maßnahmen des Schulrats in Ahaus zu protestieren. Zwei Tage später reichte er schriftlich eine Beschwerde über den Schulrat in Steinfurt nach. Dieser hatte zusätzlich zu den bereits bekannten Maßnahmen verlangt, daß die Lehrer sich mit Reden über die Sittlichkeitsprozesse zu befassen hätten. Daraus schloß der Bischof, daß der Kreisschulrat in Steinfurt nun in gleicher Weise „den Kampf gegen die Kirche" führen wollte, wie es sein Kollege in Ahaus angekündigt hatte.[129]

Klemm teilte dem Bischof und den Schulräten mit, daß er beabsichtige, die Frage der Stundenzahl selbst zu regeln, und informierte in diesem Sinne auch Rust. Die Schulräte wies er an, keine neuen Anordnungen zu erlassen, die bestehenden sollten aber in Kraft bleiben. Erneut protestierte von Galen, dieses Mal noch energischer. Er zählte alle Anordnungen der Schulräte wie eine Art Sündenregister auf und sah in den „Kampfmaßnahmen" die Absicht, den Rückfall des deutschen Volkes in das Heidentum anzubahnen. Der Bischof drohte auch damit, den deutschen Gesamtepiskopat und den Heiligen Stuhl zu informieren.[130]

Etwa zum gleichen Zeitpunkt, als von Galen massiv beim Regierungspräsidenten intervenierte, wandte sich der bereits erwähnte katholische Pfarrer Dietrich von Nagel aus Schöppingen an den Ministerialdirigenten von Detten im Reichskirchenministerium, den er offenbar gut kannte und mit „Lieber Detten" anredete. Von Nagel berief sich auf einen gemütlichen Abend bei von Detten, an dem dieser ihm Hilfe zugesagt habe, wenn er einmal „lokale Schmerzen" haben sollte. Diese sah von Nagel inzwischen durch die Schulräte in Ahaus und Steinfurt akut gegeben, und er legte dem Ministerialdirigenten die sichtbaren Auswirkungen dar: Die Leute seien sehr beunruhigt über die Neuerungen, die Volksgemeinschaft werde bedroht, die Unzufriedenheit genährt und den Meckerern willkommener Anlaß geboten. Man müsse mit der Möglichkeit rechnen, daß die Eltern ihre Kinder aus dem Jungvolk und der HJ nähmen.[131]

Die Anordnungen der Schulräte führten tatsächlich zu äußerst heftigen Protesten der Bevölkerung mit Unterschriftensammlungen, Eingaben, Petitionen oder der Vorsprache von Elterndelegationen beim Regierungspräsidenten, besonders wegen der Entfernung der religiösen Bilder.[132] Damit war die Öffentlichkeit aktiviert, was von Galen erreichen wollte und zu diesem Zeitpunkt auch verstärkt beim deutschen Episkopat forderte. Welches Aufsehen der Vorfall erregte, zeigte sich auch daran, daß neben der Gauleitung sämtliche staatliche Behörden vom Landrat über die Regierung und das Oberpräsidium bis zum Reichsministerium für Wissenschaft, Erziehung und Volksbildung und dem Ministerium für die kirchlichen Angelegenheiten damit befaßt waren.

Einen Tag vor dem scharfen Protest von Galens griff auch von Detten das Anliegen des Pfarrers von Nagel auf und bat Rust, in rein katholischen Schulen von kleinlichen Maßnahmen, wie sie im Münsterland geschehen seien, abzusehen, da sie das religiöse Volksempfinden zutiefst träfen und in katholischen Gegenden berechtigte Mißstimmung in der Bevölkerung hervorriefen.[133]

Am 27.7.1936 versuchte der Regierungspräsident, in zwei langen Schreiben an den Bischof von Münster die Maßnahmen der Schulräte zu rechtfertigen, indem er die Entfernung der Heiligenbilder aus den Schulen als Kampf gegen religiösen Kitsch darstellte und sogar Geld für neuen wertvollen Bildschmuck anbot.[134] Dem

Initiator der Angelegenheit, dem Schulrat in Ahaus, attestierte Klemm, daß er mit seinen Maßnahmen „bedeutenden politischen Schaden" angerichtet habe, und er erteilte ihm eine scharfe Zurechtweisung. Er forderte den Schulrat auf, bei einer Zusammenkunft mit den Lehrpersonen die Sache richtigzustellen, damit eine Beruhigung in der Bevölkerung eintrete, wie Klemm Rust in einem langen Rechtfertigungsschreiben mitteilte.[135]

Zu diesem Zeitpunkt ließ von Galen als weitere Maßnahme eine Dokumentation über die Angelegenheit anfertigen und übersandte den gesamten, bis dahin angefallenen Briefwechsel an die Pfarrer der Diözese, um sie einerseits über die Bandbreite nationalsozialistischer Kampfmittel und seine Gegenmaßnahmen zu unterrichten, andererseits um sie zur Wachsamkeit gegenüber ähnlichen Vorgängen in ihren Pfarreien zu mahnen.[136]

Rust erteilte Klemm die Genehmigung, die Angelegenheit selbst zu regeln.[137] Als dieser sehr zögerlich schließlich die Kürzung der Religionsstunden von vier auf drei verfügte, allerdings ausdrücklich nur für die am Staatsjugendtag teilnehmenden Jahrgänge, protestierte von Galen sofort wieder dagegen – mündlich bei Klemm und schriftlich bei Rust. Knapp drei Wochen später war die Verfügung mit der Aufhebung des Staatsjugendtages jedoch bereits überholt, und die Kürzung des Religionsunterrichtes wurde wieder rückgängig gemacht.

2.3. Das Ergebnis der ersten Phase des Kampfes

Wichtige Denkschriften und Dokumentationen bildeten gleichsam das Ergebnis der ersten Phase des Kampfes, die geprägt war von grundlegenden theoretischen Auseinandersetzungen und dem alltäglichen Kampf in Form von Protesten gegen Maßnahmen jeglicher Art von Staat und Partei. So knüpfte von Galen zu Anfang des Jahres 1936 in einer Denkschrift direkt an die Vorgänge um den Gauparteitag des Jahres 1935 an und konstatierte vor allem wegen der scharfen Noten des Vatikans eine merkbare Zurückhaltung höchster Partei- und Regierungsstellen. Als Konsequenz daraus forderte er, sich nicht damit zufriedenzugeben, sondern nun erst recht bei allen sich bietenden Gelegenheiten in die Offensive zu gehen und „jede Verletzung der Lebensrechte der Kirche oder des Konkordates öffentlich an(zu)prangern". Das sollte geschehen, um dem Kirchenvolk Mut zu machen und ihm die Hoffnung auf klare Entscheidungen der Kirchenführer zu geben. Anderenfalls sah von Galen die Gefahr, daß die neuheidnische Lehre fortgeführt, das katholische Vereinsleben aufgelöst, die Jugend zur Staatsjugend gezwungen und die konfessionelle Schule „via facti" zum Absterben gebracht werde, so daß schließlich „die Hirten ohne Herde" und „die Vereinsführer ohne Gefolgschaft" dastünden.[138] Die Denkschrift war zur Vorlage im Vatikan bestimmt.

Diese offensive Haltung von Galens trug wohl auch dazu bei, daß er neben den drei Kardinälen Bertram, Faulhaber und Schulte zusammen mit Bischof von Preysing von Berlin zur Vorbereitung der Enzyklika „Mit brennender Sorge" nach Rom berufen wurde, obwohl das weder aus der hierarchischen Rangfolge noch aus der Aufgabenverteilung innerhalb des deutschen Episkopates abzuleiten war.[139] In Rom spielten die Konflikte um Schule und Religionsunterricht im nationalsozialistischen Deutschland eine sehr wichtige Rolle[140], die Erziehung war die „brennendste Frage", die dort verhandelt wurde.[141] Die Enzyklika beschuldigte die nationalsozialistische Regierung der schwerwiegenden Vertragsverletzung, was ja einer der hauptsächlichsten Beschwerdepunkte von Galens gewesen war. Die besonderen Anklagepunkte auf dem Gebiet der Schule waren: der „offene Kampf gegen die konkordatsgeschützte Bekenntnisschule", die „formelle Aufrechterhaltung eines zudem von Unberufenen kontrollierten und gefesselten Religionsunterrichts im Rahmen einer Schule, die in anderen Gesinnungsfächern planmäßig und gehässig derselben Religion entgegenarbeitet", sowie die Ausschaltung des „naturrechtlich" gegebenen Elternwillens. Ein „besonders inniger Gruß" des Papstes galt den katholischen Eltern, die gerade im gegenwärtigen Augenblick im Mittelpunkt eines Kampfes stünden, wie er schicksalsvoller kaum gedacht werden könne.[142] Trotz der sehr langen Liturgie des Palmsonntags verordnete von Galen, den Kirchenbesuchern die Enzyklika an diesem Tage „unverkürzt" mitzuteilen. Wo die Verlesung während des Gottesdienstes gar nicht oder nur zum Teil möglich war, mußte sie unmittelbar im Anschluß erfolgen bzw. beendet werden.[143]

Von Galen versuchte im April 1937, den deutschen Episkopat zu einem die Enzyklika konsequent weiterführenden Hirtenbrief zu bewegen, was sich in zwei ähnlichen Denkschriften niederschlug.[144] Darin forderte er die Achtung der natürlichen Rechte des Menschen, darunter auch des Elternrechts, und betonte „in mitreißender Weise die Freiheit des Gewissens gegenüber dem Machtanspruch des Staates"[145]. Der gemeinsame Hirtenbrief kam nicht zustande[146], im Gegenteil, die Aktivitäten von Galens veranlaßten Bertram zu der Bemerkung, der Bischof von Münster habe „kein politisches Fingerspitzengefühl" und meine, „er könne den deutschen Episkopat kommandieren wie seine westfälischen Bauern."[147] Fast im gleichen Atemzug suchte Bertram erneut bei der Reichsregierung um Verhandlungen über die Schulfrage nach.[148]

Nicht von ungefähr häufte sich zum Ende der ersten Phase ein weiteres wichtiges Kampfmittel, die Dokumentation.[149]

3. Systematischer Kampf um den Erhalt des Religionsunterrichts und der Bekenntnisschule seit 1936

Etwa seit dem Jahre 1936 trat der Kampf um die Schule deutlich in eine neue Phase. Bisher waren, zumindest im preußischen Teil der Diözese, die Angriffe hauptsächlich von der unteren Schulaufsicht und von der Mittelinstanz erfolgt, wobei der Regierungspräsident und der Oberpräsident oft nur reaktiv auf Proteste von Galens hin tätig wurden wie im Falle der Schulräte in Ahaus und Steinfurt. Nicht selten drangen sie dabei infolge eigener Unsicherheit auf Entscheidungen der zuständigen Reichsministerien. Auch waren die Aktionen zumeist Einzelfälle und insgesamt eher unkoordiniert, abgesehen von Oldenburg.

Seit 1936 erhielten die Maßnahmen planvollere, zielstrebigere Züge und gingen in immer stärkerem Maße von höchsten Stellen in Staat und Partei aus. Die neuen, zentral gelenkten Vorstöße richteten sich zunächst weiter gegen den Religionsunterricht. Am härtesten trafen die Kirche die Kürzung der Zahl der Religionsstunden im Rahmen einer allmählich einsetzenden Schulreform und die Ausweisung der Geistlichen aus der Schule. Bald darauf folgte die völlige Abschaffung der bekenntnismäßig orientierten Schule durch die Einführung der Gemeinschaftsschule.

Der Widerstand von Galens erreichte dadurch bedingt deutlich eine neue Dimension. Zwar wurden die bereits im Kleinkrieg mit den unteren Instanzen erprobten

Protestarten mit beeindruckender Konsequenz fortgeführt. Insgesamt kann man sagen, daß der Bischof nun, was sich schon in den Denkschriften andeutete, vermehrt die Offensive ergriff und seine Gegenmaßnahmen, insbesondere auch die Hirtenschreiben und die Predigten, einen stärker politischen Akzent erhielten. Das hatte zur Konsequenz, daß nicht nur das Kirchenvolk, sondern die gesamte Öffentlichkeit beteiligt und zur Unterstützung aufgerufen wurde. Diesen Schritt in die Offensive versuchte von Galen mit weiteren Amtsbrüdern auch im deutschen Gesamtepiskopat durchzusetzen, allerdings vergeblich.

Aus den vielfältigen Gegenreaktionen von Galens auf die zentral einsetzenden Angriffe erhielten für den Religionsunterricht drei charakteristische Fälle eine besondere Bedeutung, die schärfere Beachtung der missio canonica, die Einrichtung eines außerschulischen Religionsunterrichtes und die demonstrative Betonung des Visitationsrechtes.[150]

Mit dem Jahre 1936 griff von Galen auch erstmals direkt in den Oldenburger Schulkampf ein, wobei ein Ereignis zum Auftakt wie ein Brennpunkt gleichsam die Konflikte der Folgejahre widerspiegelte, der Kampf um das Kreuz in der Schule.

3.1. Auftakt: Der Kampf um das Kreuz in der Schule

Wie bereits mehrfach angeklungen, wurde der Schulkampf in Oldenburg wesentlich schärfer geführt als im preußischen Teil der Diözese. Durch heftige Angriffe auf den Religionsunterricht, die Propagierung der Ideologie Rosenbergs in den Schulen sowie ein ausgesprochen antikirchliches Schulgesetz herrschte im Jahre 1936 eine äußerst angespannte Situation im Lande Oldenburg, die sich in einem heftigen Konflikt entlud, der gewissermaßen auch für von Galen den Einstieg in eine neue Phase des Kampfes bildete. Es handelt sich um den Kampf um das Kreuz in der Schule.[151]

Am 4.11.1936 gab der Minister der Kirchen und Schulen in Oldenburg Pauly einen Erlaß heraus, in dem er anordnete, daß sämtliche Kreuze und Lutherbilder aus den Schulräumen zu entfernen waren. Das führte zu einem Massenprotest der Bevölkerung im katholischen südlichen Teil Oldenburgs, dem sogenannten Oldenburger Münsterland, in dessen Verlauf sich der Gauleiter und Reichsstatthalter Röver gezwungen sah, die Zurücknahme des Erlasses zu veranlassen.

Von Galen schaltete sich vehement in diesen Kampf ein, um dann in den Folgejahren immer häufiger die sich mehr und mehr zuspitzende Situation in Oldenburg mit seiner bischöflichen Autorität zu begleiten. Man kann sogar sagen, daß auf dem Gebiet der Schule seit 1936 der Schwerpunkt der Aktivitäten von Galens eindeutig im oldenburgischen Teil der Diözese lag. Nach der Rücknahme des Erlasses sprach der Bischof der Bevölkerung seine Anerkennung aus, daß sie durch ihre tapfere Haltung und ihren christlichen Mannesmut das Bestreben des Ministers zu verhindern gewußt habe: „Gott lohne es allen, die mutig und furchtlos für unsere heilige Sache eingetreten sind: möge ihre Haltung für alle Christen, weit hinaus über die Grenzen unserer Heimat, möge sie vor allem für unsere Jugend Vorbild und Beispiel sein!"[152]

Der Wunsch von Galens nach einer weiten Verbreitung der Nachricht über die beispielhafte Tat sollte sich in einer kaum erwarteten Weise erfüllen. Dazu trug er selbst entscheidend bei. Wie schon gezeigt, hatte von Galen bereits im Vorjahre damit begonnen, Konflikte zu dokumentieren. Das tat er auch in diesem Falle. So gab er als Beilage zum Kirchlichen Amtsblatt über die Vorgänge anläßlich des Kreuzkampfes einen ausführlichen Bericht heraus, in den er den Erlaß Paulys, die Kanzelerklärung des Bischöflichen Offizials und seinen Hirtenbrief im Wortlaut einfügte.[153] Diese Dokumentation machte die Ereignisse um den Kreuzkampf binnen kurzem im gesamten Deutschen Reich und im Ausland bekannt, und sie führte auch andernorts zur Nachahmung bei ähnlichen Maßnahmen nationalsozialistischer Amtsträger.[154]

Genau auf diesen Sachverhalt verwies Sicherheitschef Heydrich am 1.12.1936 in einem ausführlichen Bericht an den Stellvertreter des ‚Führers', dem in neun Anlagen alle wichtigen Dokumente über den Kreuzkampf beigefügt waren. Heydrich zählte Beispiele über die Auswirkungen der Dokumentation von Galens im Deutschen Reich auf und wies darauf hin, daß die Rücknahme der Verordnung als ein „Sieg der Kirche über den Staat" gewertet und von der katholischen Kirche „allgemein auf die Vorgänge in Oldenburg als ein nachahmenswertes Beispiel und als Vorbild" für das Verhalten der Bevölkerung in künftigen Fällen hingewiesen werde. Den katholischen Volksgenossen werde „an diesen Vorgängen klar zu machen versucht, daß alle gegen die Kirche gerichteten Maßnahmen des Staates scheitern" würden, „wenn sie den Anordnungen geschlossen Widerstand" entgegensetzten.[155]

Auch sonst sorgte die Veröffentlichung von Galens in Staats- und Parteikreisen für einen beträchtlichen Wirbel. Goebbels, Rust und Kerrl informierten sich gegenseitig.[156] Kerrl veranlaßte bei der Gestapo, die Dokumentation, soweit sie noch erfaßt werden könne, zu beschlagnahmen und ihren Abdruck in den Bistumsblättern sowie in der sonstigen kirchlichen Presse zu verhindern.[157]

Viele Bischöfe übernahmen die Dokumentation von Galens in ihre Amtsblätter, wie etwa Erzbischof Gröber in Freiburg, der laut Gestapobericht statt der sonst üblichen Auflage von 1500 Exemplaren diese Nummer mit 27 000 Exemplaren herstellen ließ und noch weitere 6000 Exemplare zum Druck in Auftrag gab.[158] Der Bischof von Trier fühlte sich besonders betroffen, weil der Erlaß Paulys auch das zum Freistaat Oldenburg gehörige Birkenfeld betroffen hatte, das kirchlich dem Bistum Trier unterstand. Zum anderen gab es auch in seiner Diözese zahlreiche Angriffe auf das Kreuz, was er im Begleitwort zur Dokumentation eigens hervorhob. „Mögen Klerus und Volk an der vorbildlichen Treue der Oldenburger Katholiken sich erbauen", schloß der Bischof seine Einleitung zu der Dokumentation.[159]

3.2. Der Kampf um den Religionsunterricht

3.2.1. Die Verteidigung der „missio canonica"

Am 25.6.36 verfügte Rust ein Verbot der Doppeltätigkeit von Geistlichen als Religionslehrer und in Jugendverbänden. Damit wurde die allmähliche Hinausdrängung der Geistlichen aus den Schulen vorbereitet. Ein Jahr später leitete Rust dann auf Veranlassung Bormanns die Entlassung sämtlicher Geistlichen ein, als durch Erlaß vom 1.7.1937 angeordnet wurde, daß der Religionsunterricht an Volksschulen nur dann noch von Geistlichen zu erteilen sei, wenn ordentliche Lehrkräfte fehlten.[160]

Der erste Erlaß wurde zunächst vertraulich behandelt. Als von Galen davon Kenntnis erhielt, veröffentlichte er ihn sogleich im Kirchlichen Amtsblatt. Für den

Fall, daß die Verfügung durchgeführt werden sollte, ordnete er an, daß von den Geistlichen die „jugendlichen Lebensgemeinschaften", welche in den „Bischöflichen Richtlinien für die Jugendseelsorge" vom April 1936 als „Kernscharen" bezeichnet worden waren, vorrangig betreut werden sollten. Da durch die neue Entwicklung die Erteilung des Religionsunterrichtes stärker den Laienlehrkräften zufallen mußte, leitete von Galen sofort erste Maßnahmen ein, um sie auf die Orthodoxie der katholischen Lehre zu verpflichten. So wies er eigens auf die Bedeutung des Artikels 21 des Reichskonkordates hin, wonach der Religionsunterricht in Übereinstimmung mit den Grundsätzen der katholischen Kirche nach den festgesetzten Lehrplänen und Lehrbüchern zu erteilen sei. Der Bischof faßte dabei ausdrücklich eine schärfere Handhabung der Erlasse in bezug auf die „Kanonische Mission" ins Auge.[161] Die Gestapo beobachtete von Anfang an sorgsam alle Gegenmaßnahmen von Galens und leitete entsprechende Berichte an die zuständigen Stellen weiter.[162]

Wie wichtig die Verpflichtung der Lehrer auf die missio canonica war, wurde deutlich, als Ende des Jahres 1936 die Regierung in Münster Versuche unternahm, aus der Kirche ausgetretene Lehrer anzustellen, so am 1.10.1936 an einer katholischen Schule in Bocholt. Unter Berufung auf die gesetzliche Bestimmung des Artikels 24 des Reichskonkordates forderte von Galen den Regierungspräsidenten auf, die Anstellung rückgängig zu machen.[163] Als Klemm erklärte, der Lehrer sei nicht neu angestellt, sondern lediglich versetzt worden, warf von Galen ihm unter nochmaligem Zitat des Artikels 24 den „Tatbestand einer konkordatswidrigen Handlung" und „eine das Staatswohl schädigende Verletzung eines durch Reichsgesetz in Kraft gesetzten völkerrechtlichen Vertrages" vor. Sollte die Versetzung nicht in kürzester Frist zurückgenommen werden, drohte von Galen, den Heiligen Stuhl einzuschalten.[164] Der Protest hatte keinen Erfolg, der Regierungspräsident lehnte es ab, dem Verlangen von Galens nachzukommen.

Nicht zuletzt deshalb suchte der Bischof immer neue Wege und Mittel, seinem Kampf noch größere Breite und Wirksamkeit zu verleihen. So ging er seit 1936 auch verstärkt dazu über, den deutschen Episkopat zu informieren, in diesem Fall durch eine Dokumentation des gesamten angefallenen Schriftwechsels mit den NS-Behörden.[165]

Da sich die Praxis, das Konfessionsprinzip an den Schulen zu durchlöchern, weiter durchsetzte, protestierte der Generalvikar am 16.4.1937 abermals unter Berufung auf Artikel 24 des Reichskonkordates. Als Rust die Handhabung des Erlasses jedoch zustimmend bestätigte, wies von Galen daraufhin die Pfarrer an, falls begründete Zweifel an der Rechtgläubigkeit eines Lehrers oder einer Lehrerin, welchen früher die „missio canonica" erteilt worden sei, „oder an der Korrektheit des von denselben erteilten Religionsunterrichtes" bestünden, dem Generalvikariat in Münster respektive dem Offizialat in Vechta Bericht zu erstatten. Die Pfarrer mußten von dem jeweiligen Lehrer eine schriftliche Erklärung über seine Stellung zum katholischen Glauben verlangen, gab er sie nicht ab, sollte ihm vom Bischof die „missio canonica" entzogen werden.[166] Dieses Verfahren war auf der Konferenz der westdeutschen Bischöfe beschlossen worden.[167] Es wurde von der Plenarkonferenz des deutschen Episkopates übernommen.[168]

Der Erlaß Rusts vom 1.7.1937 wurde auch auf die Berufsschulen ausgedehnt. Mit fast gleichen Verfügungen ordneten die Regierungspräsidenten in Münster und

Düsseldorf an, daß der Religionsunterricht durch ordentliche Lehrkräfte erteilt werden müsse.[169] In fast gleichlautenden Schreiben an beide Regierungspräsidenten stellte von Galen die Maßnahme unter Berufung auf den Artikel 22 des Reichskonkordates, der eine Verständigung mit dem Bischof bindend vorschrieb, als „ungesetzlich und Verletzung des Reichskonkordates" dar und machte darauf aufmerksam, daß eine Erteilung der missio canonica für Volksschulen nicht auf andere Schulen zu übertragen sei und diese Lehrer demnach nicht die missio canonica besäßen. Für den Fall, daß die im Reichskonkordat genannte Vorbedingung nicht erfüllt werde, drohte von Galen mit weiteren Schritten.[170] Beide Regierungspräsidenten legten die Angelegenheit Rust zur Entscheidung vor. Darauf warf von Galen ihnen vor, daß sie vor einer Entscheidung des Reichsministers eine offene Frage durch Schaffung „vollendeter Tatsachen" gelöst hätten. Er legte gegen dieses Vorgehen „scharfe Verwahrung" ein und machte den Regierungspräsidenten nachdrücklich klar, daß die nach Artikel 22 des Reichskonkordates erforderliche Vorbedingung, nämlich die Verständigung mit der Kirche, „nicht versucht und nicht erzielt" worden sei.[171]

Am 18.9.1937 bereitete von Galen durch einen Hirtenbrief die Katholiken auf die bevorstehende Ausweisung der Geistlichen aus den Schulen vor. Darin rief er, wie bereits in seinem ersten Hirtenbrief als Bischof, die Dreier-Phalanx Eltern, Lehrer und Priester als Mitstreiter an seine Seite. Er beklagte den Abbruch einer traditionsreichen fruchtbaren Zusammenarbeit zwischen katholischen Priestern und Lehrern, die „seit unvordenklichen Zeiten" sich bestens bewährt habe. Den Eltern sprach er das Recht und die Pflicht zu, sich zu „vergewissern, daß der ganze Katechismus und die ganze biblische Geschichte des Alten und Neuen Testamentes nach den vorgeschriebenen Lehrplänen vollständig und ohne willkürliche Auslassungen in der Schule durchgenommen" würden. Die Lehrer bat er „herzlich, die Mehrbelastung und die Mühe der ernsten Vorbereitung auf jede einzelne Katechismusstunde in heiliger Opferwilligkeit auf sich zu nehmen". Dabei verwies er sie auf die im vorigen Jahr erlassene „Kirchenamtliche Anweisung über die Erteilung des katholischen Religionsunterrichtes". Die Priester forderte der Bischof auf, weiterhin in der sonntäglichen Katechese und Christenlehre sowie in dem Beicht-, Kommunion- und Entlassungsunterricht den schulplanmäßigen Religionsunterricht zu unterstützen. Abschließend machte von Galen die Eltern darauf aufmerksam, daß nur der Lehrer den Religionsunterricht erteilen dürfe, der von der Kirche dazu den Auftrag und die Sendung, die „missio canonica", bekommen habe.[172]

Die Gedanken des Hirtenbriefes wurden ergänzt und unterstrichen durch eine ausgesprochen scharfe Predigt. Darin verlas der Bischof teils wörtlich den Briefwechsel mit den Regierungspräsidenten, erhob „öffentlich Anklage" und bezeichnete deren Verhalten als eine Verletzung feierlich verbrieften Rechtes. Den Eltern machte er in aller Deutlichkeit klar: „Was ich den Herren Regierungspräsidenten geschrieben habe, wiederhole ich heute öffentlich: Jene Lehrpersonen, welche jetzt bei der Ausweisung der Geistlichen aus den Berufsschulen von weltlichen Stellen aufgefordert und beauftragt werden, in den Berufsschulen katholischen Religionsunterricht zu erteilen, haben nicht die erforderliche kirchliche Sendung erhalten und daher nicht das Recht, den Religionsunterricht zu geben." Abschließend forderte von Galen die Eltern zur Aktion auf, indem er ihnen die Berechtigung, ja Verpflichtung zusprach, bei den Vorgesetzten jener Lehrer mit Eingaben,

125

Beschwerden und allen gesetzlichen Mitteln durchzusetzen, daß sie aus ihrer Stellung entfernt würden.[173]

Der derart scharf angegriffene Regierungspräsident von Münster übersandte Rust einen ausführlichen Bericht über die Predigt, in den er die oben ausführlicher zitierten Passagen wörtlich übernahm. Im Reichskirchenministerium, das eine Abschrift des Berichtes erhielt, wurde der Passus über die öffentliche Anklage dick markiert.[174]

Nach dieser intensiven Vorbereitung wurde nun als letzter Schritt die Überprüfung der missio canonica in die Wege geleitet. Nach einer Bischöflichen Anweisung hatten die Pfarrer bis zum 1.12.1937 zu berichten, welche Lehrkräfte schulplanmäßigen Religionsunterricht an Volksschulen erteilten, ob und wann jede einzelne Lehrperson die „missio canonica" für die Diözese Münster erhalten habe und für welche Lehrpersonen sie beantragt worden sei. Nachdrücklich wies der Bischof darauf hin, daß die für die Volksschule erteilte missio canonica für andere Schulen keine Gültigkeit besitze, da für die „religiöse Lebenskunde" in Berufs-, Fach- und Fortbildungs- sowie Mittelschulen eine besondere Vorbildung erforderlich sei.[175] Bereits am 30.10.1937 war eine diesbezügliche Anweisung für die Berufsschulen ergangen, die am Sonntag auch den Kirchenbesuchern bekanntgemacht wurde.[176] Auf der unteren Ebene versuchten Schulräte und Rektoren mit allen erdenklichen Mitteln die Durchführung der Befragung zu behindern. Mehrfach beschwerte sich von Galen deswegen beim Regierungspräsidenten. Er forderte, daß ihm bei jeder Beauftragung von Religionslehrern die Unterlagen für die Erteilung der „missio canonica" vorgelegt würden.[177] Die Taktik des Regierungspräsidenten ging dahin, die Verbindlichkeit der kirchlichen Lehrerlaubnis zwar nicht grundsätzlich zu bestreiten, aber die praktische Handhabung des konkordatär garantierten Aufsichtsrechtes soweit wie möglich zu behindern. Trotz aller Schwierigkeiten gelang es den Pfarrern doch, die Befragung zu beenden. Dort, wo der Religionsunterricht von Lehrkräften erteilt wurde, die im Besitz der missio canonica waren und das Fach bereits teilweise unterrichtet hatten, blieb alles beim alten. Ansonsten erhielten die Lehrkräfte eine Urkunde, die ihnen „widerruflich die zur Erteilung des Religionsunterrichtes erforderliche kirchliche Erlaubnis, die Kanonische Mission für die Volksschulen der Diözese Münster", verlieh.[178] Die Lehrkraft mußte bei der Übergabe der Urkunde das Glaubensbekenntnis ablegen. Daraufhin wurde die „Kanonische Mission" verlesen, und die Lehrkraft hatte zu geloben, „unter Gottes Beistand die darin enthaltenen Weisungen allzeit treu und gewissenhaft befolgen und den dort ausgedrückten Erwartungen nach Kräften entsprechen zu wollen". Über den Akt wurde ein Protokoll angefertigt, das vorgelesen und von der Lehrkraft unterschrieben wurde.[179]

Wieder verfolgten Partei und Staat genauestens das Vorgehen von Galens. Das Reichspropagandaamt Westfalen-Süd übermittelte Goebbels den Wortlaut der Verpflichtung, der seinerseits Rust und Kerrl über die Angelegenheit unterrichtete.[180] Auch der deutsche Episkopat in Fulda[181] und die westdeutsche Bischofskonferenz[182] befaßten sich mit der Frage der kanonischen Mission.

Wie ernst von Galen die Überprüfung der missio canonica und die im Hirtenschreiben und in der Predigt geforderte Aufklärung der Eltern nahm, zeigte ein Vorfall in der Gemeinde Dolberg. Dort kam es zu einem Eklat, als der Pfarrer beim Bischof beantragte, dem Hauptlehrer, der gleichzeitig Ortsgruppenleiter war, die missio canonica zu entziehen, da er sich weigere, den Unterricht im kirchlichen

Sinne zu erteilen. Der betroffene Lehrer, der Bürgermeister und andere Parteigenossen randalierten daraufhin nachts in betrunkenem Zustand vor dem Pastorat und beschimpften den Pfarrer in der übelsten Weise. Von Galen verhängte eine harte Strafe, er verbot an den bevorstehenden Ostertagen das Läuten der Glocken und das Spielen der Orgel. Er betrachtete es als seine ‚bischöfliche Pflicht', in einem eigenen Hirtenwort die Gläubigen der Gemeinde über die Vorfälle und die Gründe für den Entzug der kirchlichen Lehrerlaubnis aufzuklären: „Die katholischen Eltern von Dolberg müssen wissen, was in der Schule geschieht, der sie ihre Kinder anvertrauen müssen!"[183]

Im Kampf um die „missio canonica" gingen die Nationalsozialisten in Oldenburg wesentlich forscher vor als im preußischen Teil der Diözese. Den Anlaß bildeten auch hier zunächst Eingriffe in die Inhalte des Religionsunterrichts durch nationalsozialistische Lehrer und Schulräte. Die Kirche bediente sich, um Beweise dafür zu erhalten, der Methode, daß sie im Verdachtsfalle die Schulkinder befragen ließ.[184] In einigen Fällen wurde die missio canonica entzogen. Der Offizial in Vechta sah sich deshalb veranlaßt, am 20.4.1934 eine Anweisung zur Überwachung des Religionsunterrichts in den Volksschulen herauszugeben.[185] Der Pfarrer sollte danach persönlich wenigstens alle zwei Monate jede Schulklasse besuchen und in Religion (nicht in anderen Fächern) informandi causa prüfen, a) ob die Persönlichkeit des Lehrers die Gewähr für den rechten Unterricht biete und b) ob die Kinder befriedigend unterrichtet seien. Der Pfarrer hatte auch festzustellen, ob die in Religion unterrichtenden Lehrpersonen die missio canonica besäßen.

Am 22.1.1936 teilte Pauly dem Offizial mit, daß er in der Frage der missio canonica eine Neuregelung plane. Bei der seinerzeitigen Ausbildung der katholischen Volksschullehrer an den preußischen Hochschulen für Lehrerbildung nahm an den Abschlußprüfungen außer dem Regierungsvertreter auch ein Vertreter der kirchlichen Oberbehörde teil, der die Zeugnisse mitunterschrieb. Pauly wollte in Zukunft nur noch diese Unterschrift als Grundlage der in Artikel 22 des Konkordates geforderten Verständigung zwischen dem Bischof und der Landesregierung anerkennen. Eine besondere Unterrichtserlaubnis für Religion werde weder im oldenburgischen Staatsgrundgesetz, im oldenburgischen Schulgesetz, in der oldenburgischen Verfassung noch in der Reichsverfassung oder im Reichskonkordat verlangt. Der Offizial sah jedoch die Abschlußprüfung der Lehrer nur als die Voraussetzung für die Erteilung der Unterrichtserlaubnis an und bestand auf einem besonderen Lehrauftrag der missio canonica seitens der Kirche, die nach dem Kirchenrecht nur vom Bischof, in Oldenburg vom Offizial erteilt werden könne.[186] Am 4.3.1936 informierte der Offizial von Galen über diesen „Kampf ... um die missio canonica". „Die Bindung des Lehrers durch die Verleihung der missio ist doch zu wertvoll, als daß man sie einfach aufgibt", schrieb er dem Bischof.[187] Auch von Galen nahm die Sache so wichtig, daß er dem Minister der Kirchen und Schulen in Oldenburg in sehr grundsätzlichen Ausführungen die Berechtigung der missio canonica nachwies, womit er sich, soweit ersichtlich, auch erstmals direkt in den oldenburgischen Schulkampf einschaltete. Dabei wählte er einen Weg, den er in Zukunft immer häufiger gehen sollte. Wie in einem juristischen Gutachten griff er auf die gesetzlichen Ursprünge zurück und klagte unmißverständlich bestehende Rechte ein. Der Brief endete: „Zusammenfassend muß ich feststellen, daß es sich bei der missio canonica um ein Rechtsinstitut handelt, das nach den Grundsätzen der Kirche eine unerläßliche Voraussetzung für den katholischen Religionsunterricht bildet und durch dessen Handhabung in keiner Weise die staatlichen Rechte angetastet werden. Außerdem steht die Ausübung der missio canonica im Einklang mit dem Reichskonkordat. Nach Lage der Dinge sehe ich mich daher nicht in der Lage, für Oldenburg auf die Erteilung der missio canonica zu verzichten, wenn die dortigen katholischen Lehrer die erforderliche bischöfliche Sendung für den Religionsunterricht besitzen sollen."[188] In diesem Brief leuchtete besonders deutlich ein Argumentationsmuster auf, das immer stärker zu einem Kennzeichen und Motiv Galenschen Widerstandes werden sollte, die Berufung auf das gültige Recht gegenüber den mehr und mehr zunehmenden Willkürmaßnahmen der nationalsozialistischen Machthaber. Auch der Offizial wandte sich mit fast den gleichen Worten an Pauly. Er schloß sein Schreiben jedoch: „Nach meinen Informationen wird im übrigen Deutschland in dieser Frage keine Schwierigkeit gemacht. Ich sehe keinen Grund dafür, daß Oldenburg hier wieder einmal eine andere Praxis verlangen kann."[189] Die Darlegungen des Bischofs und des Offizials hatten zur Folge, daß Pauly das Verfahren abermals verschärfte, indem er nun vor der Neubeauftragung eines Religionslehrers den Offizial nur noch nach eventuellen Bedenken fragen wollte, die der dann „eingehend" mit „Beweismitteln zu begründen" hatte.[190]

3.2.2. Kürzung der Religionsstunden und die Einrichtung eines außerschulischen Religionsunterrichtes

Vorreiter bei der Kürzung der Anzahl der Religionsstunden war wieder das Land Oldenburg. Während im preußischen Teil der Diözese Münster lediglich auf der unteren Ebene Schulräte vereinzelt derartige Versuche unternommen hatten, erging bereits im Jahre 1933, als das Land Oldenburg noch nicht gleichgeschaltet war, eine entsprechende Anordnung des Ministers der Kirchen und Schulen zur Verkürzung der Zahl der Religionsstunden. Der Offizial protestierte sogleich gegen diese Maßnahme unter Bezug auf Artikel 21 des Reichskonkordates, wonach der Lehrstoff für den Religionsunterricht im Einvernehmen mit der kirchlichen Oberbehörde festzusetzen war. Daraus entwickelte sich ein jahrelanger Streit, in den von Galen jedoch nicht eingriff, so daß er hier weitgehend unbeachtet bleiben kann.[191]

Am 10.4.1937 erließ der Reichsminister für Wissenschaft, Erziehung und Volksbildung neue Richtlinien für die unteren Jahrgänge der Volksschule.[192] Sie enthielten keine Festlegungen zum Religionsunterricht, nicht einmal in bezug auf die Stundentafel, aber ein vertraulicher Folgeerlaß vom 22.4.1937 ordnete für die vier unteren Jahrgänge eine Kürzung um die vierte Wochenstunde an. Durch diese Verringerung des Stundendeputats ließ sich auch der Erlaß Rusts vom 1.7.1937 über den Ausschluß der Geistlichen leichter realisieren.

Als der Bischof von dem vertraulichen Erlaß dennoch Kenntnis erhielt, protestierte er umgehend beim Regierungspräsidenten in Münster und erbat unter Berufung auf Artikel 21 des Konkordats ironisch-bissig einen Vorschlag, wie denn in Zukunft die „Verteilung des mit der kirchlichen Oberbehörde vereinbarten Lehrstoffes des katholischen Religionsunterrichts" vorgenommen werden solle, nachdem nun „ohne Einvernehmen mit der kirchlichen Behörde" die Zahl der Wochenstunden für den Religionsunterricht in den Grundschulklassen der Volksschulen gesenkt worden sei. Klemm bat Rust um Verhaltensregeln, da der Erlaß ja vertraulich sei und außerdem das Reichskonkordat berühre.[193]

Inzwischen war in Ausführung der Richtlinien vom 10.4.1937 an vielen Orten die Zahl der Religionsstunden von vier auf drei herabgesetzt worden. Gegen die Reduzierung der Religionsstunden protestierte von Galen auf das energischste bei Rust. Nachdrücklich wies er den Minister darauf hin, daß nach dem „als Reichsgesetz verkündeten Reichskonkordat" bei einer Veränderung der Unterrichtsstunden der Lehrstoff nur „im Einvernehmen mit der kirchlichen Oberbehörde" neu festgesetzt werden könne.[194] Rust ließ Klemm mitteilen, daß die Herausgabe neuer Richtlinien für den Religionsunterricht in den Volksschulen noch der Prüfung unterliege.[195]

Der Bischof beließ es aber nicht nur bei Beschwerden, sondern schritt zur Tat. Als Reaktion auf die Kürzung des Religionsunterrichtes und die Ausweisung der Geistlichen ordnete er an, daß vom achten Lebensjahr an seitens der Kirche als Ergänzung zum schulplanmäßigen Religionsunterricht ein kirchlicher Unterricht von wenigstens je einer Wochenstunde einzurichten sei. Die Pfarrer sollten die entsprechenden Vorbereitungen treffen und bis zum 15.9.1937 darüber berichten.[196] Auf der Plenarkonferenz des deutschen Episkopates vom 24.-26.8.1937 war das Problem bereits beraten und ein kirchlicher Ergänzungsunterricht vorgeschlagen worden.[197] Die Realisierung war jedoch gar nicht so einfach, weil der vorläufig als Ersatz vorgeschlagene Beicht-, Kommunion- und Entlassungsunterricht in der Diözese Münster von den Geistlichen bislang innerhalb des regulären schulplanmäßigen Religionsunterrichts erteilt worden war und nicht, wie im Protokoll der Bischofskonferenz vorausgesetzt, in einem besonderen kirchlichen Unterricht. Deshalb mußte der außerschulische Religionsunterricht im Bistum Münster völlig neu aufgebaut werden.

Auf der Dechantenkonferenz am 11.10.1937 ordnete von Galen dann den kirchlichen Unterricht an, und zwar zunächst wenigstens für die Kinder des dritten, vierten und achten Schuljahres. Zugleich gab er für diesen Unterricht einen Stoffverteilungsplan heraus, der allen Pfarrern zugestellt wurde.[198] Die Information an die Eltern erfolgte per Post.[199]

Im Gegenzug beauftragte Klemm die Schulräte seines Bezirks, in unauffälliger Weise festzustellen, ob und in welchem Umfange der kirchliche Unterricht erteilt werde, wie die Beteiligung der Kinder sei und in welchen Räumen der Unterricht stattfinde.

Die Einrichtung des außerschulischen Religionsunterrichtes begleitete von Galen auch mit einem eigenen Hirtenwort, in dem er die Eltern auf die Unzulänglichkeit des gegenwärtigen Religionsunterrichtes in den Schulen hinwies, der zurückgedrängt, verkürzt und als unwichtiges Nebenfach beiseite geschoben werde. Angesichts der angewachsenen Glaubensgefahren der Zeit und der „religiösen Unterernährung der Volksgemeinschaft" wolle er den geringen Einfluß der Schule auf die Sittlichkeitsbildung der Jugend durch den kirchlichen Unterricht ausgleichen. Mit Freude stellte der Bischof fest, daß überall dort, wo der Unterricht bereits eingeführt sei, die Eltern ihre Kinder „aus eigenem Antrieb und Pflichtbewußtsein" zum regelmäßigen Besuch anzuhalten pflegten.[200]

Daß die Eltern ihre Pflicht sehr ernst nahmen, bestätigten auch die Berichte der Schulräte. Aus ihnen ging hervor, daß der kirchliche Unterricht nur in wenigen Gemeinden noch nicht bestand. Er dauerte etwa 1 1/2 Stunden und wurde durchschnittlich von 80% der Schulkinder besucht. Die starke Beteiligung, vermerkte Klemm in einem Bericht an Kerrl, sei wohl in erster Linie auf die intensive Werbung der Geistlichen zurückzuführen, die sogar von der Kanzel den Eltern die Bedeutung dieses Unterrichtes klarmachten. Eine Werbung für den außerschulischen Unterricht seitens der Lehrerschaft sei nicht festgestellt worden.[201]

Mit Beginn des Schuljahres 1938/39 war eine Neuordnung des höheren Schulwesens geplant, die wiederum mit einer Kürzung des Religionsunterrichtes verbunden werden sollte.[202] Am 21.4.1938 verordnete von Galen als Gegenmaßnahme „Vorläufige Richtlinien für den Religionsunterricht an höheren Schulen", da die alten Lehrpläne, die bereits aus dem Jahre 1925 stammten, nicht mehr einzuhalten seien und Reichserziehungsminister Rust keine neuen veröffentlichen wolle.[203] Aus zuverlässiger Quelle erfuhr von Galen, daß Rust in einem im Reichsministerialblatt nicht veröffentlichten Erlaß vom 13.4.1938 auch für die Volksschule neue Tatsachen geschaffen und für alle Schuljahre die Zahl der Religionsstunden sogar auf zwei gekürzt hatte, bis auf das fünfte und sechste Schuljahr, für die drei Stunden vorgesehen waren. Angesichts solcher Bedingungen konnten die Religionslehrer den ebenfalls aus dem Jahre 1925 stammenden Lehrplan nicht mehr einhalten.

Unter diesen Umständen hielt von Galen es für erforderlich, weitreichendere Maßnahmen zu ergreifen. Er wandte sich mit einem Schreiben an alle Bischöflichen Ordinariate Deutschlands, schilderte die Lage in seinem Bistum und machte den Vorschlag, folgende Schritte in Erwägung zu ziehen: 1. einen gemeinsamen Protest der deutschen Bischöfe gegen die Mißachtung von Artikel 21 des Reichskonkordats, 2. die sofortige Ausarbeitung eines neuen Stoffverteilungsplans, 3. Schritte, um dessen Einhaltung in allen Schulen zu bewirken.[204] Der Bischof von Trier unterstützte nachhaltig den Vorschlag von Galens.[205] Die Gestapo informierte Rust, Kerrl und das Reichssicherheitshauptamt über die Initiative von Galens.[206] So war der Reichserziehungsminister bereits unterrichtet, als Bertram unter Zugrundelegung des Galen-Briefes gegen die Maßnahmen des Staates protestierte.[207] Am 18.8.1938 erläuterte von Galen den in Fulda versammelten deutschen Bischöfen in einem ausführlichen Referat die Situation des Religionsunterrichtes an den höheren Schulen.[208]

3.2.3. Der Kampf um die Visitation des Religionsunterrichtes

Ein weiterer schwerer Konflikt zwischen katholischer Kirche und NS-Staat bahnte sich in der Frage der Überprüfung des Religionsunterrichtes an. Das Recht der Kirche zur Visitation hatte seine Bedeutung einmal in der Sache selbst, da mit dem Besuch in der Schule die Möglichkeit gegeben war, den Religionsunterricht im Sinne der Kirche zu unterstützen und bereitwilligen Lehrern den Rücken zu stärken. Angesichts der Verbannung der Geistlichen aus den Schulen und der massiven Angriffe auf den Religionsunterricht mußte dem Bischof die Einforderung dieses auch durch das Konkordat abgesicherten Rechtes ein besonders wichtiges Anliegen sein. Dennoch war der praktische Nutzen nicht allzu hoch zu veranschlagen, da die Visitationen nur selten durchgeführt wurden. Wichtiger war sicherlich die symbolische Bedeutung, das demonstrative Beharren der Kirche auf den vertraglich abgesicherten Rechten. Hierin lag auch für von Galen eindeutig der Sinn seiner Visitationen, die er auf seinen Firmungsreisen durchzuführen pflegte. Aber es gab für den Bischof noch einen weiteren Grund. Bei der

Popularität, die er inzwischen erlangt hatte, nahmen die Firmungsreisen im Verlauf der Jahre immer stärker den „Charakter demonstrativer Triumphzüge"[209] an. Sie sollten den nationalsozialistischen Machthabern zeigen, daß Bischof und Kirchenvolk zusammenstanden. Die Firmungsreisen wurden zu einem Mittel im Kampf gegen Partei und Staat. In aller Öffentlichkeit zeigte sich, wo die Sympathien lagen. Das Bestreben von Staats- und Parteistellen ging deshalb dahin, die Visitationen mehr und mehr einzuschränken, was von Galen wiederum zu heftigen Protesten und Gegenmaßnahmen veranlaßte.

Im preußischen Teil der Diözese kam der Stein erneut durch die beiden Kreisschulräte in Ahaus und Steinfurt ins Rollen, da eine ihrer zahlreichen Anweisungen die Schulleiter beauftragte, den Unterricht der Geistlichen zu beaufsichtigen, eine andere vom Bischof oder seinem Beauftragten verlangte, für die Visitation eine schriftliche Genehmigung der Schulaufsichtsbehörde vorzulegen.[210] Ein Ministerialerlaß aus dem Jahre 1876 regelte sowohl das staatliche Aufsichtsrecht als auch die kirchliche Visitation durch die Ortspfarrer. Beide Seiten hatten das Recht jedoch seit Jahren nicht mehr ausgeübt. Von Galen berief sich auf diesen Erlaß, als er nach vergeblichen Protesten gegen die Maßnahme der Schulräte seinerseits eine regelmäßige Beaufsichtigung des Religionsunterrichtes der Laienlehrkräfte durch die Pfarrer anordnete. Die Anweisung war ausdrücklich als Gegenmaßnahme gedacht, da sie auf die Gemeinden beschränkt wurde, in denen die Schulräte die Geistlichen beaufsichtigen ließen. Die Dechanten wurden angewiesen, festgestellte Mißstände sofort mitzuteilen, ansonsten hatten sie zweimal im Jahr zu berichten, ob die vorgeschriebene Revision aller Schulklassen stattgefunden habe und ob das Resultat zufriedenstellend gewesen sei. Dem Reichserziehungsministerium machte von Galen Mitteilung über seine Verfügung.[211] Nach Protesten des Schulrats in Ahaus untersagte der Regierungspräsident die Visitation durch die Pfarrer, da dieses Recht nach dem Konkordat nur der kirchlichen Oberbehörde zustehe. Nach vergeblichen Protesten bei Rust und Klemm – dort sogar mit einer ausführlichen Denkschrift – erreichte von Galen in mündlichen Verhandlungen, daß wenigstens die Dechanten die Revision vornehmen durften.[212] Als jedoch nach einem erneuten Protest des Schulrats in Ahaus der Regierungspräsident unsicher wurde und sich zur Klärung der Frage an Rust wandte, kam am 25.1.1937 von dort der Bescheid, daß eine Beauftragung der Dechanten mit der Revision des Religionsunterrichtes die Vorwegnahme einer generellen reichseinheitlichen Regelung darstelle und daher unterbleiben müsse. Damit war nur noch dem Bischof oder dem Weihbischof die Visitation möglich, während es jedem Schulleiter offenstand, den Pfarrer zu beaufsichtigen. Die Schulräte in Ahaus und Steinfurt verpflichteten denn auch ausdrücklich die Schulleiter zu regelmäßiger Beaufsichtigung und Berichterstattung.[213] Der Bischof seinerseits nutzte künftig die Firmungsreisen noch stärker zu demonstrativer Visitation der Schulen. In einem eigenen Hirtenwort unterstrich er die Bedeutung der Firmung in der gegenwärtigen Zeit als Stärkung gegen „soviel Zaghaftigkeit und Kleinmut in unseren Reihen" und gegen die „Scheu, sich öffentlich zu Christus zu bekennen".[214]

In Oldenburg ging man in der Visitationsfrage wesentlich härter vor als in Preußen. Nach dem Schulgesetz von 1910 besaßen die Ortspfarrer das Aufsichtsrecht. Da es seit 1933 zu Eingriffen in den Religionsunterricht gekommen war, gab der Offizial im Jahre 1934 eine erneute Anweisung zur Überwachung des Religionsunterrichtes durch die Pfarrer heraus.[215] Bei der Novellierung des Schulgesetzes wurde das

Aufsichtsrecht der Ortspfarrer vollständig beseitigt, indem man den entsprechenden Passus einfach strich.[216] Dieses teilte der Minister der Kirchen und Schulen dem Offizial am 4.7.1936 mit und räumte ihm gleichzeitig das Recht ein, durch seine Dechanten oder deren Vertreter zweimal im Jahr und mit Einverständnis des Ministers auch öfter den Religionsunterricht zu besuchen. Durch einen entsprechenden Erlaß vom selben Tage wurden die Schulen von dieser Regelung in Kenntnis gesetzt. In einem heftigen Schriftwechsel, bei dem sich die Briefe teilweise sogar überschnitten, entzündete sich in der Folge eine Auseinandersetzung um die Visitationsfrage, in der man sich gegenseitig Verdrehung der Tatsachen und den Tatbestand der Beleidigung vorwarf. Der Minister der Kirchen und Schulen forderte den Offizial letztlich auf, definitiv bis zum 15.8.1936 die beauftragten Geistlichen zu benennen, andernfalls werde er nur noch dem Offizial allein das Prüfungsrecht einräumen, was dann auch geschah.[217] In Fortsetzung des Streites kam es im April 1937 zu einem Vorfall, durch den von Galen selbst in den Konflikt verwickelt wurde und der höchste Stellen in Staat und Kirche beschäftigen sollte. Der Fall kann als symptomatisch dafür angesehen werden, wie von Galen den Kampf gegen die nationalsozialistischen Machthaber führte.

Anläßlich einer Firmungsreise im Dekanat Friesoythe wollte von Galen, wie bei solchen Gelegenheiten üblich, auch die Schulen besuchen. Am Abend seiner Ankunft erfuhr er jedoch, daß der zuständige Schulrat Höffmann nach Rücksprache mit Regierungsschulrat Kohnen in Oldenburg den Besuch verboten hatte. Umgehend forderte von Galen telegraphisch beim Ministerpräsidenten Joel in Oldenburg unter Hinweis auf Artikel 21 des Reichskonkordats die Aufhebung des Verbots.[218] Wie inzwischen schon gängige Praxis, nahm der Bischof am folgenden Tag eine Ansprache zum Anlaß, in aller Öffentlichkeit seine Korrespondenz mit den staatlichen Behörden, hier das Telegramm an Joel, und den Artikel 21 des Reichskonkordats, der das Visitationsrecht garantierte, wörtlich zu zitieren und das Verhalten des Schulrats zu kritisieren. Er bezeichnete den Fall als unzweideutiges Beispiel für eine Mißachtung des Konkordats und als Beweis für die Rechtmäßigkeit der jüngsten päpstlichen Enzyklika „Mit brennender Sorge", die gegen „Vertragsverdrehung", „Vertragsumdeutung" und „Vertragsverletzung" öffentlich Klage erhebe. Von Galen sprach von der „unerhörte(n) Behandlung" eines Bischofs, die in ganz Deutschland so noch nicht vorgekommen sei, außer einmal zur Zeit der Weimarer Republik in Sachsen, als dort Sozialdemokraten und Marxisten regiert hätten. Bissig-ironisch fügte er hinzu: „Es ist wohl interessant, daß ein Schulrat im jetzigen Staat sich dasselbe erlaubt, wie damals die Sozialdemokraten und Kommunisten!" Von Galen gab dann aber seinen Verzicht auf den Schulbesuch bekannt, weil er auf keinen Fall „die guten Lehrer und Lehrerinnen" in die Notlage bringen werde, den Bischof aus der Schule weisen zu müssen.[219]

Die Kanzelverkündigung von Galens wurde einem Gendarmeriebericht zufolge am folgenden Sonntag in verschiedenen katholischen Kirchen verlesen. Ein Polizeiberichterstatter verwies dabei besonders auf den Vergleich mit den Sozialdemokraten und Kommunisten. Dadurch erhielt auch der Gauleiter Kenntnis von der Sache und bat um Zusendung der Unterlagen zwecks Bericht an den Stellvertreter des Führers. Auch die Gestapo schaltete sich ein.[220] Pauly reagierte äußerst scharf auf den öffentlichen Vorstoß von Galens und entzog ihm das Visitationsrecht, da nach dem Vertrag von 1830, der die rechtliche Grundlage für das Offizialat in Vechta bilde, nur dem Offizial die ordentliche Amtsgewalt des

Abb. 10 Bischof Clemens August Graf von Galen auf Firmungsreise in Gescher 1935

Bischofs übertragen worden sei und er daher den Bischof von Münster nicht als kirchliche Oberbehörde für die Katholiken im Lande Oldenburg anerkennen könne. Pauly forderte den Bischof auf, seine Kanzelverkündigung entsprechend zu berichtigen.[221]

Zu diesem Schreiben Paulys nahm von Galen öffentlich in der Pfarrkirche zu Friesoythe Stellung. Die Kanzelerklärung bestach durch ihren klar gegliederten Aufbau und ihre geschickte Argumentation, die sich auf zwei Rechtsquellen stützte, das geschriebene Gesetz und das Gewohnheitsrecht der Tradition. Nach den rechtlichen Grundlagen des Vertrages von 1830 habe der Offizial als „Vertreter und Beauftragter des Bischofs" die Schulen zu beaufsichtigen. Die Funktion eines Vertreters des Bischofs, folgerte von Galen, stünden doch auch wohl dem Bischof selbst zu. Und nicht ohne einen Anflug von Ironie fragte er Pauly, ob er, wenn er einem Schulrat als seinem Vertreter die Visitation übertragen habe, nicht auch als Minister die Schulen besuchen dürfe. Des weiteren bezog von Galen sich auf das traditionelle Herkommen und verwies darauf, daß er nicht nur vor Abschluß des Konkordates, sondern noch in den Jahren 1935 und 1936 auf seinen Firmungsreisen die Schulen besucht habe, also zu einer Zeit, als Pauly bereits Minister gewesen sei. Und niemand habe darin einen Verstoß gegen den Vertrag von 1830 oder das Konkordat gesehen.[222]

Pauly ging nun noch einen Schritt weiter und entzog auch dem Offizial das Visitationsrecht, solange der Bischof von Münster nicht definitiv erklärt habe, ob er oder der Offizial in Vechta die kirchliche Oberbehörde im Sinne von Artikel 21 des Konkordats sei. Damit trat der Konflikt in eine zweite Phase, in der von Galen in ständigem Austausch mit dem Offizial nun in einen Rechtsstreit mit dem Minister der Kirchen und Schulen in Oldenburg eintrat, der den Auftakt zu bedeutsamen rechtlichen Auseinandersetzungen in den Folgejahren bilden sollte.

Nach zwei Monaten erteilte von Galen auf über sechs Seiten die von Pauly immer wieder vehement geforderte Antwort. Schritt für Schritt widerlegte er dessen Rechtsauffassung. Den Kernpunkt seiner Argumentation bildete eine Vereinbarung von 1852/53, die die Oberaufsicht des Bischofs über den oldenburgischen Bezirk eindeutig belegte und das Recht des Bischofs anerkannte, die Kirchen und Schulen in Oldenburg „jederzeit zu visitieren". Er nehme an, erklärte von Galen wiederum nicht ohne einen ironischen Unterton, „daß dem zeitigen Herrn Minister diese Vereinbarung ... nicht bekannt war, als er glaubte, behaupten zu dürfen", der Bischof von Münster sei „nicht kirchliche Oberbehörde im Sinne von Artikel 21 des Reichskonkordats."[223]

Pauly beharrte jedoch auf seinem Standpunkt.[224] Die öffentlichen Proteste von Galens und seine geschickte juristische Argumentation zeigten aber durchaus Wirkung. Das war dem Entwurf des Antwortschreibens an den Bischof zu entnehmen, in dem das Ministerium ein Einlenken für den Fall signalisierte, daß „die Katholische Kirche ihre Angriffe auf den nationalsozialistischen Staat unterlassen und eine positive Einstellung zu ihm finden würde." Das darin gemachte Angebot schien Pauly dann aber doch wohl zu entgegenkommend, der Passus wurde ersatzlos gestrichen.[225] Als ein weiterer Vorstoß des Offizials Vorwerk auf Veranlassung von Galens ebenfalls erfolglos blieb[226], bekräftigte der Bischof in einem weiteren Schreiben an Pauly nochmals seine Rechtsauffassung, wollte jedoch auf seine außerordentlichen bischöflichen Schulbesuche verzichten, wenn dem Offizial als dem Mandatar des Bischofs und den von ihm zu benennenden Geistlichen das Visitationsrecht wieder eingeräumt werde.[227] Der Offizial bat Pauly nach diesem Entgegenkommen des Bischofs um Aufhebung des Visitationsverbotes.[228] Obwohl die Sachbearbeiter im Ministerium vorschlugen, von weiteren rechtlichen Auseinandersetzungen mit dem Bischof abzusehen und dem Offizial das Prüfungsrecht wieder zuzuerkennen, erfolgte der Widerruf nicht.[229] Als der Offizial auch auf eine weitere Nachfrage keine Antwort erhielt, bat er den Gauleiter und Reichsstatthalter Röver, dafür zu sorgen, daß die Verfügungen des Oldenburgischen Staatsministeriums und „der im Reichsgesetz bekundete Wille des Führers" auch in Oldenburg durchgeführt würden.[230] Bei der kirchenfeindlichen Einstellung Rövers konnte Vorwerk hier allerdings kein großes Entgegenkommen erwarten. Der Gauleiter schickte denn auch kurzerhand das Schreiben an Pauly weiter, mit der charakteristischen Bemerkung: „Die Partei bringt dem Antrag des Herrn Bischöflichen Offizials keinerlei Interesse entgegen."[231] Erst auf eine Intervention Vorwerks bei Ministerpräsident Joel hin[232] teilte Pauly von Galen am 14.12.1937 mit, daß er die Angelegenheit Rust unterbreiten wolle. Da das Konkordat ein Vertrag zwischen dem Heiligen Stuhl und der Reichsregierung sei, könnten die Streitigkeiten nicht zwischen dem Minister der Kirchen und Schulen und dem Bischof von Münster, sondern nur durch Verhandlungen der Vertragsparteien – also des Vatikans und der Reichsregierung – rechtsverbindlich bereinigt werden.[233] Damit verlagerte sich der Konflikt auf eine dritte Ebene.

Auf Paulys Bescheid hin schaltete von Galen sogleich den Apostolischen Nuntius Orsenigo ein, den er bereits im Juni 1937 über die Vorgänge in Friesoythe informiert hatte, sandte ihm in acht Anlagen alle relevanten Schriftstücke zu und teilte ihm mit, daß Pauly beabsichtige, die Reichsregierung einzuschalten. Der Bischof schilderte die Sachlage, erläuterte den Rechtszustand und äußerte die Sorge, daß bei Fortdauer des Zustandes in manchen Schulen in steigendem Maße ein Religionsunterricht erteilt werde, der nicht mehr in Übereinstimmung mit den Lehren und Anforderungen der Kirche stehe, wie es das Konkordat verlange. Hier lag auch das eigentliche Motiv von Galens, im Streit mit Pauly Schritt für Schritt nachzugeben, denn die seelsorglichen Erwägungen hatten beim Bischof immer Vorrang vor den politischen. Von Galen bat den Nuntius, bei der Reichsregierung auf Abänderung des Zustandes in Oldenburg zu dringen und auch dem Heiligen Stuhl Bericht zu erstatten.[234]

Am 21.6.1938 sprach Orsenigo im Auswärtigen Amt vor. Zwar zeigte er sich nicht sonderlich gut informiert, denn nach seinen Aussagen beruhten die dem Bischof gemachten Schwierigkeiten teils auf einer persönlichen Gegnerschaft zwischen Pauly und dem Bischof, teils darauf, daß Pauly zwar den ortsansässigen katholischen Pfarrern, nicht aber dem diesen Pfarrern übergeordneten Bischof die Schulvisitation zubilligen wollte. Mochte die erste Aussage noch zutreffen, so entsprach die zweite wohl eher einem Wunschdenken, da Pauly doch gerade in seinem antikirchlichen Schulgesetz die Schulvisitationen der ortsansässigen Pfarrer radikal beseitigt und zum augenblicklichen Zeitpunkt sogar sämtliche Visitationsrechte aufgehoben hatte. Der Nuntius bezog sich sodann auf den Brief Paulys an von Galen, worin er seine Ausführungen auf das Konkordat „als einzig maßgebende Grundlage" stützte. Dieses nun war dem Auswärtigen Amt gar nicht recht, weil die Reichsbehörden seit längerem die Absicht verfolgten, im Verkehr mit den Vertretern der katholischen Kirche die Konkordate weder zur Ablehnung noch zur Begründung staatlicher Maßnahmen heranzuziehen.[235] Die dahinterstehende Absicht verdeutlichte eine Aktennotiz: Die Argumentation Paulys erweise der späteren Absicht der Reichsregierung, das Konkordat beiseite zu schieben, einen schlechten Dienst.[236] Dementsprechend informierte das Auswärtige Amt den Reichskirchenminister, der einen gemeinsamen Erlaß vorschlug, wonach untergeordnete Behörden sich in Zukunft gegenüber kirchlichen Institutionen nicht mehr auf das Reichskonkordat oder auf ein Länderkonkordat berufen sollten.[237]

Erst drei Monate nach seinem Brief an von Galen informierte Pauly Rust über den Rechtsstreit und erhielt von dort nach zwei weiteren Anfragen und fünf Monaten Wartezeit die lapidare Antwort, die erbetene Entscheidung sei zurückgestellt worden, da sie nicht als besonders dringlich anzusehen sei. Verärgert vermerkte Pauly unter dem Schreiben: „Derartige Anfragen in Berlin haben künftig zu unterbleiben."[238] Und er ließ danach die Sache auf sich beruhen.

Der Oldenburger Vorfall mag den Bischof veranlaßt haben, den Visitationen bei seinen Firmungsreisen eine noch größere Bedeutung beizumessen. Bei jeder Gelegenheit protestierte er gegen die Einschränkung dieses Rechtes, so etwa, als er in einer Schule den Religionsunterricht nur in Gegenwart des Kreisschulrates visitieren durfte.[239] Aber die Firmungsreisen dienten von Galen – wie bereits erwähnt – auch als Kampf- und Demonstrationsmittel gegen das Regime, da die Ortschaften, besonders auch die Schulen, bis hin zu Parteigenossen dem Bischof häufig triumphale Empfänge lieferten, sei es, daß Rektoren ihn in SA-Uniform begrüßten[240], Schulleiter persönlich die Schulen schmückten oder Lehrer den

Bischof „in Frack und Zylinder" empfingen.[241] Die Schulbehörde reagierte darauf mit immer schärferen Gegenmaßnahmen, indem sie etwa die Zahl der Pfarrer und Lehrer, die an den Visitationen teilnehmen durften, drastisch beschränkte.

Im Jahre 1941 kam es anläßlich einer Firmungsreise des Bischofs zu einem Streit mit dem Leiter der Abteilung für Kirchen und Schulen im Regierungspräsidium. Rust, der von Klemm informiert worden war, vertrat die Ansicht, daß das Verhalten von Galens eine „eindeutige Zurückweisung" erfordere, und er ermächtigte Klemm, dem Bischof das Visitationsrecht zu entziehen. In der Begründung hieß es: „Ein konkordatsrechtlicher Anspruch auf Besuch des schulplanmäßigen Religionsunterrichts besteht nicht."[242] Die Anordnung sollte auf den gesamten Wirkungsbereich des Bischofs und auf alle Schularten ausgedehnt werden. Der Reichskirchenminister, der von Rust eine Abschrift des Erlasses erhielt, bemerkte dazu: „Einverstanden, da es sich um den Bischof von Münster handelt."[243] Daß Kerrl das Visitationsverbot ausdrücklich als Strafmaßnahme nur auf von Galen beschränkt wissen wollte, zeigte sich ein Jahr später, als der Oberpräsident der Rheinprovinz unter Berufung auf den Erlaß Rusts auch dem Bischof von Trier die Einsichtnahme in den Religionsunterricht verweigerte und der Nuntius deswegen im Außenministerium protestierte. Rust, der seinen Erlaß auch für diesen Fall bestätigte, stieß auf den Widerspruch Kerrls, der betonte, der Erlaß sei von ihm nur deshalb gebilligt worden, weil es sich um den Bischof von Münster gehandelt habe.[244] So wurde das konkordatär abgesicherte Visitationsrecht, zumindest vom Reichskirchenminister, grundsätzlich nicht in Frage gestellt, dem Bischof von Münster aber wegen seiner kämpferischen Haltung entzogen.

3.3. Gegen die Gemeinschaftsschule

3.3.1. Präventivkampf – Elternschulung

Den Höhepunkt im Kampf um die Schule bildete zweifellos die Abwehr der „nationalsozialistischen Bekenntnisschule", wie von Galen die Gemeinschaftsschule in Anlehnung an Rosenberg zu nennen pflegte. Schon in der grundlegenden Auseinandersetzung mit Rosenberg war sie zentrales Thema. Als 1936 – möglicherweise im Vorfeld eines neuen Schulgesetzes – eine starke Agitation für die Gemeinschaftsschule einsetzte, versuchte von Galen, dieser Gefahr präventiv durch eine intensive Information, Schulung und Mobilisierung der Bevölkerung zu begegnen, wodurch die Auseinandersetzung noch stärker in die Öffentlichkeit getragen wurde. Besonderer Zielpunkt waren die Eltern. In einem Zusammenspiel vielfältiger Methoden und Mittel wurden sie umfassend aufgeklärt, was sie im Falle einer Einführung der Gemeinschaftsschule für ihre Kinder zu erwarten hätten.

Den Auftakt in der Auseinandersetzung um die Gemeinschaftsschule bildete der rhetorisch eindrucksvolle Hirtenbrief zum Erntedankfest des Jahres 1936, in dem von Galen die Öffentlichkeit, besonders die Eltern, erstmals auf die sich abzeichnende Gefahr aufmerksam machte. Den Kern des Schreibens bildete eine Abrechnung mit der nationalsozialistischen Presse, die in höhnischen Kommentaren einen Hirtenbrief der Fuldaer Bischofskonferenz zur Bekenntnisschule kritisiert und die Forderung aufgestellt hatte, Staat und Partei müßten ihr höchstes Bestreben darin erblicken, die „Einheit der Nation durch die Einheitsschule" für die Zukunft zu sichern.[245] Einen Tag nach Verlesung des ohnehin schon sehr scharfen Hirtenbriefes griff von Galen auf das heftigste eine Verordnung des Reichskirchenministers an, welche den Kirchenblättern, die den Hirtenbrief der deutschen Bischöfe abgedruckt hatten, die Beschlagnahmung androhte. Unter Berufung auf das Reichskonkordat bezeichnete er die Verfügung als rechtswidrig und warf dem Minister „Vertragsbruch" vor. Die öffentlich vorgetragene Kritik teilte er dem Minister auch persönlich mit.[246]

Als Berning wenige Tage später im Reichskirchenministerium über die Schulfrage verhandelte, war man dort äußerst erbost über die Haltung des Bischofs von Münster, dessen Predigten und Hirtenbriefe allmählich „alles Erträgliche überschritten". Wie scharf der Angriff von Galens ausgefallen war, zeigte die Tatsache, daß selbst Berning für die Verstimmung des Reichskirchenministers Verständnis aufbrachte und erklärte, auch er mißbillige die Kanzelabkündigung, in der der Bischof das Schreiben des Ministeriums in einer Weise glossiert habe, die mit Recht beanstandet werden müsse.[247] Als kurz darauf im Reichskirchenministerium Unterlagen für eine Besprechung mit Hitler zusammengestellt wurden, stand in einem Papier, betitelt „Wichtige kirchenpolitische Fragen ...", unter Punkt 5 zu lesen: „Wie soll gegen den unbotmäßigen Bischof Graf von Galen in Münster vorgegangen werden?"[248]

Von Galen hatte erfahren, daß an einigen Orten zu Ostern 1937 konfessionelle Volksschulen zu Gemeinschaftsschulen zusammengelegt werden sollten. Darüber beschwerte er sich bei Rust und fragte an, ob auch in seiner Diözese wie in Bayern und Württemberg „durch eine amtliche Aktion ein vernichtender Schlag gegen die konfessionelle Schule ... ohne Rücksicht auf die Wünsche der Eltern und auf bestehende Rechte vorbereitet" werde. Sollte das der Fall sein, wolle er die Katholiken seiner Diözese „zu erhöhter Wachsamkeit gegenüber diesen Bestrebungen" aufrufen.[249] Zuvor hatte von Galen bei der Regierung in Münster gegen die beabsichtigte Einführung der Gemeinschaftsschulen protestiert, teilweise sogar mit Erfolg.

Zur weiteren Unterrichtung der Eltern griff der Bischof zu einem besonderen Mittel. Ende Dezember 1936 verfaßte er unter dem Titel „Mitteilungen über Schul- und Erziehungsfragen" eine ausführliche Dokumentation, in der einem Katalog gleich den Eltern dargelegt wurde, was sie bei der Einführung der Gemeinschaftsschule zu erwarten hätten.[250] Zugleich leitete er weitere methodische Schritte zur Elternschulung ein.

Anfang des Jahres 1937 verpflichtete das Generalvikariat die Dechanten, alle Eltern schulpflichtiger Kinder planmäßig zu besuchen, um sie über die Schlagworte, die gegen die konfessionelle Schule gebraucht wurden, aufzuklären, weil man mit einer schlagartig einsetzenden Werbung für die Gemeinschaftsschule rechnete.[251] Auf der Plenarkonferenz des Episkopates referierte von Galen zusammen mit dem Erzbischof von Bamberg von Hauck über das Thema „Volksbewegung für oder gegen die Bekenntnisschule". Erzbischof Gröber von Freiburg verfaßte daraufhin im Auftrage der Konferenz eine kurze Erklärung zum Schutze der Bekenntnisschule.[252] Diese veröffentlichte von Galen im Kirchlichen Amtsblatt mit der Maßgabe, sie „je nach den örtlichen Beobachtungen von Zeit zu Zeit zu verlesen".[253]

Wie ernst die Lage war, zeigte ein Vorfall in Münster. Anfang des Jahres 1937 wurden auf Betreiben des sattsam bekannten Stadtschulrats Glowsky in den oberen Klassen der Volksschulen sogar die Schüler befragt, ob sie später ihre Kinder in eine Gemeinschaftsschule schicken würden. Darauf verfaßten die Pfarrer der Stadt Münster nach Rücksprache mit dem Bischof eine Kanzelverkündigung, worin den Gläubigen „zur strengen Gewissenspflicht" gemacht wurde, das vom Konkordat besonders geschützte Elternrecht auf Erhaltung katholischer Bekenntnisschulen einzufordern. Diese programmatische Kanzelerklärung wurde allen Pfarrern der Diözese und den Ordinariaten Deutschlands zugestellt.[254]

Die eigentliche Schulung und ‚Aufrüstung' der Eltern vollzog sich dann so gründlich, daß ihnen sogar einfache Formeln an die Hand gegeben wurden, die sie auswendig lernen sollten. Wenige Tage nach dem Vorfall in Münster wandte von Galen sich in einem ausführlichen Hirtenschreiben ausdrücklich „an die katholischen Eltern und Erziehungsberechtigten", um ihnen die Rechtsgrundlagen der katholischen Bekenntnisschule darzustellen und sie mit Argumenten gegen die laufende Propaganda ‚aufzurüsten'. Der Hirtenbrief hatte einen klar gegliederten Aufbau, so daß die Eltern den Gedankengang leicht nachvollziehen konnten. „Vor keiner Gefahr zittere ich mehr, als vor dem Eingriff in das katholische Schulwesen", begann der Bischof und griff damit ein Wort seines großen Vorfahren, des Großonkels und Bischofs von Mainz Wilhelm Emmanuel von Ketteler auf. Von Galen befürchtete offenbar ein bevorstehendes neues Schulgesetz zur Einführung der Gemeinschaftsschule. Er rief die Eltern auf, dann sofort gemäß dem ihnen in Artikel 23 des Konkordates zugestandenen Recht die Neueinrichtung katholischer Bekenntnisschulen zu fordern. Dafür gab er ihnen die kirchlichen und staatlichen Rechtsgrundlagen der katholischen Bekenntnisschule an die Hand: das kanonische Recht, die Enzyklika Pius XI. „Über die christliche Erziehung" von 1929, das preußische Volksschulunterhaltungsgesetz, das Schulgesetz in Oldenburg und das Reichskonkordat. Abschließend nannte er den Eltern die acht wichtigsten Punkte, mit denen für die Gemeinschaftsschule geworben werde, und lieferte ihnen die Gegenargumente, methodisch und rhetorisch geschickt aufgebaut nach dem einfachen Schema „Man sagt ... Das ist nicht wahr."[255] Das Hirtenwort wurde auch in Broschürenform verbreitet.

Am gleichen Tage gab von Galen den Seelsorgegeistlichen Anweisungen, wie die Eltern im Sinne des Hirtenwortes gegen eine häufig ganz überraschend einsetzende Werbung für die Gemeinschaftsschule zu wappnen seien. Als Mittel schlug er vor: Predigten, Katechesen für Erwachsene, Vorträge in Frauen- und Männervereinen, Elternabende, Erziehungswochen und vor allem die besonders wirksamen Hausbesuche. Die Eltern waren auf die Art der Werbung und die dabei gebrauchten Redensarten aufmerksam zu machen. Bei Unterschriftensammlungen für die Gemeinschaftsschule sollten sie im Gegenzug sofort beim Regierungspräsidenten die Erhaltung der katholischen Bekenntnisschule fordern. Von den Pfarrern in den Rechtsbestimmungen geschulte Laienhelfer sollten die landläufigen Einwendungen gegen die katholische Bekenntnisschule widerlegen. Für den überraschenden Angriff gab der Bischof den Eltern ein ganz einfaches Rezept an die Hand, sie sollten schlicht allen Schlagworten mit der Erklärung begegnen: „Wir wollen die katholische Bekenntnisschule behalten!"[256]

Die Öffentlichkeits- und Elternarbeit wurde durch das alljährliche Hirtenwort zum Schul- und Erziehungssonntag unterstützt. Auch hierin stand ein Satz, den die Eltern sich „wortwörtlich" einprägen sollten: „Solange es deutsche Treue gibt, solange ein Kanzlerwort gilt, solange Verträge heilig sind, solange gibt es das Recht der katholischen Schule in Deutschland."[257]

Daß die Schulung der Eltern ihre Wirkung nicht verfehlte und die nationalsozialistischen Machthaber zunehmend beunruhigte, zeigte sich daran, daß Kerrl unter Übersendung des Hirtenwortes vom 25.2.1937 Rust zur schnellen Verabschiedung eines Reichsschulgesetzes drängte, weil die sich häufende kirchliche „Propaganda für die Konfessionsschule ... ein zunehmendes Eintreten katholischer Bevölkerungskreise gegen die Gemeinschaftsschule zur Folge haben" werde.[258] Rust waren jedoch die Hände gebunden, da Hitler sich die Entscheidung über das Schulgesetz vorbehalten hatte.[259] Goebbels warf von Galen vor, durch die Verbreitung einer Broschüre die Eltern dazu aufzufordern, bei einer Einführung der Gemeinschaftsschule „sofort von ihrem Konkordatsrecht Gebrauch zu machen". Diese Broschüre bekämpfe „eine vom volkspolitischen Standpunkt aus hochwichtige Maßnahme der Reichsregierung".[260]

Auch in den Predigten setzte von Galen die Aufklärung, Unterrichtung und Schulung der Gläubigen systematisch fort, wobei er hier deutlicher werden konnte als im geschriebenen Wort. So griff er in einer zweistündigen Ansprache am 30.5.1937 in Münster die Vorwürfe des Goebbels-Briefes Punkt für Punkt auf und setzte ihnen die rechtlichen Grundlagen des Konkordats entgegen. Von Galen bezeichnete in der Predigt die Unterrichtung der Öffentlichkeit und den öffentlichen Protest als die wirksamsten Mittel des Kampfes.[261]

Die Öffentlichkeit wurde an diesem Tag in überwältigender Weise hergestellt. 7000-9000 Teilnehmer zählte die Gestapo, darunter sollten sogar zwölf holländische Wagen gesichtet worden sein. Je nach Lage unterstrichen die Zuhörer die Worte des Bischofs mit Beifallskundgebungen, Pfuirufen, Kirchenliedern und Treueschwüren.[262] Eine deutschsprachige Zeitung aus den Niederlanden bestätigte denn auch die Anwesenheit holländischer Berichterstatter und zählte sogar 20 000 Katholiken bei der Kundgebung. Laut Aussage des Blattes befaßte sich der Bischof mit „erneuten Konkordatsschändungen", indem er beispielsweise darauf hingewiesen habe, daß katholische Lehrer aus den Schulen verjagt würden und daß man die „Brutalität" soweit treibe, an die Stelle treukatholischer Lehrer abgefallene Katholiken zu setzen. Die Zeitung faßte zusammen, es „war eine Klage des Bischofs und ein einziger Ruf nach Recht".[263]

Der angegriffene Goebbels konstatierte denn auch, daß die Auslandspresse bezüglich der „Pfaffenrede immer noch ganz groß" sei, und bezeichnete die Predigt von Galens als „freche Rede".[264] Auch die Baseler Nachrichten brachten unter der Überschrift „Katholische Kirche und nationalsozialistischer Staat" einen ausführlichen Bericht über die Dompredigt des Bischofs. Aufgrund dieses Zeitungsartikels warf Kerrl in einem Schreiben an Goebbels von Galen vor, durch falsche Auslegungen des Reichskonkordates und konstruierte Vertragsbrüche der Reichsregierung eine „gefährliche Propaganda gegen Staat und Partei in das Volk" zu tragen.[265]

Als von Galen kurze Zeit später anläßlich der Heiligtumsfahrt in Aachen predigte, kam es auch dort zu Demonstrationen, bei denen in Sprechchören gefordert wurde: „Wir wollen unsere katholische Schule wieder haben."[266]

Den Höhepunkt des Präventivkampfes gegen die Gemeinschaftsschule bildeten inhaltlich wie rhetorisch ein grundlegender Hirtenbrief und eine eindrucksvolle

Predigt zu Beginn des Jahres 1938, kurz bevor in Oldenburg der erste Schritt zur Abschaffung der Bekenntnisschulen erfolgte. Im Hirtenschreiben thematisierte von Galen erneut die Frage der Gehorsamsverpflichtung diesem Staat gegenüber, verknüpfte das Thema jedoch nun erstmals mit der Schulfrage. Im Anschluß an Röm. 13 bezeichnete der Bischof die Obrigkeit als von Gott eingesetzt, forderte aber die Beachtung der Rechte des Menschen durch den Staat. Nach Artikel 21 des Reichskonkordates habe der Religionsunterricht wie der gesamte übrige Unterricht „die Erziehung zu vaterländischem, staatsbürgerlichem und sozialem Pflichtbewußtsein aus dem Geiste des christlichen Glaubens- und Sittengesetzes" zu pflegen. Eine solche ganzheitliche Erziehung sah der Bischof am besten durch die christliche Bekenntnisschule gewährleistet. Dieser Schule und diesem Erziehungsprinzip stellte von Galen die Gemeinschaftsschule gegenüber, die nach Rosenbergs Worten mit der alten Kirchenschule zwar das Formalprinzip der Ganzheit gemeinsam habe, jedoch im Gegensatz zur Kirchenschule an den „Zentralwerten der nationalsozialistischen Weltanschauung" orientiert sei. In fünf anaphorisch eingeleiteten Fragen kritisierte der Bischof die vielen Maßnahmen, die zum Abbau der Bekenntnisschule beitragen sollten, und sah dadurch die von Gott gegebenen, vertraglich verbürgten Rechte der Eltern und deren Gewissensfreiheit mißachtet. Mit Bezug auf die Enzyklika „Mit brennender Sorge" thematisierte er erneut die Frage nach den „Grenzen der obrigkeitlichen Gewalt". Er machte das Sittengesetz und „das vom Finger des Schöpfers selbst in die Tafeln des Menschenherzens" eingeschriebene Naturrecht zur Norm und Grenze menschlicher Gesetzgebung, an der jedes positive Recht überprüft werden müsse. Wörtlich zitierte er Pius XI.: „Menschliche Gesetze, die mit dem Naturrecht in unlösbarem Widerspruch stehen, kranken an einem Geburtsfehler, den kein Zwangsmittel, keine äußere Machtentfaltung sanieren kann". Wenn der Inhaber der staatlichen Gewalt den von Gott verliehenen Auftrag mißbrauche, verliere er das ihm übertragene Recht. Der Bischof berief sich zur Begründung auf den Satz der Apostelgeschichte (5,29) „Man muß Gott mehr gehorchen als den Menschen" und bezeichnete ihn als „das heilige Grundgesetz sittlicher Ordnung".[267]

Der derart heftig attackierte Rosenberg registrierte besonders sorgfältig die „Ausfälle" des Bischofs über die beiden Kernthemen des Hirtenbriefes, das Verhältnis von Kirche und Staat und die Einführung der Gemeinschaftsschule anstelle der christlichen Bekenntnisschule.[268]

Bereits einen Monat später griff von Galen in einer Predigt in Münster das Schulthema erneut auf. Mit dem Ausruf „Katholische Eltern, das müßt ihr wissen!" zeigte er noch deutlicher als im Hirtenbrief die Stationen auf dem Wege zur Gemeinschaftsschule auf und sah dahinter das Erziehungskonzept Rosenbergs und dessen „nationalsozialistische Bekenntnisschule".[269] Die Worte des Bischofs wurden in hektographierter Form den Pfarrern der Diözese übersandt. Der deutschsprachige Vatikansender brachte einen ausführlichen Bericht über die Predigt.[270]

Zum gleichen Zeitpunkt forderte von Galen vehement von Kardinal Bertram, dem Vorsitzenden der Fuldaer Bischofskonferenz und Sprecher des deutschen Episkopats, den Schritt in die Offensive und bezeichnete es als einzig noch gangbaren Weg zur „Abstellung unerhörter Rechtsverletzungen", die „rechtswidrigen Gewalttaten und Praktiken", wobei er als Beispiel unter anderen die Einführung der Gemeinschaftsschule im Raum Koblenz-Trier anführte, „öffentlich" von allen

Abb. 11 Bischof Clemens August Graf von Galen in Nieukerk 1937

Kanzeln in ganz Deutschland bekanntzumachen.[271] Bertram jedoch ging nicht darauf ein, sondern verwies auf die rastlosen Bemühungen Bernings zur Besserung der Schulangelegenheiten.[272] Wie ungehalten von Galen zu diesem Zeitpunkt über den Verhandlungs- und Beschwichtigungskurs eines Teiles des Episkopates war, ließ er auch Wienken, den Leiter des Commissariates der Fuldaer Bischofskonferenz in Berlin, spüren, als er ihn scharf angriff: „Es ist gar nicht Deine Aufgabe, die deutschen Bischöfe im Reichskirchenministerium zu verteidigen. Ich will nicht, daß Du mich wegen meiner Predigten entschuldigst oder verteidigst."[273]

3.3.2. Die Einführung der Gemeinschaftsschule in Oldenburg

Genau ein Jahr eher als im westfälischen Teil wurde die Gemeinschaftsschule im oldenburgischen Teil der Diözese Münster eingeführt. Nach der herben Niederlage im Kreuzkampf ging der oldenburgische Minister der Kirchen und Schulen nun um so konsequenter an dieses Werk und bereitete die Einführung systematisch vor, wie den detaillierten Anweisungen an die nachgeordneten Behörden zu entnehmen ist. Auf einer Besprechung mit den Kreisleitern der NSDAP, den Gau- und Kreisamtsleitern des NSLB sowie den Amtshauptleuten, Oberbürgermeistern und Kreisschulräten bezeichnete er die Gemeinschaftsschule grundsätzlich „als die allein erwünschte Form der deutschen Schule".[274] Die Kreisschulräte mußten in Berichten an das Ministerium alle Orte aufführen, an denen Schulen beider Konfessionen vorhanden waren. Abstimmungen über die Einführung der Gemeinschaftsschule wünschte Pauly nicht. Zu Beginn des neuen Schuljahres, Ostern 1938, wurden dann die meisten Privatschulen aufgelöst und in einigen Orten die Schulen beider Konfessionen zu Gemeinschaftsschulen zusammengelegt. Wie behutsam das geschah, wird daraus ersichtlich, daß die entscheidende, bereits fertiggestellte Verfügung an die Bürgermeister für die Maßnahmen zu Ostern 1938 noch im letzten Augenblick zurückgezogen wurde. Aus der Anweisung Paulys unter dem Entwurf geht hervor, daß eine schriftliche Verfügung an die einzelnen Bürgermeister nicht erwünscht war, da „mündliche Besprechungen die Sache mehr fördern" könnten.[275]

Sogar die Anordnung zur Auflösung der Privatschulen war zunächst mündlich erfolgt, wie aus einem Brief von Galens an Offizial Vorwerk hervorgeht. Der Offizial hatte zuvor den Bischof über die Auflösung der privaten höheren Mädchenschulen in Oldenburg und Wilhelmshaven informiert. Von Galen sah darin einen „neuen schmerzlichen Beweis", daß die derzeitige oldenburgische Regierung im Gegensatz zur großherzoglichen, die in Klugheit und Gerechtigkeit den „Kulturkampf" vermieden habe, beabsichtige, „den Vernichtungskampf gegen die katholische Kirche und ihre Einrichtungen durchzuführen". Der Bischof kritisierte bissig den mangelnden Mut der Oldenburger Regierung, ihre Anordnungen schriftlich festzulegen und mit den einschlägigen gesetzlichen Bestimmungen zu begründen. Ob die Oldenburgische Verfassung oder Schulgesetzgebung dem Minister das Recht gebe, Privatschulen aufzuheben, wisse er nicht, schrieb von Galen, aber im Artikel 25 des Reichskonkordates seien sie „vertraglich und gesetzlich" festgelegt. Bei Durchführung der Anordnung drohte der Bischof, dem Heiligen Stuhl Bericht zu erstatten, da es sich eindeutig um eine Beeinträchtigung von Konkordatsrechten handele. Er empfahl dem Offizial, auf jeden Fall auf einer schriftlichen Anordnung und Begründung seitens der Oldenburgischen Regierung zu bestehen, und bat ihn um entsprechende Benachrichtigung.[276] Kurze Zeit darauf erhielten die Leiterinnen der erwähnten Mädchenschulen von Pauly die schriftliche Verfügung über die Aufhebung der Schulen, die sie dem Bischof übersandten. Von Galen übertrug Vorwerk die Sache, da er die oldenburgische Gesetzgebung nicht kannte. Er bat den Offizial, auch zu überlegen, ob eventuell aufgrund von Artikel 25 des Reichskonkordates ein Verwaltungsstreitverfahren denkbar sei, obwohl er den Erfolg „bei der heutigen Abhängigkeit der Gerichte" bezweifele. Auf jeden Fall sollte Vorwerk aus Gründen der Zeitersparnis direkt von Vechta aus den Apostolischen Nuntius benachrichtigen und um Einspruch bei der Reichsregierung bitten.[277]

Zu Beginn des neuen Schuljahres wurde dann in verschiedenen Orten mit der Zusammenlegung von Konfessionsschulen zu Gemeinschaftsschulen begonnen. Am Sonntag, den 1.5.1938 ließ Vorwerk in allen Kirchen des oldenburgischen Teils der Diözese eine Kanzelerklärung verlesen, in der er es als seine „heilige Gewissenspflicht" bezeichnete, „gegen das Vorgehen der Staatsregierung Protest zu erheben und die Wiederherstellung der konfessionellen Schule zu verlangen." Er erinnerte dabei an den Kampf um das Kreuz in der Schule.[278] Die Kanzelerklärung bewirkte einen Schulstreik in der Gemeinde Goldenstedt, der großes Aufsehen erregte und höchste Stellen von Staat, Partei und Kirche mit seinen Folgen beschäftigen sollte. Am 2.5.1938 erschienen von rund 250 Kindern nur 70 zum Unterricht, und vor dem Schulgebäude demonstrierten etwa 60-80 Eltern mit ihren Kindern. Pauly versuchte mit massiver Drohung, den Schulstreik zu beenden: Wer seine Kinder bis zum 7.5.1938 nicht der Schule zugeführt habe, werde von der Geheimen Staatspolizei in Schutzhaft genommen.[279] Die Gestapo ließ denn auch „die hauptsächlichsten Hetzer" verhaften und erteilte den beiden Goldenstedter Geistlichen ein Aufenthaltsverbot, um der Kirche und der Bevölkerung zu zeigen, daß der Staat nicht gewillt sei, „die Aufhebung seiner Maßnahmen durch derartige Demonstrationen erzwingen zu lassen."[280]

Von Galen informierte in einem Rundschreiben, dem er die Kanzelerklärung des Offizials beifügte, die Dechanten seiner Diözese über die Vorgänge in Goldenstedt, aus denen er mit Recht schloß, daß im Lande Oldenburg dadurch faktisch die Gemeinschaftsschule eingeführt sei.[281] Der Bischof setzte sich auch sogleich für die betroffenen Personen ein. Die beiden ausgewiesenen Geistlichen schickte er zu Bischof Wienken nach Berlin, damit sie diesem mündlich ihre Lage selbst darstellen konnten. Nachdem man sie dort jedoch „mit unbestimmten Antworten abgefertigt" und gebeten hatte, ein schriftliches Gesuch um Wiederzulassung einzureichen, sah von Galen es als geboten an, selbst die Angelegenheit in die Hand zu nehmen.[282] Auch um das Schicksal der Inhaftierten kümmerte sich der Bischof. Er fragte beim Offizial an, wie der Haftbefehl begründet sei, ob Anklage gegen die Inhaftierten erhoben werde und ob von seiner Seite etwas zur Beschleunigung der Freilassung geschehen könne. Der Offizial sollte ihm die Namen der Inhaftierten und die für die Freilassung zuständige Gerichtsstelle angeben.[283] Vorwerk teilte mit, daß 13 Verhaftete in ein Konzentrationslager überführt worden seien, er wolle dem Bischof demnächst Namen und Aufenthaltsort der Personen mitteilen.[284]

Aber auch den Offizial selbst traf das gleiche Schicksal. Die Gestapo verwies ihn aus dem Land Oldenburg. Er fand Aufnahme beim Bischof in Münster. Noch am gleichen Tag protestierte von Galen telegraphisch bei Hitler[285] und Kerrl[286] gegen die Ausweisung. Zwei Tage später unterrichtete er in einem Hirtenbrief die

143

Öffentlichkeit ausführlich über die Vorgänge und über seine Proteste, auf die man ihm keine Antwort erteilt habe. Von Galen beklagte vor allem die zwangsweise Ausweisung seines amtlichen Vertreters ohne Gerichtsurteil und Benennung der Gründe. Er verhängte das Interdikt über das Land Oldenburg, eine schwere Kirchenstrafe, die zum Zeichen der Trauer das Läuten der Kirchenglocken verbot.[287]

Pauly hatte sein hartes Vorgehen beim Goldenstedter Schulstreik mit einer Begründung versehen, die das Elternrecht mit Füßen trat. Sie lautete: „Es ist heute in Deutschland allgemein anerkannt, daß die Gemeinschaftsschule überall zulässig ist. ... Es kann dahingestellt bleiben, ob dem entgegenstehenden Willen einzelner Erziehungsberechtigten (!) für die Einschulung ihrer Kinder unter bestimmten Voraussetzungen noch irgendwelche rechtliche Bedeutung zukommt. ... Wer seine Kinder der Schule fernhält, handelt daher rechtswidrig. Sein Verhalten ist eine Auflehnung gegen den nationalsozialistischen Staat."[288]

In einem zweiten Hirtenbrief, der einen Generalangriff gegen alle Unrechtsmaßnahmen beinhaltete, setzte sich von Galen mit dieser nachgerade zynischen Begründung Paulys Satz für Satz auseinander. In einem rhetorisch eindrucksvollen Part hielt er dem Minister die geltenden Rechtsgrundsätze entgegen und fragte nach der Gültigkeit von Recht und Gesetz in diesem Staat. Als Beispiel sei hier die Stelle wiedergegeben, in der der Bischof sich mit dem zweiten Satz des Ministers befaßte, der dem Willen der Eltern jede rechtliche Bedeutung absprach. Mit der immer gleichlautenden Einleitung „Und doch bestimmt..." zitierte er nacheinander die Festlegung des Elternrechtes im Artikel 146 der Reichsverfassung, im Artikel 23 des Reichskonkordates und im Oldenburgischen Schulgesetz, um dann zu fragen: „Kennt der Herr Minister Pauly diese auch für ihn verbindlichen Gesetzesbestimmungen jetzt nicht mehr? Wenn er sie aber kennt, wie kann er dann ‚es dahingestellt bleiben lassen', ob dem Willen der Erziehungsberechtigten ‚irgendeine rechtliche Bedeutung zukommt'? Es ist doch klar, daß diesem Willen nach bestehenden Gesetzen ‚rechtliche Bedeutung zukommt', und daß der Minister diese rechtliche Bedeutung anerkennen und das Recht und den Willen der Eltern beachten muß. Der Herr Minister schreibt: ‚Wer seine Kinder der Gemeinschaftsschule fernhält, handelt daher rechtswidrig.' Ich frage: handelt wohl der Minister rechtmäßig, wenn er gegen die rechtsgültigen Bestimmungen der Reichsverfassung, des Reichskonkordates, des Schulgesetzes die Eltern zwingt, ihre Kinder in die Gemeinschaftsschule zu schicken?"[289]

Einem Bericht der Gestapo zufolge beantworteten die Zuhörer die rhetorischen Fragen des Bischofs immer mit einem laut und vernehmlich gerufenen „Nein", und auch sonst wurde die Verlesung des Hirtenbriefes je nach Lage der Dinge von lebhaften Beifallskundgebungen oder Pfui-Rufen unterbrochen.[290]

Ebenso nachdrücklich wie in den öffentlichen Verlautbarungen protestierten der Bischof und der Offizial bei den zuständigen Instanzen. Die durchgängig am rechtsstaatlichen Denken orientierte Argumentation hatte die folgenden, immer wiederkehrenden Kernpunkte:

1. Die Einführung der Gemeinschaftsschule wurde als Verstoß gegen bestehende Gesetze, die der Minister der Kirchen und Schulen zum Teil selbst erlassen habe, bezeichnet. Pauly warf man Rechtsbruch vor.

2. Die Ausweisung des Offizials und weiterer Geistlicher sowie die Verhaftung besorgter Eltern sei ohne rechtliche Begründung und ohne Gerichtsurteil erfolgt.
3. Der Volkswille werde mißachtet. „Scheinabstimmungen" wie im übrigen Reich habe Pauly gar nicht erst gewagt, weil er die Glaubenstreue der katholischen Eltern zur Genüge kenne.
4. Angesichts dieser Verstöße wurde die Unruhe in der Bevölkerung als gerechtfertigt bezeichnet und mit dem Kreuzkampf verglichen.

Die Volksmeinung über diese Unrechtsmaßnahmen brachte der Offizial in einem Protestbrief an Rust treffend zum Ausdruck: „Das Volk kann es nicht verstehen, daß es selbst die Gesetze achten soll, und daß eine Staatsregierung sich um Gesetze nicht kümmert. Es kann nicht begreifen, daß heute, wo der Volkswille maßgeblich sein soll, dieser in Oldenburg in so offenkundiger Weise mißachtet wird."[291]

Am 9.7.1938 ließ Kerrl von Galen durch seinen Staatssekretär Muhs mitteilen, er sehe sich nicht in der Lage, dem Geheimen Staatspolizeiamt die Aufhebung des Ausweisungsverbotes für Vorwerk zu empfehlen, und benachrichtigte die Reichskanzlei, daß er die Beschwerde des Bischofs von Münster zurückgewiesen habe.[292] Dagegen protestierte von Galen zunächst bei Lammers[293], dann bei Kerrl, begründete ausführlich die Unrechtmäßigkeit der Maßnahmen, wobei die Argumentation im Brief an Kerrl nochmals erheblich verschärft wurde.[294] Der Bischof bezichtigte Pauly des Rechtsbruchs, da er sich nicht gescheut habe, die Bestimmungen des „von ihm selbst unter dem 11.6.1936 verkündeten" Schulgesetzes für den Landesteil Oldenburg und das Reichskonkordat zu verletzen. Besonders hob der Bischof auf die ungeheure Erregung der Bevölkerung ab und kehrte die Vorwürfe der Nationalsozialisten in ihr Gegenteil. Nicht der Offizial habe die Kirchenbesucher in eine oppositionelle Haltung gegen den Staat gehetzt, sondern die Rechtsverletzung Paulys. Der Offizial habe nur versucht, „die durch die gesetzwidrige Einführung der Gemeinschaftsschule erregte Bevölkerung vor unbesonnenen Schritten zu bewahren". Die Erregung der Bevölkerung habe sich zudem noch „ungemein gesteigert durch die ohne ein Gerichtsurteil und ohne die Möglichkeit der Verteidigung" durchgeführte Inhaftierung von „ehrenhaften und angesehenen Männern" und die Landesverweisung des Offizials und weiterer katholischer Geistlicher.

Auf der Plenarkonferenz der deutschen Bischöfe kamen die Oldenburger Vorfälle ebenfalls zur Sprache[295], und auch Pius XI. wurde über die Ausweisung Vorwerks, die „sine sententia judicali" erfolgt sei, unterrichtet.[296]

Neben der offiziellen Begründung, die Pauly für die Einführung der Gemeinschaftsschule geliefert und die von Galen in seinen Protesten heftig attackiert hatte, entwickelte er im internen Kreise eine sogenannte „nationalsozialistische" Rechtsauffassung, die er in den Folgejahren immer stärker ausbauen sollte. Dem schweren Vorwurf des Rechtsbruchs, den von Galen unter Bezug auf das von Pauly selbst erlassene Schulgesetz erhoben hatte, begegnete der Minister in einem Rechtfertigungsschreiben an Rust mit der folgenden lapidaren Begründung: „Das Oldenburgische Schulgesetz ... enthält zwar die grundsätzliche Bestimmung, daß die Volksschulen konfessionell einzurichten sind. Diese Bestimmung ist m.E. als überholt zu betrachten, weil sie der nationalsozialistischen Weltanschauung widerspricht." Die Aufhebung der Privatschulen begründete Pauly im Sinne dieser

Rechtsauffassung schlicht damit, daß „ein Bedürfnis für sie nicht gegeben war". Die Schuld am Schulstreik in Goldenstedt trügen der Offizial und der Bischof von Münster, jeder „ein entschiedener Gegner des nationalsozialistischen Staates und ein Vertreter des politischen Katholizismus".[297]

Die „nationalsozialistische" Rechtsauffassung Paulys, die dem am Rechtsstaat orientierten Denken von Galens diametral entgegenstand, blieb selbst in den eigenen Reihen nicht unwidersprochen. Den Bezugspunkt der Argumentation bildeten vorrangig die Paragraphen 18 und 19 des Oldenburgischen Schulgesetzes von 1936 sowie der Artikel 23 des Reichskonkordates, die die Bekenntnisschule garantierten.[298] Gleich von vier Seiten wurde Paulys widerrechtliches Verhalten kritisiert, was ihn nicht daran hinderte, seine „nationalsozialistische" Rechtsauffassung unbeirrt weiterzuentwickeln. Die Rechtsanwälte Hollje und Rogge[299], die mit der Wahrnehmung der Interessen der 13 verhafteten Personen beauftragt waren, der Generalstaatsanwalt beim Oberlandesgericht in Oldenburg Christians[300] sowie die Referenten Rabe und Meerwald in der Reichskanzlei[301] vertraten einmütig die Ansicht, daß das Vorgehen Paulys mit dem Oldenburgischen Schulgesetz und dem Reichskonkordat im Widerspruch stehe.

Einzig die Partei war es, die geschlossen hinter Pauly stand. Gauleiter Röver tat alles, um eine Rückkehr Vorwerks zu verhindern. Er bezeichnete das „Oldenburger Münsterland, wo dieser Offizial Vorwerk Oberhirte war", als „politisches Notstandsgebiet".[302] Geradezu beschwörend klang sein Appell an den Reichskirchenminister: „Offizial Vorwerk darf nie wieder auf seinen Posten nach Vechta zurückkehren ... Deshalb bitte ich Sie, alles zu tun, was in Ihrer Macht steht, daß das Aufenthaltsverbot für Vorwerk ohne Einschränkung aufrecht erhalten bleibt."[303] Goebbels drängte Kerrl, die Aufenthaltsverbote für den Offizial und die übrigen Geistlichen nicht aufzuheben, da nach einem Bericht des Reichspropagandaamtes Oldenburg die Ausgewiesenen und der Bischof von Münster „in einer sehr gemeinen Art und Weise die Aufklärungsarbeit der Partei gestört" hätten.[304] Auch Bormann bat, die „angeordneten Maßnahmen auf keinen Fall irgendwie zu mildern oder rückgängig zu machen".[305]

Unterstützt und gedrängt durch diese massiven Interventionen, teilte die Reichskanzlei am 24.7.1938 dem Bischof von Münster kurz und lapidar mit, die Prüfung des Sachverhalts habe ergeben, daß die Beschwerde gegen das Aufenthaltsverbot des Offizials unbegründet sei und dieses daher nicht aufgehoben werde.[306]

In der Zwischenzeit führte Pauly sein erstrebtes Ziel, die Gemeinschaftsschule in Oldenburg durchzusetzen, konsequent weiter.[307] Bereits im August konnte der NSLB im Gau Weser-Ems der Reichswaltung melden, daß an keinem Orte im Lande Oldenburg Volksschulen zweier Bekenntnisse mehr bestünden.[308] Anfang 1939 bemerkte Rust, daß „in Oldenburg inzwischen sämtliche Volksschulen Gemeinschaftsschulen geworden" seien.[309] Während nun im Anschluß daran im westfälischen Teil der Diözese die Gemeinschaftsschule eingeführt wurde, ruhte der Streit in Oldenburg zunächst bis zum Jahre 1940.

3.3.3. Die Einführung der Gemeinschaftsschule in Westfalen

Ein Jahr nach der Einführung der Gemeinschaftsschule im oldenburgischen Teil der Diözese wurden auch im preußischen Teil planmäßig Schritte unternommen, evangelische und katholische Bekenntnisschulen zu vereinen. Unmittelbar nach dem Bekanntwerden dieser Pläne machten die Pfarrer unter Hinweis auf das Reichskonkordat von ihrem Einspruchsrecht Gebrauch, dem sich an manchen Orten eine große Zahl von Eltern anschloß.[310]

Auch von Galen protestierte sofort bei den zuständigen Stellen und legte ihnen die rechtliche Unhaltbarkeit der Maßnahmen dar. Der Bischof reihte sich ein in die Schar der Pfarrer und Eltern und erhob als „Beteiligter" Einspruch beim Oberbürgermeister der Stadt Münster.[311] Unter Berufung auf die gesetzlichen Grundlagen und eine gerichtliche Entscheidung von 1926 wies er auch dem Regierungspräsidenten nach, daß die Umwandlung der konfessionellen Schulen „gesetzlich nicht zulässig" sei.[312] Als der Bischof von Klemm keine Antwort erhielt, informierte er wegen der „grundsätzlichen und symptomatischen Bedeutung" die Ordinariate Deutschlands unter Anlage seiner Proteste und fragte an, ob in ihren Diözesen ähnliches versucht werde und ob Proteste dort Erfolg gehabt hätten.[313]

Von Galen muß sich in einer bedrückenden Stimmungslage und außerordentlich großen Besorgnis befunden haben, als er nach dem so hitzigen und dennoch vergeblichen Kampf in Oldenburg nun auch im preußischen Teil das letzte Bollwerk christlicher Erziehung fallen sah. So wandte er sich „in tiefster Herzensbedrängnis" an Kardinal Bertram und versuchte ihm mit einer bisher nicht dagewesenen Eindringlichkeit klarzumachen, daß „der Vernichtungskampf gegen die katholische Kirche an einem Entscheidungspunkt angekommen" sei, wo es um „,Sein oder Nichtsein'" gehe. Bei einem Schweigen der Bischöfe werde der nationalsozialistische Gegner „zunächst einmal die Hinnahme und Duldung der Anmaßung des Staates" erreichen und könne in Ruhe die Auswirkung der Gemeinschaftsschule im Sinne Rosenbergs abwarten. Von Galen verlangte daher eine vorzeitige Zusammenkunft des Gesamtepiskopates und noch stärker als im Vorjahr den konsequenten Schritt in die Offensive und in die Öffentlichkeit. Die bisherige Eingabenpolitik nach Berlin hielt er für völlig ungeeignet, er forderte, „in Abwehr und Kampf ... das Äußerste (zu) wagen." In Anlehnung an die Ereignisse in Goldenstedt hielt er den generellen Schulstreik für ein geeignetes Mittel. Die christlichen Eltern, „im Gewissen verpflichtet", ihre Kinder von der „Staatszwangsschule" fernzuhalten, die sie „zu Heiden macht", sollten auf breitester Front aktiviert und mobilisiert werden. „Und die Notwendigkeit dieser Abwehr und dieses Kampfes muß unserem katholischen Volk so klar sein und so lebendig vor Augen stehen, daß Tausende in die Bresche springen, wenn die ersten Führer in diesem Kampf fallen!"[314]

Die bisher mit dem Vorsitzenden der deutschen Bischofskonferenz gemachten Erfahrungen ließen von Galen wohl wenig Hoffnung auf diese ‚Generalmobilmachung' des Kirchenvolkes und ihrer Oberhirten. Deshalb plante er für seine Diözese eine eigene spektakuläre Aktion. Am 26.2.1939 sollte in allen Gottesdiensten eine Abstimmung der Kirchenbesucher über die Einführung der Gemeinschaftsschule stattfinden. Von Galen verfaßte dazu einen Hirtenbrief, in dem die „Gewissensnot" der Eltern und die rechtlichen Verpflichtungen des Staates durch das Konkordat zentrale Themen waren. Der Hirtenbrief lehnte sich inhaltlich stark an das Hirtenschreiben an, das er vor genau einem Jahr hatte verlesen lassen. Die Gemeinschaftsschule bezeichnete er erneut in Anlehnung an NS-Schriften als die „nationalsozialistische Bekenntnisschule", deren Ziel es sei, „jeden deutschen jungen Menschen in allen Unterrichtsfächern im Geiste des Nationalsozialismus zu einem Bekenner der Ideen Adolf Hitlers" zu erziehen. Abschließend erklärte der

Bischof: „Ich werde aber um so nachdrücklicher für die katholische Bekenntnisschule eintreten können, wenn ich weiß, daß die Gläubigen der ganzen Diözese meine Auffassung teilen, und besonders die Eltern mich mit ihrer vollen elterlichen Verantwortung unterstützen." Sodann ließ er einen entsprechenden Text verlesen, dem die Anwesenden durch Handaufheben zustimmen konnten.[315]

Eine dem Hirtenbrief beigefügte Weisung an die Pfarrer legte fest, wie die Abstimmung verlaufen sollte. Es war eine Zählung der Kirchenbesucher vorzunehmen und durch Beobachtung schätzungsweise die Anzahl derer festzustellen, die nicht zustimmten, um sie von der Gesamtzahl abzuziehen.[316]

Das Ergebnis war überwältigend. 98,7% der Kirchenbesucher stimmten für die Bekenntnisschule. Wie von Galen es im Hirtenbrief versprochen hatte, wandte er sich mit dieser Unterstützung der Eltern im Rücken an die Träger der Macht und informierte Hitler, Pauly und Klemm über das Ergebnis. Die Einführung der Gemeinschaftsschule in Oldenburg hatte er seinerzeit als Mißachtung des Volkswillens und des Elternrechts gebrandmarkt. Die Berechtigung dieser Kritik konnte er nun eindrucksvoll durch diese Abstimmung belegen. Nichtbeachtung der Gesetze, der traditionellen Glaubensüberlieferung und der Gewissensfreiheit bildeten die Hauptanklagepunkte in den Protestschreiben des Bischofs. So bat er Hitler um „persönliches Eingreifen" in der „eminent wichtigen und schwerwiegenden Angelegenheit." Die Einführung der Gemeinschaftsschule geschehe gegen die gesetzlichen Bestimmungen des Reichskonkordats, „unter Mißachtung der entgegenstehenden Bestimmung des von der nationalsozialistischen Regierung ... erlassenen neuen Schulgesetzes" in Oldenburg, „gegen den Willen der Bevölkerung" und „unter Vergewaltigung der ... oft zugesicherten Gewissensfreiheit". Die „treudeutschen Volksgenossen" seiner Diözese würden „ganz gewiß um so freudiger ihre Pflichten gegen Volk und Vaterland erfüllen ..., je ehrfürchtiger ihr von den Vorfahren ererbter katholischer Glaube und ihre Gewissensüberzeugung geachtet" würden.[317] Dem Minister der Kirchen und Schulen in Oldenburg teilte von Galen in einem ähnlich lautenden Schreiben mit, daß in Oldenburg sogar 99,18% der katholischen Kirchenbesucher für die katholische Bekenntnisschule gestimmt hätten, und er forderte unter Berufung auf Artikel 23 des Reichskonkordats, „die Wiedereinführung der katholischen Bekenntnisschule nach dem jetzt einmütig bekundeten Verlangen der Katholiken des Landes Oldenburg ... anzuordnen und damit der oft zugesicherten Gewissensfreiheit die Bahn frei zu machen."[318] Die Übermittlung des Ergebnisses an Klemm wollte von Galen als Untermauerung seines Einspruchs gegen die Einrichtung von Simultanschulen verstanden wissen.[319] Die Proteste blieben alle ohne Wirkung. Lammers teilte von Galen lediglich mit, er habe sein Schreiben „weisungsgemäß" an Rust weitergesandt.[320]

Seine Betroffenheit und seinen Zorn brachte von Galen ein zweites Mal Kardinal Bertram gegenüber deutlich zum Ausdruck, als der ihm einen Hirtenbriefentwurf von Berning zum Erziehungssonntag zusandte, über dessen harmlosen Inhalt von Galen angesichts der Einführung der Gemeinschaftsschule in seiner Diözese geradezu empört war. Er glaubte, wegen der „grundstürzenden Änderung auf einem wichtigen Gebiet der Jugenderziehung" mit dem Inhalt des Entwurfs „zur Zeit weder den seelsorglichen Bedürfnissen noch den berechtigten Erwartungen" seiner Diözesanen zu entsprechen, und wollte einen eigenen Hirtenbrief herausgeben.[321]

Entsprechend scharf fiel denn auch dieser Hirtenbrief aus, der sich durch einen klaren und übersichtlichen, in vier Teile gegliederten Aufbau auszeichnete und mit den Themen „Bekundung des Volkswillens", „Forderung der Gewissensfreiheit", „Berufung auf Vertrag und Gesetz", „Elternrecht als Grundrecht" die Beschwerdepunkte aufgriff, die er bereits in seinen Protestschreiben dargelegt hatte und nun auch der Öffentlichkeit mitteilte.[322]

Die bereits erwähnte Stimmungslage von Galens gab eindrucksvoll ein Gestapobericht wieder, in dem vermerkt stand, daß der Bischof den Hirtenbrief „in besonders aggressiver Form verlas" und am Schluß hinzugefügt habe: „Sollte die Hölle in Münster schon auf Erden sein!"[323]

Der Zorn, der sich im Brief an Bertram, im Inhalt des Hirtenbriefes und der Art seines Vortrages widerspiegelte, diktierte von Galen auch die Feder bei einer Instruktion an die geistlichen Religionslehrer. Der Bischof hielt es nicht für ausgeschlossen, daß nach der Einführung der Gemeinschaftsschule den Pfarrgeistlichen wieder eine Übernahme des Religionsunterrichtes angeboten würde, da Lehrer fehlten. Von Galen war im Zwiespalt, wie er sich verhalten sollte. Einerseits sah er im Falle einer Annahme die korrekte Erteilung des Religionsunterrichtes gesichert, zugleich würde dadurch „aber auch eine Duldung und gewisse Unterstützung der Gemeinschaftsschule durch die Kirche bekundet und der unverzichtbare Kampf um die Wiedererringung katholischer Jugenderziehung ungemein erschwert". Von Galen entschied sich, nicht abzulehnen, um die Möglichkeit nicht zu verschenken, wieder Einfluß auf die schulische Erziehung zu gewinnen. Er wies die Pfarrer an, im Falle eines Angebots der anbietenden Stelle mitzuteilen, daß sie zuvor die Zustimmung des Bischofs einholen müssen. Der Bischof wollte die Zusage an vier Vorbedingungen knüpfen, deren Härte und Kompromißlosigkeit zeigen, wie sehr ihn die Aufhebung der Bekenntnisschulen getroffen hatte, aber auch, wie er versuchen wollte, den nationalsozialistischen Einfluß in der Schule einzudämmen. Seine Forderungen lauteten:

1. Die Laienlehrkräfte, insbesondere die nationalsozialistisch orientierten, durften in den übrigen Schulstunden den Intentionen des Religionsunterrichtes nicht entgegenarbeiten, zum Beispiel durch Verächtlichmachung der katholischen Kirche, durch Hetze gegen deren Personen und Institutionen, durch Belehrungen, die mit der Glaubens- und Sittenlehre der katholischen Kirche in Widerspruch standen, durch Agitationen zur Abmeldung vom Religionsunterricht. Verstöße dieser Art sollten disziplinarisch geahndet werden.
2. Alle Namen und Anschriften der katholischen Kinder jedes Schulsystems mußten dem zuständigen Pfarrer zu Beginn des Schulhalbjahres mitgeteilt und die Modalitäten des Unterrichts unter Rücksichtnahme auf die sonstigen Amtsverpflichtungen der Geistlichen vereinbart werden.
3. Auch Laien, möglicherweise sogar Ordensfrauen, sollten für die Erteilung des Unterrichtes eingesetzt werden. Eine Ablehnung der vorgeschlagenen Personen durfte nur unter Angabe der Gründe an den Bischof erfolgen.
4. Der Religionslehrer sollte nicht behindert werden, wenn er die Schüler zum Leben nach dem Glauben, zur Teilnahme am Gottesdienst und an religiösen Veranstaltungen anhielt.[324]

Die Gestapo, die Kenntnis von dieser Anweisung von Galens erhielt, informierte sofort Rust, der anordnete, zunächst nichts zu veranlassen, aber die Anweisungen des Bischofs weiter im Auge zu behalten.[325]

Kurz darauf sandte von Galen den Pfarrern einen verkürzten „Übergangslehrplan" zu und wies sie an, sofort Beschwerde bei der Schulbehörde zu erheben, wenn in der Gemeinschaftsschule kein Religionsunterricht mehr erteilt oder ein gemeinsamer Religionsunterricht für Kinder verschiedener Konfession durchgeführt werde.[326]

Der Papst, dem von Preysing Material „aus der Hand des Bischofs von Münster" übersandte, las die Dokumente „mit ebenso großer Aufmerksamkeit wie tiefer Sorge ... über Gefährdung der kirchlichen Erziehung" in der Gemeinschaftsschule.[327] Auch in einem Aide-Mémoire des Vatikans sollte das überwältigende Abstimmungsergebnis als freie und unmißverständliche Manifestation des Volkswillens der deutschen Regierung mitgeteilt werden, mußte dann aber aus nicht feststellbaren Gründen einer sehr allgemeinen Formulierung weichen.[328]

Doch beim Bischof machte sich auch zunehmend Resignation breit. So empfahl er bereits kurze Zeit nach der Abstimmung den rheinischen Katholiken, auf Einzeleingaben gegen die Gemeinschaftsschule zu verzichten, da im westfälischen Teil „Zehntausende von Einsprüchen" nicht beachtet worden seien. Er selbst wolle dafür im Namen aller Gläubigen bei Rust protestieren.[329] Das tat er bereits am folgenden Tag.[330]

Schließlich faßte von Galen seine Proteste im Kampf gegen die Gemeinschaftsschule in einer Dokumentation zusammen, die bereits im Titel Resignation ausdrückte: „Abschließender Bericht über die Errichtung von Gemeinschaftsschulen im preußischen Teil der Diözese Münster im Jahre 1939". Darin hieß es, daß, nachdem in Oldenburg schon im Jahre 1938 die Gemeinschaftsschule eingeführt worden sei, die Katholiken des Bistums Münster sich wohl auch mit der Tatsache würden abfinden müssen. Wie zum Trotz listete er aber unter Anführung ausführlicher Zitate alle Rechtsgrundlagen der Bekenntnisschule nochmals auf: Artikel 146 der Weimarer Verfassung, das preußische Volksschulunterhaltungsgesetz, das Schulgesetz für Oldenburg und Artikel 23 des Reichskonkordats.[331]

3.4. Die Sicherung des kirchlichen Erziehungsrechtes während der Kriegsjahre

3.4.1. Vergeltungsmaßnahmen für den Schulkampf in Oldenburg

Mit der Einführung der Gemeinschaftsschule war der Schulkampf in Oldenburg eigentlich abgeschlossen. Die Ausweisung Vorwerks stellte bereits die erste einer Reihe von Maßnahmen gegen das Offizialat in Vechta dar, mit denen die nationalsozialistischen Machthaber in den folgenden Jahren Vergeltung übten.

Gleich nachdem die Gemeinschaftsschule in Oldenburg eingeführt worden war, überlegte man in Partei und Staat, wie man den Einfluß von Galens in Oldenburg weiter einschränken könne. Im Zusammenspiel mit der Partei und höchsten Regierungsstellen in Berlin wurde im Ministerium Paulys zunächst der Plan entwickelt, das Offizialat in Vechta ganz aufzulösen. Damit hoffte man, den Bischof von Münster am empfindlichsten zu treffen.[332] Die Partei stand Pauly in diesem „Rechtskampf", der den „weltanschaulich geführten Kampf mit der Weltmacht Rom" unterstützen sollte, fest zur Seite.[333] Eine Kündigung des Vertrages von 1830, der die Grundlage für die Existenz des Offizialats bildete, stieß aber auf rechtliche Bedenken. Folgende Vorhaltung Kerrls wird Pauly die Aufgabe des Plans zusätzlich erleichtert haben: „Der Wegfall des Offizialats in Vechta hätte zur Folge, daß die katholische Kirche in Oldenburg dem Bischof von

Münster unmittelbar unterstünde. Es erscheint mir fraglich, ob damit dem Interesse des Landes Oldenburg gedient wäre."[334]

Doch auch die tatsächlich durchgeführten Maßnahmen trafen den Bischof hart. Zusammengefaßt waren es folgende:

1. Die vom Land Oldenburg zur Verfügung gestellten Offizialatsgebäude wurden eingezogen.
2. Die staatlichen Gelder, die auf dem Vertrag von 1830 und einem daraus resultierenden sog. „Bauschsummenabkommen" beruhten, wurden gestrichen.
3. Letzteres betraf auch zwei vom Land Oldenburg gestiftete Ehrenkanonikate.

Die Maßnahmen begannen am 11.6.1940 mit der zwangsweisen Räumung des Offizialatsgebäudes durch die Gestapo. Als der designierte Nachfolger im Offizialatsamt Pohlschneider vorschlug, nochmals mit dem Bischof zu verhandeln, erklärte Minister Pauly, Verhandlungen kämen nicht in Frage, es werde nicht mehr verhandelt, sondern gehandelt.[335]

Neben den materiellen hatte der Streit folgende personelle Konsequenzen:

1. Die Ausweisung Vorwerks aus Oldenburg war unmittelbar nach der Einführung der Gemeinschaftsschule als erster Vergeltungsakt erfolgt.
2. Als von Galen im April 1940 Vorwerk von seinem Amt als Offizial entband und ihn dafür zum residierenden Domkapitular in Münster ernannte, hatte das zur Folge, daß Vorwerk von der Gestapo verhaftet, aus Münster ausgewiesen und nach Mecklenburg verbannt wurde.
3. Der im Mai 1940 zum Nachfolger von Vorwerk ernannte Offizial Pohlschneider wurde von der Staatsregierung in Oldenburg und der Reichsregierung nicht anerkannt.

Die Folgemaßnahmen des oldenburgischen Schulkampfes waren Ausfluß eines sich über Jahre hinziehenden Streites, an dem letztlich neben den örtlichen Partei-, Staats- und Kirchenstellen sechs Reichsministerien, die Gestapo, der Stellvertreter des ‚Führers' und der Vatikan beteiligt waren.[336]

3.4.2. Machtstaat versus Rechtsstaat

3.4.2.1. „Nationalsozialistische" Rechtsauffassung

Nach der Einführung der Gemeinschaftsschule und der Ausweisung des Offizials im Jahre 1938 hatte der Streit zunächst geruht, obwohl in Oldenburg im verborgenen fieberhaft weiter an den Vergeltungsmaßnahmen gearbeitet wurde. Der Stein kam erneut ins Rollen, als von Galen am 12.4.1940 dem Reichskirchenminister die Ernennung Vorwerks zum residierenden Domkapitular[337] und wenig später Pauly die Einsetzung Pohlschneiders zum neuen Offizial mitteilte.[338] Sofort legte Röver telegraphisch bei Kerrl gegen die „eigenmächtige Maßnahme des Bischofs von Münster in Sachen Vorwerk allerschärfsten Einspruch" ein.[339] Auch Bormann wünschte dringend die Verhinderung der Ernennung und begründete dies mit den Erfahrungen aus dem Schulkampf: „Da nach den früheren Vorgängen mit Sicherheit damit zu rechnen ist, daß Vorwerk auch seine neue Stellung dazu benutzen wird, die kirchlich gebundenen Volksgenossen gegen Partei und Staat aufzuhetzen, muß der Bischof von Münster von vornherein in aller Eindeutigkeit darauf hingewiesen werden, daß er für die zu erwartenden Folgen allein die Verantwortung zu tragen hat."[340] Darauf teilte Kerrl von Galen mit, daß die

Ernennung Vorwerks „aus Erwägungen allgemein politischer Art" als eine unfreundliche Handlung gegenüber der Staatsregierung angesehen werde.[341] Ähnlich äußerte er sich hinsichtlich der Ernennung Pohlschneiders.[342]

Inzwischen war in Oldenburg auch die Entscheidung gefallen, das Offizialatsgebäude einzuziehen. Als neue Vergeltungsmaßnahmen konnte Pauly daher dem Bischof kurz nacheinander mitteilen, daß das Offizialat zu räumen[343] und Pohlschneider als nicht bestellt anzusehen sei.[344]

In der Begründung versuchte Pauly zunächst noch, sich an den gesetzlichen Grundlagen zu orientieren. Er griff auf den Vertrag von 1830 zurück und warf dem Bischof eine einseitige Rechtsverletzung vor, da er bei der Ernennung des neuen Offizials nicht die Genehmigung der oldenburgischen Staatsregierung eingeholt habe, wie der Vertrag dies vorsehe.[345] In einem persönlichen Gespräch mit dem Bischof[346] und in einem weiteren Schreiben[347] präzisierte Pauly seine Auffassung.

Als von Galen diesen ersten Begründungsversuch, wie noch darzustellen sein wird, eindeutig widerlegte, schlug Pauly eine völlig andere Richtung ein und stellte nun die Gültigkeit des gesamten Vertrages in Frage. Dabei zog er gleich zwei neue Begründungen heran, eine so haltlos wie die andere. Einerseits griff er wieder auf die „nationalsozialistische" Rechtsauffassung zurück, die er im Gefolge des Schulstreits erstmals entwickelt hatte. Andererseits erklärte er pauschal das gesamte ‚Fehlverhalten' Vorwerks zur Ursache für sein Vorgehen. Mit ‚Fehlverhalten' war die ganze Bandbreite der Widerstände gemeint, die Vorwerk und von Galen dem Minister im oldenburgischen Schulkampf entgegengesetzt hatten.[348] Von Galen deutete dies zu Recht als eine „späte Vergeltung" für die erlittene Niederlage von Staat und Partei im Kreuzkampf.[349]

Als von Galen sich beim Reichskirchenminister konkret nach den „Verfehlungen" Vorwerks erkundigte, ging Pauly nach Aufforderung Kerrls in einer Stellungnahme voller Ressentiments kaum auf die gestellte Frage ein, sondern legte auf sechs Seiten dar, was er von Galen vorzuwerfen hatte. Er habe zwar eigentlich keinerlei Veranlassung, schrieb er, sich mit dem Bischof in irgendwelche „Haarspaltereien" einzulassen, da aber dieser offenbar Wert darauf lege, „daß auch seine Rolle bei den früheren Vorkommnissen ins rechte Licht gerückt werde", sei er bereit, ihm insoweit entgegenzukommen. Es sei schon immer „die Taktik dieses Bischofs" gewesen, „sich dumm zu stellen und Tatsachen zu verdrehen". Für beides führte Pauly je zwei Beispiele an, in denen das Verhalten des Offizials und des Bischofs beim Kreuzkampf und bei der Einführung der Gemeinschaftsschule geschildert wurde. Speziell auf von Galen bezogen erwähnte er noch die Vorfälle anläßlich der Firmungsreise in Friesoythe. Zusammenfassend formulierte er: „Das ganze Verhalten des Bischofs war rechtswidrig und schuldhaft. Zu den schweren Verfehlungen des früheren Offizials Vorwerk, die die Kirche gegen sich gelten lassen muß und die allein schon den Vertrag von 1830 beseitigt haben, kommen also auch noch die schuldhaften Vertragsverletzungen, deren sich die Kirche durch das Verhalten des Bischofs von Münster schuldig gemacht hat."[350]

Gleichsam zur Fundamentierung dieser Begründung entwickelte Pauly seine „nationalsozialistische Rechtsauffassung" weiter.

Allen juristischen Bedenken zum Trotz wollte er an den getroffenen Maßnahmen gegen die Kirche festhalten, allerdings mit anderen Rechtsgründen als den bisherigen. Man müsse unbedingt „von einer statischen zu einer dynamischen

Rechtsauffassung" kommen, die der „Dynamik des Nationalsozialismus" entspreche, teilte Pauly Kerrl mit. Wörtlich führte er aus: „Ich bin der Meinung, daß jeder Vertrag des Staates mit einer der Kirchen heute wegen völliger Veränderung der ursprünglichen Verhältnisse vom Staate aufgekündigt werden kann, wenn und soweit eben diese Veränderung eine Neuordnung unbedingt erforderlich macht. Aus der nationalsozialistischen Weltanschauung heraus ergibt sich von Jahr zu Jahr mehr eine totale Umgestaltung aller[351] Lebensverhältnisse, die unmöglich vor veralteten Einrichtungen und Rechtsverhältnissen halt machen kann und wird."[352] Die Partei stand fest hinter Paulys Auffassung. So hatte sie bereits während des Kampfes um die Gemeinschaftsschule zwei Gutachten anfertigen lassen, die beweisen sollten, daß der Vertrag von 1830 „durch das staatsfeindliche Verhalten des Offizials und der ihm unterstellten Geistlichen sowie auch des Bischofs von Münster von der Kirche gebrochen" worden sei.[353] Die Gauleitung in Oldenburg zeigte sich denn auch geradezu begeistert von der „nationalsozialistischen" Begründung Paulys und bedauerte, nicht selbst „der geistige Urheber" zu sein. Durch ein solches Denken werde man in die Lage versetzt, gegen die Kirche, speziell den Bischof von Münster, mit dessen Einsprüchen man allerdings rechnen müsse, „bahnbrechend vorwärts zu kommen". Wörtlich hieß es in einem Schreiben an Pauly: „Wir sind der Meinung, daß hier nicht veraltete Vertrags- und Gesetzesbestimmungen zu gelten haben, sondern um mit Ihnen zu sprechen, die dynamische Rechtsauffassung, die den Erfordernissen unserer Zeit gerecht wird"[354]. Der Stellvertreter des Führers, der Pauly ebenfalls massiv unterstützte[355], stellte mit Genugtuung fest, daß von Pauly „nunmehr keine rechtlichen, sondern ausschließlich politische Gründe vorgebracht" würden.[356] Als der Reichskirchenminister die Bauschsumme, die durch das Erlöschen des Vertrages ebenfalls hinfällig wurde, freiwillig weiterzahlen wollte[357], schaltete die Gauleitung in Oldenburg den Stellvertreter des Führers ein[358], der starken Druck auf den kompromißbereiten Reichskirchenminister ausübte.[359]

Als der Apostolische Nuntius gegen die Maßnahmen Beschwerde erhob und Pauly in einer Stellungnahme nochmals seine „nationalsozialistische" Rechtsauffassung präzisierte[360], mußte er sich wie bei der Rechtfertigung der Gemeinschaftsschule wiederum aus den eigenen Reihen, dieses Mal vom Auswärtigen Amt, sagen lassen, daß sein Bericht „eine Reihe von rechtlichen Gesichtspunkten" enthalte, „die zu grundsätzlichen Beanstandungen Anlaß" gäben und für eine Antwort an die Apostolische Nuntiatur „nicht geeignet" seien.[361]

Das Auswärtige Amt vertrat dagegen die Ansicht, daß durch das Gesetz vom 30.1.1934, durch das die Länder ihre Souveränität verloren hätten, auch die Verträge dieser Länder hinfällig geworden seien, wenn das Reich sie nicht übernommen habe. Da das hier nicht der Fall sei, könnten die Staatsleistungen eingestellt werden.[362]

3.4.2.2. Rekurs auf das rechtsstaatliche Denken bei von Galen[363]

In der bisherigen Darstellung schien bereits durch, daß von Galen sich in der Begründung seiner Handlungen konsequent immer wieder auf die noch bestehenden Gesetze und Verträge bezog, obwohl sie von den Nationalsozialisten, wie bei Pauly gesehen, beiseite geschoben wurden, wenn sie ihnen hinderlich waren. In dieser Phase des Kampfes nahmen die Protestschreiben von Galens daher häufig die Form umfangreicher Rechtsgutachten an. Auf der Grundlage der Verträge und

Gesetze sowie unter Heranziehung der relevanten rechtswissenschaftlichen Literatur trat er so gewappnet dem nationalsozialistischen Willkürdenken entgegen und konnte den Gegnern die Unrechtmäßigkeit ihrer Handlungen nachweisen.

Dabei trafen die grundverschiedenen Einstellungen von Galens und Paulys im schärfsten Kontrast aufeinander, als der Bischof und der Minister sich in einem Gespräch direkt gegenüberstanden. Gleich nach dem Wiederaufleben des Streites im Jahre 1940 suchte von Galen mit seinem neu ernannten Offizial Pohlschneider den Minister persönlich auf, um gegen die Beschlagnahme des Offizialatsgebäudes zu protestieren. Der Bischof fragte Pauly nach der rechtlichen Grundlage der Anordnung. Pauly antwortete, daß er sich mit Beweisen für die Rechtsgrundlage nicht näher befaßt habe und es auch nicht wolle. Der Bischof wies Pauly die Unrechtmäßigkeit seiner Maßnahme nach und begründete dies insbesondere mit dem Reichskonkordat. Pauly bezog sich daraufhin auf Weisungen aus Berlin. Heftig fragte der Bischof: „Und dann ist es Recht? Das ist es ja eben, was mich empört, daß man dort, wo man vor dem objektiven Recht nicht mehr bestehen kann, einfach die Geheime Staatspolizei einschaltet, die dann nach eigenem Ermessen ihres Amtes waltet. Und diese Methode trägt eine fürchterliche Erbitterung in das Volk hinein." Der Antwort Paulys, er führe nur aus, was ihm aufgetragen sei, stellte von Galen die Frage entgegen: „Auch wenn Sie es als ein Unrecht erkennen?"[364] Pohlschneider berichtete, daß Pauly von dem Auftreten des großen Kirchenführers, den er bekämpfte und fürchtete, stark beeindruckt gewesen sei.[365]

Dem Minister, der es im Gespräch mit dem Bischof nicht für nötig befunden hatte, den Beweis für die Rechtmäßigkeit seiner Maßnahmen zu erbringen, lieferte von Galen nun im Gegenzug eine fundierte, auf Recht und Gesetz aufbauende schriftliche Begründung, durch die er die dem Minister im persönlichen Gespräch vorgetragenen Argumente untermauerte und rechtlich absicherte.[366] Wie erinnerlich, hatte Pauly schließlich doch den Versuch unternommen, sich zumindest insoweit auf gesetzliche Grundlagen zu beziehen, als er von Galen eine Verletzung des Vertrages von 1830 vorwarf, weil er bei der Ernennung des neuen Offizials nicht die Genehmigung der oldenburgischen Regierung eingeholt habe. In diesem Schreiben, das den Charakter eines rechtlichen Gutachtens annahm, widerlegte von Galen dem Minister nicht nur diese Behauptung, sondern wies ihm auch die Unrechtmäßigkeit aller seiner Maßnahmen nach, indem er Punkt für Punkt die dafür in Frage kommenden Rechtstitel auflistete:

1. Er hielt Pauly einen Brief aus dem Jahre 1919 vor, in dem der damalige Bischof von Münster das Staatsministerium in Oldenburg darauf hinwies, daß nach Artikel 137 Abs. 3 Satz 2 der neuen Reichsverfassung jede Religionsgemeinschaft ihre Ämter ohne Mitwirkung staatlicher Stellen verleihen dürfe.

2. Der Minister der Kirchen und Schulen habe seinerzeit diese Regelung anerkannt.

3. Ähnlich wie in der Frage der Visitation wies von Galen Pauly auch darauf hin, daß er selber diese Regelung dadurch akzeptiert habe, daß er im Jahre 1933 „nach der Machtübernahme durch die NSDAP" an der Amtseinführung des neuen Offizials teilgenommen habe.

4. Des weiteren begründete von Galen die Rechtmäßigkeit seines Vorgehens mit dem freien Besetzungsrecht für alle Kirchenämter, das in Artikel 14 des Reichskonkordates niedergelegt war.

5. Gegen die Beschlagnahme des Offizialatsgebäudes und die Vorenthaltung der Bauschsumme, an die auch die Stiftung der zwei Ehrenkanonikate gebunden war, führte von Galen sodann alle Rechtstitel der vergangenen 100 Jahre auf und begründete ihre Gültigkeit besonders mit Artikel 173 der Reichsverfassung und Artikel 17 des Reichskonkordats, die das Eigentum der katholischen Kirche und die auf Vertrag und Gesetz beruhenden Staatsleistungen weiterhin garantierten.

6. Von Galen wies Pauly detailliert nach, daß die Leistungen des Oldenburgischen Staates an die katholische Kirche ihren Ursprung im Vermögen säkularisierter Kirchengüter gehabt hätten, deren Gelder im Laufe der Zeit immer wieder ausdrücklich für das katholische Kirchen- und Schulwesen bestimmt worden seien.

7. Das „rechtsbegründete Herkommen" gemäß Artikel 18 Absatz 2 des Reichskonkordates zählte aufgrund des langjährigen Bestehens der Staatsleistungen für den Bischof „zu den besonderen Rechtstiteln", verstärkt wohl noch durch die wichtige Rolle, die Tradition überhaupt im Denken von Galens spielte. Der Bischof beantragte daher, gemäß dieser Beweisführung „den gesetzmäßigen Zustand wiederherzustellen."[367]

Als Pauly aufgrund der Argumentation von Galens seinen ersten Rechtfertigungsversuch aufgab und nun die Ungültigkeit des Vertrages pauschal mit dem „Fehlverhalten" Vorwerks im Kreuzkampf und bei der Einführung der Gemeinschaftsschule begründete, interpretierte der Bischof in einem Schreiben an Pauly das „mit Befriedigung" als Anerkennung der Rechtmäßigkeit seiner bisherigen Argumentation.[368] Dem Reichskirchenminister teilte von Galen mit, daß seine auf „Gesetz, Vertrag oder besonderen Rechtstiteln" beruhenden rechtlichen Darlegungen von Pauly nicht hätten bestritten oder widerlegt werden können, so daß er sich gezwungen gesehen habe, eine neue Begründung zu suchen.[369] Vom Reichskirchenminister hatte von Galen noch am ehesten Entgegenkommen erwartet. Dieser schwenkte jedoch auf starken Druck Bormanns ganz auf die Seite Paulys.[370]

Es entsprach der Konsequenz seines am Rechtsstaat orientierten Denkens, daß von Galen auch eine Klage erwog[371], sie in die Wege leitete[372] und sich sehr verwundert zeigte, als deswegen von Pohlschneider juristische Bedenken angemeldet wurden.[373] Obwohl von Galen dem Rechtsanwalt die Vollmacht erteilte, seine „an den Oldenburgischen Staat gestellten Rechtsansprüche auf die der katholischen Kirche geschuldeten Staatsleistungen bei allen in Frage kommenden Stellen zu vertreten", und auch bereits eine Klageschrift erstellt war, wurde die Angelegenheit dann doch nicht weiterverfolgt.[374] Den Inhaber eines der Ehrenkanonikate ließ von Galen allerdings Klage gegen den Oldenburgischen Staat erheben.[375]

Als eine wichtige Hilfe betrachtete der Bischof in allen Konflikten stets die Rückendeckung durch den Heiligen Stuhl, den er entweder direkt einschaltete oder als Drohung benutzte, um den Forderungen seiner Schreiben besonderen Nachdruck zu verleihen. Zudem war das Reichskonkordat, die Rechtsvereinbarung zwischen der Reichsregierung und dem Heiligen Stuhl, einer der wichtigsten, wenn nicht überhaupt der wichtigste Rechtstitel, mit dem der Bischof immer wieder seine Forderungen begründete.

Unmittelbar nach dem Wiederaufleben des Streites und dem Gespräch mit Pauly informierte von Galen Wienken und Orsenigo und teilte ihnen mit, daß Pauly sich weigere, den Beweis für die gesetzliche Rechtmäßigkeit seiner Anordnungen zu erbringen, sich stattdessen aber auf Weisungen aus Berlin berufe.[376] Beide sprachen sofort bei den zuständigen Berliner Regierungsstellen vor und übernahmen dabei die Argumentation von Galens.[377] In der Folgezeit versah von Galen den Nuntius mehrfach mit umfangreichem Material und informierte ihn ausführlich über alle Beschwerdepunkte mit den entsprechenden Rechtstiteln, die er inzwischen fast lückenlos zusammengetragen hatte.[378]

Der Nuntius verfolgte die Sache trotzdem nur sehr zögerlich, war vielleicht auch in der Angelegenheit überfordert oder nicht so daran interessiert. Jedenfalls erbat er trotz der zahlreichen Begründungen und Unterlagen, die von Galen bereits geliefert hatte, nun sogar den fertigen Entwurf einer Denkschrift, möglichst schon mit einem Begleitschreiben versehen, die man dem Auswärtigen Amt überreichen könne.[379] Inzwischen waren wieder Monate verstrichen, in denen Pauly seine Angelegenheit mit allem Nachdruck weiter verfolgte.

In einer fünfseitigen Dokumentation, die man als Quintessenz seiner rechtlichen Darlegungen bezeichnen kann, faßte von Galen noch einmal alle seine an Recht und Gesetz orientierten Argumente zusammen und legte die gesamte, bis dahin angefallene Korrespondenz bei. In einem überzeugenden juristischen Gedankengang, unterstrichen durch einen klar gegliederten Aufbau und rhetorisch geschickte Darlegungen, zitierte er im besonderen die entscheidenden Artikel 173 der Reichsverfassung, Artikel 17 des Reichskonkordates und das Schlußprotokoll zu Artikel 17 des Reichskonkordates wörtlich, führte die weiteren Rechtsgrundlagen an und verwies auf das „rechtsbegründete Herkommen" als einen „besonderen Rechtstitel" gemäß Artikel 18 des Reichskonkordates. Sodann führte er Paulys verschiedene Begründungsversuche Schritt für Schritt ad absurdum und erbrachte „den klaren Nachweis", daß die Ernennung des Offizials „rechtlich vollständig einwandfrei" gewesen sei und der „bei der Einführung der Gemeinschaftsschule von der Geheimen Staatspolizei aus dem Lande Oldenburg verwiesene Franz Vorwerk niemals zwischen Kirche und Staat bestehende Verträge verletzt" habe. Insbesondere verwies von Galen auf die „für jeden juristisch denkenden Menschen ganz unmögliche Deduktion", aus Verfehlungen eines einzelnen Vertreters das unmittelbare Erlöschen von Rechtsverhältnissen des Staates mit der Kirche ableiten zu wollen.[380] Auf diesen juristischen Fehlschluß hatte von Galen auch bereits den Reichskirchenminister hingewiesen.[381]

Der Nuntius sandte das fundierte Rechtsgutachten unverändert an das Auswärtige Amt, wobei er im Begleitschreiben nochmals die Rechtstitel aufführte und darauf hinwies, daß es sich „also um anerkannte Rechtsansprüche" handele.[382] Die Beschwerde wurde vom Auswärtigen Amt, wie gesehen, zurückgewiesen.[383] In den vier Punkten, mit denen das Auswärtige Amt seinerzeit die Paulysche Begründung als nicht haltbar bezeichnet hatte, fand sich in drei Fällen sogar eine Anlehnung an die Argumente von Galens.[384]

Auch der Vatikan war nun nicht mehr gewillt, die Sache weiterzuverfolgen. Ob die vorhergehende zögerliche Behandlung der Angelegenheit bereits ein Zeichen dafür war, daß diese Absicht schon länger bestand, konnte nicht festgestellt werden. Jedenfalls teilte der Nuntius von Galen mit, der Heilige Stuhl habe entschieden: „Alles in allem betrachtet, solle man, vorläufig wenigstens, die Sache fallen lassen."[385]

Trotzdem verfolgte von Galen die Angelegenheit weiter. Auf seine Veranlassung hin mußte Pohlschneider nochmals einen Vorstoß bei der oldenburgischen Staatsregierung unternehmen. Aber auch dieser Versuch blieb erfolglos.[386]

3.4.2. Die weitere Sicherung der religiösen Bildung und das Recht der Eltern auf Erziehung ihrer Kinder

Als der Krieg begann, war durch die Einführung der Gemeinschaftsschule und die radikalen Maßnahmen gegen den Religionsunterricht der kirchliche Einfluß auf das staatliche Schulwesen nahezu vollständig ausgeschaltet. In einigen Fällen zog sich der Kampf um Restbastionen zwar noch bis in den Krieg hinein hin, aber mehr und mehr verlagerte sich das Interesse von Galens nun auf die außerschulische Erziehung der Jugend, wie zum Beispiel den kirchlichen Religionsunterricht und die religiöse Betreuung während der Kinderlandverschickung. Auch die allgemeine Belehrung über Hirtenbrief und Predigt trat wieder stärker in den Vordergrund. In diesen bewährten Kampfmitteln klang die Erbitterung über die Niederlagen im Schulkampf immer wieder durch und bildete häufig den Anlaß für äußerst scharfe Angriffe auf das Regime.

Auch im Kriege kürzte Rust weiterhin die Zahl der Religionsstunden. An den höheren Schulen begrenzte er den Unterricht auf die ersten vier Jahrgänge, das heißt auf die Dauer der Volksschulpflicht.[387] Im nächsten fälligen Hirtenbrief erhob von Galen energisch dagegen Beschwerde.[388] Aber dem Protest folgte wie immer sogleich auch die Tat. In Konsequenz des Erlasses ließ der Bischof nun auch eine wöchentliche Glaubensstunde für die weiterführenden Schulen einrichten und fügte sogleich Richtlinien und Lehrplan bei.[389] Kurz zuvor war auch der alte Stoffplan für die Volksschulen durch einen neuen Lehrplan ersetzt worden. Die Grundlage für die Arbeit in den Religionsstunden bildete neben der kleinen katholischen Bibel und dem kleinen katholischen Katechismus die Broschüre „Katholische Glaubenslehre".[390] Im Jahre 1942 wurden „Richtlinien für die Glaubensstunde" herausgegeben, die ein Jahr später noch einmal den veränderten Kriegsbedingungen angepaßt wurden.[391] Als Ergänzung zur Broschüre „Katholische Glaubenslehre" ließ von Galen für die Kinderseelsorge der unteren Lehrgänge vereinfachte Fragen und Antworten verfassen, die zur „leichteren Einprägung ... in der Stunde an die Tafel" geschrieben werden konnten.[392] Der weitere Ausbau des außerschulischen Religionsunterrichtes war so eines der zentralen Anliegen des Bischofs während der Kriegszeit. Das zeigte sich auch auf einem anderen Feld. In seiner berühmten Predigt vom 20.7.1941[393] und im Hirtenwort zum Allerseelentag desselben Jahres[394] thematisierte von Galen erstmals eine tiefe Sorge, die er kurz zuvor dem Kölner Kardinal Schulte gegenüber geäußert hatte[395] und die ihn in der Folgezeit vermehrt beschäftigen sollte, die Erteilung des Religionsunterrichtes während der Kinderlandverschickung. Mit zahlreichen Hirtenschreiben, Predigten, Anweisungen und Briefen versuchte er, den bewußt antireligiösen Charakter dieser Einrichtung einzudämmen.[396] Der Sicherheitsdienst (SD) brachte als Beispiel dafür, wie von Galen den Eltern die Gefahren der Kinderlandverschickung darlege, eine ausführliche Passage aus dem Allerseelenhirtenbrief und hob im anschließenden Bericht hervor, daß die Verlesung sich äußerst nachteilig auf die Teilnahme an der Kinderlandverschickung ausgewirkt habe.[397]

Von Galen informierte auch den Papst über die Einschränkungen im Religionsunterricht und die neu eingerichteten kirchlichen Glaubensstunden, die Einführung der Gemeinschaftsschule und deren Folgen in Oldenburg sowie die religiöse Betreuung während der Kinderlandverschickung. Pius XII. lobte den Bischof für seine Taten und ermutigte ihn im Kampf gegen „die Entchristlichung der Jugend". Er lege größten Wert darauf, „über Stand und Entwicklung der katholischen Kirche in Deutschland jederzeit genau im Bilde zu sein". Auch stimmte er dem Vorgehen gegen die „einseitigen staatlichen Eingriffe" in Oldenburg zu, die nach seiner Ansicht „gegen einwandfreie Konkordatsverpflichtungen" verstießen.[398] Trotzdem war der Vatikan, wie gesehen, später nicht bereit, diese Sache weiterzuverfolgen.

Mit der Zurückdrängung des Religionsunterrichtes mußte die Rolle der Eltern in der Familie für den Bischof ein immer größeres Gewicht erlangen. Hirtenbrief und Predigt erhielten bei diesem Kampf in den Kriegsjahren erneut einen hohen Stellenwert. Dabei sah von Galen sich genötigt, noch stärker den Gang in die Öffentlichkeit anzutreten, um elementare Grund- und Menschenrechte einzuklagen, wie in diesem Fall das „natürliche Recht" der Eltern auf Erziehung ihrer Kinder.

Die große Erbitterung über die Einführung der Gemeinschaftsschule spiegelte sich bereits in der Silvesterpredigt des Jahres 1939 wider, die sehr theologisch begann, aber dann nochmals heftig ins Politische abglitt, als von Galen sich mit dem Unterricht und der Erziehung in einer christlichen Schule befaßte.[399] Im darauffolgenden Fastenhirtenbrief warf er dem nationalsozialistischen Erziehungssystem vor, die christliche Familie nicht zu achten und „den Abfall von Christus und seiner Kirche als Kennzeichen der Treue zum Volk" zu deuten.[400] Der Hirtenbrief zum Schul- und Erziehungssonntag im Jahre 1940 knüpfte sogar ausdrücklich an den außerordentlich scharfen Hirtenbrief des Vorjahres an und erinnerte die Eltern nochmals an die dort angeführten Verpflichtungen.[401] Wie im vergangenen Jahr hatte Berning auch für diesen Hirtenbrief einen relativ farblosen Entwurf geliefert, und wiederum hatte von Galen den Entwurf nicht übernommen. Heydrich teilte unter Anlage des Hirtenbriefes Lammers mit: „Der Bischof von Münster hat einen eigenen, weit schärferen Hirtenbrief herausgegeben ... Die Tendenz dieses Hirtenwortes ist eindeutig gegen die staatlichen Schul- und Erziehungsmaßnahmen gerichtet."[402] Von Galen und mit ihm die Bischöfe von München, Berlin, Freiburg und Eichstätt wurden denn auch als „scharfe Gegner"[403] eingestuft, die den Nationalsozialismus durch „offenen Kampf" überwinden wollten.[404]

Den Höhepunkt der Galenschen Aktivitäten bildete zweifellos das Jahr 1941, auch im Kampf um die christliche Erziehung. Neben den drei berühmten Predigten war dieses Jahr auch gekennzeichnet von drei großen Hirtenschreiben. Im Fastenhirtenbrief erinnerte von Galen an die Zeiten des Kulturkampfes und zog deutliche Parallelen zur Gegenwart. Papst Pius XII. zitierend, sprach er der Familie und den Eltern in der Gegenwart eine ähnlich wichtige Rolle zu wie zur Zeit des Kulturkampfes, als der Einfluß der Kirche auf den Schulunterricht ebenso stark zurückgedrängt gewesen sei wie derzeit: „Wo die Kirchen geschlossen, wo von den Wänden der Schulen das Bild des Gekreuzigten entfernt wird, bleibt die Familie der providentielle, in einem gewissen Grade unangreifbare Zufluchtsort christlicher Glaubensgesinnung."[405]

Dieses Hirtenwort war der Anlaß für einen Vorstoß Kerrls bei Lammers. Die Oldenburger Maßnahmen gegen das Offizialat vor Augen, schlug er vor, dem Bischof von Münster und seinem Domkapitel die staatliche Dotation zu streichen. Den Inhalt des Hirtenbriefes gab er treffend wieder, als er feststellte: „Die bischöfliche Kundgebung beschäftigt sich mit dem sogenannten Kulturkampf unter Bismarck und stellt in überaus tendenziöser Form Vergleiche zwischen der damaligen und der heutigen Zeit an."[406] Der zweite Grund, den Kerrl für seine geplante Maßnahme nannte, stand sogar ausdrücklich in Parallelität zu den Oldenburger Verhältnissen, denn von Galen hatte nach Vorwerk zum zweiten Male einen mißliebigen Mann, Echelmeyer, zum Domherrn ernannt[407], obwohl Kerrl Bedenken angemeldet und betont hatte, daß er die Ernennung wie in Oldenburg als unfreundlichen Akt ansehen würde.[408] Lammers erteilte auf Anweisung Hitlers Kerrls Vorhaben eine Absage. Aber Kerrl, der sich in der Oldenburger Angelegenheit so zögerlich verhalten hatte, war nun die treibende Kraft. Als von Galen seine drei großen Predigten gehalten hatte, sandte er diese an Lammers und brachte erneut seinen Antrag auf Sperrung der Dotation ein.[409] Abermals wurde Kerrl abgewiesen, weil Hitler keine Sanktionen gegen von Galen wünschte.[410]

Heydrich, der die Fastenhirtenbriefe der deutschen Bischöfe einer eingehenden Analyse unterzog, bescheinigte von Galen „Redekunst und Untermauerung derselben durch eine besondere Feiergestaltung." Ähnlich wie Kerrl stellte er fest: „Er beschwor in breiter Darlegung die Geister des Kulturkampfes und zog eine Parallele zu den heutigen Zuständen".[411] Aufgrund ihrer Hirtenbriefe wurden die deutschen Bischöfe von der Reichskanzlei in drei Gruppen eingeteilt, eine positiv eingestellte, eine neutrale und eine, die „offen die Grundlagen und Auswirkungen des Nationalsozialismus" angegriffen habe. Zur letzteren Kategorie zählte neben den Bischöfen von Freiburg und Hildesheim der Bischof von Münster.[412]

In einem weiteren Hirtenschreiben beklagte von Galen „die vielfachen Eingriffe in die Elternrechte und die Behinderung der Eltern in der Ausübung ihrer natürlichen Erzieherpflichten" im NS-Staat.[413] Das dritte Hirtenschreiben enthielt den eindringlichen Appell an die Eltern, über die religiöse Erziehung ihrer Kinder im Rahmen der Kinderlandverschickung gewissenhaft zu wachen.[414]

Die ständigen Angriffe von Staat und Partei auf Rechte der Kirche veranlaßten von Galen kurz vor den großen Predigten des Jahres 1941 zu einem geradezu beschwörenden Brief an Berning, genauso eindringlich formuliert wie seine Schreiben an Bertram nach der Einführung der Gemeinschaftsschule. Vehement forderte er die Aufgabe der passiven Verhaltensweise und der wirkungslosen, der Bevölkerung unbekannten Eingabepolitik des deutschen Episkopats und verlangte stattdessen die „Flucht in die Öffentlichkeit" oder zumindest den passiven Widerstand. Mit bissiger Ironie bemerkte der Bischof, er habe bisher sein Gewissen damit beruhigt, daß Kardinal Bertram und andere Bischöfe, die ihm an Alter, Erfahrung und Tugend überlegen seien, bei all dem ruhig geblieben seien, nun könne er es aber mit solchen Argumenten „ex auctoritate" bald nicht mehr zur Ruhe bringen. Er zitierte die Isaias-Stelle von den „canes muti, non valentes latrare", der dieser noch beigefügt habe: „Ipsi pastores ignoraverunt intelligentiam."[415] Man muß die Isaiasstelle etwas ausführlicher zitieren, um die Berning sicherlich geläufige Anspielung auf Bertram und andere Bischöfe besser zu verstehen. Der erweiterte Text lautet in der Übersetzung: „Die Wächter des

Volkes sind blind, sie merken allesamt nichts. Es sind lauter stumme Hunde, sie können nicht bellen. Träumend liegen sie da und haben gern ihre Ruhe.... So sind die Hirten: sie verstehen nicht aufzumerken. Jeder geht seinen eigenen Weg..."[416] Und von Galen fragte daran anschließend: „War das nur im Alten Bunde möglich?" In ähnlicher Weise wurde bereits an manchen Orten zu Weihnachten das Kirchenlied „‚Ihr Hirten erwacht!' mit eindeutigem Hintersinn" gesungen.[417]

Ein geplanter gemeinsamer Hirtenbrief der Bischöfe, der die menschenverachtenden Gewalttaten der Nationalsozialisten anklagen und die allgemeinen Menschenrechte einfordern sollte, kam nicht zustande.[418] Eine Denkschrift der deutschen Bischöfe, in der die zahlreichen Änderungswünsche von Galens nicht berücksichtigt wurden, fand von seiten der Reichsregierung keinerlei Beachtung.[419] Auf der Basis dieser Denkschrift verfaßte von Galen den Entwurf eines weiteren gemeinsamen Hirtenbriefes, in dem er wiederum die bereits bekannten Persönlichkeitsrechte einforderte, wobei er sich unter anderem auf die Zusicherung im Reichskonkordat bezog: „Die katholischen Eltern haben das natürliche Recht, ihre Kinder frei nach den Forderungen des eigenen Gewissens religiös zu erziehen. Den christlichen Konfessionen ist Einfluß auf Schule und Erziehung feierlich zugesichert."[420]

Pius XII. bedankte sich ausdrücklich bei von Galen für das beharrliche Einklagen der Persönlichkeitsrechte.[421]

Noch wirksamer als in den Hirtenschreiben artikulierte von Galen sich in den Predigten. Immer wieder versicherte er sich der Treue der Jugend. Auf Wallfahrten in Bethen, Kevelaer[422] und Telgte[423] wurde eine hohe Beteiligung Jugendlicher festgestellt. In einer Predigt in Telgte erklärte von Galen, dieser Tatbestand beweise überdeutlich, daß die Nationalsozialisten, die behaupteten, die Alten gehörten zwar noch der Kirche an, aber die Jugend gehöre ihnen, nicht recht hätten. Die Worte des Bischofs wurden jeweils von Beifallskundgebungen oder Pfuirufen der Zuhörer begleitet.[424]

Den Höhepunkt des Galenschen Kampfes bildeten die drei großen Predigten des Jahres 1941.[425] In der zweiten Predigt wurden nochmals alle Beschwerden aus dem Erziehungsbereich thematisiert und auch die Motivationen angesprochen. Was der Bischof ausführte, klang wie ein pädagogisches Vermächtnis, wie ein Resümee seines langjährigen Kampfes um eine christliche Erziehung der Jugend. Eingekleidet in die „so großartige Sentenz"[426] des bekannten Hammer-Amboß-Topos, führte der Bischof aus: „Es bleibt uns nur ein Kampfmittel: starkes, zähes, hartes Durchhalten! Hart werden! Fest bleiben! Wir sehen und erfahren jetzt deutlich, was hinter den neuen Lehren steht, die man uns seit einigen Jahren aufdrängt, denen zuliebe man die Religion aus der Schule verbannt hat, unsere Vereine unterdrückt hat, jetzt die katholischen Kindergärten zerstören will ... Hart werden! Fest bleiben! Wir sind in diesem Augenblick nicht Hammer, sondern Amboß. ... Was in dieser Zeit geschmiedet wird zwischen Hammer und Amboß, ist unsere Jugend: die heranwachsende, die noch unfertige, die noch bildungsfähig weiche Jugend! Wir können sie den Hammerschlägen des Unglaubens, der Christentumsfeindlichkeit, der falschen Lehren und Sitten nicht entziehen." Der Bischof listete im einzelnen alle Beispiele auf, wodurch er die Jugend den „Hammerschlägen" des Unglaubens und der Christentumsfeindlichkeit ausgesetzt sah: durch die Gemeinschaftsschule, die neuen Schulbücher, insbesondere die Geschichtsbücher, den unzureichenden Religionsunterricht, die Hitlerschulen, die

Lehrerbildungsanstalten, die Kindergärten, die Kinderlandverschickung. Von Galen wandte sich besonders an die Eltern, wachsam zu sein und die Gefahren für ihre Kinder durch die Erziehungsinstitution der Familie möglichst zu mildern: „Wir sind Amboß, nicht Hammer! Ihr könnt eure Kinder, das edle, aber noch ungehärtete und ungestählte Rohmetall, leider den Hammerschlägen der Glaubensfeindlichkeit, der Kirchenfeindlichkeit nicht entziehen. Aber auch der Amboß formt mit: laßt euer Elternhaus, laßt eure Elternliebe und -treue, laßt euer vorbildliches Christenleben der starke, zähe, feste, unerschütterliche Amboß sein, der die Wucht der feindlichen Schläge auffängt, der die noch schwache Kraft der jungen Menschen immer wieder stärkt und befestigt in dem heiligen Willen, sich nicht verbiegen zu lassen aus der Richtung zu Gott." Der Bischof knüpfte auch die Verbindung zu dem Thema, das sein Handeln gegen den totalen Erziehungsanspruch des Staates motivierte und das auch das der Eltern motivieren sollte: der Gehorsam gegen Gott durch die Stimme des Gewissens. „Wir sind zur Zeit Amboß, nicht Hammer! Bleibt stark und fest und unerschütterlich wie der Amboß bei allen Schlägen, die auf ihn niedersausen; in treuestem Dienst für Volk und Vaterland, aber auch stets bereit, in äußerstem Opfermut nach dem Wort zu handeln: ‚Man muß Gott mehr gehorchen als den Menschen!' Durch das vom Glauben geformte Gewissen spricht Gott zu jedem von uns. Gehorchet stets unweigerlich der Stimme des Gewissens."[427]

Staat und Partei reagierten geschockt.[428] Kerrl tat Wienken persönlich kund, daß die Predigten das „staatlich tragbare Maß überschritten" hätten.[429] In Goebbels' Propagandaministerium machte man als „propagandistisch und strafrechtlich" einzig mögliche Maßnahme den Vorschlag, den Bischof aufzuhängen.[430] Es hat sich im Laufe der Untersuchung wiederholt gezeigt, daß kaum jemand besser in der Lage war, die Intentionen des Bischofs wiederzugeben als die Nationalsozialisten selbst. In einem Brief an Bormann, der auch die Grundlage für Beratungen zwischen Hitler, Goebbels und Bormann bildete, schrieb Gauleiter Meyer zu den Passagen über die Erziehung der Jugend, der Bischof hetze „vor Tausenden von Menschen" gegen die Lehre und Form der Schulen des Reiches, unterwerfe, ohne daß ihm das Recht zustehe, die Schulen des nationalsozialistischen Reiches einer Kritik und hetze „damit das deutsche Volk gegen die Erziehungsarbeit des Reiches in der übelsten Weise auf." Zum Leitspruch von Galens „Man muß Gott mehr gehorchen als den Menschen!" bemerkte Meyer, der Bischof stelle unter Bezug auf die von den Nationalsozialisten verübten Morde, Einkerkerungen und Vertreibungen den Gehorsam gegen Gott und die Treue gegen das Gewissen über das Leben, die Freiheit und die Heimat, und bezeichnete dieses Verhalten als „Hetze gegen Führer und Volk".[431] Hitler aber entschied, nichts gegen von Galen zu unternehmen.[432]

Die Wirkung, die insbesondere die Passagen über die Erziehung mit ihrem „wunderbaren Hauch von Mut und Aufrichtigkeit" auf die Jugendlichen selbst ausübte, bewies die Reaktion der Geschwister Scholl auf die Predigten, die sie eines Tages hektographiert in ihren Briefkästen vorfanden. Als Hans Scholl insbesondere die Stellen über Jugend und Schule las, sagte er „tief erregt": „Endlich hat einer den Mut, zu sprechen." Und die hektographierten Predigten vor Augen, fügte er nach langem und ernstem Nachdenken hinzu: „Man sollte unbedingt einen Vervielfältigungsapparat haben."[433]

Auch im Ausland erregte der Kampf von Galens großes Aufsehen. Der hohe Stellenwert, den ausländische Betrachter dem Erziehungsbereich im Widerstandshandeln des Bischofs beimaßen, wurde deutlich in einer Dokumentation, die 1942 in England erschien. Die dort angeführten Beispiele stammten fast ausschließlich aus den hier behandelten Fällen. Erwähnt wurden neben Auszügen aus Hirtenbriefen, Predigten und Dokumentationen die Proteste bei Hitler und Rust, die Einschränkungen des Religionsunterrichtes, die Visitationsverbote, die Maßnahmen gegen die Bekenntnisschule, die Beschwerden über unchristliche Lehrer, die Schulung der Eltern, die Einführung der Gemeinschaftsschule in Oldenburg, insbesondere die Vorfälle in Goldenstedt, die Vertreibung Vorwerks und anderer Geistlicher.[434]

Die New York Times brachte im Jahre 1942 eine Artikelserie über „Männer der Kirche, die sich Hitler widersetzen". In dem ersten Beitrag beschäftigte sie sich mit dem Widerstand von Galens[435] und hob besonders die „Furchtlosigkeit" des durch seine „kühnen" Predigten „berüchtigten" Bischofs hervor, wie das Auswärtige Amt bemerkte, als es den Artikel der Parteikanzlei übermittelte.[436] „Religion versus Tyrannei" könnte der Titel des „gigantischen Kampfes" lauten, der gegenwärtig in Deutschland tobe. Mit diesen Worten leitete der Autor den Zeitungsartikel über den „hartnäckigsten Gegner des nationalsozialistischen antichristlichen Programms" ein. Der Bericht las sich wie eine knappe Zusammenfassung des Galenschen Kampfes und seiner Motive. Er ging auf die Hirtenschreiben und Predigten ein, in denen der Bischof unter anderem die „Einmischung des Staates in Familie, Jugend und Erziehung" angeprangert habe. Der „Blut und Rasse"-Ideologie Rosenbergs und dessen fremdländischer Herkunft stelle von Galen entgegen, daß seit über 500 Jahren deutsches Blut in seinen Adern fließe. Der Artikel wies besonders auf die Rolle der Tradition in diesem Adelsgeschlecht hin, das viele bedeutende Männer hervorgebracht habe. Unter Bezug auf von Galens Vorfahren sah der Autor den Mut dieses Mannes als Ausfluß seines Glaubens und seiner Verwandtschaft mit dem Volk. Zur Frage nach dem Motiv für seinen Widerstand ließ die Zeitung den Bischof selbst sprechen, der den Grund für sein Denken und Handeln auf die knappe Formel brachte: „We Galens are neither particularly clever nor handsome ... But we have Catholicism in our bones."[437]

Anmerkungen

1 Eine Grundlage für diese Arbeit bildet die zweibändige Quellenedition: Peter Löffler (Hrsg.): Bischof Clemens August Graf von Galen. Akten, Briefe und Predigten 1933-1946. Band I: 1933-1939; Band II: 1939-1946, Mainz 1988. Löfflers Werk ermöglicht auf der Basis umfangreichen Materials eine differenzierte Analyse und Beurteilung von Galens, weist aber auch noch beträchtliche Lücken auf, sowohl im Quellenteil als auch in der angeführten Sekundärliteratur. Das zeigt schon der Blick in ein Werk, das bereits vor der Edition Löfflers erschienen ist: Wilhelm Damberg : Der Kampf um die Schulen in Westfalen 1933-1945, Mainz 1986. Wichtige, bereits in diesem Werk angeführte Quellen sind bei Löffler nicht aufgenommen. Durch Damberg hat das Erziehungsthema für den westfälischen Teil der Diözese Münster eine gründliche Behandlung erfahren. Allerdings ist das Werk nicht unter der spezifischen Perspektive von Galens verfaßt. Das wird hier ergänzend nachgeholt.
In der übrigen bisher erschienenen Literatur über von Galen spielt der Erziehungsaspekt keine oder nur eine untergeordnete Rolle, abgesehen von der immer noch wichtigen Biographie: Heinrich Portmann : Kardinal von Galen. Ein Gottesmann seiner Zeit. Mit einem Anhang: Die

drei weltberühmten Predigten, Münster 1948, 18. Aufl. 1986. Für die hier vorgelegte Analyse wurde außerdem das Schriftgut wichtiger Zentralbehörden herangezogen, insbesondere aus den Beständen 49.01 Reichsministerium für Wissenschaft, Erziehung und Volksbildung (REM) und 51.01 Reichsministerium für kirchliche Angelegenheiten (RKM) des Bundesarchivs in Potsdam (BA Potsdam). Dies ermöglicht einen detaillierten Blick auf die nachhaltigen Wirkungen, die der Kampf von Galens bei höchsten Stellen in Staat und Partei hervorgerufen hat. Hier liegt ein zweiter Schwerpunkt dieser Arbeit.

Drittens wird in dieser Abhandlung erstmals die Bedeutung von Galens für den Schulkampf im oldenburgischen Teil der Diözese Münster untersucht. Dafür konnte über Löffler hinaus umfangreiches neues Quellenmaterial, vornehmlich aus dem Niedersächsischen Staatsarchiv in Oldenburg (StAO) und dem Offizialatsarchiv in Vechta (OAV), erschlossen werden. Vergleichbar der Arbeit Dambergs für den westfälischen Teil der Diözese liegen zur NS-Schulpolitik in Oldenburg vom Verfasser bereits ein Quellenheft und eine erste Analyse vor:Rudolf Willenborg: Die Schule muß bedingungslos nationalsozialistisch sein. Erziehung und Unterricht im Dritten Reich, Vechta 1986. (Willenborg Schule);Rudolf Willenborg: Zur nationalsozialistischen Schulpolitik in Oldenburg 1932-1945. In: Joachim Kuropka (Hrsg.): Zur Sache – Das Kreuz! Untersuchungen zur Geschichte des Konflikts um Kreuz und Lutherbild in den Schulen Oldenburgs, zur Wirkungsgeschichte eines Massenprotests und zum Problem nationalsozialistischer Herrschaft in einer agrarisch-katholischen Region, 2., durchgesehene Auflage, Vechta 1987, S.56-81 (Willenborg Schulpolitik).

2 Ansprache von Galens vom 28.10.1933, Löffler, Nr.19.
3 Hirtenbrief von Galens vom 28.10.1933, Löffler, Nr.20. Mit den Worten „Nicht Menschenlob, nicht Menschenfurcht soll uns bewegen" übersetzte von Galen den lateinischen Spruch.
4 Galen an Joel vom 13.11.1933, vgl. auch Galen an Pauly vom 28.11.1933, StAO Best.134 Nr.520, Galen an Rust vom 6.11.1933, BA Potsdam RKM Nr.23336.
5 Oldenburgische Volkszeitung vom 7.12.1933, vgl. dazu Joachim Kuropka: Clemens August Graf von Galen. Das Bild des Bischofs zwischen zeitgenössischer Bewunderung und neuerer Kritik. In: Joachim Kuropka/Willigis Eckermann (Hrsg.): Oldenburger Profile, Cloppenburg 1989, S.106 (Kuropka Bild). Vgl. auch Predigt und Ansprache von Galens vom 6.12.1933, Löffler, Nr.28 und 29. Zur politischen Einstellung von Galens vgl. unter anderem Rudolf Morsey: Clemens August Kardinal von Galen. Bischöfliches Wirken in der Zeit der Hitler-Herrschaft, Düsseldorf 1987 (Morsey Galen); Kuropka Bild; Joachim Kuropka: Clemens August Graf von Galen. Politisch interessierter Seelsorger in Münster 1929 bis 1933. In: Hermann Bringmann/Hubert Stuntebeck (Hrsg.): Den Menschen lebensstark machen. Festschrift für Bernd Thonemann, Hannover 1991, S.117-128 (Kuropka Seelsorger).
6 Kölnische Zeitung vom 12.12.1933, BA Potsdam RKM Nr.23336.
7 Predigt von Galens vom 6.12.1933, Löffler, Nr.28.
8 Vgl. Damberg, S.86f., auch für das Folgende; vgl. ferner Joachim Kuropka: Widerstand gegen den Nationalsozialismus in Münster. Neuere Forschungen zu einigen Problemfeldern. In: Westfälische Zeitschrift 137 (1987), S.168 (Kuropka Widerstand); Kuropka Bild, S.107; Kuropka Seelsorger, S.119.
9 Galen an Glowsky vom 6.11.1933, Löffler, Nr.23.
10 Galen an Hillebrand vom 15.11.1933, Löffler, Nr.24.
11 Daß der Kampf sich zuerst auf der Ebene der Inhalte abspielte, wird auch durch Begebenheiten aus dem oldenburgischen Teil der Diözese untermauert, die jedoch hier nicht weiter verfolgt werden, da von Galen sich in den oldenburgischen Schulkampf erst im Jahre 1936 einschaltete.
12 Portmann, S.113.
13 Das politische Tagebuch Alfred Rosenbergs aus den Jahren 1934/35 und 1939/40, hrsg. v. Hans-Günther Seraphim, Göttingen 1956, S.27ff.; vgl. auch Raimund Baumgärtner: Weltanschauungskampf im Dritten Reich. Die Auseinandersetzung der Kirchen mit Alfred Rosenberg, Mainz 1977, S.25f.
14 Alfred Rosenberg: Der Mythus des 20. Jahrhunderts. Eine Wertung der seelisch-geistigen Gestaltenkämpfe unserer Zeit, München 1930.
15 Hirtenbrief von Galens vom 29.1.1934, Kirchliches Amtsblatt für die Diözese Münster (KA) Nr.2 vom 31.1.1934 Art.15. Der wichtige Hirtenbrief ist bei Löffler nicht aufgenommen, obwohl bereits Portmann auf dessen Bedeutung hingewiesen hat. Vgl. Portmann, S.89f.; Kuropka Bild, S.107.
16 Osterhirtenbrief von Galens vom 26.3.1934, Bernhard Stasiewski (Bearb.): Akten deutscher Bischöfe über die Lage der Kirche 1933-1945, Band I: 1933-1934, Mainz 1968, Nr.145, (Stasiewski Bischöfe I); Löffler, Nr.35.

17 Saarbrücker Landeszeitung vom 5.4.1934, Baseler Nachrichten vom 12.4.1934, BA Potsdam RKM Nr.21676.
18 Vgl. Sammlung von Zeitungsausschnitten, BA Potsdam RKM Nr.21676.
19 Vgl. Meis an Goebbels vom 17.5.1934, Löffler, Nr.47.
20 Röver an Rosenberg vom 5.1.1937, BA Koblenz NS 8 Nr.32, vgl. Baumgärtner, S.127; ausführlicher dazu Willenborg Schulpolitik, S.64f.
21 Röver an Lammers vom 6.4.1934, vgl. auch Vermerk Wiensteins vom 20.4.1934, Lammers an Röver vom 20.4.1934, Vermerk Wiensteins vom 14.6.1934, BA Koblenz R 43 II Nr.174, Georg Kretschmar (Hrsg.)/Carsten Nicolaisen (Bearb.): Dokumente zur Kirchenpolitik des Dritten Reiches, Band II: 1934/35. München 1975, Nr.27/34; teilweise Löffler, Nr.38 und 44.
22 Vgl. Hirtenbrief von Galens vom 15.8.1934, Löffler, Nr.65.
23 Baumgärtner, S.127.
24 Vgl. Pauly an Vorwerk vom 14.5.1934, Löffler, Nr.47 Anm. 2.
25 Vgl. Erlaß Paulys vom 4.6.1934, Rust an Pauly vom 29.6.1934, Pauly an Rust vom 6.7.1934, StAO Best.134 Nr.1194, BA Potsdam RKM Nr.22154.
26 Vgl. Schulrat Höffmann an Pauly vom 1.7.1934, StAO Best.134 Nr.1109; Willenborg Schule, Nr.28.
27 Vgl. Anweisung des Generalvikariats vom 27.9.1934, KA Nr.21 vom 8.10.1934 Art.188, Kirche und Leben vom 21.10.1934, StAO Best.134 Nr.751, vgl. auch Damberg, S.97.
28 Vgl. Bekanntmachung des Generalvikariats vom 7.11.1934, KA Nr.23 vom 12.11.1934 Art.213.
29 Vgl. Hirtenbrief des deutschen Episkopates vom 7.6.1934, Stasiewski Bischöfe I, Nr.156.
30 Vgl. Röver an Pauly vom 11.7.1934, StAO Best.134 Nr.516, Exemplare der Broschüre, StAO Best.134 Nr.516 und 751
31 Vgl. Galen an Frick vom 23.7.1934, Löffler, Nr.56.
32 So in den Nummern 17, 19, 22, 24, 26, 30, 34, 35, 38, 40, 42, 43, 44, 45, 46, 47, 49, 52; vgl. Löffler, Nr.43 Anm.9.
33 Vgl. Baumgärtner, S.154ff.; vgl. ferner Ulrich von Hehl: Katholische Kirche und Nationalsozialismus im Erzbistum Köln 1933-1945, Mainz 1977, S.88ff.
34 Studien zum Mythus des XX. Jahrhunderts. Amtliche Beilage zum Kirchlichen Amtsblatt, Münster 1934; vgl. auch den Erlebnisbericht von Neuß vom 15./16.10.1934, Löffler, Nr.70.
35 Alfred Rosenberg: An die Dunkelmänner unserer Zeit. Eine Antwort auf die Angriffe gegen den „Mythus des 20. Jahrhunderts", München 1935.
36 Predigt von Galens vom 23.9.1934, Löffler, Nr.69, auch für das Folgende.
37 Vgl. z.B. Stefan Rahner/Franz-Helmut Richter/Stefan Riese/Dirk Stelter: „Treu deutsch sind wir – wir sind auch treu katholisch." Kardinal von Galen und das Dritte Reich, Münster 1987.
38 Vgl. Aktennotiz Vorwerks vom 22.10.1934, OAV A-8-51.
39 Vgl. Berliner Tageblatt vom 26.9.1934, BA Potsdam RKM Nr.21676.
40 Predigt von Galens vom 12.8.1934, Löffler, Nr.63.
41 Vgl. Erlasse Paulys vom 16.5.1934 und 1.6.1934, StAO Best.134 Nr.965; zum Gesamtzusammenhang Willenborg Schule, Nr.125ff.
42 Vgl. Protokoll der Dechantenkonferenz vom 19.4.1934, Löffler, Nr.43.
43 Vgl. Hirtenbrief von Galens vom 19.3.1935, Löffler, Nr.85.
44 Erlasse Paulys vom 6.6.1935, 6.6.1935, 8.6.1935, 12.6.1935, 1.8.1935 und 30.8.1935, StAO Best.134 Nr.965, Nr.1209 und Nr.3304; Erlasse vom 6.6.1935 und 8.6.1935 auch in: Joachim Kuropka: Für Wahrheit, Recht und Freiheit – gegen den Nationalsozialismus, Vechta 1983, Nr.28 und 29 (Kuropka Wahrheit); Erlaß vom 1.8.1935 in: Willenborg Schule, Nr.29.
45 Vgl. Vorwerk an Galen vom 8.6.1935, OAV A-8-51.
46 Vgl. Richtlinien für den katholischen Religionsunterricht vom 1.7.1935, OAV A-8-51, StAO Best.134 Nr.1194.
47 Vgl. Pauly an Vorwerk vom 29.7.1935, StAO Best.134 Nr.1194. Daraus entwickelte sich ein lang andauernder Streit zwischen Vorwerk und Pauly, der hier nicht weiter verfolgt werden kann. Vgl. StAO Best.134 Nr.1194, OAV A-8-51, Willenborg Schulpolitik, S.65ff.
48 Es handelt sich hier nicht, wie Löffler annimmt, um einen Hirtenbrief von Galens, sondern um einen gemeinsamen Hirtenbrief der deutschen Bischöfe „über Schule und Elternpflicht". Vgl. Hirtenbrief des deutschen Episkopates vom 5.5.1935, Bernhard Stasiewski (Bearb.): Akten deutscher Bischöfe über die Lage der Kirche 1933-1945, Band II: 1934-1935, Mainz 1976, Nr.215 (Stasiewski Bischöfe II); vgl. Hirtenbrief von Galens (!) vom 21.4.1935, Löffler, Nr.91. Der Entwurf des Hirtenschreibens wurde auf der Westdeutschen Bischofskonferenz beschlossen und Bertram zur Überprüfung und Übermittlung an alle Ordinariate übersandt. Vgl. Protokoll der

Konferenz der Bischöfe der Kölner Kirchenprovinz vom 27./28.3.1935, Stasiewski Bischöfe II, Nr.206 Punkt 5. Aus dem Protokoll der Westdeutschen Bischofskonferenz ist nicht zu ersehen, von wem der Entwurf des Hirtenbriefes vorgelegt wurde. Der Intention nach könnte er aus der Feder von Galens stammen.

49 Vgl. dazu den weiter unten geschilderten Vorfall in Rheine.
50 Zum Beispiel in den Predigten von Galens vom 10.6.1935 und 23.6.1935, Löffler, Nr.105 und 113.
51 Ansprache von Galens auf der Dechantenkonferenz vom 28.10.1935, Löffler, Nr.139, auch für das Folgende.
52 Damberg, der dieser Dechantenkonferenz „programmatischen Charakter" zuspricht, stellt zu sehr den Aspekt der Loyalität des Staatsbürgers und des Gehorsams gegen den Staat in den Vordergrund und beachtet zu wenig den Aspekt der Begrenzung der Staatsgewalt. Vgl. Damberg, S.126.
53 Religionspädagogische Arbeitsgemeinschaften, Anweisungen von Galens vom 14.2.1936, KA Nr.5 vom 17.2.1936 Art.23.
54 Grundsätze des deutschen Episkopates betr. Religionsunterricht (vom 8.1.1936), Bernhard Stasiewski (Bearb.): Akten deutscher Bischöfe über die Lage der Kirche 1933-1945, Band III: 1935-1936, Mainz 1979, Nr.262/IIb, (Stasiewski Bischöfe III); vgl. dazu Protokoll der Plenarkonferenz des deutschen Episkopates vom 8. und 9.1.1936, Stasiewski, Bischöfe III, Nr.262/II; vgl. auch Verlautbarung des deutschen Episkopates betr. Religionsunterricht vom 8.1.1936, Stasiewski, Bischöfe III, Nr.262/IIc.
55 Die Fuldaer Bischofskonferenz über die katholischen Grundsätze für den Religionsunterricht in unserer Zeit, KA Nr.5 vom 17.2.1936 Art.22.
56 Katechetische Anweisung für die Erteilung des katholischen Religionsunterrichts 1936, Münster o.J., Exemplar im OAV A-8-51.
57 Vgl. Galen an die Pfarrer vom 19.4.1936, OAV A-8-51.
58 Vgl. Hirtenwort von Galens vom 21.4.1936, KA Nr.11 vom 23.4.1936 Art.75.
59 Vgl. Anweisung von Galens im Anschluß an das Hirtenwort vom 21.4.1936, KA Nr.11 vom 23.4.1936 Art.75.
60 Vgl. Predigten von Galens vom 23.2.1936, 22.3.1936, 21.6.1936, 8.9.1936, Löffler, Nr.154, Nr.164, Nr.173, Nr.190.
61 Vgl. Predigt von Galens vom 9.2.1936, Löffler, Nr.150.
62 Predigt von Galens vom 6.9.1936, Löffler, Nr.189.
63 Vgl. „Mitteilungen zur weltanschaulichen Lage" vom 18.9.1936, Institut für Zeitgeschichte (IfZ) Ma 603, S.20494f.
64 Vermerk von Dettens über eine Besprechung mit Berning vom 10.10.1936, BA Potsdam RKM Nr.21677.
65 Vgl. Hirtenwort von Galens vom 12.5.1940, Löffler, Nr.297.
66 Vgl. Portmann, S.145f.
67 Vgl. Trauerpredigt Frings' vom 28.3.1946, Löffler, Nr.565.
68 Predigt von Galens vom 17.11.1937, Löffler, Nr.232.
69 Vgl. „Mitteilungen zur weltanschaulichen Lage" vom 21.1.1938, IfZ Ma 603, S.20227.
70 Vgl. Damberg, S.129.
71 Vgl. zum Beispiel Galen an Klemm vom 22.5.1935, Löffler, Nr.94; Lüninck an Galen vom 23.5.1935, Löffler, Nr.95; Galen an Meyer vom 3.6.1935, Löffler, Nr.102.
72 Vgl. Galen an Meyer vom 13.4.1935, Löffler, Nr.90.
73 Vgl. Galen an Lüninck vom 28.5.1935, BA Potsdam RKM Nr.21676, KA Nr.15 vom 18.7.1935 Art.115; Löffler, Nr.98; vgl. ferner die weiteren Korrespondenzen von Galens mit dem Regierungspräsidenten, dem Oberpräsidenten und dem Gauleiter, BA Potsdam RKM Nr.21676, KA Nr.15 vom 18.7.1935 Art.115, teilweise Löffler, Nr.94, 95, 100, 101, 102; vgl. auch Portmann, S.95f., Damberg, S.102ff. Die Kontroverse um das Auftreten Rosenbergs auf dem Gauparteitag ist in der Galenliteratur häufig behandelt worden. Hier wird daher nur insoweit darauf eingegangen, als es für das in diesem Aufsatz behandelte Thema von Bedeutung ist. Dazu konnten auch wichtige neue Quellen erschlossen werden.
74 Rede Rosenbergs vom 6.7.1935, Rede Fricks vom 7.7.1935, BA Potsdam RKM Nr.21676, KA Nr.15 vom 18.7.1935 Art.115.
75 Vgl. Berliner Tageblatt vom 7.7.1935, BA Potsdam RKM Nr.21676, Sammlung von Zeitungsberichten.
76 Völkischer Beobachter vom 8.7.1935, Denkschrift des deutschen Episkopates an Hitler vom 20.8.1935, Stasiewski Bischöfe II, Nr.231/I.

77 Runderlaß Görings vom 16.7.1935, BA Potsdam RKM Nr.21676, Dieter Albrecht (Bearb.): Der Notenwechsel zwischen dem Heiligen Stuhl und der Deutschen Reichsregierung, Band I: Von der Ratifizierung des Reichskonkordats bis zur Enzyklika „Mit brennender Sorge", Mainz 1965, Nr.65 Anm.1 (Albrecht Notenwechsel I).
78 Vgl. Begleitschreiben Görings vom 16.7.1935, BA Potsdam RKM Nr.21676.
79 Vgl. Pacelli an Botschafter beim Heiligen Stuhl vom 10.7.1935, Botschafter beim Heiligen Stuhl an AA vom 10.7.1935, BA Potsdam RKM Nr.21676, gedruckt: Note des Kardinalstaatssekretärs Pacelli an Botschafter von Bergen vom 10.7.1935, Albrecht Notenwechsel I, Nr.64.
80 Vgl. Osservatore Romano vom 10.7.1935, Übersetzung: „Der Fall Münster", BA Potsdam 62 KA 1 (Kanzlei des Führers der NSDAP) Nr.22, dort jedoch mit falschem Datum vom 16.7.1935, vgl. Bericht des Botschafters beim Heiligen Stuhl an das AA vom 10.7.1935, BA Potsdam RKM Nr.21676.
81 Vgl. Note des Kardinalstaatssekretärs Pacelli an Botschafter von Bergen vom 26.7.1935, Albrecht Notenwechsel I, Nr.65.
82 Vgl. Osservatore Romano vom 4.8.1935, Übersetzung: „Die religiöse Lage in Deutschland. Feststellungen und Klarstellungen", Anlage zum Bericht des Botschafters beim Heiligen Stuhl an das AA vom 4.8.1935, AA an Kerrl vom 7.8.1935, BA Potsdam RKM Nr.21676; vgl. auch KA Nr.19 vom 30.8.1935 Art.135; Wilhelm Corsten (Hrsg.): Kölner Aktenstücke zur Lage der katholischen Kirche in Deutschland 1933-1945, Köln 1949, Nr.84.
83 Vgl. Bericht des Botschafters beim Heiligen Stuhl an das AA vom 25.7.1935 mit einer Analyse italienischer und französischer Zeitungen, BA Potsdam RKM Nr.21676.
84 Vgl. Reichsjustizminister an Reichskirchenminister vom 19.9.1935, Oberstaatsanwalt in Breslau an Reichsjustizminister vom 29.7.1935 „Ermittlungsverfahren gegen den Kardinal Adolf Bertram...", Oberstaatsanwalt in Dortmund an Reichsjustizminister vom 10.8.1935 „Strafverfahren gegen den Bischof Clemens August Graf von Galen...", BA Potsdam RKM Nr.22268. Der weitere Gang der Dinge konnte nicht ermittelt werden.
85 Vgl. Osservatore Romano vom 15.7.1935, Übersetzung: „Konkordatsfragen in Deutschland", BA Potsdam RKM Nr.22268, KA Nr.15 vom 18.7.1935 Art.115 und Nr.16 vom 1.8.1935 Art.119.
86 Vgl. Danksagung von Galens vom 15.7.1935, Überschrift: „Bischöflicher Dank", Löffler, Nr.119.
87 Vgl. Rheinfront vom 23.7.1935, Überschrift: „Politischer Dank", BA Potsdam RKM Nr.21676, Sammlung von Zeitungsberichten.
88 Vgl. KA Nr.15 vom 18.7.1935 Art.115 und KA Nr.19 vom 30.8.1935 Art.135.
89 Vgl. Klemm an Kerrl vom 14.8.1935, Löffler, Nr.122.
90 Vgl. BA Potsdam REM Nr.4314 und RKM Nr.23071; KA Nr.2 vom 15.1.1937 Art.18; Rudolf Morsey: „Beliebte abfällige Kritik meiner bischöflichen Amtsführung". Ein Kapitel aus dem Kampf des Bekennerbischofs Clemens August Graf von Galen um die Freiheit der kirchlichen Lehrverkündigung in der Schule. In: Kirche und Leben 11 (1956), Nr.44 (Morsey Kritik); Damberg, S.109ff. In dem Artikel interpretiert Morsey, der unbezeichnete Bestände des Reichserziehungsministeriums heranzieht, teils ungenau und zieht teils falsche Schlüsse. Vgl. dazu die Einzelhinweise in den folgenden Anmerkungen. Bei Damberg wird der Vorfall nur äußerst knapp behandelt. Wenn Damberg feststellt, es sei „der erste schulpolitische Konflikt im eigentlichen Sinne" gewesen, so stimmt das zwar nicht, jedoch handelt es sich um den bis dahin schwersten und den mit der größten Ausweitung. Es waren dabei auch nicht, wie Morsey und Damberg angeben, nur drei Berliner Stellen beteiligt, sondern fünf, und auch der Päpstliche Nuntius intervenierte über das Auswärtige Amt. Es ist richtig, wenn Damberg ausdrücklich auf die Parallelität zu den Ereignissen um den Gauparteitag hinweist.
91 Vgl. Erlaß von Lünincks vom 7.6.1935, BA Potsdam REM Nr.4314, KA Nr.2 vom 15.1.1937 Art.18.
92 Vgl. Lüninck an Galen vom 7.6.1935, BA Potsdam REM Nr.4314, Löffler, Nr.103.
93 Vgl. Lüninck an Rust vom 7.6.1935, BA Potsdam REM Nr.4314.
94 Vgl. Galen an Lüninck vom 12.6.1935, BA Potsdam REM Nr.4314, KA Nr.2 vom 15.1.1937 Art.18, Löffler, Nr.106.
95 Vgl. Lüninck an Galen vom 14.6.1935, BA Potsdam REM Nr.4314, KA Nr.2 vom 15.1.1937 Art.18, Löffler, Nr.108.
96 Vgl. Lüninck an Rust vom 14.6.1935, BA Potsdam REM Nr.4314.
97 Vgl. Erlaß Rusts vom 9.7.1935, vgl. Morsey Kritik, Sp.2f., Damberg, S.119f. Damberg bezeichnet diesen Erlaß als den ersten organisatorischen Schritt zur Beseitigung der christlich-konfessionellen Prägung des deutschen Schulwesens.
98 Vgl. Lüninck an Frick vom 14.6.1935, Löffler, Nr.109. Das dort erwähnte Schreiben an Rust vom

7.6.1935 wird von Löffler als „Nicht ermittelt" angegeben, es findet sich im BA Potsdam REM Nr.4314, vgl. oben.
99 Vgl. Lüninck an Frick vom 3.6.1935, Löffler, Nr.101.
100 Vgl. AA an Frick vom 23.7.1935, BA Potsdam REM Nr.4314.
101 Vgl. Rust an Lüninck vom 6.8.1935, BA Potsdam REM Nr.4314.
102 Vgl. AA an Kerrl vom 23.8.1935, BA Potsdam RKM Nr.23071.
103 Galen an Kerrl vom 28.8.1935, BA Potsdam REM Nr.4314, Löffler, Nr.128.
104 Vgl. Lüninck an Kerrl vom 19.9.1935, BA Potsdam REM Nr.4314.
105 Vgl. Kerrl an Rust vom 5.10.1935, BA Potsdam REM Nr.4314. Es stimmt demnach nicht, wenn Morsey feststellt, Kerrl habe sich „aus der Sache möglichst heraushalten" wollen, das Gegenteil ist der Fall. Vgl Morsey Kritik, Sp.4. Auch ist die folgende Verzögerung der Angelegenheit nicht durch „mangelnde Fühlungnahme der Berliner Reichsbehörden" zu erklären, wie Morsey behauptet. Vgl. ebd., Sp.4. Denn kaum etwas funktionierte besser. Die Verzögerung war durch Kompetenzstreitigkeiten bedingt. Vgl. dazu das Folgende.
106 Vgl. die zahlreichen Aktenvermerke vom 24.8.1935 bis 11.5.1936(!), BA Potsdam REM Nr.4314. Es bestanden zum einen im Reichserziehungsministerium Meinungsverschiedenheiten darüber, ob nach dem Erlaß vom 9.7.1935 überhaupt noch das Reichserziehungsministerium zuständig sei oder nicht vielmehr das Reichskirchenministerium. Zum anderen gab es Streitigkeiten, wer die Sache in die Hand nehmen sollte. Derjenige, der damit beauftragt war, fühlte sich nicht zuständig. Des weiteren herrschte Unklarheit, welche Abteilungen angesprochen waren. Letztlich gab es noch unterschiedliche Ansichten zwischen den Abteilungen. Diese vielfältigen Schwierigkeiten können jedoch im Folgenden nur in den wichtigsten Zügen aufgezeigt werden.
107 Vgl. Kerrl an Rust vom 10.8.1935, 18.9.1935, 5.10.1935, 4.11.1935, 17.1.1936, BA Potsdam REM Nr.4314.
108 Vgl. Aktennotiz vom 22.12.1935, BA Potsdam REM Nr.4314. Diese wichtige Sitzung findet bei Morsey keine Erwähnung. Vgl. Morsey Kritik.
109 Vgl. Galen an Kerrl vom 4.4.1936, BA Potsdam RKM Nr.23071, BA Potsdam REM Nr.4314, KA Nr.2 vom 15.1.1937 Art.18, kurzer Hinweis bei Löffler, Nr.128 Anm.2.
110 Vgl. Kerrl an Rust vom 29.4.1936, BA Potsdam RKM Nr.23071, BA Potsdam REM Nr.4314.
111 Vgl. Kerrl an Galen vom 29.4.1936, BA Potsdam RKM Nr.23071, KA Nr.2 vom 15.1.1937 Art.18, kurzer Hinweis Löffler, Nr.128 Anm.2.
112 Vgl. Aktennotiz vom 11.5.1936, BA Potsdam REM Nr.4314.
113 Vgl. Rust an Galen vom 4.6.1936, BA Potsdam REM Nr.4314, KA Nr.2 vom 15.1.1937 Art.18, Löffler, Nr.128 Anm.2.
114 Vgl. Rust an Kerrl vom 4.6.1936, Rust an AA vom 4.6.1936, Rust an Lüninck vom 4.6.1936, BA Potsdam REM Nr.4314.
115 Vgl. Kerrl an Rust vom 25.6.1936, BA Potsdam REM Nr.4314.
116 Vgl. Rust an Kerrl vom 3.8.1936, BA Potsdam RKM Nr.23071, BA Potsdam REM Nr.4314.
117 Vgl. Mitteilungen über Schul- und Erziehungsfragen vom 21.12.1936, KA Nr.33 vom 29.12.1936 Art.219, Löffler, Nr.200.
118 Vgl. Lüninck an Meis vom 7.1.1937, KA Nr.2 vom 15.1.1937 Art.18, kurzer Hinweis Löffler, Nr.201 Anm.1.
119 Vgl. KA Nr.2 vom 15.1.1937 Art.18. Morsey meint zu Recht, die „Veröffentlichung von Dokumenten als Waffe in diesem Kampf bedeutete eine eigenständige politische Tat". Vgl. Morsey Kritik, Sp.5. Wenn er diese Dokumentation aber als „seltenen Fall" bezeichnet, irrt er. Sie wurde, wie diese Darstellung im weiteren zeigen wird, zu einer der schärfsten Waffen von Galens.
120 Vgl. Kerrl an Rust vom 26.1.1937, BA Potsdam RKM Nr.23071; BA Potsdam REM Nr.4314. Wenn Morsey behauptet, daß Rust und Kerrl „sich gegenseitig auf diesen höchst unliebsamen Abdruck aufmerksam machten", stimmt auch das nicht; denn Rust sandte das von Kerrl übersandte Amtsblatt kommentarlos zurück. Vgl. Rust an Kerrl vom 8.2.1937, BA Potsdam RKM Nr.23071; BA Potsdam REM Nr.4314.
121 Vgl. Damberg, S.105f. Die folgenden Fälle finden sich, soweit nichts anderes angegeben ist, bei Damberg, S.105ff.
122 Galen an Klemm vom 4.7.1935, Löffler, Nr.115.
123 Galen an Kerrl vom 4.10.1935, Löffler, Nr.136.
124 Vgl. zum gesamten Vorgang, BA Potsdam RKM Nr.23071, Pfarrarchiv Lohne St.Gertrud, Damberg, S.130ff.
125 Vgl. Galen an Klemm vom 23.5.1936, Pfarrarchiv Lohne St.Gertrud.
126 Vgl. Galen an Klemm vom 10.6.1936, Pfarrarchiv Lohne St.Gertrud.

127 Vgl. Aufzeichnung der Schule in N., Aufzeichnung der Schule in Schöppingen, Bericht der Schule in Gemen vom 30.6.1936 an Pfarrer Nagel in Schöppingen, BA Potsdam RKMNr.23071, vgl. auch den verkürzten Maßnahmenkatalog bei Damberg, S.132f.
128 Aufzeichnung der Schule in Schöppingen, BA Potsdam RKM Nr.23071.
129 Vgl. Galen an Klemm vom 4.7.1936, Pfarrarchiv Lohne St. Gertrud.
130 Galen an Klemm vom 17.7.1936, Pfarrarchiv Lohne St. Gertrud, Löffler, Nr.179.
131 Vgl. Nagel an Detten vom 5.7.1936, BA Potsdam RKM Nr.23071.
132 Vgl. Klemm an Rust vom 11.8.1936, BA Potsdam RKM Nr.23071, zu den Protesten vgl. auch Damberg, S.133ff.
133 Vgl. Detten an Rust vom 16.7.1936, BA Potsdam RKM Nr.23071.
134 Vgl. Klemm an Galen betr. den Kreisschulrat in Ahaus vom 27.7.1936, Klemm an Galen betr. den Kreisschulrat in Steinfurt vom 27.7.1936, Pfarrarchiv Lohne St. Gertrud, Klemm an Rust vom 11.8.1936, BA Potsdam RKM Nr.23071.
135 Vgl. Klemm an Rust vom 11.8.1936, BA Potsdam RKM Nr.23071.
136 Vgl. Meis an Dechanten vom 31.7.1936, Pfarrarchiv Lohne St. Gertrud.
137 Vgl. Rust an Kerrl vom 4.9.1936, BA Potsdam RKM Nr.23071, vgl. zum Folgenden auch Damberg, S.135f.
138 Denkschrift von Galens von Anfang März 1936, Ludwig Volk (Bearb.): Akten Kardinal Michael von Faulhabers 1917-1945, Band II: 1935-1945, Mainz 1978, Nr.528 (Volk Faulhaber II).
139 Vgl. dazu mit den entsprechenden Belegen Rudolf Willenborg: Zur Rezeptionsgeschichte des Kreuzkampfes im Deutschen Reich und im Ausland. In: Kuropka Zur Sache, S.340 (Willenborg Rezeptionsgeschichte).
140 Vgl. Ludwig Volk: Die Enzyklika „Mit brennender Sorge". Zum hundertsten Geburtstag Kardinal Michael v. Faulhabers am 5. März 1969. In: Dieter Albrecht (Hrsg.): Katholische Kirche und Nationalsozialismus. Ausgewählte Aufsätze von Ludwig Volk, Mainz 1987, S.38f. (Albrecht, Aufsätze), zuerst in: Stimmen der Zeit 183 (1969), S. 174-194; vgl. Heinz-Albert Raem: Pius XI. und der Nationalsozialismus. Die Enzyklika „Mit brennender Sorge" vom 14. März 1937, Paderborn/München/Wien/Zürich 1979, S.33f.
141 "The most burning question at issue between the Vatican and the Nazi Government today is that of education ...", schrieb der britische Gesandte beim Heiligen Stuhl. Osborne an Eden vom 29.1.1937, Ludwig Volk (Bearb.): Akten deutscher Bischöfe über die Lage der Kirche 1933-1945, Band IV: 1936-1939, Mainz 1981, Anhang Nr.3* (Volk Bischöfe IV).
142 Vgl. Enzyklika Papst Pius XI. über die Lage der katholischen Kirche im Deutschen Reich vom 14.3.1937, Konkordanz von Faulhaber-Entwurf und Text der Enzyklika, Albrecht Notenwechsel I, Anhang Nr.7.
143 Vgl. Verordnung von Galens vom 19.3.1937, Löffler, Nr.209.
144 Vgl. Denkschrift von Galens vom 11.4.1937, Volk Bischöfe IV, Nr.369, Löffler, Nr.211; Denkschrift von Galens (vom 31.7.1937), Volk Faulhaber II, Nr. 658, Löffler, Nr.225.
145 Heinz Hürten: Selbstbehauptung und Widerstand der katholischen Kirche. In: Klaus-Jürgen Müller (Hrsg.): Der deutsche Widerstand 1933-1945, Paderborn/München/Wien/Zürich 1986, S.147.
146 Sogar der britische Botschafter in Berlin berichtete über die Aktivitäten von Galens, schrieb aber irrtümlich, daß der Hirtenbrief der Fuldaer Bischofskonferenz erschienen sei; vgl. Ogilvie Forbes an Eden vom 15.10.1937, Volk Bischöfe IV, Anlage Nr.19*.
147 Walter Adolph: Geheime Aufzeichnungen aus dem nationalsozialistischen Kirchenkampf 1935-1943, bearb. von Ulrich von Hehl, Mainz 1979, S.130; vgl. auch Günter Beaugrand: Kardinal Graf von Galen, Aschaffenburg 1985, S.43; vgl. Willenborg Rezeptionsgeschichte, S. 340.
148 Vgl. Volk Enzyklika in: Albrecht Aufsätze, S.51.
149 Vgl. dazu die Hinweise in den einzelnen Kapiteln.
150 Der facettenreiche Kampf um den Religionsunterricht kann hier nur exemplarisch an diesen drei ausgesuchten, allerdings zentralen Fällen dargestellt werden.
151 Vgl. besonders StAO Best.134 Nr.1232, vgl. auch die jüngste umfassende Analyse und Dokumentation: Kuropka Zur Sache.
152 Hirtenbrief von Galens vom 27.11.1936, Kuropka Zur Sache, S.476f., Löffler, Nr.197.
153 Vgl. Beilage zu Nr.31 des Kirchlichen Amtsblattes für die Diözese Münster, KA Nr.31 vom 30.11.1936; Kuropka Wahrheit, Nr.65.
154 Vgl. Willenborg Rezeptionsgeschichte, S.332-356. Dieser Beitrag war seinerzeit als erste Bestandsaufnahme gedacht, die eine weitere Suche nach dem sicherlich zahlreich vorhandenen, aber weit verstreuten Material anregen sollte. (Vgl. S.356 Anm.123). Inzwischen konnten wichtige

neue Quellen erschlossen werden. Im folgenden sind hauptsächlich noch nicht bekannte Quellen herangezogen worden, die in besonderer Weise die Rolle von Galens in diesem Konflikt verdeutlichen.

155 Vgl. Heydrich an Heß vom 21.12.1936, Abschriften an Rust und Kerrl, BA Potsdam REM Nr.3228/41 und RKM Nr.22154.
156 Vgl. Goebbels an Rust vom 21.11.1936, Rust an Kerrl vom 5.12.1936, BA Potsdam REM Nr.4312.
157 Vgl. Kerrl an Gestapo vom 5.12.1936, Kerrl an Goebbels vom 5.12.1936, BA Potsdam RKM Nr.22154.
158 Vgl. Heydrich an Heß vom 21.12.1936, BA Potsdam RKM Nr.22154, REM Nr.3228/41.
159 Vgl. Kirchlicher Anzeiger für die Diözese Trier vom 10.12.1936, BA Potsdam REM Nr.3228/44.
160 Vgl. Erlasse Rusts, BA Potsdam RKM Nr.23072 und 23073; vgl. auch Damberg, S.145ff. und 180ff., ebenso für das Folgende. Wenn Damberg schreibt, die internen Proteste bei den Behörden seien wohl nur zum Teil erhalten und sämtlich wirkungslos geblieben, so stimmt das nur bedingt, wie im folgenden zu zeigen sein wird. Wenn er feststellt, daß die „Proteste sich zu Pflichtübungen entwickelten, die den Charakter einer fortlaufenden Dokumentation der Rechtsverletzungen des NS-Staates annahmen, ähnlich den Protestnoten des Vatikans bei der Reichsregierung", so ist dem nachdrücklich zuzustimmen.
161 Vgl. Erlaß von Galens vom 24.8.1936, KA vom 26.8.1936 Nr.21 Art.148. Auf der Plenarkonferenz der deutschen Bischöfe in Fulda waren Richtlinien für die Erteilung der missio canonica erarbeitet und ein einheitliches Formular zur Erteilung herausgegeben worden. Vgl. Protokoll der Plenarkonferenz des deutschen Episkopates vom 18.-20.8.1936, Stasiewski Bischöfe III Nr.315/II Punkt 12; vgl. auch Formular betr. Erteilung der missio canonica, Stasiewski Bischöfe III Nr.315/IIc.
162 Vgl. Preußische Geheime Staatspolizei an Rust vom 30.9.1936, BA Potsdam REM Nr.3228/41.
163 Vgl. Galen an Klemm vom 27.10.1936, Klemm an Galen vom 6.11.1936, OAV A-9-51.
164 Vgl. Galen an Klemm vom 14.11.1936, Klemm an Galen vom 23.11.1936, OAV A-9-51.
165 Vgl. Galen an die Bischöfe Deutschlands mit Anschreiben vom 26.11.1936, OAV A-9-51.
166 Vgl. Galen an die Pfarrer vom 11.5.1937, Pfarrarchiv Garrel, Aktenordner III 16c; vgl. auch zu weiteren Fällen Damberg, S.145ff.
167 Vgl. Protokoll der Konferenz der westdeutschen Bischöfe vom 9.4.1937, Punkt 6, Volk Bischöfe IV, Nr.368.
168 Vgl. Protokoll der Plenarkonferenz des deutschen Episkopates vom 24.-26.8.1937, Punkt 4.6, Volk Bischöfe IV, Nr.399/II.
169 Vgl. Rust an die Regierungspräsidenten vom 23.8.1937, Klemm an die Landräte und Oberbürgermeister vom 5.10.1937, OAV A-8-48.
170 Vgl. Galen an Klemm vom 11.10.1937, Galen an Schmid vom 14.10.1937, OAV A-8-48.
171 Vgl. Schmid an Galen vom 23.10.1937, Klemm an Galen vom 29.10.1937, Galen an Schmid vom 4.11.1937, Schmid an Galen vom 11.11.1937, Galen an Klemm vom 13.11.1937, OAV A-8-48.
172 Vgl. Hirtenbrief von Galens vom 18.9.1937, Löffler, Nr.228.
173 Vgl. Predigt von Galens vom 31.10.1937, Löffler, Nr.230.
174 Vgl. Klemm an Rust vom 6.11.1937, Rust an Kerrl vom 8.12.1937, BA Potsdam RKM Nr.23072.
175 Vgl. Galen an Pfarrer und Pfarrektoren vom 11.11.1937: Erteilung von schulplanmäßigem Religionsunterricht durch „Laien- und Lehrpersonen", OAV A-8-51, Pfarrarchiv Garrel, Aktenordner III 16b.
176 Vgl. Galen an Pfarrer und Pfarrektoren vom 30.10.1937: „Übertragung von Religionsunterricht an weltliche Lehrpersonen", Pfarrarchiv Garrel, Aktenordner III 16a.
177 Vgl. Galen an Klemm vom 1.12.1937, 15.12.1937 und 4.1.1938; vgl. Damberg, S.189ff., auch zum gesamten Abschnitt.
178 Wortlaut der Urkunde, BA Potsdam REM Nr.3228/42 und RKM Nr.23072.
179 Wortlaut des Gelöbnisses, BA Potsdam REM Nr.3228/42.
180 Vgl. Goebbels an Rust vom 18.1.1938, BA Potsdam REM Nr.3228/42, Goebbels an Kerrl vom 18.1.1938, BA Potsdam RKM Nr.23072.
181 Vgl. Protokoll der Plenarkonferenz des deutschen Episkopates vom 24.-26.8.1937, 3. Sitzung am 25.8.1937, Punkt IV Nr.4, Volk Bischöfe IV, Nr.399/II.
182 Vgl. Protokoll der Konferenz der westdeutschen Bischöfe vom 31.1.1938, Volk Bischöfe IV, Nr.442.
183 Vgl. Galen an Holle vom 13.4.1938, Löffler, Nr.238; Erinnerungsbericht Holles, Löffler, Nr.238 Anm.3; vgl. zu weiteren Fällen Damberg, S.191f.
184 So im Falle Höffmann im Jahre 1934, OAV A-3-23; im Falle Beckermann im Jahre 1935, StAO Best.134 Nr.3305; im Falle Kohnen im Jahre 1936, OAV A-8-51.

185 Vgl. Vorwerk an die Pfarrer vom 20.4.1934, OAV A-8-51.
186 Vgl.Pauly an Vorwerk vom 22.1.1936, Vorwerk an Pauly vom 31.1.1936, Pauly an Vorwerk vom 24.2.1936, OAV A-3-23.
187 Vorwerk an Galen vom 4.3.1936, OAV A-3-23.
188 Vgl. Galen an Pauly vom 10.3.1936, OAV, unbezeichneter Bestand, Handakte missio canonica.
189 Vgl. Vorwerk an Pauly vom 17.3.1936, OAV A-3-23.
190 Vgl. Pauly an Vorwerk vom 10.6.1936, OAV A-3-23.
191 Vgl. dazu StAO Best.134 Nr.1194 und OAV A-8-51.
192 Erlaß zur Einführung der Richtlinien für die unteren Jahrgänge der Volksschule vom 10.4.1937, Renate Fricke-Finkelnburg (Hrsg.): Nationalsozialismus und Schule. Amtliche Erlasse und Richtlinien, Opladen 1989, S.25ff.; vgl. auch Damberg, S.181.
193 Vgl. Klemm an Rust vom 23.6.1937, BA Potsdam REM Nr.3269/2.
194 Vgl. Galen an Rust vom 3.7.1937, BA Potsdam REM Nr.3269/2.
195 Vgl. Klemm an Rust vom 30.10.1937, Rust an Klemm vom 16.11.1937, BA Potsdam REM Nr.3269/2.
196 Vgl. Verordnung von Galens vom 31.8.1937, Löffler,Nr.226; vgl. Damberg, S.193ff., auch für das Folgende.
197 Vgl. Protokoll der Plenarkonferenz des deutschen Episkopates vom 24.-26.8.1937, 3. Sitzung am 25.8.1937, Punkt IV Nr.4, Volk Bischöfe IV, Nr.399/II.
198 Vgl. Anordnung von Galens vom 21.1.1938, BAPotsdam RKM Nr.23072.
199 Eine Postkarte mit der entsprechenden Elterninformation wurde Goebbels vom Reichspropagandaamt Westfalen-Nord zugesandt. Vgl. auch Goebbels an Kerrl vom 1.4.1938, BA Potsdam RKM Nr.23072.
200 Vgl. Hirtenbrief von Galens vom 29.4.1938, Beilage zum KA Nr.9 vom 29.4.1938.
201 Vgl. Klemm an Kerrl vom 28.6.1938, BA Potsdam RKM Nr.23072.
202 Vgl. Erlaß Rusts vom 29.1.1938, Fricke-Finkelnburg, S.102ff.
203 Vgl. Galen an die Religionslehrer der höheren Schulen: „Vorläufige Richtlinien für den Religionsunterricht an höheren Schulen in der Diözese Münster" vom 21.4.1938, BAM, Generalvikariat, Neues Archiv, 0-1, Hinweis Löffler Nr.258. Die Richtlinien sind auch in die Mitteilungen von Galens zum Religionsunterricht an höheren Schulen aufgenommen, Volk Bischöfe IV, Nr.473 IIc, siehe unten.
204 Vgl. Galen an Bischöfliche Ordinariate Deutschlands vom 8.5.1938, BA Potsdam RKM Nr.23072.
205 Vgl. Meurers an Galen vom 13.5.1938, BA Potsdam RKM Nr.23072.
206 Vgl. Gestapo Berlin an Rust, Kerrl und das Reichssicherheitshauptamt vom 2.6.1938, BA Potsdam RKM Nr.23072.
207 Vgl. Bertram an Rust vom 11.6.1938, Volk Bischöfe IV, Nr.462.
208 Vgl. Tagesordnung der Plenarkonferenz des deutschen Episkopates (vor 21.6.1938), Volk Bischöfe IV, Nr.473 I; Protokoll der Plenarkonferenz des deutschen Episkopates vom 17.-19.8.1938, Punkt 11, Volk Bischöfe IV, Nr.473 II; Anlage zu Nr.473/II: Mitteilungen Galens zum Religionsunterricht an höheren Schulen (vom 18.8.1938), Volk Bischöfe IV, Nr.473 IIc, Hinweis Löffler, Nr.258.
209 Damberg, S.239, vgl. die eindrucksvollen Beispiele bei Portmann, S.105ff.
210 Vgl. die Berichte der Schulleiter, BA Potsdam RKM Nr.23071.
211 Vgl. Verfügung Galens vom 25.9.1936, KA Nr.25 vom 29.9.1936 Art.165.
212 Vgl. Verfügung Galens vom 30.11.1936, Löffler, Nr.198.
213 Vgl. zum gesamten Vorgang Damberg, S.129ff.
214 Vgl. Hirtenwort von Galens vom 10.1.1937, KA Nr.4 vom 21.1.1937 Art.28.
215 Vgl. Verfügung Vorwerks vom 20.4.1934, OAV A-8-51.
216 Vgl. StAO Best.134 Nr.835, zum Zusammenhang vgl. Willenborg Schulpolitik, S.68ff.
217 Vgl. den Briefwechsel zwischen Pauly und Vorwerk, StAO Best.134 Nr.1194, OAV A-8-57, Willenborg Schulpolitik, S.72ff.
218 Vgl. Galen an Joel vom 21.4.1937, StAO Best.134 Nr.1194.
219 Vgl. Ansprache Galens vom 22.4.1937, OAV A-8-57, Löffler, Nr.214.
220 Vgl. Bericht des Gendarmeriestandorts Löningen vom 26.4.1937, Röver an Pauly vom 30.4.1937, Pauly an Röver vom 10.5.1937, Gestapo Wilhelmshaven an Pauly vom 19.7.1937, 17.1.1938 und 2.9.1938, Pauly an Gestapo Wilhelmshaven vom 26.7.1937, 26.1.1938 und 12.9.1938, StAO Best.134 Nr.1194.
221 Vgl. Pauly an Galen vom 23.4.1937, StAO Best.134 Nr.1194.
222 Vgl. Kanzelerklärung Galens vom 25.4.1937, OAV A-8-57, Löffler, Nr.215.

223 Vgl. Galen an Pauly vom 19.6.1937, OAV A-8-57, StAO Best.134 Nr.1194.
224 Vgl. Pauly an Galen vom 3.8.1937, OAV A-8-57, StAO Best.134 Nr.1194.
225 Vgl. Briefentwurf vom 3.8.1937 und handschriftlicher Vermerk Paulys, StAO Best.134 Nr.1194.
226 Vgl. Galen an Vorwerk vom 6.8.1937, Vorwerk an Pauly vom 7.8.1937, Pauly an Vorwerk vom 17.8.1937, OAV A-8-57, StAO Best.134 Nr.1194.
227 Vgl. Galen an Pauly vom 30.8.1937, OAV A-8-57, StAO Best.134 Nr.1194.
228 Vgl. Galen an Vorwerk vom 30.8.1937, Vorwerk an Pauly vom 18.9.1937, OAV A-8-57.
229 Die Gründe hierfür sind aus den Akten nicht ersichtlich. Vgl. die Stellungnahmen der Sachbearbeiter, StAO Best.134 Nr.1194.
230 Vgl. Vorwerk an Pauly vom 15.10.1937, Vorwerk an Röver vom 8.11.1937, OAV A-8-57, StAO Best.134 Nr.1194.
231 Röver an Pauly vom 12.11.1937, StAO Best.134 Nr.1194.
232 Vgl. Vorwerk an Joel vom 1.12.1937, OAV A-8-57, StAO Best.134 Nr.1194.
233 Vgl. Pauly an Galen vom 14.12.1937, OAV A-8-57, StAO Best.134 Nr.1194.
234 Vgl. Galen an Orsenigo vom 23.12.1937, OAV A-8-57.
235 Vgl. AA an Kerrl und Rust vom 28.6.1938, BA Potsdam RKM Nr.23072.
236 Aktennotiz von Weizsäckers vom 28.6.1938, Albrecht Notenwechsel III, Nr.316.
237 Vgl. AA an Kerrl vom 28.6.1938, Kerrl an AA vom 7.7.1938, BA Potsdam RKM Nr.23072.
238 Vgl. Pauly an Rust vom 23.3.1938, 25.5.1938, 1.8.1938, Rust an Pauly vom 23.8.1938, StAO Best.134 Nr.1194.
239 Vgl. Galen an RP Düsseldorf vom 23.3.1939, Löffler, Nr.278.
240 Vgl. Portmann, S.99 und 113.
241 Vgl. Damberg, S.239ff.
242 Vgl. Rust an Klemm vom 23.12.1941, BA Potsdam RKM Nr.23072 und Nr.23073.
243 Kerrl an Rust vom 18.12.1941, BA Potsdam REM Nr.4314 und RKM Nr.23072.
244 Vgl. Orsenigo an AA vom 15.4.1943, AA an Kerrl vom 29.4.1943, Kerrl an Rust vom 19.5.1943, Rust an Kerrl vom 1.6.1943, Kerrl an Rust vom 22.6.1943, AA an Kerrl vom 26.6.1943, Kerrl an AA vom 2.7.1943, Rust an Kerrl vom 22.7.1943, BA Potsdam REM Nr.4314 und RKM Nr.23073.
245 Vgl.Hirtenbrief von Galens vom 1.10.1936, Löffler, Nr.191.
246 Vgl. Galen an Kerrl vom 5.10.1936, Volk Bischöfe IV, Nr.326, Löffler, Nr.192.
247 Vgl. Vermerk von Dettens über das Gespräch mit Berning vom 10.10.1936, BA Potsdam RKM Nr.21677. Vgl. auch oben die Bemerkung zur Predigt von Galens in Xanten am 6.9.1936.
248 Zusammenstellung Roths vom 11.11.1936, BA Potsdam RKM Nr.21677.
249 Vgl. Galen an Rust vom 4.11.1936, Löffler, Nr.194; vgl. auch Damberg, S.156f.
250 Vgl. Mitteilungen von Galens vom 21.12.1936, KA vom 29.12.1936 Nr.33 Art.219, Löffler, Nr.200.
251 Vgl. Meis an Vorwerk vom 10.1.1937, Meis an Dechanten vom 10.1.1937, OAV A-8-57; vgl. auch Mitteilungen über Schul- und Erziehungsfragen vom 21.12.1936, KA Nr.33 vom 29.12.1936 Art.219,; Löffler, Nr.200; vgl. Damberg, S.158ff.
252 Vgl. Tagesordnung der Plenarkonferenz des deutschen Episkopates (nach 18.12.1936), Punkt III, Volk Bischöfe IV, Nr.344/I; Protokoll der Plenarkonferenz des deutschen Episkopates vom 12./13.1.1937, Punkt III Nr.7, Volk Bischöfe IV, Nr.344/II; Anlage 3 zu Nr.344/II: Erklärung zugunsten der Bekenntnisschule und der Ordensschulen (vom 12.1.1937), Volk Bischöfe IV, Nr.344/IIc.
253 Vgl. Erklärungen der deutschen Bischöfe zur Bekenntnisschule, Bekanntmachung von Galens vom 15.1.1937, KA vom19.1.1937G Nr.1 Art.20.
254 Vgl. Kanzelverkündigung vom 21.2.1937, Meis an Pfarrer vom 23.2.1937, Meis an Ordinariate vom 23.2.1937, OAV A-9-51, Löffler, Nr.204 Anm.1; vgl. auch Damberg, S.164f. und Kuropka Widerstand, S.168f.
255 Vgl. Hirtenbrief von Galens vom 25.2.1937, Löffler, Nr.204.
256 Vgl. Weisung von Galens vom 25.2.1937, Löffler, Nr.205.
257 Hirtenwort von Galens vom 18.5.1937, Löffler, Nr.218. Löffler bezeichnet das Hirtenwort zum Schul- und Erziehungssonntag als Hirtenwort von Galens. Das gleiche Hirtenwort wurde aber auch im Bistum Köln verlesen. Vgl. Corsten, Nr.161.
258 Vgl. Kerrl an Rust vom 10.3.1937, BA Potsdam RKM Nr.23071.
259 Vgl. Rust an Kerrl vom 9.4.1937, Goebbels an Kerrl vom 9.4.1937, BA Potsdam RKM Nr.23071.
260 Vgl. Goebbels an Galen vom 26.5.1937, Löffler, Nr.220. Bei der Broschüre handelt es sich vermutlich nicht, wie Löffler annimmt, um die Hirtenworte der deutschen Bischöfe vom 20.8. und

10.9.1936 oder das Hirtenwort von Galens vom 1.10.1936, sondern wohl um die oben angegebene broschierte Ausgabe des Hirtenwortes von Galens vom 25.2.1937.
261 Vgl. Predigt von Galens vom 30.5.1937, Löffler, Nr.221.
262 Vgl. Bericht der Staatspolizeileitstelle Münster vom 31.5.1937, Joachim Kuropka (Hrsg.): Meldungen aus Münster 1924-1944. Geheime und vertrauliche Berichte von Polizei, Gestapo, NSDAP und ihren Gliederungen, staatlicher Verwaltung, Gerichtsbarkeit und Wehrmacht über die politische und gesellschaftliche Situation in Münster, Münster 1992, Kapitel XIII Nr.80. (Kuropka Meldungen); gekürzt Löffler, Nr.221 Anm.21.
263 Vgl. Der Deutsche Weg vom 6.6.1937.
264 Die Tagebücher von Joseph Goebbels. Sämtliche Fragmente, hrsg. v. Elke Fröhlich, Teil I: Aufzeichnungen 1924-1941, Band 3: 1.1.1937-31.12.1939, München/New York/London/Paris 1987, Aufzeichnung vom 2.6.1937, S.161.
265 Vgl. Baseler Nachrichten Nr.151 vom 5./6. Juni 1937, Kerrl an Goebbels vom 9.6.1937, BA Potsdam RKM Nr.21678.
266 Vgl. Deutschland-Berichte der Sozialdemokratischen Partei Deutschlands (Sopade), Bericht vom (4.)8.1937, 4.Jg., 1937, Salzhausen/Frankfurt a.M. 1980, S.1167f.
267 Vgl. Hirtenbrief von Galens vom 6.2.1938, Löffler, Nr.236.
268 Vgl. Mitteilungen zur weltanschaulichen Lage, 4.Jg. Nr.8 vom 11.3.1938 S.4f., IfZ MA 603, S.20194f.
269 Vgl. Predigt von Galens vom 6.3.1938, Löffler, Nr.237.
270 Vgl. Bericht des deutschsprachigen Vatikansenders vom 25.3.1938, BA Potsdam REM Nr.3228/44.
271 Vgl. Galen an Bertram vom 28.4.1938, Volk Bischöfe IV, Nr.450, Löffler, Nr.239.
272 Vgl. Bertram an Galen vom 5.5.1938, Volk Bischöfe IV, Nr.454, Löffler, Nr.241.
273 Aufzeichnung Adolphs vom 4.3.1938, Adolph, Nr.128; Martin Höllen: Heinrich Wienken, der ‚unpolitische' Kirchenpolitiker. Eine Biographie aus drei Epochen des deutschen Katholizismus, Mainz 1981, S.79.
274 Vermerk über die Besprechung vom 6.11.1937, StAO Best.134 Nr.839.
275 Vgl. Anweisung an die Kreisschulräte vom 19.11.1937, Verfügungsentwurf an die Bürgermeister vom 25.4.1938, darunter die Anweisung Paulys vom 26.4.1936, StAO Best.134 Nr.6044, vgl. zur Durchführung der vorbereitenden Maßnahmen ausführlicher Willenborg Schulpolitik, S.77ff.
276 Vgl. Galen an Vorwerk vom 20.11.1937, OAV A-9-51.
277 Vgl. Auflösungsbescheid Paulys vom 29.11.1937, Galen an Vorwerk vom 6.12.1937G, OAV A-9-51.
278 Vgl. Kanzelerklärung Vorwerks vom 26.4.1938, Löffler, Nr.242/I.
279 Vgl. Verfügung Paulys vom 5.5.1938, Pauly an Gestapo Wilhelmshaven vom 5.5.1938, StAO Best.134 Nr.6044.
280 Vgl. Heydrich an Lammers vom 6.5.1938, BA Koblenz Best. R 43 II Nr.157, Willenborg Schule, Nr.44 und 45.
281 Vgl. Rundschreiben von Galens vom 5.5.1938, Löffler, Nr.242.
282 Vgl. Galen an Vorwerk vom 23.5.1938, OAV A-9-51.
283 Vgl. Galen an Vorwerk vom 24.5.1938, OAV A-9-51.
284 Vgl. Vorwerk an Galen vom 10.6.1938, OAV A-9-34 III.
285 Vgl. Galen an Hitler vom 28.6.1938, BA Koblenz R 43 II Nr.157, Löffler, Nr.248.
286 Vgl. Galen an Kerrl vom 28.6.1938, BA Potsdam RKM Nr.22154.
287 Vgl. Hirtenwort von Galens vom 30.6.1938, Löffler, Nr.249.
288 Verfügung Paulys vom 5.5.1938, StAO Best.134 Nr.6044.
289 Vgl. Hirtenbrief von Galens vom 27.7.1938, Löffler, Nr.256.
290 Vgl. Bericht der Staatspolizeileitstelle Münster an das Geheime Staatspolizeiamt Berlin vom 1.8.1938, Kuropka Meldungen, XIII Nr.90, gekürzt Löffler, Nr.256 Anm.9.
291 Vorwerk an Rust vom 23.5.1938, StAO Best.G134 Nr.6044. Ähnlich äußerte er sich in einem Brief an den Reichskirchenminister. Vorwerk an Kerrl vom 16.7.1938, BA Potsdam RKM Nr.22154, BA Koblenz R 43 II Nr.157.
292 Vgl. Muhs an Galen vom 9.7.1938, BA Potsdam RKM Nr.22154, BA Koblenz R 43 II Nr.157, Löffler, Nr.251.
293 Vgl. Galen an Lammers vom 18.7.1938, BA Koblenz R 43 II Nr.157, Löffler, Nr.252.
294 Vgl. Galen an Kerrl vom 22.7.1938, BA Potsdam RKM Nr.22154.
295 Vgl. Protokoll der Plenarkonferenz des deutschen Episkopates vom 17.-19.8.1938, Volk Bischöfe

IV, Nr.473/II; Anlage 6 zu Nr. 473/II: Mitteilungen Bernings zur Gemeinschaftsschule vom 18.8.1938, Volk Bischöfe IV, Nr.473/IIf.
296 Vgl. Grußadresse des deutschen Episkopates an Pius XI. vom 17.8.1938, Volk Bischöfe IV, Nr.474.
297 Pauly an Rust vom 16.9.1938, StAO Best.134 Nr.6044, BA Potsdam RKM Nr.22154.
298 Vgl. „Gesetz für den Landesteil Oldenburg zur Änderung des Schulgesetzes für das Herzogtum Oldenburg vom 4. Februar 1910" vom 11.6.1936, „Bekanntmachung des Ministers der Kirchen und Schulen zur Bekanntgabe des Schulgesetzes für das Herzogtum Oldenburg vom 4. Februar 1910 als Schulgesetz für den Landesteil Oldenburg vom 1. August 1936" vom 11.6.1936, Gesetzblatt für den Freistaat Oldenburg. Landesteil Oldenburg, 49. Band (1936), Nr.143 und 144. Vgl. auch die Synopse der Paragraphen des alten und neuen Schulgesetzes in Willenborg Schule, Nr.32; Konkordat zwischen dem Heiligen Stuhl und dem Deutschen Reich vom 20.7./12.9.1933, KA Nr.17 vom 9.10.1933 Art.153.
299 Vgl. Rechtsanwälte Hollje und Rogge an Gestapo Berlin vom 9.5.1938, BA Potsdam RKM Nr.23722.
300 Vgl. Generalstaatsanwalt Christians an Pauly vom 24.10.1938, Aktenvermerk Eisenbarts und Paulys vom 30.11.1938, Pauly an Christians vom 3.12.1938, StAO Best.134 Nr.6044.
301 Vgl. Stellungnahme Rabes vom 15.7.1938, Stellungnahme Meerwalds vom 23.7.1938, BA Koblenz R 43 II Nr.157; vgl.auch Löffler, Nr.254 Anm.1, dort jedoch stark gekürzt, in der Wiedergabe des Textes fehlerhaft und durch die Kürzung inhaltlich sinnentstellt. Bei Löffler sind nur die Passagen der Stellungnahme Meerwalds wiedergegeben, die von der Position Rabes abweichen. Der erste Teil, in dem er das Vorhaben Paulys als Verstoß gegen das Oldenburgische Schulgesetz und das Reichskonkordat bezeichnet, fehlt.
302 Vgl. Röver an Lammers vom 6.7.1938, BA Koblenz R 43 II Nr.157, Kuropka Wahrheit,Nr.85, Röver an Kerrl vom 6.7.1938, BA Potsdam RKM Nr.22154.
303 Röver an Kerrl vom 22.7.1938, BA Potsdam RKM Nr.22154.
304 Vgl. Goebbels an Kerrl vom 26.7.1938, Schulze an Goebbels vom 6.7.1938, BA Potsdam RKM Nr.22154.
305 Bormann an Lammers vom 8.7.1938, BA Koblenz R43 II Nr.157, BA Potsdam RKM Nr.22154.
306 Vgl. Lammers an Galen vom 24.7.1938, BA Koblenz R 43 II Nr.157, BA Potsdam RKM Nr.22154, Löffler, Nr.254.
307 Vgl. die entsprechende Liste der umzuwandelnden Schulen vom 11.5.1938, StAO Best.134 Nr.6044. Vgl. auch die in regelmäßigen Abständen im Offizialat eingegangenen Meldungen der Pfarrer, OAV A-9-51. Diese leitete der Offizial an von Galen weiter. So Vorwerk an Galen vom 10.6.1938,OAV A-9-34 III.
308 Vgl. Spiekermann an Stricker vom 19.8.1938, BA Koblenz NS 12 Nr.933, Willenborg Schule, Nr.47.
309 Rust an Kerrl vom 16.1.1939, BA Potsdam RKM Nr.21848.
310 Vgl. OAV A-9-51, KA Nr.4 vom 16.2.1940 Art.42, Damberg, S.215ff.
311 Vgl. Galen an Hillebrand vom 3.3.1939, KA Nr.4 vom 16.2.1940 Art.42.
312 Vgl. Galen an Klemm vom 22.12.1938, OAV A-9-51.
313 Vgl. Galen an Ordinariate vom 10.1.1939, OAV A-9-51.
314 Vgl. Galen an Bertram vom 22.1.1939, Volk Bischöfe IV, Nr.493, Löffler, Nr.268.
315 Hirtenbrief Galens vom 20.2.1939, Löffler, Nr.274.
316 Vgl. Galen an die Pfarrer und Pfarrektoren vom 20.2.1939, Löffler, Nr.273.
317 Galen an Hitler vom 8.3.1939, BA Koblenz R 43 II Nr.157, Faksimile Willenborg Schule, Nr.48, gedruckt Volk Bischöfe IV, Nr.496, Löffler, Nr.277.
318 Vgl. Galen an Pauly vom 8.3.1939, StAO Best.134 Nr.6044, Faksimile Kuropka Wahrheit, Nr.90, gedruckt Löffler, Nr.276.
319 Vgl. Galen an Klemm vom 5.3.1939, Löffler, Nr.275.
320 Vgl. Lammers an Galen vom 13.3.1939, BA Koblenz R 43 II Nr.157.
321 Vgl. Galen an Bertram vom 5.4.1939, Löffler, Nr.280.
322 Vgl. Hirtenbrief von Galens vom 16.4.1939, Löffler, Nr.281.
323 Bericht der Staatspolizeileitstelle Münster vom 24.4.1939, Kuropka Meldungen, XIII Nr.100a, Löffler, Nr.281 Anm.4.
324 Vgl. Galen an die Pfarrer und Pfarrektoren vom 1.4.1939, BA Potsdam REM Nr.3228/43, OAV A-8-51.
325 Vgl. Gestapo an Rust vom 15.5.1939, Aktenvermerk vom 16.6.1939, BA Potsdam REM Nr.3228/43.

326 Vgl. Galen an die Pfarrer und Pfarrektoren vom 27.6.1939, Pfarrarchiv Garrel, Aktenordner III 16; Pfarrarchiv Lastrup, Reg.-Nr.333.
327 Pius XII. an Preysing vom 7.5.1939, Preysing an Pius XII. vom 12.8.1939, Pius XII. an Preysing vom 18.8.1939, Burkhart Schneider (Hrsg.):Die Briefe Pius' XII. an die deutschen Bischöfe 1939-1944, Nr.6 und 19.
328 Vgl. Aide-Mémoire des Päpstlichen Staatssekretariats an die Deutsche Botschaft beim Heiligen Stuhl vom 10.7.1939, Dieter Albrecht (Bearb.): Der Notenwechsel zwischen dem Heiligen Stuhl und der Deutschen Reichsregierung, Band II: 1937-1945, Mainz 1969, Nr.27 (Albrecht Notenwechsel II).
329 Vgl. Verordnung von Galens vom 18.4.1939, Löffler, Nr.282.
330 Vgl. Galen an Rust vom 19.4.1939, Löffler, Nr.283.
331 Vgl. Abschließender Bericht über die Errichtung von Gemeinschaftsschulen im preußischen Teil der Diözese Münster im Jahre 1939, KA Nr.4 vom 16.2.1940 Art.42.
332 Vgl. Pauly an Kerrl vom 15.10.1938, StAO Best.134 Nr.52.1
333 Vgl. Röver an Pauly vom 1.10.1938, als Anlage zwei Gutachten des Gaurechtsamtes Oldenburg vom 29.7.1938, StAO Best.134 Nr.521, dort auch weitere Korrespondenzen zwischen Röver, Bormann und Pauly.
334 Kerrl an Pauly vom 24.2.1939, BA Potsdam RKM Nr.22154, StAO Best.134 Nr.521; vgl. auch Johannes Pohlschneider: Der nationalsozialistische Kirchenkampf in Oldenburg. Erinnerungen und Dokumente, Kevelaer 1978, S.28f.
335 Vgl. Aufzeichnungen Pohlschneiders vom 30.5., 31.5., 3.6., 4.6. und 7.6.1940, OAV, unbezeichneter Bestand „Offizialat und Staat 1940" (OAV 1940); Löffler, Nr.304; vgl. auch Pohlschneider, S.41ff.
336 Der Vergeltungsfeldzug gegen den Bischof von Münster im Gefolge des oldenburgischen Schulkampfes kann hier nur äußerst knapp in seinem Endergebnis dargestellt werden, obwohl eine ausführliche Abhandlung reizvoll wäre, da der Aktenbestand weitgehend erhalten ist. Im folgenden wird lediglich die Begründung der Maßnahmen durch die nationalsozialistischen Partei- und Staatsstellen näher ins Auge gefaßt, um sie der vom rechtsstaatlichen Denken ausgehenden Argumentation von Galens kontrastierend gegenüberzustellen. Dabei spielt der Schulkampf eine zentrale Rolle. In der folgenden Darstellung können nur die wichtigsten Schriftstücke dieser bisher weitgehend nicht bekannten Korrespondenzen berücksichtigt werden. Vgl. zum gesamten Komplex: BA Potsdam RKM Nr.22154; BA Potsdam RKM Nr.23336; StAO Best.134 Nr.521; OAV 1940, nach Löffler A-8-54; OAV, unbezeichneter Bestand „Offizialat und Staat 1941-44" (OAV 1941-44); vgl. auch Pohlschneider, S.25ff. Einige wichtige Dokumente finden sich bei Löffler unter den Nummern 294, 295, 296, 298, 299, 300, 301, 302, 303, 304, 305, 307, 309, 311, 312, 313, 315, 316, 317, 321, 322, 323, 324, 326, 327, 328, 329, 331, 333, 344, 363, 365, 371. Vgl. auch die knappe Zusammenfassung bei Helmut Hinxlage: Die Geschichte des Bischöflich Münsterschen Offizialates in Vechta. In: Beiträge zur Geschichte der Stadt Vechta, hrsg. v. d. Stadt Vechta, red. v. Wilhelm Hanisch, Franz Hellbernd und Joachim Kuropka, 6. Lieferung, Vechta 1991, Band I, S.418ff.; als Sonderdruck: Vechta 1991, S.54ff.
337 Vgl. Galen an Kerrl vom 12.4.1940, BA Potsdam RKM Nr.23336, unvollständig StAO Best.134 Nr.521, unvollständig Löffler, Nr.294.
338 Vgl. Galen an Pauly vom 30.4.1940 und 4.5.1940, StAO Best.134 Nr.521, OAV 1940, Löffler, Nr.295 und 296.
339 Vgl. Röver an Kerrl vom 7.5.1940, BA Potsdam RKM Nr.23336.
340 Bormann an Kerrl vom 4.5.1940, BA Potsdam RKM Nr.23336.
341 Vgl. Kerrl an Galen vom 6.5.1940, BA Potsdam RKM Nr.23336.
342 Vgl. Roth an Galen vom 28.5.1940, BA Potsdam RKM Nr.23336, gekürzt OAV 1940, gekürzt ohne Kennzeichnung der Auslassung Pohlschneider, S.38 und Löffler, Nr.300.
343 Vgl. Pauly an Galen vom 31.5.1940, StAO Best.134 Nr.521, OAV 1940, Pohlschneider, S.37, Hinweis Löffler, Nr.303 Anm.2.
344 Vgl. Pauly an Galen vom 4.6.1940, BA Potsdam RKM Nr.23336, StAO Best.134 Nr.521, OAV 1940, Hinweis Löffler, Nr.301 Anm.4.
345 Vgl. Pauly an Galen vom 27.5.1940, BA Potsdam RKM Nr.23336, Löffler, Nr.299; Pauly an Kerrl vom 27.5.1940, BA Potsdam RKM Nr.23336.
346 Gespräch vom 7.6.1940, vgl. Aufzeichnungen Pohlschneiders vom 30.5., 31.5., 3.6., 4.6. und 7.6.1940, OAV 1940, Pohlschneider, S.44ff., Löffler, Nr.304.
347 Pauly an Galen vom 13.6.1940, StAO Best.134 Nr.521, OAV 1940, Pohlschneider, S.57f., Löffler, Nr.307.

348 Vgl. Pauly an Galen vom 1.8.1940, BA Potsdam RKM Nr.23336, StAO Best.134 Nr.521, OAV 1940, Pohlschneider, S.65ff., Löffler, Nr.311.
349 Vgl. Galen an Pohlschneider vom 3.8.1940, OAV 1940, Löffler, Nr.312.
350 Vgl. Pauly an Kerrl vom 21.11.1940, BA Potsdam RKM Nr.22154, StAO Best.134 Nr.521.
351 „aller" im Original unterstrichen.
352 Pauly an Kerrl vom 6.8.1940, BA Potsdam RKM Nr.23336, StAO Best.134 Nr.521.
353 Gutachten des Gaurechtsamtes vom 29.7.1938, StAO Best.134 Nr.521.
354 Röver an Pauly vom 30.7.1940, StAO Best.134 Nr.521.
355 Vgl. Bormann an Kerrl vom 29.5.1940, BA Potsdam RKM Nr.23336, Bormann an Röver vom 29.5.1940, StAO Best.134 Nr.521.
356 Bormann an Röver vom 10.10.1940, StAO Best.134 Nr.521; vgl. auch Pohlschneider, S.76f.
357 Vgl. Kerrl an Pauly vom 26.9.1940, BA Potsdam RKM Nr.23336, StAO Best.134 Nr.521, gekürzt Löffler, Nr.315 Anm.1.
358 Vgl. Röver an Bormann vom 30.9.1940, Best.134 Nr.521, gekürzt Löffler, Nr.315 Anm.2.
359 Vgl. Bormann an Kerrl vom 10.10.1940, BA Potsdam RKM Nr.22154, StAO Best.134 Nr.521, Pohlschneider, S.76f., Löffler, Nr.315 Anm.2.
360 Vgl. Pauly an Kerrl vom 7.2.1942, ähnlich Pauly an Kerrl vom 11.12.1941, BA Potsdam RKM Nr.22154.
361 Vgl. AA an Kerrl vom 20.3.1942, BA Potsdam RKM Nr.22154.
362 Vgl. AA an Orsenigo vom 29.4.1942, BA Potsdam RKM Nr.22154.
363 Obwohl es nicht ohne Reiz wäre, die Argumentation von Galens den Begründungsversuchen Paulys direkt kontrastierend gegenüberzustellen, werden hier die Protestschreiben des Bischofs in ihrem einheitlichen Begründungszusammenhang verfolgt, da so die innere Schlüssigkeit seines Konzeptes, aber auch das Zusammenspiel mit den Kirchenvertretern in Berlin und dem Vatikan deutlicher hervortreten.
364 Vgl. Besprechung vom 17.5.1940, Aufzeichnungen Pohlschneiders vom 30.5., 31.5., 3.6., 4.6. und 7.6. 1940, OAV 1940, Pohlschneider, S.44ff., Löffler, Nr.304.
365 Vgl. Pohlschneider, S.44.
366 Der konsequente Bezug von Galens auf Recht und Gesetz im Kampf gegen nationalsozialistische Willkürmaßnahmen hat in der bisherigen Galenforschung zu wenig Beachtung gefunden. Auch die Edition Löfflers spart Quellen dieser Art weitgehend aus.
367 Vgl. Galen an Pauly vom 8.7.1940, BA Potsdam RKM Nr.23336, StAO Best.134 Nr.521, Pohlschneider, S.59ff., knapper Hinweis Löffler, Nr.309 Anm.3.
368 Vgl. Galen an Pauly vom 5.8.1940, BA Potsdam RKM Nr.23336, StAO Best.134 Nr.521, OAV 1940, Pohlschneider, S.66f., Löffler, Nr.313.
369 Galen an Roth vom 7.10.1940, BA Potsdam RKM Nr.22154 und 23336, StAO Best.134 Nr.521, OAV 1940, Pohlschneider, S.69ff., Löffler, Nr.316 mit anderem Datum. Im Reichskirchenministerium ging der Brief mit Datum vom 7.10.1940 ein. BA Potsdam RKM Nr.22154 und 23336. Bei Löffler trägt der Brief das Datum vom 14.10.1940. Aus einer Korrespondenz zwischen Pohlschneider und von Galen ist zu schließen, daß der Brief am 14.10.1940 abgesandt, aber das Datum des Entwurfs vom 7.10.1940 stehen gelassen wurde. Vgl. Pohlschneider an Galen vom 11.10.1940, Galen an Pohlschneider vom 14.10.1940, OAV 1940.
370 Vgl. Roth an Galen vom 16.12.1940, BA Potsdam RKM Nr.22154, StAO Best.134 Nr.521, OAV 1940, Pohlschneider, S.73, Löffler, Nr.321, Wienken an Galen vom 4.1.1941 und 7.1.1941, OAV 1941-44, Löffler, Nr.323 und 324.
371 Vgl. Galen an Pohlschneider vom 29.6.1940, OAV 1940, Löffler, Nr.309.
372 Vgl. Pohlschneider an Galen am 11.10.1940, Galen an Pohlschneider vom 14.10.1940, OAV 1940.
373 Vgl. Pohlschneider an Galen vom 27.1.1941, Galen an Pohlschneider vom 28.1.1941, OAV 1941-44, auszugsweise Löffler, Nr.326 Anm.4.
374 Vgl. Pohlschneider an Galen vom 11.3.1941, Galen an Pohlschneider vom 12.3.1941, OAV 1941-44, dort auch die Klageschrift und die Korrespondenz mit den Rechtsanwälten. Warum die Klage nicht durchgeführt wurde, ist aus den Akten nicht ersichtlich. Am 4.7.1941 teilte Pohlschneider dem Rechtsanwalt mit, man werde auf die Angelegenheit zurückkommen, wenn noch verschiedene Dinge mit dem Bischof geklärt seien. Am 24.6.1943 schrieb der Rechtsanwalt an Pohlschneider, da er seit zwei Jahren von der Angelegenheit nicht mehr gehört habe, nehme er an, sie solle wegen der derzeitigen Kriegsverhältnisse nicht weiterverfolgt werden.
375 Vgl. die Klageschrift vom 20.10.1941 und die darauf folgenden Korrespondenzen zwischen dem Reichsjustiz-, Reichsinnen- und Reichskirchenminister sowie dem Minister der Kirchen und Schulen und dem Generalstaatsanwalt in Oldenburg, BA Potsdam RKM Nr.22154. Am 27.5.1942

wurde auf Anordnung des Landgerichts Oldenburg der Rechtsstreit bis nach Kriegsende zurückgestellt, da er „nicht dringlich" sei.

376 Vgl. Galen an Wienken vom 8.6.1940, OAV 1940, Löffler, Nr.305.
377 Vgl. Vorsprache Orsenigos im Auswärtigen Amt am 10.6.1940, Aufzeichnung Woermanns vom 10.6.1940, BA Potsdam RKM Nr.23336, Albrecht III, Nr.558, AA an Kerrl vom 10.6.1940, BA Potsdam RKM Nr.23336. Es ist deshalb falsch, wenn Löffler Nr.303 Anm.3 behauptet, daß sich der Nuntius erst eineinhalb Monate später der Angelegenheit angenommen habe. Vgl. Wienken an Pohlschneider vom 14.6.1940, OAV 1940, Hinweis Löffler, Nr.305 Anm.7.
378 Vgl. Orsenigo an Galen vom 17.7.1940, Galen an Pohlschneider vom 20.7.1940, Galen an Pohlschneider vom 3.8.1940, Pohlschneider an Galen vom 3.8.1940, Galen an Orsenigo vom 5.8.1940, Galen an Orsenigo vom 14.10.1940, Orsenigo an Galen vom 15.1.1941, Galen an Pohlschneider vom 18.1.1941, Pohlschneider an Galen vom 22.1.1941, Galen an Pohlschneider vom 28.1.1941, Galen an Orsenigo, Entwurf ohne Datum (nach 28.1.1941), OAV 1940, teilweise Löffler, Nr.317, 326 und 327.
379 Vgl. Pohlschneider an Galen vom 7.10.1941, OAV 1941-44.
380 Vgl. Galen an Orsenigo vom 11.10.1941, BA Potsdam RKM Nr.22154, OAV 1941-44.
381 Vgl. Galen an Kerrl vom 7.10.1940, siehe oben.
382 Orsenigo an AA vom 30.10.1941, BA Potsdam RKM Nr.22154, Pohlschneider, S.81f., Albrecht III, Nr.788, Löffler, Nr.327 Anm.5.
383 Vgl. AA an Orsenigo vom 29.4.1942, BA Potsdam RKM Nr.22154.
384 Vgl. AA an Kerrl vom 20.3.1942, BA Potsdam RKM Nr.22154, s. oben.
385 Orsenigo an Galen vom 5.8.1942, OAV 1941-44, Löffler, Nr.371.
386 Vgl. Pohlschneider an Pauly vom 25.10.1943, Pohlschneider an Galen vom 27.10.1943, Pohlschneider an Bette vom 28.10.1943, Joel an Pohlschneider vom 16.11.1943, OAV 1941-44.
387 Vgl. Erlaß Rusts: Die Organisation des Unterrichts an den Höheren Schulen im Kriege vom 20.3.1940, Fricke-Finkelnburg S.123ff., vgl. auch Damberg, S.235ff.
388 Vgl. Hirtenbrief von Galens vom 7.4.1940, Löffler, Nr.293.
389 Vgl. Galen an die Pfarrer und Pfarrektoren vom 20.4.1940, Pfarrarchiv Garrel, Aktenordner III 16a, Löffler, Nr.328 Anm.3. Der Lehrplan wird bei Damberg als nicht ermittelt angegeben. Vgl. Damberg, S.245.
390 Vgl. Lehrplan für die Kinderseelsorgestunde vom 31.3.1940, KA Nr.9 vom 22.4.1940 Art.95.
391 Vgl. Richtlinien von Galens vom 1.3.1942 mit Lehrplan für den Religionsunterricht in der Glaubensstunde, KA Nr.5 vom 3.3.1942 Art.45; Verordnung von Galens vom 12.8.1943: Zu den Richtlinien für die Glaubensstunde im Kirchlichen Amtsblatt 1942 Art.45, KA Nr.17 vom 19.8.1943 Art.125; vgl., auch zur inhaltlichen Analyse, Damberg, S.245ff.
392 Vgl. Erlaß von Galens vom 4.7.1942, KA Nr.15 vom 27.7.1942 Art.120, Wiederholung im KA Nr.19 vom 1.9.1943 Art.132, vgl. auch Religionslehrplan für den ersten Jahrgang der Kinderseelsorgestunde im Bistum Münster, Erlaß von Galens am Feste des Hl. Johannes Maria Vianney (9.8.1944), KA Nr.19 vom 15.8.1944 Art.136.
393 Vgl. Portmann, S.344ff., Löffler, Nr.336.
394 Vgl. Hirtenbrief von Galens vom 26.10.1941, Löffler, Nr.355.
395 Vgl. Galen an Schulte vom 23.1.1941, Meldungen aus dem Reich Nr.174 vom 27.3.1941, Heinz Boberach (Bearb.): Berichte des SD und der Gestapo über Kirchen und Kirchenvolk in Deutschland 1934-1944, Mainz 1971, Nr.100 (Boberach Berichte); Hinweis Löffler, Nr.336 Anm.10.
396 Vgl. Hirtenwort von Galens vom 8.5.1943, Löffler, Nr.379, Predigt von Galens vom 29.6.1943, Löffler, Nr.381, Galen an Pius XII. vom 20.2.1944, Löffler, Nr.408, Hüttermann an Galen vom 10.5.1944, Löffler, Nr.413, Galen an Berning vom 30.11.1944, Löffler, Nr.432, Berning an Galen vom 15.12.1944, Löffler, Nr.436. Vgl. auch die ausführlichen Auszüge aus dem Hirtenbrief von Galens vom 8.5.1943 und die Bemerkungen des SD im SD-Bericht zu Inlandsfragen (rote Serie) vom 21.6.1943, Boberach Berichte, Nr.257, gekürzt Kuropka Meldungen, XIII Nr.160; vgl. auch SD-Berichte zu Inlandsfragen (rote Serie) vom 21.10.1943, Boberach Berichte, Nr.269.
397 Vgl. Meldungen aus dem Reich Nr.270 vom 23.3.1942, Boberach Berichte, Nr.168.
398 Vgl. Pius XII. an Galen vom 12.6.1940 und 16.2.1941, OAV 1941-44, Schneider Nr.47 und Nr.63, Löffler, Nr.306 und 328, Galen an Pius XII. vom 20.2.1944, Löffler, Nr.408; vgl. auch Max Bierbaum: Nicht Lob Nicht Furcht. Das Leben des Kardinals von Galen nach unveröffentlichten Briefen und Dokumenten, 9. Auflage, Münster 1984, S.235ff.
399 Vgl. Predigt von Galens vom 31.12.1939, Löffler, Nr.292.

400 Vgl. Hirtenwort von Galens vom 6.1.1940, maschinenschriftliche Fassung, OAV, Sammlung der Kirchlichen Amtsblätter.
401 Vgl. Hirtenbrief von Galens vom 7.4.1940, Löffler, Nr.293.
402 Heydrich an Lammers vom 3.5.1940, BA Koblenz R 43 II Nr.177a; ähnlich ein Lagebericht des Reichserziehungsministeriums vom 24.4.1940, BA Koblenz R 21 Nr.724; vgl. auch Meldungen aus dem Reich (Nr.81) vom 24.4.1940, Boberach Berichte, Nr.67; Kuropka Meldungen, XI Nr.47.
403 Meldungen aus dem Reich (Nr.80) vom 22.4.1940, Boberach Berichte, Nr.66
404 Vgl. Heydrich an Ribbentrop vom 10.9.1940, Ludwig Volk (Bearb.): Akten deutscher Bischöfe über die Lage der Kirche 1933-1945, Band V: 1940-1942, Mainz 1983, Nr.17* (Volk Bischöfe V).
405 Vgl. Fastenhirtenbrief vom 12.1.1941, Löffler, Nr.325.
406 Vgl. Kerrl an Lammers vom 7.3.1941, BA Potsdam RKM Nr.23336, Volk Bischöfe V, Nr.23*, gekürzt Löffler, Nr.325 Anm.5.
407 Vgl. Galen an Kerrl vom 22.1.1941, Galen an Meyer vom 11.2.1941, BA Potsdam RKM Nr.23336.
408 Vgl. Kerrl an Meyer vom 25.1.1941, Meyer an Kerrl vom 31.1.1941, Kerrl an Galen vom 4.2.1941, Chef der Sicherheitspolizei an Kerrl vom 13.2.1941, Meyer an Kerrl vom 11.2.1941, Kerrl an Lammers vom 7.3.1941, BA Potsdam RKM Nr.23336.
409 Vgl. Kerrl an Lammers vom 4.9.1941, BA Koblenz R 43 II Nr.1271b, nach: Akten der Parteikanzlei. Rekonstruktion eines verlorengegangenen Bestandes, hrsg. v. Institut für Zeitgeschichte, bearb. v. Helmut Heiber, München/Wien 1983, Microfiches Nr.15242 (Parteikanzlei Microfiches).
410 Vgl. Aktenvermerk der Reichskanzlei vom 19.9.1941, Lammers an Kerrl vom 19.9.1941, Lammers an Bormann vom 19.9.1941, BA Koblenz R 43 II Nr.1271b, Parteikanzlei Microfiches, Nr.15242.
411 Vgl. Heydrich an Lammers vom 15.4.1941, BA Koblenz R 43 II Nr.177a, Volk Bischöfe V, Nr.26*.
412 Vgl. Aktenvermerk vom 5.5.1941, BA Koblenz R 43 II Nr.177a.
413 Hirtenbrief vom 14.9.1941, Löffler, Nr.348.
414 Vgl. Hirtenbrief vom 26.10.1941, Löffler, Nr.355.
415 Vgl. Galen an Berning vom 26.5.1941, Volk Bischöfe V, Nr.657, verkürzt ohne die Isaias-Stelle, Löffler, Nr.330. Der Brief wurde, mit einer Einleitung versehen, erstmals veröffentlicht in: Ludwig Volk: Clemens August Graf von Galen. Schweigen oder Bekennen? Zum Gewissensentscheid des Bischofs von Münster im Sommer 1941. In: Stimmen der Zeit 194 (1976), S.219-224.
416 Jes 56,10f. Vgl. Antonia Leugers: „Heiligste Pflicht zwingt uns zu sprechen...". Kirchenpolitische Kontroversen im deutschen Episkopat um den geplanten Hirtenbrief von 1941. In: Dieter R. Bauer/Abraham P. Kustermann (Hrsg.): Gelegen oder ungelegen – Zeugnis für die Wahrheit. Zur Vertreibung des Rottenburger Bischofs Joannes Baptista Sproll im Sommer 1938, Stuttgart 1989, S.111-141, Zitat S.121.
417 Vgl. Ulrich von Hehl: Das Kirchenvolk im Dritten Reich. In: Klaus Gotto/Konrad Repgen (Hrsg.): Kirche, Katholiken und Nationalsozialismus, Mainz 1980, S.71; vgl. auch Willenborg Rezeptionsgeschichte, S.356.
418 Vgl. Entwurf des gemeinsamen Hirtenwortes (vom 15.11.1941), Volk Faulhaber II, Nr.845a; vgl. auch Leugers mit weiteren Hinweisen.
419 Vgl. Denkschrift des deutschen Episkopates an die Reichsregierung vom 17.12.1941, Volk Bischöfe V, Nr.732; vgl. auch Preysing an Berning vom 1.12.1941, Volk Bischöfe V, Nr.729, Berning an Galen vom 3.12.1941, Löffler, Nr.358.
420 Entwurf zu einem Hirtenbrief der deutschen Bischöfe vom 15.3.1942, Löffler, Nr.367.
421 Vgl. Pius XII. an Galen vom 24.2.1943, Schneider, Nr.101, Löffler, Nr.376.
422 Vgl. Predigt vom 7.6.1942, Löffler, Nr.369; Meldungen aus dem Reich Nr. 302 vom 23.7.1942, Boberach Berichte, Nr.202.
423 Vgl. Heydrich an Himmler vom 26.7.1942, BA Koblenz R 43 II Nr.1271b, Parteikanzlei Microfiches, Nr.15989, dort auch Hinweise zu Kevelaer und Bethen.
424 Vgl. Predigt von Galens vom 5.7.1942; Staatspolizeileitstelle Münster vom 7.7.1942, Löffler, Nr.370, Kuropka Meldungen XIII Nr.154; Heydrich an Himmler vom 26.7.1942, BA Koblenz R 43 II Nr.1271b, Parteikanzlei Microfiches, Nr.15989.
425 Predigten von Galens vom 13.7.1941, 20.7.1941 und 3.8.1941, Portmann, S.334ff., Bierbaum, S.346ff., Löffler, Nr.333, 336 und 341.
426 Josef Pieper: Noch wußte es niemand. Autobiographische Aufzeichnungen 1904-1945, München 1976, S.105. Pieper bemerkt zu den Predigten, der „sein ganzes Wesen durchdringende gerechte Zorn" habe „die sonst nicht gerade durch Brillanz der Formulierungen gekennzeichnete Intelli-

genz des Bischofs auf eine höhere Stufe gehoben". Ebd. Vgl. auch die Verwendung und Bedeutung des Topos vom Hammer und Amboß im Kophtischen Lied von Goethe und im Grimmschen Wörterbuch, auf die Paul Willenborg in dem Zusammenhang hinweist. Paul Willenborg: Clemens August Kardinal von Galen. Zeitzeugnis und Vermächtnis, Cloppenburg 1992, S.33ff.

427 Vgl. Predigt von Galens vom 20.7.1941, Portmann, S.344ff., Bierbaum, S.354ff, Löffler, Nr.336.
428 Die Wirkung der Predigten auf Staat und Partei sowie auf die Bevölkerung im In- und Ausland kann hier aus der Vielzahl der Zeugnisse allein für den Erziehungsbereich nur exemplarisch an einigen wenigen charakteristischen Fällen aufgezeigt werden. Vgl. beispielsweise nur die zahlreichen gedruckt oder auf Film vorliegenden und daher leicht zugänglichen Beispiele, etwa in Boberach Berichte, Kuropka Meldungen oder Parteikanzlei Microfiches.
429 Vgl. Aktennotiz über ein Gespräch mit Wienken vom 29.8.1941, BA Potsdam RKM Nr.22154.
430 Vgl. Portmann, S.190ff., Löffler, Nr.342 Anm.4.
431 Vgl. Meyer an Bormann vom 9.8.1941, BA Koblenz R 43 II Nr.1271b, Parteikanzlei Microfiches, Nr.15194, Löffler, Nr.342.
432 Vgl. Aktennotiz Lammers vom 21.8.1941, BA Koblenz R 43 II Nr.1271b, Parteikanzlei Microfiches, Nr.15194; vgl. auch Aktennotiz Lammers vom 19.9.1941, Lammers an Kerrl vom 22.9.1941, BA Koblenz R 43 II Nr.1271b, Parteikanzlei Microfiches, Nr.15194.
433 Vgl. Inge Scholl: Die weiße Rose, 9.Auflage, Frankfurt a.M. 1952, S.23ff.; vgl. auch Barbara Schellenberger: Katholischer Jugendwiderstand. In: Jürgen Schmädeke/Peter Steinbach (Hrsg.): Der Widerstand gegen den Nationalsozialismus. Die deutsche Gesellschaft und der Widerstand gegen Hitler, München 1985, S.323.
434 Vgl. The Persecution of the Catholic Church in the Third Reich. Facts and Documents translated from the German, London 1942, S.20, 24, 26, 27, 34, 43, 48, 61, 62, 111f., 117, 122ff., 124, 128f., 129, 151, 156, 157, 158 (2x), 164, 165, 167 (2x), 172, 183, 238, 246, 246f., 261, 275, 319, 395, 545.
435 Vgl. Churchmen Who Defy Hitler. I: Bishop von Galen of Germany. In: New York Times vom 6.6.1942.
436 Vgl. AA an Parteikanzlei vom 11.9.1942, AA/PA 202 Nr.9/5-14+20/1, Parteikanzlei Microfiches, Nr.16146.
437 Vgl. New York Times vom 6.6.1942. „Wir Galen sind weder besonders schlau noch schön, aber wir sind bis auf die Knochen katholisch." Der Ausspruch des Bischofs, den die Zeitung hier zitiert, ist in ähnlicher Form bei Friedrich Muckermann überliefert. Friedrich Muckermann: Im Kampf zwischen zwei Epochen. Lebenserinnerungen, bearb. und eingel. von Nikolaus Junk, Mainz 1973, S.368. Daß dieses Wort von Galens auch im Volk weit verbreitet war, belegt ein Augenzeuge aus dem Kreuzkampf, der als Motiv für seinen Widerstand in der ihm eigenen niederdeutschen Sprache angab: „Wi sünt doch katholsk bit up dat Mark!" („Wir sind doch katholisch bis in das Mark!"). Vgl. Bernd Koopmeiners: Visbeker standen in Treue zum Kreuz. In: Kuropka Zur Sache, S.158.

Clemens August Graf von Galen und der deutsche Episkopat 1933-1945

Maria Anna Zumholz

Die Rolle des Bischofs Clemens August Graf von Galen im deutschen Episkopat ist bisher so gut wie gar nicht untersucht worden. Zwar weist ihm Rudolf Morsey eine „Sonderstellung" innerhalb des Episkopats zu, er belegt diese Aussage jedoch allein mit der Übernahme der Verantwortung für die Herausgabe der „Studien zum Mythus des XX. Jahrhunderts" und der Feststellung, daß von Galen in „internen Eingaben und Protesten wie in seinen Predigten und Hirtenbriefen kräftigere Töne an(schlug) als die meisten seiner Amtsbrüder."[1] Ludwig Volk zeigt die Aktivitäten des Bischofs von Münster im Zusammenhang mit den Konkordatsverhandlungen, der Enzyklika „Mit brennender Sorge" und im Kampf gegen die Euthanasie und den Klostersturm ansatzweise auf.[1] In seiner Bewertung räumt er ihm innerhalb des Bischofskollegiums den ersten Platz im Kampf gegen den Nationalsozialismus ein – noch vor dem Bischof von Berlin, Konrad von Preysing, dem jedoch unverkennbar seine Vorliebe gehört. Volk begründet dies mit der „Gerechtigkeit, die über den Denker den Täter stellt, und die darum Konrad von Preysing nicht neben, sondern hinter seinen Vetter und Kampfgefährten rückt, den Bischof Clemens August von Galen in Münster."[3]

Die Ursache dieses lückenhaften Forschungsstandes liegt sowohl in dem generell unbefriedigenden Stand der Galen-Forschung[4] als auch im bisher schwierigen Zugriff auf die Quellen. Erst durch die Publikation der Briefe, Akten und Predigten des münsterischen Bischofs wurde die Galen-Forschung auf eine praktikable Grundlage gestellt. Für den Fragenkomplex „Galen und der deutsche Episkopat" bieten jedoch die bereits 1978-1985 erschienenen „Akten deutscher Bischöfe über die Lage der Kirche 1933-1945" und die „Akten Kardinal Michael von Faulhabers 1917-1945"[5] eine weitere unverzichtbare Quellenbasis. Wenn auch weitgehend nur die Ergebnisse der Beratungen festgehalten und kritische Tagesordnungspunkte z. T. bewußt nicht schriftlich fixiert wurden[6], so ergibt sich doch aus der Fülle der Dokumente und der in ihnen enthaltenen Hinweise und Informationen ein klares Bild. Auf der Grundlage dieser Quellen soll anhand einiger exemplarischer Beispiele untersucht werden, ob der Bischof von Münster eine bestimmte Strategie im Kampf gegen den Nationalsozialismus verfolgte und inwieweit er diese in der Fuldaer Bischofskonferenz realisieren konnte. Der Aspekt der Intensivierung der Seelsorge als Reaktion auf die Repressionsmaßnahmen der Nationalsozialisten wird in diesem Kontext bewußt ausgeklammert, weil dies eine unumstrittene, von allen Bischöfen gleichermaßen verfolgte Taktik war.

1. Galens erstes Bischofsjahr: Gegen Vorleistungen und Kompromisse – Für Abgrenzung und öffentliche Verurteilung der NS-Ideologie und Herrschaftspraxis

Beim Abschluß des Reichskonkordats im Sommer 1933 war der Artikel 31, der den Schutz der katholischen Vereine garantieren sollte, nur als Rahmenvereinbarung gefaßt worden; die Ausführungsbestimmungen, speziell die Liste der schutzwürdigen Vereine, sollten in späteren Verhandlungen zwischen dem Vatikan und dem Deutschen Reich festgelegt werden. In klarem Widerspruch zu dieser Absicht stand eine Initiative des Vizekanzlers und Vorsitzenden der „Arbeitsgemeinschaft Katholischer Deutscher" (AKD), von Papen, der sich im Oktober an den Freiburger Erzbischof Conrad Gröber mit dem Vorschlag wandte, die katholischen Jugendorganisationen in die HJ zu überführen, um als Gegenleistung dazu die Freiheit der Seelsorge zu erhalten. Der Freiburger Erzbischof war nicht abgeneigt, wurde jedoch vom Vatikan darauf hingewiesen, daß es sich hier um Konkordatsmaterie handele, die zwischen dem Hl. Stuhl und der Reichsregierung verhandelt werden müsse.[7] Auch Kardinal Bertram war durch den offenkundigen Verstoß gegen das Konkordat alarmiert und bat am 22. November 1933 alle deutschen Bischöfe um eine schriftliche Stellungnahme in dieser Angelegenheit.[8]

Von Galen sandte Bertram schon am 23. November eine Antwort in Form eines Entwurfs einer oberhirtlichen Weisung für den Klerus zu. Als Reaktion auf Anfragen an Geistliche, vor NS-Organisationen religiöse Vorträge oder Ansprachen zu halten, hatte er Anweisungen für den Klerus entworfen, um diesem klare Richtlinien an die Hand zu geben. Galen lag einerseits die Seelsorge auch in politischen Organisationen am Herzen, wollte jedoch andererseits die Ausnutzung zu „parteipolitischen Zielen" vermeiden und wies zudem darauf hin, „daß jeder Schein einer Bevorzugung politischer, weltlicher oder interkonfessioneller Vereinigungen gegenüber den katholischen, kirchlich approbierten Vereinen vermieden werde(n)"[9] müsse. Die Frage einer Überführung katholischer Jugendgruppen in die HJ stand für Galen offensichtlich nicht zur Diskussion, denn er knüpfte sogar die religiöse Betreuung dieser Organisation an die Bedingung, daß die Erfüllung der Sonntagspflicht gesichert sein müsse.

Kardinal Bertram nahm diesen Entwurf positiv auf und übersandte ihn mit geringfügigen Änderungen am 2. Dezember an alle deutschen Bischöfe mit der Bitte um Stellungnahme.[10] Die Reaktionen auf die Vorschläge von Galens waren sehr unterschiedlich und reichten von Zustimmung „mit einzelnen Änderungen"[11] bis zu schroffer Ablehnung. Der schärfste Gegner des Entwurfs war der Freiburger Erzbischof Conrad Gröber, der als Rechtfertigung für sein Verhalten in einem Weihnachtsbrief an Pius XI. ausführte: „Die entscheidende Frage wird freilich sein, welche Methode die richtige ist, die der Distanz und des vorsichtigen Abwartens oder die der Annäherung und positiven Mitarbeit, soweit es überhaupt die katholischen Grundsätze erlauben. Die erstere Methode scheint ... die populärere zu sein, während die andere vielleicht eher, wenn auch nicht gerade auf rosigen Wegen zum Ziele führt."[12] Daß ihm bei dieser Einstellung eine Position der Abgrenzung, verbunden mit der Forderung nach Vorleistungen seitens der NS-Organisationen, nicht ins Konzept paßte, ist verständlich.[13] Gröber war im übrigen nicht der einzige deutsche Bischof, der zu Konzessionen an die Nationalsozialisten bereit war. Auch Kardinal Faulhaber vertrat die Idee einer „Einordnung der katholischen Jugendverbände in staatliche Verbände"[14], die inhaltlich eine bedenkliche Nähe zu Gröbers Gedanken zeigte. So ist es nicht verwunderlich, daß die Vorschläge von Galens abgelehnt wurden.

Den verschiedenen Positionen lag eine voneinander abweichende Beurteilung des nationalsozialistischen Staates zugrunde. Während Bischöfe wie von Faulhaber und Gröber noch glaubten, durch Vorleistungen die bestehenden Spannungen abbauen zu können, war sich der Bischof von Münster der grundsätzlich kirchenfeindlichen Haltung der Nationalsozialisten bewußt. Demzufolge bewertete er die HJ auch nicht wie Faulhaber als eine staatliche Einrichtung, sondern als „eine Organisation der Nationalsozialistischen Partei", die „ausgesprochenermaßen ihre Mitglieder in parteipolitischem Sinne beeinflußt."[15] Daher gestattete er die Zugehörigkeit von Zöglingen bischöflicher Seminare und Konvikte zur HJ nicht, wie er auch den Klerikern und Theologiestudenten seines Bistums schon im November 1933 den Beitritt zur SA untersagte. Katholischen Eltern riet er auf Anfrage davon ab, ihren Kindern die Mitgliedschaft in der HJ zu erlauben.[16]

Auch von Galens Stellungnahme zu dem Ergänzungsabkommen über die Ausführung des Artikels 31 des Reichskonkordats, die Pius XI. am 23. Juli 1934 von allen deutschen Bischöfen angefordert hatte, lag auf dieser Linie. Der Bischof von Münster lehnte weitere Verhandlungen als „für den Heiligen Stuhl unwürdig, für die Lage der katholischen Kirche völlig wertlos" ab. „Solange Bestimmungen des Reichskonkordates ... unter Duldung der Reichsregierung ungestraft von Parteistellen und den davon abhängigen Regierungsstellen mißachtet und verletzt werden, hat es keinen Nutzen, ein Ergänzungsabkommen über die Ausführung des Art. 31 des Reichskonkordates abzuschließen; dasselbe würde der gleichen Mißachtung und Verletzung durch Parteiinstanzen und Regierungsstellen ausgesetzt sein und anheimfallen." Er forderte im Gegenteil für den Fall, daß der Reichskanzler nicht wie versprochen den Kirchenkampf untersagen werde, „eine eindeutige Verurteilung der den Glauben und die christliche Sittlichkeit der deutschen Katholiken gefährdenden neuheidnischen Lehren" durch die katholische Kirche, die außerdem „den Katholiken jede Mitwirkung und Mitgliedschaft bei Vereinigungen und Veranstaltungen, welche die Gefahr der Ansteckung mit sich bringen würden"[17], verbieten müsse.

Auch mit dieser Ansicht konnte sich von Galen nicht durchsetzen. Noch zu viele deutsche Bischöfe hofften auf erfolgreiche Verhandlungen mit der Reichsregierung. Doch die Praxis gab dem Bischof von Münster recht: die Verhandlungen wurden noch jahrelang von NS-Seite verschleppt und dazu benutzt, die Bischöfe unter Druck zu setzen, bis sie schließlich ergebnislos abgebrochen wurden.

Der Mißerfolg seiner Bemühungen um einheitliche Richtlinien für die religiöse Betreuung von NS-Verbänden wie auch die Erwartung zunehmender Konflikte mit den Nationalsozialisten ließ von Galen zu der Einsicht kommen, daß die schwerfällige Organisation der in der Regel nur einmal im Jahr tagenden deutschen Bischofskonferenz den Erfordernissen der Zeit nicht mehr gerecht werde, und er regte bei Kardinal Schulte als dem Metropoliten der Kölner Kirchenprovinz die Einrichtung einer westdeutschen Bischofskonferenz an.[18] Ein solches Gremium konnte in Notfällen schnell und unauffällig einberufen werden, auf die Besonderheiten der westdeutschen Diözesen Rücksicht nehmen und Vorschläge für die Fuldaer Bischofskonferenzen erarbeiten. Schulte griff diesen Vorschlag auf, lud für den 18./19. Februar 1934 die Bischöfe der Kölner Kirchenprovinz ins Priesterseminar nach Bensberg ein und bat sie um Vorschläge für die Tagesordnung.[19]

Die am 24. Januar 1934 erfolgte Ernennung Afred Rosenbergs zum weltanschaulichen Leiter der NSDAP durch den Reichskanzler Adolf Hitler hatte insofern die Situation verändert, als die kirchenfeindlichen Schriften Rosenbergs nunmehr einen mehr oder weniger amtlichen Charakter erhalten hatten. Clemens August von Galen stellte daraufhin in Bensberg folgende Fragen zur Diskussion:

„a) Welche Tragweite hat der Totalitätsanspruch des Staates und falls er, wie es nicht selten scheint, in maßgebenden Kreisen in einem Sinne vertreten wird, welcher den Totalitätsanspruch Gottes beiseite schiebt, wann und wie ist dieser Umstellung der Weltordnung im Bewußtsein des Volkes entgegenzutreten?
b) Ist nicht auch unter dieser Rücksicht nach Wegen zu suchen, um den heute in den NS-Organisationen (HJ, NS Fr. usw.) und -Einrichtungen (Schulungs- und Arbeitslagern) befindlichen Katholiken seelsorgliche Belehrung und Betreuung nahezubringen? Wie ist da Praxis und Erfolg in anderen Diözesen?"[20]
Die westdeutsche Bischofskonferenz beschloß daraufhin, dem Weltanschauungskampf der Nationalsozialisten in Predigten und Kirchenzeitungen entgegenzutreten. Wenige Wochen später wurde die Kölner Abwehrstelle gegen die nationalsozialistische Propaganda unter Leitung von Josef Teusch gegründet, deren bekannteste Veröffentlichung die sog. „Katechismuswahrheiten" und die „Studien zum Mythus des XX. Jahrhunderts" waren, bei deren Publikation von Galen eine entscheidende Rolle spielte.[21]
Bei aller Wertschätzung eines geschlossenen und einmütigen Auftretens des deutschen Episkopats und bei allem Respekt vor den ihm an Dienstjahren und Erfahrungen überlegenen Mitgliedern der Fuldaer Bischofskonferenz vertrat der Bischof von Münster die in seinem ersten Hirtenbrief vom 28. Oktober ausgesprochene Überzeugung, „daß die Pflicht zur ‚Entscheidung' über erforderliche Weisungen und Warnungen für meine Diözesanen auf mir allein und auf meinem Gewissen lastet, und von niemand mir abgenommen werden kann. ‚Nicht Menschenlob, nicht Menschenfurcht' soll jemals mich hindern, diese Pflicht zu erfüllen!"[22] Dieser Gesinnung entsprechend wartete er nach der Ernennung Rosenbergs zum ‚Parteiideologen' der NSDAP durch Hitler im Januar 1934 auch nicht die Beschlüsse der Bischofskonferenz in Fulda vom Sommer des Jahres ab, sondern warnte bereits vorher in Hirtenbriefen und Predigten vor dessen „Mythus des 20. Jahrhunderts", der am 7. Februar 1934 vom Vatikan auf den Index der verbotenen Schriften gesetzt worden war. Der münsterische Oberhirte schenkte den Beteuerungen Hitlers, Rosenberg vertrete in diesem Werk nur seine Privatmeinung, keinen Glauben, sondern klassifizierte dessen Gedanken als Parteiideologie. Weit über die Grenzen seines Bistums erregte der Osterhirtenbrief vom März 1934 Aufsehen und Begeisterung. In ihm wandte sich Galen gegen „die Neuheiden", die „nicht nur diese oder jene Lehre der Kirche bekämpfen, sondern ... die Fundamente der Religion und der gesamten Kultur" zerstören, indem sie das auf den Naturrechten basierende christliche Sittengesetz und die Offenbarung ablehnten. Zudem konstatierte der Bischof von Münster Übereinstimmungen mit dem Bolschewismus, da „eine Reihe von Gedanken und Vorstellungen, die von der bolschewistischen Gottlosenbewegung in den Menschen geweckt wurden, jetzt unter nationalen Vorzeichen wieder auftauchen."[23] Zwar vermied von Galen den Terminus Nationalsozialismus, doch war die Zuordnung so eindeutig, daß der oldenburgische Reichsstatthalter Röver an die Reichskanzlei meldete: „Der Nationalsozialismus wird mit dem ‚neuen Heidentum' gleichgesetzt und immer als solches bezeichnet."[24]
Auch im deutschen Episkopat war der Hirtenbrief positiv aufgefallen. Kardinal Faulhaber schlug daraufhin Kardinal Bertram als dem Vorsitzenden der Fuldaer Bischofskonferenz vor, Bischof von Galen solle den Entwurf des gemeinsamen Hirtenbriefes der Fuldaer Bischofskonferenz verfassen.[25]. Um die Hirtenbriefe

und Denkschriften der Plenarkonferenz als gemeinsame Verlautbarungen aller Bischöfe erscheinen zu lassen, wurden in Tagesordnungen und Protokollen Hinweise auf den jeweiligen Autor in der Regel vermieden. Auch in diesem Fall gibt es keine schriftlichen Hinweise auf den Bischof von Münster als Verfasser des Hirtenbriefes vom 7. Juni 1934, jedoch ergibt ein Textvergleich seines Osterhirtenbriefes wie auch der Predigt von Galens vom 15. April 1934 in Billerbeck mit dem Hirtenwort der deutschen Bischöfe eine große, teilweise wörtliche Übereinstimmung von Textpassagen und Gedankengängen.[26]

Neben einer eindeutigen Verurteilung der nationalsozialistischen Ideologie und scharfen Protesten gegen deren Umsetzung in die Praxis enthält der Hirtenbrief konkrete Hinweise zu angemessenen Reaktionen: „Ihr Eltern, macht eueren Kindern gegenüber Gebrauch von eueren Elternrechten; duldet nicht, daß sie vertrauten Umgang mit Ungläubigen haben, daß sie Organisationen beitreten und Schriften lesen, in welchen das Neuheidentum gepredigt, gegen Kirche und Obrigkeit gehetzt wird." Das Kirchenvolk wurde darauf hingewiesen, daß „nicht nur Privatleute, sondern auch Persönlichkeiten sich unter den Trägern und Verkündern neuheidnischer Ideen befinden, denen weitreichender Einfluß und Machtmittel zur Verfügung stehen." Großes Aufsehen und beträchtlichen Ärger sowohl in Partei- als auch in Regierungskreisen erregte der Passus über die Eidesleistung von Beamten und Soldaten, verbunden mit den Ausführungen über die Gehorsamspflicht gegenüber dem Staat: „Der Eid ist eine feierliche Anrufung Gottes, kann also niemals zu einer Leistung verpflichten, die einem Gebote Gottes widersprechen würde."[27]

Die für den 1. Juli angesetzte Verlesung des Hirtenbriefes wurde ebenso wie die Übergabe einer von Kardinal Faulhaber verfaßten Denkschrift an Hitler zunächst verschoben und schließlich fallengelassen. Dies geschah auf Veranlassung der Bischöfe Berning (Osnabrück) und Bares (Berlin), die einen nachteiligen Einfluß auf den Verlauf der Verhandlungen zwischen Reichsregierung und Vertretern des Episkopats über die Ausführung des Artikels 31 des Konkordats befürchteten. Da jedoch nur die Verlesung abgesagt worden war, wurde der Hirtenbrief in einigen Kirchlichen Amtsblättern – u. a. in Berlin, Breslau, Münster und München – abgedruckt und vom Bischof von Münster zusätzlich als Sonderdruck verbreitet. Trotz eines am 3. Juli vom Reichsinnenministerium ausgesprochenen generellen Verbots dieser Verlautbarung des deutschen Episkopats wie auch der Beschlagnahme der entsprechenden Ausgaben der Amtsblätter und des Sonderdrucks in Münster wurde das Hirtenwort im In- und Ausland bekannt.[28] Auch in evangelischen Kreisen wurde der Hirtenbrief mit Zustimmung zur Kenntnis genommen, weil er nicht nur speziell katholische, sondern allgemein-christliche Anliegen vortrug.[29]

Diese Ereignisse deuten die klassischen Konstellationen und Konfliktmuster an, die in den nächsten Jahren die Bischofskonferenz beherrschen: Bischof Berning und zukünftig auch Kardinal Bertram als Vertreter einer defensiven Taktik beanspruchten Priorität für nichtöffentliche Verhandlungen mit der Reichsregierung, während Galen die geistige Führung des Kirchenvolks durch Aufklärung, Warnung vor der nationalsozialistischen Ideologie und Herrschaftspraxis und konkrete Handlungsanweisungen als seine wichtigste Aufgabe und als wirksamstes Mittel zur Bekämpfung des Nationalsozialismus ansah.

2. Der „Weg in die Öffentlichkeit"[30]

2.1 Kontroversen um die Taktik der Bischofskonferenz: Gegen Verhandlungen hinter verschlossenen Türen – Für den Gang an die Öffentlichkeit

Die für Außenstehende unverständliche Nicht-Verlesung des Hirtenbriefs von 1934 war in weiten Kreisen als Beweis für die Uneinigkeit und Handlungsunfähigkeit des deutschen Episkopats aufgefaßt worden. Die schriftlichen Proteste Kardinal Bertrams gegen Konkordatsverletzungen wie auch die Verhandlungen der Bischofsdelegation der Plenarkonferenz mit der Reichsregierung fanden hinter verschlossenen Türen statt. Die Katholiken mußten den Eindruck gewinnen, daß die Bischöfe entweder über die Bedrängung der Kirche nicht informiert oder unfähig zu angemessenen Reaktion waren, und fühlten sich im Stich gelassen. Auch der Vatikan brachte sein Mißfallen zum Ausdruck. Anläßlich des 25jährigen Bischofsjubiläums Kardinal Schultes von Köln äußerte sich Kardinalstaatssekretär Pacelli zu den Aufgaben der Bischöfe angesichts der Kirchenverfolgung in Deutschland und ermahnte den Episkopat, „furchtlos und unerbittlich" die Stimme zu erheben.[31]

In dieser Situation griff Galen den Gedanken einer Eingabe des Episkopats an den Reichskanzler wieder auf, um Hitler offiziell über die Bedrängung der Kirche durch die Nationalsozialisten zu informieren und ihm sein Versprechen vom Vorjahr, Maßnahmen gegen die Kirche zu verbieten, in Erinnerung zu bringen. Bei ausbleibender Reaktion sollte die im August in Fulda tagende Bischofskonferenz die Denkschrift veröffentlichen, um so zu dokumentieren, daß Hitler die Maßnahmen gegen die Kirche billige. Dieses Vorhaben wurde zunächst auf der am 27./28. März 1935 in Bensberg tagenden westdeutschen Bischofskonferenz besprochen und anschließend Kardinal Bertram unterbreitet, der jedoch nicht reagierte. Daraufhin verfaßte Galen im Auftrag Kardinal Schultes von Köln einen Entwurf, den Schulte Anfang Juni an Bertram sandte mit der Bitte, diesen nach Absprache mit Faulhaber unverzüglich an Hitler abzusenden.[32]

Bertram reagierte jedoch weder auf das Schreiben Schultes noch auf den Entwurf von Galens. Er schlug vielmehr eine Vorbesprechung der Erzbischöfe vor, um die Beratungen in Fulda durch die Abfassung vorformulierter Vorschläge und Entwürfe zu erleichtern. Dazu wollte Bertram neben dem Bischof von Osnabrück als dem Leiter der Verhandlungen mit der Reichsregierung auch von Galen hinzuziehen – „in Rücksicht auf die jüngsten Ereignisse"[33], d. h. die Geschehnisse um den Gauparteitag der NSDAP in Münster. Doch Faulhaber verhinderte die Vorbesprechung und war zudem nicht bereit, die Abfassung der Denkschrift dem Bischof von Münster zu überlassen.[34]

Die Fuldaer Konferenz war dann geprägt von den Ereignissen des Sommers 1935, die einen ersten Höhepunkt des Kirchenkampfes darstellten. Clemens August von Galen hatte den Auftritt Rosenbergs auf dem Gauparteitag Westfalen-Nord in Münster mit dem Hinweis auf die starke Beunruhigung, die dessen Auftreten im katholischen Münster hervorrufen werde, zu verhindern versucht, was den wütenden Protest der Nationalsozialisten hervorgerufen hatte.[35] Reichsinnenminister Wilhelm Frick forderte die „Entkonfessionalisierung des öffentlichen Lebens" und verschärfte das Strafmaß für Verstöße gegen die NS-Rassegesetze.[36] Der preußische Ministerpräsident Göring veröffentlichte einen Erlaß gegen den „politischen Katholizismus", um den angeblichen Mißbrauch der Religion zu politischen

Zwecken in Zukunft zu verhindern.[37] Da dieser Streit mit Hilfe der Parteipresse gezielt in die Öffentlichkeit gebracht worden war, sah sich der Vatikan gezwungen, ebenfalls öffentlich Stellung zu beziehen. In zwei Noten, die zusammengefaßt im Osservatore Romano publiziert und auf Weisung des Papstes in Deutschland in den kirchlichen Amtsblättern abgedruckt und von den Kanzeln verlesen wurden, protestierte der Heilige Stuhl und stellte sich hinter den Bischof von Münster.[38]

Um eine Wiederholung des Hirtenbriefdebakels vom Vorjahr zu verhindern, hatte Kardinalstaatssekretär Pacelli am 15. August 1935 brieflich alle deutschen Bischöfe um ein „klärendes, richtunggebendes, von apostolischem Freimut und edler Hirtenliebe getragenes Wort des Episkopats (gebeten), welches für die bekämpfte und gefährdete Wahrheit mutig Zeugnis ablegt und den vielfältigen Formen des Irrtums und der Verhetzung die Maske abreißt".[39] Der Vatikan offenbarte damit erneut seine Vorliebe für einen offensiven, öffentlichkeitswirksamen Kurs der Bischofskonferenz, die daraufhin sowohl ein von Faulhaber verfaßtes sehr deutliches Hirtenwort als auch eine Denkschrift an Hitler, auf die im Hirtenbrief ausdrücklich hingewiesen wurde, verabschiedete. Selbst ein geschickt angelegter Erpressungsversuch der Nationalsozialisten, die mit dem Hinweis auf eine kirchenfreundliche Erklärung Hitlers auf dem Reichsparteitag in Nürnberg im September und mit einer Einladung der drei Kardinäle und eventuell auch Bischof von Galens zu dieser Veranstaltung die Bischöfe zu einer versöhnlichen Haltung bewegen wollten, konnte in diesem Fall die Veröffentlichung bzw. Absendung nicht mehr verhindern.[40]

Ein Vergleich des Denkschriftentwurfs von Galens mit der von Faulhaber erstellten Endfassung zeigt, daß der Münchener Kardinal große Teile des münsterischen Entwurfs übernommen hat.[41] Während sich Galen im wesentlichen auf die Auseinandersetzung mit Rosenberg und auf die Verbandsfrage unter dem Aspekt des politischen Katholizismus beschränkt hatte, fügte Faulhaber Passagen über die Gewissenskonflikte der Beamten wegen des Eides und des Sterilisierungsgesetzes, über die Bekenntnisschule und über das Verbot katholischer Schriften durch die Gestapo ein und aktualisierte die Denkschrift im Hinblick auf die Verschärfung des Kirchenkampfes nach dem Gauparteitag in Münster. Aus Faulhabers Fassung spricht noch die Hoffnung auf Verständigungsmöglichkeiten mit den Nationalsozialisten und insbesondere mit Hitler, während Galen den Reichskanzler zu einer eindeutigen Stellungnahme provozieren wollte. Dies läßt sich insbesondere an den Schlußpassagen ablesen, die bei Faulhaber eher versöhnlich, bei von Galen dagegen sehr scharf abgefaßt sind. Während Faulhaber von Hoffnungen und Bitten sprach, drohte von Galen mit offenem Widerstand der Kirche für den Fall, daß Hitler auf die Mahnungen der deutschen Bischöfe nicht reagieren sollte: „Die nationalsozialistische Bewegung mit dem Makel einer grundsätzlich dem Christentum feindlichen Einstellung belasten, heißt zugleich ihre Ablehnung durch jeden, der im christlichen Glauben Gottes Wahrheit, Weg und Gnade erkennt, aufrufen. Ein von solcher Einstellung aus geführter Kampf gegen das Christentum würde nicht nur ein ungeheueres Leid für jeden seiner Bekenner und vielleicht Opfer an Gut und Blut fordern – welche aber schließlich für einen Angehörigen der Kirche der Märtyrer nicht ausschlaggebend sein dürfen –, sondern auch unser deutsches Volk in unabsehbares Unglück stürzen."[42]

Die Übergabe der Denkschrift an Hitler Ende August 1935 und die gleichzeitige Bekanntgabe dieser Tatsache im Hirtenbrief des deutschen Episkopats vom 20.

August setzten sowohl Hitler als auch die Bischöfe unter Zugzwang.[43] Der Reichskanzler zeigte jedoch keine Reaktion. Auf dem im September in Nürnberg abgehaltenen Reichsparteitag wurde zwar der „politische Katholizismus" nicht thematisiert, es war aber, wie von Galen im Gegensatz zu Bischof Berning von Osnabrück sehr richtig registrierte, „das Christentum als eine Weltanschauung behandelt (worden), die wohl in der Vergangenheit Verdienste für das deutsche Volk gehabt habe, an deren Stelle aber für jetzt und für die Zukunft das deutsche Rasse- und Nationalbewußtsein treten werde."[44] Der deutsche Episkopat mußte daher jetzt seine Ankündigung im Hirtenbrief wahrmachen und die Denkschrift veröffentlichen. Galen gedachte dieses Vorhaben auf der im Januar 1936 tagenden außerordentlichen Plenarkonferenz in Fulda zu realisieren, stieß jedoch schon im Vorfeld auf den Widerstand Bertrams, der die Herausgabe eines Hirtenworts von vornherein unterbinden wollte.[45] Demgegenüber vertrat von Galen jedoch die Ansicht, daß es unabdingbar sei, „jetzt vor der Öffentlichkeit unsere vor dem Führer vergeblich vorgetragenen Proteste zu wiederholen", weil der Hinweis auf die Überreichung der Denkschrift an Hitler im letzten Hirtenbrief bei den Gläubigen „eine leise Hoffnung erweckt (habe), daß entweder der Führer den Gewissensdruck abstellen, oder aber der Episkopat aus dem Mißerfolg dieses Schrittes öffentlich Folgerungen ziehen werde, welche ihnen klare Richtschnur wären bei den ihnen obliegenden Gewissensentscheidungen."[46]

Um seiner Überzeugung weiteren Nachdruck zu verleihen, wandte sich von Galen zusätzlich und in deutlicherer Form an Berning, den Leiter der Verhandlungsdelegation der Bischöfe, den er auf die von Rom vorgegebene Linie verwies: „Nach meiner Ansicht hat uns ja auch der Heilige Vater auf eine ‚offensive' Führung der Verhandlungen verpflichtet, als er uns mitteilen ließ, daß ‚neue Verhandlungen betreffend Ausführung des Reichskonkordates ... nur denkbar und der Öffentlichkeit gegenüber verantwortbar sind, wenn der verbitternde Propagandakampf gegen die katholische Kirche in staatlichen oder der staatlichen Einflußnahme zugänglichen Organisationen und Einrichtungen eingestellt wird.'"[47] Wie schon in seiner Stellungnahme im August 1934 hielt von Galen Verhandlungen nur nach Vorleistungen der Nationalsozialisten für sinnvoll und betonte zudem die auch von römischer Seite angeführte Verpflichtung gegenüber der Öffentlichkeit. Im übrigen machte er Berning darauf aufmerksam, daß er sich auf der Bischofskonferenz sehr energisch für seinen Standpunkt einzusetzen beabsichtige, „selbst auf die Gefahr hin, lästig zu fallen." Einen Entwurf, der sich nach „Inhalt und Endzweck ... nicht nur an die Katholiken, sondern an das gesamte deutsche Volk, ja auch an den Führer und die Reichsregierung wenden muß, um in Verfolg der mit Überreichung der Denkschrift an den Führer eingeschlagenen Linie in der uns entgegenstehenden Kampfreihe Wirkung zu erzielen", legte er gleich bei. Galen sprach damit die Überzeugung aus, daß der Kampf gegen den Nationalsozialismus nicht nur eine Aufgabe der Katholischen Kirche sei und nur dann Aussicht auf Erfolg habe, wenn eine möglichst breite Gegenfront geschaffen werden könne, d. h. es sei unumgänglich, eine nicht auf die Katholiken beschränkte Öffentlichkeit in den Kampf gegen den Nationalsozialismus einzubeziehen.

Bischof Berning sah auf der Bischofskonferenz außer der Defensive und „der Offensive, die vor allem in einer Neubelebung und Stärkung des kirchlichen Lebens durch alle Mittel der Seelsorge und energische Vorstellungen bei der Regierung besteht", noch die Möglichkeit, durch „Verhandlungen allmählich zu günstigeren Lebensbedingungen für das katholische Volk zu kommen"[48] – eine Taktik, die er selbst offensichtlich bevorzugte, ohne Vorleistungen von NS-Seite und die Unterrichtung der Öffentlichkeit auch nur in Erwägung zu ziehen. Von Galens Entwurf wurde im Plenum zwar diskutiert, fand jedoch keine Unterstützung.[49]

Doch der Bischof von Münster ließ sich nicht entmutigen. Er hatte das an diese Debatte anschließende Referat „Stellungnahme zum glaubensfeindlichen Schrifttum der staatlich approbierten Organisationen. – Schulungslager"[50] übernommen und setzte sozusagen als Notlösung einen Hirtenbrief mit dem Verbot der Lektüre nationalsozialistischer Propagandaschriften durch, welchem er selbst durch einen Zusatz bei der Verlesung in Münster weiteren Nachdruck verlieh.[51] Die Tatsache, daß er damit seine bischöflichen Amtsbrüder gleichsam ‚überfahren' hatte, führte dazu, daß in einigen bayerischen Diözesen der Hirtenbrief nicht verlesen wurde. So äußerte Kardinal Faulhaber gegenüber den Bischöfen von Regensburg und Augsburg schwere Bedenken und meldete nach Passau: „Den Satz, worin eine Entschuldigung gegenüber der Partei enthalten ist, kann ich nicht übernehmen. Da es aber den Grundsätzen der Solidarität widersprechen würde, einen bewußt so gefaßten Satz zu streichen und so die Einheit zu durchbrechen, bleibt nichts übrig, als die Verlesung im Ganzen ausfallen zu lassen. ... Eine einheitliche Stellungnahme aller bayerischen Bischöfe zu veranlassen ... ist ganz unmöglich, weil das die Boykottierung eines mit Zustimmung der nordbayerischen Provinz gefaßten Fuldaer Beschlusses wäre."[52] Diese Aussagen weisen darauf hin, wie brüchig die Einheit der deutschen Bischofskonferenz war und wie groß die Meinungsverschiedenheiten vor allem zwischen den norddeutschen und den bayerischen Bischöfen sein konnten.

Der Satz, an dem Faulhaber Anstoß nahm, lautete: „Wenn wir diese Verbote der Kirche nunmehr erneut zur Kenntnis und Anwendung bringen, so liegt es uns fern, dem Staate oder der Partei selbst damit zu nahe zu treten, wenn es sich um staatliche oder Parteiorgane handelt. Denn wir wissen, daß sowohl der Staat als die Partei sich an die Konkordatspflichten halten müssen und es zugleich selber mißbilligen müssen, wenn ihre Organe zu Angriffen gegen die Kirche und den christlichen Glauben mißbraucht werden."[53] Diese Argumentation ist typisch für von Galen und war natürlich nicht als Entschuldigung für die Partei, sondern im Gegenteil als Betonung der Verpflichtung sowohl des Staates als auch der Partei auf das Konkordat gedacht. Auf dieser Linie lag die auch von anderen Bischöfen angewandte Taktik von Galens, Anschuldigungen gegen die Nationalsozialisten mit Aussagen Hitlers zu belegen. Dieses Vorgehen, Hitler sozusagen als Kronzeugen gegen sich selbst und die nationalsozialistische Bewegung zu benutzen, ist mißverstanden worden in dem Sinne, daß von Galen eine innere Nähe zu den Nationalsozialisten und mangelnde Einsicht in das Wesen des Nationalsozialismus unterstellt worden ist. Von Galens bischöflicher Kaplan Hermann Eising äußerte sich speziell zu diesem Vorwurf, der u. a. sehr deutlich in den Aufzeichnungen Walter Adolphs, des kirchenpolitischen Sachbearbeiters und Ratgebers Bischof Preysings von Berlin, thematisiert wird: „Ich gestehe zu, daß man seine Äußerungen so manipulieren kann, indem man sie aus dem Ganzen einer Predigt herausnimmt und sie nicht mehr in ihrem Zusammenhang und ihrer Zeit versteht. Wie aber sollte man den Nazis besser entgegentreten, als wenn man sie auf ihre eigenen Äußerungen und Zugeständnisse etwa im Konkordat ansprach, festlegte und ins Unrecht setzte, indem man darlegte, wie die Partei und sogar staatliche Stellen dagegen verfehlten?"[54]

2.2 ‚Hilfestellung' des Vatikans: Die Enzyklika „Mit brennender Sorge"[55]

Der Bischof von Münster hatte die Erfahrung machen müssen, daß er in der Fuldaer Bischofskonferenz keine Unterstützung für einen öffentlichkeitswirksamen Kampf gegen den Nationalsozialismus fand. Galen erzielte keine Resonanz mit seinem Anliegen, eine über die Katholiken hinausreichende Öffentlichkeit in den Kampf gegen den Nationalsozialismus einzubeziehen, um nicht nur katholische, sondern allgemein menschliche Interessen zu vertreten und auch im Falle eines Mißerfolgs „vor unserem Volke und späteren Generationen" dokumentieren zu können, „daß wir gewacht, die Gefahr gesehen und vor ihr gewarnt haben."[56] Galen wandte sich daher direkt an den Vatikan, denn sowohl Pius XI. als auch Kardinalstaatssekretär Pacelli neigten einer offensiveren Taktik zu. Vom 27. Mai bis zum 4. Juni 1936 hielt von Galen sich anläßlich des 80. Geburtstages Pius XI. in Rom auf und wurde von ihm am 1. Juni in Privataudienz empfangen.[57] Zu diesem Anlaß hatte der Bischof von Münster eine Denkschrift zur religiösen Lage in Deutschland erstellt.[58] Ausgehend von den Ereignissen des Sommers 1935 machte von Galen darin darauf aufmerksam, daß seit dem Reichsparteitag in Nürnberg im September 1936 von gehobenen Regierungs- und Parteistellen eine auffällige Zurückhaltung geübt werde, während auf regionaler und lokaler Ebene der Kampf gegen das Christentum verstärkt worden sei. Er führte dies darauf zurück, daß der Heilige Stuhl im Sommer 1935 zwei sehr scharfe Proteste an die Reichsregierung gerichtet habe und diese Texte gezielt an die Öffentlichkeit gebracht worden seien.[59] Die öffentliche Meinung sei demzufolge ein Druckmittel, welches die Nationalsozialisten fürchteten. Um die deutschen Bischöfe daran zu hindern, eine ähnliche Taktik wie der Vatikan einzuschlagen, seien pro forma wieder Konkordatsverhandlungen aufgenommen worden. „Man rechnet damit, daß während der voraussichtlich langen Dauer solcher Verhandlungen Rom und der Episkopat sich Zurückhaltung auferlegen werden. Unterdessen kann dann weiter das katholische Vereinsleben ausgehöhlt, die konfessionelle Schule ‚via facti' zum Absterben gebracht, die Jugend in die Staatsjugend gezwungen und durch deren Führer und Schrifttum der Kirche entfremdet werden."[60] Kardinal Bertram habe sich, wie auch die Delegation der deutschen Bischofskonferenz, ausschließlich auf interne Verhandlungen und Eingaben beschränkt, über den Verlauf der Verhandlungen und ihre Ergebnisse seien weder die Öffentlichkeit noch die deutschen Bischöfe unterrichtet worden. So entstehe der Eindruck, daß die Bischöfe über das Ausmaß des Vernichtungskampfes nicht informiert seien und sich durch die taktischen Manöver der NS-Regierung täuschen ließen, was zu Mutlosigkeit und Resignation sowohl im Klerus als auch im Kirchenvolk führe. Dagegen habe im Hirtenbrief der deutschen Bischofskonferenz vom Sommer 1935 die Mitteilung, daß dem Führer eine Denkschrift überreicht worden sei, eine positive Wirkung gezeigt, weil der Episkopat „damit den Willen gezeigt hatte, die letztverantwortliche Stelle zur klaren Stellungnahme zu veranlassen."[61]

Am Beispiel der Verhandlungen über die Ausführungsbestimmungen des Artikels 31 des Konkordats wies von Galen nach, daß die bisherige Praxis erfolglos und sogar schädlich gewesen sei, und er forderte einen klaren Kurswechsel. „Die Taktik des Verhandelns hinter verschlossenen Türen und der nicht veröffentlichten Eingaben und Proteste an Regierungsstellen war richtig, solange man hoffen durfte, bei den Regierungsstellen wirklichen Friedenswillen und Rücksicht auf Gerechtigkeit zu finden. Zu solcher Hoffnung ist wohl kein Grund mehr vorhanden." Die jetzige Situation erfordere im Gegenteil ein geschlossenes Auftreten des deutschen Episkopats, ein offensives Auftreten gegenüber den Nationalsozialisten und den Gang an die Öffentlichkeit. „Das heißt in unserem Fall: Bei jeder sich bietenden Gelegenheit an die Öffentlichkeit treten; jede Verletzung der Lebensrechte der Kirche oder des Konkordates öffentlich anprangern; gegen jeden neuen Eingriff in die Rechte und die Freiheit der Kirche öffentlich protestieren." Seine Erfahrungen mit der Bischofskonferenz veranlaßten von Galen, den Heiligen Stuhl um eine entsprechende Anweisung an die deutschen Bischöfe zu bitten: Zu „eine(r) durchschlagende(n) und daher notwendig gemeinsame(n) Änderung der Taktik ... wird es nur kommen, wenn der Heilige Stuhl dazu seine Billigung ausspricht oder dazu Anweisung gibt."[62]

Im Vatikan wurden Galens Anregungen offensichtlich positiv aufgenommen, denn auf der Konferenz der bayerischen Generalvikare am 25. Juni 1936 in München teilte der Münchner Domkapitular Ferdinand Buchwieser mit, daß man sich in Rom über mangelhafte Informationen beklagt habe und detaillierte Berichte aus den einzelnen Diözesen wünsche.[63] Bischof Rudolf Bornewasser von Trier, der Mitte Juni in Rom gewesen war, berichtete auf der deutschen Bischofskonferenz im August 1936 ebenfalls, daß Kardinalstaatssekretär Pacelli den Wunsch geäußert habe, über alle Konkordatsverletzungen in Deutschland informiert zu werden, um dann „ein Pastorale" zu schreiben.[64] Die vom 18.-20. August 1936 in Fulda tagende Bischofskonferenz reagierte in ihrer traditionellen Grußadresse an Pius XI. auf diese Anregung. In dem von Bischof Godehard Machens von Hildesheim verfaßten Schreiben wurde der Papst um einen klärenden und stärkenden apostolischen Brief an die deutschen Katholiken gebeten.[65] Der Hl. Stuhl erklärte sich daraufhin auch bereit, dem deutschen Episkopat „in jeder zweckdienlich erscheinenden Weise zu Hilfe zu kommen", doch war zunächst die Reaktion der Reichsregierung auf eine erneute schriftliche Eingabe der Fuldaer Bischofskonferenz an Hitler abzuwarten.[66]

Nachdem Hitler zunächst eine mündliche Unterredung abgelehnt und auf den Reichskirchenminister als die zuständige Stelle für Beschwerden verwiesen hatte, erklärte er sich Ende Oktober zu einem – bereits im Vorjahr in Aussicht gestellten und bisher immer wieder verschobenen – Gespräch mit Kardinal Faulhaber auf dem Obersalzberg bereit. In der dreistündigen Unterredung verfolgte er die auch in bisherigen Gesprächen mit Kirchenvertretern erprobte Taktik, den gemeinsamen Antibolschewismus zu betonen und den Kirchenkampf der Nationalsozialisten zu bagatellisieren, und es gelang Hitler in einem den Vatikan höchst beunruhigenden Ausmaß, Faulhaber zu beeindrucken. Die Besorgnis angesichts einer solchen Fehleinschätzung des Münchner Kardinals wie auch des Gesetzes über die Pflichtmitgliedschaft in der HJ vom 1. Dezember 1936[67] bewog den Vatikan zu dem überraschenden Schritt, eine deutsche Bischofsdelegation bestehend aus den Kardinälen Bertram, Faulhaber und Schulte sowie den Bischöfen von Preysing und von Galen nach Rom einzuladen.[68] Während die Teilnahme der drei Kardinäle selbstverständlich war und die Hinzuziehung von Preysings als Bischof der Reichshauptstadt nahelag, kam die Einladung des münsterischen Oberhirten für Kardinal Bertram völlig überraschend und anscheinend sehr ungelegen, denn er versuchte diese umgehend rückgängig zu machen. Er schlug seinerseits Bischof Berning von Osnabrück vor, der als Leiter der Verhandlungen mit der Reichsregierung nicht übergangen werden könne, ohne brüskiert zu werden. „Graf Galen ist tapferer Rufer und Streiter und tritt öffentlich mehr hervor. Aber das ist für diese unsere Arbeit nicht das Entscheidende, so sehr ich seinen echt westfälischen Mut achte. Seine Meinung und Preysings Meinung erfahren wir ja in Fulda."[69] Doch Pius XI. blieb bei seiner Entscheidung.[70] Es liegt nahe, die für Bertram überraschende und unwillkommene Berufung des Bischofs von Münster auf die Denkschrift vom Mai 1936 zurückzuführen. Weiterhin wird der „Kreuzkampf" der Oldenburger Katholiken von November 1936, der weltweit Aufsehen erregt hatte, eine Rolle gespielt haben. Dieser hatte gewissermaßen den Beweis für von Galens These erbracht, daß der öffentliche Protest gegen kirchenfeindliche Maßnahmen eine Machtbegrenzung der Nationalsozialisten darstelle.[71] Für eine solche Deutung spricht auch die Tatsache, daß der Vatikansender am 11. Dezember 1936 ausführlich über den Kreuzkampf berichtet hatte.[72]

Direkt im Anschluß an die außerordentliche Plenarkonferenz vom 12.-13. Januar 1937 reisten die fünf Bischöfe nach Rom. Dort überreichte Kardinal Schulte eine von ihm erstellte Situationsanalyse, in der er die durch den Kreuzkampf geprägten Ergebnisse der Diskussionen in Fulda auswertete. Er führte aus, daß die NSDAP „grundsätzlich und definitiv die Vernichtung des Christentums und insbesondere der katholischen Religion" anstrebe. Der Kampf gegen die Kirche sei nur dann aufzuhalten, „wenn er auf einen Widerstand stößt, der vom Standpunkte der allgemeinen Machtpolitik des Gegners als bedenklich erscheint, wobei sowohl inner- als auch außenpolitische Erwägungen eine Rolle spielen könnten." Widerspruch sei nur in der Form vorstellbar, „daß möglichst breite Schichten glaubensfreudiger und opferwilliger Katholiken einheitlich die Mitwirkung bei glaubensfeindlichen Maßnahmen ablehnen und die Rechte ihres katholischen Gewissens mutig reklamieren. Das wird nicht überall in gleichen Formen wie in Cloppenburg geschehen können, es würde auch genügen, wenn nur in irgendwie erkennbarer Weise und dauernd zu Tage träte, daß die dort offenbar gewordene Gesinnung auch anderwärts von breiten Schichten der Katholiken geteilt wird."[73]

Bei einer ersten Besprechung mit Pacelli am 15. Januar 1937 versuchte Bertram noch einmal den Gang an die Öffentlichkeit zu verhindern, indem er vorschlug, statt eines Hirtenschreibens an die Gläubigen ein persönliches päpstliches Schreiben an Hitler zu richten, was jedoch sowohl vom Kardinalstaatssekretär als auch am nächsten Tag in einer gemeinsamen Besprechung von den übrigen Bischöfen abgelehnt wurde. Ein Hirtenschreiben über den Nationalsozialismus lag auch insofern nahe, als es eine sinnvolle Ergänzung zu bereits teilweise fertiggestellten Enzykliken über den Kommunismus und über die Lage der Kirche in Mexiko darstellte. Dieser Kontext veranlaßte den Heiligen Stuhl, dem geplanten Pastorale den Rang einer Enzyklika zu verleihen.

Auf der Grundlage eines im Auftrag Pacellis von Kardinal Faulhaber in Rom verfaßten Entwurfs konzipierte der Kardinalstaatssekretär in Absprache mit Pius XI. die Enzyklika „Mit brennender Sorge", die erste und einzige im Original in deutscher Sprache abgefaßte Enzyklika.[74] Pacelli übernahm die Vorlage Faulhabers, erweiterte sie jedoch beträchtlich und nahm dem Schreiben weitgehend den ursprünglich pastoralen Charakter, indem er eine Verurteilung der nationalsozialistischen Ideologie und der Konkordatsverletzungen einfügte. Die politisch brisante Einleitung bot einen historischen Abriß der Entstehungsgeschichte des Konkordats und seiner Verletzungen, womit die Nationalsozialisten vor der Weltöffentlichkeit des Vertragsbruchs angeklagt wurden. Trotz dieser prinzipiellen Verurteilung blieb der Reichsregierung die Möglichkeit einer Wiederaufnahme der Verhandlungen, ohne ihr Gesicht zu verlieren, da die Termini Nationalsozialismus und Reichsregierung bewußt vermieden worden waren. Der Abfassung der Enzyklika waren intensive Gespräche zwischen Pacelli, Pius XI. und den deutschen Bischöfen vorausgegangen, in denen die Frage einer Konkordatskündigung zwar angesprochen, aber verworfen wurde. Clemens August von Galen wurde für seine gute Berichterstattung nach Rom ausdrücklich gelobt[75], die in offensichtlichem Widerspruch zu der noch auf der Fuldaer Bischofskonferenz von Bertram erteilten Anweisung stand, man möge nicht „zu viel an Pacelli schreiben"[76].

Die Rolle Clemens August von Galens bei der Entstehung der Enzyklika ist bisher nicht rezipiert worden. Ludwig Volk kannte zwar die Denkschrift des münsterischen Bischofs aus den Faulhaber-Akten und registrierte sehr treffend, daß die „Denkschrift... nach Aufbau und Gedankenführung offensichtlich zur Vorlage im Vatikan bestimmt" gewesen sei; da ihm die Anwesenheit von Galens in Rom im Frühjahr 1936 jedoch nicht bekannt war, konnte er sie nicht in seine Analyse der Entstehungsgeschichte der Enzyklika miteinbeziehen.[77] Volk schreibt der Fuldaer Bischofskonferenz, die den „Wunsch nach einem klärenden Wort an die deutschen Katholiken" in ihrer traditionellen Grußadresse im August 1936 dem Papst vorgetragen habe, die Initiative zur Enzyklika zu.[78] Die Akzente, die die Bischofskonferenz und von Galen setzten, differieren jedoch, denn der münsterische Bischof erwartete vom Vatikan Anweisungen an die Bischöfe zu einer Revision der Taktik der Bischofskonferenz. Der Heilige Stuhl wurde insofern beiden Wünschen gerecht, als das päpstliche Rundschreiben in Form und Inhalt so konzipiert war, daß es der Ermutigung der Laien und des Klerus diente und auch als Auftakt und Aufforderung an die Bischöfe zu einer offensiveren und öffentlichkeitswirksameren Vorgehensweise gedacht war.[79]

Dank der sorgfältigen Organisation Pacellis konnte die Enzyklika bis zum Vorabend der Verlesung geheimgehalten werden. Bertrams Aversion gegen scharfe öffentliche Kundgebungen bewog Pacelli in Absprache mit Pius XI. dazu, die Verteilung der Enzyklika an die deutschen Bischöfe der Nuntiatur zu übertragen und den Nuntius Cesare Orsenigo mit detaillierten Anweisungen bezüglich des Publikationstermins zum Breslauer Kardinal zu schicken. Dagegen wurde den Bischöfen die Entscheidung über den Verbreitungsmodus überlassen, ja sogar darauf verzichtet, eine Verlesung vorzuschreiben.[80] Der Nuntius wies jedoch ausdrücklich darauf hin, daß der gesamte Text veröffentlicht werden müsse.

Dieser Spielraum für die Bischöfe führte zu unterschiedlichem Vorgehen sowohl hinsichtlich der Verlesung als auch in bezug auf die schriftliche Verbreitung des päpstlichen Sendschreibens. Im *Kirchlichen Amtsblatt* wurde die Enzyklika in den Diözesen Trier, Hildesheim und Münster publiziert, *Sonderdrucke* erschienen in Aachen, Augsburg, Bamberg, Eichstätt, Ermland, Freiburg, München, Münster, Osnabrück, Regenburg und Speyer, davon in München (34 300 Exemplare), Münster (120 000 Exemplare) und Speyer (30-40 000 Exemplare) in hohen Auflagen. Während viele Ordinariate nur jedem Geistlichen je ein Exemplar zustellten, wurde in Münster die Enzyklika im Kirchlichen Amtsblatt (2200

Exemplare) und als Sonderdruck publiziert. Die Druckerei Regensberg druckte nach Aussagen des Inhabers Dr. Lucas „bei Tag und bei Nacht" „soviele Sonderdrucke, wie unsere Mitarbeiter und unsere Maschinen leisten können."[81] Nach zuverlässigen Schätzungen wurden in ganz Deutschland ca. 300 000 Exemplare der Enzyklika verteilt, von denen folglich knapp die Hälfte aus Münster stammte.[82]

Auf eine *Verlesung* wurde in der Diözese Ermland ganz verzichtet, Kardinal Bertram ordnete für seine Diözese die Verlesung zwar an, gestattete und empfahl aber eine Zweiteilung des Textes, wobei die nach seiner Ansicht grundlegenden dogmatischen und pastoralen Teile an den Anfang gestellt werden sollten. Dagegen wurden in der Diözese Köln nur die Einleitung mit den Ausführungen über das Reichskonkordat und die an die Jugend und die Laien gerichteten Abschnitte verlesen, während die dogmatischen Teile als „Erwägungen zur Karwoche" gedruckt erschienen.[83] In der Diözese Münster wurde auf Anordnung von Galens die Enzyklika in allen Kirchen ungekürzt verlesen.[84] Damit war Clemens August von Galen der *einzige Bischof* in Deutschland, der die Enzyklika sowohl in vollem Wortlaut verlesen als auch im Kirchlichen Amtsblatt sowie in außergewöhnlich hoher Auflage als Sonderdruck veröffentlichen ließ. An diesem Verhalten läßt sich die außerordentliche Bedeutung ablesen, die der Bischof von Münster dem päpstlichen Hirtenschreiben zumaß.

2.3 Auf der Basis des Naturrechts: Mobilisierung einer Front aller rechtlich denkenden Menschen gegen den Nationalsozialismus

Die Verlesung der Enzyklika fand sowohl im deutschen Reich als auch im Ausland große Resonanz. Doch mit der einmaligen Verlesung waren die Absichten, die der Heilige Stuhl mit der Veröffentlichung der Enzyklika verband, nicht erfüllt. In einem Brief an Faulhaber sprach Pacelli den Dank des Papstes für die Verbreitung der Enzyklika aus und fuhr fort: Der Heilige Vater „vertraut darauf, daß diese Bemühungen auch weiterhin fortgesetzt werden"[85]. Der Bischof von Münster sah die Form und den Publikationsmodus des Hirtenschreibens als Aufruf zu einer grundlegenden Revision der Taktik der deutschen Bischofskonferenz im Kirchenkampf an und formulierte einen Entwurf für ein Hirtenwort der deutschen Bischöfe[86], den die Konferenz der westdeutschen Bischöfe akzeptierte und an Kardinal Bertram mit der Bitte um Prüfung und weitere Verwendung leitete, da „alles, was im Zusammenhang mit der Enzyklika jetzt von den deutschen Bischöfen kundgegeben werde, vollkommen einheitlich, gemeinsam und gleichzeitig sein müsse."[87]

In diesem Hirtenschreiben sprach Galen dem Heiligen Vater seinen Dank aus für die Enzyklika, in welcher er die Katholiken vor „Irrtümern und Falschlehren, die heute in unserem Vaterland verkündet und verbreitet werden", gewarnt habe. Es sei „aber auch aufrichtige Liebe zu unserem deutschen Volke und selbstlose Liebe für ... seine glückliche Zukunft", die den Papst zur Warnung vor der „Leugnung allgemeiner und unwandelbarer Normen der Sittlichkeit und des Rechtes" und zur öffentlichen Anklage der Konkordatsverletzungen bewogen habe.[88] Anstatt diese dem Wohl des Volkes dienenden Mahnungen ernst zu nehmen, habe der Reichskirchenminister die Verbreitung der Enzyklika verboten und sei dann von Kardinal Bertram darauf hingewiesen worden, daß die Reichsregierung sich auf diese Art und Weise öffentlich mit den unrechtmäßigen kirchenfeindlichen Bestrebungen identifiziere.

Mit einer Denkschrift zur religiösen Lage in Deutschland versuchte Galen seinem Entwurf bei Bertram weiteren Nachdruck zu verleihen. Die Enzyklika habe nicht nur alle treuen Katholiken bestärkt, sondern auch in nichtkatholischen christlichen Kreisen große Wirkung erzielt. Demgegenüber wollten die Nationalsozialisten eine „Mauer des Schweigens"[89] um die Enzyklika errichten. Das Verbot der Verbreitung der Enzyklika werde vom Kirchenministerium damit begründet, daß diese „schwere Angriffe auf das Wohl und das Interesse des deutschen Staatswesens" enthalte und „den inneren Frieden der Volksgemeinschaft" gefährde.[90] Eine solche Taktik der Nationalsozialisten berge auf längere Sicht die Gefahr, daß es durch einen geschickten Appell an die verbreiteten antirömischen Instinkte gelingen könne, „die zur Zeit in der Bildung begriffene und imponierende christliche Front aufzurollen und zu zersprengen."[91] Daher reiche es nicht aus, sich auf den innerkirchlichen Raum zu beschränken. Katholiken und auch Nichtkatholiken müßten über die wahren Absichten, die der Heilige Vater mit der Veröffentlichung der Enzyklika verbunden habe, aufgeklärt werden, was anhand des jetzt noch zugänglichen Textes der Enzyklika sowie bekannter und leicht nachprüfbarer Beispiele von Konkordatsverletzungen belegt werden könne. Er schloß seine Ausführungen mit einem nachdrücklichen Appell an Bertram: „Der Heilige Vater hat durch einen außerordentlichen Schritt uns eine außerordentliche Hilfe geleistet. ... Der Heilige Vater kann und wird von uns erwarten, ... daß wir die Chancen zur Verteidigung und Verbreitung der christlichen Wahrheit ausnutzen, die er uns verschafft hat!"[92] Doch Bertram war nicht bereit, seine nichtöffentliche Eingaben- und Verhandlungstaktik einer Revision zu unterziehen – insbesondere nicht angesichts der geschickt inszenierten Wiederaufnahme der Sittlichkeitsprozesse gegen katholische Priester und Ordensangehörige, die von der Enzyklika ablenken und den Klerus diffamieren sollten.[93]

Daraufhin nahm Bischof von Galen die demagogische Goebbels-Rede zu den Sittlichkeitsprozessen gegen katholische Geistliche am 28. Mai 1937 in der Berliner Deutschlandhalle[94] zum Anlaß, den Hirtenbriefentwurf in aktualisierter, auf Münster zugeschnittener Fassung am 30. Mai im Dom zu Münster zu verlesen.[95] Um eine möglichst breite Öffentlichkeit zu erreichen, war die Predigt auf den Sonntagabend angesetzt und vorher angekündigt worden. Eine große Anzahl von Kirchenbesuchern kam aus der näheren und weiteren Umgebung Münsters. Der Gestapobericht erwähnt ausdrücklich zwölf holländische Autos. Die nach Schätzungen der Gestapo 7000-9000 Zuhörer – der „Deutsche Weg"[96] nannte sogar 20000 – reagierten auf die Ausführungen von Galens mit Beifallskundgebungen und Zwischenrufen. Bei dem Auszug von Galens aus dem Dom nach der Predigt ließen die Menschen ihrer Begeisterung freien Lauf: „Die Menge, die schon während der Ausführungen im Dom zu impulsiven Kundgebungen hingerissen worden war, ließ sich nunmehr von einem reinen Begeisterungstaumel treiben. Heil-Rufe wechselten mit dem Absingen von Kirchenliedern, und diese wurden wieder unterbrochen von Rufen wie ‚Heil und Treu-Heil unserm Bischof' unter Erheben des rechten Armes bzw. der drei Schwurfinger der rechten Hand. Soweit die Nachestehenden des Bischofs habhaft werden konnten, küßten sie sein Gewand." Dies meldete die Gestapo und machte außerdem darauf aufmerksam, daß es nicht möglich gewesen sei, eine Mitschrift der Predigt anzufertigen, „wenn man nicht den mitschreibenden Beamten der unmittelbaren persönlichen Gefährdung durch die Kirchenbesucher aussetzen will."[97] Diese Reaktion der Kirchenbesucher wie auch die Tatsache, daß die Anzahl der Abonnenten von NS-Zeitungen als Folge der Berichterstattung über die Sittlichkeitsprozesse stark zurückging, während Wallfahrten und Prozessionen einen starken Teilnehmerzuwachs zu verzeichnen hatten, können als Beleg dafür gelten, daß von Galen die Situation und die notwendigen Maßnahmen – zumindest für seine Diözese – realistisch eingeschätzt hatte.[98]

Von Galen hatte schon im Mai erfolglos versucht, von Preysings Unterstützung für seinen Hirtenbriefentwurf zu erlangen.[99] Nach der Goebbels-Rede einigten sich die beiden Bischöfe Anfang Juni darauf, Kardinal Bertram vorzuschlagen, entweder eine „Metropolitan-Konferenz zur Beratung über den weiteren kirchenpolitischen Kampf" einzuberufen oder einen gemeinsamen Hirtenbrief herauszugeben, der „den Glauben und Sitte behandelnden Abschnitt der Enzyklika für die Gläubigen neu umschreibt und die Angriffe der Goebbels-Rede nebenbei durch genaue statistische Angaben abtut."[100] Doch Bertram, dem diese Vorschläge mündlich unterbreitet wurden, reagierte ausweichend.[101]

Vor der Plenarkonferenz, die für den 24.-26. August in Fulda angesetzt war, unternahm der Bischof von Münster einen erneuten Vorstoß, um die Aussichten für die Realisierung seines Hirtenbriefprojekts zu verbessern. Er wandte sich an Kardinal Faulhaber mit einer Denkschrift, in der er die Gedanken seines Schreibens an Bertram vom 11. April in aktualisierter und stärker pointierter Form wieder aufgriff. Zunächst analysierte er die Gründe, die den Heiligen Stuhl bewogen hatten, sich mit der Enzyklika an die Weltöffentlichkeit zu wenden. Die Erfahrung zeige, „daß der bisher vorzüglich beschrittene Weg der Verhandlungen und schriftlichen Proteste bei den Regierungsstellen nicht zum Ziele führt, da auf der anderen Seite der Friedenswille fehlt, und zudem die einzig zuverlässige Grundlage jedes wahren Friedens und des Ausgleichs widerstrebender Interessen, die Anerkennung einer auch die Staatsgewalt bindenden unverletzlichen Rechtsordnung." Da jedoch aufgrund der notwendigen Geheimhaltung des Schriftwechsels „eine weitgehende Entmutigung in den Reihen der Verteidiger des Christentums zu beobachten war, entschloß sich der Heilige Stuhl sozusagen zu einer ‚Flucht in die Öffentlichkeit‘."[102]

Galen ging qualitativ einen deutlichen Schritt über seine Denkschrift vom April hinaus, wenn er anstelle einer „Front der Verteidiger des Christentums"[103] jetzt eine „Front zur Verteidigung von Wahrheit und Recht"[104] ansprach, die als Reaktion auf die Veröffentlichung der Enzyklika im Entstehen begriffen sei. „Ich kann nicht glauben, daß wirklich die Mehrheit des deutschen Volkes, daß alle jene, die in den Reihen der neuen ‚Bewegung‘ marschieren, heute schon so dem normalen gesunden Denken entwöhnt sind, daß sie kein Unbehagen mehr empfinden bei der Leugnung und Vergewaltigung aller Persönlichkeitsrechte, Elternrechte, Eigentumsrechte, Vertragsrechte und jeder individuellen Freiheit! Die Kirche ist stets, und die letzten Päpste sind insbesondere Verkünder und Verteidiger nicht nur der geoffenbarten Wahrheit, sondern auch der von Gott gewollten natürlichen Rechte und Freiheiten der Menschen gewesen." Das Verhalten der Bischöfe müsse daher jetzt darauf abgestellt sein, die auf Ablenkungsmanöver und Vergessen ausgerichtete Taktik der Nationalsozialisten mit einem Gegenangriff zu beantworten. In einem gemeinsamen Hirtenbrief, der zwar nicht in der Adressierung, jedoch in seinem Inhalt an alle „rechtschaffenen und normal denkenden deutschen Volksgenossen" gerichtet werden müsse, sei auf der Basis des Naturrechts und der christlichen Sittenlehre darzulegen, daß „auch das irdische Glück des deutschen Volkes nur gewährleistet ist bei der Rückkehr zu christlichen Grundsätzen und der Anerkennung einer der Menschenwillkür entrückten Sittlichkeit und Rechtsordnung."[105]

Die vom 24.-26. August 1937 in Fulda tagende Plenarkonferenz war überschattet von Gerüchten, die Nationalsozialisten beabsichtigten, auf dem Nürnberger Parteitag im September einen scharfen Schlag gegen die Kirche auszuführen. Zum einen war dies eine jährlich geübte geschickt inszenierte Kampagne, um die Bischöfe – mit bemerkenswertem Erfolg – einzuschüchtern, zum anderen wurden Katholiken neben Juden und Kommunisten zunehmend als Staatsfeinde deklariert, so daß ein Schweizer Korrespondent schon Ende 1934 vor „Katholikenpogromen" warnte.[106] Selbst an die Reichsregierung gerichtete Warnungen Pacellis, der Papst würde einen Angriff auf die Kirche Deutschlands mit einer sofortigen öffentlichen Gegenerklärung beantworten, konnten die Bedenken vieler Bischöfe nicht zerstreuen.[107] So wurde zwar Kardinal Faulhaber beauftragt, sein Referat über die kirchenpolitische Lage in eine Denkschrift an alle Kabinettsmitglieder umzuwandeln, jedoch sollte der Entwurf nach Abschluß der Konferenz zunächst sorgfältig geprüft und zu einem späteren Zeitpunkt veröffentlicht werden, was jedoch nicht realisiert wurde.[108] In der Frage eines Hirtenschreibens wich man einer Entscheidung anfangs aus, denn auch Faulhaber, der ansonsten ein Befürworter offensiver Verlautbarungen des Episkopats war, hatte sich zu dieser Frage negativ geäußert.[109] Das Ergebnis war ein schwacher Kompromiß: Ein Hirtenbrief sei zwar gut, über Inhalt und Zeitpunkt müsse man nachdenken.[110]

Von Galen wies in seinem Referat über die „Auswirkungen der publizistischen Behandlung der Verhandlungen der Sittlichkeitsprozesse"[111] auf die Taktik der Nationalsozialisten hin, zunächst die Wirkung der Enzyklika abzuschwächen, als Fernziel jedoch die Vernichtung des Christentums anzustreben. Er stellte deshalb den Antrag, ein gemeinsames Hirtenschreiben über „das von allen einzuhaltende Naturrecht" zu verlesen, und erhielt auch den Auftrag zur Abfassung eines Entwurfs.[112] Eine Vorlage legte er im Oktober von Preysing zur Prüfung vor. Diese ist zwar im Wortlaut nicht überliefert, deren Inhalt läßt sich aber durch die von Adolph überlieferte Kritik von Preysings erschließen:

„1. Er ist zu lang (über 12 Schreibmaschinenseiten, eng geschrieben).

2. Er ist zu zeitlos.

3. Er bringt den Dank des Episkopats für die Enzyklika ‚Mit brennender Sorge …' mit dem Dank für die Antikommunismus-Enzyklika zusammen zum Ausdruck und ist daher sehr geeignet, auf der Gegenseite den Vorwurf hervorzurufen: Nationalsozialismus und Kommunismus sind gleichzusetzen.

4. Er ist in der Sprache und in der Disposition nicht klar.

Außerdem finden sich einige Stellen, die dem Ganzen ein mattes Gepräge geben, so z. B. der Gedanke, daß der echte Christ auch der echte Bürger seines Volkes ist, schon aus Gewissenspflicht."[113]

Pius XI. hatte bewußt nahezu gleichzeitig drei Enzykliken erlassen, in denen er die Kirchenverfolgung in Deutschland, Rußland und Mexiko unter Berufung auf das Naturrecht verurteilt hatte: „Mit brennender Sorge" am 14. März 1937 (Deutschland), „Divini Redemptoris" am 19. März (Rußland) und „Firmissimam Constantiam" am 28. März (Mexiko). Der Papst hatte insofern nicht nur konkrete Mißstände beklagt, sondern als Ursache der religionspolitischen Fehlentwicklungen allgemein die Mißachtung des Naturrechts angeführt. Es war also nur folgerichtig, wenn von Galen in seinem Entwurf auf die Enzyklika „Divini Redemptoris" – die bezeichnenderweise von den Nationalsozialisten, die sich als Kämpfer gegen den Kommunismus ausgaben, ebenfalls verboten worden war – überhaupt erst aufmerksam machte. Mit der prinzipiellen Gleichsetzung beider Totalitarismen folgte er im übrigen auch einer konkreten Weisung Pius XI., der ihm gemeinsam mit von Preysing in Rom beim Abschied gesagt hatte: „Nationalsozialismus ist nach seinem Ziel und seiner Methode nichts anderes als Bolschewismus. Ich würde das dem Herrn Hitler sagen."[114]

Die Kritik von Preysings und Adolphs ist nur damit zu erklären, daß sie die Intentionen des Bischofs von Münster und auch des Vatikans nicht verstanden hatten oder als unrealistisch ansahen: z. B. wollte von Preysing bei einem Besuch in Münster seinen Amtsbruder bewegen, in den Entwurf die Grußadresse der deutschen Bischofskonferenz von 1937 an Pius XI. einzufügen. Das konnte nicht im Sinne von Galens sein, der seinen Hirtenbrief inhaltlich auf eine über die Katholiken hinausreichende Öffentlichkeit ausrichten wollte.[115] Nicht nur der Berliner Bischof, sondern auch die Konferenz der westdeutschen Bischöfe, die am 28. Oktober in Kevelaer tagte, lehnte den Entwurf von Galens ab und beschloß, statt dessen ein Hirtenschreiben zu befürworten, „in dem neben dem besonderen Dank an den Heiligen Vater für seine Enzyklika ‚Mit brennender Sorge' die augenblicklichen Sorgen und Forderungen des katholischen Volkes dargelegt werden".[116]

Damit war – zu von Galens großer und offen geäußerter Enttäuschung – die „Vision des Bischofs von Münster, alle redlich Gesinnten unter der Fahne des Naturrechts zu sammeln"[117], gescheitert. Von Galen fand im deutschen Episkopat keine Resonanz mit seiner Idee, im Sinne Pius XI. die naturrechtsfeindlichen Grundlagen des Nationalsozialismus wie aller totalitären Weltanschauungen aufzudecken und nachzuweisen, daß die nationalsozialistische Ideologie nicht nur im Widerspruch zur katholischen Lehre stehe, sondern grundsätzlich abzulehnen sei, weil sie die menschlichen Grundrechte mißachte. Wenn Galen nachweisen wollte, daß der Nationalsozialismus nicht nur in Teilbereichen wie z. B. der Rassenlehre, sondern von seiner Grundkonzeption her insgesamt zu verurteilen sei, so zeigt sich in seinem Vorgehen im Zusammenhang mit der Enzyklika eine neue Qualität gegenüber seinen vorangegangenen Aktionen und Bemühungen. Während er sich bisher darum bemüht hatte, die Unvereinbarkeit von Nationalsozialismus und katholischer Lehre herauszustellen, und dies mittels Bekanntgabe aller Konkordatsverletzungen durch die Bischöfe dem katholischen Volk plastisch vor Augen führen wollte, konzentrierte er sich jetzt auf die totalitären Grundlagen der nationalsozialistischen Ideologie und versuchte auf dieser Basis eine weit über die Reihen der Katholiken hinausreichende Front aller rechtlich denkenden Menschen gegen den Nationalsozialismus im ganzen, nicht nur in Teilbereichen, zu mobilisieren.

3. Krise und Lähmung der Fuldaer Bischofskonferenz im Abwehrkampf gegen den Nationalsozialismus

Die ergebnislose Diskussion um eine Revision der Taktik der Bischofskonferenz hatte Risse in der Einheit der Bischofskonferenz gezeigt. Es war nicht mehr möglich, einen Konsens über ein von allen Bischöfen akzeptiertes Vorgehen herzustellen.[118] Exponent eines defensiven Kurses war Kardinal Bertram, den auch der Anstoß des Vatikans nicht zu einer Meinungsänderung bewegen konnte. Zwar war auch er sich der Erfolglosigkeit seiner Eingaben- und Verhandlungspolitik bewußt, dennoch bemühte er sich, jedem Konflikt mit dem Regime aus dem Weg zu gehen, um Vergeltungsaktionen zu vermeiden und den institutionellen Bestand der Kirche und damit die Seelsorge so lange wie möglich zu sichern. Diese Taktik wurde jedoch zunehmend bedenklicher, da Hirtenbriefe infolge der Ausschaltung der kirchlichen Presse die einzige Möglichkeit zu offener Artikulation der Bischöfe darstellten. Exponent eines offensiven, öffentlichkeitswirksamen Kurses war der Bischof von Münster. Zwar sah auch er die Gefahr einer Verschärfung des Kirchenkampfes und litt unter der Taktik der Nationalsozialisten, statt der Bischöfe den niederen Klerus und die Laien zu strafen, jedoch hielt er es für seine Pflicht, die Öffentlichkeit in den Abwehrkampf gegen den Nationalsozialismus einzubeziehen und „das Äußerste (zu) wagen. Und die Notwendigkeit dieser Abwehr und dieses Kampfes muß unserem katholischen Volk so klar sein und so lebendig vor Augen stehen, daß Tausende in die Bresche springen, wenn die ersten Führer in diesem Kampf fallen!" schrieb er im Kontext der Auflösung der Bekenntnisschulen an Bertram.[119]

Im Gefolge des sog. „Anschlusses" Österreichs an das Deutsche Reich im Frühjahr 1938 wuchs die Gefahr einer Spaltung in zwei Lager durch die zu erwartende Integration der österreichischen Bischöfe in die Fuldaer Plenarkonferenz. In einer feierlichen Erklärung bejahte der österreichische Episkopat unter geistiger Führung des Wiener Kardinals Innitzer am 18. März uneingeschränkt den Anschluß Österreichs an Deutschland, geblendet durch Versprechungen der Nationalsozialisten und befangen in dem Wahn, durch vorbehaltlose Zustimmung die Nationalsozialisten auf eine kirchenfreundliche Haltung verpflichten zu können.[120] Die deutschen Amtsbrüder forderte der Kardinal im übrigen auf, sich diesem Schritt anzuschließen. Selbst Bertram war so bestürzt, daß er die bezeichnende Frage stellte: „Kennt Innitzer nicht die Enzyklika ‚Mit brennender Sorge'?"[121]

In dieser kritischen Phase hielt sich Galen in Rom auf. Da vorauszusehen war, daß die Vergrößerung der Bischofskonferenz in jedem Fall deren Handlungsfähigkeit weiter einschränken würde, nutzte er den schon im Fall der Enzyklika ‚Mit brennender Sorge' erprobten Weg über den Vatikan, um eine organisatorische Reform der deutschen Bischofskonferenz in die Wege zu leiten. Seine Vorschläge zielten darauf ab, zusätzlich zu der schwerfälligen Fuldaer Bischofskonferenz eine schlagkräftige Organisation im Kampf gegen den Nationalsozialismus zu schaffen. In einer Denkschrift schlug er vor, in Zukunft alle drei Monate eine Konferenz der Metropoliten zwecks Informationsaustausch und Vorbereitung von Beschlüssen anzusetzen, die dann wiederum die Bischöfe ihrer Kirchenprovinzen in geeigneter Weise über den neuesten Stand der Dinge unterrichten könnten. Diese Konstruktion hatte den Vorteil, daß die Fuldaer Bischofskonferenz ihre zentrale Bedeutung verlieren würde, die regionalen Besonderheiten der Kirchenprovinzen berücksichtigt werden konnten und feste Termine zusätzlich zur Fuldaer Bischofskonferenz ohne jeweils konkrete Anlässe festgesetzt würden. Außerdem wäre in einem solchen Gremium die Position Kardinal Bertrams geschwächt und damit sein hemmender Einfluß auf die Verabschiedung von offensiven Hirtenbriefen gemildert worden. Pacelli informierte Pius XI., der über den Nuntius Cesare Orsenigo Kardinal Bertram mit erkennbar positivem Votum mitteilen ließ, „daß der Vorschlag es verdient, in Erwägung gezogen und verwirklicht zu werden."[122]

Nach seiner Rückkehr nach Münster wandte sich von Galen zusätzlich mit weiteren Forderungen an Bertram. Er regte an, die Termine dieser Metropolitenkonferenzen allen Bischöfen bekanntzugeben und auch allen Mitgliedern des deutschen Episkopats die Teilnahme an diesen Treffen zu gestatten[123], womit er zudem auf die Überalterung der Metropoliten, die eine ernste Gefahr für die Arbeitsfähigkeit der Bischofskonferenz darstellte, reagierte. Sowohl Bertram als auch Faulhaber, Schulte und Klein (Paderborn) waren alt und krank. Schulte und Klein starben Anfang 1941, Bertram nahm 1941 letztmalig an der Bischofskonferenz teil, und auch Faulhaber konnte jederzeit wie 1940 wegen gesundheitlicher Probleme ausfallen. Galen beabsichtigte, dem von ihm vorgeschlagenen Gremium weitgehende Kompetenzen zu verschaffen, indem er einerseits allen Bischöfen die Möglichkeit geben wollte, an den Beratungen teilzunehmen und andererseits dessen Aufgaben nicht nur auf Informations- und Gedankenaustausch beschränken, sondern auf die Vorbereitung von gemeinsamen Aktionen und Hirtenbriefen ausweiten wollte.

Clemens August von Galen war nicht der einzige Bischof, der sich um eine organisatorische Veränderung der deutschen Bischofskonfernz bemühte. Als Folge des Zusammenschlusses der Fuldaer und der Freisinger Bischofskonferenz hatte schon Kardinal Bertram 1935 die Einberufung einer erweiterten Metropolitenkonferenz angeregt, war jedoch an der Opposition Faulhabers gescheitert. Als 1936 der Freiburger Oberhirte Conrad Gröber erneut einen derartigen Vorstoß unternahm, reagierte Bertram eindeutig zustimmend; es war wiederum Faulhaber, der mit seinem Einspruch diese organisatorischen Neuerungen zu Fall brachte.[124] Auch weitere Versuche scheiterten in den folgenden Jahren regelmäßig am Widerstand Faulhabers, der eine Beschränkung seiner Kompetenzen befürchtete und einen vermehrten Verwaltungsaufwand vorschob.[125] Da Bertram über den Briefwechsel mit Faulhaber jedoch Stillschweigen bewahrte, wurde ihm die Verantwortung für die unterlassene Reform angelastet.

Der Ausbruch des Krieges verstärkte Bertrams Aversion gegen öffentliche Proteste der Bischofskonferenz, durch die er sich dem Vorwurf der „Feindbegünstigung" ausgesetzt sah. Zunehmend war er auch körperlich den Anforderungen seines Amtes nicht mehr gewachsen und konnte daher ab 1942 nicht mehr an den Fuldaer Treffen teilnehmen. Bertram zog daraus die Konsequenzen und kündigte 1942 formell seinen Rücktritt an, wie er schon seit 1936 bereit gewesen war, von seinem Amt zurückzutreten.[126] Andererseits war er aus verschiedenen Gründen zu diesem Zeitpunkt als ausgleichender Faktor in der Bischofskonferenz nicht zu ersetzen. Die Einheit der deutschen Bischöfe hatte jedoch Priorität vor einem effektiven Abwehrkurs gegenüber dem Nationalsozialismus. Eine solche Konstellation hatte starke Spannungen in der Bischofskonferenz mit offen ausbrechenden Konflikten und damit eine Lähmung der Abwehrmaßnahmen gegen den mit Kriegsausbruch eskalierenden Prozeß der Kirchenvernichtung und Menschen-

Abb. 12 Große Prozession in Münster 1938

rechtsverletzungen zur Folge. Dies äußerte sich augenfällig in dem Verzicht auf die Herausgabe von Fuldaer Hirtenworten in den Jahren 1937, 1939 und 1940. Von Galen ließ jedoch schon 1938 anklingen, daß er die Beschlüsse der Fuldaer Konferenz nur bis zu einem gewissen Grad als bindend akzeptieren könne. In wichtigen Fragen sei er nur dann bereit, sich den anderen Bischöfen anzuschließen, wenn ihm bei der Beschlußfassung ein Mitspracherecht eingeräumt werde, erklärte er Bertram.[127]

Ein eklatantes Beispiel für einen offenen Konflikt in der Bischofskonferenz ist der Streit zwischen Galen, Preysing und Bertram auf dem Fuldaer Treffen 1940, der die Spaltung der Bischofskonferenz in zwei Lager wie auch deren Unfähigkeit, Konflikte konstruktiv auszutragen, demonstrierte. Anlaß war das Glückwunschschreiben Bertrams zu Hitlers Geburtstag im April 1940, welches der Konferenzvorsitzende ohne Absprache im Namen aller Bischöfe abgeschickt hatte. Von Galen hatte sich schon im Vorjahr sehr kritisch zu der Anfrage Bertrams bezüglich des Glückwunschtelegramms zu Hitlers fünfzigstem Geburtstag geäußert: „Euer Eminenz im Schreiben vom 27.3.1939 geäußerten Absicht und den entsprechenden Beschlüssen des westdeutschen Konveniats in Kevelaer vom gleichen Tage zu widersprechen und zuwiderzuhandeln, hält mich ab die Praesumptio[128], daß Euere Eminenz und die anderen Hochwürdigsten Bischöfe die Erfordernisse der Zeit besser verstehen und würdigen als ich. Persönlich war ich der Meinung, daß die Ausführung von Euer Eminenz Absicht angesichts der Nichtbeantwortung und öffentlichen Verhöhnung der letzten derartigen Kundgebung in der Presse und im Hinblick auf die Einführung der Gemeinschaftsschule zur Zeit unterbleiben müsse, und als ein scandalum saltem pusillorum[129] wirken wird."[130]

Auch der Berliner Bischof hatte schon 1939 Bedenken wegen des Glückwunschtelegramms angemeldet.[131] Bertrams Glückwunsch von 1940 verärgerte von Preysing in einem solchen Maße, daß er das ihm von der Bischofskonferenz 1935 übertragene Presseamt unter Protest zurückgab und Pius XII. anbot, auf das Amt des Bischofs von Berlin zu verzichten, was dieser jedoch ablehnte. Als von Preysing dieses Thema auf der Fuldaer Bischofskonferenz im Plenum ansprach, verließ Bertram, der schon im Vorfeld angekündigt hatte, daß er sich einer Diskussion nicht stellen werde, kurzerhand den Raum. Zwar übernahm er am nächsten Tag wieder den Vorsitz und gab eine kurze Erkärung zu seinen Motiven ab, wobei er versicherte, derartige Schreiben nicht mehr im Namen aller Bischöfe versenden zu wollen, doch blieb eine deutliche Verstimmung.

4. Alleingänge für Recht und Menschenwürde

4.1 Die Predigten von 1941 als Auftakt zu einer Wiederbelebung der Diskussion über einen öffentlichkeitswirksamen Abwehrkurs der deutschen Bischofskonferenz

Ende Juli 1940 erhielt von Galen einen Bericht des Chefarztes der neurologisch-psychiatrischen Abteilung der Krankenanstalten in Bethel über eine Fragebogenaktion zur Erfassung von Geisteskranken.[132] Der Bischof von Münster wertete diese Maßnahme als Vorbereitung der unter strikter Geheimhaltung seit Ende 1939 durchgeführten Euthanasie und wandte sich sofort an Kardinal Bertram, da er eine schnelle Reaktion des Gesamtepiskopats für erforderlich hielt.[133] Doch dieser sah erst nach Erhalt zusätzlicher Informationen durch Bischof Wienken, dem Leiter des Berliner Sekretariats der deutschen Bischofskonferenz, die Notwendigkeit einer Eingabe an die Reichskanzlei ein, die in Abschrift dem Innen- und dem Kirchenminister zugeschickt wurde.[134] Auf der vom 20.-22. August 1940 stattfindenden Fuldaer Plenarkonferenz, die durch den Konflikt von Preysing/von Galen und Bertram überschattet war, kam das Thema zwar zur Sprache, jedoch wurde nur beschlossen, „von neuem in Berlin vorstellig zu werden, um eine Einstellung der Tötungen zu erreichen."[135] Da, wie zu erwarten war, aus Berlin keine Antwort erfolgte, mußte die Diskussion über die zu ergreifenden Maßnahmen weitergeführt werden. Pius XII. lehnte ein Eingreifen seinerseits in der Kriegssituation ab; er ließ die deutschen Bischöfe jedoch wissen, sie sollten „energischer auftreten in einer solchen Grundfrage."[136] Welchen Wert die Nationalsozialisten schriftlichen Protesten beimaßen, erfuhr Bischof Wienken im November 1940 bei einem Gespräch über eine Denkschrift zur Frage der Euthanasie im Reichsinnenministerium. „Das Ministerium legt auf die Vorlage einer Denkschrift keinen Wert, da ihm der Standpunkt der Kirche genügend geklärt zu sein scheint." „Seitens der beiden Herren des Ministeriums wurde ebenso bestimmt und eindeutig zum Ausdruck gebracht, daß der Staat die begonnene Maßnahme fortsetzen werde und zwar zunächst während der Kriegsdauer."[137] Damit hatte sich die völlige Wirkungslosigkeit nichtöffentlicher schriftlicher Proteste erwiesen.

Angesichts nationalsozialistischer Eingriffe in innerste Bereiche der Seelsorge unternahm Galen im Frühjahr 1941 einen neuen Versuch, die Taktik der Bischofskonferenz in seinem Sinne zu beeinflussen. Da Vorstöße bei Bertram keinen Erfolg versprachen, wandte er sich an Bischof Berning, den Leiter des westdeutschen Konveniats – Kardinal Schulte war am 11. März 1941 gestorben – und fragte: „Wenn wir das ohne öffentlichen Protest hinnehmen dürfen, wo ist dann überhaupt noch der Punkt, an dem es für uns Pflicht wird, für die Freiheit der Kirche öffentlich einzutreten und gegebenenfalls die eigene Freiheit und das Leben zum Opfer zu bringen?" Mit „den papierenen und wirkungslosen, der Öffentlichkeit unbekannten Protesten des Vorsitzenden der Fuldaer Bischofskonferenz" könne er sich nicht mehr zufriedengeben. Zwar bestehe die Gefahr, daß er durch eine ‚Flucht in die Öffentlichkeit'... möglicherweise sogar noch brutalere Maßnahmen gegen die Kirche provozieren würde." Doch er könne sein Gewissen „bald nicht mehr zur Ruhe bringen."[138]

Immerhin hatte Galen schon seit 1934 diese „Flucht in die Öffentlichkeit" angetreten. Wenn er sich auch seit 1938 auf Wunsch des Vatikans eine, durch den Kriegsbeginn verstärkte Zurückhaltung auferlegt hatte, ließ er weiterhin keinen Zweifel daran aufkommen, daß er eine offensive, öffentlichkeitswirksame Taktik für unerläßlich hielt.[139] Galens Vorstoß bei Berning war also nicht, wie Ludwig Volk dies deutet, der Auftakt zu einer völlig neuen Taktik in der Abwehr des Nationalsozialismus, sondern das Wiederaufgreifen seines ureigenen Anliegens.[140] Immerhin führte die Initiative Galens zu einem Hirtenbriefentwurf Bernings, der laut Beschluß der westdeutschen Bischöfe der Fuldaer Plenarkonferenz vorgelegt und dort auch akzeptiert wurde. Das Thema Euthanasie, das Galen schon im Vorjahr zur Sprache gebracht hatte, wurde jedoch vermieden. Der Bischof von Münster glich diesen Mangel aus, indem er das Hirtenwort bei der Verlesung in Münster diesbezüglich ergänzte.[141]

Die Vertreibung der Jesuiten aus ihren Niederlassungen in Münster bewog von Galen, endgültig seine Zurückhaltung aufzugeben. Der Klostersturm wurde ihm zum Anlaß, am 13. Juli 1941 in einer Predigt in der Lambertikirche die allgemeine Rechtlosigkeit in Deutschland anzuprangern und damit nicht ein genuin katholisches, sondern allgemein menschliches Anliegen anzusprechen. Dieser Predigt von Galens folgten zwei weitere, gleichfalls großes Aufsehen erregende Predigten am 20. Juli und am 3. August 1941.[142] Das taktische Vorgehen des Bischofs von Münster im Kontext der drei Predigten zeigt idealtypisch, was Galen unter wirksamem Widerstand gegen den Nationalsozialismus verstand. Erst im Zusammenspiel von schriftlicher Eingabe- sowie mündlicher Verhandlungstaktik mit an aktuellen, konkreten Ereignissen anknüpfenden Hirtenbriefen oder Predigten konnte jene außerordentliche Resonanz erzielt werden, die für die Verlautbarungen des Bischofs von Münster charakteristisch war.

In diesem Fall sprach von Galen am folgenden Tag beim Münsteraner Regierungspräsidenten vor, der sich zwar für nicht zuständig erklärte, aber den Gauleiter in Kenntnis setzen wollte. Am selben Tag schickte Galen gleichlautende Telegramme an die Reichskanzlei, den Reichsstatthalter für Preußen, Hermann Göring, den Reichsinnenminister, den Reichskirchenminister und an das Oberkommando der Wehrmacht, in denen er um Schutz vor den „Willkürmaßnahmen der Geheimen Staatspolizei und gegen Beraubung zugunsten der Gauleitung"[143] bat. Da jedoch die Gestapo den Klostersturm fortsetzte und Galen zudem Informationen erhielt, daß in der Provinzialheilanstalt Marienthal bei Münster Vorbereitungen für den Abtransport von Insassen und damit die Ermordung dieser „unproduktiven Volksgenossen" getroffen wurden, protestierte er in scharfer Form beim Chef der Reichskanzlei, Lammers, legte am 26. Juli bei der Provinzialverwaltung der Provinz Westfalen als der für die Krankenanstalten zuständigen Instanz Einspruch ein, erstattete am 28. Juli beim Polizeipräsidenten in Münster schriftlich Anzeige wegen Mordes, forderte Bauerndeputationen zu Protestaktionen auf und hielt am 20. Juli und 3. August weitere Predigten, in denen er seine Zuhörer über diese Maßnahmen informierte und damit demonstrierte, daß die Reichsregierung nicht bereit war, gegen Klostersturm und Euthanasie vorzugehen, und es sich insofern um staatlich angeordnete bzw. gebilligte Vorgehensweisen handeln mußte.[144]

Inhaltlich knüpfte von Galen an aktuelle, konkrete, jedem Kirchenbesucher zumindest vage bekannte Ereignisse an, um den NS-Staat des Mordes, des Diebstahls und der Freiheitsberaubung anzuklagen, und er wies nach, daß das NS-Regime nicht nur das geschriebene Recht mißachte, sondern auch alle göttlichen Gesetze gebrochen habe. Mit dem Bild von Amboß und Hammer versinnbildlichte Galen den Bruch der Volksgemeinschaft in rechtlich denkende Menschen und Verbrecher. Diese Metapher beinhaltet jedoch nicht nur den Aufruf zum Ausharren, sondern „enthält im Kern eine Anweisung zum christlichen Widerstand gegen die Versuche der modernen Totalitarismen, einen neuen Menschen nach ihrem Bilde zu schaffen"[145]. Galen erteilte zudem konkrete Verhaltensmaßregeln, indem er Anweisung gab, sich von Nationalsozialisten fernzuhalten und nach dem Motto „Lieber sterben als sündigen" christlichen Grundsätzen treu zu bleiben.

Die Predigten von Galens hatten ein bis zu diesem Zeitpunkt unvorstellbares Echo – in der Bevölkerung, im Episkopat, im Vatikan und natürlich in NS-Kreisen, die dem Geschehen völlig hilflos gegenüberstanden, denn sowohl Hitler als auch Goebbels besaßen noch soviel Realitätssinn einzusehen, daß der Bischof von

Münster aufgrund seiner Popularität unangreifbar war.[146] Die „Front der anständigen Menschen"[147], die Galen seit 1937 angestrebt hatte und die jetzt als Reaktion auf die drei Predigten entstand, zwang die Nationalsozialisten, sowohl den Klostersturm als auch die Euthanasie vorläufig einzustellen. Die Bischöfe Machens (Hildesheim) und Bornewasser (Trier) folgten dem Beispiel ihres Amtsbruders und hielten ebenfalls Predigten über die Euthanasie.[148] Pius XII. sprach von Galen in einem Brief an von Preysing höchstes Lob aus: „Die drei Predigten des Bischofs von Galen bereiten auch Uns einen Trost und eine Genugtuung, wie Wir sie auf dem Leidensweg, den Wir mit den Katholiken Deutschlands gehen, schon lange nicht mehr empfunden haben." Sie seien zudem „ein Beweis dafür, wie viel sich durch offenes und mannhaftes Auftreten innerhalb des Reiches immer noch erreichen lässt."[149]

4.2 Der Denkschrift-Hirtenbrief vom 22. März 1942: Eine mißlungene Demonstration bischöflicher Einigkeit

Die Galen-Predigten hatten erwiesen, daß durch den öffentlichen Protest eines Bischofs das NS-Regime auch zu diesem Zeitpunkt noch zum Zurückweichen gezwungen werden konnte. Wenn schon die Predigt eines einzelnen Bischofs einen solchen Effekt erzielen konnte, um wieviel mehr mußte dann ein gemeinsames deutliches Hirtenwort aller deutschen Bischöfe an Wirkung erzielen. Diese Einsicht bewog den als Reaktion auf den Klostersturm entstandenen „Ausschuß für Ordensangelegenheiten", ein solches Vorhaben in Angriff zu nehmen.[150] Bischof Dietz von Fulda verfaßte im Auftrag dieses Gremiums einen Entwurf für einen Hirtenbrief der deutschen Bischöfe, der den Galen-Predigten insofern Rechnung trug, als dem ersten, sich auf das geschriebene Recht beschränkenden Teil ein zweiter naturrechtlicher Abschnitt folgte.[151] Nachdem eine Initiative zur Einberufung einer außerordentlichen Bischofskonferenz gescheitert war, beschloß der Ausschuß, die Patres Odilo Braun OP und Lothar König SJ mit dem Hirtenbrief sowie Richtlinien für die Verlesung zu allen Bischöfen der Diözesen Großdeutschlands zu schicken, um deren Einwilligung zu einer einheitlichen Bekanntgabe einzuholen und dann auf der westdeutschen Bischofskonferenz die letzten Entscheidungen zu treffen.[152] Zwischenzeitlich war der württembergische Landesbischof Wurm mit den Bischöfen von Preysing, Berning und Wienken zusammengetroffen und hatte im Auftrage der Konferenz evangelischer Kirchenführer den Wunsch nach einer gemeinsamen Eingabe evangelischer und katholischer Kirchenführer an die Reichsregierung vorgebracht. Dieser Vorschlag kam auf der Konferenz der westdeutschen Bischöfe am 24.-25.November 1941 in Paderborn, an der auch von Preysing teilnahm, zur Sprache. Obwohl sich mittlerweile alle befragten Bischöfe – allerdings z.T. mit Vorbehalten – für die Verlesung des vorgelegten Hirtenbriefes ausgesprochen hatten, wurde beschlossen, das Hirtenwort in eine Denkschrift umzuarbeiten und gleichzeitig mit der evangelischen Kirche im Dezember der Reichsregierung zu überreichen. Falls die Reichsregierung keine Reaktion zeigte, sollte die Denkschrift nach Ablauf von zwei Monaten in einem Hirtenbrief der Öffentlichkeit bekanntgegeben werden. Ausschlaggebend bei dieser Entscheidung war der von Bischof Berning von Osnabrück vertretene Wunsch, den Nationalsozialisten nicht die Möglichkeit zu geben, ein Hirtenschreiben als staatsfeindliches Verhalten des Episkopats im ‚Rücken der Front' interpretieren zu können. Zwar konnte der Episkopat mit der

Denkschrift demonstrieren, daß die Mehrheit des deutschen Volkes hinter diesem Beschwerdekatalog stand, doch war die Erfolglosigkeit eines solchen Schrittes abzusehen, da noch eine im Juli vom deutschen Episkopat der Reichsregierung überreichte Denkschrift vom zuständigen Minister mit „tiefste(m) Befremden" zurückgewiesen worden war.[153] Es war daher nur konsequent, wenn Galen den Auftrag der Konferenz, den Hirtenbrief in eine Denkschrift umzuformen, an den Bischof von Berlin weitergab. Nach redaktionellen Überarbeitungen – in die auch von Galen einbezogen wurde – wurde die Denkschrift dann tatsächlich am 17. Dezember in etwa zeitgleich mit der evangelischen Kirche von Bischof Wienken in der Reichskanzlei übergeben.[154]

Erwartungsgemäß zeigte die NS-Regierung keinerlei Reaktion auf die Denkschrift, so daß auf der westdeutschen Bischofskonferenz in Kevelaer, die vom 23.-24. Februar mit Bischof Wienken und Bischof Stohr von Mainz als Gästen tagte, verabredungsgemäß beschlossen wurde, am Passionssonntag den Inhalt der Denkschrift in einem Hirtenwort der deutschen Bischöfe zu veröffentlichen.[155] Eine Vorlage wurde allen Bischöfen per Kurier zugestellt, doch Kardinal Bertram, der von Wienken um Zustimmung und Weiterleitung der Beschlüsse gebeten wurde, lehnte diese Initiative rundweg ab und ließ sich auch durch die Bischöfe Berning und Wienken, die am 11. März eigens nach Breslau reisten, nicht umstimmen. Er habe die Denkschrift nur in der Reichskanzlei, nicht aber bei den sonstigen betroffenen Ministerien eingereicht und fürchte im übrigen eine propagandistische Verwertung durch das Ausland.[156] Auch Erzbischof Gröber von Freiburg hatte sich in einem Brief an Wienken sehr negativ geäußert. Verärgert durch den Umstand, daß er nicht in die Diskussion einbezogen worden war, gab er zwar an, er „werde nie einen Hirtenbrief der deutschen Bischöfe sabotieren"[157], sah jedoch keinen Anlaß, zum jetzigen Zeitpunkt einen Hirtenbrief zu veröffentlichen, und bat kurze Zeit später Kardinal Bertram ausdrücklich, dem Konveniat von Kevelaer zu verbieten, im Namen der Fuldaer Bischofskonferenz zu handeln.[158] Unter diesen Umständen mußte Bischof Berning den Teilnehmern der Kevelaerer Konferenz mitteilen, daß Kardinal Bertram ihnen untersagt habe, im Namen des Gesamtepiskopats aufzutreten, und auch eine öffentliche Verlesung des Memorandums ablehne, das zwar inhaltlich berücksichtigt, aber nicht klar mit Datum und Empfänger genannt werden möge.[159] Berning empfahl daher, von der Verlesung Abstand zu nehmen, er selbst werde einen kurzen Hirtenbrief verlesen.

Da jedoch in Bayern einige Diözesen den Hirtenbrief schon ausgeliefert hatten und ein Rückruf nicht mehr möglich war, beschlossen die westdeutschen Bischöfe auf einer kurzfristig am 20. März anberaumten Konferenz in Bonn, ein verkürztes Hirtenwort, das den Forderungen Bertrams entsprach, am Passionssonntag in allen westdeutschen Bischofsstädten und am Ostermontag in den übrigen Pfarreien zu verlesen.[160] Somit war erneut ein vielversprechender, mit großem Aufwand vorbereiteter Ansatz zu einem geschlossenen öffentlichen Protest des deutschen Episkopats gegen die menschenrechtsverachtende Politik des NS-Regimes am Veto Bertrams und der Uneinigkeit der deutschen Bischöfe gescheitert. Die Galen-Predigten von 1941 waren wie die Enzyklika „Mit brennender Sorge" kein Anstoß zu einer Revision der Taktik der Bischofskonferenz, trotz der erfolgversprechenden Perspektiven und obwohl Pius XII. einen solchen Kurswechsel offensichtlich unterstützte.

4.3 Galens Alleingänge beim Denkschrift-Hirtenbrief, beim Menschenrechts-Hirtenbrief und beim Dekalog-Hirtenbrief

Clemens August von Galen hatte für die Bonner Konferenz einen eigenen Entwurf verfaßt, in dem nicht nur auf die Übergabe der Denkschrift in der Reichskanzlei am 10. Dezember ausdrücklich Bezug genommen wurde, sondern auch – abweichend von dem ursprünglichen Hirtenbriefentwurf – auf die gleichzeitig erfolgte Übergabe des Memorandums der Evangelischen Kirchen Deutschlands. Weiterhin fügte von Galen in den Hirtenbrief im zweiten Teil über die Menschenrechte einen deutlich verschärfenden Zusatz ein: „Durch die Mißachtung nicht nur des Christentums, sondern auch der von Gott mit der Menschennatur gegebenen Persönlichkeit kommt es dazu, daß, während unsere deutschen Brüder im Soldatenrock den Bolschewismus heldenmütig bekämpfen, im Rücken der Kampffront wächst und wuchert, was unsere Wehrmacht in gewaltigem Ringen in Rußland hoffentlich für immer zerschlägt, – die grauenhaften Folgerungen einer widerchristlichen Lehre, die mit der Leugnung des überweltlichen persönlichen Gottes und seiner Herrscherrechte zugleich die unsterbliche Menschenseele und die damit jedem Menschen, auch den Blutsfremden und den Angehörigen der Feindvölker, von Gott verliehenen Persönlichkeitsrechte vergißt und mißachtet."[161] Mit diesem Zusatz reagierte von Galen auf Informationen, die der deutsche Episkopat über den Mord an Juden, die Behandlung der russischen Kriegsgefangenen und sonstige Greuel der SS in Rußland erhalten hatte.[162]

Verschiedene Indizien sprechen dafür, daß von Galen am Passionssonntag diesen Hirtenbrief auch tatsächlich verlesen hat. Die Gestapo, die über den in Deutschland unterschiedlich praktizierten Verlesungsmodus gut informiert war, sprach Bischof Wienken am 31. März auf Galens Hirtenbrief an, der sich daraufhin an den Bischof von Münster wandte und ihn um ein Exemplar seines Hirtenbriefes bat. Von Galen antwortete ausweichend, Wienkens Berichterstatter müsse geträumt haben. „Ich habe am 23. März in St. Lamberti den am 20. März gemeinsam beschlossenen Text wörtlich und ohne Zusatz verlesen; ferner in Ausführung des gemeinsamen Beschlusses am 6. April den Dir zugesandten Text, in dem nur ein paar Schönheitsfehler korrigiert sind, in allen Kirchen der Diözese außerhalb der Stadt Münster verlesen lassen."[163] Diese umständliche Formulierung, die zwischen dem am Passionssonntag verlesenen Hirtenbrief und dem Wienken zugesandten Exemplar unterscheidet, läßt vermuten, daß der Beschluß der Konferenz von Bonn den Bischöfen freie Hand bei der Verlesung des Hirtenbriefes am Passionssonntag ließ, während der übrige Klerus am Ostermontag einheitlich die Kurzfassung verlesen sollte. Auf eine derartige Entscheidung weist auch die Verlesungsanweisung auf der für die Pfarrer bestimmten Hektographie der Kurzfassung hin, die ausdrücklich die Stadt Münster von der Verlesung dieser Fassung ausschließt.[164] Galen wollte einerseits Wienken nicht die Unwahrheit sagen, war aber andererseits auch nicht gewillt, diesen korrekt zu informieren. Der Grund für dieses Verhalten liegt in differierenden Auffassungen beider Bischöfe über die Aufgaben des Leiters des Kommissariats der deutschen Bischofskonferenz. Von Galen hatte Wienken schon 1938 scharf angegriffen und ihm erklärt: „Es ist gar nicht Deine Aufgabe, die deutschen Bischöfe im Reichskirchenministerium zu verteidigen. Ich will nicht, daß Du mich wegen meiner Predigten entschuldigst oder verteidigst."[165] Galen hatte im übrigen auch schon früher Sonderwege beschritten, indem er die Fuldaer Hirtenbriefe regelmäßig mit ergänzenden, konkretisierenden Zusätzen

205

versehen hatte.¹⁶⁶ Wie er schon in seinem Brief an Bertram vom Frühjahr 1938 angedeutet hatte, besaß das geschlossene Auftreten des deutschen Episkopats für Galen keine absolute Priorität. Die eklatanten Menschenrechtsverletzungen der Nationalsozialisten hatten den Vorsitzenden der Fuldaer Bischofskonferenz nicht bewegen können, seinen Kurs zu revidieren, und durch seine Schlüsselposition im deutschen Episkopat blockierte er jeden offensiven Gang an die Öffentlichkeit. Andererseits hatte die Resonanz der Galenschen Sommerpredigten von 1941 gezeigt, daß ein einzelner Bischof mehr Wirkung erzielen konnte als gemeinsame Verlautbarungen der Bischofskonferenz, die in der Regel das Ergebnis von Kompromissen und infolgedessen zu allgemein gehalten waren. Daher war für Galen jetzt der Zeitpunkt gekommen, in bewußtem Gegensatz zu Bertram seinen eigenen Weg zu gehen.

An der westdeutschen Bischofskonferenz, die vom 18.-19. November 1942 in Kevelaer tagte, nahmen erstmals die neu ernannten Erzbischöfe von Köln und Paderborn, Frings und Jaeger, teil. Als Gäste erschienen die Bischöfe von Berlin und Mainz, von Preysing und Stohr, sowie Bischof Wienken. Angesichts von Nachrichten über eine bevorstehende Zwangsscheidung rassisch gemischter Ehen und Menschenrechtsverletzungen in den angegliederten und besetzten Gebieten erhielt Bischof von Preysing den Auftrag, den Entwurf eines Hirtenbriefs zur Adventszeit zu erstellen, nach dem Muster seiner Predigt über Recht und Gerechtigkeit vom 28. Juni 1942.¹⁶⁷ Die Verlesung des sog. Menschenrechts-Hirtenbriefes sollte am 20. Dezember erfolgen. Doch wie schon im Frühjahr scheiterte auch dieser Vorstoß, einheitlich aufzutreten. In der offiziellen Fassung wurde das Hirtenwort nur in Berlin, Mainz und Limburg in allen Messen verlesen, in Köln nur in je einer Messe. Die übrigen Bischöfe sagten die Verlesung ab.¹⁶⁸

Galen entschied sich, wie schon im Fall des Denkschrift-Hirtenbriefs vom Passionssonntag, für einen Alleingang und entwarf eine eigene, stark veränderte Fassung.¹⁶⁹ Er folgte im wesentlichen den Gedankengängen von Preysings, versuchte jedoch für die Gläubigen verständlicher zu formulieren, indem er den sehr anspruchsvollen, um nicht zu sagen wissenschaftlichen Text in eine für den Laien verständliche Sprache umsetzte und auch auf die Passage über den philosophischen Hintergrund der NS-Ideologie (Friedrich Nietzsche) verzichtete.

Thema dieses Hirtenbriefes ist das Naturrecht als Grundlage jeder menschlichen Ordnung. Die von Gott dem Menschen als dem Ebenbild Gottes verliehenen Grundrechte wie das Recht auf Leben, auf Freiheit und auf Eigentum sind dem Zugriff der Menschen entzogen, so daß jedes positive Recht und jede Obrigkeit an sie gebunden sind: „Die Grundforderungen des Rechtes sind ewig und unabänderlich; sie sind Abglanz der göttlichen Gerechtigkeit und von Gott in die Menschennatur hineingesenkt. Wenn ihre praktischen Anwendungen auch der Anpassung an Volkscharakter und Zeitlage unterliegen, so sind sie doch im Grunde für alle Menschen gleich und gelten hinaus über die Grenzen der Völker und Rassen. Sie gelten also für das Zusammenleben mit den Angehörigen fremder Rassen und Nationen. Damit sind sie Grundlagen des sog. Völkerrechts und eines friedlichen Verkehrs zwischen den Völkern, auf den wir nach Abschluß dieses Krieges hoffen."¹⁷⁰

Nach einer entsprechenden Nachricht des Hildesheimer Bischofs Machens über die Deportation katholischer Zigeunerkinder schlug Kardinal Bertram im Frühjahr 1943 ein Hirtenwort der deutschen Bischöfe über die Bedeutung des Dekalogs (der Zehn Gebote) für das Gemeinschaftsleben der Menschen vor.[171] Auf der westdeutschen Bischofskonferenz, die vom 18.-19. März 1943 in Paderborn tagte, wurden die Anregungen Bertrams aufgegriffen. Clemens August von Galen, der schon in seiner Predigt vom 3. August 1941 die Verletzung aller Zehn Gebote durch die Nationalsozialisten angeprangert hatte, übernahm die Konzeption dieses Hirtenbriefs.[172] Er beauftragte den Professor der Moraltheologie in Münster, Peter Tischleder, und seinen Domprediger Prof. Donders, einen Entwurf zu formulieren. Diese Vorlage überarbeitete von Galen anschließend mit den Bischöfen von Paderborn, Fulda und Mainz. Erzbischof Frings von Köln schickte das Ergebnis als Vorschlag für den gemeinsamen Hirtenbrief der Fuldaer Konferenz am 28. Juni 1943 an die deutschen Metropoliten mit der Bitte, die Vorlage mit den Bischöfen der jeweiligen Kirchenprovinzen unter absoluter Geheimhaltung zu besprechen.[173] Doch Kardinal Bertram war regelrecht entsetzt über den Entwurf. Es sei seine Überzeugung, daß die „nachfolgende Ausnützung eines solchen Hirtenwortes durch das feindliche Ausland Anlaß zu schweren Vorwürfen geben (würde) ... Von dem für gemeinsame Kundgebungen des Episkopats am meisten verantwortlichen Vorsitzenden der Bischofskonferenzen bitte Unterschrift nicht zu verlangen."[174]

Bertram konnte wie im Vorjahr nicht an der Konferenz teilnehmen und wurde durch Kardinal Faulhaber vertreten. Der Konferenz lagen drei Hirtenbriefentwürfe vor, ein Entwurf Bischof Buchbergers und eine Kölner Vorlage zur Kriegssituation sowie eine von Galen geänderte Fassung des Dekalog-Hirtenbriefs. Faulhaber notierte hierzu: „In Fulda wurde das Dekalog-Pastorale am 1. Tag verlesen und grundsätzlich angenommen. Vorher bereits hatte Bischof von Münster den Eingang und den Schluß (mit den 5 Appendices) neu fassen lassen und mit vielen Änderungen wurde das Pastorale angenommen."[175]

Der neue Entwurf war etwa um ein Drittel gekürzt und insgesamt positiver und versöhnlicher mit Blick auf eine bessere Zukunft gehalten. Besonders eindrucksvoll sind die Ausführungen über den Gehorsam, über das Recht auf Leben und die Unauflöslichkeit der Ehe, die auch für die rassische Mischehe Geltung hatte. Im Schlußteil des Dekalog-Hirtenbriefs wurde die apostolische Amtspflicht der Bischöfe zum Einsatz für die Verwirklichung des Dekalogs im öffentlichen Leben der Völker herausgestellt – bezeichnenderweise anhand eines Zitats aus dem Ritus der Bischofsweihe, der den Wahlspruch von Galens enthält: „Der Bischof liebe die Wahrheit und verlasse sie nie, weder durch Lob noch durch Furcht überwunden."[176] An alle Christen aber erging der Aufruf zur Verwirklichung der beiden Hauptgebote der Gottes- und der Nächstenliebe, um einer besseren Zukunft den Weg zu bereiten: „Beseelt von dieser Liebe, treten wir auch ein für die, die sich am wenigsten selber helfen können: für die Jugend, der eine auskömmliche religiöse Führung und Betreuung gesichert werden muß ohne fortgesetzte Hemmungen und Durchkreuzungen; für die schuldlosen Menschen, die nicht unseres Volkes und Blutes sind, für die Ausgesiedelten, für die Gefangenen oder fremdstämmigen Arbeiter, für deren Recht auf menschenwürdige Behandlung und auf sittliche wie religiöse Betreuung."[177]

Galen selbst hielt sich jedoch wie beim Denkschrift-Hirtenbrief und beim Menschenrechts-Hirtenbrief nicht an die verabredete Fassung. Er verband einen zweiten auf der Bischofskonferenz verabschiedeten Hirtenbrief zu den Kriegsleiden mit dem Dekalog-Hirtenbrief, ordnete die Verlesung für den 10. und 17.

Oktober an[178] und verschärfte die vereinbarte Fassung in einigen Punkten. Die Ausführungen zum ersten Gebot ergänzte er mit einem Zitat Pius XI.: „Nur oberflächliche Geister können der Irrlehre verfallen, von einem nationalen Gott, von einer nationalen Religion zu sprechen, können den Wahnversuch unternehmen, Gott, den Schöpfer aller Welt, den König und Gesetzgeber aller Völker, ... in die blutsmäßige Enge einer einzelnen Rasse einkerkern zu wollen". Er verurteilte die Tötung „persönlich Unschuldiger" und trat ein „für die schuldlos Verhafteten und Bedrückten, auch jene, die nicht unseres Volkes und Blutes sind, für die Aus- und Umgesiedelten, für die Gefangenen und die fremdstämmigen Arbeiter und für deren Recht auf sittlichen Schutz und religiöse Betreuung." Wenn auch die Unterschiede nicht gravierend sind, so lassen sie doch das Bemühen erkennen, sich für *alle* Unterdrückten und Verfolgten ohne Unterschied der Religion und der Rasse einzusetzen.

Der Dekalog-Hirtenbrief gilt als das bedeutendste Dokument des Widerstandes der Katholischen Kirche Deutschlands gegen den Nationalsozialismus. Nur der geschickten Taktik von Galens, möglichst viele Bischöfe in die Verantwortung für diesen Hirtenbrief einzubinden und sich selbst weitgehend im Hintergrund zu halten, wie auch dem glücklichen Umstand, daß Kardinal Bertram krankheitshalber der Konferenz fernbleiben mußte, ist es zu verdanken, daß dieses Projekt realisiert werden konnte.

Nachträglich erteilte auch Kardinal Bertram zu dieser Fassung seine Zustimmung, versuchte jedoch die Wirkung insofern abzuschwächen, als er Streichungen „bei Vorliegen bedeutsamer Bedenken" gestattete.[179] Im Jahr darauf erklärte er jedoch auf eine erneute Anfrage, er lehne es grundsätzlich ab, „seine Unterschrift unter irgendein Hirtenwort zu setzten."[180] Zudem erschwerte die Ausweitung des Bombenkrieges die Kommunikation zwischen den Bischöfen und ihren Diözesanen, den Bischöfen untereinander und dem Vatikan zunehmend. Die Fuldaer Bischofskonferenz mußte 1944 und 1945 ausfallen, während die westdeutsche Bischofskonferenz weiterhin regelmäßig tagte und in ständiger Verbindung mit Kardinal Bertram stand. Die beherrschenden Themen der Zusammenkünfte im November 1943 sowie im März, Juni und August 1944 waren die Unterdrückung der Seelsorge vor allem für die ausländischen Zwangsarbeiter, die menschenunwürdige Behandlung insbesondere der Polen sowie die Deportation einer großen Anzahl von sogenannten „jüdisch versippten" Personen. Wenn Bertram auch nicht bereit war, sich mit Hirtenbriefen an die Öffentlichkeit zu wenden, so war er doch unermüdlich bestrebt, auf dem Eingaben- und Verhandlungsweg gegen die Verletzung des positiven Rechts und der Menschenrechte zu protestieren und Erleichterungen vor allem für die Deportierten oder von der Deportation bedrohten Nichtarier einzufordern, unabhängig davon, ob es sich um konvertierte Juden oder Glaubensjuden handelte.[181] Auch Galen versuchte weiterhin mit allen ihm noch zur Verfügung stehenden Mitteln, sich für Entrechtete und Verfolgte einzusetzen.

5. Ein „Symbol für den Widerstand"[182]

Die durch die Aufzeichnungen Adolphs geprägte wissenschaftliche Galen-Literatur schreibt dem Bischof von Münster aufgrund seiner Hirtenbriefe und Proteste zwar eine herausragende Rolle im deutschen Episkopat zu, qualifiziert ihn jedoch einseitig als „Täter"[183], der die Nationalsozialisten letztlich nicht durchschaut habe[184], während von Preysing als „Denker" die treibende Kraft des offensiven Flügels im Episkopat gewesen sei.[185] Dieses Galen-Bild und im Zusammenhang damit auch das Preysings muß in verschiedener Hinsicht korrigiert werden. Galen hatte schon Anfang 1934 die totalitäre, auf die Vernichtung des Christentums abzielende Ideologie und Politik der Nationalsozialisten angesprochen und Gegenmaßnahmen des Episkopats gefordert. In Predigten und Hirtenbriefen thematisierte er den Gegensatz zwischen dem sog. „Neuheidentum" und der katholischen Lehre wie dem christlichen Gedankengut allgemein und war zu keinerlei Kompromissen bereit. Ihm war sehr früh bewußt, daß die neuen Machthaber entsprechend ihrer Ideologie Macht vor Recht setzten und die traditionellen Mittel des Rechtsstaats wie Anzeigen und Eingaben ignorierten. Von Galen stellte sich insofern darauf ein, als er auf die Macht der öffentlichen Meinung setzte und eine über den Kreis der Katholiken hinausreichende Öffentlichkeit in Predigten und Hirtenbriefen gegen den Nationalsozialismus zu mobilisieren versuchte – zunächst hauptsächlich gegen die Ideologie Rosenbergs und einzelne rechtswidrige Maßnahmen. Mit zunehmender Radikalisierung der Kirchenverfolgung und der Menschenrechtsverletzungen richteten sich Galens Anklagen gegen die Auflösung des Rechtsstaates und die Verletzung der Zehn Gebote, d.h. des auf den Naturrechten basierenden christlichen Sittengesetzes.

Die Reaktion von Galens auf kirchenfeindliche Maßnahmen verlief in der Regel nach folgendem Schema: Der erste Schritt bestand in mündlichen Verhandlungen und/oder schriftlichen Eingaben, Denkschriften, Protesten oder Anzeigen bei den zuständigen staatlichen oder Parteistellen mit dem Ziel, jede Möglichkeit zu einer Verständigung auszuschöpfen, und um den Nationalsozialisten nicht die Möglichkeit zu geben, ausweichend zu behaupten, es handele sich um das eigenmächtige Vorgehen untergeordneter Stellen, über das sie nicht informiert gewesen seien.

Bei ausbleibendem Erfolg war der zweite Schritt der Gang an die Öffentlichkeit, und zwar in der Weise, daß diese in Predigten oder Hirtenbriefen über die Mißstände und die Versuche, diese abzustellen, informiert wurde. Infolge der zunehmenden Auflösung des Rechtsstaates gewannen die Predigten bzw. Hirtenbriefe den Charakter einer öffentlichen Anklage gegen die Verletzung des positiven und des Naturrechts. Die Zuhörer/Leser erhielten konkrete Verhaltensanweisungen: Sie wurden aufgefordert, im praktischen Leben dem Gewissen zu folgen, die Konsequenz aus der christlichen Forderung „Man muß Gott mehr gehorchen als den Menschen" zu ziehen und christliche Rechte auch im NS-Staat unerschrocken und ohne Rücksicht auf die Folgen entsprechend dem Beispiel der christlichen Märtyrer einzufordern, was konkret den Aufruf zur partiellen Aufkündigung der staatsbürgerlichen Loyalität gegenüber dem Regime bedeutete. Galen weitete den Kreis seiner Ansprechpartner über den Kreis der gläubigen Katholiken und Christen auf alle rechtlich denkenden Menschen aus, indem er auf der Basis der für alle Menschen geltenden Naturrechte argumentierte. Sein Ziel war die Schaffung einer „Front aller rechtlich denkenden Menschen", die gegen den Nationalsozialismus mobilisiert werden sollte, was jedoch nicht die Aufforderung zum Umsturz beinhaltete. Zwar qualifizierte Galen schon 1936 den NS-Staat, dem Beispiel des hl. Augustinus folgend, als ungesetzliche „Räuberbande" ab, die sich „Reich" nenne[186], entsprechend seinem Selbstverständnis als katholischer Bischof rief er gleichwohl unter Berufung auf Rechtspositionen nur zum Widerstand gegen die nationalsozialistische Weltanschauung und Regierungspraxis, nicht jedoch gegen den Staat und bestimmte Personen auf.[187]

Galen forderte außerdem zur konsequenten Verwirklichung christlichen Lebens und zur tätigen Nächstenliebe als Gegenpol zur menschenverachtenden Politik der Nationalsozialisten auf.

Diese offensive und öffentliche Strategie der Mobilisierung eines Widerstandspotentials gegen den Nationalsozialismus führte zu scharfen Gegenmaßnahmen. Die Reaktionen des Regimes nahm Galen nicht nur in Kauf, sondern provozierte sie z. T. sogar bewußt wie im Sommmer 1935. Das hatte den Vorteil einer Klärung der Fronten, einer Demaskierung der kirchen- und menschenrechtsfeindlichen Ziele der Nationalsozialisten. Zudem entsprach dieses Vorgehen dem Bedürfnis der Menschen nach geistiger Führung durch die Bischöfe. Zwar sah auch von Galen die Gefahr einer Überforderung der Gläubigen, jedoch hielt er es für seine Pflicht, mit den ganz „Starken, Treuen und Opferwilligen" den „Stellungskampf um die Geltung des Christentums" zu führen.[188] Bei dieser Entscheidung leitete ihn auch die Erfahrung, daß die Praxis der Verhandlungen hinter verschlossenen Türen keinen Erfolg zeigte.

In seinem eigenen Bistum setzte der Bischof von Münster diese Strategie erfolgreich in die Tat um. Sie fand ihren prägnantesten Ausdruck im „Kreuzkampf" und in den drei Predigten vom Sommer 1941, die über die Konfessions- und Landesgrenzen hinweg Aufsehen erregten. In beiden Fällen wurden die Nationalsozialisten gezwungen, zurückzuweichen und kirchenfeindliche Anordnungen aufzuheben. Galens Ziel einer wirksamen Bekämpfung des Nationalsozialismus konnte jedoch nur Erfolg haben bei einem einheitlichen Vorgehen der deutschen Bischofskonferenz. Bei dem Versuch, seine Strategie auch in der Bischofskonferenz durchzusetzen, traf Galen seit 1936 auf zunehmenden Widerstand. Kardinal Bertram äußerte 1937, der Bischof von Münster „habe kein politisches Fingerspitzengefühl und glaube, er könne den deutschen Episkopat kommandieren wie seine westfälischen Bauern."[189] Zwar gab es auch deutliche gemeinsame Hirtenbriefe, doch erzielten sie nicht annähernd die Resonanz der Galen-Predigten. Ihnen mangelte es an konkreten Situationsbezügen, weil diese Hirtenworte in der Regel das Ergebnis von Kompromissen zwischen den Vertretern des offensiven und des defensiven Flügels in der Bischofskonferenz waren. Galens konsequenter Gang an die Öffentlichkeit mit der Bekanntgabe von Denkschriften, Eingaben, Anzeigen und Protesten wurde von der Bischofskonferenz ebensowenig nachvollzogen wie der Appell an eine über den Kreis der gläubigen Katholiken hinausreichende Öffentlichkeit. Auch Galens Bemühungen um eine schlagkräftige Organisation der deutschen Bischöfe waren mit Ausnahme der Gründung der westdeutschen Bischofskonferenz erfolglos.

Das strategische Konzept der Bischofskonferenz bestimmten in erster Linie die Bischöfe Berning und Bertram wie auch der Leiter des Kommissariats der Fuldaer Bischofskonferenz, Heinrich Wienken – Vertreter einer defensiven, nichtöffentlichen Verhandlungs- und Eingabenpoitik, die noch Hoffnung hatten, durch Verhandlungen Erfolge erzielen und durch Zurückhaltung eine Verschärfung des Kirchenkampfes vermeiden zu können. Jedoch entlarvte sowohl die Erfolglosigkeit ihrer ‚Geheimdiplomatie' als auch die Einsicht, daß die Nationalsozialisten mit Blick auf die öffentliche Meinung nur vorübergehend taktische Zurückhaltung walten ließen, als Endziel dagegen die Vernichtung der Kirchen anstrebten, diese Strategie als Illusion. Sie verlangsamte zwar den Vernichtungsprozeß, konnte ihn aber nicht aufhalten. Außerdem barg ein solches Verhalten die Gefahr eines Bruchs zwischen Episkopat und Kirchenvolk, da dieses sich im Stich gelassen fühlte und an seinen Bischöfen zu zweifeln begann.

Das vor allem von Ludwig Volk geprägte negative Bertram-Bild ist stark beeinflußt durch die in der aufgeheizten Atmosphäre des „Dritten Reiches" entstandenen Aufzeichnungen Adolphs, die jetzt bei nüchterner Bewertung der Quellen relativiert werden müssen. Bertram war sich sehr wohl darüber im klaren, daß viele Bischöfe eine Revision der Taktik im Kampf gegen den Nationalsozialismus wünschten, und hatte als Konsequenz mehrfach seinen Rücktritt vom Vorsitz der Fuldaer Bischofskonferenz angeboten, der jedoch mangels eines geeigneten Nachfolgers nicht angenommen wurde. Die auch durch den Zusammenschluß der Fuldaer mit der bayerischen und der österreichischen Bischofskonferenz verursachte Führungskrise im deutschen Episkopat allein Bertram anzulasten ist nicht gerechtfertigt. In diesem Kontext müßte geprüft werden, inwieweit neben dem Wunsch nach Sicherung der Seelsorge auch die Rücksichtnahme auf die gefährdete Einheit der deutschen Bischofskonferenz Bertrams Handeln bestimmte.[190]

Unterstützung erfuhr der Bischof von Münster bei vielen Gelegenheiten von dem Münchner Kardinal Michael von Faulhaber, der jedoch lange Zeit anfällig für nationalsozialistische Täuschungsmanöver und speziell die Ausstrahlung Hitlers blieb und als ‚barocker Kirchenfürst' für eine ‚Demokratisierung' der Bischofskonferenz nicht zu gewinnen war. Zudem wurde Faulhaber durch Alter und Krankheit an der Wahrnehmung seiner Pflichten mehr und mehr gehindert.[191] Der Berliner Bischof Konrad von Preysing war ebenfalls nur begrenzt bereit, den Bischof von Münster zu unterstützen. Wie Galen lehnte er von Anfang an den Nationalsozialismus ab, hielt sich jedoch in den ersten Jahren der NS-Herrschaft in der Öffentlichkeit mit kritischen Äußerungen sehr zurück: „Die Kundgebungen unseres Bischofs in Eichstätt und auch die ersten in Berlin vermieden es auffällig, irgendwelche Urteile über die Zeitereignisse zu bringen. Man sagte deshalb scherzhaft, daß die Hirtenbriefe und Ansprachen auch im 13. Jahrhundert nichts an ihrer Gültigkeit und Aktualität eingebüßt hätten", konstatierte Adolph.[192] Preysing anerkannte zudem, daß „der Nationalsozialismus in Berlin zweifellos die der Religion und Sittlichkeit sehr gefährlichen Agitationsarten des Sozialismus und Kommunismus und viele Erscheinungen des Schmutzes und Schundes beseitigt habe"[193]. Noch Ende 1936 setzte er Hoffnungen auf eine Verständigung mit Hitler auf der Basis eines gemeinsamen Anti-Bolschewismus.[194] Nachdem der von Kardinal Faulhaber auf Wunsch Hitlers verfaßte Anti-Kommunismus-Hirtenbrief vom 24. Dezember 1936 von den Nationalsozialisten verboten worden war, revidierte von Preysing seine Meinung und erhob im Herbst 1937 in einer von ihm autorisierten Denkschrift Adolphs die Forderung, die Taktik der Bischofskonferenz „nach der Devise ‚Angriff ist die beste Verteidigung'" umzustellen und konsequent den Gang an die Öffentlichkeit zu beschreiten.[195] Diese Entscheidung für einen offensiven Kurs revidierte er, als er dessen Erfolglosigkeit einsehen mußte. Mit Rücksicht auf die Laien und den Klerus sowie um „die verbliebenen Möglichkeiten für die kirchliche Arbeit auszuschöpfen" und Verfolgten, Gefangenen und Entrechteten helfen zu können[196], war er dann bemüht, Konflikte zu vermeiden. Schon Ludwig Volk machte darauf aufmerksam, daß „die historische Wirksamkeit" des Berliner

Oberhirten „durchaus begrenzt" gewesen sei, weil „seine Größe erst aus den Akten aufersteht."197

Nicht nur sachliche, sondern auch persönliche Differenzen scheinen die Zusammenarbeit zwischen Galen und Preysing, die entfernt miteinander verwandt waren, getrübt zu haben. Aus den Aufzeichnungen Adolphs, des kirchenpolitischen Sachbearbeiters und Ratgebers von Preysings, spricht gelegentlich eine befremdende Geringschätzung anderer Meinungen und Persönlichkeiten und hier insbesondere von Galens, dem er bei verschiedenen Gelegenheiten eine Kooperationsbereitschaft mit den Nationalsozialisten unterstellt. Gegenüber Helmuth James Graf von Moltke äußerte Preysing im September 1941, daß Galen „ein ganz durchschnittlicher Zeitgenosse von durchaus beschränkten Geistesgaben (sei), der daher bis in die jüngste Zeit hinein nicht gesehen habe, wohin die Reise geht und darum immer zum Paktieren geneigt habe."198 An Pius XII. schrieb er, das Fuldaer Hirtenwort vom Sommer 1941 mit den drei Predigten Galens vergleichend, „dass es sich in einem Fall um einen Hirtenbrief handelte, der leicht verboten werden konnte, da eine Geheimhaltung nicht möglich ist, im anderen Fall um eine Predigt, die nicht verhindert werden kann und deren Verbreitung auch leichter ist, da sie vor dem Bekanntwerden bereits sicher gestellt(!) werden kann."199

Die Erfolglosigkeit seiner Bemühungen wie auch die durch den Anschluß Österreichs und die Führungskrise im deutschen Episkopat bewirkte Lähmung der Bischofskonferenz veranlaßten von Galen zunehmend zu Alleingängen. Die Resonanz der drei Sommer-Predigten von 1941 lieferte den Beweis, daß die Predigten eines einzelnen Bischofs mehr Wirkung erzielen konnten als gemeinsame Verlautbarungen des deutschen Episkopats. Galen setzte sich zwar in der Bischofskonferenz weiterhin für den Gang an die Öffentlichkeit ein, fühlte sich jedoch nicht mehr an die vereinbarten Texte gebunden. Der Bischof von Münster war also zum Einzelkämpfer im deutschen Episkopat geworden, die Existenz eines ‚offensiven' Flügels der Bischofskonferenz muß zumindest bis 1941 bezweifelt werden. Eine Verschiebung der Kräfteverhältnisse in der Konferenz erfolgte 1941 mit der Berufung von Erzbischof Frings auf den Kölner Bischofsstuhl, einer Persönlichkeit, die große Ähnlichkeit mit von Galen aufweist.200 Die auf Galens Anregung entstandene westdeutsche Bischofskonferenz übernahm ab 1941 die Funktion einer offensiven Fraktion, die den Denkschrift-Hirtenbrief vom Passionssonntag 1942, den Menschenrechts-Hirtenbrief vom Dezember 1942 und als Höhepunkt den Dekalog-Hirtenbrief der Fuldaer Bischofskonferenz 1943 realisiert hat. Galens Einsatz für eine offensive Taktik der Bischofskonferenz war für die Zeitgenossen eindeutig auszumachen. Auch Hitler sah in ihm „den Urheber bzw. Promotor der zahlreichen parteifeindlichen Hirtenbriefe, Kanzel-Abkündigungen und Rundschreiben der deutschen katholischen Bischöfe."201 Die Aktivitäten des münsterischen Oberhirten trugen entscheidend dazu bei, das Bild der deutschen Bischöfe im Bewußtsein auch der nichtchristlichen Öffentlichkeit als eines Gegenpols gegen den Nationalsozialismus zu prägen.

Die Wurzeln seines Verhaltens sind sowohl in der kämpferischen Persönlichkeit von Galens als auch in der politischen Prägung durch sein Elternhaus zu suchen. Zudem kam er – ein relativ seltener Fall im deutschen Episkopat – nicht aus der kirchlichen Verwaltung oder von einer theologischen Fakultät, sondern aus der Seelsorge, was auch zum Teil die Verwunderung erklärt, die seine Berufung zum Bischof auslöste.202 Er hatte viele Jahre in Berlin, dem „Zentrum des neuen

Heidentums"[203], gearbeitet und hatte die unruhige Endphase der Weimarer Republik als Pfarrer von St. Lamberti in Münster verbracht. Er kannte die Sorgen und Nöte sowohl der Laien als auch des niederen Klerus, die nach Führung durch die Bischöfe verlangten. Ferner lagen in der Diözese Münster mit seiner überwiegend katholischen, ländlichen Bevölkerung spezielle Voraussetzungen vor, die in den anderen Bistümern nicht gegeben waren, wie der Fall des ebenfalls offensiv vorgehenden Bischofs Sproll von Rottenburg zeigt, der aus seiner Diözese vertrieben wurde.[204] Die konfessionelle und wirtschaftliche Struktur des Bistums Münster wie auch die enge Verbundenheit zwischen Bischof und Diözesanen machten von Galen für die Nationalsozialisten unangreifbar und ermöglichten ihm eine Sprache und ein Auftreten, das sich andere Bischöfe in dieser Form nicht erlauben konnten.

Diese Voraussetzungen bildeten die Grundlage für die weltweite Resonanz, die den Bischof von Münster „zum Symbol für den Widerstand" werden ließ und die Anstoß für seine Ernennung zum Kardinal war.[205] Aus diesem Anlaß zog „Die neue Zeitung" eine Bilanz des Wirkens Clemens August von Galens in der Zeit des Nationalsozialismus: „Mit der Ernennung des Bischofs von Münster hat Pius XII. ein viertes deutsches Kardinalat geschaffen. Die Gründe hierfür sind klar: Die Unerschrockenheit, mit der Graf Galen in Krieg und Frieden nicht nur die Rechte der Kirche und ihrer Angehörigen, sondern darüber hinaus die Menschenrechte überhaupt, die Menschenrechte von Katholiken und Nichtkatholiken, die von der Gestapo bedroht waren, verteidigt und, wo immer möglich, geschützt hat, haben seine Diözese zu einem Zentrum der religiösen Erneuerung gemacht. Nach Münster wandten sich die Blicke aller derjenigen, die in Zeiten der Erniedrigung der Aufrichtung durch einen charaktervollen Mann bedurften. Das Bistum von Münster hatte einen guten Namen, auch mitten im Kriege, überall da, wo die Stimme der Menschlichkeit nicht im Gedröhne der Waffen verhallte."[206]

Anmerkungen

1 Rudolf Morsey: Clemens August Kardinal von Galen – Größe und Grenze eines konservativen Kirchenfürsten (1933-1946). In: Jahres- und Tagungsbericht der Görresgesellschaft 1990, S. 5-25, Zitat S. 12; ders.: Clemens August Kardinal von Galen. Bischöfliches Wirken in der Zeit der Hitler-Herrschaft, hrsg. v. der Landeszentrale für politische Bildung Nordrhein-Westfalen, Düsseldorf 1987, S. 14 und 15.

2 Ludwig Volk: Die Fuldaer Bischofskonferenz von Hitlers Machtergreifung bis zur Enzyklika „Mit brennender Sorge". In: ders.: Katholische Kirche und Nationalsozialismus. Ausgewählte Aufsätze, hrsg. v. Dieter Albrecht, Mainz 1987, S. 11-33; ders.: Die Enzyklika „Mit brennender Sorge". Zum hundertsten Geburtstag Kardinal Michael von Faulhabers am 5. März 1969. In: Ebd., S. 34-55; ders.: Die Fuldaer Bischofskonferenz von der Enzyklika „Mit brennender Sorge" bis zum Ende der NS-Herrschaft. In: Ebd., S.56-82; ders.: Episkopat und Kirchenkampf im Zweiten Weltkrieg. I. Lebensvernichtung und Klostersturm 1939-1941. In: Ebd., S. 83-97.

3 Ludwig Volk: Konrad Kardinal von Preysing (1880-1950). In: ders.: Katholische Kirche und Nationalsozialismus (wie Anm. 2), S. 276.

4 Vgl. Peter Löffler (Bearb.): Bischof Clemens August Graf von Galen. Akten, Briefe und Predigten 1933-1946, Bd. I: 1933-1939, Mainz 1988, Bd. II: 1939-1946, Mainz 1988 (im weiteren Löffler I und Löffler II), hier Löffler I, S. XXXIII-L; vgl. außerdem Joachim Kuropka: Clemens August Graf von Galen. Das Bild des Bischofs zwischen zeitgenössischer Bewunderung und neuerer Kritik. In: Joachim Kuropka/ Willigis Eckermann (Hrsg.): Oldenburger Profile, Cloppenburg 1989, S. 95-123.

5 Bernhard Stasiewski (Bearb.): Akten deutscher Bischöfe über die Lage der Kirche 1933-1945, Band I: 1933-1934, Mainz 1968; Bd. II: 1934-1935, Mainz 1976; Bd. III: 1935-1936, Mainz 1979 (im weiteren Stasiewski I,II und III); Ludwig Volk (Bearb.): Akten deutscher Bischöfe über die Lage der Kirche 1933-1945, Bd. IV: 1936-1939, Mainz 1981; Bd. V: 1940-1942, Mainz 1983; Bd. VI: 1943-1945, Mainz 1985 (im weiteren Volk IV, V und VI); ders. (Bearb.): Akten Kardinal Michael von Faulhabers 1917-1945, Bd. I: 1917-1934, Mainz 1975; Bd. II: 1935-1945, Mainz 1978 (im weiteren Faulhaber I und II).
6 Vgl. Protokoll der Konferenz der Bischöfe der Kölner und Paderborner Kirchenprovinz, Kevelaer, 18. November 1935. In: Stasiewski III, S. 113.
7 Vgl. Bischof Bornewasser von Trier an Bertram v. 24.11.1933. In: Stasiewski I, S. 463-464.
8 Vgl. Bertram an den deutschen Episkopat v. 22.11.1933. In: Stasiewski I, S. 462-463.
9 Entwurf von Galens für eine oberhirtliche Weisung v. 24.11.1933. In: Löffler I, S. 50-52.
10 Bertram an den deutschen Episkopat v. 2.12.1933. In: Stasiewski I, S. 876.
11 Zit. nach dem briefl. Bericht Bertrams an den deutschen Episkopat v. 4.1.1934. In: Stasiewski I, S. 508.
12 Gröber an Kardinalstaatssekretär Pacelli v. 28.12.1933. In: Stasiewski I, S. 494-495.
13 Vgl. Volk: Die Fuldaer Bischofskonferenz von Hitlers Machtergreifung bis zur Enzyklika „Mit brennender Sorge" (wie Anm. 2), S. 11-33; zu Gröber vgl. Erwin Keller: Conrad Gröber 1872-1948. Erzbischof in schwerer Zeit, Freiburg 1981; Bruno Schwalbach: Erzbischof Conrad Gröber und die nationalsozialistische Diktatur. Eine Studie zum Episkopat des Metropoliten der Oberrheinischen Kirchenprovinz während des Dritten Reiches, Karlsruhe 1985.
14 Stasiewski I, S. 867.
15 Galen an Berning v. 7.8.1934. In: Löffler I, S. 112.
16 Vgl. ebd., S. 113; Galen an Berning v. 25.11.1933. In: ebd., S. 53-55.
17 Löffler I, S. 106-110. Hitler hatte am 27.7.1934 anläßlich einer Besprechung mit der Verhandlungsdelegation der deutschen Bischofskonferenz für Konkordatsfragen auf Wunsch Bernings zugesagt, eine Anweisung an die Partei und an staatliche Organe zu erlassen, in der er das Verbot kirchenfeindlicher Äußerungen und Handlungen aussprechen wollte. Vgl. Stasiewski I, S. 731-732 und 747, Anm. 3.
18 Vgl. Hermann Eising: Notizen und Erinnerungen betr. Bischof Clemens August von Galen. Bistumsarchiv Münster (im weiteren BAM), Sammlung Kardinal von Galen A 24; Josef Frings: Für die Menschen bestimmt. Erinnerungen des Alterzbischofs von Köln, Kardinal Josef Frings, Köln 1973, S. 25.
19 Vgl. Stasiewki I, S. 590, Anm. 4.
20 Stasiewski I, S. 594, Anm. 1.
21 Zur Auseinandersetzung der Kirchen mit Alfred Rosenberg vgl. Raimund Baumgärtner: Weltanschauungskampf im Dritten Reich. Die Auseinandersetzung der Kirchen mit Alfred Rosenberg, Mainz 1977; zur Kölner Abwehrstelle vgl. Ulrich von Hehl: Katholische Kirche und Nationalsozialismus im Erzbistum Köln 1933-1945, Mainz 1977, S. 85-90.
22 Löffler I, S. 34.
23 Löffler I, S. 67 und 69.
24 Löffler I, S. 74.
25 Vgl. Faulhaber I, S. 869.
26 Vgl. Hirtenbrief Galens v. 26.4.1934. In: Löffler I, S. 67-72, Ansprache Galens in Billerbeck v. 15.4.1934. In: Löffler I, S. 76-81 und Hirtenbrief des deutschen Episkopats v. 7.6.1934. In: Stasiewski I, S. 704-715.
27 Ebd., S. 714, 710 und 711.
28 Vgl. Faulhaber an Joseph Gauger, den Herausgeber der evangelischen Wochenzeitschrift „Licht und Leben" v. 13.8.1934. In: Faulhaber I, S. 893-894; Galen an Reichsinnenminister Frick v. 23.7.1934. In: Löffler I, S. 103-104.
29 Vgl. Gauger an Faulhaber v. 4.4.1934. In: Faulhaber I, S. 883-884.
30 Denkschrift Galens v. März 1936. In: Faulhaber II, S. 109-116, Zitat S. 115.
31 Pacelli an Schulte v. 12.3.1935. In: Stasiewski II, S. 115.
32 Vgl. Protokoll der Konferenz der Bischöfe der Kölner Kirchenprovinz in Bensberg v. 27./28.3.1935. In: Stasiewski II, S. 137-146; Schulte an Bertram v. 7.5.1935. In: ebd., S. 195.
33 Bertram an die deutschen Metropoliten v. 21.7.1935. In: Faulhaber II, S. 50.
34 Vgl. Faulhaber an Bertram v. 25.7.1935. In: Faulhaber II, S. 52.
35 Vgl. Wilhelm Damberg: Der Kampf um die Schulen in Westfalen 1933-1945, Mainz 1986, S. 102-105.

36 Erlaß des Reichs- und Preussischen Ministers des Inneren über Sabotage der Rassengesetze. Vgl. Völkischer Beobachter, Norddeutsche Ausgabe vom 10.7.1935, S. 1.
37 Runderlaß des Preussischen Ministerpräsidenten Göring an die Oberpräsidenten und Regierungspräsidenten vom 16.7.1935. In: Ursachen und Folgen. Vom deutschen Zusammenbruch 1918 und 1945 bis zur staatlichen Neuordnung Deutschlands in der Gegenwart. Eine Urkunden- und Dokumentensammlung zur Zeitgeschichte, hrsg. u. bearb. von Herbert Michaelis/ Ernst Schraepler, Bd. 11, Berlin o.J., S. 193-196.
38 Konkordatsfragen in Deutschland, veröffentlicht u.a.im Kirchlichen Amtsblatt für die Diözese Münster (im weiteren KA Münster), Nr. 15 vom 18.7.1935, S. 106-108; „Die religiöse Lage in Deutschland". Feststellung und Klarstellung, veröffentlicht u.a.im KA Münster, Nr. 19 vom 30.8.1935, S. 128-131; es handelt sich um die deutsche Übersetzung von Artikeln aus dem Osservatore Romano vom 15.7.1935 und 4.8.1935, die wiederum eine gekürzte Fassung von Noten Pacellis an den deutschen Vatikan-Botschafter von Bergen vom 10.7.1935 und 26.7.1935 darstellen. Vgl. Dieter Albrecht (Bearb.): Der Notenwechsel zwischen dem Heiligen Stuhl und der Deutschen Reichsregierung, Bd. I: 1933-1937, Mainz 1965, S. 254-268.
39 Stasiewski II, S. 264.
40 Vgl. Bertram an Pacelli v. 24.8.1935. In: Faulhaber II, S. 60, Anm. 1.
41 Vgl. Denkschrift des deutschen Episkopats an Hitler v. 20.8.1935. In: Stasiewski II, S. 341-373 und Entwurf Galens für eine Denkschrift an Hitler v. Mai 1935. In: Löffler I, S. 206-221. Insbesondere die ersten beiden Abschnitte der Endfassung sind größtenteils mit dem Entwurf von Galens identisch.
42 Löffler I, S. 220.
43 Vgl. Stasiewski II, S. 336 und 373.
44 Ansprache von Galens auf der Dechantenkonferenz in Münster v. 28.10.1935. In: Löffler I, S. 307. Zur Position Bernings vgl. die Aufzeichnungen Bischof Sebastians von Speyer von der Plenarkonferenz des deutschen Episkopats in Fulda am 8.-9.1.1936 über ein Referat Bernings. In: Stasiewski III, S. 211.
45 Vgl. Bertram an den deutschen Episkopat v. 12.12.1935. In: Stasiewski III, S. 162, Anm. 1.
46 Galen an Bertram v. 27.12.1935. In: Löffler I, S. 321-322.
47 Galen an Berning v. 29.12.1935. In: Löffler I, S. 322-325. Das von von Galen angeführte Zitat entstammt einem Brief Pacellis an Bertram, der in Faulhaber II, S. 66-68 abgedruckt ist.
48 Zit. nach Wolfgang Seegrün: Bischof Berning von Osnabrück und die katholischen Laienverbände in den Verhandlungen um Artikel 31 des Reichskonkordats 1933-1936. In: Osnabrücker Mitteilungen 80 (1973), S. 176.
49 Vgl. Stasiewski III, S. 166-167.
50 Tagesordnungspunkt 2 der Plenarkonferenz des deutschen Episkopats, zit. nach Stasiewski III, S. 162; vgl. außerdem Stasiewsi III, S. 167-168.
51 Hirtenbrief des deutschen Episkopats v. 9.1.1936. In: Stasiewski III, S. 220-222; Zusatz von Galens bei Verlesung des Hirtenbriefes des deutschen Episkopats v. 9.1.1936 am 26.1.1936. In: Löffler I, S. 336-337.
52 Faulhaber an Kumpfmüller und Riemer v. 20.1.1936. In: Faulhaber II, S. 102; vgl. außerdem Riemer an Faulhaber v. 17.1.1936. In: ebd., S. 101-102.
53 Stasiewski III, S. 222.
54 Hermann Eising: Erinnerungen an Bischof Clemens August von Galen. Vortrag in Stapelfeld. Manuskript im BAM, Sammlung Kardinal von Galen A 24.
55 Vgl. Volk: Die Enzyklika „Mit brennender Sorge" (wie Anm. 2); Heinz-Albert Raem: Pius XI. und der Nationalsozialismus. Die Enzyklika „Mit brennender Sorge" vom 14. März 1937, Paderborn/ München/ Wien/ Zürich 1979.
56 Löffler I. S. 221.
57 Vgl. Löffler I, S. LXXXVII.
58 Denkschrift vom März 1936. In: Faulhaber II, S. 109-116.
59 Pius XI. hatte für den Fall des Verbots der Bekanntgabe der Osservatore-Artikel damit gedroht, die Texte der vatikanischen Noten amtlich zu veröffentlichen. Vgl. Bergen an auswärtiges Amt v. 15.7.1935. In: Albrecht (wie Anm. 38), S. 258-259, Anm. 5.
60 Faulhaber II, S. 112.
61 Ebd.
62 Ebd., S. 115 und 116.
63 Bericht des Regensburger Domkapitulars Döberl betr. Konferenz der bayerischen Generalvikare. In: Stasiewski III, S. 382; vgl. Bericht Riemers betr. Konferenz der bayerischen Generalvikare. In: Stasiewski III, S. 383.

64 Aufzeichnungen Bischof Sebastians von der Plenarkonferenz des deutschen Episkopats in Fulda v. 18.-20.8.1936. In: Stasiewski III, S. 466-478, Zitat S. 468.
65 Vgl. Grußaddresse des deutschen Episkopats an Pius XI. In: Stasiewski III, S. 434-437.
66 Pacelli an Bertram v. 31.8.1936. In: Volk IV, S. 8-9; zur Eingabe vgl. Bertram an Hitler v. 20.8.1936. In: Stasiewski III, S. 478-483.
67 Vgl. Gesetz über die Hitlerjugend v. 1.12.1936. In: Ursachen und Folgen (wie Anm. 37), S. 132-133.
68 Vgl. Pacelli an Bertram v. 21.12.1936. In: Walter Adolph: Kardinal Preysing und zwei Diktaturen. Sein Widerstand gegen die totalitäre Macht, Berlin 1971, S. 72-73.
69 Bertram an Pacelli v. 28.12.1936. In: Volk IV, S. 66.
70 Vgl. Pacelli an Bertram v. 31.12.1936. In: Volk IV, S. 67.
71 Vgl.: Joachim Kuropka (Hrsg.): Zur Sache – Das Kreuz! Untersuchungen zur Geschichte des Konflikts um Kreuz und Lutherbild in den Schulen Oldenburgs, zur Wirkungsgeschichte eines Massenprotests und zum Problem nationalsozialistischer Herrschaft in einer agrarisch-katholischen Region, 2. durchgesehene Aufl., Vechta 1987.
72 Vgl. Rudolf Willenborg: Zur Rezeptionsgeschichte des Kreuzkampfes im Deutschen Reich und im Ausland. In: Kuropka (wie Anm. 71), S. 332-356.
73 Volk IV, S. 151; mit Cloppenburg wird auf den oben erwähnten Kreuzkampf Bezug genommen.
74 Die beiden Entwürfe sind gegenübergestellt bei Albrecht (wie Anm. 38), S. 404-443.
75 Vgl. Walter Adolph: Geheime Aufzeichnungen aus dem nationalsozialistischen Kirchenkampf 1935-1945, bearb. von Ulrich von Hehl, Mainz 1979, S. 40.
76 Aufzeichnungen Bischof Sebastians von der Plenarkonferenz des deutschen Episkopats v. 12.1.1937. In: Volk IV, S. 145.
77 Faulhaber II, S. 109, Anm. 5.
78 Volk: Die Enzyklika „Mit brennender Sorge" (wie Anm. 2), S. 35.
79 Raem (wie Anm. 55) schreibt dagegen unter Bezug auf die Äußerung Bornewassers die Initiative zur Enzyklika dem Hl. Stuhl zu.
80 Vgl. Pacelli an den deutschen Episkopat v. 10.3.1937. In: Volk IV, S. 183-184.
81 Zit. nach Löffler I, S. 496, Anm. 2, vgl. auch Franz Kroos: Der Fall Regensberg/ Dunkle Dokumente. In: Aus Westfälischer Geschichte. Festgabe für Anton Eitel, Münster 1947, S. 154-160; Hans Schlömer: Die Gestapo kam zu spät. In: Kirche und Leben Nr. 14 v. 3.4.1977, S. 16.
82 Vgl. Raem: Die Enzyklika „Mit brennender Sorge" (wie Anm. 55), S. 56, Anm. 119.
83 Ebd., S. 59-61.
84 Verordnung von Galens v. 19.3.1937, zit. nach Löffler I, S. 496-497. Zur Verlesung durch Galen im Dom zu Münster vgl. Oenipotanus: Klemens August Graf Galen. In: Begegnung. Zeitschrift für Kultur und Geistesleben, 2. Jg., Nr. 1 v. 15.1.1947, S. 27-30.
85 Pacelli an Faulhaber v. 2.4.1937, zit. nach Faulhaber II, S. 322.
86 Entwurf eines Hirtenschreibens, EA Breslau, I A 25 e 18.
87 Schulte an Bertram v. 13.4.1937. In: Volk IV, S. 210.
88 Entwurf eines Hirtenschreibens (wie Anm. 86), S. 1, 2 und 5.
89 Denkschrift von Galens v. 11.4.1937. In: Löffler I, S. 500-505, Zitat S. 503.
90 Ebd., S. 501-502. Galen zitiert hier aus dem Schnellbrief des Reichs- und Preußischen Ministers für die kirchlichen Angelegenheiten vom 23. März 1937. Vgl. Löffler I, S. 501. Anm. 1.
91 Löffler I, S. 504.
92 Ebd., S. 505.
93 Vgl. Bertram an Schulte v. 30.4.1937. In: Volk IV, S. 223, siehe auch ebd., Anm. 1; zu den Sittlichkeitsprozessen vgl.: Hans- Günter Hockerts: Die Sittlichkeitsprozesse gegen katholische Ordensangehörige und Priester 1936/1937. Eine Studie zur nationalsozialistischen Herrschaftstechnik und zum Kirchenkampf, Mainz 1971.
94 Vgl. Hans Günter Hockerts: Die Goebbels-Tagebücher 1932-1941. In: Politik und Konfession. Festschrift für Konrad Repgen zum 60. Geburtstag, hrsg. von Dieter Albrecht u. a., Berlin 1983, S. 359-392; in diesem Zusammenhang vgl. S. 375-381.
95 Vgl. Entwurf eines Hirtenschreibens, EA Breslau, I A 25 e 18 und Predigt von Galens in Münster am 30.5.1937. In: Löffler I, S. 526-542.
96 Der Deutsche Weg, Oldenzaal v. 6.6.1937, S.7. Der Deutsche Weg wurde von Friedrich Muckermann in Holland herausgegeben; vgl. Friedrich Muckermann: Der deutsche Weg. Aus der Widerstandsbewegung der deutschen Katholiken von 1930-1945, Zürich 1946.
97 Bericht der Staatspolizeileitstelle Münster v. 31.5.1937. In: Joachim Kuropka (Bearb.): Meldungen aus Münster 1924-1944. Geheime und vertrauliche Berichte von Polizei, Gestapo, NSDAP

und ihren Gliederungen, staatlicher Verwaltung, Gerichtsbarkeit und Wehrmacht über die politische und gesellschaftliche Situation in Münster und Umgebung, Münster 1992, S. 497-498; auszugsweise bei Löffler I, S. 541-542, Anm 21.
98 Vgl. Bericht des Oberlandesgerichtspräsidenten an den Reichminister der Justiz v. 5.7.1937. In: Kuropka (wie Anm. 97), S. 498-499.
99 Vgl. Adolph (wie Anm. 75), S. 121-122.
100 Ebd., S. 129-130.
101 Vgl. Bertram an den deutschen Episkopat v. 7.6.1937. In: Volk IV, S. 232-233.
102 Denkschrift von Galens vom 31.7.1937. In: Löffler I, S. 552-556, Zitat S. 552.
103 Denkschrift von Galens vom 11.4.1937, zit. nach Löffler I, S. 504.
104 Denkschrift von Galens vom 31. Juli 1937, zit. nach Löffler I, S. 554.
105 Ebd. S. 554 und 555.
106 Vgl. Bericht des Korrespondenten der Baseler Nachrichten vom 11.11.1934, Schweizerisches Bundesarchiv Bern, Eidgenössisches Politisches Departement, 2001 (C) 4, Nr. 1931; vgl. Joachim Kuropka: Vom Antisemitismus zum Holocaust. Zu Vorgeschichte und Folgen des 9. November 1938 unter Berücksichtigung der Stadt Münster. In: Westfälische Zeitschrift 140 (1990), S. 202.
107 Vgl. Volk: Die Enzyklika „Mit brennender Sorge" (wie Anm. 2).
108 Vgl. Bertram an Faulhaber, undat. Schreiben, wahrsch. v. 17.12.1937. In: Faulhaber II, S. 447.
109 Vgl. Faulhaber an Bertram v. 17.7.1937. In: Faulhaber II, S. 376.
110 Vgl. Protokoll der Plenarkonferenz des deutschen Episkopats am 24.-26.8.1937. In: Volk IV, S. 275-293, Zitat S. 276.
111 Tagesordnungspunkt III der Plenarkonferenz des deutschen Episkopats. In: Volk IV, S. 273.
112 Vgl. Aufzeichnungen Bischof Sebastians von der Plenarkonferenz des deutschen Episkopats am 24.-26.8.1937. In: Volk IV, S. 329-338, Zitat S. 331; Adolph (wie Anm. 75), S. 157-158.
113 Ebd., S. 158.
114 Aufzeichnungen Faulhabers. In: Faulhaber II, S. 284.
115 Vgl. Adolph (wie Anm. 75) S. 186. Die Aufzeichnungen Adolphs müssen insbesondere im Zusammenhang mit Galen kritisch gewertet werden. Adolph gibt viele Wertungen sozusagen aus zweiter Hand wieder. Ein Großteil der Urteile über von Galen stammt von dessen ehemaligem Kaplan Heinrich Heufers, über den Adolph selbst urteilt: Heinrich Heufers „erschöpft sich geistig in theoretischen, grundsätzlichen Totalanalysen der Lage mit daraus hervorgehenden Folgerungen für die praktische Arbeit der anderen. Seine Geistigkeit und Arbeit an konkreten Einzelheiten anzusetzen, vermeidet er peinlichst. Von Zeit zu Zeit reitet er ein konkretes Pferd. Manchmal glänzend, öfter leider auch zu Tode, da ihn sein Augenmaß und seine immer wieder grundsätzlich sich mit jeder konkreten Sache sich verbindenden Ziele zu Übertreibungen und Ungenauigkeiten führen." Ebd., S. 56. Auch Hermann Eising weist in seinen Randbemerkungen zu Adolph (BAM, Sammlung Kardinals von Galen A 24) darauf hin, daß Galen und Heufers sich zwar angenehm und ausführlich unterhalten hätten, daß er jedoch bezweifele, daß Heufers Galen auch verstanden habe; vgl. außerdem die Rezension Eisings zu Adolph: Geheime Aufzeichnungen. In: Theologische Revue 76 (1980), S. 210-212.
116 Protokoll der Konferenz der westdeutschen Bischöfe in Kevelaer am 25.10.1937. In: Volk IV, S. 373-375, Zitat S. 374; vgl. außerdem Schulte an Bertram v. 29.10.1937. In: ebd. S. 382-384 und Bertram an Schulte v. 12.11.1937. In: ebd., S. 386-387.
117 Volk: Die Enzyklika „Mit brennender Sorge" (wie Anm. 2), S. 54.
118 Zu den unterschiedlichen Positionen im deutschen Episkopat vgl. Klaus Gotto, Hans Günter Hockerts, Konrad Repgen: Nationalsozialistische Herausforderung und kirchliche Antwort. Eine Bilanz. In: Klaus Gotto/ Konrad Repgen (Hrsg.): Die Katholiken und das Dritte Reich, Mainz 1990, S. 173-190.
119 von Galen an Bertram v. 22.1.1939. In: Löffler I, S. 668.
120 Vgl. zum folgenden Volk: Flucht aus der Isolation. Zur „Anschluß"-Kundgebung des österreichischen Episkopats vom 18. März 1938. In: ders.: Katholische Kirche und Nationalsozialismus, Mainz 1967, S. 175-200.
121 Adolph (wie Anm. 75), S. 261.
122 Pacelli an Orsenigo v. 19.4.1938. Abdruck der deutschen Übersetzung in Volk IV, S. 456, Anm. 1.
123 Vgl. Galen an Bertram v. 28.4.1938. In: Löffler I. S. 617-619.
124 Vgl. Stasiewski III, S. 304-310; ebd., S. 314-317.
125 Vgl. Faulhaber II, S. 952 und 959-960.
126 Vgl. Stasiewski III, S. 314; Stasiewski V, S. 75 und 815.
127 Vgl. Galen an Bertram v. 28.4.1938. In: Löffler I, S. 618-619.

128 Vermutung.
129 Ärgernis für die Kleinmütigen.
130 Von Galen an Bertram v. 5.4.1939. In: Löffler II, S. 715-716; vgl. Protokoll der Konferenz der westdeutschen Bischöfe in Kevelaer vom 27.3.1939. In: Volk IV, S. 620-624, insbesondere Tagesordnungspunkt 4, S. 622. Dieser vom Bischof von Münster aus Gründen der Solidarität unter Protest veröffentlichte Glückwunsch ist fälschlicherweise vor allem von Morsey und in der von seinen Ansichten geprägten Literatur als Ausfluß der ausgeprägt nationalen Einstellung von Galens gewertet worden, die ihm den Blick für den wahren Charakter des Dritten Reiches getrübt habe. Vgl. Morsey: Größe und Grenze (wie Anm. 1), S. 13; Paul Willenborg: ‚Wir sind Amboss – Nicht Hammer' – Zur 110. Wiederkehr des Geburtstages von Clemens August Kardinal von Galen – In: Clemens-August-Gymnasium Cloppenburg (Hrsg.): 1914-1989. Clemens-August-Gymnasium Cloppenburg, Cloppenburg 1989, S. 15-34, hier S. 26.
131 Zum folgenden vgl. Volk: Die Fuldaer Bischofskonferenz von der Enzyklika ‚Mit brennender Sorge' bis zum Ende der NS-Herrschaft (wie Anm. 2), S. 62-64.
132 Zur Euthanasieproblematik vgl. Ernst Klee: ‚Euthanasie' im NS-Staat. Die ‚Vernichtung lebensunwerten Lebens', Frankfurt am Main 1985; Kurt Nowak: „Euthanasie" und Sterilisierung im „Dritten Reich". Die Konfrontation der evangelischen und katholischen Kirche mit dem Gesetz zur Verhütung erbkranken Nachwuchses und der „Euthanasie"-Aktion, Göttingen 1980.
133 Vgl. Galen an Bertram v. 28.7.1940. In: Löffler II, S. 794-796; ebd., S. 794, Anm. 2 und S. 795, Anm. 7.
134 Vgl. Bertram an Galen v. 5.8.1940. In: Löffler II, S. 800-801; ebd., S. 801, Anm. 3 und 4; Bertram an Lammers v. 11.8.1940. In: Volk V, S. 87-90.
135 Protokoll der Plenarkonferenz des deutschen Episkopats in Fulda am 20.-22.8.1940. In: Volk V, S. 93-114, Zitat S. 111.
136 Aufzeichnung Faulhabers über eine Unterredung mit Orsenigo v. 30.10.1940. In: Faulhaber II, S. 688-689, Zitat S. 689.
137 Wienken an Faulhaber v. 25.11.1940. In: Faulhaber II, S. 700-702, Zitate S. 702 und 701.
138 Galen an Berning v. 26.5.1941. In: Volk V, S. 362-366, Zitate S. 364-365.
139 Vgl. Max Bierbaum: Nicht Lob Nicht Furcht. Das Leben des Kardinals von Galen nach unveröffentlichten Briefen und Dokumenten, Münster 1984, S. 395.
140 Ludwig Volk: Schweigen oder Bekennen? Der Gewissensentscheid des Bischofs von Münster im Sommer 1941. In: Stimmen der Zeit 194 (1976), S. 219-224. Die Sichtweise Volks, diesen Brief als Auftakt zu von Galens Predigttrilogie zu werten, ist ebenfalls nur bedingt zutreffend, da hier nicht auf die Euthanasie, sondern auf die in der Kriegssituation forcierten Eingriffe in die Freiheit der Kirche Bezug genommen wird.
141 Vgl. Löffler II, S. 875-876.
142 Vgl. Löffler II, S. 843-851, S. 855-863 und S. 874-883.
143 Galen an Lammers v. 14.7.1941. In: Löffler II, S. 852; vgl. außerdem Löffler I, S. 857.
144 Vgl. Predigt von Galens am 20.7.1941. In: Löffler III, S. 855-863; Galen an Lammers v. 22.7.1941. In: ebd., S. 864-866; Galen an Kolbow v. 26.7.1941. In: ebd., S. 867-868; Galen an Polizeipräsident v. 28.7.1941. In: ebd., S. 869; Predigt von Galens am 3.8.1941. In ebd., S. 874-883; zu den Bauerndeputationen vgl. Volk V, S. 544-545.
145 Heinz Hürten: Aktualität und Geschichtlichkeit. In: Unsere Seelsorge 28 (1978), S. 13-17, Zitat S. 15.
146 Vgl. Peter Löffler: Die Reaktion der Bevölkerung auf die drei Predigten des ‚Löwen von Münster' im Sommer 1941. In: Unsere Seelsorge 27 (1977), S. 28-34; vgl. außerdem Löffler II, S. 891, Anm. 4.
147 Galen an seine Nichte Schwester Gonza v. 7.8.1941. Abschrift, Galensches Archiv Haus Assen.
148 Vgl. Volk: Episkopat und Kirchenkampf im Zweiten Weltkrieg (wie Anm. 2), S. 86-97.
149 Pius XII. an Preysing v. 30.9.1941. In: Burkhart Schneider (Hrsg.): Die Briefe Pius XII. an die deutschen Bischöfe 1939-1944, Mainz 1966, S. 154-155.
150 Diesem Ausschuß, der als Reaktion auf den Klostersturm Anfang August ins Leben gerufen worden war, gehörten die Bischöfe v. Preysing, Gröber, Landersdorfer, Dietz und Berning, sowie die nichtbischöflichen Mitglieder P. Augustin Rösch SJ, P. Lothar König SJ, P. Laurentius Siemer OP, P. Odilo Braun OP, sowie als Vertreter des Laienelements der Jurist Georg Angermaier an. Ursprünglich mit der Abwehr des Klostersturms befaßt, erkannten sie schnell, daß dieser nicht aus dem Kontext des Kirchenkampfes zu lösen war. Vgl. Antonia Leugers: „Heiligste Pflicht zwingt uns zu sprechen ...". Kirchenpolitische Kontroversen im deutschen Episkopat um den geplanten Hirtenbrief von 1941. In: Dieter R. Bauer, Abraham .P. Kustermann (Hrsg.): Gelegen oder ungelegen – Zeugnis für die Wahrheit. Zur Vertreibung des Rottenburger Bischofs Joannes

Baptista Sproll im Sommer 1938, Stuttgart 1989, S. 111-141; Aufzeichnung Röschs v. 31.8.1941. In: Volk V, S. 543-549; Lagebericht aus dem Ausschuß für Ordensangelegenheiten v. 28.9.1941. In: Faulhaber II, S. 801-806; Stellungnahme aus dem Ausschuß für Ordensangelegenheiten, nach 25.11.1941. In: Ebd., S. 850-853; Bericht Augustin Röschs v. 23.4.1942. In: Ebd., S. 914-921; Bericht und Stellungnahme aus dem Ausschuß für Ordensangelegenheiten, nach 14.6.1942. In: Ebd., S. 933-937; Bericht des Ausschusses für Ordensangelegenheiten v. August 1942. In: Ebd., S. 940-945.

151 Vgl. Entwurf eines gemeinsamen Hirtenworts. In: Faulhaber II, S. 827-835.
152 Vgl. Richtlinien für die Bekanntgabe eines Hirtenworts. In: Faulhaber II, S. 836-837.
153 Vgl. Protokoll der Konferenz der westdeutschen Bischöfe v. 24.-25.11. 1941. In: Volk V, S. 629-636; Denkschrift des deutschen Episkopats an die Reichsregierung v. 12.7.1941. In: Volk V, S. 475-479; Kerrl an Bertram. v. 4.8.1941. In: Volk V, S. 506.
154 Vgl. Aufzeichnungen Bernings v. 8.-9.12.1941. In: Volk V, S. 650-651; Denkschrift des deutschen Episkopats vom 10.12.1941. In: Ebd., S. 651-658.
155 Vgl. Protokoll der Konferenz der westdeutschen Bischöfe in Kevelaer v. 23.-24.2.1942. In: Volk V, S. 679-687.
156 Vgl. Berning an Galen mit Anlage v. 13.3.1942. In: Löffler II, S. 940-941.
157 Gröber an Wienken v. 7.3.1942. In: Volk V, S. 694-698, Zitat S. 697.
158 Vgl. Gröber an Bertram v. 27.4.1942. In: Volk V, S. 740-741.
159 Vgl. Löffler II, S. 940-941.
160 Vgl. Kurzfassung der westdeutschen Bischöfe v. 20.3.1942. In: Volk V, S. 705-708; zur Bonner Konferenz vgl. Volk V, S. 705, Anm. 1; zur Verlesung in Bayern vgl. Faulhaber an den bayerischen Episkopat. In: Faulhaber II, S. 888-889.
161 Entwurf von Galens zu einem Hirtenwort der deutschen Bischöfe v. 15.3.1942. In: Löffler II, S. 941-946, Zitat S. 944. Galen konkretisierte hier Ausführungen aus seinem Anti-Kommunismus-Hirtenbrief vom 14.9.1941, in dem er „auf die drohende Gefahr" hingewiesen hatte, „daß im Rücken des deutschen Heeres Falschlehren und Irrtümer, die gleich dem russischen Kommunismus die Fortführung sind des auch in Deutschland gelehrten und verbreiteten Naturalismus und Materialismus, geduldet und befolgt werden. Wenn dem nicht Einhalt geschieht, so werden sie der geistigen Herrschaft des Bolschewismus... in unserem deutschen Vaterlande den Weg bereiten." Löffler II, S. 907.
162 Vgl. Stellungnahme aus dem Ausschuß für Ordensangelegenheiten, nach 25.11.1941. In: Volk II, S. 850-853; Bericht Sommers, vor 14.2.1924. In: Volk V, S. 675-678.
163 Wienken an Galen v. 4.4.1942 und Galen an Wienken v. 7.4.1942. In: Volk V, S. 708, Anm. 4, ersterer auch in Löffler II, S. 946, Anm. 5.
164 Vgl. Hirtenwort über die religöse Lage der Zeit. BAM, Neues Archiv 0-64.
165 Zit. nach Adolph (wie Anm 75), S. 235.
166 Vgl. Löffler I, S. 281; ebd., S. 336-337; ebd., S. 436-438; ebd., S. 655; Löffler II, S. 875-876.
167 Vgl. Hirtenwort Preysings und der Kölner Kirchenprovinz. v. 12./13.12.1942. In: Volk V, S. 959-964.
168 Zur Vorgeschichte und den Verlesungsmodalitäten vgl. Volk V, S. 959, Anm. 1.
169 Hirtenbrief von Galens v. 13.12.1942. In: Löffler II, S. 960-964.
170 Ebd., S. 964.
171 Vgl. Machens an Bertram v. 6.3.1943. In: Volk VI, S. 39-40; Bertram an Machens v. 10.3.1943. In: Volk VI, S. 40-42.
172 Zur Entstehungsgeschichte des Dekalog-Hirtenbriefs vgl. Volk VI, Anm. 1. Die Tatsache, daß v. Galen die Verantwortung für den Inhalt des Hirtenbriefs übertragen wurde, ergibt sich aus Aufzeichnungen Faulhabers zum Dekalog-Projekt, in denen er notierte, der Bischof von Münster habe als Reaktion auf die Kritik Bertrams „den Eingang und den Schluß... neu fassen lassen." Aufzeichnung Faulhabers v. 19.8.1943. In: Volk VI, S. 170-171, Zitat S. 171; im übrigen weist schon die Beauftragung der münsterischen Theologen Donders und Tischleder auf Galen hin. Adolf Donders (1877-1944), Professor für Homiletik, Domprediger; Peter Tischleder (1881-1947), Professor für Moraltheologie. Vgl. Peter Berg (Hrsg.): Peter Tischleders Auffassung von den Menschenrechten. In: Archiv für mittelrheinische Kirchengeschichte, Bd. 14 (1962), S. 387-407.
173 Vgl. Frings an Faulhaber v. 28.6.1943. In: Volk VI, S. 184, Anm. 1.
174 Bertram an die deutschen Metropoliten v. 24.7.1943. In: Volk V, S. 106-107, Zitat S. 107.
175 Aufzeichnung Faulhabers v. 19.8.1943. In: Volk VI, S. 170-171, Zitat S. 171; vgl. den Entwurf und die Endfassung in Volk VI, S. 184-197 und ebd. S. 197-205.
176 Ebd., S. 204.
177 Ebd., S. 204-205.

178 Gemeinsamer Hirtenbrief der deutschen Bischöfe über die zehn Gebote als Lebensgesetz der Völker. Hektographie des Bischöflichen Generalvikariats Münster. Galensches Archiv Haus Assen. Ein einheitlicher Verlesungstermin scheint nicht vorgeschrieben worden zu sein, denn das Hirtenwort wurde in München in zwei Teilen am 12.9.1943 und in Köln am 12. und 19. des Monats verlesen.
179 Vgl. Volk VI, S. 171, Anm. 10.
180 Jaeger an Frings v. 6.7.1941. In: Volk VI, S. 379.
181 Vgl. Bertram an Himmler und das Reichssicherheitshauptamt v. 17.11.1943. In: Volk VI, S. 281-282; Bertram an Himmler, Muhs, Lammers, Thierak und das Reichssicherheitshauptamt v. 29.11.1944. Ebd., S. 299-301.
182 Heinz Hürten: Kardinal v. Galen zum 25. Todestag. In: Unsere Seelsorge 21 (1971), S. 15-18, Zitat S. 15.
183 Vgl. Volk, Kardinal v. Preysing (wie Anm. 3), S. 264-276, Zitat S. 276.
184 Vgl. Morsey, Größe und Grenzen (wie Anm. 1), S. 13.
185 Wie Anm. 182.
186 Predigt in Xanten am 6.9.1936. In: Löffler I, S. 442.
187 Vgl. Ansprache von Galens auf der Dechantenkonferenz v. 28.10.1935. In: Löffler I, S. 301-313, für diesen Zusammenhang vgl. S. 302 und 311.
188 Ebd., S. 308.
189 Adolph (wie Anm. 75), S. 130.
190 Vgl. Ludwig Volk: Adolf Kardinal Bertram (1859-1945). In: Ders.: Katholische Kirche und Nationalsozialismus (wie Anm. 2), S. 252-263. Das von Adolph und Volk geprägte negative Bertram Bild wird in neueren Publikationen modifiziert. Vgl. Maria Elisabeth Koch: Adolf Kardinal Bertram als Kirchenpolitiker im Dritten Reich. In: Archiv für schlesische Kirchengeschichte 47/48 (1990), S. 37-115; Antonia Leugers: Adolf Kardinal Bertram als Vorsitzender der Bischofskonferenz während der Kriegsjahre (1939-1945). In: ebd.: S. 7-35; auch Adolph revidierte nach dem Krieg sein in den „Geheimen Aufzeichnungen" gefälltes Urteil über Bertram und verfaßte eine jede negative Bewertung vermeidende Kurzbiographie. Vgl. Walter Adolph: Adolf Kardinal Bertram, Erzbischof von Breslau (1859-1945). In: ders.: Hirtenamt und Hitlerdiktatur, Berlin 1965, S. 102-116.
191 Vgl. Ludwig Volk: Kardinal Michael von Faulhaber (1869-1952). In: ders.: Katholische Kirche und Nationalsozialismus (wie Anm. 2), S. 201-251.
192 Adolph (wie Anm. 75), S. 44.
193 Ebd., S. 46.
194 Vgl. Preysing an Faulhaber v. 28.12.1936. In: Faulhaber II, S. 256.
195 Denkschrift Preysings. In: Volk IV, S. 356-361, Zitat S. 361.
196 Vgl. Walter Adolph: Hirtenamt und Hitlerdiktatur, Berlin 1965, S. 177 und 130.
197 Vgl. Volk: Kardinal v. Preysing (wie Anm. 3); Adolph: Hirtenamt und Hitlerdiktatur (wie Anm.196); ders.: Kardinal Preysing und zwei Diktaturen (wie Anm. 68); Ulrich von Hehl: Konrad Kardinal von Preysing, Bischof von Berlin. In: Aus Politik und Zeitgeschichte. Beilage zur Wochenzeitung „Das Parlament", B 39-40/80 v. 27.9.1980; Wolfgang Knauft: Widerspruch um der Menschenrechte willen. Zum 100. Geburtstag Konrad Kardinal von Preysings. In: Stimmen der Zeit, 198 (1980), S. 527-541.
198 Helmuth James von Moltke: Briefe an Freya 1939-1945, hrsg. von Beate Ruhm von Oppen, München 1988, S. 281.
199 Von Preysing an Pius XII v. 17.10.1941. In: Schneider (wie Anm. 148) S. 154, Anm. 1.
200 Zu Frings vgl. Konrad Repgen: Kardinal Frings im Rückblick. Zeitgeschichtliche Kontroverspunkte einer künftigen Biographie. In: Historisches Jahrbuch 100 (1980), S. 286-317.
201 Henry Picker: Hitlers Tischgespräche im Führerhauptquartier. Vollständig überarbeitete und erweiterte Neuausgabe mit bisher unbekannten Selbstzeugnissen Adolf Hitlers, Abbildungen, Augenzeugenberichten und Erläuterungen des Autors: Hitler, wie er wirklich war, Stuttgart 1977 (Studienausgabe), S. 417.
202 Vgl. Karl Speckner: Die Wächter der Kirche. Ein Buch vom deutschen Episkopat. München 1934, 176-186.
203 Von Galen an Heinrich Holstein v. 6.8.1926, BAM, Sammlung Kardinal von Galen A 9.
204 Vgl. Paul Kopf/ Max Miller: Die Vertreibung des Bischofs Joannes Baptista Sproll von Rottenburg 1938-1945, Mainz 1972.
205 Hürten (wie Anm. 173), S. 15.
206 Hans Wallenberg: Die neuen Kardinäle. In: Die neue Zeitung. Eine amerikanische Zeitung für die deutsche Bevölkerung v.4.1.1946, S. 2.

„Die christliche Frohbotschaft ist die von Gott den Menschen aller Rassen geschenkte unveränderliche Wahrheit"[1]

Der deutsche Episkopat, Bischof von Galen und die Juden

Werner Teuber/Gertrud Seelhorst

Ausgangslage

Fast 60 Jahre nach der Machtergreifung Hitlers ist die Frage nach der Haltung des deutschen Episkopats gegenüber der Judenverfolgung durch die Nationalsozialisten nach wie vor aktuell. Die Geschichtsforschung hat neue Thesen aufgestellt und diese kritisch überprüft. So sind gerade in den letzten Jahren eine Anzahl von Studien zum Verhältnis der katholischen Kirche zum Judentum zur Zeit des Nationalsozialismus erschienen; aber nicht alle Werke werden dem Anspruch einer sachlichen Geschichtsschreibung gerecht, weil nicht immer historisch korrekt gearbeitet wurde oder dem deutschen Episkopat von vornherein unterstellt wurde, daß er sich ohne weiteres den Bestimmungen des „Arierparagraphen" gefügt und passiv geblieben sei.[2]

Nach dem von den Nationalsozialisten vertretenen Antisemitismus[3] war das Judentum keine Religions-, sondern eine Rassengemeinschaft, die nicht gewillt und in der Lage war, „ihre Rasseneigenarten zu opfern". Dazu zählte neben ihrer Fremdartigkeit auch ihr „Streben nach Geld und Macht", was zu einer Bedrohung aller Völker führe. Die biologische Abstammung als oberster Wertmaßstab konnte durch nichts aufgehoben werden.[4] Hitler unterschied im Kampf gegen die Juden zwei Phasen: Zunächst waren sie unter Fremdgesetzgebung zu stellen, was den Entzug der staatsbürgerlichen Rechte zur Folge hatte. In der zweiten Phase sollten sie endgültig aus Deutschland entfernt werden.[5]

Traditionell gab es auch im Katholizismus der vergangenen Jahrhunderte eine judenfeindliche Haltung, die von einem Teil der heutigen Geschichtsschreibung als „Anti-Judaismus" bezeichnet wird. Dieser hatte seinen Ursprung in religiösen Vorstellungen und wurde durch wirtschaftliche und soziale Motive verstärkt.[6] Die mit Blindheit geschlagenen Juden hätten demzufolge den Messias nicht erkannt, sondern auf seinen Tod gedrängt, und diese Verstockung und Feindschaft setze sich im jüdischen Volk fort. Das bedeutete andererseits, daß jeder Jude, der umkehrte und sich taufen ließ, in die Gemeinschaft der Christen aufgenommen wurde.

Für die katholische Kirche war die nationalsozialistische Rassenlehre eine Häresie und der wichtigste Grund, weswegen deutsche Bischöfe die NSDAP ablehnten und die Gläubigen von ihr fernzuhalten suchten. Unter dem Schlagwort vom „Neuheidentum" hat die katholische Kirche in den zwölf Jahren der NS-Herrschaft die Verabsolutierung der Rasse bekämpft.

Im folgenden soll knapp dargestellt werden, welche Position die deutschen Bischöfe in der Judenpolitik bezogen und welche Gründe sie für ihre Haltung hatten. Innerhalb des Gesamtepiskopats kommt dem Bischof von Münster, Clemens August Graf von Galen, eine besondere Rolle zu, denn mit seinen berühmten Predigten vom Sommer 1941 entschloß er sich in eigener Verantwortung, Euthanasieverbrechen und Klosterraub öffentlich von der Kanzel herab zu verurteilen. Galens Verhältnis zum Judentum und seine Position angesichts der Judenverfolgung soll des weiteren anhand einer Analyse seiner Hirtenbriefe, Predigten sowie von Berichten von Zeitzeugen erhellt werden.

Die Haltung des Episkopats zum Nationalsozialismus bis 1933

Wenn Hitler schon in den ‚Kampfjahren' der NSDAP immer wieder den Begriff der „Entfernung" der Juden gebrauchte und nicht näher erläuterte, so erkannten die Bischöfe doch die Gefahr, die von ihm ausging, und reagierten auf diese Herausforderung. Auf eine Anfrage der NSDAP-Gauleitung in Hessen erklärte das Bischöfliche Ordinariat in Mainz am 30. September 1930, das Parteiprogramm der NSDAP enthalte Sätze, die sich mit katholischen Lehr- und Grundsätzen nicht vereinbaren ließen. Somit könne kein Katholik Mitglied der NSDAP sein, denn das „Sittlichkeits- und Moralgefühl der germanischen Rasse" könne für die Kirche keinesfalls Maßstab sein, vielmehr sei Rassenhaß grundsätzlich „unchristlich und unkatholisch."[7] Der Vorsitzende der deutschen Bischofskonferenz, Kardinal Bertram von Breslau, entschloß sich am 31. Dezember 1930 zu „einem offenen Wort in ernster Stunde", nachdem sein Vorstoß gescheitert war, eine gemeinsame Erklärung aller deutschen Bischöfe zum Nationalsozialismus zustandezubringen. Es enthielt Warnungen vor politischer Radikalisierung und Rassenwahn: „Irrtümer sind es, die in einseitiger Verherrlichung der Rasse zur Verachtung der göttlichen Offenbarung und der Gebote Gottes schreiten. ... Wir katholische Christen kennen keine Rassen-Religion, sondern nur Christi weltbeherrschende Offenbarung, die für alle Völker den gleichen Glaubensschatz, die gleichen Gebote und Heilsrichtungen gebracht hat. ... Doch niemals kann Rassen-Eigenart über irgendeine der Wahrheiten und Gebote Christi zu Gericht sitzen."[8]

In seinen pastoralen Anweisungen vom 10. Februar 1931 unter dem Titel „Nationalsozialismus und Seelsorge" erklärte der bayerische Episkopat: „Führende Vertreter des Nationalsozialismus stellen die Rasse höher als die Religion. Sie lehnen die Offenbarungen des Alten Testamentes und sogar das mosaische Zehngebot ab." Katholischen Priestern wurde untersagt, in der Partei oder an Zusammenkünften der Partei mitzuwirken.[9]

Die von der Fuldaer Bischofskonferenz verfaßten „Winke betr. Aufgaben der Seelsorger gegenüber glaubensfeindlichen Vereinigungen" vom 5. August 1931 verboten jedem Katholiken „streng", der NSDAP beizutreten „oder ihre Bestrebungen zu fördern."[10] Dieses Verbot bestätigte die Fuldaer Bischofskonferenz am 17. August 1932 erneut: Sämtliche Ordinariate hätten die Zugehörigkeit zu dieser Partei für unerlaubt erklärt, weil „Teile des offiziellen Programms ... Irrlehren enthalten"[11]. In den nächsten Monaten folgten noch weitere Verlautbarungen der übrigen Bischöfe ähnlichen Inhalts.[12] Damit hatte sich der gesamte Episkopat im Deutschen Reich gegen den Nationalsozialismus und seine Rassenideologie gewandt.

Kirchlicher Kurswechsel

Nach der Machtübernahme durch Hitler am 30. Januar 1933 befand sich der Episkopat wegen seiner Verurteilung der NS-Weltanschauung in einer schwierigen

Situation, denn der Führer der NSDAP hatte als Reichskanzler Anspruch auf staatsbürgerlichen Gehorsam. Das öffentliche Versprechen Hitlers am 23. März 1933, das Christentum zu achten und als Basis der Moral anzuerkennen, blieb beim Episkopat nicht ohne Wirkung. Auf Initiative von Kardinal Bertram definierte die Fuldaer Bischofskonferenz am 28. März 1933 ihre Haltung zum nationalsozialistisch beherrschten Staat; sie hob damit aber die „Verurteilung bestimmter religiös-sittlicher Irrtümer" nicht auf.[13] Dazu gehörte nach wie vor die Rassenlehre, denn die Nationalsozialisten forderten ein „artgerechtes Christentum". Damit sollte die Rassenideologie zum Prinzip der Religion gemacht werden. Die Erklärung der Bischöfe war keine opportunistische Anpassung an den totalitären Staat, sondern lag in politischen und seelsorglichen Überlegungen begründet, wie ein Schreiben Kardinal Bertrams vom selben Tage an den Freiburger Erzbischof Gröber belegt. Darin äußert Bertram die Überzeugung, daß die Zurücknahme der allgemeinen Verbote und Warnungen nicht mit einer „restlose(n) Empfehlung" des Nationalsozialismus gleichzusetzen sei, sondern dem Volke klar zeige, „welche Art Bewegung und Betätigung im öffentlichen Leben verlangt wird."[14]

Nationalsozialistische Maßnahmen gegen die Juden und Reaktionen des Episkopats

Bevor am Samtag, dem 1. April 1933, der Boykott gegen jüdische Geschäfte einsetzte, wandte sich der jüdische Direktor der Deutschen Bank in Berlin, Oscar Wassermann, am 31. März 1933 an Kardinal Bertram mit der Bitte, beim Reichspräsidenten und bei der Reichsregierung gegen diese Maßnahme zu protestieren. Da Bertram in dieser Angelegenheit nicht ohne Auftrag der Fuldaer Bischofskonferenz handeln wollte, auch persönlich weder über die Begründung noch über die Aussichten des Boykotts urteilen mochte, schrieb er an die fünf deutschen Erzbischöfe in Köln, München, Freiburg, Paderborn und Bamberg und bat sie um ihre Meinung hierzu. Er selbst ließ aber keinen Zweifel daran, daß für ihn eine Intervention nicht in Frage kam. Er teilte den Erzbischöfen mit, daß es sich um einen rein wirtschaftlichen Kampf handele, der den Interessen der Kirche völlig fernliege; es sei unzulässig, in Angelegenheiten zu intervenieren, die außerhalb der bischöflichen Kompetenzen lägen; außerdem habe sich die ausländische Presse, die sich überwiegend in jüdischen Händen befinde, bei der Verfolgung von Katholiken in mehreren Ländern völlig still verhalten. Der Episkopat habe triftige Gründe, sich auf sein eigenes Aufgabengebiet zu beschränken.[15] Während der Freiburger Erzbischof Gröber „mit Rücksicht auf Schuldlose und Convertierte" einer Intervention zustimmte[16], befürchtete der Münchner Kardinal Faulhaber, daß „,der Kampf gegen die Juden zugleich ein Kampf gegen die Katholiken werden würde und meine, daß die Juden sich selber helfen können, wie der schnelle Abbruch des Boykotts'" zeige.[17]

Auch an den folgenden Tagen häuften sich bei den Bischöfen die Bitten, sich für die Juden, oder wenigstens für die katholisch getauften Juden, einzusetzen. Am 5. April 1933 wandte sich beispielsweise der Herausgeber der Monatsschrift ‚Seele', der bayerische Pfarrer Alois Wurm, an Faulhaber und beklagte, „daß in dieser Zeit einer äußersten Haßschürung gegen die doch sicher zu mehr als 99% unschuldigen jüdischen Staatsbürger kein einziges katholisches Blatt ... den Mut hatte, die katholische Katechismuslehre zu verkünden, daß man keinen Menschen hassen und verfolgen darf – am wenigsten wegen seiner Rasse. Das erscheint sehr

223

vielen als katholisches Versagen."¹⁸ Faulhaber reagierte sehr gereizt und teilte dem Pfarrer mit, daß gegen die Judenverfolgung jeder Christ auftreten müsse; für „die kirchlichen Oberbehörden" dagegen bestünden „weit wichtigere Gegenwartsfragen; denn Schule, der Weiterbestand der katholischen Vereine, Sterilisierung, sind für das Christentum in unserer Heimat noch wichtiger", zumal man annehmen dürfe, daß die Juden sich selber helfen könnten, so daß keine Veranlassung bestehe, „der Regierung einen Grund zu geben, um die Judenhetze in eine Jesuitenhetze umzubiegen. Ich bekomme von verschiedenen Seiten die Anfrage, warum die Kirche nichts gegen die Judenverfolgung tue. Ich bin darüber befremdet; denn bei einer Hetze gegen die Katholiken oder gegen den Bischof hat kein Mensch gefragt, was man gegen diese Hetze tun könne. Das ist und bleibt das Geheimnis der Passion."¹⁹. Als Hintergrund für derartige Einstellungen dürfte die mangelnde Erfahrung der Bischöfe mit einem totalitären Weltanschauungsstaat zu sehen sein. Die älteren Bischöfe, so auch Faulhaber, hatten den Kulturkampf erlebt und glaubten nun aufgrund einer Art ‚Kulturkampfpsychose' und der damit verbundenen Angst, wieder als ‚Reichsfeinde' abgestempelt zu werden, sie dürften sich nicht in außerkirchliche Angelegenheiten einmischen.

Am 7. April 1933 wurde das „Gesetz zur Wiederherstellung des Berufsbeamtentums" verkündet. Nach dem darin enthaltenen sogenannten ‚Arierparagraphen' waren Beamte ‚nichtarischer' Abstammung in den Ruhestand zu versetzen.²⁰ Dieses Gesetz war der erste entscheidende Schritt zu einer Ausnahmegesetzgebung, an deren Ende die Legitimation zur Vernichtung der Juden in Deutschland lag. Auf diese Maßnahme antwortete der Episkopat mit einer Reihe von kritischen Erklärungen, weil das Gesetz auch gegen Beamte katholischen und jüdischen Glaubens gerichtet war, die dem Zentrum angehört hatten. Schon zwei Tage später, am 9. April 1933, erklärten die Erzbischöfe von Köln und Paderborn, Schulte und Klein, sowie der Osnabrücker Bischof Berning, daß sie „mit tiefster Kümmernis und Sorge" sähen, „wie die Tage nationaler Erhebung zugleich für viele treue Staatsbürger und darunter auch gewissenhafte Beamte unverdientermaßen Tage des schwersten und bittersten Leidens geworden sind."²¹

In einem sehr allgemein gehaltenen Entwurf der bayerischen Bischöfe vom 11. April 1933 heißt es in diesem Zusammenhang, die Regierung habe „die Erfordernisse des Gemeinwohls" durchaus erkannt, aber dabei dürfe sie nicht „über wohlbegründete Rechte überhaupt und grundsätzlich hinweggehen, auch nicht gegenüber ... Angehörigen eines anderen Volkes."²² Wie wenig sich die Bischöfe in der Lage sahen, sich erfolgreich für die katholisch getauften Juden einzusetzen, äußerte Kardinal Faulhaber am 26. April 1933 in einem Schreiben an den Bischof von Augsburg, Josef Kumpfmüller. Der Kardinal bedauerte, „nicht in kategorischer Form für die getauften Juden" eintreten zu können. Er habe einem jüdisch geborenen Katholiken erklärt, „daß bei der Taufe ausdrücklich gesagt werde, der Glaube nütze zum ewigen Leben und daß niemand von der Taufe irdische Vorteile erwarten dürfe."²³

In die Bemühungen, das Los der katholischen ‚Nichtarier' zu verbessern, wurde auch der Vatikan eingeschaltet. Kardinal Bertram wandte sich in einem Schreiben vom 2. September 1933 an Kardinalstaatssekretär Pacelli mit der Bitte, „daß der Heilige Stuhl ein warmherziges Wort einlegt für jene vom Judentum zur christlichen Religion Bekehrten, die selbst oder deren Kinder oder Großkinder jetzt wegen Mangels der arischen Abstammung ins Elend kommen"²⁴. Pacelli stieß aber bei Botschaftsrat Klee von der Deutschen Botschaft beim Vatikan auf Ablehnung: „Eine Gleichstellung von Katholiken jüdischer mit solchen arischer Abstammung sei nicht möglich", da die Judenfrage kein religiöses, sondern ein Rasseproblem darstelle, das nicht in die Zuständigkeit der Kirche falle.[25]

In den Adventspredigten des Jahres 1933 bekannte sich Kardinal Faulhaber zu dem unvergänglichen Wert der jüdischen Schriften des Alten Bundes. Zur NS-Rassenforschung erklärte er: „Wenn die Rassenforschung, an sich eine religiös-neutrale Sache, zum Kampf gegen die Religion sammelt und an den Grundlagen des Christentums rüttelt, wenn die Abneigung gegen die Juden von heute auf die heiligen Bücher des Alten Testamentes übertragen und das Christentum wegen seiner ursprünglichen Beziehungen zum vorchristlichen Judentum verdammt wird, wenn Steine gegen die Person unseres Herrn und Erlösers geworfen werden in einem Jahr, in dem wir das Jahrhundertgedächtnis seines Erlösungswerkes feiern, kann der Bischof nicht schweigen. Darum halte ich diese Adventspredigten über das Alte Testament und seine Erfüllung im Christentum."[26] Wenige Monate später von der Gestapo zur Interpretation seiner Predigten aufgefordert, beteuerte der Kardinal, er habe lediglich das alttestamentliche Schrifttum verteidigt, aber nicht zu den Judenfragen Stellung genommen.[27] Noch im Jahre 1923 hatte Kardinal Faulhaber erklärt, jedes Menschenleben sei kostbar, auch das eines Juden.[28]

Am 24. Januar 1934 wurde Alfred Rosenberg von Hitler zum Leiter des Amtes für weltanschauliche Schulung der NSDAP ernannt. Rosenberg war ein Hauptgegner der Kirche, denn er bezeichnete das Alte Testament als „jüdische Bibel", die eine „Beleidigung für jeden wahren Deutschen sei"[29]. Nun bekannten die Bischöfe öffentlich ihre Treue zum Alten Testament und entzogen einigen Religionslehrern, die sich weigerten, das Alte Testament im Unterricht zu behandeln, die Missio canonica (kirchliche Lehrerlaubnis).[30] Die „Nürnberger Rassegesetze" vom 19. September 1935 bewirkten eine weitere Verschärfung der Judenverfolgung. Wenn in diesem Zusammenhang auch keine unmittelbare Reaktion des Episkopats erfolgte, so hatten die deutschen Bischöfe doch bereits am 20. August 1935 in einem Hirtenbrief auch zu dem in den Gesetzen niedergelegten Verbot der Eheschließung zwischen Juden und „Staatsangehörigen deutschen Blutes" Stellung bezogen. „Es wäre sittlich verhängnisvoll, wenn im Gegensatz zu den christlichen Ehegesetzen die Ehe einzig unter dem Gesichtspunkt der Reinerhaltung der Rasse betrachtet würde."[31] Die Gläubigen wurden aufgefordert, fest im Glauben zu stehen. „Dieser Glaube ist die Grundlage der sittlichen Weltordnung. Die heidnische Weltanschauung, die ohne Gottes Gebot, ohne Gottes Gnade die Welt ordnen will, bietet für eine Volksgemeinschaft keinen sittlichen Halt. ... Wenn aber die Gesetze des Staates mit dem Naturrecht und den Geboten Gottes in Widerspruch geraten, gilt das Wort, für das die ersten Apostel sich geißeln und in den Kerker werfen ließen: ‚Man muß Gott mehr gehorchen als den Menschen' (Apg. 5,29)."[32]

Nach vier Jahren systematischer Verletzungen des Konkordats durch die Regierung Hitler, in denen auch der Rassismus immer größere Ausmaße angenommen hatte, erließ Papst Pius XI. am 14. März 1937 die Enzyklika „Mit brennender Sorge" – die einzige, die jemals in deutscher Sprache verfaßt wurde. Sie richtete sich an die deutschen Katholiken und ging gegen den Rassismus an. Der Vorentwurf dieser Enzyklika wurde auf Wunsch Pius XI. von Kardinal Faulhaber verfaßt, der bei der Kurie wegen seiner mutigen Stellungnahmen gegen den

225

Nationalsozialismus hohes Ansehen genoß.³³ Der vorgeschlagene Text wurde weitgehend in die endgültige Fassung übernommen. In der Enzyklika heißt es u. a.: Die Gebote Gottes „gelten unabänderlich von Zeit und Raum, von Land und Rasse. ... Wer die Rasse oder das Volk, oder den Staat der die Staatsreform ... zur höchsten Norm aller Werte macht und sie im Götzenkult vergöttert, der verkehrt und fälscht die gottgeschaffene und gottbefohlene Ordnung der Dinge." Ausdrücklich wandte sich die Enzyklika gegen Gesetze, die dem Naturrecht widersprachen, und erinnerte daran, daß *jeder* Mensch „gottgegebene Rechte" besitze, die ihm nicht entzogen werden dürften.³⁴ Damit war auch der Judenfeindschaft eine entscheidende Absage erteilt.

Unmittelbar nach der Verlesung der Enzyklika setzten Gegenmaßnahmen der Reichsregierung ein, die in erster Linie die weitere Verbreitung des päpstlichen Schreibens verhindern sollten. Jede weitere Vervielfältigung wurde unter schwerster Strafe untersagt und 13 Druckereien entschädigungslos enteignet, weil sie die Enzyklika gedruckt hatten. Der Chef der Sicherheitspolizei und des Sicherheitsdienstes im Reich Heydrich „ordnete an, Personen, die außerhalb der Kirchen und Pfarrhöfe das Rundschreiben verteilten, sofort zu verhaften, sofern es sich nicht um Geistliche handelte."³⁵ Am 13. April 1938 forderte die Päpstliche Studienkongregation alle katholischen Universitäten und Fakultäten auf, mit allen Kräften die „Lehre des Rassismus und die Rassenvergötzung zu bekämpfen."³⁶ Die westdeutschen Bischöfe verfaßten im Sommer 1938 den Entwurf eines Hirtenbriefes, der die Rassenideologie der NSDAP scharf verurteilte: „Weil darum die Gefahr besteht, daß viele Christen in ihrem Glauben irre werden und heidnische Ideen statt Christi Lehre in sich aufnehmen, kann die Kirche nicht länger schweigen."³⁷ In dem Entwurf werden acht „fundamentale Irrtümer" der Rassenlehre widerlegt. Der Fuldaer Bischofskonferenz lag aber noch ein zweiter Entwurf für ein Hirtenwort vor, in dem die Verfolgung der katholischen Kirche kritisiert wird. Die Bischöfe entschieden sich für den Kirchenkampf-Hirtenbrief und beschlossen, den Anti-Rassismus-Text dem Klerus als Richtlinie zur Benutzung zu überlassen. Darin stellten sie u. a. fest: „(I)n der Kirche gibt es grundsätzlich keinen Unterschied zwischen Volk und Rasse, Rasse und Rasse."³⁸

Der Kampf gegen die Juden, der bereits in voller Härte entbrannt war, erreichte einen weiteren Höhepunkt mit dem 9. November 1938. In der Nacht zum 10. November setzten Kommandos der SA Synagogen in Brand und verwüsteten sie. Viele jüdische Bürger wurden verhaftet und zum Teil mißhandelt. Zu all diesen Maßnahmen schwieg der Episkopat, wenn auch einzelne Bischöfe und Geistliche Hilfe leisteten. Kardinal Faulhaber hatte „dem Oberrabbiner von München einen Lastwagen zur Verfügung gestellt", „damit er einige geweihte Gegenstände aus der Synagoge in Sicherheit bringen konnte", bevor sie vollständig zerstört war.³⁹ Der Trierer Bischof, Rudolf Bornewasser, nahm von dem Rabbiner Adolf Altmann Thorarollen der Trierer jüdischen Gemeinde in Verwahrung.⁴⁰ Dompropst Lichtenberg betete am Morgen nach der ‚Reichskristallnacht' in Berlin für die verfolgten nicht-arischen Christen und Juden: „Was gestern war, wissen wir, was morgen ist, wissen wir nicht, aber was heute geschehen ist, das haben wir erlebt: Draußen brennt der Tempel – das ist auch ein Gotteshaus".⁴¹ Von Geistlichen des Oldenburger Münsterlandes wird ebenfalls berichtet, daß sie nach dem Novemberpogrom das Unrecht von der Kanzel angeprangert haben. Der Cloppenburger Kaplan Ernst Henn predigte am Sonntag nach der ‚Reichskristallnacht': „Straßenraub bleibt Straßenraub, auch wenn die Beute für die NSV (Nationalsozialistische Volkswohlfahrt, W.T./G.S.) bestimmt ist!"[42]

Die Tatsache, daß es sich hier um Einzelbeispiele handelt und ein globaler öffentlicher Protest ausblieb, liegt auch in der Angst vor Übergriffen der Nationalsozialisten gegen die katholische Kirche begründet. Im „Stürmer" und im „Schwarzen Korps" wurden die Christen mit den Juden und den Kommunisten als Staatsfeinde angeprangert. Bereits im Jahre 1935 fragten sich ausländische Beobachter, ob nicht „Katholikenpogrome" bevorstünden, und für manchen Christen stellte sich nach dem 9. November 1938 die Frage: „Was kommt nach den Juden? Die Kirche?"[43]

Als gegen Ende des Jahres 1939 Juden an nationalsozialistischen Feiertagen nicht mehr auf die Straße gehen durften, bemühen sich die Bischöfe zugunsten der Verfolgten. Der St. Raphaels-Verein[44] und der Deutsche Caritasverband wurden Hauptträger der kirchlichen Unterstützung für alle Personen, die unter der Rassenpolitik litten. Bereits im Jahre 1933 hatte der Raphaels-Verein auf Initiative der deutschen Bischöfe das „Sonderhilfswerk" zur Betreuung der verfolgten Katholiken geschaffen. In den folgenden Jahren betreute der Verein eine „ständig zunehmende Zahl katholischer, aber auch jüdischer und evangelischer Auswanderungswilliger"[45]. Bis zu seiner Auflösung am 25. Juni 1941 ermöglichte er es nach Schätzungen des Generalsekretariats von 1934 bis 1939 etwa 10 350 Personen, Deutschland zu verlassen.[46] Unmittelbare Hilfe für diejenigen, die nicht auswandern konnten oder wollten, wie z.B. Umschulungsmaßnahmen oder Vermittlung von Stellen für Entlassene, leistete der Deutsche Caritasverband, der auf Initiative der Fuldaer Bischofskonferenz 1934 das „Caritas-Notwerk" in Berlin schuf. Um die enge Zusammenarbeit zwischen dem Raphaels-Verein und dem Caritas-Notwerk besser koordinieren zu können, gründete man am 22. März 1935 den „Hilfsausschuß für katholische Nichtarier", dessen Ziel die Unterstützung und Hilfestellung für nichtarische oder halbarische Kinder und Jugendliche sowohl in bezug auf ihre Ausbildung wie auch auf ihre künftige Existenz war. Deren „Schulung müsse dahin streben, daß die erwähnte Jugend das Empfinden habe, die christliche Liebe gehe über die Rassenunterschiede hinweg"[47]. In Berlin lebten mehr als ein Viertel aller deutschen Juden. Aus diesem Grunde hatte Bischof Preysing im September 1938 das „Hilfswerk beim Bischöflichen Ordinariat in Berlin" zugunsten der bedrohten jüdischen Katholiken in seiner Diözese ins Leben gerufen, das unter der Leitung von Margarete Sommer die Not zu lindern versuchte, Auswanderungen ermöglichte, materielle Unterstützung leistete und Juden versteckte oder tarnen half.[48] Das einzige Hilfswerk, das seine Tätigkeit noch über das Kriegsende hinaus fortsetzte, war die von Kardinal Innitzer geschaffene „Erzbischöfliche Hilfsstelle für nichtarische Katholiken in Wien". Neben der Betreuung von Kranken und Verzweifelten, Vermittlung von Arbeit und Wohnung, Aufnahme in Kinder- und Altenheime sandte die Hilfsstelle auch Pakete in die einzelnen Konzentrationslager. Die Deportation von mehr als 50 000 Juden und 2000 Katholiken konnte Kardinal Innitzer allerdings – trotz vieler Proteste bei den Behörden – nicht verhindern.[49]

Die Bischöfe und die ‚Endlösung der Judenfrage'

Als nach Ausbruch des Krieges die Auswanderung von Juden und nichtarischen Katholiken kaum noch möglich war, forderte Kardinal Bertram am 23. Oktober

1939 auf Anregung des Präsidenten des Deutschen Caritasverbandes, Kreutz, den Episkopat auf, 80% der Caritaskollekte den Notleidenden zur Verfügung zu stellen und die „Sorge um die Notlage der nichtarischen Katholiken" einem „vertrauten Sacharbeiter zu übertragen".[50]

Am 1. September 1941 trat eine Polizeiverordnung des Reichsministers des Innern in Kraft, wonach es allen Juden, die das 6. Lebensjahr vollendet hatten, verboten war, sich in der Öffentlichkeit ohne Judenstern zu zeigen. Von dieser Maßnahme waren auch katholisch getaufte Juden betroffen. Um eine Auswirkung der Verordnung hinsichtlich der Haltung der Katholiken zu den im Gottesdienst erscheinenden Katholiken jüdischer Abstammung zu vermeiden, empfahl Kardinal Bertram am 17. September 1941 dem Episkopat, jede verletzende Sonderbehandlung wie z. B. Judenbänke, Einführung von Sondergottesdiensten und Trennung beim Sakramentenempfang zu unterlassen. Solches Vorgehen „wäre gegen die christliche Liebe und gegen die Grundsätze, die St. Paulus im Römer- und Galaterbriefe[51] aufgestellt hat."[52] Im allgemeinen traten aber keine Schwierigkeiten beim Besuch des Gottesdienstes auf.[53]

Im Herbst 1941 wurde auch im Episkopat die Deportation von Juden in Arbeitslager im Osten bekannt, wie aus einem Schreiben Kardinal Faulhabers an Kardinal Bertram vom 13. November 1941 hervorgeht: „Wie vor einigen Wochen in Wien werden zur Zeit auch in München, wahrscheinlich auch noch in anderen Städten, die Nichtarier in brutaler Form und unter unmenschlichen Auflagen nach Polen abtransportiert: von München beim ersten Transport 1000, denen in der nächsten Zeit noch 2200 folgen sollen. Es spielen sich dabei, wenn auch die Hauptarbeit im Dunkel der Nacht erledigt wird, Szenen ab, die in der Chronik dieser Zeit einmal mit den Transporten afrikanischer Sklavenhändler in Parallele gesetzt werden." Faulhaber sah keine Möglichkeit, diesen bedauernswerten Menschen zu helfen: „Wohl aber sind die Bischöfe verpflichtet, für jene Nichtarier einzutreten, die durch die Taufe ‚neue Kreaturen' und Kinder der katholischen Kirche geworden und damit unter den Schutz ihrer Diözesanbischöfe getreten sind."[54]

Detaillierte Angaben über die Erschießung von Juden im Osten enthalten die verschiedenen Berichte der Leiterin des Berliner Hilfswerks, Frau Sommer, an den Episkopat. Im Februar 1942 schrieb sie: „Insgesamt sind bereits abtransportiert nach dem Osten ca. 50 000 Personen ... Nicht nur die Juden der sehr großen Kownoer jüdischen Gemeinde sind zu Zehntausenden erschossen worden, sondern auch die aus Deutschland dorthin transportierten. ... Sowohl die litauischen wie die deutschen Nichtarier, Christen wie Juden, sterben ruhig und gefaßt. Sie sollen laut gemeinschaftlich gebetet haben und Psalmen singend in den Tod gegangen sein."[55] Auch der Brief eines polnischen Juden aus dem Generalgouvernement an Kardinal Bertram vom 24. August 1943 belegt ausführlich die Ermordung von zahlreichen Juden.[56] Viele Bischöfe haben nun nicht mehr geschwiegen. Die Gläubigen hörten von der Kanzel: „Jeder Mensch hat das natürliche Recht auf das Leben ... Wir deutschen Bischöfe werden nicht nachlassen, gegen die Tötung Unschuldiger Verwahrung einzulegen. Niemand ist seines Lebens sicher, wenn nicht unangetastet dasteht: ‚Du sollst nicht töten!'"[57] Die Fuldaer Bischofskonferenz erklärte im Dekalog-Hirtenbrief vom 19. August 1943: „Auch die Obrigkeit kann und darf nur wirklich todeswürdige Verbrechen mit dem Tode bestrafen."[58] Versuche, für die verfolgten und deportierten katholischen Nichtarier bei der

Regierung einzutreten, die vor allem die Bischöfe Berning und Wienken im Auftrag der Fuldaer Bischofskonferenz unternahmen, scheiterten.[59]

Als zum Jahreswechsel 1942/43 über das Berliner Hilfswerk bekannt wurde, daß eine gesetzliche Zwangsscheidung aller „rassisch gemischter Ehen" drohe[60], die den sicheren Tod der jüdischen Partner bedeutet hätte, verhinderten Proteste der Bischöfe den Erlaß. Zunächst war es Kardinal Bertram, der am 11. November 1942 Justizminister Thierack, Innenminister Frick sowie Staatssekretär Muhs daran erinnerte, „daß ... auch gegenüber den Angehörigen anderer Rassen unverrückbare Pflichten der Menschlichkeit bestehen ... Daher bittet und fordert der gesamte deutsche Episkopat, von Maßnahmen der oben bezeichneten Art Abstand zu nehmen."[61] In einem Hirtenbrief Bischof Preysings[62] vom 13. Dezember 1942 heißt es unmißverständlich: „Wer immer Menschenantlitz trägt, hat Rechte, die ihm keine irdische Gewalt nehmen darf. All die Urrechte, die der Mensch hat, das Recht auf Leben, auf Unversehrtheit, auf Freiheit, auf Eigentum, auf eine Ehe, deren Bestand nicht von staatlicher Willkür abhängt, können und dürfen auch dem nicht abgesprochen werden, der nicht unseres Blutes ist"[63]. Noch deutlicher wurde der Kölner Erzbischof Joseph Frings am 12. März 1944, als er erklärte, „es ist ein Verbrechen gegen Gottes Recht über die Ehe, durch irgendwelche Machenschaften solche Ehen auseinanderzutreiben."[64] Bereits im Dekalog-Hirtenbrief vom 19. August 1943 hatten die Bischöfe formuliert: „Auch die sogenannte rassische Mischehe hat, sobald und sofern sie nach göttlichem und kirchlichem Gesetz gültig geschlossen ist, den vollen Anspruch auf den göttlichen Schutz des sechsten Gebotes"[65].

Am 17. November 1943 war es erneut Kardinal Bertram, der in einem Schreiben an Himmler und das Reichssicherheitshauptamt die Lage „der aus Deutschland evakuierten, in Massenlagern untergebrachten Nichtarier" als „menschenunwürdig" anprangerte.[66] Am 11. Januar 1944 erhob Bertram Einspruch bei den zuständigen Stellen gegen den Abtransport von Nichtariern aus Breslau[67]; am 29. Januar 1944 protestierte er gegen die Bestrebungen, die gegen Juden erlassenen Vorschriften auf die ‚Mischlinge' – womit Katholiken gemeint waren, deren einer Elternteil jüdischer Abstammung war – auszudehnen.[68] Wenig später, am 12. März 1944, forderte auch Frings, daß „niemand seiner Güter oder gar seines Lebens beraubt werde, der unschuldig ist, etwa deshalb, weil er einer fremden Rasse angehört. Das kann nur als ein himmelschreiendes Unrecht bezeichnet werden"[69].

Galens Verhältnis zu den Juden: Forschungsstand

In den ersten Jahren nach dem Krieg wurde Bischof Clemens August Graf von Galen als katholischer Widerstandskämpfer dargestellt. Als in den 60er Jahren Kritik am Verhalten des Bischofs im Dritten Reich geäußert wurde, begannen Historiker und Theologen, die Rolle Galens während der Zeit des Nationalsozialismus genauer zu untersuchen, und sie versuchten auch, seine Haltung gegenüber den jüdischen Mitbürgern zu erhellen.

Max Bierbaum veröffentlichte in seinem biographischen Werk über Galen „Nicht Lob, nicht Furcht"[70] eine briefliche Mitteilung des ehemaligen Münsteraner Rabbiners Dr. Steinthal. Am Morgen nach der ‚Reichskristallnacht' sei ein Bote des Bischofs von Galen bei seiner Frau erschienen, um sich zu erkundigen, was mit

229

ihrem Mann geschehen sei und ob der Bischof der schwer betroffenen Familie helfen könne. Am darauffolgenden Morgen sei in allen Kirchen der Stadt auf Anordnung des Bischofs für die Juden gebetet worden. Weiter berichtet Bierbaum, daß nach Aussage von Domkapitular Dr. Holling einige jüdische Bürger ihn als Direktor des Diözesancaritasverbandes Münster kurz nach der ‚Reichskristallnacht' gebeten hätten, den Bischof zu einem öffentlichen Protest zu bewegen. Der Bischof habe sich bereit erklärt, auf die Kanzel zu gehen, wenn ihm die Juden schriftlich erklärten, es dem Bischof nicht als Schuld anzulasten, wenn infolge des Protests die Nationalsozialisten zu schärferen Vergeltungsmaßnahmen gegen die Juden greifen sollten. Nach reiflicher Überlegung hätten die Juden einen öffentlichen Protest des Bischofs doch für inopportun gehalten, den Galen daraufhin unterlassen habe. Da Bierbaum nach der Veröffentlichung seiner Galen-Biographie seine gesamte Korrespondenz verbrennen ließ, blieben Zweifel an seiner Darstellung, die erst in den letzten Jahren durch neue Quellen zum Teil ausgeräumt werden konnten.[71]

Zum 50. Jahrestag der ‚Reichskristallnacht' schickte Heinz Steinthal, der Sohn des Rabbiners, die handschriftlichen Aufzeichnungen seines Vaters über die Reichspogromnacht in Münster an den Oberbürgermeister der Stadt, Dr. Twenhöven.[72] Dieser umfangreiche, detaillierte Bericht[73] bestätigte, daß ein junger Mann namens Hans Kluge im Auftrag des Bischofs sich bei Frau Steinthal nach dem Schicksal ihres Mannes erkundigt habe. Heinz Mussinghoff ermittelte Dr. Hans Kluge, damals Student, als den im Bericht genannten Boten und erfuhr von ihm weitere Einzelheiten. Er sei „am Donnerstagmorgen, dem 10. November, gegen 8.30 Uhr zum Ignatiushaus an der Königsstraße 36a gelaufen, um sich bei den Jesuiten nach den genauen Ereignissen der Nacht zu erkundigen. ... Doch sie wußten auch noch nicht, was im einzelnen passiert war und wie es sich abgespielt hatte; Bischof Clemens August hätte schon angerufen, um sich zu erkundigen, insbesondere, was mit dem Rabbiner passiert sei und was er tun könne. Daraufhin habe er, Hans Kluge, sich erboten, zur Wohnung des Rabbiners zu gehen, da ihm dessen katholisches Dienstmädchen bekannt sei. Er könne ja bei Behinderung nach dem Schicksal desselben fragen und somit in die Wohnung kommen, wenn sie bewacht sei. Er sei gegen 9 Uhr ungehindert zum Kanonengraben 4 gekommen; Frau Steinthal habe von den SA-Wachen nur erfahren, daß ihr Mann verhaftet sei, und sei noch im ungewissen gewesen, was mit ihrem Mann im einzelnen passiert sei. Mit diesen Nachrichten sei er zu den Jesuiten gegangen, die wohl noch weitere Erkundigungen eingezogen hätten. Er selbst habe mit dem Bischof keinen Kontakt in dieser Angelegenheit gehabt."[74]

Die Aussage eines weiteren Zeitzeugen stützt die Auffassung, Galen habe aus gutem Grund nicht öffentlich gegen die Diskriminierung und Verfolgung der Juden protestiert. Dr. Hans Ludwig Warnecke, der während der Zeit des Dritten Reiches Kurierdienste für den Bischof von Münster machte, berichtete, daß der Rabbiner Steinthal und der Jude Goldberg Galen aufgesucht und gebeten hätte, öffentlich etwas für die Juden zu tun. Galen habe erklärt: „Wenn ich jetzt etwas unternehme, wird alles nur noch schlimmer. Man soll das für den äußersten Notfall aufbewahren."[75]

Die von Peter Löffler besorgte Edition der Akten, Briefe und Predigten Galens aus den Jahren 1933-1946[76] förderte lediglich zwei weitere Dokumente aus den Jahren 1941 und 1944 zutage, die bezeugen, daß Galen mit dem Schicksal jüdischer

Mitbürger direkt konfrontiert wurde. Vom September 1941 datiert der anonyme Brief eines jüdischen Mitbürgers an den Bischof, in dem er die menschenunwürdige Behandlung der Juden beklagt, gegen die auch seitens der katholischen Kirche kein Einspruch erhoben worden sei.[77]

Im September 1944 ließ Professor Dr. Wilhelm Neuß, nichtresidierender Domkapitular des Erzbistums Köln, dem Bischof von Münster durch einen Bekannten ein Schreiben überbringen, in dem es um die Überführung bisher geschützter Nichtarier und Halbarier in Lager im Rheinland ging.[78] Neuß schilderte die Situation in den Lagern und beklagte die fehlende – weil verbotene – seelsorgliche Betreuung der Deportierten. Er hoffte auf die Hilfe des Bischofs von Münster. Galen reagierte und bereitete ein Schreiben an die Pfarrer und Pfarrektoren seines Bistums vor, in dem er sie aufforderte, umgehend über das Schicksal katholischer Christen nichtarischer Herkunft zu berichten.[79] Im Bistumsarchiv Münster gibt es keine Unterlagen über Ergebnisse dieser Umfrage. Auch Nachforschungen in Pfarrarchiven brachten keine Belege, daß diese Umfrage durchgeführt wurde. Löfflers und Mussinghoffs Recherchen in verschiedenen Pfarrarchiven des Bistums nach schriftlichen Notizen über ein vom Bischof angeordnetes Gebet für die Juden, das Dr. Steinthal erwähnt hatte, blieben erfolglos.[80] Löffler hält es für unmöglich, die Position des Bischofs zur Situation der jüdischen Mitbürger während des Dritten Reiches zu bestimmen, weil die Akten der bischöflichen Behörde im Oktober 1943 verlorengegangen sind. Eingaben seien daher aktenmäßig nicht nachweisbar.[81]

Im Jahre 1991 stellte Heribert Gruß die Hypothese auf, daß Bischof Clemens August am 22. März 1942 öffentlich für die Juden protestiert habe.[82] Die Bischöfe der Kölner und der Paderborner Kirchenprovinz trafen sich am 20. März 1942 zu einem kurzfristig anberaumten Treffen in Bonn, um einen gemeinsamen Hirtenbrief zu verabschieden, der am Passionssonntag und am Ostermontag in den Kirchen der Bistümer verlesen werden sollte. Es lagen vier Textentwürfe vor, die bei gewissen Unterschieden die Menschenrechte einforderten.[83]

Auf der Bonner Konferenz wurde der Kölner Textentwurf verabschiedet. Galen hat die Streichung der Forderung nach Rechtsgleichheit für die Nichtarier *nicht* akzeptiert, wie es auf der Konferenz beschlossen worden war, und seinen eigenen Entwurf, der diese Forderung enthielt, in Münster verlesen.[84] Gruß folgert daraus, daß Galen diese Kürzung nicht übernehmen wollte und entschlossen war, diesen Textabschnitt zu verlesen.[85] Die Frage des Reichssicherheitshauptamtes an Galen, ob er eine andere Fassung als die in Bonn beschlossene verlesen habe, und Galens wortreiche Antwort, er habe in St. Lamberti den gemeinsam beschlossenen Text wörtlich und ohne Zusatz verlesen, und den Wienken, dem Leiter des Berliner Commissariats der Fuldaer Bischofskonferenz, zugesandten Text in allen Kirchen der Diözese verlesen lassen, sind für Gruß weitere Hinweise, daß Galen den Menschenrechtsprotest einschließlich der Forderung nach Berücksichtigung der Nichtarierrechte verlesen hat.[86]

Galens Proteste gegen staatliche Eingriffe in den alttestamentlichen Inhalt des Religionsunterrichts

Für Galen war das Alte Testament ein unverzichtbarer Bestandteil der katholischen Lehre: Es enthält göttliche Wahrheiten. Die Juden waren das auserwählte Volk Gottes. Ohne die biblisch-jüdische Geschichte gäbe es kein Christentum.

Der jüdische Gott ist auch der Gott der Christen und der Jude Jesus der Erlöser der Menschheit. Die katholische Kirche lehnte seit jeher den Antisemitismus als Verstoß gegen die Nächstenliebe ab und wünschte, daß das Volk des Alten Bundes den gottgesandten Messias erkennen möge. Aus dieser Einstellung heraus setzte sich Galen für die korrekte Darstellung alttestamentlicher Themen im schulischen Religionsunterricht ein. Während der Zeit des Nationalsozialismus protestierte Galen nachweislich dreimal gegen Versuche, alttestamentliche Inhalte zu verändern, nationalsozialistisches Gedankengut in die Darstellung des Judentums einfließen zu lassen oder die Geschichte des Alten Testaments ganz zu streichen.

Im November 1933 ordnete der Münsteraner Stadtschulrat Glowsky die Behandlung der Unterrichtslektion „Das Volk Israel im Wandel der Zeit und seine demoralisierende Macht bei den Gastvölkern" für das Fach Religion an. Galen protestierte und wehrte sich gegen den Bruch des Reichskonkordats, wonach der Lehrstoff für den Religionsunterricht im Einvernehmen mit der kirchlichen Oberbehörde festgelegt werden solle. In seinem Beschwerdeschreiben brachte er die Überzeugung zum Ausdruck, daß dieses Thema „die Gefahr einer Verwischung katholischer Lehren über die heilsgeschichtlichen Aufgaben des israelitischen Volkes in der vorchristlichen Zeit und über die Pflichten der Nächstenliebe gegenüber allen Menschen"[87] beinhalte. Als Galen ohne Antwort blieb, beschwerte er sich über Glowsky beim Oberbürgermeister, der ihm die Abstellung von Eingriffen in den Lehrplan zusagte.[88]

1936 hatte der Schulrat Reimpell in seiner Eigenschaft als Lehrer für Weltanschauung in der Lamberti-Schule über das Judentum gesprochen und alttestamentliche Geschichten als Belege für seine rassistischen Ausführungen herangezogen.[89] Galen verurteilte in einem Schreiben an den Regierungspräsidenten Klemm „die Durchnahme biblischer Stoffe in der Mädchenoberklasse der katholischen St. Lambertischule in Münster durch den evangelischen Regierungs- und Schulrat Reimpell". Wiederum berief sich Galen auf das Reichskonkordat, das die Unterrichtserteilung in den katholischen Schulen durch katholische Lehrkräfte verlange. Anders als 1933 gab der Bischof diesmal keine weitere inhaltliche Begründung.[90]

Nach der ‚Reichskristallnacht' 1938 forderte die Reichswaltung des Nationalsozialistischen Lehrerbundes (NSLB) alle Mitglieder auf, mit sofortiger Wirkung den Religionsunterricht niederzulegen, „da wir eine Verherrlichung des jüdischen Verbrechervolkes in den deutschen Schulen nicht mehr länger dulden können." Die zahlreichen Niederlegungserklärungen in weiten Teilen Deutschlands verursachten eine starke Erregung der Elternschaft und zwangen den Reichsminister für Wissenschaft, Erziehung und Volksbildung, Rust, den Erlaß im Dezember 1938 zu revidieren. Der nicht veröffentlichte, geänderte Erlaß verlangte weiterhin, „die Grundsätze des Nationalsozialismus" ... „bei der Darstellung des Judentums" zu beachten.[91] Galen sah, „daß mit diesem Erlaß ... grundsätzlich in den Inhalt des katholischen Religionsunterrichts eingegriffen wird", und für ihn war damit der „Vernichtungskampf gegen die katholische Kirche" an einem Punkt angekommen, der die offene Konfrontation der Bischöfe mit dem Staat erfordere.[92]

Das Judentum in den Predigten und Hirtenbriefen von Galens

In seinen Predigten und Hirtenbriefen äußerte sich Galen nie direkt zur Situation der Juden und ihrer Gefährdung. Die Begriffe „Jude", „jüdisch" oder „Judentum" tauchen lediglich in drei Hirtenbriefen und zwei Predigten auf.

Im Osterhirtenbrief 1934 verurteilte Galen scharf die rassistischen Lehren Rosenbergs: „Eben diese Irrlehre behauptet, es seien die zehn Gebote nur der Ausdruck der Sittlichkeit des jüdischen Volkes gewesen und sie müßten anders lauten für andere Völker mit anderem Blut. In Wirklichkeit verpflichten die zehn Gebote, die unter Blitz und Donner auf dem Sinai verkündet worden sind, alle Völker."[93] In der Predigt zur 400-Jahr-Feier der Vertreibung der Wiedertäufer vom 23. Juni 1935 beschreibt Galen anschaulich die Willkürherrschaft der Wiedertäufer in Münster. Ihre Geschichte zeige lehrreich, daß die Abkehr von Gottes Offenbarung Gewalt und Zwang zur Folge haben müsse. „Wie im Tempel zu Jerusalem das heilige Opfer aufhörte, als die Israeliten den Erlöser und Lehrer verworfen hatten, ... so hörte auch in Münster das heilige Opfer auf, als Menschenwitz und Menschenwillkür sich anmaßten, die Lehrautorität Christi in seiner Kirche zu leugnen und eigene Einsicht an deren Stelle auf den Thron zu erheben." Galen fährt fort: „Jeder, der sich auflehnt gegen Christus, den Erlöser der Welt, stellt sich an die Seite der verblendeten Juden, die am Karfreitag riefen: ‚Wir wollen nicht, daß dieser über uns herrsche!'"[94]

Im Hirtenbrief vom April 1940 ging es um die Kürzung des Religionsunterrichts und eine verstärkte religiöse Erziehung der Kinder und Jugendlichen durch ihre Eltern und Seelsorger. „Soll es einmal von unserem Volke heißen wie von dem seinen Erlöser zurückweisenden Judenvolk: ‚Das ist das Gericht: Das Licht ist in die Welt gekommen, doch die Menschen haben die Finsternis mehr geliebt als das Licht.'"[95] Galen wies darauf hin, daß die Apostel und Jünger sich „(g)egenüber einer feindlichen Welt, inmitten des entarteten Judentums und des das Christentum verachtenden und alsbald blutig verfolgenden Heidentums", „offen in Wort und Leben als Jünger Christi bekannt" hätten.[96]

Im Hirtenbrief vom September 1941 würdigte Galen den Krieg gegen Rußland als einen Befreiungskrieg vom gottlosen Bolschewismus. Zu Beginn zitiert er Hitler: „Seit über zwei Jahrzehnten hat sich die jüdisch-bolschewistische Machthaberschaft von Moskau aus bemüht, nicht nur Deutschland, sondern ganz Europa in Brand zu stecken ... sie haben es unentwegt unternommen, unserem und den anderen europäischen Völkern ihre Herrschaft aufzuoktroyieren, und dies nicht nur geistig, sondern auch vor allem militärisch-machtmäßig." In seinen Ausführungen bejahte Galen eine „geistige und militärisch-machtmäßige Bedrohung" durch Rußland – er selbst gebrauchte aber nicht die Formulierung „jüdisch-bolschewistisch", sondern sprach von den „bolschewistischen Machthabern" – zeigte dann aber, daß Hitler und die Nationalsozialisten „der geistigen Herrschaft des Bolschewismus" den Weg bereiteten, indem sie die christlichen Grundwerte bekämpften und die Persönlichkeitsrechte mißachteten. Deshalb forderte er die Gläubigen auf, im Innern den bolschewistischen Ideen wirksam entgegenzutreten und dafür zu arbeiten, daß die Persönlichkeitsrechte jedes Menschenwesens unangetastet blieben. Bei der Aufzählung der Menschenrechtsverletzungen sprach er davon, daß „deutschen Volksgenossen" das Recht auf die Unverletzlichkeit des Körpers, auf Freiheit, auf Eigentum und auf den Gebrauch des Eigentums entzogen werde; auf die Entrechtung der Juden wies er nicht eigens hin.[97] Ein halbes Jahr später sprach Galen in seinem Hirtenbriefentwurf von der Mißachtung „des Blutsfremden".[98] Wie erwähnt, spricht einiges dafür, daß er diesen Protest auch verlesen hat.

In der Predigt vom Juli 1943 bei der Wallfahrt nach Telgte ging es um die Grausamkeit des Krieges und die Frage, wie Gott etwas Derartiges zulassen könne. Galen warnte seine Gläubigen vor Haß und Rache gegenüber anderen Ländern und lehnte in diesem Zusammenhang den „Satz des alten jüdischen Gesetzes: ‚Auge um Auge, Zahn um Zahn'" ab.[99]

Galens Kampf gegen die Rassenideologie

In stärkerem Maße als die anderen deutschen Bischöfe setzte sich Galen mit Rosenbergs „Neuheidentum" auseinander. In zahlreichen Predigten und Hirtenbriefen stellte er in klarer, unmißverständlicher Sprache den rassistischen Gedanken Rosenbergs Aussagen des Christentums gegenüber und beschwor die Gläubigen, am Christentum, den Zehn Geboten und der Pflicht zur Nächstenliebe festzuhalten. Darüber hinaus versuchte Galen besonders in den ersten Jahren des Dritten Reiches, die Verbreitung der Rosenbergschen Schriften zu verhindern. Er schrieb an die zuständigen Stellen und protestierte gegen die Anordnung der NSDAP, daß die Parteimitglieder Rosenbergs Schriften zu beziehen hätten.[100]

Im Gegensatz zum an sich zuständigen Kölner Kardinal Schulte hatte Galen keine Bedenken, das Geleitwort zu den „Studien zum Mythus des XX. Jahrhunderts" zu schreiben, in denen sich mehrere katholische Gelehrte mit Rosenbergs Schrift „Der Mythus des 20. Jahrhunderts" auseinandersetzten.[101] Die Studien erschienen als amtliche Beilage zum Kirchlichen Amtsblatt für die Diözese Münster.[102] Bischof Galen verfaßte den „Entwurf einer Denkschrift an Hitler" und verlangte darin „kraftvolle Gegenmaßnahmen gegen die hemmungslose, neuheidnische Propaganda." Er forderte die Einhaltung der Zusage vom Sommer 1934, alle neuheidnische Propaganda zu unterbinden.[103]

Im Sommer 1935 erreichte die Auseinandersetzung ihren Höhepunkt, als Galen am 28. Mai beim Oberpräsidenten von Lüninck den Antrag stellte, ein öffentliches Auftreten Rosenbergs in Münster in absehbarer Zeit zu verhindern. Er begründete ihn damit, daß der öffentliche Auftritt Rosenbergs anläßlich des Gauparteitages Westfalen-Nord eine tiefgreifende Beunruhigung hervorrufen werde, da die christliche Bevölkerung in Rosenberg „den fanatischen Bekämpfer des Christentums" sehe. Galen befürchtete verhängnisvolle Zusammenstöße, denn „die überwiegend christliche Bevölkerung beider Konfessionen" empfinde „das Auftreten Rosenbergs in Münster als eine aufreizende Provokation und als eine Verhöhnung ihrer heiligsten und berechtigsten religiösen Überzeugung"[104]. In seiner Rede auf dem Hindenburgplatz in Münster interpretierte Rosenberg Galens Verhalten als eine „Drohung, die ihm kirchlich unterstellten katholischen Deutschen zu Unruhen aufzureizen."[105] Galen ging am nächsten Tag in seiner Ansprache nach der Großen Prozession ausführlich auf die gegen ihn gerichteten Vorwürfe ein. Er dankte den Prozessionsteilnehmern „für das Treuegelöbnis, das ihr in fast unübersehbaren Scharen mir darbringt"[106].

Galen mußte erkennen, daß alle seine Bemühungen, die neuheidnische Propaganda zu unterdrücken, erfolglos blieben und der Staat mit allen Mitteln die Verbreitung der Rosenbergschen Ideen förderte. Nach dem Nürnberger Parteitag 1935 und der Formulierung der Rassegesetze war für Galen endgültig klar, daß für die Nationalsozialisten das Christentum eine Weltanschauung war, „die wohl in der Vergangenheit Verdienste für das deutsche Volk gehabt habe, an deren Stelle aber für jetzt und für die Zukunft das deutsche Rasse- und Nationalbewußtsein treten werde."[107] Im Winter 1935/36 hielt er dann auch die Zeit für gekommen, mit den Protesten an die Öffentlichkeit zu gehen.[108] Galen formulierte einen Hirtenbriefentwurf, in dem er seine Gedanken der Denkschrift an Hitler wieder aufgriff und diese den Gläubigen von der Kanzel herab mitteilen wollte. Dieser Vorschlag fand jedoch nicht die Unterstützung der anderen Bischöfe.[109]

Galen gehörte zu den fünf Kardinälen und Bischöfen, die im Januar 1937 zu Papst Pius XI. nach Rom fuhren und die später in deutscher Sprache erscheinende Enzyklika „Mit brennender Sorge" vorbereiteten. Knapp die Hälfte aller Sonderdrucke wurden im Bistum Münster verbreitet. Auf der Bischofskonferenz 1937 schlugen die Bischöfe Galen und Preysing einen gemeinsamen Hirtenbrief vor, der die Gedanken der päpstlichen Enzyklika vertiefen sollte, nachdem die Sonderdrucke beschlagnahmt worden waren. Jedoch stimmte nur eine Minderheit der Bischöfe diesem Vorschlag zu. Ein Jahr später lagen der Bischofskonferenz zwei Hirtenbriefentwürfe vor, wovon der eine den Rassismus behandelt. Dieser Hirtenbrief wurde jedoch lediglich als Richtlinie an den Klerus verteilt.

Auch in den folgenden Jahren hörte Galen nicht auf, die christlichen Grundwahrheiten herauszustellen, die „für alle Menschen gleich" seien und „über die Grenzen der Völker und Rassen" hinaus gälten, und er forderte seine Gläubigen auf, mehr Nächstenliebe zu zeigen.[110] Der Einsatz für die Menschenrechte: Freiheit, Leben, Eigentum und Ehre wurde das dominierende Anliegen Galens in den Jahren nach dem Erscheinen der Enzyklika.

Galens Haltung gegenüber den Juden – Versuch einer Wertung

Die christliche Forderung der Nächstenliebe leitete den Bischof von Münster am Morgen nach der ‚Reichskristallnacht', als er sich nach dem Schicksal des Rabbiners Dr. Steinthal erkundigte und seine Hilfe anbot.[111] Mitgefühl und Sorge galten der Person des Rabbiners und seiner Frau. Als Pfarrer von St. Lamberti hatte Galen Dr. Steinthal kennengelernt, als beide an den Sitzungen des städtischen Ausschusses für Sozialarbeit der Stadt Münster teilnahmen. Sie respektierten und schätzten sich. Darüber hinaus bestanden jedoch keine persönlichen oder gesellschaftlichen Kontakte. Galens Verhalten dokumentiert menschliche Anteilnahme zu einer Zeit, als diese bereits Mut und Zivilcourage erforderte. So ist sein Handeln nicht selbstverständlich und trägt in gewisser Weise auch demonstrativen Charakter, wenn er auch nicht öffentlich Stellung nahm. Nach übereinstimmenden Aussagen der Zeitzeugen Holling und Warnecke versuchten jüdische Bürger aus Münster, Galen zu einem Protest zu bewegen. Sie erhofften Unterstützung und Hilfe von einer kirchlichen Autorität, die mutig in deutlicher und unmißverständlicher Sprache die rassistischen Irrlehren der Nationalsozialisten verurteilt hatte. Doch der Bischof protestierte nicht öffentlich, denn er befürchtete, daß ein offenes Wort zu dem Terror schlimme Racheakte der Nationalsozialisten zur Folge haben würde. Wie realistisch Galens Einschätzung war, zeigte der öffentliche Kanzelprotest des Utrechter Erzbischofs de Jong vom 26. Juli 1942 gegen die Deportation jüdischer Mitbürger, denn wenige Tage später wurden als Racheakt ausschließlich „katholische Nichtarier" aus Holland verschleppt.[112]

Durch die Angaben Warneckes haben die von Bierbaum gemachten Angaben, die Herzig noch als „gutgemeinten Rechtfertigungsversuch" ansah[113], ihre Bestätigung gefunden, wenn auch nicht der von Bierbaum berichtete Zeitpunkt. Steinthals Darstellung der Pogromnacht in Münster enthält keine Angaben über eine dem Bischof vorgetragene Bitte um öffentliche Hilfe; wohl aber beschreibt Steinthal Galens Anteilnahme an seinem Schicksal, ein vom Bischof angeordnetes Gebet und die Hilfen christlicher Mitbürger.[114] Bemerkenswert ist, daß Galen sich in der Zeit vom 9. bis 14. November 1938 auf Firmungsreise im Dekanat Oberhausen-Sterkrade befand.[115] Am 9. November hielt er sich in Sterkrade auf, wo er Auseinandersetzungen mit der Polizei hatte.[116] Der Bischof muß sich also von Sterkrade aus telefonisch nach den Vorkommnissen in Münster erkundigt und auf diesem Wege auch Herrn Kluge beauftragt haben, sich nach dem Schicksal des Rabbiners zu erkundigen und Hilfe anzubieten.

Eine Anordnung Galens, in den Kirchen der Stadt Münster oder in allen Kirchen des Bistums am Sonntag nach der Pogromnacht zu beten, gilt nach dem bisherigen Forschungsstand als ungesichert.[117] Die Mahnung des Papstes zu einer gewissen Zurückhaltung gegenüber dem Nazi-Regime nach der Enzyklika „Mit brennender Sorge" könnte ein weiterer Grund für das Schweigen im Jahre 1938 sein, nicht jedoch für sein Schweigen zu den Deportationen in den Jahren 1941 oder 1944, denn seit dem Sommer 1941 fühlte sich Galen nicht mehr an diese Mahnung gebunden. Sein Gewissen zwang ihn, mit seinem Protest an die Öffentlichkeit zu gehen (Euthanasiepredigten). Wenn Galen sich nicht öffentlich für die Juden einsetzte, so ist diese Haltung im Kontext des damaligen Verständnisses von den Aufgaben der Kirche zu interpretieren, die sich aus rechtlichen Gründen, aber auch von ihrem Selbstverständnis her, für ihr Kirchenvolk öffentlich engagierte, jedoch nicht unbedingt in gleicher Weise für Nichtchristen. Allerdings hat Galen seine Entscheidung, 1938 nicht für die Juden auf die Kanzel gegangen zu sein, später für falsch gehalten und bereut. Bierbaum berichtet von einem Gespräch des Bischofs mit Generalvikar Meis vom Oktober 1944, in dem Galen zum Ausdruck gebracht habe, er trage schwer daran, nach dem Brand der Synagoge nicht sofort und öffentlich protestiert zu haben.[118]

Im schulischen Bereich hielt Galen – wie der gesamte Klerus – an den alttestamentlichen Unterrichtsinhalten fest. Er protestierte gegen Versuche, nationalsozialistisches Gedankengut in die Darstellung der biblisch-jüdischen Geschichte einfließen zu lassen. Da das biblisch-jüdische Volk im Unterricht menschlich dargestellt wurde und die bedeutenden Persönlichkeiten des Neuen Testaments (Maria, die Apostel) gläubige Juden waren, wurde dem rassistischen Judenhaß der Nationalsozialisten dadurch entgegengewirkt. Im August 1945 schilderte Galen einem deutsch sprechenden katholischen Offizier der britischen Armee, wie schwer es in der Zeit der NS-Herrschaft gewesen sei, den Kindern, denen in starkem Maße Vorurteile gegen die Juden eingeimpft worden seien, in korrekter Weise die biblisch-jüdische Geschichte beizubringen. Deshalb hielt er auch eine Umerziehung dieser unter dem NS-Regime aufgewachsenen Kinder für äußerst schwierig.[119] Diese Äußerung zeigt, wie stark Galen die judenfeindliche Wirkung der nationalsozialistischen Erziehung einschätzte.

In seinen Hirtenbriefen und Predigten unterschied Galen zwischen den Juden des Alten Testaments und denen des Neuen Testaments. Die Charakterisierung der Juden, die nach dem Erscheinen des Erlösers am Judentum festhielten, als „verblendet" und „entartet" entsprach der herkömmlichen Haltung zu den alttestamentlichen Juden. Es ist sicher nicht gerechtfertigt, den seltenen Gebrauch eines solchen Vokabulars als Beweis für antisemitische Vorurteile Galens zu nehmen, wie Rahner/Riese dies tun.[120] Er zeigt aber eine gewisse Unüberlegtheit bei der Wortwahl angesichts der negativen Bedeutung des Begriffs ‚entartet' in der NS-Zeit. Darüber hinaus konnte die traditionelle katholische Auffassung, wie sie auch Galen vertrat, zu einer antijüdischen Voreingenommenheit führen und damit eine Distanz zu jüdischen Bürgern aufrechterhalten, die religiös, aber nicht rassisch begründet war. Sicherlich forderte Galen seine Gläubigen immer wieder auf, ihren Nächsten zu lieben über die Grenzen und Rassen der Völker hinweg, ohne Ausnahme. Persönlich half er bedrängten Juden durch finanzielle Mittel oder durch die Ausstellung eines Taufscheins. Lothar Groppe berichtet, daß er 1982 in Berlin eine Jüdin getroffen habe, „die 1938 vom Bischof von Münster ... einen Taufschein erhalten hatte, mit dem sie auswandern konnte."[121] Aber öffentlich blieb er bei allgemeinen Formulierungen, bezog sie nicht ausdrücklich auf die Juden und erwähnte auch nicht das Los der jüdischen Christen, die doch vollwertige Mitglieder der katholischen Kirche waren.

Galen und die konvertierten Juden

Das einzige Dokument, das belegt, daß Galen mit dem Problem der konvertierten Juden konfrontiert wurde, datiert vom 26. September 1944: In einem Schreiben an von Galen bittet Prof. Dr. Neuß diesen, sich für die getauften Juden einzusetzen, die seit 1944 ebenfalls verhaftet und in ein Lager bei Müngersdorf gebracht wurden.[122] Seelsorgliche Betreuung war nicht gestattet, da es sich für die Insassen nur um einen kurzen Übergangsaufenthalt handelte. Nicht Transportfähige, Alte und Kranke, wurden direkt nach Theresienstadt deportiert. Die Internierten fühlten sich von der Kirche im Stich gelassen. Neuß schreibt: „... daß hier eine Seelsorgepflicht und eine katholische und christliche Not vorliegt, so dringend, wie keine andere zur Zeit, da für jeden sonst noch so schwer Betroffenen wenigstens eine Hilfsstelle da ist, das scheint mir unzweifelhaft zu sein. ... vielleicht gibt es doch noch einen Weg, auch diesen Armen zu helfen."[123]

Es gibt Gründe, warum sich Prof. Neuß an Bischof Galen wandte, obwohl dieser nicht für die Diözese Köln oder das Rheinland zuständig war. Galen und Neuß kannten sich persönlich. Als 1934 der Kölner Kardinal Schulte im letzten Augenblick seine Zustimmung zurückgezogen hatte, ein Vorwort zur erwähnten Kritik an Rosenbergs „Mythus" zu verfassen, hat Neuß den Bischof von Münster darum gebeten. Dieser stimmte spontan zu und empfahl in dem Vorwort den Gläubigen diese Studie.[124] Galen gehörte zu den Bischöfen im Episkopat, die die Eingabenpolitik Bertrams gegenüber dem totalitären Staat für unwirksam hielten und mehrfach öffentlich protestierten. Neuß hielt ein solches Vorgehen in diesem Fall für den richtigen Weg, zumal die Deportationen katholischer Nichtarier und Halbarier im ganzen Reich durchgeführt wurden.

Wenn auch in diesem Falle ein öffentlicher Protest mit Rücksicht auf die noch etwa 150 000 getauften Juden in Deutschland ausblieb, so erfolgte doch bereits eine Woche später eine Reaktion des Bischofs. Am 3. Oktober 1944 wies Galen in einem Rundschreiben alle Geistlichen in seiner Diözese an, über das Schicksal der getauften Juden und über die Möglichkeit ihrer seelsorglichen Betreuung zu berichten. Leider ist das Ergebnis der Umfrage unbekannt, da weder im Bistumsarchiv noch in einzelnen Pfarrarchiven entsprechende Aktenunterlagen vorhanden sind.[125]

Die Juden und Galen

Galens vorbehaltloses Eintreten für das Recht auf Leben kam indirekt auch den Juden zugute, insofern als manchem gläubigen Zeitgenossen möglicherweise die Augen für das Leid der Juden geöffnet wurden und er sich zur Hilfe veranlaßt sah. Wie groß die Erwartungshaltung jüdischer Mitbürger war, zeigt der bereits erwähnte anonyme Brief vom September 1941. Dessen Verfasser kannte Galens Schreiben an den Chef der Reichskanzlei, Lammers, in dem der Bischof gegen die Vertreibung der Ordensleute protestiert hatte.[126] „Man ist heute leider kaum noch daran gewöhnt, daß Menschen den Mut aufbringen, für das Recht einzutreten! ... Nur der aberwitzige Wunsch, die irre Hoffnung, daß uns irgendwo ein Helfer ersteht, treibt mich zu diesem Brief. Gott segne Sie!"[127] Dieser Brief beweist, daß Bischof Clemens August für diesen jüdischen Bürger die letzte Hoffnung war. Verständlich wird das, wenn man bedenkt, daß der Bischof im August 1941 in seiner berühmten Euthanasiepredigt den Massenmord an Geisteskranken direkt und unverblümt beim Namen genannt und von der Kanzel herab verurteilt hatte. Zahlreiche Menschen, unter ihnen auch Juden, vervielfältigten die Predigten Galens vom Sommer 1941 und gaben sie heimlich weiter. Die Staatspolizeistelle Leipzig verhaftete im Winter 1941/42 mehrere Juden wegen „Verbreitung der Hetzschrift ,Schriftverkehr des Bischofs von Münster mit Herrn Reichsminister Dr. Lammers'"[128]. Auch in Dresden kam es während dieser Zeit zur Verhaftung mehrerer Juden, die „einen Hirtenbrief des Bischofs von Münster ... untereinander ausgetauscht" hatten.[129]

Die ungeheure Wirkung dieser Predigt könnte den Verfasser zu diesem Schritt bewogen haben. Es ist nicht bekannt, ob Galen auf diesen Brief reagiert hat, obwohl die Diskriminierung jüdischer Mitbürger durch die Nationalsozialisten zu diesem Zeitpunkt in aller Öffentlichkeit geschah. Weder in seinen folgenden Predigten noch im Schriftverkehr ging der Bischof auf das Schicksal der Juden ein. Aber in seinem Hirtenbrief vom März 1942 gebrauchte er die Formulierung, daß die Menschenrechte „des Blutsfremden" mißachtet würden.[130] Die im Brief bereits erwähnten Deportationen begannen in Münster kurz danach. Unter Geheimhaltung wurden im Dezember 1941 die ersten Juden deportiert. Inwieweit der Bischof davon Kenntnis hatte, ist unbekannt. Die Protokolle der Bischofskonferenz von 1942 belegen, daß der Episkopat spätestens zu diesem Zeitpunkt über das Schicksal der deportierten Juden informiert war.[131]

Die Juden in Münster und Umgebung fühlten „sich in den Jahren ihres Leidens und Martyriums durch die Haltung des Bischofs und der durch ihn beeinflußten Menschen seelisch gestärkt"[132]. Mit dieser Einschätzung steht der Rabbiner Dr. Steinthal auf jüdischer Seite nicht allein. Sie kommt auch zum Ausdruck in den Kondolenzschreiben zum Tode des Kardinals am 22. März 1946. Dr. Auerbach, der Vorsitzende des Landesverbandes der jüdischen Gemeinden der Nord-Rheinprovinz bezeichnet den Kardinal als einen „der wenigen pflichtbewußten Männer, der den Kampf gegen den Rassenwahn in schwerster Zeit geführt hat."[133] Der Vorsitzende der Synagogengemeinde Köln nennt den Verstorbenen einen „mutigen Kämpfer für die Menschlichkeit"[134]. Aus diesen Würdigungen, kurz nach dem Ende der Greueltaten, spricht ehrliche Anteilnahme und Trauer der überlebenden Juden. In einem 1960 verfaßten Brief des Rabbiners Dr. Steinthal: „Dankbar gedenken möchte ich ... des Mannes, der in jener Zeit des Leides wahre Menschlichkeit bewahrt ... hat ... (Ihm und seiner Familie habe) dieser große

Mensch seine freundschaftliche Gesinnung erhalten und bewiesen und durch seine Mahnung und sein unerschrockenes Beispiel segensreich gewirkt."[135] Ihre tiefe Dankbarkeit für das Eintreten Galens für die verfolgten Juden zeigte eine Jüdin aus Israel, die früher in Deutschland gelebt hatte und vor dem Krieg ausgewandert war. Sie ließ dem Domkapitel in Münster Erde aus Nazareth überreichen für das Grab des Bischofs Clemens August.[136]

Zusammenfassung

Die katholische Kirche lehnte den rassistischen Antisemitismus der Nationalsozialisten als einen Verstoß gegen das Naturrecht und das Gebot der Nächstenliebe entschieden ab. Der gesamte Episkopat erkannte frühzeitig die Gefahr, die von Hitler und der NS-Ideologie ausging, und reagierte bis 1933 mit Warnungen und Verboten. Aufgrund der Versprechungen Hitlers in seiner Regierungserklärung vom 23. März 1933, das Christentum zu achten und als Basis der Moral anzuerkennen, hoben die Bischöfe zwar die Verbote auf, verurteilten aber weiterhin ausdrücklich die NS-Rassenideologie.

Der Episkopat beschränkte sich – wie im Reichskonkordat festgelegt – zunächst auf sein Aufgabengebiet. Zum Judenboykott und zur beginnenden Ausschaltung der Juden aus dem Wirtschafts- und Gesellschaftsleben schwiegen die Bischöfe, obwohl Gläubige immer wieder ein offenes Wort forderten. Der Episkopat befürchtete, die Regierung könne der Kirche die Zuständigkeit absprechen, für die Juden einzutreten, ihr somit Vertragsbruch vorwerfen und dies zum Anlaß nehmen, gegen sie vorzugehen. Für die Bischöfe gab es wichtigere Gegenwartsfragen als die Situation der Juden in Deutschland; damals war auch noch anzunehmen, daß die Juden sich selbst helfen könnten. Die caritative Hilfe der Bischöfe galt daher zunächst den betroffenen katholisch getauften Juden.

Stärker als die anderen deutschen Bischöfe hat Galen von Anfang an die rassistische, inhumane Ideologie der Nationalsozialisten verurteilt und bekämpft. In zahlreichen Hirtenbriefen und Predigten setzte er sich mit Rosenbergs Neuheidentum auseinander. Mutig und unerschrocken tat er das, was er aus seelsorglicher Sicht für richtig hielt. Als Rosenberg ihm öffentlich Anstiftung der Gläubigen zu Unruhen vorwarf, scheute er nicht davor zurück, auf diese Vorwürfe ebenfalls in der Öffentlichkeit bei der Großen Prozession zu reagieren, wohl wissend, welches Risiko für seine eigene Person damit verbunden war. Mehrfach versuchte Galen – wenn auch ohne Erfolg – die deutschen Bischöfe zu einem gemeinsamen öffentlichen Protest zu bewegen, denn er erkannte schon früh die Unwirksamkeit der bischöflichen Eingabenpolitik und die Furcht der Nationalsozialisten vor Öffentlichkeit und Massenreaktionen. Aufgrund seiner Herkunft fühlte er sich jedoch in die kirchliche Hierarchie eingebunden und ordnete sich unter. Erst ein unerhörter Gewissensdruck ließ ihn im Jahr 1941 im Alleingang gegen den Mord an Kranken und Behinderten und gegen den Klosterraub öffentlich von der Kanzel herab protestieren.

Zum Terror der Reichspogromnacht 1938 schwieg der deutsche Episkopat, und als er im Oktober 1941 von den Deportationen und im Frühjahr von der systematischen Ermordung der Juden erfuhr, beließ er es bei schriftlichen Eingaben und mehreren Interventionen zugunsten der verfolgten Juden. Der Kampf gegen die katholische Kirche war schärfer geworden, und die Sorge um die Priester und

Gläubigen und die Furcht vor einer Verfolgung ungeahnten Ausmaßes mag den Episkopat bewogen haben, an seiner Politik festzuhalten. Die Bischöfe intensivierten aber die caritativen Hilfeleistungen und verhalfen vielen Juden zur Auswanderung.

Bemerkenswert ist, daß Bischof Clemens August am Tag nach der Reichspogromnacht menschliche Anteilnahme am Schicksal des Rabbiners von Münster zeigte und seine Hilfe angeboten hat. Gegen die Ausrottungspolitik der Nationalsozialisten gegenüber den Juden hat er nicht öffentlich protestiert. Nach Aussagen mehrerer Zeitzeugen befürchtete er, ein offenes Wort zu dem Terror könne Racheakte gegen die jüdische Bevölkerung zur Folge haben und deren Lage verschlimmern, was in einem anderen Fall in Holland tatsächlich eingetreten ist.

In den Predigten und Hirtenbriefen forderten die deutschen Bischöfe ihre Gläubigen eindringlich auf, an den Grundwahrheiten festzuhalten und Nächstenliebe zu üben. Sie beschrieben immer deutlicher die Menschenrechtsverletzungen in Deutschland und in den Kriegsgebieten. Sie mahnten: „Du sollst nicht töten" und forderten das Lebensrecht für alle Menschen. So versuchten sie, die Christen gegen die Rassenideologie der Nationalsozialisten zu immunisieren, ohne dabei das Wort „Jude" oder „Nichtarier" ausdrücklich zu erwähnen. Galen gehörte zu der Minderheit der Bischöfe, die im März 1942 in einem Hirtenbrief die Mißachtung der Rechte der Juden zur Sprache bringen wollten. Es spricht einiges dafür, daß Galen diesen Passus bei der Verlesung des Hirtenbriefes auch wirklich benutzt hat. Galen sprach von „Blutsfremden". Den eindeutigeren Begriff „Jude" mochte er offenbar in diesem Zusammenhang nicht verwenden. Ihn gebrauchte Galen lediglich, wenn er aus dem Alten Testament zitierte.

Die Bischöfe hielten von Anfang an am Alten Testament fest. Auch Galen hat diese Treue mehrfach demonstriert, indem er das Alte Testament als unveräußerlichen Bestandteil der Bibel verteidigte. Die menschliche Darstellung des biblisch-jüdischen Volkes wirkte dem rassistischen Judenhaß entgegen, aber die traditionelle katholische Auffassung der Heilsgeschichte hielt eine gewisse Voreingenommenheit gegenüber den Juden aufrecht. In den katholischen Gotteshäusern gab es keine Sonderbehandlung der getauften Juden. Sie konnten auch dann weiterhin an den Gottesdiensten teilnehmen, als sie gezwungen waren, den Judenstern zu tragen.

Die Bischöfe hatten mehr Informationen und Möglichkeiten zur Einflußnahme als die Priester und Gläubigen. Sie trugen aber Verantwortung, nicht nur für sich, sondern für alle Mitglieder der Kirche. Auch wenn sie persönlich durch ihr öffentliches Amt und den Rückhalt in der Bevölkerung verhältnismäßig geschützt waren, so hielten sie sich mit öffentlichen Äußerungen und Anklagen zurück, um die Priester und Gläubigen nicht durch Racheakte der Nationalsozialisten zu gefährden.

Aber auch durch ihre eindringlichen Appelle, an Gottes Geboten festzuhalten und Gott mehr zu gehorchen als den Menschen, ermutigten die Bischöfe viele katholische Gläubige, den bedrängten Juden zu helfen.

Anmerkungen

1 Peter Löffler (Bearb.): Bischof Clemens August Graf von Galen. Akten, Briefe und Predigten 1933-1946, 2 Bde. (im weiteren Löffler I und II), Mainz 1988, S. 586.
2 Bei der Benutzung der Sekundärliteratur zu diesem Thema fällt auf, daß die Quellenangaben erhebliche Mängel aufweisen. Sie stimmen nicht immer mit dem Originaltext überein oder sind aus dem Zusammenhang gerissen, z.B. bei Georg Denzler/Volker Fabricius: Kirchen im Dritten Reich. Christen und Juden Hand in Hand?, Bd. 1, Wiesbaden 1984.
3 Vgl. Eberhard Jäckel: Hitlers Weltanschauung. Entwurf einer Herrschaft, erweiterte und überarbeitete Neuausgabe, Stuttgart 1986, S. 55ff.
4 Zit. nach ebd., S. 56.
5 Vgl. ebd., S. 56f.
6 Vgl. Burkhard van Schewick: Katholische Kirche und nationalsozialistische Rassenpolitik. In: Klaus Gotto/Konrad Repgen (Hrsg.): Die Katholiken und das Dritte Reich, 3., erweiterte und überarbeitete Auflage, Mainz 1990, S. 152f.
7 Hans Müller: Katholische Kirche und Nationalsozialismus. Dokumente 1930-1935, München 1963, S. 14.
8 Kundgebung Bertrams, 31.12.1930. In: Bernhard Stasiewski (Bearb.): Akten deutscher Bischöfe über die Lage der Kirche 1933-1945, Bd. I: 1933-1934 (im weiteren Stasiewski I), Mainz 1968, S. 800, 803.
9 Vgl. Ludwig Volk (Bearb.): Akten Kardinal Michael von Faulhabers 1917-1945, Bd. I: 1917-1934 (im weiteren Faulhaber I), Mainz 1975, S. 541f.
10 Stasiewski I, S. 832.
11 Protokoll der Fuldaer Bischofskonferenz betr. Stellungnahme zur NSDAP, 17.8.1932. Ebd., S. 843f.
12 Eine Stellungnahme der Bischöfe der Kölner Kirchenprovinz erfolgte am 5.3.1931; die Bischöfe der Paderborner Kirchenprovinz reagieren am 10.3.1931 und die Bischöfe der oberrheinischen Kirchenprovinz am 19.3.1931.
13 Stasiewski I, S. 31.
14 Ebd., S. 31, Anm. 1.
15 Vgl. ebd., S. 42, Anm. 3.
16 Vgl. ebd.
17 Zit. nach van Schewick (wie Anm. 5), S. 156.
18 Faulhaber I, S. 701.
19 Ebd., S. 705.
20 Vgl. Reichsgesetzblatt 1933 I, S. 175.
21 Stasiewski I, S. 51.
22 Ebd., S. 57.
23 Faulhaber I, S. 717.
24 Ludwig Volk (Bearb.): Kirchliche Akten über die Reichskonkordatsverhandlungen 1933, Mainz 1969, S. 241.
25 Vgl. Alfons Kupper (Bearb.): Staatliche Akten über die Reichskonkordatsverhandlungen 1933, Mainz 1969, S. 412.
26 Zit. nach Johann Neuhäusler: Kreuz und Hakenkreuz. Der Kampf des Nationalsozialismus gegen die katholische Kirche und der kirchliche Widerstand, 2. Teil, 2. Auflage. München 1946, S. 381.
27 Vgl. Denzler/Fabricius (wie Anm. 1), S. 143.
28 Zit. nach Guenter Lewy: Die katholische Kirche und das Dritte Reich, München 1965, S. 300.
29 Lewy (wie Anm. 28), S. 302.
30 Vgl. ebd.
31 Bernhard Stasiewski (Bearb.): Akten deutscher Bischöfe über die Lage der Kirche 1933-1945, Bd. II: 1934-1935 (im weiteren Stasiewski II), Mainz 1976, S. 334.
32 Ebd., S. 333f.
33 Vgl. Heinz-Albert Raem: Pius XI. und der Nationalsozialismus. Die Enzyklika „Mit brennender Sorge" vom 14. März 1937, Paderborn/München/Wien/Zürich 1979; Maria Anna Zumholz: Clemens August Graf von Galen und der deutsche Episkopat 1933 bis 1945. Zur Strategie eines Kampfes in der Fuldaer Bischofkonferenz, in diesem Band.
34 Enzyklika „Mit brennender Sorge", zit. nach Dieter Albrecht (Bearb.): Der Notenwechsel zwischen dem Heiligen Stuhl und der deutschen Reichsregierung 1933-1945, Bd. I: Von der Ratifizierung des Reichskonkordats bis zur Enzyklika „Mit brennender Sorge", Mainz 1965, S. 404ff.

35 Lothar Groppe: Der Kirchenkampf im Dritten Reich. Kirche und Juden im Dritten Reich. Sonderbeilage zu Heft 1 „ibw-Journal", Januar 1983, S. 22.
36 Vgl. ebd., S. 22f.
37 Ludwig Volk (Bearb.): Akten deutscher Bischöfe über die Lage der Kirche 1933-1945, Bd. IV: 1936-1939 (im weiteren Volk IV), Mainz 1981, S. 564.
38 Zit. nach Heinz Mussinghoff: Rassenwahn in Münster. Der Judenpogrom 1938 und Bischof Clemens August Graf von Galen, Münster 1989, S. 76.
39 Lewy (wie Anm. 28), S. 311.
40 Vgl. Georg May: Kirchenkampf oder Katholikenverfolgung? Ein Beitrag zu dem gegenseitigen Verhältnis von Nationalsozialismus und christlichen Bekenntnissen, Stein am Rhein 1991, S. 491.
41 Zit. nach Lewy (wie Anm. 28), S. 311.
42 Schwester M. Birgitta Morthorst: Ernst Henn. Unveröffentlichtes Manuskript, Cloppenburg 1991.
43 Vgl. Joachim Kuropka: Vom Antisemitismus zum Holocaust. Zu Vorgeschichte und Folgen des 9. November 1938 unter Berücksichtigung der Stadt Münster. In: Westfälische Zeitschrift 140 (1990), S. 202.
44 Der St. Raphaels-Verein war 1871 zur Unterstützung katholischer deutscher Auswanderer gegründet worden und verfügte neben dem Generalsekretariat in Hamburg im Jahr 1933 über zwei Zweigstellen in Bremen und Freiburg und über 70 Beratungsstellen. Vgl. van Schewick (wie Anm. 5), S. 160.
45 Ebd., S. 161.
46 Vgl. ebd.
47 Protokoll der Gründungssitzung des Hilfsausschusses für katholische Nichtarier, 22.3.1935. In: Stasiewski II, S. 132.
48 Vgl. van Schewick (wie Anm. 5), S. 162.
49 Vgl. Groppe (wie Anm. 34), S. 26f.
50 Bertram an den deutschen Episkopat, 23.10.1939. In: Volk IV, S. 738.
51 Z. B.: „Ihr alle, die ihr auf Christus getauft seid, habt Christus angezogen, jetzt gilt nicht mehr Jude und Grieche, Sklave und Freier, Mann und Weib: ihr alle seid einer in Christus Jesus." (Gal. 3,27f.)
52 Ludwig Volk (Bearb.): Akten deutscher Bischöfe über die Lage der Kirche 1933-1945, Bd. V: 1940-1942 (im weiteren Volk V), Mainz 1983, S. 556.
53 Vgl. Ludwig Volk (Bearb.): Akten Kardinal Michael von Faulhabers 1917-1945, Bd. II: 1935-1945 (im weiteren Faulhaber II), Mainz 1978, S. 845.
54 Ebd., S. 824.
55 Volk V, S. 675ff.
56 Vgl. Ludwig Volk (Bearb.): Akten deutscher Bischöfe über die Lage der Kirche 1933-1945,Bd. VI: 1943-1945 (im weiteren Volk VI), Mainz 1985, S. 210ff.
57 Hirtenwort des deutschen Episkopats, 22.3.1942. In: Volk V, S. 703.
58 Volk VI, S. 201.
59 Vgl. van Schewick (wie Anm. 5), S. 167f.
60 Vgl. Volk V, S. 938.
61 Volk V, S. 944f.
62 Angesichts der Verschärfung des Kirchenkampfes, des Bruchs des Konkordats, der Verbote, Verhaftungen und Morde war Graf Preysing schon 1937 zu der Überzeugung gelangt, daß die von Kardinal Bertram praktizierte Politik der Eingaben, vorsichtigen Proteste und unergiebigen Verhandlungen nicht mehr ausreiche. Die Mehrheit der Bischofskonferenz lehnte jedoch den von Preysing verlangten harten Kurs ab. Ob ein ‚Konfrontationskurs' besser gewesen wäre als die ‚Anpassungspolitik' Bertrams, ist aus heutiger Sicht schwer zu beurteilen. Vgl. Hans-Georg Aschoff: Die katholische Kirche und der Nationalsozialismus (Vorträge im Rahmen einer Arbeitstagung „Geschichte" v. 16.-17.11.1981 in Hildesheim für Lehrkräfte an kirchlichen Schulen des Bistums Hildesheim), S. 11.
63 Walter Adolph: Kardinal Preysing und zwei Diktaturen. Sein Widerstand gegen die totalitäre Macht, Berlin 1971, S. 178.
64 Wilhelm Corsten (Hrsg.): Kölner Aktenstücke zur Lage der katholischen Kirche in Deutschland 1933-1945, Köln 1949, S. 310.
65 Volk VI, S. 938.
66 Ebd., S. 281.
67 Vgl. Bertram an Himmler, Muhs, Lammers und das Reichssicherheitshauptamt, 11.1.1944. Ebd., S. 291ff.

68 Vgl. Bertram an Himmler, Muhs, Lammers, Thierack und das Reichssicherheitshauptamt, 29.1.1944. Ebd., S. 299ff.
69 Corsten (wie Anm. 63), S. 310.
70 Vgl. zum folgenden Max Bierbaum: Nicht Lob, nicht Furcht, Münster ⁷1974, S. 393ff.
71 Vgl. Löffler I, S. LXXIX, Anm. 63.
72 Mussinghoff (wie Anm. 37), S. 7.
73 Ebd., S. 11ff.
74 Ebd., S. 51f.
75 Vgl. Bistumsarchiv Münster (im weiteren BAM), Sammlung Kardinal von Galen, Nr. 27.
76 Wie Anm. 1.
77 Vgl. ebd., S. 910f.
78 Vgl. ebd., S. 1066ff.
79 Vgl. ebd., S. 1070f.
80 Vgl. Mussinghoff (wie Anm. 37), S. 53, Anm. 78.
81 Löffler I, S. LXXIX, Anm. 63.
82 Heribert Gruß: Hat Bischof Clemens August Graf von Galen am Passionssonntag 1942 (22.3.1942) öffentlich für die Nichtarier (Juden) protestiert? Eine Hypothese, aus Bischofakten erhoben und diskutiert. In: Theologie und Glaube, Heft 3, 1991, S. 368ff.
83 Vgl. BAM, NA 0-62.
84 Vgl. Volk V, S. 695, Anm. 10.
85 Vgl. Gruß (wie Anm. 80), S. 377ff.
86 Vgl. ebd.; Volk V, S. 708, Anm. 4; zu Einzelheiten s. Zumholz (wie Anm. 32).
87 Löffler I, S. 47.
88 Vgl. Wilhelm Damberg: Der Kampf um die Schulen in Westfalen 1933-1945, Mainz 1986, S. 87.
89 Vgl. Klemm an v. Galen v. 6.8.1936. In: Löffler I, S. 421.
90 Vgl. ebd., S. 413.
91 Ebd., S. 665, Anm. 2.
92 Ebd., S. 665ff.
93 Ebd., S. 68.
94 Ebd., S. 249.
95 Löffler II, S. 764.
96 Ebd.
97 Vgl. ebd., S. 901ff.
98 Vgl. ebd., S. 944.
99 Vgl. ebd., S. 983f.
100 Vgl. ebd., S. 201ff; S. 227.
101 Vgl. ebd., S. 130ff.
102 Vgl. ebd., S. 133, Anm. 7.
103 Vgl. ebd., S. 206ff.
104 Ebd., S. 221.
105 Zit. nach Kirchliches Amtsblatt für die Diözese Münster, Nr. 15, 18.7.1935.
106 Löffler I, S. 255.
107 Ebd., S. 307.
108 Vgl. v. Galen an Bertram v. 27.12.1935. Ebd., S. 321f.
109 Vgl. ebd., S. 334, Anm. 9.
110 Vgl. Löffler II, S. 964.
111 Vgl. Mussinghoff (wie Anm. 37), S. 50ff.
112 Vgl. Pinchas E. Lapide: Rom und die Juden, Freiburg im Breisgau 1967, S. 170.
113 Arno Herzig: Judentum und Emanzipation in Westfalen, Münster 1973, S. 141.
114 Vgl. Mussinghoff (wie Anm. 37), S. 48 u. S. 26.
115 Vgl. Löffler I, S. XC.
116 Vgl. Auskunft von Herrn Willi Spieckermann, Sterkrade, vom 15.2.1992 an Maria Anna Zumholz; vgl. auch Franz Kloidt: Kirchenkampf am Niederrhein 1933 bis 1945, Xanten o. J. (1965), S. 24; Mussinghoff (wie Anm. 37), S.52.
117 Vgl. Mussinghoff (wie Anm. 37), S. 53.
118 Vgl. Bierbaum (wie Anm. 70), S. 395.
119 Vgl. Public Record Office, London (Hinweis durch Prof. Dr. Kuropka, Vechta).
120 Vgl. Stefan Rahner/Stefan Riese: Der Bischof und das ‚Dritte Reich'. In: Stefan Rahner/Franz-Helmut Richter/Stefan Riese/Dirk Stelter: „Treu deutsch sind wir – wir sind auch treu katholisch" Kardinal von Galen und das Dritte Reich, Münster 1987, S. 43.

121 „Deutsche Tagespost" v. 11.12.1986.
122 Vgl. Löffler II, S. 1066ff.
123 Ebd., S. 1068f.
124 Vgl. Löffler I, S. 130ff.
125 Vgl. Löffler II, S. 1070, Anm. 2 sowie eigene Nachforschungen im Offizialatsarchiv in Vechta.
126 Vgl. ebd., S. 910f.
127 Ebd.
128 Vgl. Institut für Zeitgeschichte, Ma 442/1.
129 Vgl. ebd.
130 Vgl. Löffler II, S. 944.
131 Vgl. z. B. Bericht Sommers v. Februar 1942. In: Volk V, S. 675ff.
132 Zit. nach Mussinghoff (wie Anm. 37), S. 54.
133 Löffler II, S. 1334.
134 Ebd., S. 1335.
135 Zit. nach Mussinghoff (wie Anm. 37), S. 54.
136 Vgl. „Die Glocke" v. 24.10.1958.

Clemens August Kardinal von Galen in der Nachkriegszeit 1945/46

Susanne Leschinski

I. Forschungsstand und Quellenlage

Clemens August Kardinal von Galen verstarb am 22. März 1946 im Alter von 68 Jahren in seiner Bischofsstadt Münster. Bereits zu Lebzeiten zählte Galen zu den populärsten Würdenträgern seiner Zeit. Selbst 46 Jahre nach seinem Tod ist der Name des münsterischen Oberhirten und Seelsorgers – war er auch zeitweise dem öffentlichen Bewußtsein entschwunden – nicht nur innerhalb der katholischen Bevölkerung ein Begriff. Auch in der historischen Forschung ist die Gestalt und das Wirken Bischof Galens intensiv diskutiert worden.[1] Wegen seines mutigen Einsatzes für die Freiheit der katholischen Kirche und für die Unantastbarkeit der Würde und Rechte der Menschen in den zwölf Jahren der nationalsozialistischen Diktatur wurde das Augenmerk der Profan- und Kirchenhistoriker zwangsläufig primär auf die NS-Zeit gelenkt. Für diesen Zeitraum liegen bereits zahlreiche Studien über sein Verhalten gegenüber den nationalsozialistischen Machthabern vor.[2] Dagegen ist der nach dem Zusammenbruch des NS-Regimes beginnende letzte Lebensabschnitt Galens, der den Zeitraum von der Besetzung Sendenhorsts, wo er seit Ende 1944 lebte, bis zu seinem Tod umfaßt, nur unzureichend untersucht worden.

In der bisher publizierten Literatur wird Galens Denken, Handeln und Wollen nach 1945 kaum zusammenhängend dargestellt und nicht selten im Rahmen einer Gesamtwürdigung seines Lebenswerkes in Form einiger Nebensätze abgehandelt. Das exemplarische Herausgreifen zentraler Ereignisse – insbesondere der Telgter Predigt vom 1. Juli 1945 – hat sowohl zu apologetisch-verklärenden als auch polemisch-verzerrten Interpretationen geführt. Weder die Idealisierung Galens zum Volkshelden deutscher Nation[3] noch seine Verunglimpfung als konservativ-reaktionärer Nationalist[4] oder gar als erbitterter „Rachegeist"[5] genügen den Ansprüchen historischer Forschung. Auch über Galens Vorstellungen vom politischen und gesellschaftlichen Aufbau des zukünftigen Deutschland äußert sich die neueste Literatur nur sehr fragmentarisch, obwohl die 1988 erschienene zweibändige Edition der Akten, Briefe und Predigten des Bischofs[6] neue, wertvolle Informationen bietet.

Mit den folgenden Überlegungen wird beabsichtigt, Galens Wirken nach 1945 präziser zu bestimmen. Die Quellengrundlage bildet maßgeblich die oben erwähnte Dokumentation von Peter Löffler. Durch die Heranziehung der beiden – wenn auch veralteten – Galen-Biographien[7], der politischen und kirchlichen Memoirenliteratur, des zeitgenössischen Schrifttums und vor allem neu aufgefundener Quellen erhält die Untersuchung eine zusätzliche Fundierung. Unter Berücksichtigung der Persönlichkeitsstruktur Galens, seines religiösen und politischen Selbstverständnisses sowie seiner zeitlebens gesammelten (kirchen-)politischen Erfahrungen als zentrale Bedingungsfaktoren seines bischöflichen Wirkens sollen sowohl Galens Verhältnis zu den neuen Machthabern im Nachkriegsdeutschland – auf Westfalen bezogen, den Briten – als auch seine idealen Grundforderungen für den Neuaufbau Deutschlands nach 1945 zusammenhängend dargestellt werden. Das Verhalten seiner Amtsbrüder im deutschen Episkopat und Papst Pius' XII. im ersten Nachkriegsjahr soll teilweise zur vergleichenden bzw. vertiefenden Betrachtung herangezogen werden.

II. Leben in Ruinen – Münster 1945

Noch bevor am 7./8. Mai 1945 die Oberkommandierenden der deutschen Wehrmacht die bedingungslose Kapitulation ("unconditional surrender") unterzeichnet hatten, war in Münster der 2. Weltkrieg zu Ende. Bereits am Ostermontag, dem 2. April 1945, besetzten US-amerikanische und britische Panzertruppen und Fallschirmjäger gegen 18.00 Uhr die Provinzialhauptstadt, von wo aus Hitler ursprünglich der Welt seinen Frieden hatte diktieren wollen.[8] Auch wenn der verzweifelte Wunsch nach einem „deutschen Endsieg" die Berichterstattung der deutschen Wehrmacht noch am 4. April 1945 nationalsozialistisch trübte[9], so änderte dies nichts an den Tatsachen – fünf Wochen vor der militärischen Kapitulation Deutschlands begann in Münster die Nachkriegszeit.

Der Krieg hatte in Münster unübersehbare Spuren hinterlassen. Die Zerstörung der historisch gewachsenen Westfalenmetropole infolge zahlreicher, seit 1940 andauernder Luftangriffe war gewaltig.[10] Den Zeitgenossen fiel es sichtlich schwer, die münsterische Ruinenlandschaft mit passenden Worten zu beschreiben. Vergleiche mit der Antike sollten dem Unvorstellbaren Ausdruck verleihen. So kommentierte Major Reg Davis von der 17. US-Airborne Division seine deprimierenden Eindrücke, die er während eines ersten Rundganges durch die völlig zerstörte Innenstadt Münsters gesammelt hatte, mit den Worten: „It looks like Pompeji"[11]. Dagegen riefen die Ruinen von Münster bei Rudolf Amelunxen, dem ersten westfälischen Oberpräsidenten der Nachkriegszeit, düstere Vorstellungen vom Weltuntergang hervor, so daß er das Münster vom Mai 1945 als einen „Schauplatz apokalyptischer Verwüstung"[12] in Erinnerung behielt. Offiziöse Schilderungen von der Zerstörung Münsters lassen sich beispielsweise der „British Zone Review" vom 24. November 1945 entnehmen, die in ihrer Fortsetzungsserie „The Price of War" Münster als dritte deutsche Stadt vorstellte. In dem unter dem Titel „Munster – cultural centre of Westphalia" erschienenen Artikel hieß es u. a.: „Three historic churches, with their shattered steeples and towers rising amid a mass of rubble channelled by rough passages that mark the site of once picturesque streets; two-thirds of the city's buildings either completely destroyed or seriously damaged; ... The Cathedral, which was completed in 1215, and which had weathered the storms of war and siege for eight centuries, is now a ruin."[13]

Die ausgebombte Innenstadt Münsters war nahezu vollständig entvölkert. Anfang Mai 1945 hausten in den Ruinen innerhalb des Promenadenringes nur 19 Menschen, und in der ganzen Stadt lebten noch 23.000 gegenüber 132.000 im Jahre 1939.[14] Die Versorgung mit Lebensmitteln, Wasser, Heizmaterial und Strom funktionierte nur notdürftig, die Verkehrsverbindungen waren katastrophal, und das Post- und Fernmeldewesen war fast völlig lahmgelegt. Nichtsdestotrotz kehrten die Münsteraner unaufhaltsam in ihre Stadt zurück, in der die Sieger das uneingeschränkte Regiment übernahmen.

Die Konstituierung des 307./308. Military Government Detachment als Militärregierung für die Provinz Westfalen vollzog sich am 5. April im Gebäude des ehemaligen Generalkommandos am Neuplatz unter Colonel George A. Ledingham, der bereits Anfang September von Brigadier C.A.H. Chadwick abgelöst wurde.[15] Militärkommandant für den Regierungsbezirk Münster wurde Colonel J. Spottiswoode, und die Stadt Münster gelangte unter das Kommando des Stadtkommandanten Major H. S. Jackson.[16] Mit Hilfe der vorhandenen deutschen Verwaltungsstrukturen, die von den Briten rein pragmatisch und nicht ohne Schwierigkeiten (zu nennen sind v. a. Personalprobleme) wieder in Gang gesetzt wurden, erfolgte die Weitergabe militärischer Instruktionen zur totalen Reglementierung des privaten und öffentlichen Lebens ("indirect rule").[17]

Eine Ausnahme stellten nur die beiden christlichen Kirchen dar, denen es als den einzigen gesellschaftlichen Großinstitutionen gelungen war, die NS-Diktatur ideologisch und organisatorisch relativ unversehrt zu überdauern. Obwohl es während der zwölf Jahre nationalsozialistischer Herrschaft in den „Reihen der Gläubigen" – so bekennt Papst Pius XII. für die katholische Kirche – nicht wenige gab, die „durch Vorurteile verblendet oder durch die Hoffnung auf politische Vorteile verführt"[18] wurden, hielt die katholische Kirche in ihrer Gesamtheit an den Grundlagen ihres Glaubens unerschütterlich fest. In den Augen der Besatzungsmächte hatte sich die katholische Kirche als geistige Gegenmacht zum Nationalsozialismus erfolgreich behauptet und „nicht der Kollaboration mit dem Naziregime schuldig gemacht"[19], so daß sie von den Besatzern als der direkten Militärkontrolle entzogene gesellschaftliche Einrichtung anerkannt wurde – was jedoch einige Einschränkungen des kirchlichen Aktionsraumes[20] sowie die heimliche Überwachung ihrer Aktivitäten[21] nicht ausschloß. Zwar galt offiziell die Anweisung, die Religionsfreiheit zu fördern[22], jedoch resultierte aus der Angst vor einem möglichen Wiederaufleben des nationalsozialistischen Ungeistes in Deutschland selbst gegenüber den Kirchen ein Mißtrauen „angesichts des Unkontrollierbaren ‚what may be said in sermons preached simultaneously in several thousands of churches'"[23]. Die Befürchtung der Briten, die Kirchen könnten als Zentren neonazistischer Bewegungen mißbraucht werden, wurde durch den regen Kirchenbesuch der Deutschen seit Kriegsende noch gesteigert. Trotzdem besaß die katholische Kirche im Vergleich zu anderen Organisationen 1945 eine günstige Ausgangsposition, die ihren Angehörigen – so auch Bischof Galen – die Möglichkeit der Beratung in kommunalpolitischen Fragen sowie gezielter personalpolitischer Einflußnahme bei den Militärbehörden einräumte.[24]

III. Kooperation und Konfrontation – Bischof Galen und die britische Besatzungsmacht

Bischof Galen erlebte das Kriegsende in der 22 Kilometer südöstlich von Münster gelegenen Stadt Sendenhorst, wohin er vor den massiven Bombenangriffen auf Münster ausgewichen war. Nach der Zerstörung des bischöflichen Palais' im Inferno des Bombenangriffes vom 10. Oktober 1943 hatte er zunächst im benachbarten Priesterseminar Zuflucht gefunden. Der andauernde Bombenkrieg zwang ihn schließlich im Herbst 1944, Münster zu verlassen und den Bischofssitz provisorisch nach Sendenhorst ins St. Josephstift zu verlegen.[25] Dort beobachtete er am 31. März 1945 (Karsamstag, gegen 14.00 Uhr) – an seinem Fenster im St. Josephstift stehend – den Einmarsch US-amerikanischer Truppen.

Der „Anblick der durchziehenden Truppen unserer Kriegsgegner hier in unserer Heimat" – so erklärte Galen am darauffolgenden Tag im Hochamt in der

Sendenhorster Pfarrkirche vor der Gemeinde – sei für ihn sowie für jeden Deutschen „ein erschütterndes Erlebnis"[26] gewesen. Nicht die Freude über die erstrebte Befreiung der Deutschen von der nationalsozialistischen Diktatur, sondern die Enttäuschung über die „gar schmerzlichen Umstände(n)", unter denen „Gott es gefügt (hat), daß der Kampf gegen Christus, den Gekreuzigten, der grausam weiterging bis zum Zusammenbruch der Partei, beendet"[27] wurde, bestimmten Galens unmittelbare Reaktion auf das Kriegsende und die sich nahtlos anschließende Besetzung. Galen hatte – zwar nicht mit Waffen, jedoch ebenfalls unter Einsatz seines Lebens – gegen den Nationalsozialismus gekämpft, jedoch „niemals eine militärische Niederlage Deutschlands gewünscht"[28]. Wenngleich sich Galen bewußt war, daß der deutsche Sieg primär ein nationalsozialistischer sein würde und „einen Frieden der Gerechtigkeit und Freiheit" nicht garantierte, so hielt er dennoch an seinem Wunsch, „daß die Heimatfront stark bleibe"[29], konsequent fest. Folglich galt seine moralisch-geistliche Unterstützung uneingeschränkt den für das ‚deutsche Vaterland' kämpfenden Truppen. Noch am 6. April 1945 erklärte er in seinem ersten Interview gegenüber der anglo-amerikanischen Presse, „dass, obwohl er und andere gebildete Deutsche Antinazis sein könnten, sie trotzdem ‚treu gesinnt sein müssten gegenüber dem Vaterland' und sie daher die ‚Alliierten als Feinde betrachten müssten'"[30]. Um den deutschen Soldaten nicht „in den Rücken zu fallen", fügte er ausdrücklich hinzu, wolle er „fürderhin über Politik nicht sprechen, solange als der Krieg andauere"[31]. In diesem Sinne, aber auch um sich selbst nicht zu gefährden[32], hatte er bereits am 1. April in seiner Sendenhorster Predigt die – wahrscheinlich von ausländischen Pressevertretern verbreitete – Behauptung, er sei „mit den durchziehenden Truppen in Verbindung getreten und habe Verhandlungen mit ihnen angeknüpft" als „Lüge und Verleumdung"[33] zurückgewiesen.

Galens anfängliche Zurückhaltung gegenüber der von ihm als „Obrigkeit"[34] anerkannten britischen Besatzungsmacht wurde von den Briten keineswegs erwidert. Für die Wiederingangsetzung deutscher Verwaltungs- und Regierungsinstanzen zur indirekten Ausübung der Besatzungsherrschaft mußten geeignete Personen „with adequate educational background, practical experience and freedom from Nazi contamination"[35] gefunden werden, die bereit waren, als ‚Befehlsempfänger der britischen Krone' zu arbeiten.[36] So hatte das Militär vom SHAEF (Psychological Warfare Division) die Anweisung erhalten, mit den in der „White List of persons in Germany believed to be Anti-Nazi or Non-Nazi"[37] aufgeführten Personen unverzüglich Kontakt aufzunehmen. In dieser ca. 1500 Personen umfassenden Liste nahm Galen, der sich mit seinen 1941 gehaltenen Kampfpredigten gegen die Tötung Geisteskranker und die gewaltsame Vertreibung von Ordensangehörigen aus ihren Klöstern im westlichen Europa Achtung und Ansehen erworben und – wenn auch unfreiwillig – der britischen Propaganda während des Krieges „most powerful material"[38] geliefert hatte, eine herausragende Stellung ein. Denn er zählte nicht nur zu den populären, nationalsozialistisch unbelasteten Persönlichkeiten Deutschlands in der frühen Nachkriegszeit, sondern als Repräsentant einer insgesamt intakten gesellschaftlichen Großinstitution konnte er auch über die ‚kirchlichen Kanäle' einen Großteil der Bevölkerung erreichen und vermutlich weitgehende Resonanz finden. Wenngleich Galens reservierte Haltung gegenüber den einmarschierenden Truppen die Vermutung der Briten, „that he is anti-Nazi but not necessarily pro-Allied"[39], bestätigte, waren die Briten dennoch an Galens Unterstützung in der Aufbauphase des Besatzungsregimes sehr interessiert.

Um Galen „als prominenten Gegner der Nationalsozialisten sogleich als ‚Verbündeten' vereinnahmen"[40] zu können, sollen die Briten ihm das Amt des westfälischen Oberpräsidenten offeriert haben. Dieses Angebot, so berichtet Amelunxen in seinen Erinnerungen, lehnte Galen jedoch mit der Begründung ab, daß die Politik nicht sein Metier sei[41]. Angesichts der äußeren Zerstörung und des sittlich-moralischen Trümmerhaufens, den die Nationalsozialisten als ‚Erbe' hinterlassen hatten, sah Galen nach 1945 seine dringlichste Aufgabe in der seelsorglichen und sozial-karitativen Betreuung seines Bistums, um dem akuten Elend und der kommunistisch-bolschewistischen Gefahr, die nach Kriegsende – nicht nur in den Augen Galens – keineswegs gebannt, sondern bedrohlicher denn je erschien, entgegenwirken zu können.[42] Da Galen die Linderung bzw. Beseitigung des geistigen und materiellen Notstandes nicht im kirchlichen Alleingang, sondern nur mit Unterstützung der Regierung erreichen konnte, bemühte er sich jedoch seinerseits gezielt – sowohl bei der Besatzungsmacht als auch bei den sich neu formierenden politischen Kräften Deutschlands – um politische Einflußnahme.

Diese politische Einflußnahme läßt sich im Falle britischer Personalentscheidungen eindeutig nachweisen. Für das von ihm abgelehnte Amt des westfälischen Oberpräsidenten favorisierte Galen den ehemaligen Regierungspräsidenten von Münster, Rudolf Amelunxen. Die Militärregierung, die neben Amelunxen noch zwei weitere Kandidaten in die engere Wahl genommen hatte[43], fragte ihn und u. a. auch Carl Severing um Rat. Beide schlugen übereinstimmend Rudolf Amelunxen vor[44], der in der Tat am 5. Juli 1945 zum kommissarischen Oberpräsidenten für Westfalen ernannt wurde.[45] Auch bei der kommissarischen Ernennung des Regierungspräsidenten von Münster, Franz Hackethal, hatte Galen wohl beratend mitgewirkt. Hackethal hatte seit seiner Entfernung aus der Kommunalverwaltung im Jahre 1933 eine Anstellung bei den Grafen Droste zu Vischering übernommen und stand auch mit der Familie von Galen in näherem Kontakt, so daß eine Unterstützung Galens naheliegt.[46] Ferner ist Galen, nachdem er am 13. August 1945 in einem, nicht für die Öffentlichkeit bestimmten Gespräch mit einem deutsch-sprechenden britischen Offizier „die Wichtigkeit der britischen Bemühungen, die ‚besten Elemente' des deutschen Volkes ausfindig zu machen, um ein Bollwerk gegen den Bolschewismus zu errichten"[47], betont hatte, erneut um namentliche Vorschläge, diesmal für die Besetzung eines noch zu bildenden zwölfköpfigen Beirates für die Verwaltung des Regierungsbezirkes Münster, gebeten worden.[48] Da er sich jedoch selbst nach ausdrücklicher Mahnung seitens der Militärregierung[49] weigerte, von den drei bereitwillig vorgeschlagenen Personen „die Beantwortung der inquisitorischen Fragebogen zu verlangen"[50], ist es fraglich, ob seine Kandidaten in das Auswahlverfahren miteinbezogen worden sind.

Bereits an diesem Beispiel wird allerdings deutlich, daß Galens Einfluß auf die britischen Machthaber eindeutige Grenzen gesetzt waren, sobald er die britische Besatzungspolitik und -praxis auch nur andeutungsweise kritisierte. Zwar nahmen die britischen Besatzungsoffiziere Galens Unterstützung bei Bedarf gerne in Anspruch, jedoch nur so lange, wie der Bischof bereit war, entsprechend ihren Vorstellungen und Bedingungen zu handeln. Denn als alliierte Siegermacht waren sie mit der Überzeugung nach Deutschland gekommen, „daß sie als totale Sieger und rechtschaffene Nation(en) freie Hand hätten, eine weitgehend verderbte Gesellschaft neu zu gestalten"[51]. Insofern empfanden die Briten jegliche Form von Kritik als unzulässige Einmischung.

Trotzdem veranlaßte die britische Besatzungsherrschaft Galen zu zahlreichen Interventionen, mit denen die Briten sich nur widerwillig auseinandersetzten. Seit Beginn der Besatzung hat Galen nicht nur indirekt, sondern durchaus gezielt und häufig sehr massiv gegenüber den Briten u. a. die Behandlung von deutschen Kriegsgefangenen und internierten Deutschen, die Vertreibung der Deutschen aus den Ostgebieten, die Demontagepraxis, die Einschränkung der Religions- und Pressefreiheit und der persönlichen Freizügigkeit sowie die katastrophale wirtschaftliche Versorgung der deutschen Bevölkerung kritisiert. Da es nach Kriegsende zunächst weder eine deutsche Regierung noch politische Parteien gab, die die Interessen der deutschen Bevölkerung gegenüber den britischen Machthabern hätten vertreten können, fühlte sich Galen als Oberhaupt seines Bistums „nicht nur als ‚Hirt der Seelen', sondern auch als gegebener Beschützer seiner Mitbürger, ein kleiner ‚Landesvater' da, wo sonst niemand diese Pflichten auszuüben vermochte"[52]. Daß er dadurch zwangsläufig sein Verhältnis zu den Briten stark belastete, konnte Galen, der „bei weitem mehr Kämpfer als Unterhändler"[53] war, nicht davon abhalten zu intervenieren. Insbesondere die britische Haltung zur ‚Ausländerproblematik'[54] sowie die britische Entnazifizierungspraxis, deren ideologische Rechtfertigung aus der Kollektivschuldthese abgeleitet wurde, veranlaßten Galen zu intensiven Protesten, so daß diese ausführlicher dargestellt werden müssen.

Mit dem Kriegsende hatten die ausländischen Kriegsgefangenen und „Fremdarbeiter" nach Jahren physischer und psychischer Mißhandlung und Ausbeutung, sofern sie nicht an Entkräftung und Epidemien gestorben oder wegen „kapitaler Verbrechen"[55] hingerichtet worden waren, ihre persönliche Freiheit wiedererlangt. Unter der britischen Besatzung begann für sie als sogenannte „displaced persons" ein neues Leben – wenn auch unter kaum veränderten Bedingungen. Weitgehend in großen Sammellagern[56] zur „besseren Überwachung, Verpflegung, Registrierung und Repatriierung"[57] zusammengefaßt, lebten sie in ebenso armselig-trostlosen – ihren Erwartungen von einer angemessenen Wiedergutmachung des erlittenen Unrechts völlig widersprechenden – Verhältnissen wie zur Zeit des Nationalsozialismus. Die tiefe Enttäuschung über die britische Lagerpolitik, das monotone Lagerleben weit entfernt von Heimat und Familie, die rigorose Ablehnung jeglicher Ordnungsstrukturen als Reaktion auf den „alten verhaßten Zwang"[58], die Isolierung von der deutschen Bevölkerung, wodurch der Aufbau zwischenmenschlicher Beziehungen zum Abbau tradierter Feindbilder verhindert wurde, der unstillbare, die Existenz bedrohende Hunger, die spontan durch die Befreiung ausgelösten Rache- und Freiheitsgefühle, der Verlust moralischer Wertmaßstäbe als Folge der nationalsozialistischen Gewaltherrschaft[59], aber auch brutale Kriminalität verursachten eine explosive Mischung, die zu zahlreichen Übergriffen speziell auf die umliegende Zivilbevölkerung führte. Obwohl die Kriminalität von Deutschen durchaus einem Vergleich mit der Kriminalität von Displaced Persons (DP) standhält[60], mußten sich die Deutschen insbesondere durch die DPs bedroht fühlen, da deren Verbrechen in der unmittelbaren Umgebung der einzelnen Sammellager geballt auftraten. In der Stadt Münster wurden vom Zusammenbruch bis zum 31. Dezember 1945 22 Bandenüberfälle (3

Tote), 151 Raubüberfälle, 14 Vergewaltigungen, 24 Einbruchsdiebstähle und 154 einfache Diebstähle registriert.[61] Da die deutsche Polizei infolge ihrer Entwaffnung nicht für den Schutz der Bevölkerung sorgen konnte, ersuchten die Deutschen die britischen Besatzungsoffiziere um Hilfe. Doch die Briten zeigten „sich sehr zurückhaltend"[62], obwohl sie die Unrechtmäßigkeit derartiger Delikte der DPs keineswegs in Frage stellten.

Bereits am 5. April 1945 wandte Bischof Galen sich erstmals schriftlich an das Oberkommando der Besatzungsmacht, weil er die Lage in Sendenhorst wegen der „jetzt beschäftigungslose(n) fremdländische(n) Arbeiter aus dem Osten" als „sehr bedrohlich"[63] empfand. „Ich bitte daher," – so führte Galen besorgt weiter aus – „sofort durchgreifende Anordnungen und Maßnahmen zu treffen, damit unnötige Gewalttaten, Zerstörungen und Plünderungen, wie sie zur Zeit vielfach vorkommen, verhindert und bestraft werden." Diese noch sehr moderat formulierte Bitte verwandelte Galen schon in seinem ersten offiziellen Gespräch mit Colonel Ledingham in konkrete Forderungen zur Vermeidung krimineller Handlungen, die von den DPs „aus Not" und den amerikanischen Soldaten „aus Übermut"[64] verübt würden. So sei es erforderlich, „that they will be watched over and that they are forbidden to leave their lodgings during the hours of the night. Their lodging and food is to be cared for. 2) (Crimes have very often been committed) by American soldiers, negroes and whites also. They penetrate the houses, request valuables, watches, particulary however strong drinks and women. And they ... take it by force. Even today four girls came to the physician here, because they had been (done violence) raped last night by negroe-soldiers. ... I think these things can be prevented in a regular army by forbidding the soldiers to go out during the night and by securing this prohibition by keeping guard."[65] Abschließend warnte Galen vor einer Ausbreitung des Bolschewismus in ganz Deutschland als unmittelbare Folge tatenloser Duldung derart anarchischer Zustände seitens der Militärregierung.

Ledingham empfing Galen höflich und respektvoll, wenn auch mit betonter Zurückhaltung. Eine konkrete Auseinandersetzung mit Galens Vorschlägen erfolgte anscheinend nicht, zumindest läßt Colonel Ledinghams sehr allgemein gehaltenes Versprechen, sämtliche noch nicht erfaßten Fremdarbeiter in den Lagern zu sammeln und baldmöglichst in ihre Heimatländer abzutransportieren, darauf schließen.[66] Da die Kette der Ausschreitungen nicht abriß, wies Galen am 17. Mai 1945 „noch einmal mit allem Nachdruck" auf die rechtsunsicheren Verhältnisse hin und bat erneut „im Interesse des Friedens und der Wohlfahrt der mir (Galen, S.L.) unterstellten Bevölkerung um sofortige Abhilfe"[67]. In einem Antwortschreiben versicherte Ledingham, „that everything possible is being done and will continue to be done by the Military Authorities to stop these acts of lawlessness until such time as it is possible for all foreign workers to be returned to their own countries."[68] Damit wies Ledingham – höflich formuliert, aber ebenso unmißverständlich – Galens Beschwerde über britische Tatenlosigkeit zurück und blockierte damit seinerseits mögliche Formen konstruktiver Zusammenarbeit zur Entwicklung tragfähiger Lösungen. Galen ließ sich jedoch keineswegs von der abweisenden Haltung der Briten irritieren. In der Folgezeit verfaßte der Bischof seine Protesteingaben sogar noch in einer deutlich schärferen Diktion, so daß die „unerschrockene Energie des Bischofs, die den neuen Herrn(!) zuerst imponiert hatte", denselben allmählich „unbequem"[69] wurde. Wegen umfangreicher Plünderungen[70] und eines brutalen Raubüberfalls[71] erstattete Galen Anzeige und trat unbeirrt für eine „strengere Bewachung, Entwaffnung und Bestrafung der Verbrecher"[72] ein. Angesichts der wirtschaftlichen Misere befürchtete Galen eine Proletarisierung und Radikalisierung des deutschen Volkes, welche dieses für kommunistische Parolen empfänglich machen könnten. Seine Angst vor „einer Herrschaft von Kommunismus und Anarchie"[73] spiegelt sich als Konstante in seinen zahlreichen Ausführungen wider.

Die britische Militärregierung reagierte zunehmend hilflos, da sie wegen ihrer bestehenden Verpflichtungen gegenüber den Verbündeten nicht zu repressiven Maßnahmen gegenüber den DPs greifen wollte. Um eine Eskalation der Auseinandersetzung zu vermeiden, versuchte Colonel Spottiswoode Galens Verständnis zu wecken, indem er zu bedenken gab, „that we cannot keep closely confined Allied subjects, who were brought into Germany against their will for forced labour, to help to prosecute the war against their own countries"[74]. Zusätzlich versuchten die Briten, sich durch die Darstellung des „DP-Problems" als fatale Folgeerscheinung des von Deutschland entfachten Krieges ihrer Verantwortung für die Wahrung humanitärer und rechtsstaatlicher Grundsätze zu entziehen. So blieb Galens sowohl mündlich als auch schriftlich vorgebrachte Kritik erfolglos, und der angebahnte Konflikt entschärfte sich keineswegs, sondern spitzte sich vielmehr bedrohlich zu. Seinen Höhepunkt erreichte er im Sommer 1945 durch Galens erneuten ‚Gang an die Öffentlichkeit'. In einer aufsehenerregenden Predigt für einen Frieden der Gerechtigkeit und Liebe anläßlich der alljährlichen stadtmünsterischen Wallfahrt nach Telgte kritisierte Galen am 1. Juli 1945[75] erstmals öffentlich die alliierte Besatzungspolitik, um seinen Anliegen zusätzliches Gewicht zu verleihen. Thematischer Schwerpunkt der Telgter Predigt war die seit Kriegsende in der Weltöffentlichkeit mit Vehemenz diskutierte Frage einer deutschen Kollektivschuld, die er in einen unmittelbaren Zusammenhang mit den Übergriffen der polnischen und russischen Fremdarbeiter auf die deutsche Bevölkerung stellte. Energisch wies Galen die Behauptung der Besatzungsmächte, das deutsche Volk sei für die von den Nationalsozialisten im Namen des deutschen Volkes begangenen Verbrechen in seiner Gesamtheit schuldig[76], als „unwahre und ungerechte Beschuldigung" zurück. Im Gegensatz zur alliierten Pauschalverurteilung unterschied Galen in seiner Argumentation konsequent zwischen den „wirklich Schuldigen und Verantwortlichen", die „nach Recht und Gerechtigkeit" zu bestrafen seien, und der „schuldlos große(n) Menge", die zwar bereit sei, die unvermeidlichen Kriegsfolgen geduldig zu ertragen, nicht „aber ungerechte Beschuldigung und Bestrafung für Geschehnisse, unter deren Willkür, Ungerechtigkeit und Grausamkeit wir (Galen und das deutsche Volk, S.L.) selbst durch lange Jahre geseufzt und schwer gelitten haben!" Als Indiz für die Unhaltbarkeit der Kollektivschuldthese verwies Galen auf die „zahlreichen deutschen Insassen und Opfer(n)" der Konzentrationslager, die wegen ihres Widerstandes von den nationalsozialistischen Machthabern inhafiert bzw. liquidiert worden seien. Insofern sei die globale Abrechnung und Schuldzuweisung „nur aus Haß und Rachsucht unserer früheren Kriegsgegner zu erklären", und sie erzeuge eine „Haltung, die es zuläßt, daß der Rest unserer Habe aus den durch Bomben zerstörten Wohnungen weggeschleppt, daß Häuser und Höfe auf dem Lande von bewaffneten Räuberbanden geplündert und verwüstet, daß wehrlose Männer ermordet, daß Frauen und Mädchen von vertierten Wüstlingen vergewaltigt werden." Zutiefst verurteilte Galen jegliche Formen von Vergeltung, zu denen auch das Hinnehmen „einer etwaigen Hungersnot im deutschen Lande" zu zählen sei, und forderte zur „Gerechtigkeit und Liebe" auf, die „den Weg bereiten zur ‚Ruhe in der Ordnung', nach dem heiligen Willen Gottes, zum wahren Frieden inmitten friedliebender Völker."[77]

In Windeseile wurde die Telgter Predigt durch Abschriften vervielfältigt und verbreitet. Sie wirkte nicht nur als ein tröstliches Einstehen für die Menschenrechte und allgemeinen Prinzipien der Rechtsstaatlichkeit, sondern auch als eine unmißverständliche Absage an alle propagandistischen Versuche, das deutsche Volk mit der NS-Diktatur gleichzusetzen. Abermals – wie zur Zeit des Nationalsozialismus – wurde Galen durch sein mutiges Auftreten gegenüber den Machthabern zum ‚Hoffnungsträger' des politisch ohnmächtigen und gedemütigten deutschen Volkes, waren die Deutschen doch der Meinung, Galen könnte die Politik der britischen Militärregierung maßgeblich beeinflussen. Deshalb fand die Predigt innerhalb der deutschen Bevölkerung überwältigende Zustimmung.

Vereinzelt rief sie aber auch kritische Stimmen hervor, die Galens Einsatz für einen gerechten Frieden mit einem übersteigerten Nationalismus gleichsetzten – eine Fehleinschätzung, über die sich Galen bisweilen sehr beklagte.[78] Zweifellos war Galens Sichtweise stark patriotisch geprägt, so daß ihm die Probleme und Interessen der deutschen Bevölkerung besonders am Herzen lagen. Sein tief verwurzeltes Nationalgefühl beeinträchtigte aber zu keinem Zeitpunkt sein Rechtsempfinden. Recht und Gerechtigkeit hatten für Galen eine naturrechtliche Grundlage; infolgedessen galt sein Einsatz für eine menschenwürdige und ausschließlich den rechtsstaatlichen Prinzipien verpflichtete Behandlung allen Menschen schlechthin.[79]

Zwar war Galen ein exponierter Kritiker der britisch-alliierten Besatzungspolitik, inhaltlich befand er sich jedoch sowohl mit dem deutschen Episkopat als auch mit dem Heiligen Stuhl in vollem Einklang. Bereits vor Kriegsende hatte sich der Papst – in nüchterner Vorausschau – mehrmals gegen den „Trend zu Kollektivverdammungen"[80] gewandt. Pius XII., der zwölf Jahre lang als Nuntius in Deutschland gelebt und gewirkt hatte[81], plädierte erstmals im Sommer 1944 für „einen für alle Nationen tragbaren Frieden" und betonte ausdrücklich, „daß heute wie in vergangenen Zeiten die Kriege schwerlich den Völkern als solchen zur Last gelegt und als Schuld angerechnet werden können."[82] Noch deutlicher erklärte er in seiner Weihnachtsansprache desselben Jahres, wenn man sich „anmaßen wollte, nicht Einzelpersonen, sondern kollektiv ganze Gemeinschaften zu richten und zu verurteilen", so wäre darin „eine Verletzung der Regeln (zu) sehen, die in jedem menschlichen Gericht maßgebend sind"[83].

Nichts anderes haben die deutschen Bischöfe – Erzbischof Josef Frings noch wesentlich aggressiver als Galen – nach der bedingungslosen Kapitulation unaufhörlich wiederholt und bekräftigt. Der Kölner Oberhirte, der nach dem Tode des Breslauer Erzbischofs Adolf Kardinal Bertram (gest. 6.7.1945) dessen Nachfolge als Vorsitzender der Fuldaer Bischofskonferenz antrat, hat nach 1945 „so manches freie Wort gesprochen"[84], wodurch er die alliierte Besatzungspolitik massiv diskreditierte. Zudem demonstrierten die westdeutschen Bischöfe auf ihrem ersten Nachkriegstreffen vom 4.-6. Juni 1945 Einigkeit, indem sie die Kollektivschuldthese geschlossen zurückwiesen, die „zur Zeit in Verlautbarungen der Presse und des Rundfunks so abwegig behandelt wird, daß sie den Freibrief abzugeben beginnt für jegliche Zwangsmaßnahmen gegen die gesamte Bevölkerung."[85] Auch der Münchener Kardinal Faulhaber wandte sich gegen die „Kollektivverdammung" und bezeichnete es als das „schwerste und aktuellste Problem" der Zeit, „einen gerechten und humanen Maßstab zu finden, damit nicht mit den Schuldigen vor dem Gericht der Militärregierung die Schuldlosen ohne Einzelprüfung mitverurteilt werden."[86]

Die Militärregierung zeigte sich allerdings gegenüber dem Appell des deutschen Episkopats uneinsichtig, und auch Galen mußte spätestens seit Telgte erkennen, daß er bei den Briten keinen Einfluß auf politische Grundentscheidungen geltend machen konnte.[87] Da auch die Weltöffentlichkeit dem deutschen Volk die Kollektivschuld an den NS-Verbrechen zusprach und Galen somit die moralische Unterstützung des Auslands fehlte, fühlten sich die Briten in ihrem Freund-Feind-Denken bestätigt. Dennoch duldete die Militärregierung die unzensierte Veröffentlichung der Predigt, wenngleich Inhalt und Ton nicht unbeanstandet blieben. Eindringlich verlangten die Briten vom Bischof, er solle „widerrufen, mildern, versöhnend ausdeuten, was er gegen die traurigen Zustände der Besatzungsverhältnisse gesagt hatte."[88] Denn weder Kritik noch Verantwortungsbewußtsein, sondern Unterwürfigkeit und Autoritätsgläubigkeit – zwei Charakterzüge, die den Deutschen im Hinblick auf das Dritte Reich zum Vorwurf gemacht wurden[89] – zählten plötzlich zu den nun auch von den Briten hochgeschätzten und verlangten Eigenschaften. In einer am 24. Juli 1945 stattgefundenen Unterredung, zu der Galen von der Militärbehörde „förmlich zitiert" worden war, war die Predigt „Gegenstand langer, ernster aber korrekter Verhandlungen"[90], die aber lediglich die unterschiedlichen Standpunkte unterstrichen. Galen weigerte sich, auch nur ein Wort des Gesagten zu widerrufen. Während Spottiswoode an der Kollektivschuldbehauptung, die ‚als erzieherische Maßnahme' gedacht sei, mit der pauschalen Begründung „omission is commission" (Unterlassung ist Beauftragung) festhielt, beharrte Galen auf einer wesentlich differenzierteren Bewertung der Haltung der Deutschen zum Nationalsozialismus, indem er – sich selbst als unübersehbaren Beweis miteinbringend – die Existenz des von der Besatzungsmacht geflissentlich ignorierten deutschen Widerstandes hervorhob.[91] Spottiswoode warf Galen ferner vor, er habe in seiner Predigt der Militärregierung eine Haß- und Rachepolitik unterstellt, um innerhalb der deutschen Bevölkerung „das Vertrauen zu ihr zu untergraben und infolgedessen die angestrebte Erziehung des deutschen Volkes in Frage zu stellen bzw. zu erschweren." Diese Behauptung wies Galen als Mißverständnis zurück. Er betonte, daß er den Briten „Haß- und Rachemotive nicht zutrauen" könne und in seiner Predigt nur auf die Gefahren einer Haß- und Rachepropaganda habe hinweisen wollen. Wenngleich Galen schließlich einwilligte, eine kurze Erklärung zur Beseitigung dieses Mißverständnisses zu veröffentlichen[92], gingen die Kontrahenten dennoch kompromißlos auseinander – zum vielzitierten Bruch[93] zwischen der britischen Militärregierung und Galen kam es aber nicht.

Galens Kontakt zu den britischen Offizieren riß weder abrupt ab, noch bestätigen die Quellen die Einschätzung, daß nach der Telgter Predigt „das Wort des ‚Löwen von Münster' bei den Machthabern nichts galt"[94]. Zwar vermied die britische Militärregierung eine öffentliche Auseinandersetzung mit dem ‚Protest-Bischof'[95] – rüttelte Galen als ein Hauptakteur des katholischen Kirchenkampfes während der NS-Zeit doch bedenklich an den Grundfesten der britischen Besatzungsphilosophie –, jedoch im geheimen trafen sich die Kontrahenten bereits am 13. August 1945 zu einem erneuten Gespräch, bei dem Galen seine seit Telgte teilweise stark polemischen Ansichten über die politische und wirtschaftliche Situation in Westdeutschland zu Protokoll gab.[96] Gleichzeitig äußerte er sich bei dieser Gelegenheit dennoch „lobend über die britischen Beamten, mit denen er während der Besatzung persönlich zu tun" gehabt hatte. Umgekehrt begegneten die britischen Offiziere Galen unverändert respektvoll und höflich. Sie sahen in Galen keinen rachesüchtigen Unruhestifter geschweige denn einen politisch ambitionierten Oppositionellen, sondern ihnen erschien er trotz aller Kritik loyal gegenüber dem britischen Regiment und „einzig und allein von den Sorgen und Nöten seiner eigenen Diözese bestimmt zu sein."[97] Wenn auch der Umgang miteinander schwierig und zahlreichen, beiderseitig verursachten Belastungen ausgesetzt blieb, so kam es zweifellos zu gegenseitiger persönlicher Wertschätzung, die die mannigfaltige Zusammenarbeit erleichterte. Denn die Briten baten Galen auch weiterhin um seine Unterstützung bei Personalentscheidungen[98] sowie bei der Lösung aktueller Probleme, deren Bewältigung ihnen massive Schwierigkeiten bereitete. Auf eine Bitte der Militärregierung reagierend, nutzte Galen seine Popularität und das kirchliche Kommunikationsnetz, um die deutsche Bevölkerung von jeglichen, die Versorgung vor allem des kommenden Winters bedrohenden Tauschgeschäften und Hamsterkäufen abzuhalten.[99] Auch für die Verbreitung neuer, von der Militärregierung erlassener Verfügungen – als Beispiel sei die Verfügung zur Beschränkung der Freizügigkeit genannt[100] – wünschten die Briten Galens Mitarbeit.

Von all diesen Kontakten besaß die Öffentlichkeit keinerlei Kenntnis, blieb doch die „absichtlich zur Schau getragene Kälte der Mil.Reg."[101] gegenüber Galen eine politische Notwendigkeit, wollten die Briten ihr propagiertes Bild von der deutschen Kollektivschuld nicht selbst zerstören. Exakt aus diesem Grund hatte das britische Außenministerium auch die Bitte des Vatikans vom 9. Mai 1945 um Reiseerlaubnis[102] für den Bischof von Münster nach Rom abschlägig beschieden.[103] Galens Präsenz beim Heiligen Vater in Rom, sozusagen im Rampenlicht der Weltbühne, paßte so gar nicht in den Tenor der alliierten Kollektivschuld-Propaganda. Die Romreise des Bischofs „wäre geradezu ein Signal dafür gewesen, daß man auch 1945 differenzieren müsse, wenn man gerecht sein wollte."[104]

Pius XII. war nicht bereit, die künstliche „Konservierung vergiftender Propagandaklischees"[105] durch die Siegermächte tatenlos zu dulden. Weihnachten 1945 berief er drei deutsche Bischöfe ins Kardinalskollegium, von denen nur der Erzbischof Frings aus Traditionsgründen mit seiner Ernennung rechnen konnte. Galen und der Berliner Bischof Konrad Graf von Preysing erhielten diese, für Galen völlig unerwartete Ehrung[106] von Pius XII. als „ehrenvolle(n) Preis für den mutigen Widerstand gegen den Nationalsozialismus"[107], wodurch dieses hohe innerkirchliche Ereignis höchste politische Bedeutung bekam. Denn damit gab Pius XII. der Weltöffentlichkeit und den alliierten Siegermächten unmißverständlich zu verstehen, daß er den allgemeinen Boykott Deutschlands ablehne und auch nach 1945 die Deutschen als unverzichtbare Mitglieder der christlichen Völkerfamilie betrachte.[108] Mit der Ernennung der aus allen fünf Kontinenten stammenden Kardinäle – die feierliche Erhebung durch den Papst fand am 18. Februar 1946 in Rom statt[109] – betonte Pius XII. die Universalität der katholischen Kirche und wies damit augenfällig auf die Chance friedlicher Verständigung aller Nationen hin.

Insofern zelebrierte Pius XII. – so hofften viele Deutsche – „im gewissen Sinne eine *Friedenskonferenz*"[110], die weltweit große Beachtung fand.

Über die emotionale Reaktion der Deutschen auf die Kardinalserhebungen berichtet der Jesuitenpater Ivo Zeiger[111] völlig zutreffend: „Es war klar, daß die Kardinals-Ernennungen wie eine Bombe wirkten. In der deutschen katholischen Öffentlichkeit ist eine heilige Freude, dankbarer Jubel für diese Ehrung Deutschlands; besonders die Ehrung Galens wirkt ungeheuer."[112] Am größten war aber die Freude der Münsteraner Bürger über die in der 1100jährigen Geschichte des Bistums einmalige Auszeichnung ihres Oberhirten. Zahlreiche Glückwunschschreiben erreichten den Bischof unmittelbar nach der Bekanntgabe seiner Ernennung[113], und seine Rückkehr aus Rom wurde von der Bevölkerung und der Stadt Münster, die ihrem zum Kardinal erhobenen Oberhirten das Ehrenbürgerrecht verlieh, begeistert gefeiert.[114] Vor den gespenstischen Ruinen des Domes dankte Galen in einer bewegenden Ansprache seinen Diözesanen für ihre Treue zur katholischen Kirche, welche seine Ernennung zum Kardinal überhaupt erst ermöglicht habe, mit den Worten: „Ich weiß es: das war es auch, was den Heiligen Vater bewogen hat, den Bischof von Münster ins Kardinalskollegium zu berufen. Es war die Treue des münsterschen Volkes, es war die Treue der münsterschen Diözesanen in ihrer überwiegenden Mehrheit, die trotz aller Verlockungen, trotz aller Bedrängnisse, trotz aller Verfolgungen, Christus dem Herrn und seiner Heiligen Kirche die Treue gehalten haben."[115]

Zu den ersten Gratulanten zählten hohe Vertreter des britischen Militärs, von denen Colonel Spottiswoode ausdrücklich hervorhob, „I see in this distinction a recognition of your courageous attitude in the defence of the Christian principles which had been jeopardized in Germany during the last years."[116] Brigadier Sedgwick, den eine persönlich gute Beziehung mit Galen verband[117], half dem designierten Kardinal in seiner Funktion als „Controller-General of Religious Affairs for the British Zone", die Genehmigung für die anstehende Romreise vom Londoner Außenministerium zu erlangen.[118] Stellvertretend für die britische Militärregierung überbrachte der Chef der Militärregierung von Westfalen, Brigadier Chadwick, dem neuen Kardinal am Tage seiner Rückkehr aus Rom bei einer Audienz herzliche Glückwünsche zu seiner Ernennung.[119]

Abrupt und völlig überraschend beendete Galens plötzlicher Tod sein kurzes, gerade erst begonnenes Kardinalat, das den Höhepunkt seines Lebensweges markierte.[120] Zehn Monate nach dem Zusammenbruch des NS-Regimes verstarb der Kardinal in jener frühen Phase der Nachkriegszeit, in der sich in den Kommunen unter strengster britischer Kontrolle die politischen Kräfte Deutschlands, die in unbestimmter Zukunft die Gestaltung eines demokratisch verfaßten Deutschland übernehmen sollten, allmählich entfalteten. Über seinen unermüdlichen Einsatz für die akuten Belange der in seinem unmittelbaren Einflußbereich lebenden Deutschen hinaus hat Galen sich ebenso intensiv um die politische Zukunft seines „deutschen Vaterlandes" bemüht. Denn die Vorstellung von einem humanen, in Gott verankerten Staat, in dem die katholische Lehre zur Erhaltung und Verbreitung des katholischen Glaubens unverfälscht verkündet werden konnte – getreu seiner Bischofsmaxime, „das Lob Gottes zu fördern"[121] –, gab seinem Wirken die Zielperspektive. Über Einzelheiten seiner Grundansichten zur politischen, gesellschaftlichen und wirtschaftlichen Zukunft Deutschlands geben zahlreiche, höchst interessante und bis heute kaum hinreichend ausgewertete Dokumente Aufschluß.

VI. Galens Grundforderungen für die Neuordnung Deutschlands nach dem 2. Weltkrieg

Nach dem Zusammenbruch des NS-Regimes zählte Bischof Galen zu jenen verantwortungsbewußten Vertretern der katholischen Kirche, die sich nicht allein auf die Reorganisation des innerkirchlichen Lebens beschränkten, sondern darüber hinaus auch bereit waren, „moralisch-politisch einen Neubeginn zu vertreten"[122]. In der Überzeugung, daß nur ein an den Grundsätzen des Christentums orientiertes Handeln einen gedeihlichen Wiederaufbau des deutschen Gemeinwesens würde gewährleisten können, entwarf Galen bereits Mitte Juni 1945 ein naturrechtlich begründetes Idealprogramm für eine politische Partei, in dem er seine „12 Grundforderungen zum Wiederaufbau und zur Neuordnung unserer Heimat und des deutschen Vaterlandes"[123] systematisch zusammenfaßte. Mit diesem an den kirchenamtlichen Verlautbarungen, insbesondere den Sozialenzykliken „Rerum novarum" Leos XIII. (15.5.1891)[124] und „Quadragesimo anno" Pius' XI. (15.5.1931)[125] orientierten Programm zog Galen umfassende Konsequenzen aus seinen vor und insbesondere nach 1933 gemachten Erfahrungen mit den drei politischen Systemen seiner Zeit, wobei er an seine nach dem 1. Weltkrieg geäußerten religiösen und politischen Grundansichten anknüpfte.

Wie die katholische Kirche in ihrer Gesamtheit[126], so sah Galen die zurückliegende Gewaltherrschaft der Nationalsozialisten als zwangsläufige Folge des über Jahrhunderte hinweg währenden Säkularisierungsprozesses, der in den Augen Galens durch die neuzeitlichen Weltanschauungen, vornehmlich den ‚individualistischen Liberalismus' und den ‚kollektivistischen Marxismus', verursacht und vorangetrieben worden sei. Bereits 1932 hatte Galen – damals noch Pfarrer an St. Lamberti in Münster – zu den Gefahren dieser naturalistischen Ideologien, „die die Staatsgewalt aus dem Menschenwillen hervorgehen" lassen, ausführlich Stellung genommen und sich entschieden für „ein nach Gottes Willen geleitetes Gesellschaftsleben"[127] eingesetzt. Die Auflehnung gegen die Oberherrschaft Gottes und damit der Versuch, „Willkür an Stelle des göttlichen Gesetzes und der Wahrheit zu setzen"[128], habe – so Galens Erklärungsansatz nach 1945 für die Ursachen der deutschen Katastrophe – den Weg zur Zerstörung des Staates geebnet sowie zur Mißachtung der Würde und Freiheit und der unveräußerlichen, gottgegebenen Persönlichkeitsrechte des Menschen geführt. Die materielle Not und das soziale Elend der chaotischen Nachkriegszeit sah Galen als göttliche Strafe für diesen heidnischen Abfall von Gott, und diese umfassende Krise könne nur durch eine erneute Hinwendung von Politik und Gesellschaft zu ihren christlichen Grundlagen im Sinne einer ‚Rechristianisierung' überwunden werden, wodurch zugleich Rückfälle in die ‚gottlose Barbarei' zukünftig verhindert würden. Die Überzeugung, daß der gesellschaftlich-politische Neuaufbau des deutschen Gemeinwesens nur auf der Basis einer ‚Wiederverchristlichung' realisierbar sei, war nicht nur unter den Katholiken Gemeingut.[129] Folglich müsse die Wiederverankerung des deutschen Staatswesens in Gott grundsätzlich Ausgangspunkt und Ziel aller christlichen Erwägungen zum Neuaufbau Deutschlands sein, so daß Galen in der Präambel seines politischen Programms das Bekenntnis formulierte: „Wir erstreben den Wiederaufbau und die Neuordnung unserer Heimat und des deutschen

Vaterlandes auf der Grundlage der Anerkennung des persönlichen, überweltlichen Gottes als des Schöpfers, Herrn und Endziels der Welt, dem alle Dienst und Rechenschaft schulden."[130]

Unter dieser Prämisse forderte Galen die Wiederherstellung der durch die Nationalsozialisten zynisch mißachteten und verletzten, naturrechtlich begründeten Grundrechte, mit denen er die Kirche und vor allem das Individuum vor Eingriffen staatlicher Macht schützen wollte. Als ein Grundübel des deutschen Reiches seit seiner Gründung 1871 hatte Galen schon vor der nationalsozialistischen Unrechtsherrschaft die „Idee vom Staatsgott, vom allgewaltigen, unbeschränkt mächtigen, niemand verpflichteten Staat"[131] verurteilt, so daß er den Grundrechten beim Wiederaufbau eines christlich geprägten Staates konstituierende Bedeutung zumaß. Galen forderte konkret: Die Religionsfreiheit, die Freiheit der Kirche, die Anerkennung und den Schutz „der Würde, der Freiheit und der Rechte der menschlichen Persönlichkeit, ohne Unterschied der Abstammung, des Standes und der Bildung", das Recht auf Leben und Unversehrtheit des Körpers, die „Freiheit des Gewissens und der Berufswahl", die Sonntagsheiligung, das Recht auf Arbeit, die Vereinigungsfreiheit, die „Anerkennung der Freiheit religiöser Orden und Vereine" und – im Sinne der christlichen Soziallehre – den besonderen Schutz der Ehe und der Familie als der „Urzelle geordneten Gemeinschaftslebens"[132]. Gerade im Bereich der Erziehung markierte Galen sehr deutlich die Grenzen staatlicher Macht. Das Erziehungsrecht als ein von Gott verliehenes Elternrecht müsse der Staat anerkennen und „eine Erziehung nach dem Willen der Eltern"[133] gewährleisten. Unter dem Motto ‚Ja zum Schulzwang-Nein zur Zwangsschule' forderte Galen wiederholt „Katholische Schulen für die katholischen Kinder"[134] als staatlich gleichberechtigte und geförderte Unterrichtsanstalten bei Anerkennung eines staatlichen Aufsichtsrechtes.

Ebenfalls als Absage an den omnipotenten Staat bzw. als direkte Antwort auf die nationalsozialistische Perversion rechtsstaatlicher Grundsätze forderte Galen den „Schutz der Rechtsordnung durch unabhängige, nach festen Normen entscheidende Gerichte"[135].

Neben den Grundrechtsforderungen standen die christlichen Grundsätze für eine neue Wirtschafts- und Sozialordnung im Mittelpunkt des bischöflichen Parteiprogramms. Unter Berufung auf die päpstlichen Sozialenzykliken forderte Galen eine Neuordnung der Eigentumsverhältnisse zugunsten des Gemeinwohls und der sozialen Gerechtigkeit bei grundsätzlicher „Anerkennung des privaten Eigentumsrechtes"[136]. Das natürliche Recht des Individuums auf Privateigentum müsse – so führte Galen in seiner Schrift „Katholische Grundsätze für das öffentliche Leben" erläuternd aus – „um der materiellen Sicherheit der Familie willen" und als „genügende(r) Anreiz zur Arbeit"[137] unantastbar bleiben. Dies war eine aus heutiger Sicht mehr als selbstverständliche Forderung, die jedoch damals ausdrücklich betont werden mußte, waren doch 1945 zahlreiche Parteiprogramme selbst im katholischen Lager von dem allgemeinen „sozialistischen Zug der Zeit"[138] geprägt. Auf der Suche nach einem „dritten Weg" zwischen Kapitalismus und Kommunismus erklärten einflußreiche Parteigründer den „christlichen Sozialismus" zum Ordnungsgrundsatz einer neuen Wirtschafts- und Sozialpolitik, der die Vergesellschaftung von Teilen der Großindustrie durchaus erstrebenswert erschien.[139] Soziale Befriedung und gesellschaftliche Stabilität, so argumentierte Galen in der genannten Schrift hingegen weiter, könnten nicht durch die Aufhe-

Abb. 13 Bischof Clemens August Graf von Galen in Telgte 1946

bung des Privateigentums an den Produktionsmitteln – sei es aus „christlicher Verantwortung" oder ideologischer Überzeugung – erreicht werden, sondern nur durch eine breitere „Streuung des Privateigentums, die auch die Menge derer daran teilnehmen läßt, die bisher nichts anderes haben, als ihre Arbeitskraft, und nichts anderes kennen, als den Zwang, sie täglich dem Eigentümer der Produktionsmittel anzubieten."[140] Auf der anderen Seite sah Galen aber auch in der beliebigen, selbstsüchtigen Anhäufung privater Kapitalien eine Gefahr für die Würde und Freiheit des Individuums und der Familie sowie für das Gemeinwohl. Die sozialen Folgen einer freien, unkontrollierten Wirtschaftsordnung antizipierend, hielt Galen den bestimmenden „Einfluß der obrigkeitlichen Gewalt auf jene wirtschaftlichen Großunternehmungen, die durch die Unentbehrlichkeit ihrer Erzeugnisse und durch ihre Macht der Gefahr des Mißbrauchs privatkapitalistischer Selbstsucht zum Schaden des Gemeinwohls besonders ausgesetzt sind"[141], für unerläßlich. Obwohl selbst Pius XII. eine gezielte Sozialisierung nach den Erfordernissen des Gemeinwohls bei entsprechender Entschädigung als äußerste wirtschaftspolitische Maßnahme[142] für Notfälle nicht ausschloß, verzichtete Galen auf deren programmatische Fixierung.

Wie dieses System einer staatlich kontrollierten Wirtschaft zum Schutz vor monopolartigen Wirtschaftsunternehmungen letztendlich funktionieren sollte, für das Galen eine berufsständische Ordnung forderte[143], muß dahingestellt bleiben.

Es läßt sich aber festhalten, daß Galen intentional nach einer das freie Unternehmertum nicht behindernden und zugleich sozialverträglichen Wirtschaftsordnung im Sinne der heutigen sozialen Marktwirtschaft strebte, wenngleich Galen auch kein geschlossenes wirtschaftspolitisches Konzept entwickelte.

Wie das wirtschaftlich-soziale, so wollte Galen auch das staatliche Leben Deutschlands nach dem Subsidiaritätsprinzip gestalten.[144] Ein Kernpunkt seiner politischen Ordnungsvorstellungen war die „Wiederherstellung und Förderung der Selbstverwaltung der Gemeinden und Gemeinschaften"[145] – eine damals durchaus aktuelle Forderung, die auch dem britischen Aufbaukonzept zur demokratischen Neuordnung Deutschlands zugrunde lag. Während die Briten jedoch die Partizipation aller wahlfähigen Staatsbürger am kommunalen – und später auch am staatlichen – Leben vermittels des allgemeinen und gleichen Wahlrechtes anstrebten, zielten Galens Vorstellungen keineswegs auf eine gleichberechtigte Teilhabe aller Deutschen am politischen Leben ab, blieb doch der Begriff „Demokratie" selbst nach 1945 für ihn ein negativ besetztes Reizwort. Vor dem Hintergrund seiner negativen Erfahrungen mit der „improvisierten"[146] Weimarer Republik, die er als – von den Verfassungsvätern – bewußt laizistisch konzipierten Staat scharf kritisiert hatte[147], hielt Galen an seinen Vorbehalten gegenüber dem demokratischen Parlamentarismus fest und lehnte das allgemeine, aktive und passive Wahlrecht ab. Sein Mißtrauen gegenüber dem demokratischen Wahlrecht resultierte primär aus der Sorge um die Manipulierbarkeit breiter, politisch unerfahrener Volksmassen. Durch das Scheitern der ersten deutschen Republik 1933 fühlte Galen sich historisch bestätigt, was aus seinen Notizen vom 21. Juni 1945 für ein Gespräch mit dem britischen Offizier Savage eindeutig hervorgeht: „Was will das Volk? Jedem Agitator ausgeliefert! Auch den Materialisten und Kommunisten ... Demokratie hat uns ins Unglück gebracht vor 1933. Demokratie hat Hitler zur Herrschaft gebracht. Demokratie wird jetzt Kommunismus bringen ..."[148]. Um den Staat und das Volk zukünftig vor einer willkürlichen Terrorherrschaft mittels demagogisch manipulierter Mehrheiten zu schützen, hielt Galen eine Beschränkung des Wahlrechts auf einen Kreis ausgewählter Männer für notwendig. Aus diesem Grunde forderte er die „Reform des aktiven und passiven Wahlrechtes mit dem Ziel, die Zusammensetzung der politischen Volksvertretung aus selbstlos das Gemeinwohl anstrebenden, durch Kenntnisse und Erfahrungen ausgezeichneten, in gemeinnützigem Wirken bewährten Männern zu gewährleisten."[149] Dieses Eintreten für eine – man könnte fast sagen oligarchische – Staatsgemeinschaft christlicher Prägung auf der Grundlage eines de facto elitären Bildungswahlrechtes mag zudem ein Zugeständnis an seine altständische Adelsherkunft gewesen sein.

Insgesamt betrachtet, mag Galens Programmentwurf dem heutigen Leser – 47 Jahre später – antiquiert und merkwürdig erscheinen. Doch für die damaligen Verhältnisse griff Galen sehr aktuelle Punkte auf, die zeitgenössischen Politikern Anregung und Bereicherung boten, selbst wenn sie seine Staatsvorstellungen nicht zu teilen vermochten. In diesem Sinne hat Konrad Adenauer 1947 Galens Entwurf „mit großem Interesse gelesen". Mit Blick auf die anstehenden Verfassungsberatungen hob er hervor, daß „sehr wertvolle Hinweise darin enthalten" sind, „die bei dem Entwurf einer Verfassung von Bedeutung sind."[150]

Unmittelbar nach der schriftlichen Niederlegung seines Parteiprogramms hat Galen selbst Kontakt zum Münsteraner Gründerkreis der Christlich-Demokratischen Union (CDU, ursprünglich CDP=Christlich-Demokratische Partei)

Abb. 14 Clemens August Kardinal von Galen (Italien 1946?)

gesucht, der sich nach der Besetzung – wegen des offiziellen Verbots parteipolitischer Betätigung zunächst im geheimen[151] – um Georg Jöstingmeier und Johannes Peters gebildet hatte.[152] Am 15. Juni 1945 bat Galen Rechtsanwalt Jöstingmeier, den eigentlichen Initiator der münsterländischen CDU[153], erstmals zu sich, um mit ihm die Programmatik einer neuen christlichen Partei zu diskutieren, wobei er sein fertiges Programm gezielt einbrachte.[154] Handschriftliche Korrekturen Galens in einem Programmentwurf des Münsteraner Kreises belegen, daß Galen aktiv an der Ausarbeitung des Parteiprogramms der Christlichen Demokraten beteiligt gewesen ist. Konkret hat Galen die Forderung der Münsteraner nach Verstaatlichung wichtiger Großunternehmen ersatzlos gestrichen sowie einen weiteren Programmpunkt zur Beaufsichtigung der Wirtschaft in Förderung der Wirtschaft umformuliert.[155] Wenngleich Galen seine vergleichsweise liberalen wirtschaftspolitischen Forderungen nicht durchsetzen konnte und u. a. auch bezüglich der Namensgebung nicht nur formale Differenzen bestehen blieben – Galen lehnte den Parteinamen „Christlich-Demokratische Volkspartei" aus den oben genannten Gründen ab und trat für die Benennung „Christlich-Soziale Volkspartei" ein –, so war Jöstingmeier dennoch bemüht, Galens Grundforderungen programmatisch zu berücksichtigen. Das von ihm und Peters noch im Juni entworfene Münsteraner Parteiprogramm[156] zeigt zahlreiche Übereinstimmungen mit dem bischöflichen Entwurf, insbesondere hinsichtlich der Freiheitsrechte des Individuums, der staatlichen Anerkennung der kirchlichen Autonomie im säkularisierten Staat, der

Schulfrage, der Ehe und Familie sowie des Bekenntnisses zu Gott als dem Fundament des Staates schlechthin.[157]

Ungeachtet dessen hat Galen sich bezüglich der äußerst brisanten Frage „Zentrum oder CDU" öffentlich sehr zurückhaltend bzw. abwartend verhalten. So soll er nach einer Mitteilung Bernhard Reismanns betont haben, „daß keine Partei ermächtigt sei, sich auf ihn zu berufen."[158] Daß Galen parteipolitisch zur CDU tendierte und die Entwicklung dieser neuen, überkonfessionellen Sammlungsbewegung interessiert verfolgte, zeigen nicht nur seine Kontakte zum Münsteraner Gründerkreis. Auch sein Bruder Franz deutete dies nach dem Tode Galens in einem Brief an: „Er (Galen, S.L.) gab mir damals den Rat, mit meiner Entscheidung für das Zentrum oder für die CDU ruhig noch zu warten. Er selbst wolle sich weder für die eine, noch für die andere Partei aussprechen. Nach dem ruhmlosen Ende des Zentrums 1933 sei er allerdings im Zweifel, ob es zweckmäßig sei, unter dem alten Namen wieder eine Partei aufzuziehen."[159] Dennoch hat Galen indirekt für die Christlichen Demokraten in Münster und Westfalen politische Starthilfe geleistet, entschied sich doch das katholische Kirchenvolk – nicht zuletzt unter dem Eindruck der bischöflichen Haltung – für die neue bzw. gegen die alte christliche Partei.[160] Sein Einfluß auf die programmatische Entwicklung der münsterländischen CDU hatte jedoch landesweit keine weiteren Folgen, da das Münsteraner Programm zugunsten der Kölner Leitsätze nach der Gründung der westfälische CDU am 2. September 1945 in Bochum fallengelassen wurde.[161]

V. Galen nach 1945: ein Resümee

Die obigen Ausführungen lassen erkennen, daß Bischof Galen kaum zutreffend als „Herzensmonarchist"[162] charakterisiert werden kann. Galens Idealvorstellung einer neuen staatlichen Ordnung Deutschlands nach 1945 lag eher eine oligarchisch-ständestaatliche Konzeption zugrunde, nach der eine Elite charakterfester, in Beruf und Gemeinschaft bewährter Männer die Führung des Staates übernehmen sollte. Die demokratische Staatsform lehnte Galen auch nach seinen Erfahrungen mit der totalitären NS-Herrschaft ab. In seiner Kritik am politischen Liberalismus spiegelt sich eine für die katholische Kirche spezifische Berührungsangst gegenüber der modernen pluralen Gesellschaft wider, die sich im Zuge der Industrialisierung bereits im 19. Jahrhundert – gleichsam an der katholischen Kirche vorbei – entwickelt hatte. Während die Amtskirche nach dem Zusammenbruch des NS-Regimes ein grundsätzliches Bekenntnis zur Demokratie ablegte – wobei der Weihnachtsbotschaft Pius' XII. von 1944 zu den „Grundlehren über die wahre Demokratie"[163] eine richtungsweisende Bedeutung für den deutschen Episkopat zugemessen werden muß –, hat Galen die Chance einer grundrechtlich und rechtsstaatlich fundierten Demokratie nicht wahrnehmen wollen, denn er befürchtete, daß in einer neuen Demokratie der laizistische Staat von Weimar mit all seinen strukturellen Schwächen wiedererstehen könnte.

Darüber hinaus geriet Galen durch seinen Glauben an die Renaissance eines christlich-abendländischen Staates auf deutschem Boden im Sinne seines Rechristianisierungsziels alsbald in Gegensatz zur Realität – auch wenn der 1945 in Deutschland ausgebrochene „religiöse Frühling"[164] diesbezüglich Hoffnungen weckte. Denn das Ideal eines christlich-naturrechtlich begründeten Staates war mit der pluralistischen Massengesellschaft des 20. Jahrhunderts unvereinbar[165] und jeder Versuch, den Säkularisierungsprozeß durch religiöse Neuerziehung des Volkes zu stoppen bzw. umzukehren, ein aussichtsloses Unterfangen. Schließlich handelte es sich nicht nur um ein geistesgeschichtliches Problem im Gefolge der Aufklärung, sondern vor allem um eine mit der Industrialisierung verbundene sozialgeschichtliche Entwicklung, die sich nach einer kurzen Latenz massiv fortsetzte.[166]

Dennoch überwogen im Parteikonzept Galens keineswegs anachronistisch anmutende Fehleinschätzungen: Viele seiner Forderungen, die mit der Gründung der Bundesrepublik Deutschland verwirklicht worden sind, weisen ihn als einen im großen und ganzen durchaus zeitgemäß denkenden, stark sozialpolitisch engagierten Bischof aus. Zu nennen sind vorrangig die verfassungsmäßige Sicherung der Grundrechte und des Rechtes zur freien Entfaltung von Glaubensgemeinschaften, die Konstituierung des deutschen Staates nach den Prinzipien des Rechts mit dem Ziel, staatliche Omnipotenz zu verhindern bzw. personale Selbstbestimmung und Sicherheit zu gewährleisten, sowie die Einführung einer sozial gebundenen Wirtschaftsordnung, die weder dem Recht des wirtschaftlich Stärkeren freie Bahn gibt noch den Vorstellungen eines alles regulierenden Staates gehorcht.

Galens Bemühungen um eine mit dem Naturrecht in Einklang stehende Ordnung des deutschen Staatswesens nach 1945 beschränkten sich durchaus nicht auf programmatische Formulierungen, sondern spiegelten sich vor allem auch in seinen hartnäckigen Versuchen, auf die britische Besatzungs- und Deutschlandpolitik Einfluß zu nehmen. Ohne Rücksicht auf persönliche Konsequenzen und allen Angriffen und Anfeindungen kritischer Stimmen aus dem In- und Ausland zum Trotz forderte Galen Recht und Gerechtigkeit von den britischen Machthabern, wann immer er dies für unabdingbar hielt. Als zentrale Reibungspunkte standen die unzulängliche Bewältigung des DP-Problems durch die Briten und die von den Alliierten gemeinsam propagierte Kollektivschuld-These im Vordergrund hartnäckig geführter Kontroversen. Wenngleich die Briten Galens Kritik an ihrer Besatzungsherrschaft als unbegründet zurückwiesen – schließlich wollten die britischen Sieger auch als Besatzungsmacht nichts von ihrem Glanz verlieren –, erwarb sich Galen gerade durch seine unbeugsame Haltung bei ihnen Respekt und Ansehen.

Anmerkungen

1 Zum Galen-Bild im Spiegel der historischen Forschung s. Joachim Kuropka: Clemens August Graf von Galen. Das Bild des Bischofs zwischen zeitgenössischer Bewunderung und neuerer Kritik. In: Joachim Kuropka/Willigis Eckermann (Hrsg.): Oldenburger Profile, Cloppenburg 1989, S. 95ff.

2 S. z. B. Rudolf Morsey: Clemens August Kardinal von Galen. Bischöfliches Wirken in der Zeit der Hitler-Herrschaft, Düsseldorf 1987. Dieser Beitrag erschien erstmals in: Internationale katholische Zeitschrift ‚Communio' 7 (1973), S. 429ff; Erwin Iserloh: Clemens August Graf von Galen. In: Joel Pottier (Hrsg.): Christen im Widerstand gegen das Dritte Reich, Stuttgart/Bonn 1988, S. 114ff.

3 Vgl. Gottfried Hasenkamp: Der Kardinal. Taten und Tage des Bischofs von Münster. Clemens August Graf von Galen, Münster ³1987, S. 37ff; Irmgard Klocke: Kardinal von Galen. Der Löwe von Münster, Aschaffenburg 1979, S. 35.

4 Vgl. Reinhold Schmidt: Der Kardinal und das 3. Reich. Legende und Wahrheit über Kardinal von Galen, 3., erw. Aufl., Münster 1980, S. 18. S. auch Stefan Rahner/Franz-Helmut Richter u. a.:

„Treu deutsch sind wir – wir sind auch treu katholisch". Kardinal von Galen und das Dritte Reich, Münster 1987, S. 46ff.
5 Frederic Spotts: Kirchen und Politik in Deutschland, Stuttgart 1976, S. 59. Vgl. hierzu Ludwig Volk: Rezension zu Frederic Spotts: Kirchen und Politik in Deutschland, Stuttgart 1976. In: Theologische Revue 73 (1977), Sp. 232ff.
6 Peter Löffler (Bearb.): Bischof Clemens August Graf von Galen. Akten, Briefe und Predigten 1933-1946, 2 Bde. (im weiteren Löffler I und Löffler II), Mainz 1988.
7 Max Bierbaum: Nicht Lob nicht Furcht. Das Leben des Kardinals von Galen nach unveröffentlichten Briefen und Dokumenten, Münster ⁸1978; Heinrich Portmann: Kardinal von Galen. Ein Gottesmann seiner Zeit, Münster ¹⁸1986.
8 Vgl. Helmut Müller: Fünf vor Null. Die Besetzung des Münsterlandes 1945, Münster ⁷1975, S. 7. Angesichts der militärischen Blitzerfolge hatte Hitler bereits 1940 Münster als möglichen Ort eines Friedensschlusses in Erwägung gezogen. S. Schreiben von Staatssekretär Meissner an Reichsstatthalter Alfred Meyer vom 4.7.1940, ebd., S. 140.
9 Noch zwei Tage nach der Besetzung Münsters behauptete die deutsche Wehrmachtführung: „Über Herford stoßen Panzerspitzen gegen das Gebiet von Bad Oeynhausen vor, während die Besatzung von Münster weiter verbissen Widerstand leistet." Erst am 5. April gestand die Wehrmacht ein: „In die Stadt Münster sind die Amerikaner eingedrungen." S. Erich Murawski: Der deutsche Wehrmachtbericht 1939-1945. Ein Beitrag zur Untersuchung der geistigen Kriegsführung. Mit einer Dokumentation der Wehrmachtberichte vom 1.7.1944 bis zum 9.5.1945, Boppard a. Rhein 1962, S. 551f.
10 Insgesamt gab es von 1940-1945 102 Luftangriffe auf Münster. S. Wilfried Beer: Kriegsalltag an der Heimatfront. Alliierter Luftkrieg und deutsche Gegenmaßnahmen zur Abwehr und Schadensbegrenzung, dargestellt am Raum Münster, Bremen 1990, S. 15ff. S. auch Stadtmuseum Münster (Hrsg.): Bomben auf Münster. Ausstellung über die Luftangriffe auf Münster im Zweiten Weltkrieg (Katalog), Münster 1983, S. 29ff.
11 Müller (wie Anm. 8), S. 7.
12 Rudolf Amelunxen: Ehrenmänner und Hexenmeister. Erlebnisse und Beobachtungen, München 1960, S. 146.
13 „Drei Kirchen, deren halbzerstörte Dächer und Türme sich aus den Trümmern erheben; unebene, schmale Wege, die nun anstelle der einstmals so malerischen Straßen durch die Trümmer führen; die Gebäude der Stadt, die zu zwei Dritteln entweder völlig zerstört oder stark beschädigt sind; ... Der Dom, der 1215 vollendet wurde und acht Jahrhunderte lang Krieg und Belagerung getrotzt hatte, liegt jetzt in Ruinen." British Zone Review vom 24.11.1945. Zit. nach Joachim Kuropka: 1945/1946. Ende und Neubeginn, Münster 1987 (Geschichte original – am Beispiel der Stadt Münster 15), Dok. 2b. S. bei Kuropka auch die Statistik sämtlicher Kriegsschäden, S. 1f.
14 Vgl. ebd., S. 2.
15 Vgl. Neue Westfälische Zeitung (im weiteren NWZ) vom 4.9.1945.
16 Vgl. Peter Hüttenberger: Nordrhein-Westfalen und die Entstehung seiner parlamentarischen Demokratie, Siegburg 1973, S. 38.
17 Eine Auflistung der Ver- und Gebote findet sich bei Joachim Kuropka: 2. April 1945. Ostermontag vor 30 Jahren: In Münster beginnt die Nachkriegszeit ... In: Westfälische Nachrichten (im weiteren WN) vom 28./29.3.1975, Sonderseiten.
18 Papst Pius XII. in seiner ersten öffentlichen Ansprache nach Kriegsende an das Kardinalskollegium vom 2.6.1945, die sich unter dem Thema „Kirche und Nationalsozialismus" ausschließlich mit der Beziehung des Katholizismus zur Diktatur Hitlers befaßt. In: Arthur-Fridolin Utz/Joseph-Fulko Groner (Hrsg.): Aufbau und Entfaltung des gesellschaftlichen Lebens. Soziale Summe Pius' XII., Bd. 2, Freiburg (Schweiz) ²1962, S. 1804. S. auch gemeinsamer Hirtenbrief der Bischöfe Deutschlands nach beendetem Kriege vom 23.8.1945. In: Kirchlicher Amtsanzeiger für die Diözese Trier vom 1.9.1945, S. 17ff.
19 Theodor Eschenburg: Jahre der Besatzung 1945-1949, Wiesbaden 1983, S. 218.
20 So war es verboten, Prozessionen auf militärischen Versorgungsstraßen abzuhalten, wegen Gottesdiensten die Arbeit zu unterbrechen etc. S. Kuropka (wie Anm. 17).
21 S. v.a. Colonel (seit 1945 Brigadier-General) Russell L. Sedgwicks Geheimbericht über die 1. Fuldaer Bischofskonferenz vom 21.-24.8.1945 nach Beendigung des Krieges. In: Albert E.J. Hollaender: Offiziere und Prälaten. Zur Fuldaer Bischofskonferenz, August 1945. In: Mitteilungen des Österreichischen Staatsarchivs 25 (1972), S. 197ff.
22 Vgl. Supreme Headquarters Allied Expeditionary Force: Handbook for Military Government in Germany Prior to Defeat or Surrender (im weiteren SHAEF-Handbook), 1944, III § 848.

23 The situation with regard to German churches vom 20.6.1945. Zit. nach Joachim Kuropka: Eine diplomatische Aktion aus dem Jahre 1945 um die Romreise des Bischofs Clemens August von Münster. Zur Problematik des Verhältnisses von Kirche und Besatzungsmacht in den ersten Monaten nach der Kapitulation. In: Westfälische Forschungen 28 (1976/77), S. 208.
24 Gotto spricht von „quasi-staatlichen Funktionen", die die katholische Kirche unmittelbar nach der deutschen Kapitulation übernommen habe. S. Klaus Gotto: Die katholische Kirche und die Entstehung des Grundgesetzes. In: Anton Rauscher (Hrsg.): Kirche und Katholizismus 1945-1949, München/Paderborn/Wien 1977, S. 89.
25 Vgl. Pater Boesch' Aufzeichnungen vom 6.8.1946: Clemens August von Galen. Bischof von Münster (Sendenhorst vom 14.10.1944-18.12.1945), Bistumsarchiv Münster (im weiteren BAM), Nachlaß Portmann A 5. Pater Boesch war Galens Dolmetscher bei den Gesprächen mit der Militärregierung. Seine Aufzeichnungen hat Portmann – leider ohne Kennzeichnung – größtenteils wortwörtlich für seine Galen-Biographie verwendet.
26 Löffler II, S. 1102.
27 Galen in einer Predigt vom 7.10.1945. Ebd., S. 1232. S. auch Galens Seelsorgeanweisung vom 10.5.1945. Ebd., S. 1128.
28 Bierbaum (wie Anm. 7), S. 262. Die Aussage eines Zeitzeugen, des heutigen Pfarrers Ferdinand Vodde von St. Georg in Vechta, bestätigt Bierbaums Auszeichnungen. Pfarrer Vodde erinnert sich an ein Gespräch mit Galen während seines Heimaturlaubes in Dinklage gegen Ende des Krieges – Ferdinand Vodde war damals Kriegspfarrer in Athen –, in dem sich der Bischof ausdrücklich gegen eine Niederlage des Deutschen Reiches ausgesprochen habe. Mitteilung Pfarrer Voddes an die Verfasserin vom 10.3.1992.
29 Löffler II, S. 778. Seit dem Rußlandfeldzug bekam dieser patriotische Wunsch für Galen eine christlich-weltanschauliche Zielrichtung, so daß er öffentlich erklärte: „Gott ist mein Zeuge, daß ich mit heißem Herzen dem Kampf der deutschen Heere gegen den gottlosen Kommunismus vollen Erfolg wünsche und täglich im Gebet von Gott, dem Lenker der Schlachten, erflehe." Galen in seinem Hirtenbrief vom 14.9.1941. Ebd., S. 907. Vgl. auch Galens Fastenhirtenbrief vom 1.2.1944. Ebd., S. 1033.
30 Hans Fleischer: „Ein Prälat, der Hitler kritisierte, betrachtet die Alliierten als Feinde", BAM, Sammlung Kardinal von Galen 57. Fleischer hatte das Interview vom 6.4.1945 im obigen Artikel zusammengefaßt. Galens patriotische Grundhaltung wurde u. a. von dem im kalifornischen Exil lebenden deutschen Schriftsteller Thomas Mann heftig kritisiert. Vgl. Löffler II, S. 1104, Anm. 1.
31 Fleischer (wie Anm. 30). In seiner ersten Presseerklärung vom 9.4.1945 wiederholte Galen öffentlich seine gegenüber der englischen und amerikanischen Presse gemachten Erklärungen. In: Löffler II, S. 1104. Vgl. Galens Haltung am Ende des 1. Weltkrieges: An der Unbesiegbarkeit des deutschen Heeres festhaltend, akzeptierte Galen die sogenannte „Dolchstoßlegende". Clemens Graf von Galen: Wo liegt die Schuld? Gedanken über Deutschlands Niederbruch und Aufbau. In: Historisch-politische Blätter für das katholische Deutschland 164 (1919), S. 3ff (Sonder-Abdruck).
32 Das Aachener Attentat vom 25. März 1945 – der von den Amerikanern eingesetzte Oberbürgermeister Franz Oppenhoff war als „Verräter" von nationalsozialistischen Guerilla-Kämpfern ermordet worden – hatte eindringlich gezeigt, wie gefährlich der Kontakt zu den Alliierten vor Kriegsende war. S. Bernhard Poll: Franz Oppenhoff (1902-1945). In: Edmund Strutz (Hrsg.): Rheinische Lebensbilder, Bd. 1, Düsseldorf 1962, S. 244ff.
33 Löffler II, S. 1102.
34 Galens Vortragsnotizen vom 13.4.1945. Ebd., S. 1106. S. auch S. 1103.
35 SHAEF-Handbook (wie Anm. 22), III § 248.
36 Vgl. hierzu Colonel Spottiswoode in seiner Abschiedsansprache vom 26.7.1946: „Ich habe nie verheimlicht, daß wir hier sind, um eine Politik nach alliierten Grundsätzen durchzuführen, die vorsieht, daß die Zukunft Deutschlands nicht von deutschen, sondern von alliierten Gesichtspunkten aus betrachtet wird ...", Kreisarchiv Warendorf 19.00.8. Zit. nach Gisela Schwarze: Eine Region im demokratischen Aufbau. Der Regierungsbezirk Münster 1945/46, Düsseldorf 1986, S. 35.
37 Henric L. Wuermeling: Die weiße Liste. Umbruch der politischen Kultur in Deutschland 1945, Berlin/Frankfurt/M./Wien 1981, S. 21ff. Vgl. SHAEF-Handbook (wie Anm. 22), III § 849.
38 So Brigadier Sedgwick in der Einleitung zu seiner Übersetzung der Galen-Biographie von H. Portmann, die 1957 in London unter dem Titel „Cardinal von Galen" erschien, S. 12. S. auch einzelne Abbildungen britischer Flugblätter mit Galen-Predigten in: Klaus Kirchner (Hrsg.): Flugblätter aus England 1939/1940/1941, Erlangen 1978, S. 321ff.
39 Bemerkung zu Galen in der weißen Liste. In: Wuermeling (wie Anm. 37), S. 284.

40 Josef Pieper: Noch nicht aller Tage Abend. Autobiographische Aufzeichnungen 1945-1964, München 1979, S. 11.
41 Vgl. Amelunxen (wie Anm. 12), S. 147f.
42 Die Furcht vor einer kommunistischen Diktatur in ganz Deutschland teilte er mit vielen seiner Zeitgenossen. S. u. a. Konrad Adenauer: Erinnerungen 1945-1953, Stuttgart 1965, S. 51.
43 Hierbei handelte es sich um Johannes Gronowski, den ehemaligen Oberpräsidenten der Provinz Westfalen sowie Hermann Pünder, den ehemaligen Regierungspräsidenten von Münster.
44 Vgl. Severings Bericht vom 10.5.1945, Archiv der Sozialen Demokratie, Nachlaß Carl Severings. Nach Hüttenberger (wie Anm. 16), S. 174.
45 Sein provisorischer Sitz war das Kloster Hiltrup bei Münster.
46 Vgl. Auskunft des Rechtsanwalts und Zentrumspolitikers Reismann, Hauptstaatsarchiv Düsseldorf (im weiteren HStAD), Sammlung von mündlichen und schriftlichen Auskünften RWN 139. Nach Hüttenberger (wie Anm. 16), S. 173.
47 Political Report on „Opinions of the Bishop of Munster on the present Political und Economic Situation in W. Germany" vom 13.8.1945, Public Record Office, London, FO 1049/267. Für die Einsichtnahme in dieses Protokoll danke ich Herrn Prof. Dr. Joachim Kuropka.
48 Spottiswoode an Galen vom 1.9.1945, BAM, GV NA, A 0-9. Galen schlägt in einem Antwortschreiben an die Militärregierung vom 9.9.1945 folgende Personen vor: den Fabrikanten Robert Rhode, den Gutsbesitzer Baron Rudolf von Twickel und den Rechtsanwalt Bernhard Terrahe. Ihre Berufung in den Beirat erfolgte nicht.
49 Mc Alister an Galen vom 24.9.1945: „Would you please forward the Fragebogen in respect of the three persons mentioned as requested in our original letter to you?", BAM, GV NA, A 0-9.
50 Löffler II, S. 1228f. Zu einer ähnlichen Weigerung Galens vgl. ebd., S. 1249.
51 Spotts (wie Anm. 5), S. 79. S. auch Anm. 36.
52 Boesch (wie Anm. 25). Morsey übernimmt Pater Boesch' Einschätzung, ohne die Quelle zu zitieren. S. z.B. Rudolf Morsey: Klemens August Kardinal von Galen zum Gedächtnis. Gedenkstunde zum 20. Jahrestag seines Todes im Stadttheater zu Münster am Sonntag, dem 24. April 1966, Münster 1967, S. 21.
53 Portmann (wie Anm. 7), S. 253.
54 Nach Kriegsende lebten ca. 5000 ehemalige Kriegsgefangene und – vorwiegend osteuropäische – „Fremdarbeiter" (sogen. „displaced persons") in und um Münster, die bis zu ihrer Repatriierung in das jeweilige Heimatland versorgt und betreut werden mußten. S. hierzu Wolfgang Jacobmeyer: Vom Zwangsarbeiter zum Heimatlosen Ausländer – Die Displaced Persons in Westdeutschland 1945-1951, Göttingen 1985.
55 Marcus Weidner: Nur Gräber als Spuren. Das Leben und Sterben von Kriegsgefangenen und „Fremdarbeitern" in Münster während der Kriegszeit 1939-1945, Münster 1984, S. 58ff.
56 In Münster gab es ein großes „Russenlager" in den Kasernen am Hohen Heckenweg. Im Landkreis Münster waren vorwiegend in Greven und Reckenfeld Sammellager eingerichtet worden. S. Schwarze (wie Anm. 36), S. 37.
57 Marcus Weidner: Skizzen zur Situation ausländischer Kriegsgefangener und Zwangsarbeiter in Münster nach dem Zusammenbruch der nationalsozialistischen Gewaltherrschaft. In: Hans-Günter Thien/Sabine Preuß u. a. (Hrsg.): Überwältigte Vergangenheit – Erinnerungsscherben: Faschismus und Nachkriegszeit in Münster i. W., Münster 1985, S. 105.
58 Jacobmeyer (wie Anm. 54), S. 50. Vgl. Weidner (wie Anm. 57), S. 108ff.
59 The Observer vom 23.9.1945 benennt u. a. folgendes Beispiel: „Der polnische Verschleppte, der jahrelang von einem deutschen Bauern ausgepeitscht worden ist, ist psychologisch nicht in der Verfassung zu verstehen, daß es jetzt ein Verbrechen sein soll, wenn es sich eins der Schweine des deutschen Bauern nimmt." Zit. nach Isaac Deutscher: Reportagen aus Nachkriegsdeutschland, Hamburg 1980, S. 119.
60 Zu DP-Kriminalität und deutscher Kriminalität im Vergleich am Beispiel der Stadt Bremen s. Jacobmeyer (wie Anm. 54), S. 48ff.
61 Vgl. Stadtarchiv Münster (im weiteren StdAMS), Amt 10-154, 13/600. Angaben zur Kriminalität Deutscher im gleichen Zeitraum liegen mir leider nicht vor.
62 Oberbürgermeister Dr. Zuhorn (seit dem 15.6.1945 wieder Oberbürgermeister der Stadt Münster; Dr. Zuhorn war 1933 von den Nationalsozialisten aus diesem Amt entfernt worden) laut Protokoll der 2. Sitzung des Allgemeinen Beirates vom 20.8.1945. Zit. nach Kuropka (wie Anm. 13), S. 17. Im August 1945 hatte Montgomery drastische Maßnahmen zur Bekämpfung der DP-Kriminalität angekündigt, aber gleichzeitig betont, daß die DPs mehrheitlich friedlich seien und nicht für die Verbrechen einer kleinen Minderheit verantwortlich gemacht werden könnten. In: Kieler Kurier vom 22.8.1945.

63 Galen an Ledingham vom 5.4.1945. In: Löffler II, S. 1103. S. auch die Aufstellung des Landrates des Kreises Münster über die Übergriffe von Fremdarbeitern auf die Zivilbevölkerung für den Zeitraum bis zum 11. Juni 1945, StdAMS, Amt 10-245.
64 Galens Vortragsnotizen vom 13.4.1945. In: Löffler II, S. 1106. Die gleichen Forderungen richtete Galen am 13.4.1945 auch schriftlich an den Generalleutnant und Oberbefehlshaber der 9. US-Armee William H. Simpson (Haltern), BAM, GV NA, A 0-9.
65 Ebd. So sei es erforderlich, „daß sie (zukünftig) bewacht werden und daß man ihnen verbiete, ihre Unterkünfte während der Nachtstunden zu verlassen. Für ihre Unterkunft und Verpflegung ist zu sorgen. 2) Sehr oft sind Verbrechen von amerikanischen Soldaten, Negern und auch Weißen, verübt worden. Sie dringen in die Häuser ein, verlangen Wertsachen, Uhren, vor allem jedoch Alkohol und Frauen. Und sie nehmen es sich mit Gewalt. Noch heute kamen vier Mädchen zu dem hier ansässigen Arzt, weil ihnen letzte Nacht Gewalt angetan wurde bzw. weil sie von farbigen Soldaten vergewaltigt wurden. ... Ich denke, diese Dinge können in einer regulären Armee verhindert werden, indem man den Soldaten verbietet, abends wegzugehen, und indem man die Befolgung dieses Verbots durch Wachen sicherstellt."
66 Vgl. Löffler II, S. 1137. S. auch Bierbaum (wie Anm. 7), S. 265.
67 Galen an Ledingham vom 17.5.1945. In: Löffler II, S. 1138.
68 Ledingham an Galen vom 21.5.1945. Ebd., Anm. 5. In einem Antwortschreiben versicherte Ledingham, „daß alles, was möglich sei, getan werde und auch weiterhin von den Militärbehörden getan werde, um diese gesetzeswidrigen Vorkommnisse zu unterbinden, und zwar bis zu dem Zeitpunkt, an dem es möglich sein werde, alle Fremdarbeiter in ihre Heimatländer zurückzubringen."
69 Boesch (wie Anm. 25).
70 Anzeige vom 1.6.1945 wegen der Plünderung des Bischöflichen Konviktes Collegium Ludgerianum in Münster. In: Löffler II, S. 1148f. S. auch ebd., S. 1165f.
71 Am 12.6.1945 wurde ein Geistlicher in Sendenhorst überfallen, mißhandelt und beraubt. Zu Galens Reaktion s. Boesch (wie Anm. 25).
72 Galen an Colonel Mc Alister vom 12.6.1945, BAM, GV NA 0-66.
73 Ebd. Vgl. auch Anm. 42.
74 „...daß wir die Angehörigen verbündeter Mächte, die gegen ihren Willen zur Zwangsarbeit nach Deutschland gebracht wurden, um den Krieg gegen ihre eigenen Länder fortsetzen zu helfen, nicht in strenger Abgeschlossenheit halten können". Spottiswoode an Galen vom 14.6.1945. In: Löffler II, S. 1166f.
75 Ebd., S. 1172ff. Bereits zwei Jahre zuvor, am 4.7.1943, hatte Galen in Telgte eine berühmte Predigt gehalten, in der er sich gegen die deutsche Haßpropaganda gewandt und zur christlichen Feindesliebe aufgerufen hatte. Ebd., S. 982ff.
76 Zur Haltung der katholischen Kirche zur Kollektivschuld und Entnazifizierung s. Spotts (wie Anm. 5), S. 79ff. u. Ludwig Volk: Der Heilige Stuhl und Deutschland 1945-1949. In: Anton Rauscher (Hrsg.): Kirche und Katholizismus 1945-1949, München/Paderborn/Wien 1977, S. 62ff.
77 In diesem Zusammenhang führt Galen erläuternd aus: „Der Friede wird vorbereitet, angebahnt durch die Gerechtigkeit, aber ist ein Werk, eine Wirkung der Liebe! Erst die Liebe, die im Mitmenschen die menschliche Würde anerkennt, das Ebenbild Gottes hochachtet, den Bruder in Christus als den Miterben des Himmels sieht, erst diese christliche Liebe ist imstande, wirklich die Ruhe in der Ordnung, den Frieden zu schaffen und zu erhalten." Zum Aspekt des Friedens äußerte sich Galen später noch ausführlicher u. a. in der Predigt vom 6.1.1946. In: Löffler II, S. 1265.
78 Vgl. Deutscher (wie Anm. 59), S. 67. Scharfe Angriffe richtete u. a. Wilhelm K. Gerst gegen Galen in dem Artikel „Die Predigt von Telgte". In: Frankfurter Rundschau vom 26.10.1945.
79 So Galen in seiner Telgter Predigt: „Ungerechtigkeit, die einem Menschen, einer Gemeinschaft, einem Volke das Seine nimmt oder verweigert, widerspricht dem Willen Gottes, stört die Ordnung, vernichtet die Ruhe." In: Löffler II, S. 1174.
80 Volk (wie Anm. 76), S. 62.
81 Pius XII. – in seiner Zeit als Nuntius noch Erzbischof Eugenio Pacelli – hatte in dieser Zeit das „andere Deutschland" schätzen und lieben gelernt, so daß er im Vatikan als der deutsche Papst – „il papa tedesco" – bezeichnet wurde. S. Spotts (wie Anm. 5), S. 32.
82 Ansprache Pius' XII. an das Kardinalskollegium am Namenstag des Papstes (Eugen) am 2.6.1944. In: Utz/Groner (wie Anm. 18), S. 2187. Die Ablehnung der Kollektivschuldthese bedeutete hingegen nicht die rigorose Zurückweisung von Schuld. Pius XII. forderte eine gerechte Bestrafung der Schuldigen und stellte auch der katholischen Kirche keinen ‚Persilschein' aus. S. auch Anm. 18.

83 Pius XII. in seiner Radioansprache vom 24.12.1944. Ebd., S. 1785f. S. auch die Ansprache Pius' XII. an das Heilige Kardinalskollegium vom 24.12.1945. Ebd., S. 2100f.
84 So Frings in einem WDR-Interview zu Rudolf Först am 4.2.1967. In: Rudolf Morsey: Adenauer und Kardinal Frings 1945-1949. In: Dieter Albrecht/Hans Günter Hockerts u. a. (Hrsg.): Politik und Konfession. Festschrift für Konrad Repgen zum 60. Geburtstag, Berlin 1983, S. 483, Anm. 5. S. auch Josef Frings: Für die Menschen bestellt. Erinnerungen des Alterzbischofs von Köln Josef Kardinal Frings, Köln 1973, S. 39ff.
85 Protokoll des Konveniats der Kölner und Paderborner Bischöfe vom 4.-6.6.1945. In: Ludwig Volk (Bearb.): Akten deutscher Bischöfe über die Lage der Kirche 1933-1945, Bd. 6, Mainz 1985, S. 517. Am Konveniat, das im Wallfahrtsort Werl im Erzbischöflichen Knabenkonvikt stattfand, hat auch Galen teilgenommen.
86 Pastorale Anweisungen Faulhabers Ende Juni 1945. In: Ludwig Volk (Bearb.): Akten Kardinal Michael von Faulhabers 1917-1945, Bd. 2, Mainz 1978, S. 1068. S. auch das Hirtenwort des bayerischen Episkopats vom 28.6.1945. Ebd., S. 1080f.
87 Kurz vor seinem Tode schrieb Galen an seinen Bruder Franz: „Leider ist mein Einfluß in dieser Sache gleich Null; die allgemeine Meinung, die Besatzungsmächte hörten auf meine Worte, ist ein großer Irrtum. Es ist mir überhaupt nicht möglich, an die eigentlich maßgeblichen Stellen heranzukommen." In: Bierbaum (wie Anm. 7), S. 287. S. auch Galens Fastenhirtenbrief vom 21.1.1946. In: Löffler II, S. 1280.
88 Boesch (wie Anm. 25).
89 Vgl. Adolf M. Birke: Geschichtsauffassung und Deutschlandbild im Foreign Office Research Department. In: Bernd Jürgen Wendt (Hrsg.): Das britische Deutschlandbild im Wandel des 19. und 20. Jahrhunderts, Bochum 1984, S. 173ff.
90 Boesch (wie Anm. 25).
91 Aufzeichnungen Portmanns über die Besprechung Galens mit Oberst Spottiswoode vom 24.7.1945. In: Löffler II, S. 1190ff. In seiner Ansprache vom 2.6.1945 hatte Pius XII. bereits ausführlich die öffentlich sichtbaren Daten und Etappen des katholischen Widerstandes erinnert. In: Utz/Groner (wie Anm. 18), S. 1803ff.
92 Da das Kirchliche Amtsblatt von der Kommandantur in Münster noch nicht genehmigt war, sollte die Erklärung in der NWZ abgedruckt werden. Das ist nie geschehen. Die Erklärung wurde erst in dem ersten, nach dem Kriege erschienenen Kirchlichen Amtsblatt für die Diözese Münster (im weiteren KA Münster) vom 5.11.1945 veröffentlicht. In: Löffler II, S.1197.
93 Vgl. Weidner (wie Anm. 55), S. 90. S. v.a. auch Spotts (wie Anm. 5), S. 59.
94 Rudolf Morsey: Clemens August Kardinal von Galen. Größe und Grenze eines konservativen Kirchenfürsten (1933-1946). Geringfügig überarbeitete Fassung eines Vortrags vom 29.9.1990 in Münster. In: Jahres- und Tagungsbericht der Görres-Gesellschaft 1990, S. 22. Die Bezeichnung Galens als „Löwe von Münster" ist zudem unpassend gewählt, da es erst nach der Kardinalserhebung Galens üblich wurde, Galen so zu bezeichnen. Ähnlich wie Morsey Günter Beaugrand: Kardinal Graf von Galen, München 1985, S. 62.
95 Vgl. Portmann (wie Anm. 7), S. 252.
96 Vgl. Anm. 47. Seit Telgte spiegelt sich in Galens Ausführungen der Unmut über seine machtpolitische Einflußlosigkeit gegenüber der britischen Regierung wider, wenn er – nicht resignierend, sondern provozierend – u. a. Teilbereiche der britischen Besatzungsherrschaft mit der NS-Herrschaft gleichsetzt. Derartige Vergleiche sind mehr als fragwürdig, da sie die Unvergleichbarkeit von Besatzungs- und NS-Herrschaft ebenso wie die Probleme der Besatzungsmacht im Nachkriegsdeutschland nicht berücksichtigen. Vgl. Galens Interview mit dem Londoner Korrespondenten Fritz René Allemann in dem unter dem Titel „Deutsche Bilanz 1945. Eine Rundfahrt durch die britische Zone" in der Züricher Zeitung „Die Tat" erschienenen Artikel vom 26.10.1945. In seinen Notizen zu diesem höchst brisanten Interview vermerkt Galen ausdrücklich, „daß die Ideen der NS jetzt von den Alliierten gehandhabt und adoptiert werden". In: Löffler II, S. 1239. In diesem Zusammenhang sei darauf hingewiesen, daß der Vorwurf, Galen habe ein unter dem Titel „Rechtsbewußtsein und Rechtsunsicherheit" verbreitetes Schriftstück, in dem das Besatzungsregime massiv angegriffen wird, verfaßt, unzutreffend ist. S. Dementi im KA Münster vom 26.6.1946.
97 S. auch Portmann (wie Anm. 7), S. 254.
98 Vgl. z. B. Anm. 48.
99 Spottiswoode an Galen vom 5.9.1945, BAM, NA GV, A 0-10.
100 Savage an Galen vom 26.11.1945, BAM, GV NA, A 0-9.
101 Glasgow Observer v. 4.1.1946. Der Verfasser des Artikels kritisiert die Haltung der Siegermächte

gegenüber Galen; so hält er ihnen vor, sie seien ärgerlich darüber, „dass dieser deutsche Bischof dieselbe geistige Unabhängigkeit der Alliierten Mil.Reg. gegenüber in Anspruch nimmt, wie er sie gegen die Nazi-Herrschaft bewies".

102 Es bestand ein generelles Reiseverbot. Im Juni erhielt Galen von der Militärbehörde einen Reisepaß, der ihm aber nur Fahrten innerhalb des Bistums ermöglichte.
103 Die Ablehnung der Reiseerlaubnis wurde dem Vatikan am 23.5.1945 mitgeteilt. S. Kuropka (wie Anm. 23), S. 210. Von diesem Vorgang besaß Galen keine Kenntnis.
104 Konrad Repgen: Kardinal Frings im Rückblick. Zeitgeschichtliche Kontroverspunkte einer künftigen Biographie. In: Historisches Jahrbuch 100 (1980), S. 312. Zu weiteren wichtigen Details s. Kuropka (wie Anm. 23), S. 208ff.
105 Volk (wie Anm. 76), S. 86.
106 Noch 5 Tage nach der Bekanntgabe der Namen schrieb Galen an Frings: „Ich kann es noch immer nicht recht glauben, solange jede amtliche Mitteilung fehlt ...". In: Löffler II, S. 1258. S. auch Portmann (wie Anm. 7), S. 262ff.
107 Neue Zürcher Zeitung vom 27.12.1945. Zur Rezeption der Ernennung Galens in der Weltöffentlichkeit s. auch den Artikel „Der Neue Kardinal von Münster". In: Glasgow Observer vom 4.1.1946.
108 Vgl. Burkhard van Schewick: Die katholische Kirche und die Entstehung der Verfassungen in Westdeutschland 1945-1950, Mainz 1980, S. 10f. S. auch Volk (wie Anm. 76), S. 63 und Galen in seinem Dankschreiben an Pius XII. vom 6.1.1946. In: Löffler II, S. 1262f.
109 Zu Einzelheiten über Galens abenteuerliche Romreise und die Konsistorien im Februar 1946 s. Max Bierbaum: Die letzte Romfahrt des Kardinals von Galen, Münster 1946.
110 Ebd., S. 76. Im Original Sperrung.
111 Professor für (kirchliche) Rechtsgeschichte; unternahm im September 1945 im Auftrag des Papstes eine Informationsreise durch Österreich und Deutschland; 1945-1951 Mitarbeiter der Vatikanmission in Kronberg.
112 Zeiger an seinen Mitbruder Pater Leiber vom 5.1.1946. Zit. nach Volk (wie Anm. 76), S. 63. S. auch NWZ vom 28.12.1945.
113 Über 900 Glückwünsche gingen beim Kardinal ein, BAM, GV NA, 0-29 bis 0-35.
114 Der feierliche Einzug Kardinal Galens in seine Bischofsstadt fand am 16. März 1946 statt. Vgl. Portmann (wie Anm. 7), S. 316ff. S. auch Ruhr-Zeitung vom 20.3.1946.
115 Löffler II, S. 1325f.
116 Spottiswoode an Galen vom 27.12.1945. Ebd., S. 1256. „Ich sehe in dieser Auszeichnung eine Anerkennung Ihrer mutigen Haltung bei der Verteidigung der christlichen Prinzipien, welche in Deutschland während der letzten Jahre gefährdet waren."
117 Vgl. Hollaender (wie Anm. 21), S. 13.
118 Vgl. Portmann (wie Anm. 7), S. 275. Zu den politischen Rahmenbedingungen, die Galens Romreise Anfang 1946 ermöglichten, s. Kuropka (wie Anm. 23).
119 Vgl. NWZ vom 19.3.1946.
120 Vier Tage vor seinem Tod war Galen in das Franziskushospital in Münster eingeliefert worden. Dort starb er an den Folgen eines Blinddarmdurchbruches mit Darmlähmung. Vgl. Portmann (wie Anm. 7), S. 321ff.
121 Hirtenbrief Galens vom 28.10.1933. In: Löffler I, S. 31.
122 Klaus Gotto: Zum Selbstverständnis der katholischen Kirche im Jahre 1945. In: Dieter Albrecht/ Hans Günter Hockerts u. a. (Hrsg.): Politik und Konfession. Festschrift für Konrad Repgen zum 60. Geburtstag, Berlin 1983, S. 465.
123 Abgedr. in: Löffler II, S. 1169f. S. auch Galens Notizen zu einem politischen Programm, ebd., S. 1168.
124 Abgedr. in: Kirchlicher Anzeiger für die Erzdiözese Köln 1891, S. 83ff, 91ff, 99ff u. 107ff.
125 Abgedr. in: Acta Apostolicae Sedis. Commentarium officiale 23, Rom/Citt del Vaticano 1931, S. 177ff.
126 Vgl. zur Haltung der Amtskirche Gotto (wie Anm. 122), S. 471.
127 Clemens Graf von Galen: Die „Pest des Laizismus" und ihre Erscheinungsformen. Erwägungen und Besorgnisse eines Seelsorgers über die religiös-sittliche Lage der deutschen Katholiken, Münster 1932, S. 52, 55.
128 Galens Predigt in Rom vom 17.2.1946. In: Löffler II, S. 1302.
129 Vgl. Schewick (wie Anm. 108), S. 16f.
130 Löffler II, S. 1169.
131 Galen (wie Anm. 31), S. 24.

132 S. Galens Grundforderungen 1-4, 9 u. 10. In: Löffler II, S. 1169f.
133 Ebd., S. 1170.
134 Galens Hirtenbrief vom 5.(26.)6.1945. Ebd., S. 1157. S. auch Galens Brief an Pohlschneider vom 2.5.1945, ebd., S. 1121. S. v.a. auch Galens Aufruf zur Abstimmung über die Konfessionsschule im Hirtenwort vom 2.2.1946. Ebd., S. 1291ff. Zur Auseinandersetzung um die Wiedereinführung der Bekenntnisschule nach 1945 s. Joachim Kuropka: Das katholische Schulwesen im Wiederaufbau 1945-1960. In: Handbuch Katholische Schule, hrsg. v. Arbeitskreis katholischer Schulen in freier Trägerschaft in der Bundesrepublik Deutschland, Bd. 3, Köln 1992.
135 Galens 11. Grundforderung. In: Löffler II, S. 1170.
136 Ebd., s. Galens 6. Grundforderung.
137 Abgedr. in: Bierbaum (wie Anm. 7), S. 378ff, hier S. 387. Die „Katholischen Grundsätze" vom März 1946 stellen eine Präzisierung seiner Grundforderungen für den Neuaufbau Deutschlands dar. Einen ersten Entwurf hat Galen unter Mitarbeit von Pater Gundlach S.J. während seines Romaufenthaltes erarbeitet und nach seiner Heimkehr mit seinem Bruder Franz diskutiert und redigiert. Das Schriftstück ist nie veröffentlicht worden. S. ebd., S. 285f. Zu weiteren Einzelheiten s. Löffler II, S. 1304, Anm. 1.
138 Gerold Ambrosius: Die Durchsetzung der Sozialen Marktwirtschaft in Westdeutschland 1945-1949, Stuttgart 1977, S. 99.
139 S. dazu ausführlich: Rudolf Uertz: Christentum und Sozialismus in der frühen CDU. Grundlagen und Wirkung der christlich-sozialen Ideen in der Union 1945-1949, Stuttgart 1981, S. 482ff.
140 Galen (wie Anm. 137), S. 388.
141 Galens 7. Grundforderung. In: Löffler II, S. 1170. S. auch Heinz Hürten: Aktualität und Geschichtlichkeit. In: Unsere Seelsorge 2 (1978), S. 14.
142 Pius XII. in einer Ansprache an die Delegierten der italienischen katholischen Arbeitervereine vom 11.3.1945. Vgl. Utz/Groner (wie Anm. 18), S. 1463ff.
143 S. Galens 7. Grundforderung. In: Löffler II, S. 1170.
144 Vgl. Galens Notizen zu einem politischen Programm. Ebd., S. 1168. Das Subsidiaritätsprinzip ist ein der katholischen Sozialphilosophie entlehntes Prinzip, wonach jede gesellschaftliche und staatliche Tätigkeit ihrem Wesen nach „subsidär" (unterstützend und ersatzweise eintretend) ist, die höhere staatliche oder gesellschaftliche Einheit also nur dann helfend tätig werden und Funktionen der niederen Einheiten an sich ziehen darf, wenn deren Kräfte nicht ausreichen, diese Funktionen wahrzunehmen. Vgl. Anton Rauscher/Alexander Hollerbach: Subsidiarität. In: Staatslexikon. Recht-Wirtschaft-Gesellschaft, hrsg. v. der Görres-Gesellschaft, Bd. 5, 7., völlig neu bearb. Aufl., Freiburg im Breisgau 1989, Sp. 386ff.
145 Galens 8. Grundforderung. In: Löffler II, S. 1170.
146 S. hierzu Theodor Eschenburg: Die improvisierte Demokratie. Gesammelte Aufsätze zur Weimarer Republik, München 1963. S. auch zu den Ursachen für das Scheitern der Weimarer Republik: Eberhard Kolb: Die Weimarer Republik, München/Wien 1984.
147 Vgl. Clemens Graf von Galen: Unsere Stellung zu Artikel I der Reichsverfassung. In: Germania vom 20.7.1919. Vgl. Josef Hofmann: Journalist in Republik, Diktatur und Besatzungszeit. Erinnerungen 1916-1947, Mainz 1977, S. 58. Sehr deutlich wird Galens – auch nach dem Krieg unveränderte – Haltung zum ‚laizistischen Staat von Weimar' in einer Predigt auf dem Domplatz anläßlich eines katholischen Jugendtreffens am 8.7.1945: „Ich weiß wohl, daß jene Christen, die dem Verfassungssatz: ‚Die Staatsgewalt geht vom Volke aus', zugestimmt haben, ihn in dem Sinn verstanden haben: ‚Die Träger der Staatsgewalt werden vom Volk bezeichnet.' Aber die eigentlichen Urheber und Verfechter jenes Verfassungssatzes haben ihn bewußt geprägt und verstanden als eine Ablehnung des ‚Gottesgnadentums' christlicher Herrscher, die damit ihre Verantwortlichkeit vor Gott bekannten." In: Löffler II, S. 1185.
148 Ebd., S. 1171.
149 Galens 12. Grundforderung, ebd., S. 1170.
150 Adenauer an Franz von Galen vom 6.5.1947. Abgedr. in: Hans Peter Mensing (Bearb.): Adenauer. Briefe 1945-1947, Berlin 1983, S. 486. Franz von Galen hatte Adenauer den Programmentwurf seines Bruders zugesandt.
151 Erst am 15.9.1945 erließ die Militärregierung für das britische Kontrollgebiet die Verordnung Nr. 12, welche die Zulassung von Parteien auf Stadt- und Kreisebene erlaubte und in 6 Artikeln genauestens regelte. Abgedr. in: Ursachen und Folgen. Vom deutschen Zusammenbruch 1918 und 1945 bis zur staatlichen Neuordnung Deutschlands in der Gegenwart, hrsg. von Herbert Michaelis/Ernst Schraepler, Bd. 24, Berlin o.J., S. 143ff.
152 Zu Aufbau und Programmatik der münsterländischen CDU s. Schwarze (wie Anm. 36), S. 101ff.

Weiterführend s. Horstwalter Heitzer: Die CDU in der britischen Zone 1945-1949. Gründung, Organisation, Programm und Politik, Düsseldorf 1988.
153 Zur Person Jöstingmeiers s. WN vom 9.10.1985.
154 Vgl. Bierbaums Bemerkung, Galen habe „damals öfter mit zuständigen Politikern" über sein Programm verhandelt. Bierbaum (wie Anm. 7), S. 390. Ferner notierte Galens Bruder Franz am 1. März 1954 auf einer Abschrift dieses Programms handschriftlich: Galen habe ihm dieses Programm „im August oder September 1945 persönlich übergeben mit dem Bemerken, er habe versucht, den Entwurf eines Ideal-Programms zu formulieren (und habe) auch verschiedenen, politisch interessierten Herren in Münster" Abschriften übergeben. BAM, Sammlung Galen, A 12.
155 Diesbezüglicher Hinweis erstmals bei Fritz Brickwedde: Die Frühgeschichte der westfälischen CDU (Magisterarbeit), Münster 1978, S. 114f. S. auch Rudolf Morsey: Zwischen Verwaltung und Parteipolitik. Hermann Pünder und die Gründung der CDU in Münster 1945. In: Heinz Dollinger/ Horst Gründer u. a. (Hrsg.): Weltpolitik, Europagedanke, Regionalismus. Festschrift für H. Gollwitzer zum 65. Geburtstag, Münster 1982, S. 543, Anm. 32. Morseys Behauptung, die Programmkorrekturen stammten nicht von Galen, dürfte nicht zutreffend sein, denn Brickweddes Angaben sind nicht nur vor dem Hintergrund der wirtschaftspolitischen Vorstellungen Galens plausibel, sondern werden darüber hinaus auch von Georg Jöstingmeier bestätigt. S. Protokoll der Bistumskommission für Kirchliche Zeitgeschichte vom 4.2.1981, S. 5. Für die Einsichtnahme in dieses Protokoll danke ich Herrn F. Brickwedde.
156 Abgedr. in: Schwarze (wie Anm. 36), S. 332ff.
157 Zu weiteren Einzelheiten s. ebd., S. 67.
158 Reismann an Reichsrat Wilhelm Hamacher, den ehemaligen Generalsekretär der rheinischen Zentrumspartei, vom 5.4.1946, HStAD, Nachlaß Hamacher, RWN 48, Nr. 7. Zit. nach Brickwedde (wie Anm. 155), S. 117.
159 Franz Graf von Galen an Hamacher vom 10.8.1946, Abschrift im Bundesarchiv Koblenz, Nachlaß Johannes Brockmann. Zit. nach Schwarze (wie Anm. 36), S. 80.
160 So Jöstingmeier in einem Schreiben an Gronowski vom 3.8.1945, Archiv für christlich-demokratische Politik, Nr. 322-33, I. Zit. nach Brickwedde (wie Anm. 155), S. 17; s. auch S. 155. Vgl. Morsey (wie Anm. 155), S. 532.
161 Das Kölner CDU-Programm wurde nur geringfügig abgeändert. Vgl. Brickwedde (wie Anm. 155), S. 30ff; Schwarze (wie Anm. 36), S. 69ff.
162 Morsey (wie Anm. 94), S. 9. S. auch Günter Beaugrand (Hrsg.): Die neuen Heiligen. Große Christen auf dem Weg zur Heilig- oder Seligsprechung, Augsburg 1991, S. 57. Dagegen hebt auch Hürten hervor, daß Galen sich „die Koordinaten keiner der politischen Ordnungen" seiner Zeit zu eigen gemacht hat. S. Hürten (wie Anm. 141), S. 13.
163 Pius XII. in seiner Radiobotschaft vom 24.12.1944. In: Utz/Groner (wie Anm. 18), S. 1771ff.
164 Werner K. Blessing: „Deutschland in Not, wir im Glauben...". Kirche und Kirchenvolk in einer katholischen Region 1933-1949. In: Martin Broszat/Karl-Dietmar Henke u.a. (Hrsg.): Von Stalingrad zur Währungsreform. Zur Sozialgeschichte des Umbruchs in Deutschland, München 1988, S. 60. In allen Regionen der Westzonen strömten die Katholiken wieder in die Kirchen. Viele aus der Kirche Ausgetretene baten um Wiederaufnahme, die Zahl der Taufen und kirchlichen Hochzeiten stieg enorm an.
165 Vgl. Paul Willenborg: Clemens August Kardinal von Galen. Zeugnis und Vermächtnis, Cloppenburg 1992, S. 21.
166 Vgl. Hüttenberger (wie Anm. 16), S. 57.

Von Gott reden in einer zerrissenen Welt.

Beobachtungen zu einer ‚Theologie' Clemens August Graf von Galens in seinen Predigten und Hirtenbriefen

Joachim Maier

Die wichtigsten Lebensdaten des Clemens August Graf von Galen sind in denkwürdiger Weise verknüpft mit schwierigen Umbruchsituationen in Kirche und Welt. 1878 geboren, als der Höhepunkt des Kulturkampfes überschritten war und erste Schritte zu seiner Überwindung von beiden Seiten unternommen wurden, 1919 (nach langjähriger Kaplanstätigkeit in Berlin) zum Pfarrer der Großstadtgemeinde St. Matthias ernannt, als nach Niederlage und Revolution die Monarchie von der Republik abgelöst wurde, 1933 zum Bischof von Münster geweiht, als sich viele Menschen Hoffnungen auf einen ‚neuen Frühling' für die Kirche in einem erneuerten Staat machten, 1946 gestorben, als die Menschen das ganze Ausmaß der Katastrophe, in die nationalsozialistische Verblendung Deutschland und die Welt gestürzt hatte, nur mühsam wahrzunehmen begannen. Zwar gilt Galen nicht als „eigenständiger theologischer Denker"[1], er konnte als Seelsorger und Bischof auch keine eigene ‚theologische Schule' begründen[2], aber Herkunft und Zeitverhältnisse machten ihn zu einem Theologen, der unbefangen und unerschrocken zu den Menschen von Gott redete, der aber auch sorgsam zu Gott von den Menschen sprach. Im ersten Hirtenbrief anläßlich seiner Amtseinführung als Bischof nannte Galen das Leitwort seiner Tätigkeit: „Nicht Menschenlob, nicht Menschenfurcht soll uns bewegen. Aber das Lob Gottes zu fördern, sei unser Ruhm, selbst in heiliger Gottesfurcht zu wandeln, sei unser beharrliches Streben."[3] Würde das Motto nur verkürzt zitiert ("Nec laudibus, nec timore ..."), könnte der Eindruck entstehen, als sei es dem Bischof und Seelsorger zuerst um die Art und Weise seiner Amtsführung gegangen. „Das Lob Gottes fördern" – dies nennt auch die Zielsetzung seiner Tätigkeit. In einer vielfältig zerrissenen Welt, wie sie Galen in seiner Berliner Zeit und als Bischof erlebt hat, konnte dieses Ziel aber nicht allein im kirchlichen Binnenraum verfolgt werden. Es verlangte, auch nach draußen zu gehen, auf die Welt zu hören, zu ihr zu sprechen und auf ihre Fragen zu antworten. Galen, dem die Mutter eher ein „Abstandhalten von der Welt" einzuprägen bemüht war[4], versuchte nach Kräften, diese Aufgabe zu lösen. Die Schwerpunkte, die er dabei setzte, zeigen sein Verständnis von ‚Theologie', der ‚Rede von Gott'.

1. 1919 und 1946: „Wo liegt die Schuld?"

Galens öffentliche Wirksamkeit soll nicht unzulässig in den Zeitrahmen zwischen 1919 und 1946 eingespannt werden. Aber für das, was er einer größeren Öffentlichkeit sagte, dürfen diese Daten als Eckpunkte gewählt werden. So steht am Anfang und Ende von Galens Wirken als Seelsorger und Bischof zeichenhaft die Frage nach der Schuld. Sie bedrängt ihn unausgesprochen auch auf vielen anderen Stationen seines Wirkens.

Der von Galen 1918/1919 verfaßte Artikel „Wo liegt die Schuld? Gedanken über Deutschlands Niederbruch und Aufbau"[5] folgt zwar vordergründig in seiner Begründung für den Zusammenbruch der Monarchie den konservativen und deutschnationalen Anschauungen über die Revolution und den sog. „Dolchstoß".[6] In der widerstandslosen Hinnahme der Revolution durch das Volk sieht er den Grund für den Zusammenbruch des Kaiserreiches. Seine tiefergehende Analyse jedoch fragt nach den Ursachen der fehlenden inneren Beziehung des Volkes zum Staat. Die sehr kritische Diagnose findet den eigentlich Schuldigen im „Staatsabsolutismus", der dem einzelnen keine genuinen Rechte zuerkannt, sondern sie ihm immer nur gegeben und bei Bedarf wieder genommen habe. Gegenüber einer vom Staat gewährten Freiheit verlangt Galen deren Anerkennung „als einer allen Menschen verliehenen Gottesgabe"[7]. Dieser Gabe Gottes stelle sich auch gegenwärtig die Idee des „Staatsgottes" entgegen. Galen ruft abschließend dazu auf: „Schlag ihn tot!"[8]. Der Gott der Freiheit gegen den Staat, der sich selber zum Gott macht! Jenseits aller Problematik, die hinter Galens Vorstellung von der monarchisch-autokratischen Struktur des Staates steckt[9], die er der Republik noch immer als Ideal gegenüberstellte, ist der Gedanke der Freiheit faszinierend. Was ihm fehlte, war eine biblische Begründung. „Schuld und Umkehr zur Freiheit": ein biblisches Programm! Die Erfahrungen der Geschichte Israels, die Botschaft der Propheten, Rede und Handeln Jesu variieren diese Thematik jeweils auf die Situation von Welt, Gesellschaft und Menschen bezogen. Aber die von Galen und anderen immer wieder – auch später – vorgetragene klassische Forderung nach der „libertas ecclesiae" ist zu eng verstanden worden als „Freiheit für die Kirche" oder als „Freiheit der Kirche" von gesetzlichen Schranken. Was Galen 1919 formulierte, hätte bei einer Abkehr von monarchisch-autokratischem Denken gut eine neue Variante dieses „Schlachtrufs" aus den Zeiten des Investiturstreites befördern können: „Freiheit durch die Kirche". Diesem Gedanken gegenüber, den die katholische Aufklärung (Lamennais) zu entwickeln versucht hatte[10], blieb Galen verschlossen. Wo Galen von der Schuld an der Revolution spricht, fällt auf, wie eindeutig er sie zuweisen zu können meint. Die Regierung habe „unsühnbare Schuld" auf sich geladen, weil sie die natürliche Friedenssehnsucht des Volkes falsch beantwortet habe. So seien aus ihr Unbotmäßigkeit, aus Unzufriedenheit Mißtrauen, aus Entschlossenheit gegenüber dem Feind Aufruhr gegen die „eigenen Führer" geworden, die dem Volk den Frieden vorenthielten. Überdies hätten viele Schuldige in den Parteien ihr „mea culpa" zu sprechen. Gleichwohl bescheinigt Galen ihnen, „doch wohl nur wenig moralische Schuld" auf sich geladen zu haben, weil etwa die Suche nach der Friedensresolution 1917 nicht aus Bosheit, sondern in redlicher Absicht geschehen sei.[11] Selbst, vielleicht stellvertretend für die Kirche, ein „mea culpa" zu sprechen, hat Galen nicht erwogen. Es lag außerhalb seines Denkens, seiner Interpretation des Krieges, den er mit vielen anderen Zeitgenossen dem deutschen Volk „aufgezwungen" sah und dessen Rechtmäßigkeit er nicht in Zweifel zog. Das deutsche Volk sah er „vor allen Völkern auserwählt", die heilige Kirche im römischen Kaisertum deutscher Nation zu schützen. Nun war es „gedemütigt, entehrt" durch einen „schmachvollen sog. Frieden". Jetzt könne dieses Volk nur noch auf Gottes Gerechtigkeit, auf seinen Namen hoffen (vgl. Mt 12,19-21).[12] Diese Gerechtigkeit aber konnte Galen nur im Sinne einer Rechtfertigung Deutschlands vor den anderen Völkern verstehen. Er schrieb nicht darüber, inwieweit etwa die Kirche selbst der rechtfertigenden Gnade

Gottes wegen ihrer Anteilnahme am Krieg und wegen ihres Beitrages zur Entwicklung der bekannten Feindbilder bedürfe.

Mit dem Verweis auf Gottes Gerechtigkeit klingt in Galens früher Schrift bereits der Gedanke an, der ihn auch als Bischof während des Dritten Reiches und in den wenigen ihm verbleibenden Monaten nach dessen Zusammenbruch in seinem Reden und Handeln bestimmte. So wie Galen während des Dritten Reiches öffentlich zu brennenden Fragen Stellung bezog und für Recht und Gerechtigkeit eintrat, so tat er dies auch nach dem 8. Mai 1945. Die unmittelbar danach beginnende Diskussion um die Kriegsschuldfrage führte bei den Alliierten (hier bei der britischen Besatzung) rasch zur Behauptung einer „Kollektivschuld" des deutschen Volkes. Galen lehnte diese von den Briten als pädagogische Maßnahme im Hinblick auf die Zukunft vorgebrachte Behauptung entschieden ab: „Es ist Verleugnung der Gerechtigkeit und der Liebe, wenn man uns alle, jeden deutschen Menschen, für mitschuldig an jenen Verbrechen und darum für strafwürdig erklärt."[13] Galen begründete seine Auffassung mit dem aus Jesaja 32,17 bekannten Schriftwort: „(D)er Friede ist das Werk der Gerechtigkeit" – ‚'Opus justitiae pax'", dem Thomas von Aquin jedoch einen zweiten entscheidenden Gedanken hinzugefügt habe: Der Friede ist ein Werk der Liebe – „'Pax est opus caritatis'". Gerechtigkeit könne zunächst nur einen Zugang zum Frieden öffnen. Den Frieden schaffen könne erst die Liebe. Sie lasse „die Ruhe der Ordnung zwischen den Menschen" entstehen. So beherrscht diese Predigt ein drittes Leitwort: „Pax est tranquillitas ordinis" – „Friede ist Ruhe in der Ordnung."[14] Um dieser „Ruhe in der Ordnung" willen könne es nicht angehen, alle Deutschen unterschiedslos schuldig zu sprechen, ihnen „schwerste Bestrafung, ja, Tod und Ausrottung" anzudrohen. „Mag man die wirklich Schuldigen und Verantwortlichen ermitteln und nach Recht und Gerechtigkeit bestrafen. Aber für die übrigen, für die wahrhaft schuldlos große Menge hier in unserem Lande, die mit mir vor dem Kriege und auch im Kriege Ungerechtigkeit, Haß und Rachsucht abgelehnt und verabscheut hat, sollen Gerechtigkeit und Liebe den Weg bereiten zur ‚Ruhe in der Ordnung', nach dem heiligen Willen Gottes, zum wahren Frieden inmitten friedliebender Völker."[15] Obwohl die britische Militärregierung an Galens Thesen Anstoß nahm, blieb der Bischof bei seiner Auffassung. In einer Unterredung mit dem englischen Oberst Spottiswoode erklärte er, „eine gegenseitige Belehrung sei erfolglos", er werde von seinen Worten nichts zurücknehmen, „(m)an könne mit ihm tun, was man wolle, auch ihn verhaften."[16] Regelrecht bis zu seinem letzten Atemzug betonte Galen seine Ablehnung einer Kollektivschuld aller Deutschen, zuletzt nach der Rückkehr aus Rom in seiner Ansprache am 16. März 1946 in Münster[17], wobei er sich wie schon früher auch auf Papst Pius XII. berief.

Man kann die vielfache Rede Galens gegen die These der Kollektivschuld nicht verstehen ohne seine Hinweise auf die Ursachen für die Katastrophe Deutschlands. Ablehnung der Kollektivschuld bedeutete für ihn nicht Ablehnung von Schuld. Jesaja redete den „Sorglosen" ins Gewissen: „Erschreckt, ihr Sorglosen, zittert, ihr Zuversichtlichen, legt eure Gewänder ab, entblößt euch und gürtet die Lenden mit dem Trauerkleid. Schlagt an die Brust ob der herrlichen Fluren, ob des fruchttragenden Weinstockes, ob des Ackerbodens meines Volkes, der Dornen und Disteln trägt, ja ob aller feiernden Häuser und der fröhlichen Stadt." (Jes 32,11-13) Erst danach kündigte er das Heil der neuen Gerechtigkeit göttlichen Friedens an. Nicht anders Galen. In seiner bereits erwähnten Ansprache in

Münster nach der Rückkehr aus Rom kennzeichnete er sein Reden während der NS-Zeit als „unser Gewissen". Darauf habe man nicht gehört. Da nimmt sich der Bischof für einen Augenblick mit hinein in die Gemeinschaft derer, die „wir auf dem falschen Weg gewesen sind." Er konnte diesen falschen Weg nicht mehr verhindern, nicht mehr zur befreienden Umkehr bewegen. So teilt er mit allen die Verantwortung für das Unheil, das angerichtet wurde, und nun das Unheil, das „über uns gekommen ist." Als einer, der mit-leidet an diesem Schicksal der Menschen, sah er sich gerechtfertigt in dem, was vor Gott Bestand hat, auf Erden aber keinen Erfolg hatte: „Wir, wir waren auf dem rechten Weg, wenn wir gewarnt haben ..."[18].

Schon der erste Hirtenbrief nach dem Einmarsch englischer Truppen sprach in der gleichen Reihenfolge: Er kennzeichnete alles Leid der Gegenwart als „Strafe für die Sünden", als „eine erschütternde Darstellung der Gerechtigkeit Gottes, der gerechtes Gericht hält über eine Menschheit, die es sich vermaß, eine Ordnung aufzurichten und ein Glück sich zu erzwingen fern von Gott, ohne Gott, gegen Gott!" Wie „Gottes Lieblinge", Jesus und Maria müßten nun auch all jene, die Gott und seinen Überlieferungen die Treue gehalten hätten, das „Leid als Sühne für die Sünden der Welt" tragen.[19] Ähnlich hatte Galen bereits während des Krieges gesprochen[20], für diese Einsicht warb Galen jetzt wiederholt. Zwei Monate nach Ende des Krieges zeigte er sich besorgt darüber, „daß gar manche, trotz allen furchtbaren Erlebens, es immer noch nicht begriffen haben, daß es ‚die Sünde ist, die die Völker elend macht' (Prov 14,34). ... Möchten doch alle die Stimme Gottes hören, der so erschütternd zu uns gesprochen hat im Donner der Schlachten, im Krachen der Bomben, im Zusammenbruch eines ohne Gott, in Auflehnung gegen Gott, errichteten äußerlich mächtigen Prachtbaus!"[21] Wie gleicht das dem Tenor der Warnung des Propheten Jesaja an die „feiernden Häuser und die fröhliche Stadt"! „Ehrfurcht vor Gott und vor der von Gott gegebenen Würde des Menschen" sind dem Bischof in diesem Hirtenbrief „Zugang und Sicherung eines wahren Friedens!" In Anlehnung an zahlreiche Zitate der Päpste Pius XI. und XII. entwarf Galen dieses Programm der „Ehrfurcht vor Gott" als Leitlinie für die Zukunft.

„Schuld und Umkehr zur Freiheit", so sagten wir, war das Anliegen von Galens nach dem Ersten Weltkrieg. „Schuld und Umkehr zum Frieden" – dies scheint ein Grundton seiner Äußerungen nach dem Zweiten Weltkrieg zu sein. Er verknüpfte ihn mit der biblischen Sehnsucht nach Recht und Gerechtigkeit, die vor allem die Propheten immer wieder wachgehalten haben. Wer wie Galen während des Dritten Reiches sich selbst in dieser Rolle des Mahners gesehen hat, wer wie er unter Ungerechtigkeit und Grausamkeit gelitten hat[22], wird nicht leicht auf den Gedanken kommen, nach möglichem eigenen Versagen zu fragen. So finden wir auch nach 1945 keine Andeutung eines „mea culpa". Galen spricht meist von „der Schuld" und „der Sünde", selten[23] von „unserer Schuld". Nach persönlicher Schuld konnten 1945 nur wenige sich selbst öffentlich fragen, noch weniger konnten sie öffentlich bekennen.[24]

2. „Recht und Gerechtigkeit" von Gott für Mensch und Welt

Recht und Gerechtigkeit einzuklagen war für Galen zentrales Anliegen. Im Mittelpunkt der ersten weltberühmt gewordenen Predigt des Sommers 1941 steht wiederholt der Satz „Gerechtigkeit ist das Fundament der Staaten". Nicht nur um der Rechte der Kirche, sondern um der Rechte der menschlichen Persönlichkeit willen wandte sich Galen an die Öffentlichkeit.[25] Die willkürliche Verletzung der Freiheit und des Eigentums, Verhaftungen, Urteile ohne ordentliche Gerichtsverfahren, Vertreibung aus dem eigenen Besitz wurden hier, wie auch in der zweiten Predigt vom 20. Juli, beim Namen genannt. Von den „Kirchenverfolgern" grenzte sich Galen klar ab und schärfte die Verpflichtung ein, stets seinem Gewissen zu folgen.[26] Die Predigt vom 3. August 1941 gegen die „Euthanasie" verteidigte in dramatischen Worten das unverletzbare Recht auf Leben.[27]

Diese Predigten bildeten gewiß den Höhepunkt der Auseinandersetzung Galens mit dem NS-Regime. Ihre Grundlagen sind früher gelegt, sie erscheinen geradezu als Ausfluß einer von Galen zuvor dargestellten ‚Theologie'.

Im Hirtenbrief vom 6. Februar 1938[28] nahm Galen, ausgehend von der Weihnachtsansprache des Papstes, ausführlich Stellung zum Verhältnis zwischen Staat und Kirche. In den Vordergrund stellte er dabei die „Grundwahrheit" nach Röm 13, die jede „bestehende Obrigkeit" als „von Gott angeordnet"[29] charakterisiert. Zugleich nannte Galen die damit gezogene Grenze der staatlichen Befugnisse: Sie sind „rechtmäßig nur aus(zu)üben im Namen Gottes und in Unterordnung unter dem Willen Gottes"[30]. Die Obrigkeit als „Gottes Dienerin" bleibe Gottes Gesetzen verpflichtet.[31] Aufgabe der Kirche sei es nicht, Politik zu treiben. Sie habe sich aber um all das zu kümmern, was „im Leben der Menschen gottgeheiligt ist, was immer seiner Natur und Zweckbestimmung nach auf das Heil der Seelen und den Dienst Gottes Bezug hat"[32]. Kirche fördere durch ihr Wirken die irdische Wohlfahrt des einzelnen wie der Gesellschaft. Galen folgte damit der von Leo XIII. und Pius XI. in verschiedenen Enzykliken vorgetragenen Lehre.[33] Als wesentlichen Beitrag der Kirche zu dieser Wohlfahrt beschrieb er, wie kirchliche Lehre die „Würde der Obrigkeit" stütze. Getreu seiner schon nach 1918 vorgetragenen Kritik an der Herrschaft von Volkes Gnaden verteidigte er das den Herrschern „von Gottes Gnaden" verliehene Recht, zu gebieten und Gehorsam zu fordern.[34] Weiterhin hob Galen hervor, wie sicher die Kirche den Grund legen könne für die Sittlichkeit des Staates, weil sie „alle Menschen zur Heiligkeit, zu einem Leben der Pflichttreue gegen Gott, den Nächsten und die Gesamtheit der Mitmenschen zu führen" vermöge.[35] Wer aber die Gebote des christlichen Glaubens- und Sittengesetzes durch den „Flugsand" der Grundsätze einer neuen „Weltanschauung" ersetzen wolle, bereite den „moralischen Niedergang" des einzelnen und der Gemeinschaften vor.[36] Schließlich trat Galen entschieden der Forderung entgegen, die Kirche solle sich auf die „Sorge für das Jenseits" beschränken. Kirche könne „die Gestaltung des diesseitigen Lebens ... nicht anderen Mächten überlassen."[37] In ähnlicher Weise hatte Galen auch in seiner Predigt bei der Viktortracht am 6. September 1936 in Xanten von Rechten und Pflichten der Obrigkeit gesprochen. Im Rückblick auf Viktor und dessen Gefährten, die als Märtyrer verehrt werden, beschwor Galen die Verpflichtung der Obrigkeit, Gottes Gesetzen zu dienen. Höre sie auf, „Gottes Dienerin" zu sein, so zerstöre sie ihre eigene Würde und verliere das Recht zu gebieten. Einer solchen Obrigkeit gegenüber, die die Menschenwürde verletze, sei jeder Mensch, auch als Christ, allein seinem Gewissen verpflichtet.[38] Dies ergab sich für Galen nicht aus einer Lehre der Kirche, sondern aus der Natur des Menschen. Bei anderer Gelegenheit sagte er dazu: „Die römische Kirche hat die Lehre von der Würde der Menschenpersönlichkeit ... nicht erfunden und als neue Lehre in die Welt gebracht, aber sie hat die Willensfreiheit, die Würde der Persönlichkeit stets anerkannt, beschützt und verteidigt."[39]

Im Hirtenbrief zur Fastenzeit 1939[40] legte Galen im Anschluß an die Enzyklika Pius XI. einige grundsätzliche Überlegungen vor, die ähnlich auch in späteren Predigten und Briefen, auch des Sommers 1941, wiederkehren. Der Riß, den der Streit um Weltanschauungen ins Volk, in die Berufswelt, ja in die Familien gebracht hatte, veranlaßte ihn, das Gewissen seiner Adressaten zu bilden und sie zu entsprechendem Handeln zu ermutigen. Zunächst sprach Galen über „Gott" und „Mensch" als den beiden „Grundtatsachen, ... die grundsätzlich unser Leben bestimmen müssen". Dem schlossen sich einige zwingende „Folgerungen ... für unser Gewissen" an.

„‚Ich bin der Herr, dein Gott! Du sollst keine anderen Götter neben mir haben' (Ex 20,2.3).“[41] Unter diesem Leitwort faßte Galen die biblische Überlieferung und die kirchliche Lehre von der Einzigartigkeit Gottes zusammen. Dieser sei, wie zuletzt das 1. Vatikanische Konzil gelehrt habe, auf natürliche Weise mit Hilfe der Vernunft aus der Schönheit der Schöpfung zu erkennen. Er habe sich zudem auf übernatürliche Weise durch die Propheten und Jesus Christus offenbart. Dieser eine Gott könne nun aber nicht beliebig ersetzt werden durch eine „Gottgläubigkeit", die menschliche Grundwerte der Rasse, des Volkes oder des Staates zur höchsten Norm erkläre und als „göttlich" bezeichne.[42]

Der Mensch als Abbild Gottes wurde von Galen von den übrigen Geschöpfen, die bestimmten Gesetzmäßigkeiten gehorchten, unterschieden durch die ihm verliehene Freiheit und Vernunft, die ihm eigenverantwortliches Handeln ermöglichten und abverlangten. Das menschliche Verlangen nach unendlichem Glück und ungetrübter Wahrheit bleibe verwiesen auf die Erfüllung in der Unsterblichkeit der Menschenseele. Gegenwärtige Tendenzen, „Ewigkeit" und „Unsterblichkeit" in die „Kette der Ahnen und Nachkommen" zu verlegen, zerstörten letztlich die sittliche Persönlichkeit und die Würde des Menschen.[43]

Als zwingende Folgerungen für die sittliche Ordnung hielt Galen fest, auch der Mensch könne deren Gesetze nicht abändern oder aufheben, könne nicht Unrecht zu Recht machen. Was „gut und recht" sei, trug er in zwei Hinsichten vor. Anbetung Gottes sei mehr als Gebet und Opfer, sie sei darüber hinaus Anerkennung der göttlichen Offenbarung. Niemand habe das Recht, Gott Vorschriften zu machen, in welcher Weise er seine Offenbarungen mitteilen solle. Der zweitens verlangte Dienst für Gott schließe es aus, daß der Mensch die Freiheit seines Willens unter den gottwidrigen Willen anderer Mächte zu beugen habe. Zwar betonte Galen wie so oft sein Verständnis des christlichen Gehorsams, lehnte jedoch einen „Totalitätsanspruch anderer Lehrmeinungen und rein irdischer Ziele" ab. „‚Man muß Gott mehr gehorchen als den Menschen' (Apg 5,29).“[44]

„Recht und Gerechtigkeit" waren für Galen die Grundsätze einer sittlichen Ordnung, die sich auf Gottes Weisungen im Dekalog stützen sollte. Verletzungen der Menschenrechte wurden von ihm an diesem Maßstab gemessen. Göttliches Recht und das ihm folgende Gewissen dürften nicht „gebeugt" werden nach beliebigen und willkürlichen Bedürfnissen einer irdischen Macht. Wenn Galen in seiner Predigt vom 3. August 1941 in aller Deutlichkeit die Konsequenzen der ‚Vernichtung lebensunwerten Lebens' für Invalide, unheilbar Kranke und arbeitsunfähige Behinderte aufzeigte[45], dann folgte er jenen Propheten, die in biblischer

Zeit den Finger auf offene Wunden legten und das Unrecht beim Namen nannten: „Sie zertreten das Haupt des Geringen..." (Am 2,7). Die Verletzung der Gebote Gottes werde unausweichlich Unheil und Gericht nach sich ziehen.[46] "(W)ird die Herrschaft der Königin Gerechtigkeit nicht wiederhergestellt, so wird unser deutsches Volk und Vaterland trotz des Heldentums unserer Soldaten und ihrer ruhmreichen Siege an innerer Fäulnis und Verrottung zu Grunde gehen!"[47] Die „Königin Gerechtigkeit" liegt im Staub zertreten, da kann es keine Heilsverheißung geben, alle Forderungen nach Umkehr, nach Erkenntnis der Wege des Friedens gleichen verzweifelten Hoffnungsrufen. Hier steht das Strafgericht bevor, „das der gerechte Gott verhängen muß und verhängen wird"[48].

3. ‚Ein Hirt' und ‚eine Herde'

Galen wußte sich hineingenommen in die Leidensgemeinschaft derer, die um die Toten trauerten und über die zerstörten Städte, Wohnungen und Kirchen weinten. Sein Blick hing dabei vor allem am Schicksal der Menschen im eigenen Land. „Sein" Volk lag ihm am Herzen: „Mein Herz blutet, wenn ich der Riesennot unseres armen, zusammengebrochenen, gequälten Volkes gedenke."[49] „Seinem" Volk, den Gläubigen der Diözese Münster, verdankte er die Möglichkeit, während des Dritten Reiches „auch in der Öffentlichkeit für die Rechte Gottes und der Kirche, für die von Gott gegebenen Rechte der menschlichen Persönlichkeit einzutreten"[50], seinen Gläubigen verdankte er die Ehrung durch die Aufnahme ins Kardinalskollegium[51]. Weil er geehrt wurde, sah er „auch unser armes, durch den Krieg verwüstetes, durch die Niederlage gedemütigtes, heute von allen Seiten durch Haß und Rachgier zertretenes deutsches Volk"[52] geehrt. Wenn er angegriffen wurde, sah er die Gläubigen angegriffen.[53] Schon während des Dritten Reiches hatte Galen diese Identifikation zwischen Bischof und Gläubigen immer wieder betont, sie geradezu an den Beginn seines Wirkens gestellt. In seinem ersten Hirtenbrief[54] entwickelte er die Grundsätze seines Amtsverständnisses. Dabei ging es ihm sehr um die Einheit von Bischof und Gläubigen. „‚Ihr aber seid der Leib Christi, und einzeln dessen Glieder'" (1 Kor 12,27). „‚Ihr seid Mitbürger der Heiligen und Hausgenossen Gottes. Ihr seid auferbaut auf dem Grunde der Apostel und Propheten, und Christus Jesus ist der Grundstein. In ihm ist der Bau fest zusammengefügt und wächst empor zu einem heiligen Tempel im Herrn. In ihm werdet auch ihr miterbaut zu einer geistigen Wohnung Gottes.'" (Eph 2,19ff.) Seiner Verantwortung für „die ganze Herde", seiner „Pflicht gegen euch" entsprach das Recht der Gläubigen auf einen Bischof, der leitet und führt, daher aber auch mahnt: „'Gehorchet eueren Vorstehern und folget ihnen.'" (Hebr 13,17) So war für Galen das Verhältnis zwischen „Hirt" und „Herde" eindeutig. Die Teilhabe aller Glaubenden am Leib Christi ist hierarchisch geordnet; die „Ansprache" an sie wollte nicht zuerst überzeugen, sondern aufgrund der Autorität des Bischofs entscheiden. „(D)ie Hirtengewalt wendet sich ... nicht an den Verstand, der im Glauben sich der unfehlbaren Lehre der Kirche unterwerfen muß, sondern an den Willen, der im Gehorsam sich der Wegweisung durch den Vorgesetzten fügen soll. Mag auch in einem Einzelfall der Bischof sich irren über die Notwendigkeit oder Zweckmäßigkeit einer Anordnung, die zu erlassen er sich entscheidet; mag auch der Untergebene in einem Einzelfall eine bessere Einsicht in die Zeitlage und ihre Erfordernisse zu haben glauben, wie der für die Führung verantwortliche Bischof, und darum berechtigt sein, in geziemender Weise seine Bedenken dem

Bischof vorzutragen. Dennoch wollen wir niemals vergessen: wie der Papst in der Gesamtkirche und der Bischof in seiner Diözese für die Regierung der Kirche bestellt und verantwortlich ist, so sind die ihrer Hirtensorge anvertrauten Gläubigen bestellt und verantwortlich für den Gehorsam in der Kirche. Euch in unbedingtem kindlichen Gehorsam gegen den obersten Hirten, den Heiligen Vater, jederzeit mit gutem Beispiel voranzugehen, ist meine, wie jedes katholischen Bischofs, selbstverständliche Pflicht!"[55] Diese Einheit mit dem Papst war – wie die Verbundenheit mit dem überwiegenden Teil seines Bistums – für Galen zugleich immer auch Rückhalt in den Auseinandersetzungen seiner Zeit. Seine Predigt aus Anlaß des Todes von Papst Pius XI., den er noch einmal gegen alle Angriffe seitens der Nationalsozialisten verteidigte, schloß er mit einem Zitat des Freiherrn Burghard von Schorlemer-Alst aus den Zeiten des Kulturkampfes: ‚'Ihr könnt uns vernichten! Ihr könnt uns das Herz aus dem Leibe reißen! Aber das sage ich euch: Ihr werdet diese katholischen Herzen nicht vom Statthalter Jesu Christi losreißen!' Amen! So geschehe es!"[56] Wie sehr Galen sich in seinem Amt mit dem Papst vereint wußte, zeigt daneben nicht nur die Sprache kindlicher Ergebenheit in den Briefen nach Rom[57], sondern auch die Anlehnung an die Päpste in seiner Verkündigung. In dieser Hinsicht ragt der Hirtenbrief vom Juni 1945 hervor. In ihm entwickelte Galen unter Hinweis auf zahlreiche Äußerungen der Päpste Pius XI. und Pius XII. als regelrechtes Programm für die kommende Erneuerung in Kirche und Gesellschaft den Gedanken der „Ehrfurcht vor Gott"[58].

Als 1938 der Rottenburger Bischof Joannes Baptista Sproll angegriffen und schließlich aus seiner Diözese verwiesen wurde[59], wandte sich Galen unter dem Motto aus dem 1. Korintherbrief „Wenn ein Glied leidet, leiden alle Glieder mit; wird ein Glied geehrt, so freuen sich alle Glieder mit" an die Gläubigen.[60] Unter diesem Leitwort rief er dazu auf, in aller Bedrängnis, die gegenwärtig auch über das eigene Bistum komme, zusammenzustehen.

Aus einer Predigt des Jahres 1942 spricht eine ganz persönliche Betroffenheit und das Wissen um die organische Einheit mit dem Kirchenvolk: Im November des Vorjahres war das Vermögen des Bischöflichen Stuhles in Vinnenberg (Klostergebäude der Benediktinerinnen) beschlagnahmt worden, weil es laut Erlaß des Reichsministers des Innern „volks- und staatsfeindlichen Zwecken gedient" habe und „die Insassen des Klosters volks- und staatsfeindlich gewesen" seien. Das beschlagnahmte Vermögen wurde entsprechend einem Erlaß Hitlers über das „Vermögen von Reichsfeinden" (von 1941) eingezogen. Das veranlaßte Galen, in der Predigt zu fragen, ob der „Bischof von Münster, das Bistum Münster, in etwa ihr alle" Reichsfeinde seien. Er habe in seinem Haus keine Ruhe finden können. „So empört war ich über diese Beschuldigung gegen mich, gegen euch, im Grunde gegen alle deutschen Katholiken."[61]

„Ihr seid der Bischof!" – „Der Bischof ist die Kirche!", so ließen sich diese Gedanken kennzeichnen. Diese Identifikation zwischen Hirt und Herde ist, ganz entsprechend den theologischen Auffassungen der Zeit, hierarchisch bestimmt. Die politischen Parolen vom „Führen" und „Folgen" färbten da zweifellos auch auf Selbstverständnis und Praxis bischöflicher Amtsführung ab. Grundlegender aber dürften für Galen seine konservative, an Autoritäten orientierte und geprägte Herkunft und Einstellung gewesen sein, die ihn ja auch schon in seinen Äußerungen zur politischen Entwicklung nach dem Ersten Weltkrieg bestimmt hatten. Gleichwohl fällt auf, daß dieses im Grunde streng von oben nach unten gedachte

Verhältnis zwischen Bischof und „Volk" in der Kirche zumindest durchbrochen ist von vielfältigen Hinweisen und Erfahrungen, daß die Kirche Volk ist und von ihm lebt, daß ihr „Grundstein" nicht zuerst Papst oder Bischof, sondern Jesus Christus ist.[62] Ihn, nicht sich selbst verkündigte der Bischof. Der Grundstein Jesus Christus[63], das Wissen um die von Gott, nicht von der Kirche oder den Menschen gegebenen unveräußerlichen Menschenrechte waren ihm Verpflichtung und Motivation, gegen Unrecht und Gewalt, für Gerechtigkeit und Freiheit öffentlich einzutreten. Der Glaube an die Autorität der politischen Obrigkeit hinderte ihn nicht, grenzenlose und unkontrollierte Macht und Gewalt in Frage zu stellen. „Adolf Hitler ist nicht ein göttliches Wesen", so schrieb Galen im Juli 1941 nach Berlin.[64] Aufgrund seiner Machtfülle sei ihm die Kontrolle über die Vorgänge im Innern entglitten. Mochte das auch eine Täuschung Galens sein, der mit ihm viele erlagen, so verdeutlichen doch die Mahnungen Galens, daß staatlich sanktionierter Willkür und nahezu göttlichem Machtanspruch die größere Autorität der Gebote Gottes und der Ethik Jesu Christi entgegenzustellen sind: „Christus ist das Licht der Völker" – mit diesen Worten beginnt die 1964 vom Zweiten Vatikanischen Konzil verabschiedete Dogmatische Konstitution über die Kirche.[65] Man darf darin auch einen Widerschein der Erfahrungen des Dritten Reiches und anderer Diktaturen erkennen, die jeweils einen menschlichen „Führer" zum Licht der Welt machen wollten.

In einer zweiten Hinsicht scheint im Verhältnis zwischen Bischof Galen und „seinem" Kirchenvolk ein Gedanke gelebt worden zu sein, den diese Konstitution des Zweiten Vatikanums ausführlich entfaltet. Zwar finden wir in den Predigten und Hirtenbriefen Galens nicht eben die „Volk-Gottes-Theologie" des Konzils vorweggenommen. Wir betonten gerade die hierarchisch orientierte Auffassung des Bischofs. Aber die konkrete Wirklichkeit zeigte doch auch die andere, eher organische Einheit, die „communio" in der Kirche. Vom Volk Gottes und auf es hin war die Amtsführung Galens geprägt. Daß ihm das Volk den Rücken stärkte, das sind nicht reine Lippenbekenntnisse. Daß er dem Volk den Rücken stärkte, gehört nicht zu jener „Schallmauer verehrungsvoller und teilweise auch legendenhafter Ausschmückung"[66] seiner Persönlichkeit, die in mancher Hinsicht gewiß zu durchbrechen ist. Hier kann von einer lebendigen Wechselbeziehung gesprochen werden. Sie ließ den Bischof zu einer Autorität werden, die im Kirchenvolk gewollt und anerkannt war und die die politischen Gegner deshalb zu Recht fürchteten. Weil Galen einer der wenigen war, die öffentlich noch zu widersprechen wagten, scharten sich die bedrohten Menschen um ihn. Die Einheit zwischen ‚Hirt' und ‚Herde' war in dieser Hinsicht deshalb nicht verordnet, sie war lebendig und gegenseitig. Der ‚Hirt' kannte seine ‚Herde', und sie kannte ihn.

Die Haltung Galens zur Liturgischen Bewegung sei wenigstens als Beispiel für die innerkirchlich durchaus auch zu beobachtende Distanz des Bischofs gegenüber Teilen seiner Gläubigen erwähnt. Was man hier im Blick auf die Jugendarbeit konzedierte, den „Übergang von der Passivität zur aktiven Teilnahme an der Liturgie", die „Gemeinschaftsmesse" und deutschen Volksgesang, das sollte in der Gemeinde nicht gerade vorangetrieben werden. Galen „hatte für die Anliegen der Jugendbewegung und erst recht der Liturgischen Bewegung nicht sonderlich viel Verständnis."[67] Er teilte offenbar manche der vom Freiburger Erzbischof Gröber im Januar 1943 in einem umfangreichen „Memorandum" dem „Großdeutschen Episkopat" und dem Papst vorgelegten „Siebzehn Beunruhigungen"[68]. Zwar hatte

Abb. 15 Bischof Clemens August Graf von Galen in der Bahnhofstür in Kevelaer (1942?)

Galen auf der Diözesansynode 1936 das Programm der „volksliturgischen Erneuerung" für die Zukunft einer „lebendigen Pfarrgemeinde" durchaus empfohlen. Aber dieser Prozeß kam nur zäh in Gang und vollzog sich in traditionellen Bahnen. Die „Beteiligung des ganzen Volkes" am lateinischen Gesang des Ordinarium Missae war nicht das Anliegen der Liturgischen Bewegung. Erst Anfang 1944 gestattete Galen schließlich – nachdem ein römisches Reskript vom Dezember 1943 dies den deutschen Bischöfen zugestanden hatte – das Singen deutscher Lieder auch im lateinischen Hochamt, das für ihn die „althergebrachte und bestbewährte Form der aktiven Teilnahme der Gläubigen an der Feier der heiligen Geheimnisse" blieb. Die sogenannte „Bet-Sing-Messe" wurde „zum Gebrauch bei der gemeinschaftlichen Meßfeier der Kinder und kirchlichen Gemeinschaften" empfohlen. In ihr sollten Gebete aus der Meßandacht verwendet und die Lesungen von einem Vorbeter in deutscher Sprache vorgetragen werden. Die eigentliche „Gemeinschaftsmesse" wurde praktisch auf Meßfeiern beschränkt, „an der ... fast ausschließlich die Angehörigen einer Gemeinschaft teilnehmen, die entsprechend vorbereitet ... sind." Dabei sollte der Priester lateinisch sprechen, ein Vorbeter die entsprechenden Texte in deutscher Sprache anstimmen, die Mitfeiernden dann gemeinsam fortfahren. Hinsichtlich der Häufigkeit gemeinschaftlicher Meßfeiern wurde Rücksicht empfohlen „auf die nicht geringe Zahl von Kirchenbesuchern, die lieber in privater stiller Andacht dem Gang des heiligen Opfers folgen"[69]. Hier zeigt sich eine zaghafte Öffnung, die eher eine teilweise bestehende Praxis regeln und ordnen wollte, als sie gerade in den Gemeinden weiter zu verbreiten und zu fördern. Die lebendige Weiterentwicklung der Liturgie während der folgenden Jahre bis zum Zweiten Vatikanischen Konzil ging über diese Skepsis gegenüber den Reformbewegungen hinweg. Allerdings sollte man bedenken, daß während des Krieges wichtigere Aufgaben zu bewältigen waren als die Frage der Gottesdienstordnung. Pius XII. selbst bescheinigte dies dem Verfasser des genannten Memorandums.[70]

4. Vom „gerechten" Krieg zur „Strafe Gottes"

Freilich, auch ein strahlendes Bild wirft Schatten. Einerseits zog Galen die Grenzen eindeutig. Es herrschte Klarheit darüber, wer außerhalb der „Herde" bleiben mußte: die inneren Feinde.[71] In den Predigten des Juli und August 1941 wies er jeden Gedanken einer „Gesinnungsgemeinschaft ... mit diesen Kirchenverfolgern" zurück: „das kann es für uns nicht geben!" „(D)ie Gemeinsamkeit in Gesinnung und Streben in unserem Volk ist gegen unseren Willen, ungeachtet unserer Warnungen unheilbar gestört."[72] "Wer aber fortfahren will, Gottes Strafgericht herauszufordern, wer unsern Glauben lästert, wer Gottes Gebote verachtet, wer gemeinsame Sache macht mit jenen, ... die unschuldige Menschen, unsere Brüder und Schwestern, dem Tode überliefern, mit dem wollen wir jeden vertrauten Umgang meiden, dessen Einfluß wollen wir uns und die Unsrigen entziehen, damit wir nicht angesteckt werden von seinem gottwidrigen Denken und Handeln, damit wir nicht mitschuldig werden und somit anheimfallen dem Strafgericht, das der gerechte Gott verhängen muß und verhängen wird über alle, die gleich der undankbaren Stadt Jerusalem nicht wollen, was Gott will."[73] Die Abgrenzung gegenüber den Tätern, denen viele Menschen innerhalb und außerhalb der Kirche zum Opfer fielen, war hier eindeutig und glaubwürdig.

Daneben aber blieb Galen merkwürdig zurückhaltend gegenüber jenen Opfern nationalsozialistischer Gewalt, die außerhalb Deutschlands an Leib und Leben bedroht waren. In dieser Hinsicht waren öffentliche Äußerungen besonders heikel. Jedes bischöfliche Wort wurde ohnehin mit großem Mißtrauen überwacht. So mag sich erklären, daß in Predigten und Hirtenworten nur schwachen Widerhall fand, was jenseits der Grenzen des eigenen Staates vor sich ging. Wenn der Bischof dem eigenen Volk – vor und nach 1945 – den Spiegel vorhielt, so sah er darin in erster Linie die Vergehen gegen Gottes Gebote, das Versagen, die Schuld im Innern, weniger jedoch die maßlose Verletzung menschlicher Rechte draußen.

Auf eine ernste Probe war der Bischof in dieser Hinsicht bei der Bewertung des Krieges gestellt. Im September 1939 interpretierte er den neuen Krieg zunächst als Fortsetzung des 1919 durch einen „Gewaltfrieden" nur äußerlich beendeten Krieges. Auch jetzt standen ihm die Soldaten „im blutigen Kampf oder in ernster Entschlossenheit an den Grenzen auf der Wacht, um das Vaterland zu schirmen und unter Einsatz des Lebens einen Frieden der Freiheit und Gerechtigkeit für unser Volk zu erkämpfen."[74] In der Silvesterpredigt 1939 im Dom zu Münster rief er zum Dank gegen Gott auf, „daß es mit Seinem Beistand gelungen ist, an der Grenze einen Abwehrwall zu errichten, dessen Widerstandskraft nach menschlichem Ermessen jedem Angriff standhalten wird. Einen Abwehrwall aus Beton und Eisen, einen Abwehrwall tapferer Männer, die treue Wacht halten bei Tag und Nacht..."[75]. Von einer Verteidigung der Grenzen konnte zu diesem Zeitpunkt, als Polen bereits vollständig besetzt (und aufgeteilt) war, keine Rede sein.[76] An der Rechtmäßigkeit, ja Notwendigkeit des Krieges schien Galen auch später, in den Predigten des Sommers 1941 etwa, nicht zu zweifeln.[77] Den Überfall auf die Sowjetunion nahm er zum Anlaß, ausführlich über den Kommunismus, den er mit Pius XI. als „in seinem innersten Kern schlecht" bezeichnete, zu schreiben. Galen ging es dabei vor allem um die Abwehr einer inneren, geistigen Gefahr, um das Fernhalten „der bolschewistischen Irrlehre ... von der Heimat". Aber zugleich rechtfertigte er hier den Angriffskrieg als Weltanschauungskrieg und übernahm geradezu dessen nationalsozialistische Begründung, wenn er Hitler selbst zitierte: „Seit über zwei Jahrzehnten hat sich die jüdisch-bolschewistische Machthaberschaft von Moskau aus bemüht, nicht nur Deutschland, sondern ganz Europa in Brand zu stecken ... sie haben es unentwegt unternommen, unserem und den anderen europäischen Völkern ihre Herrschaft aufzuoktroyieren, und dies nicht nur geistig, sondern auch vor allem militärisch-machtmäßig." Das deutsche Heer sei nun, so Galen, „in unverbrauchter Kampfkraft auch dem bolschewistischen Gegner im Osten entgegengetreten". Während es die militärisch-machtmäßige Bekämpfung übernehme, sei die geistige Bekämpfung des Bolschewismus, wie er sich in der deutschen Öffentlichkeit vor allem in der Praxis der Menschenrechtsverletzungen offenbare, Aufgabe der Kirche in der Heimat.[78] Noch 1944 bat er, Gott „möge unsere Soldaten stärken zur Abwehr der machtmäßigen Überflutung durch den Bolschewismus."[79] Angesichts der Distanz, die Galen in vielen Lebensfragen gegenüber dem NS-Regime bis dahin eingenommen hatte, war die Übernahme dieser „Sprache des Dritten Reiches" eigentlich überflüssig. Sie ist durch eventuelle taktische Rücksichten kaum zu erklären.

Galen hielt sich hier, wie die Gesamtheit des deutschen Episkopates, in seiner Beurteilung des Krieges offenbar an die traditionelle moraltheologische Lehre vom „gerechten Krieg". Man berief sich dabei auf Thomas von Aquin, der einen Krieg dann als gerecht ansah, wenn drei Bedingungen erfüllt seien: gerechter Grund (causa iusta) – richtige Absicht (recta intentio) – rechtmäßige Obrigkeit (legitima auctoritas).[80] Die Spätscholastiker des 16. Jahrhunderts fügten noch eine weitere Bedingung hinzu: die rechte Art der Kriegführung (debitus modus). Die drei Bedingungen des Thomas schienen für Galen gegeben – vollends beim Überfall auf die Sowjetunion, den er als Weltanschauungskrieg verstand.

Immerhin mischten sich bei Galen seit 1943 starke Zweifel in diese geläufige Rechtfertigung des Krieges. Er sah in ihm immer mehr eine gerechte Strafe Gottes. Hervorstechend ist seine Mahnung zur Zurückhaltung nach den Erfahrungen der Bombenangriffe und des „totalen Krieges". Der nationalsozialistischen Propaganda von der immer furchtbareren Ausweitung des „totalen Krieges" hielt er das Schicksal der Zivilbevölkerung entgegen: „(D)ie Haß- und Vergeltungsrufe, von denen die deutsche Presse widerhallt, kann und will ich mir nicht, dürft auch ihr euch nicht zu eigen machen! Soll es wirklich der Wunsch und Wille des deutschen Volkes sein, daß wir Rache nehmen wollen für das Leid, das uns trifft? Daß wir vor allem anderen danach verlangen, daß auch unsererseits in England und den sonstigen Feindländern Kirchen und Spitäler zerstört, Kinder und Frauen, die nichts mit dem Krieg zu tun haben, umgebracht werden? Gilt denn für uns Deutsche, für uns Christen der von Christus ausdrücklich abgelehnte Satz des alten jüdischen Gesetzes: ‚Auge um Auge, Zahn um Zahn'? (Matth 5,38). Ist das wirklich ein Trost für eine Mutter, deren Kind einem Bombenangriff zum Opfer fiel, wenn man ihr versichert: demnächst werden wir auch einer englischen Mutter ihr Kind töten? Nein, solche Ankündigung von Rache und Vergeltung ist wahrlich kein Trost! Sie ist unchristlich, sie ist überdies undeutsch ..."[81]. Demnach zweifelte Galen anscheinend nicht an den drei klassischen Bedingungen des gerechten Krieges nach Thomas von Aquin, sondern zuerst an der später hinzugefügten „rechten Art der Kriegführung". Sie ließ ihm diesen Krieg zunehmend fragwürdiger erscheinen.[82] Er war ja nach den Fliegerangriffen auch auf Münster hautnah mit den Folgen konfrontiert und rief immer wieder zu caritativer Hilfe auf.[83] Aber erst nach Kriegsende fragte Galen einmal grundsätzlich nach der Rechtfertigung von Kriegen, ohne sich jedoch festzulegen. Dennoch ist die Tendenz seiner Äußerung deutlich: „Die materielle Ursache unseres Unglücks ist der Krieg, der Formen angenommen und Zerstörungsmittel in seinen Dienst gestellt, die den Zweifel aufwerfen, ob derartige Kriege noch moralisch vertretbare Mittel sind zur Entscheidung von Streitfragen zwischen den Völkern. Doch darüber will ich heute nicht sprechen."[84] Es waren offenbar erst die Erfahrungen des Zweiten Weltkrieges, die Galen umdenken ließen, die überhaupt in der katholischen Kirche einen Lernprozeß richtig in Gang setzten, den während des Krieges nur wenige, oft gegen den Widerstand ihrer Bischöfe vorbereitet hatten.[85] Dem steht kraß gegenüber die Deutung des Soldatentodes als „Tor zum Leben" nach der Schlacht um Stalingrad. Galen tröstete die Angehörigen unter Hinweis auf Thomas von Aquin: „(C)hristlichen Soldaten, die im Gehorsam gegen Gott aus Liebe zum Vaterland ihr Leben hingeben, (wird) ewige Herrlichkeit und Lohn zuteil werden, ganz ähnlich wie den hl. Märtyrern."[86] Vaterlandsliebe galt als eine der höchsten sittlichen Tugenden, christliche Soldaten waren „Gerechte", die im Glauben an die gute Sache ihr Leben hingaben für Volk und Vaterland, die der Tod letztlich aber nicht erreicht, weil sie im Frieden sind[87]: Ein fast verzweifeltes Festhalten an einem

285

Abb. 16 Bischof Clemens August Graf von Galen in Gimbte 1943

Sinn dieses Krieges, durchbrochen von Zweifeln wegen der Folgen für die Zivilbevölkerung.

Letztlich wurde Galen aber durch eine tiefere Sicht der Ursachen des Untergangs nachdenklich. Neben der rechten Art der Kriegführung hat er auch die Rechtmäßigkeit der Obrigkeit, die den Krieg verlangt hat, in Frage gestellt. Noch immer im Glauben an die gerechte Sache im Kampf gegen den Bolschewismus gefangen, interpretierte Galen in seinem Fastenhirtenbrief von 1944 das Weltgeschehen, fragte nach dem Wirken Gottes in der Zeit. Aus dem mörderischen Krieg, aus Tod und Zerstörung hörte er die Stimme Gottes: „'Ich bin Herr, und keiner sonst; neben mir ist keiner Gott! ... Ich bin der gerechte Gott, und Niemand ist außer mir, der Heil bringen könnte. Bekehret euch zu mir, und ihr werdet gerettet werden, alle Enden der Erde! Denn ich bin Gott, und außer mir ist keiner!'" (Jes 45,5ff.) Der Mensch meinte, „sich frei machen zu können von allen ‚gottgegebenen Abhängigkeiten'. Er hielt sich selbst für den höchsten Herrn der Natur"[88]. Gegen alle Tendenzen der Selbstherrlichkeit und Herrschermacht sprach Galen das Wort des Propheten in seiner Zeit: „'Keinem anderen überlasse ich meine Herrschaft.'" (Jes 42,8) Schon zu Beginn seines bischöflichen Wirkens hatte Galen sich von nationalsozialistischer Rasseideologie distanziert und das sogenannte Neuheidentum als die Religion und Kultur zerstörende Macht gegeißelt[89] und dafür wütende Proteste seitens der Nationalsozialisten geerntet. Jetzt, zehn Jahre später, sprach Galen direkter, härter. Mit seinen Zitaten aus Jesaja trat er nicht mehr nur einer

„Bewegung" entgegen. Hier redete er ad personam! „‚Niemand ist außer mir, der Heil bringen könnte'" – das zielte auf jenen, dessen Name seit 1933 durch Verordnung mit dem „Heil" verknüpft war und der sichtbar Unheil gebracht hatte. Seine Macht und Autorität wurden in die Schranken gewiesen.

Für manche Zeitgenossen war die logische Folge solcher Einsichten, dem „Rad in die Speichen zu greifen", das von einem Wahnsinnigen gelenkt wurde und ganz Europa den Tod brachte.[90] Galen, der immer öffentlich sprechen mußte, konnte diese Konsequenz persönlich nicht ziehen. Er hatte durch seine Predigten, durch seine Verkündigung die Grenzen der Macht des Regimes aufgezeigt, dessen Politik an den Grundsätzen göttlichen Rechtes gemessen und damit zweifellos auch politische Wirkung erzielt. Persönlich zum Martyrium bereit, wollte er öffentlich aber nicht zum aktiven Widerstand, zum politischen Umsturz aufrufen: „(W)ir Christen machen keine Revolution! Wir werden weiter treu unsere Pflicht tun, im Gehorsam gegen Gott, aus Liebe zu unserem deutschen Volk und Vaterland."[91] Aber dieses setzte er nicht gleich mit jenen, die die Macht ausübten und sie mißbrauchten.

5. Das Recht des Fremden

In den Hirtenbriefen, die zum Krieg Stellung nehmen, fallen einige Formulierungen auf, die in merkwürdigem Gegensatz stehen zu der Art und Weise, wie Galen aus der Schrift, in hohem Maße auch aus dem Alten Testament, zitiert. Überblickt man die Briefe auf ihre Verwendung biblischer Texte, so springt die klare und unbefangene Übernahme von Bildern und Worten ins Auge, die Galen benutzt, um die Herrschenden den Zeitgenossen als jene vorzustellen, die offenbar im Widerspruch zu Gottes Geboten und Weisungen handeln, die seine Botschaft verkehren und über sie herrschen wollen. Sie werden benutzt, um die Zuhörer hineinzunehmen in die Gemeinschaft des Volkes Gottes, das ganz ursprüngliche Erfahrungen mit diesem Gott gemacht hat. Man könnte geradezu von einem „korrelativen" Schriftgebrauch sprechen: Schrift und Gegenwart wurden aufeinander bezogen, ohne daß den Zuhörern diese Verbindung fremd blieb. Wenn Galen nach 1945 aus Jesaja zitierte: „'Rede Jerusalem zu, tu ihm kund, daß abgelaufen ist die Zeit seines Frondienstes. Denn beglichen ist seine Schuld, da es doppelte Strafe erhielt aus der Hand des Herrn für alle seine Sünden'" (Jes 40,1.2), so glich ihm das gestrafte Deutschland der Stadt Jerusalem, er selbst sah sich in der Rolle des Propheten, den Gott beauftragt hatte: „'Tröste, tröste mein Volk!'"[92] Unter dem Motto „‚Was toben die Heiden und erfinden Truggebilde die Völker?'" aus dem Psalm 2 wandte er sich 1935 gegen die Rassenlehre und den Mythus des Blutes.[93] In vielen anderen Briefen und Predigten hat Galen die Worte der Schrift treffend ins Heute übertragen.

Auffallend ist aber, daß der unbefangene Gebrauch der ganzen Schrift nie zu einem Wort zu den Juden oder über ihre Gefährdung gebraucht wurde. Vielmehr zeigen die wenigen Passagen, in denen Galen das jüdische Schicksal erwähnt, die traditionelle, in der katholischen Kirche und Theologie vorgenommene Unterscheidung zwischen biblischem und nachbiblischem, vorchristlichem und nachchristlichem Judentum. Diese Tatsache steht in gewisser Spannung zu einigen Äußerungen, die Galen intern gemacht hat. Sie zeigen, daß sich der Bischof antijüdischer Affekte enthielt, vielmehr um ein korrektes Verhältnis zu den Juden

Münsters bemüht war. Im September 1933 dankte er dem Rabbiner der Stadt, Fritz Leopold Steinthal, für dessen Glückwunsch zu seiner Bischofsernennung: „Ihre Glückwünsche sind mir um so wertvoller, da sie von einem berufenen Vertreter der Gemeinschaft kommen, die der Menschheit die Hl. Schrift und uns – nach unserem Glauben – in Jesus Christus den Erlöser geschenkt hat. Es wird mir ein selbstverständliches Bestreben sein, jederzeit auf die mir unterstellten Geistlichen dahin einzuwirken, daß sie ihr Amt im Sinne der Gerechtigkeit und der Nächstenliebe gegen alle Menschen ausüben."[94] Als wenige Wochen darauf der münsterische Stadtschulrat Glowsky eigenmächtig in die Gestaltung auch des Religionsunterrichts eingriff und darin „Das Volk Israel im Wandel der Zeiten und seine demoralisierende Macht bei den Gastvölkern" behandelt wissen wollte, protestierte Galen. Neben Verletzungen konkordatsrechtlicher Bestimmungen sah er vor allem die Gefahr der „Verwischung katholischer Lehren über die heilsgeschichtlichen Aufgaben des israelitischen Volkes in der vorchristlichen Zeit und über die Pflichten der Nächstenliebe gegenüber allen Menschen"[95]. Ohne Zweifel wollte Galen antisemitischer Hetze eine christliche Ethik entgegenstellen. Aber das Judentum der Gegenwart war für die Heilsgeschichte nicht mehr von Bedeutung. Seine Aufgabe war in vorchristlicher Zeit erfüllt. Jetzt war es Objekt christlicher Nächstenliebe. Gleichwohl – von einer Verteidigung der geschichtlichen Leistungen des Judentums war schon zu diesem Zeitpunkt außerhalb der Kirchen kaum mehr zu hören oder zu lesen. Galen hätte gut daran getan, sie öffentlich zu machen. Das ist, auch später, unterblieben. Was Galen in anderem Zusammenhang öffentlich über das Judentum sagte, war nicht geeignet, antijüdische Stimmungen zurückzudrängen.

War es wirklich nötig, im Hirtenbrief aus Anlaß des Überfalls auf die Sowjetunion die Propaganda Hitlers von der „jüdisch-bolschewistische(n) Machthaberschaft" Moskaus[96] zu zitieren? Mußte man Hitlers Behauptung aus seinem Buch „Mein Kampf" heranziehen, der jene aus den eigenen Reihen, die die Auseinandersetzung zwischen völkischer Bewegung und den religiösen Gruppen suchten, als „Streiter für jüdische Interessen" abkanzelte?[97] Hitler als vermeintlicher Kronzeuge gegen den Kirchenkampf, das gab es vielfach. Aber die Übernahme der antisemitischen Spitze befremdet. Der Gebrauch judenfeindlicher Sprachelemente hat einen tieferen Grund. Religiös begründete Judenfeindschaft hat hier ihre Spuren hinterlassen. Das Trauma vom „Gottesmord", die ausgebliebene Anerkennung Jesu als des Messias durch das Judentum seiner Zeit wirkten nach. Deshalb auch die judenfeindlichen Passagen aus dem Neuen Testament, die vom sich verschärfenden Familienstreit zwischen Juden und Anhängern und Bekennern Jesu Christi zeugen: „Wie im Tempel zu Jerusalem das heilige Opfer aufhörte, als die Israeliten den Erlöser und Lehrer verworfen hatten, und seitdem der Greuel der Verwüstung an der einst heiligen Stätte waltet, so hörte auch in Münster das heilige Opfer auf, als Menschenwitz und Menschenwillkür sich anmaßten, die Lehrautorität Christi in seiner Kirche zu leugnen und eigene Einsicht an deren Stelle auf den Thron zu erheben."[98] Noch nach dem Krieg begann Galen ein Hirtenwort zur Adventszeit mit der Mahnung, Israel habe den Ruf Johannes des Täufers zur Umkehr nicht beachtet, dem Herrn den Weg nicht bereitet.[99] Auch wenn dies für viele Zeitgenossen des Täufers zutreffen mag, so wird hiermit doch die traurige These von der Kollektivschuld des jüdischen Volkes zementiert.

Und lehnte Jesus in seiner „Bergpredigt" wirklich eine jüdische „Rachejustiz" ab, wie das der Hinweis auf das „alte" Gesetz „‚Auge um Auge, Zahn um Zahn'" in der berühmten Predigt von Telgte, die sich gegen Haß und Vergeltung wehrte, glauben machen will?[100] Es handelt sich mehr um eine Überbietung des traditionellen Gesetzes, die Jesus vornimmt. Sein Verständnis von der Erfüllung des Gesetzes zeigt eher einen „Reformjuden", dem es auf das „Schwerere (Gewichtigere) des Gesetzes" (Mt 23,23) ankam, der einer drohenden Verflachung des Gesetzes dessen Urabsicht gegenüberstellte.[101] Das „alte" Gesetz aber galt im Orient als Fortschritt gegenüber der sonst üblichen grenzenlosen Rache. Das „‚Auge um Auge, Zahn um Zahn'" gebot einer Willkürjustiz Einhalt, verlangte die Verhältnismäßigkeit der Strafmittel.

Kein Zweifel: Juden waren und blieben auch für Galen Fremde im eigenen Land. Ihre Sache wurde nicht als die eigene Sache angesehen. Das Recht des Fremdlings galt wohl allgemein und sollte nach Gottes Weisung geachtet werden: „Du darfst das Recht von Fremdlingen und Waisen nicht beugen noch das Kleid einer Witwe pfänden." (Dt 24,17) In diesem Geist hat es in Einzelfällen auch wirksame Hilfe seitens des Bischofs für bedrängte Juden gegeben. Aber es war für die katholische Theologie und die Amtsträger in der Zeit des Dritten Reiches nicht denkbar, im „modernen" Judentum jenes Judentum gegenwärtig zu sehen, aus dem das Christentum hervorgegangen ist (vgl. Röm 9-11). Das „moderne" Judentum repräsentierte noch immer das „seinen Erlöser zurückweisende Judenvolk", jenes „entartete Judentum"[102], das den Aposteln und Jüngern die Zeugenschaft erschwerte. Hier liegt der tiefere, der theologische Grund dafür, warum das erforderliche Maß an Hilfe ausblieb. Der anonyme Hilferuf eines Juden, der in Galens Predigten gegen die Euthanasie ein Zeichen der Hoffnung auch für die verfolgten und von der Kennzeichnung bedrohten Juden erblickte, hat in Galens Predigten keinen sichtbaren Widerhall gefunden.[103]

Für dieses Schweigen, unter dem der Bischof selbst litt, gibt es auch politische und taktische Gründe, die an anderer Stelle gewürdigt werden.[104]

Auch hinsichtlich des Schicksals der polnischen und sowjetischen Fremdarbeiter im Deutschen Reich war der Bischof eher zurückhaltend. Eine Mahnung vor Rache, Vergeltung und Willkür wie im Fall der Bombenangriffe gegen England gab es hier nicht. Zwar verlangte Galen, auch polnischen Arbeitskräften und ihren Kindern die Sakramente spenden zu können. Es ging ihm dabei aber vornehmlich darum, daß nicht etwa das Bußsakrament durch ein staatliches Verbot des Beichtehörens dahingehend aufgeweicht würde, daß die Menschen die Absolution bereits nach Erweckung der Reue erhalten könnten.[105] Freilich wäre ein öffentlicher Aufruf zu caritativer Hilfe für Fremdarbeiter als staatsfeindliche Handlung bestraft worden.[106]

Was bleibt, ist die grundsätzliche Behauptung der biblischen Forderung nach „Recht und Gerechtigkeit", die im Mittelpunkt des bischöflichen Wirkens von Galens stand. Er sah sie „von Gott in die Menschennatur hineingesenkt": diese Forderungen sind „im Grunde für alle Menschen gleich und gelten hinaus über die Grenzen der Völker und Rassen. Sie gelten also für das Zusammenleben mit den Angehörigen fremder Rassen und Nationen."[107] Galen vertrat damit, wie auch die deutschen Bischöfe in ihrer Gesamtheit, die von Pius XI. in seiner Enzyklika „Mit brennender Sorge" verteidigten Grundsätze des Naturrechtes und des biblischen

Offenbarungsglaubens. Außerhalb der Kirchen waren solche Sätze öffentlich nicht mehr zu hören.

6. Rufer in der Wüste – Rufer wider den Strom

Die Propheten des Volkes Israel hatten es zu ihrer Zeit ebenfalls schwer. Vielfach erkannten nur wenige oder gar erst eine spätere Zeit in ihnen die „von Gott berufenen Rufer", die vor dem Volk für die Gottesrechte, die „Bundescharta" und deren Einhaltung eintraten und vor Gott je neu Fürsprache für das fehlgegangene Volk einlegten. Ihre Rede entstand meist als Widerspruch gegen die Verletzung der als Gabe Gottes betrachteten Grundregeln menschlichen Zusammenlebens. Deshalb finden wir bei ihnen nicht zuerst Verheißung, sondern das Aufzeigen der Mißstände, ja die Ankündigung des Gerichts. Wie im Dekalog dominiert das „Du sollst nicht", das als Reflex auf die Freiheitserfahrung Israels formuliert ist, um diese Freiheit auch untereinander zu sichern. Mit Hilfe des Dekalogs (und der Dekaloge überhaupt) werden alle Normen gescheitelt und gemessen, er ist „Richtscheit" in ihren Anklagen und Mahnungen. Gottes Weisungen markieren und sichern einmal die Vertikale, das rechte Gottesverständnis, zum andern die Horizontale, das rechte Gemeinschaftsverständnis. Die Propheten traten je dort auf, wo sie eine gravierende Verkürzung, ein verhängnisvolles Ungleichgewicht dieser Grundsätze wahrnahmen und in Auditionen oder Visionen Gottes Enttäuschung und Sein Wort erkannt hatten. Als Hüter der geschichtlichen Überlieferungen waren sie dazu berufen, Israel zu dem Bund zurückzuführen, den es gebrochen hatte. Ihre zentralen Themen waren der Abfall vom Gottesbund, die überzogene Autonomie der Obrigkeit (des Königs und seiner Politik) und die trügerische Selbstsicherheit, die auf die Erwählung pochte, nach außen einen perfekten Kultbetrieb inszenierte und glaubte, die religiösen und sozialen Grundsätze der Bundescharta nach Bedarf verändern und verletzen zu können. Dabei bestimmten jeweils die Zeitumstände den Schwerpunkt prophetischer Rede mit. Propheten konnten also nicht „allen alles sagen". Sie stellten sich dem Strom ihrer Zeit entgegen, mahnten zur Umkehr und erinnerten die Grundsätze des Lebens gegen die des Todes. Vielfach erlitten sie regelrecht die Wirkungslosigkeit ihrer Rede. Clemens August Graf von Galen wirkte in einer vergleichbaren Zeit. Er erlebte sie mit vielen Menschen als verwüstet. Weltanschauungskämpfe, Machtansprüche des Staates über den Menschen und die Propaganda der „Entkonfessionalisierung" brachten die überlieferte sittliche Ordnung zunehmend ins Wanken. Der offensichtlichen Gefahr, Gott durch irdische Werte wie Volk und Rasse, Blut und Boden zu ersetzen, gleichsam der „modernen Baalisierung" des Jahwe-Glaubens, einer neuen Art des Synkretismus, trat Galen gemeinsam mit Papst Pius XI. entgegen. Alle Autonomie der Politik verwies er in die Grenzen der von Gott gegebenen Weisungen. Die trügerische Selbstsicherheit der Mächtigen entlarvte er mit seiner Rede vom kommenden Gericht, rief dennoch eindringlich „das Volk und seine Regierung" zurück „von einem Wege", der zum Untergang führen müsse.[108] In allem sollte die „Königin Gerechtigkeit" regieren.[109] Für sie setzte Galen seine ganze Person ein. Tatsächlich erlebte Galen, daß „Recht und Gerechtigkeit", die wie Wasser fluten und als nie versiegender Bach Leben spenden sollten (vgl. Am 5,25), nahezu austrockneten. Wenn der Volksmund Galen als „Löwen von Münster" charakterisierte, so kann dies letztlich nicht über die nur begrenzte Wirkung[110] seines Auftretens hinwegtäuschen. Der „Löwe von

Münster" flößte den Mächtigen zwar ungewohnten Schrecken ein, brachte sie jedoch nicht zur erwünschten Umkehr. Aber Propheten werden nicht zuerst an ihrer Wirkung, an ihrem unmittelbaren „Erfolg" gemessen. Bei Amos heißt es: „Der HERR brüllt vom Berge Zion" (Am 1,2), doch die folgende Gerichtspredigt hielt das Verderben, den Untergang nicht auf. Die Begründung der prophetischen Unheilsworte bot den Umkehrwilligen jede Orientierung. Auch wenn ein Unheilswort endgültig ergangen war, konnte es so wieder hoffnungsvoll sein. Aus einer „Drohbotschaft" konnte eine „Frohbotschaft" für die Menschen auch in der Zukunft werden. Propheten werden also danach gemessen, wieweit sie dazu das „Richtscheit" des Dekalogs anlegten, den Bund mit Gott anmahnten und vermittelten. Die dem Propheten Amos im 8. Jahrhundert zuteil gewordene dritte Vision lautet (Am 7,7-9): „Folgendes ließ mich schauen Gott, der HERR: Siehe, ein Mann stand an einer Mauer und hielt ein Senkblei in der Hand. Und der HERR sprach zu mir: ‚Was siehst du, Amos?' Ich sagte: ‚Ein Senkblei'. Da sagte der HERR: ‚Siehe, ich lege das Senkblei an inmitten meines Volkes Israel. Ich will seiner nicht länger schonen. Es sollen verwüstet werden Isaaks Höhen und zerstört werden die Heiligtümer Israels, und gegen Jerobeams Haus erhebe ich mich mit dem Schwerte.'"

Clemens August Graf von Galen hat von Gott in eine vielfältig zerrissene Welt hineingesprochen. Er hat das „Senkblei" angelegt und somit eine prophetische Aufgabe wahrgenommen. Das enthebt ihn nicht berechtigter Kritik an seinen Voraussetzungen, an auch fragwürdigen Aussagen oder manchen Defiziten seines Handelns. Er selbst erscheint in seinen Predigten und Briefen nie überheblich, er war wohl von seinen Auffassungen überzeugt, trug die ihm zuteil gewordene Aufgabe aber dennoch als Joch. Daß auch er nicht „allen alles sagen" könne, vor allem nicht zu allen Zeiten, räumte er gegen Ende des Zweiten Weltkrieges in einem Brief an Erzbischof Frings von Köln ein. Ihn trieb wie viele Gläubige die Frage um: „Wozu läßt Gott das alles über uns kommen?" Er fragte, was aus den Geschehnissen für die Zukunft zu lernen sei: „Sollen wir nach Möglichkeit einst das jetzt Zerstörte wiederherstellen? Oder war vieles vor Gottes Augen vielleicht doch überaltert, für den Abbruch reif, so daß ganz Anderes, Neues an seine Stelle treten soll?" Er fühlte sich unsicher, ob er künftig seiner Kirche die nötigen „klare(n) Zielsetzungen und Weisungen" noch geben könne: „Ich fürchte, ich bin schon zu alt und nicht mehr ‚wendig' genug, um solchen Erwartungen zu entsprechen."[111] In den wenigen Monaten, die ihm als Bischof noch verblieben, leitete ihn nach wie vor der biblisch begründete Gedanke, „Königin Gerechtigkeit" solle wieder herrschen. Anstehende „Wenden" in kirchlich-religiösen und politischen Fragen hatte er nicht mehr einzuleiten. Seine ‚Theologie' hatte sich im Einsatz für „Recht und Gerechtigkeit" bewährt.

Anmerkungen

1 Rudolf Morsey: Clemens August Kardinal von Galen (1878-1946). In: Rudolf Morsey (Hrsg.): Zeitgeschichte in Lebensbildern, Bd. 2: Aus dem deutschen Katholizismus des 20. Jahrhunderts, Mainz 1975, S. 37-47, hier S. 38.
2 Ob und inwieweit das philosophische und theologische Studium in Innsbruck (1898-1903) besondere Akzente setzte und Galen für seine späteren Aufgaben prägte, wird in der Literatur nicht besonders erörtert; vgl. Morsey (wie Anm. 1), S. 38; Bernhard Stasiewski: Clemens August Graf

von Galen. In: Martin Greschat (Hrsg.): Gestalten der Kirchengeschichte 10,1: Die neueste Zeit III, Stuttgart 1985, S. 287-301, hier S. 287; Marie-Corentine Sandstede-Auzelle/Gerd Sandstede: Clemens August Graf von Galen. Bischof von Münster im Dritten Reich, Münster 1986, S. IX. Die Einflüsse des Regens im Innsbrucker Jesuiten-Konvikt (Dr. Michael Hofmann) und des Regens im Priesterseminar von Münster (Everhard Illigens), die Peter Löffler (Bearb.): Bischof Clemens August Graf von Galen. Akten, Briefe und Predigten 1933-1946, 2 Bde., Mainz 1988 (im weiteren als Löffler I und II zitiert), hier: Löffler I, S. LIII, nennt, werden in Galens späterer Tätigkeit nicht eigens erwähnt. Zumindest aber ist das soziale Engagement Galens, das von der verwandtschaftlichen Beziehung zu Bischof Ketteler (Großonkel) her nahelag, in der Studienzeit weiter gefördert worden. Vgl. dazu auch den knappen Hinweis bei Stasiewski, S. 288, auf Galens soziale Aktivitäten in seiner Berliner Zeit.

3 Hirtenbrief v. Galens vom 28.10.1933. In: Löffler I, S. 31.
4 Vgl. den Hinweis bei Joachim Kuropka: Clemens August Graf von Galen. Das Bild des Bischofs zwischen zeitgenössischer Bewunderung und neuerer Kritik. In: Joachim Kuropka/Willigis Eckermann: Oldenburger Profile, Cloppenburg 1989, S. 95-123, hier S. 103.
5 In: Historisch-politische Blätter für das katholische Deutschland 164 (1919) (im weiteren HPB 164), S. 221-231, 293-305.
6 Vgl. dazu Löffler I, S. LVf.
7 HPB 164 (wie Anm. 5), S. 298. Die daraus weiter abgeleiteten Folgerungen entwickeln ein ganzes politisches Programm, das Galen 1945 ähnlich wieder auflegte. Bemerkenswert ist, daß Galen im „Rätegedanken" (jenseits seiner Verfälschung zur Gewaltherrschaft der Besitzlosen in Rußland) einen „berechtigten Kern" sah: Der Staatsbürger sei berufen, „durch seine ständische Organisation dauernd bestimmenden Einfluß auf das gesamte Staatsleben auszuüben". Dieser Gedanke „sollte freudig begrüßt, sorgsam und allseitig entwickelt und zu einem Fundamentstein des neuen deutschen Reichsbaues gemacht werden." (S. 303).
8 Ebd., S. 305.
9 Vgl. dazu Löffler I, S. LVII; siehe aber vor allem den Beitrag von Klemens-August Recker in diesem Band.
10 Ebd.
11 Vgl. HPB 164 (wie Anm. 5), S. 227ff. Doch berührt es eigenartig, wie Galen manche Personen beim Namen anspricht. „Wer ist Schuld? Diese Frage bohrt viel tiefer als das betrübende Zeitungsgezänk um Friedensresolution und U-Bootkrieg, um Erzberger und Ludendorff. Gewiß, wer als Verräter entlarvt, wem nachgewiesen würde, daß er in frevelhaftem Siegesübermut ohne Not kostbares deutsches Blut geopfert habe, der soll der verdienten Verachtung, womöglich Bestrafung nicht entgehen." (S. 224).
12 Vgl. ebd., S. 223, 227.
13 Predigt von Galens am 1.7.1945 in Telgte. In: Löffler II, S. 1172-1177, hier S. 1175.
14 Ebd., S. 1173f.
15 Ebd., S. 1176. Ähnliche Gedanken hatte Galen bereits während des Krieges in einer Predigtskizze vom 28.2.1944 zum Thema „Pax est tranquillitas ordinis" – „Friede ist Ruhe in der Ordnung" entwickelt. Vgl. ebd., S. 1047f.
16 Vgl. die Aufzeichnung von Heinrich Portmann vom 24.7.1945. Ebd., S. 1189-1193, hier S. 1191 und 1193.
17 Vgl. ebd., S. 1324-1327, hier S. 1326f. Ähnlich äußerte sich Galen in der Predigt in Münster am 6.1.1946, ebd., S. 1264f. und in der Predigt in Rom am 17.2.1946, ebd., S. 1300-1304, hier S. 1301f.
18 Ansprache von Galens am 16.3.1946 in Münster. Ebd., S. 1326. Ähnlich hatte Galen bereits in Notizen zu einer Rundfunkansprache formuliert, ebd., S. 1239-1241, hier S. 1240: „Das deutsche Volk hat in den letzten zwölf Jahren die furchtbaren Konsequenzen und Auswirkungen dieser Abkehr von Gott an sich erfahren. Wir haben unter der Willkürherrschaft gestanden von Menschen, die der uralten Versuchung erlegen waren: ‚Ihr werdet Gott gleich sein, erkennend das Gute und das Böse', von Menschen, die sich vermaßen, durch ihr Wort Wahrheit, durch ihre Macht Recht schaffen zu können. Aber ‚wenn nicht der Herr das Haus baut, arbeiten die Bauleute vergebens ... Es strömt der Regen, es brausen die Stürme, und das Haus bricht zusammen, denn es war auf Sand gebaut'. Wir haben es erwartet und ... befürchtet: denn wir wohnten in diesem Haus, wir hatten kein anderes, es war unsere Heimat, und die mit uns darin weilten, waren unsere Brüder und Schwestern, unsere Volksgenossen und Mitbürger!".
19 Hirtenwort Galens vom 18.4.1945. Ebd., S. 1107-1111, hier S. 1110.
20 Vgl. Predigt Galens in Telgte am 4.7.1943. Ebd., S. 982-987, hier S. 986f.: „'Der Tod ist der Sünde Sold'(Röm. 6,21) ... Das ist die einzige befriedigende, aber auch wahre und von Gott verbürgte

Erklärung für all das Leid und Unheil, das uns auf Erden heimsucht. ... Und nun blickt auf Maria, ... unser Vorbild! ... Sie hat mitleidend mit ihrem göttlichen Kinde sich selbst und alles Gott dargebracht ... Wir wollen ihr nachfolgen: tapfer annehmen, was Gottes Zulassung über uns kommen läßt an Kreuz und Leid; bewußt es aufopfern zur Sühne für *unsere* Sünden, für die Sünden *unseres Volkes*, für die Sünden der Welt." (Hervorhebung J.M.)Ähnlich im Fastenhirtenbrief vom 1.2.1944. Ebd., S. 1032-1045, hier S. 1043.

21 Hirtenwort Galens vom 5.(26.)6.1945. Ebd., S. 1151-1160, hier S. 1153.
22 Vgl. die Predigt in Telgte vom 1.7.1945. Ebd., S. 1175f.
23 Vgl. die oben (wie Anm. 20) zitierte Predigt in Telgte vom 4.7.1943 und den Fastenhirtenbrief vom 1.2.1944.
24 Alfons Beil: Umkehr. Gedanken zur gegenwärtigen Prüfung, Heidelberg 1948, S. 38, schrieb: „Wer von uns, die heute noch leben, kann ehrlicherweise die Behauptung wagen, er trage an all dem Geschehenen keinerlei auch persönliche Schuld?Gewiß, die Worte ‚mea culpa ...' sind so entsetzlichen Gewichts, daß sie uns das Herz zermalmen, sobald wir sie zwischen den Trümmern und Gräbern über die Lippen bringen. Es gibt aber ‚keine Flucht vor dieser Schuld' (Reinhold Schneider: Auffindung des Kreuzes, 1945). Es wäre Flucht vor dem Kreuz, nein Auflehnung gegen das Kreuz, Ärgernis am Kreuz. Möchten wir es überwinden und im Zeichen des Kreuzes aus Finsternis und Todesschatten zu Licht, Leben und Heil gelangen.
„Alfons Beil, geb. 1896, seit 1936 Pfarrer in Heidelberg, litt selbst unter dem NS-Regime, weil er die Sonette Reinhold Schneiders verbreitete, Kontakt zu Oppositionellen hielt (Max Joseph Metzger), sich nicht anpaßte.
25 Vgl. Predigt Galens vom 13.7.1941. In: Löffler II, S. 843-851, hier S. 849.
26 Vgl. Predigt vom 20.7.1941. Ebd., S. 855-863, hier S. 861f.
27 Vgl. Predigt vom 3.8.1941. Ebd., S. 874-883.
28 Vgl. Löffler I, S. 590-603.
29 Ebd., S. 593.
30 Ebd. Vgl. zu dieser Problematik auch den Beitrag von Klemens-August Recker (wie Anm. 9).
31 Löffler I, S. 599.
32 Ebd., S. 594.
33 Vgl. Enzykliken Leos XIII. vom 29.6.1881 ("Diuturnum illud"), 1.11.1885 ("Immortale Dei") und 10.1.1890 ("Sapientiae christianae"); Enzyklika Pius XI. vom 23.12.1922 ("Ubi arcano").
34 Löffler I, S. 595f.
35 Ebd., S. 597.
36 Ebd., S. 598, unter Hinweis auf die Enzyklika Pius XI. „Mit brennender Sorge" vom 14.3.1937.
37 Ebd., S. 601.
38 Predigt vom 6.9.1936 in Xanten. Ebd., S. 439-447, hier S. 444f. Vgl. in diesem Zusammenhang auch Galens Predigt am 9.2.1936 in Xanten. Auch hier pries er den Gehorsam gegenüber der Obrigkeit und die Treue der Christen gegenüber dem Staat. Daneben sprach er die Ereignisse des 30.6.1934 ("Röhm-Putsch") an und nannte jene Christen, die damals ermordet wurden, „Martyrer des Glaubens". Ebd., S. 339-344, hier S. 343.
39 Predigt in Vreden am 17.11.1937. Ebd., S. 579-586, hier S. 581.
40 Vgl. Hirtenbrief vom 25.1.1939. Ebd., S. 670-682.
41 Ebd., S. 672.
42 Vgl. ebd., S. 673f., mit Zitat aus der Enzyklika Pius' XI. „Mit brennender Sorge" vom 14.3.1937. In der Predigt vom 3. August 1941 ist diese Thematik wieder entfaltet: „Statt des einzig wahren ewigen Gottes macht man sich nach Gefallen eigene Götzen, um sie anzubeten: Die Natur oder den Staat oder das Volk oder die Rasse. ... Dann mag man es auch versuchen, sich selbst göttliche Befugnisse anzumaßen, sich zum Herrn zu machen über Leben und Tod der Mitmenschen." In: Löffler II, S. 881.
43 Vgl. Löffler I, S. 674-677, ebenfalls unter Hinweis auf die Enzyklika Pius' XI, insbesondere S. 676.
44 Vgl. ebd., S. 677-681, insbesondere S. 681.
45 Vgl. Predigt vom 3.8.1941. In: Löffler II, S. 878.
46 Vgl. ebd., S. 875 und 882.
47 Predigt vom 13.7.1941. Ebd., S. 851. Diese Auffassung betonte Galen noch einmal ausdrücklich in seinem Schreiben an Reichsminister Lammers vom 22.7.1941. Ebd., S. 864-866, hier S. 866.
48 Predigt vom 3.8.1941. Ebd., S. 882.
49 Hirtenbrief vom 21.1.1946. Ebd., S. 1278-1282, hier S. 1279.
50 Von Galen an Pius XII. vom 6.1.1946. Ebd., S. 1262f., hier S. 1263.
51 Vgl. Ansprache Galens in Münster nach der Rückkehr aus Rom am 16.3.1946. Ebd., S. 1327.

52 Von Galen an Pius XII. vom 6.1.1946. Ebd., S. 1262f.
53 Vgl. ebd., S. 1325: „Eure Treue hat es (das Martyrium, J.M.) verhindert. Daß Ihr hinter mir standet, und daß die damaligen Machthaber wußten, daß Volk und Bischof in der Diözese Münster eine unzertrennliche Einheit waren und daß, wenn sie den Bischof schlugen, das ganze Volk sich geschlagen gefühlt hätte. Das ist es, was mich äußerlich geschützt hat, was mich aber auch innerlich bestärkt hat und mir die Zuversicht gegeben hat." .
54 Hirtenbrief vom 28.10.1933. In: Löffler I, S. 28-37.
55 Ebd., S. 34. Ähnliche Gedanken äußerte Galen immer wieder, vgl. z.B. seine Predigt vom 6.9.1936 anläßlich der Viktorstracht in Xanten: „Das Christentum verlangt Gehorsam; Gehorsam gegen Gott; aber auch Gehorsam gegen Menschen. ... Was sollte aus der Familie werden ohne Gehorsam?" Ebd., S. 439-447, hier S. 441.
56 Predigt in Münster am 14.2.1939. Ebd., S. 684-695, hier S. 695.
57 Vgl. z.B. das Dankschreiben vom 6.1.1946 aus Anlaß der angekündigten Aufnahme ins Kardinalskollegium. In: Löffler II, Nr. 528, S. 1262f.
58 Vgl. Hirtenbrief Galens vom 5.(26.)6.1945. Ebd., S. 1151-1160. Druck auch bei Ludwig Volk (Bearb.): Akten deutscher Bischöfe über die Lage der Kirche 1933-1945, Bd. VI: 1943-1945, Mainz 1985, S. 521-529 als gemeinsamer „Hirtenbrief der westdeutschen Bischöfe" (Kölner und Paderborner Kirchenprovinz). Vgl. dazu Löffler II, S. 1151f., Anm. 1. Demnach handelt es sich bei diesem Text um einen aus einem Aachener Entwurf umgearbeiteten Hirtenbrief von Galens, der jedoch nicht von den übrigen Bischöfen übernommen wurde.
59 Vgl. dazu: Paul Kopf/Max Miller (Hrsg.): Die Vertreibung von Bischof Joannes Baptista Sproll von Rottenburg 1938-1945. Dokumente zur Geschichte des kirchlichen Widerstands, Mainz 1971.
60 Vgl. Hirtenbrief von Galens vom 27.7.1938. In: Löffler I, S. 646-653.
61 Predigt von Galens in Münster am 1.2.1942. In: Löffler II, S. 931-936, hier S. 932 und 934.
62 Vgl. Hirtenbrief vom 28.10.1933. In: Löffler I, S. 31.
63 Vgl. dazu die Predigt Galens vom 31.12.1939 unter dem Motto „'Jesus Christus ist der Stein, der von den Bauleuten verworfen wurde, und der dennoch zum Eckstein geworden ist.'"(Apg 4,11). In: Löffler II, S. 752-760.
64 Von Galen an Reichsminister Lammers am 22.7.1941. Ebd., S. 864-866, hier S. 866.
65 Lumen Gentium (21.11.1964), Nr. 1.
66 Morsey (wie Anm. 1), S. 37.
67 Theodor Maas-Ewerd: Die Krise der Liturgischen Bewegung in Deutschland und Österreich. Zu den Auseinandersetzungen um die „liturgische Frage" in den Jahren 1939 bis 1944, Regensburg 1981, S. 87.
68 Vgl. ebd., S. 363f. Das Memorandum Gröbers ebd. als Dokument 6, S. 540-569. Einige der „Beunruhigungen" Gröbers waren die „erstaunlich oder erschreckend aufblühende Christusmystik", die „falsche oder wenigstens übertriebene Auslegung" der „Lehre vom Corpus Christi mysticum", der neuzeitliche Kirchenbegriff, die „Überbetonung des Liturgischen", das „Bestreben, die Gemeinschaftsmesse pflichtgemäß zu machen", das „Bestreben", die Liturgie zu „verdeutschen", vgl. ebd., S. 263-282. Zu Galen vgl. auch Rudolf Morsey: Clemens August Kardinal von Galen. Versuch einer historischen Würdigung. In: Wilhelm Weber (Hrsg.): Wissenschaft-Ethos-Politik (Festschrift J. Höffner), Münster 1966/67, S. 367-382, besonders S. 371; s.auch Morsey (wie Anm. 1), S. 38.
69 Maas-Ewerd (wie Anm. 67), S. 479. Vgl. zur Diözesansynode 1936 den Beitrag von Wilhelm Damberg in diesem Band sowie die Erlasse Galens im Kirchlichen Amtsblatt für die Diözese Münster vom 29.1.1944 (Art. 21: „Deutsche Lieder beim Hochamt.") und vom 14.3. bzw. 12.4.1944 (Art. 57: „Die gemeinschaftliche Feier der hl. Messe im Bistum Münster." bzw. Art. 61: Korrektur zu Art. 57).
70 Am 22.8.1943 schrieb er an Gröber: „Es mutet Uns etwas zeit- und weltfremd an, wenn die liturgische Frage als *die* Frage der Gegenwart hingestellt wird." Siehe Burkhart Schneider (Hrsg.): Die Briefe Pius' XII. an die deutschen Bischöfe 1939-1944, Mainz 1966, S. 254. Vgl. dazu auch Joachim Maier: Schulkampf in Baden 1933-1945. Die Reaktion der katholischen Kirche auf die nationalsozialistische Schulpolitik, dargestellt am Beispiel des Religionsunterrichts in den badischen Volksschulen, Mainz 1983, S. 248-251.
71 In seiner Predigt vom 20.7.1941, Löffler II, S. 855-863, hier S. 855, sprach Galen ausdrücklich von „unsere(n) Gegner(n) im Innern des Landes". Der Gauleiter Alfred Meyer erregte sich in seinem Bericht an Bormann vom 9.8.1941, ebd., S. 884-893, hier S. 885, hierüber: „Der Bischof bezeichnet heute vor der Öffentlichkeit als inneren Feind unmißverständlich die Geheime Staatspolizei und die Gauleitung Westfalen-Nord".

72 Predigt vom 20.7.1941. Ebd., S. 855-863, hier S. 858.
73 Predigt Galens vom 3.8.1941. Ebd., S. 874-883, hier S. 882.
74 Rundschreiben von Galens an den Klerus vom 14.9.1939. Ebd., S. 747-750, hier S. 747.
75 Silvester-Predigt am 31.12.1939. Ebd., S. 752-760, hier S. 755.
76 Im weiter unten zitierten Hirtenbrief vom 14.9.1941 (über den Kommunismus) spricht Galen gar davon, das deutsche Heer halte „an der Küste des Atlantischen Ozeans und an den Ufern des Mittelmeeres die Wacht für Deutschland". Ebd., S. 902.
77 Vgl. z.B. die Predigt vom 20.7.1941. Ebd., hier S. 859: „Unsere Soldaten werden kämpfen und sterben für Deutschland".
78 Hirtenbrief von Galens vom 14.9.1941. Ebd., S. 901-908, hier S. 901ff. Die Verletzung der Persönlichkeitsrechte, die Praxis der Tötung „unproduktiven Lebens", die staatlichen Eingriffe in kirchliche Angelegenheiten und in die Elternrechte geißelte Galen als fortschreitenden „Naturalismus und Materialismus" im Innern, die der geistigen Herrschaft des Bolschewismus in Deutschland den Weg bereiteten. Demgegenüber habe die Kirche die Unantastbarkeit der Persönlichkeitsrechte sowie die sittlichen Pflichten und Rechte des Familien- und Gemeinschaftslebens zu verkünden. Vgl. ebd., S. 907f.
79 Fastenhirtenbrief von Galens vom 1.2.1944. Ebd., S. 1032-1045, hier S. 1033.
80 Vgl. Thomas von Aquin (1225-1274), Summa theologica II, II, 40, 1 ("De bello").
81 Predigt von Galens in Telgte vom 4.7.1943. In: Löffler II, S. 982-987, hier S. 983f. Auf diese Predigt berief sich Galen auch nach dem Kriege, als er, ebenfalls in Telgte, gegen Rache und Vergeltung seitens der Besatzungsmächte sprach.
82 Schon in der Silvester-Predigt 1939, ebd., S. 752f., klingen leise Zweifel am Sinn der „Schrecken und Opfer" an, „die der totale Krieg, zu dem man gerüstet und sich vorbereitet hat, über Länder und Völker zu bringen" vermöge.
83 Vgl. z.B. das Hirtenwort vom 12.7.1941 nach den vier Nachtangriffen auf Münster. Ebd., S. 841f. Bereits in seinem ersten Hirtenbrief vom 28.10.1933 hatte Galen ausdrücklich die Aufgaben der Caritas als besonderes bischöfliches Anliegen bezeichnet und auf seine bisherige Unterstützung Notleidender hingewiesen. In: Löffler I, S. 34-36.
84 Predigt vor den Trümmern des Westportals des Doms in Münster am 8.7.1945. In: Löffler II, S. 1183-1188, hier S. 1183.
85 Vgl. z.B. das Zeugnis eines Franz Jägerstätter oder Max Joseph Metzger. S. hierzu Georg Bergmann: Franz Jägerstätter. Ein Leben vom Gewissen entschieden, Stein am Rhein 1980; Walter Dierks (Hrsg.): Die Aufgabe des Christen für den Frieden – Max Joseph Metzger und die christliche Friedensarbeit zwischen den Weltkriegen, München/Zürich 1987.
86 Hirtenwort von Galens zum 1. Fastensonntag (14.3.) vom 25.2.1943. In: Löffler II, S. 969-971, hier S. 970.
87 Vgl. ebd., S. 971 nach Weish 3,1-3.
88 Fastenhirtenbrief vom 1.2.1944. Ebd., S. 1039f., ähnlich S. 1044.
89 Vgl. seinen Osterhirtenbrief vom 26.3.1934. In: Löffler I, S. 67-72, hier S. 67f.; vgl. auch Kuropka (wie Anm. 4), S. 107.
90 Zur Formulierung vgl. Dietrich Bonhoeffer, der im Gefängnishof in Tegel nach seiner Begründung der Teilnahme am Widerstand gefragt wurde: „Wenn ein betrunkener Autofahrer mit hoher Geschwindigkeit den Kurfürstendamm herunterrase, könne es nicht sein, des Pfarrers einzige oder vornehmliche Aufgabe sein, die Opfer des Wahnsinnigen zu beerdigen und deren Angehörige zu trösten; wichtiger sei es, dem Betrunkenen das Steuerrad zu entreißen"; hier zit. nach Herbert Gutschera/Jörg Thierfelder: Brennpunkte der Kirchengeschichte, Paderborn 1976, S. 236.
91 Predigt vom 20.7.1941. In: Löffler II, S. 859. Ähnlich auch im Hirtenbrief vom 16.4.1939. Ebd., S. 719. Vgl. zur politischen Wirkung öffentlicher Proteste Kuropka (wie Anm. 4), S. 115. Von der Bereitschaft, „den Märtyrern gleich Nachstellungen und Verfolgungen (zu) tragen", sprach Galen bereits in seinem Osterhirtenbrief vom 26.3.1934. In: Löffler I, S. 72. Seine Anweisung vom Februar 1936 an den Generalvikar in Münster und den Offizial in Vechta im Falle seiner Dienstbehinderung durch Verhaftung zeigt, daß der Bischof mit allem rechnete, aber auch dazu bereit war. Vgl. Weisung vom 22.2.1936. Ebd., S. 348f.
92 Hirtenbrief zur Fastenzeit vom 21.1.1946. In: Löffler II, S. 1278-1282, hier S. 1280.
93 Hirtenbrief von Galens vom 19.3.1935. In: Löffler I, S. 168-184.
94 Zit. nach: Heinz Mussinghoff: Rassenwahn in Münster. Der Judenpogrom 1938 und Bischof Clemens August Graf von Galen, Münster 1989, S. 98. Vgl. auch (in etwas anderem Wortlaut) Max Bierbaum: Nicht Lob nicht Furcht. Das Leben des Kardinals von Galen nach unveröffentlichten Briefen und Dokumenten, 9. Aufl., Münster 1984, S. 393.

95 Galen an Glowsky vom 6.11.1933. In: Löffler I, S. 47; vgl. auch Damberg (wie Anm. 69).
96 Hirtenbrief vom 14.9.1941. In: Löffler II, S. 902.
97 Von Galen an Reichsstatthalter und Gauleiter Meyer vom 3.6.1935. In: Löffler I, S. 227-229, hier S. 228. Ähnlich in der Predigt vom 22.3.1936 in Gelsenkirchen-Buer. Ebd., S. 367-376, hier S. 372f.
98 Predigt von Galens aus Anlaß der 400-jährigen Wiederkehr der Vertreibung der Wiedertäufer aus Münster am 23.6.1935. Ebd., S. 246-252, hier S. 249.
99 Vgl. den Hirtenbrief von Galens vom 8.12.1945. In: Löffler II, S. 1251-1253, hier S. 1251.
100 Vgl. die Predigt in Telgte vom 4.7.1943. Ebd., S. 984.
101 Vgl. zum Sachverhalt etwa Franz Mußner: Traktat über die Juden, München 1979, S. 192f., auch unter Hinweis auf Schalom Ben-Chorin: Bruder Jesus, München 1967, S. 76.
102 Hirtenbrief von Galens vom 7.4.1940 über die religiöse Unterweisung. In: Löffler II, S. 760-765, hier S. 764. Die Bischöfliche Hauptarbeitsstelle Düsseldorf gab 1937 „Stundenbilder (ausgeführte Katechesen) zu den Katechismuswahrheiten" heraus, in denen es auf die Frage 18 nach der „größten Sünde des jüdischen Volkes" hieß: „Die größte Sünde des jüdischen Volkes war, daß es den Erlöser und seine Lehre verwarf". Über die Folgen dieser „Sünde" wird gesagt: „Weil die Israeliten den Erlöser verwarfen, hat Gott das Volk verworfen. Jerusalem, das einmal die hl. Stadt Gottes gewesen, mußte untergehen. Ihr Volk, um dessentwillen sie den Erlöser verworfen, wurde zerstreut. Heimatlos wandern die Juden über die Erde. Aus dem Boden der Heimat herausgerissen, entarteten ihrer viele immer mehr. Sie trieben vor allem Handel und Geldgeschäfte, wurden reich und mächtig und zogen sich Haß und schwere Vorwürfe zu. So ist das Judentum von heute etwas ganz anderes als das Judentum des A.T. Mit diesem allein haben wir es im Religionsunterricht zu tun." (S. 29f.) Zu den Katechismuswahrheiten vgl. auch Maier (wie Anm. 70), S. 224-234.
103 Anonym an von Galen vor oder dem 19.9.1941. In: Löffler II, S. 910f. Auch der erschütternde Bericht des Bonner Professors Wilhelm Neuß vom 26.9.1944 über die „Überführung der bisher geschützten Nichtarier und der Halbarier in Lager" konnte zu diesem Zeitpunkt keine wirksamen Gegenmaßnahmen mehr hervorbringen. Nicht einmal ein Rest an seelsorglicher Betreuung der vom Abtransport Bedrohten wurde gebilligt. Vgl. ebd., S. 1066-1069.
104 Vgl. den Beitrag von Werner Teuber/Gertrud Seelhorst in diesem Band. Siehe auch Mussinghoff (wie Anm. 94), S. 83-97.
105 Von Galen an Kardinal Bertram vom 11.6.1943. In: Löffler II, S. 974f.
106 Vgl. dazu z.B. die Verhaftung und Überführung des Dechanten August Wessing (Freckenhorst) ins KZ Dachau 1942. Ebd., S. 1133, Anm. 1; ebenso die Verhaftung und Überführung des Rektors Laurenz Schmedding (Dorsten) ins KZ Dachau 1943 wegen Seelsorge und Religionsunterricht an Ukrainern. Ebd., S. 1011, Anm. 7.
107 Hirtenbrief von Galens vom 13.12.1942. Ebd., S. 960-964, hier S. 964. Vgl. später den sog. „Dekaloghirtenbrief" vom 19.8.1943. In: Volk (wie Anm. 58), S. 197-205, hier z.B. S. 200f.
108 Vgl. Schreiben vom 22.7.1941 an Reichsminister Lammers. In: Löffler II, S. 866.
109 Vgl. Predigt vom 13.7.1941. Ebd., S. 851.
110 Zum wirkungsgeschichtlichen Ansatz in der Bewertung kirchlichen Verhaltens im Dritten Reich vgl. Kuropka (wie Anm. 4), S. 98f. sowie den Beitrag Kuropkas in diesem Band.
111 Galen an Frings am 11.1.1945. In: Volk (wie Anm. 58), S. 458f.

Bischof von Galen, die münsterische Synode von 1936 und der Wandel pastoraler Planung im 20. Jahrhundert

Wilhelm Damberg

1. Diözesansynoden und kirchliche Zeitgeschichte

Das Dritte Reich wirft Fragen auf, denen sich der an der kirchlichen Zeitgeschichte interessierte Historiker nicht entziehen kann und denen er sich auch nicht entziehen sollte. Freilich setzt sich allmählich die Einsicht durch, daß sich die Lösung dieser Fragen nicht mehr ausschließlich auf die fatalen zwölf Jahre konzentrieren darf. Lange blieb der Zusammenbruch von 1945 eine kaum einmal überstiegene Schwelle, nun aber drängt die Frage, wie es den Christen und ihren Kirchen seitdem ergangen ist – allerdings nicht in dem Sinne, daß nunmehr ein unangenehmes Kapitel endgültig zu- und ein neues aufgeschlagen wird. Ein solcher Verdrängungsversuch wäre die schlechteste Lösung. Vielmehr muß es darum gehen, die langfristigen Entwicklungen im Verhältnis der Christen zur Gesellschaft und in ihren Kirchen aufzuarbeiten, und zwar gerade auch hinsichtlich der Frage, welche Bedeutung hier dem Dritten Reich zukommt.

Aufgabe einer kirchlichen Zeitgeschichte sollte es sein, das 20. Jahrhundert, an dessen Ende wir stehen, als Ganzes in den Blick zu bekommen. Wo sind die großen Linien dieses Jahrhundert auszumachen? Welche Bedeutung kommt der Erfahrung des Nationalsozialismus zu? Wie haben wir das II. Vatikanische Konzil und den inneren Umbruch der sechziger Jahre, der nicht nur die Katholische Kirche, sondern alle westlichen Gesellschaften erfaßte, zu verstehen?

Diese Fragen machen schon deutlich, daß wir erst am Anfang stehen und rasche Antworten nicht zu erwarten sind.

Wir wollen im folgenden den Versuch unternehmen, die 1936 unter der Leitung von Clemens August Graf v. Galen abgehaltene Synode des Bistums Münster zu beleuchten, indem wir sie in einen Längsschnitt einordnen, der von 1897 bis 1958 reicht. Diese Skizze soll einen Eindruck von den inneren Veränderungen vermitteln, die schon vor dem II. Vatikanischen Konzil im Bistum Münster (und natürlich auch anderswo) stattgefunden haben, und das Profil der nationalsozialistischen Zeit in besonderer Weise hervortreten lassen. Vor diesem Hintergrund gewinnen wir schließlich einen neuen Zugang zur Biographie des Bischofs, indem wir danach fragen können, wie er sein Bistum abseits der dramatischen Höhepunkte jener Jahre geleitet hat und welche Bedeutung seinem Wirken unter langfristiger Perspektive zukommt.

Die Abhaltung von Bistums- oder Diözesansynoden, d. h. von besonderen Zusammenkünften und Beratungen des Bischofs mit seinen Priestern, ist eine aus der frühesten Zeit stammende Tradition der Kirche. Wie die Konzilien für die Gesamtkirche, dienten sie in kleinerem Maßstab dem gegenseitigen Informationsaustausch und der kollegialen Beratung von Angelegenheiten, die das ganze Bistum betrafen. Seit dem IV. Laterankonzil (1215) war sogar die jährliche Abhaltung solcher Synoden neu eingeschärft worden. Wir können allerdings festhalten, daß sie in der Praxis nur sehr selten abgehalten wurden, oft über lange Zeiträume hinweg überhaupt nicht. Trotzdem schrieb auch der Codex juris canonici von 1917 wiederum die Abhaltung von Synoden für wenigstens jedes zehnte Jahr vor.[1]

Vielleicht sind Synoden gerade als relativ seltene Ereignisse, die nur dann stattfinden, wenn man einen besonderen Anlaß sieht, für den Kirchenhistoriker von großem Interesse. Die Akten und Beschlüsse solcher Bistumssynoden geben Auskunft über das Selbstverständnis einer ganz bestimmten Ortskirche in ihrer Zeit, über Probleme, denen man sich zu stellen hatte, über die Lösungsversuche. Für ganze Epochen der Kirchengeschichte, wie die Antike und das frühe Mittelalter, stellen die Aufzeichnungen solcher Synoden mit die wichtigsten Quellen überhaupt dar. Für die neueste Geschichte hat man noch keinen Versuch gemacht, die Synoden daraufhin zu befragen, was sie über die Geschichte der Christen und ihrer Kirche in den letzten hundert Jahren auszusagen vermögen.

In den letzten 100 Jahren fanden im Bistum Münster vier Synoden statt, und zwar 1897, 1924, 1936 und 1958. Damit repräsentieren sie jeweils eine besondere Epoche. Die erste steht für das Wilhelminische Kaiserreich, die zweite für die Weimarer Republik, die dritte für die nationalsozialistische Diktatur und die vierte für die Bundesrepublik Deutschland vor dem II. Vatikanischen Konzil.

2. Die Synode von 1897[2]

Im Jahre 1897 lagen die Zeiten des Kulturkampfes, in denen Bismarck versucht hatte, die Katholische Kirche der Staatsaufsicht zu unterstellen, schon längere Zeit zurück. Nach der triumphalen Rückkehr von Bischof Johann Bernard Brinkmann (1870-1889) aus dem Exil im Jahre 1884 begann im Bistum Münster eine neue Epoche, in der sich das Verhältnis zur Staatsführung entspannte. Nach dem Ende der äußeren Unterdrückung – die gesellschaftliche Diskriminierung der Katholiken dauerte in vielen Bereichen fort – widmeten sich die Katholiken wieder dem schon vor 1870 begonnenen, aber durch den Kulturkampf unterbrochenen Ausbau ihres Gemeinschaftslebens, wie es nun in den zahllosen Vereinigungen, Kongregationen und sonstigen Zusammenschlüssen der Laien eine ungekannte Blüte erfuhr. Der Klerus konnte seine Seelsorge wieder unbehindert fortsetzen, aber die Modernisierung der deutschen Gesellschaft, vor allem Industrialisierung, Verstädterung und Mobilität, machten sich auch im Bistum Münster bemerkbar.

Als Bischof Hermann Dingelstad (1889-1911) die Einberufung der Diözesansynode ankündigte, begründete er dies mit der Feststellung, aus der gegenwärtigen Veränderung von Denkformen und Sitten seien in der Seelsorge „nicht wenige und ernste Schwierigkeiten" entstanden.[3]

Unter den von der Synode verabschiedeten Richtlinien („Statuta")[4] nimmt ein erster Hauptteil „De Fide" (Über den Glauben) insgesamt ein Viertel des Gesamtumfangs ein. Die hier enthaltenen Kapitel handeln vom Umgang mit den Nichtkatholiken, von den sich verbreitenden Irrtümern, von Verbot, Zensur und Verbreitung der Bücher, von der Predigt, von der Unterrichtung der Jugend und von den Volksmissionen.

Die wichtigste Pflicht der Pfarrer sei es, so heißt es zu Beginn, den Glauben der ihm anvertrauten Herde unverletzt und unversehrt zu bewahren.[5] Tatsächlich stellte sich diese Aufgabe in bis dahin unbekannter Weise, denn verstärkt kamen

Katholiken mit Nicht-Katholiken in Kontakt: „In unserer Zeit, in der die Völker durch Handel und Geschäfte viel leichter untereinander verbunden werden, als dies in früheren Jahrhunderten der Fall war, ist von den Seelsorgern um so größere Sorge und Ernsthaftigkeit darauf zu legen, daß die Gläubigen nicht durch diesen Verkehr mit den Nicht-Katholiken Gefahr und Verlust des ewigen Heils auf sich nehmen."[6] Sie sollten deshalb nicht zögern – so die Synode –, die gefährlichen Irrtümer und verderblichen Meinungen öffentlich zu verdammen.[7]

Der zweite und umfänglichste Hauptteil der Statuten widmet sich den Gruppen, in denen sich die katholische Gesellschaft organisiert. Das erste Kapitel gilt der Lebensführung und den Pflichten der Kleriker, das zweite den Gemeinschaften, in denen sich die Laien zusammengeschlossen haben. Zunächst werden die „Confraternitates", also Bruderschaften genannt, religiöse Vereinigungen, wie sie sich im Bistum Münster seit 1848 in großer Zahl verbreitet hatten. Es könne niemand im Zweifel sein, was die Zeit fordere, stellt die Synode fest: „Die Feinde des christlichen Namens ersinnen in einer gottlosen Verschwörung ruchlose Versammlungen und Vereinigungen ... Daher ist es Sache der Freunde Christi, eine heilige und gläubige Schlachtreihe einzurichten, fromme Vereine und Bündnisse zu sammeln ..."[8] Noch breiteren Raum als den religiösen Vereinen widmet die Synode den Standesvereinen der Laien, speziell der Arbeiter. Nachdem Papst Leo XIII. in seiner Sozialenzyklika „Rerum Novarum" (1891) für die Assoziationsfreiheit der Arbeiterschaft eingetreten war, begann man im Bistum Münster diese Grundsätze in die Praxis umzusetzen. Die Statuten referieren ausführlich aus der Enzyklika und entwickeln dann Richtlinien für die Gründung und Führung von Arbeitervereinen.[9]

Der dritte Hauptteil der Statuten widmet sich der Sakramentenpastoral, der vierte handelt auf ganzen 29 Seiten (von 204) „De culto divino", von der Verehrung Gottes. Davon befassen sich aber gerade sieben Seiten mit der Messe selbst, die übrigen Bestimmungen gelten der Musik, dem Nüchternheitsgebot, dem Kirchbau, den Friedhöfen und der Verehrung der Heiligen und ihrer Reliquien. Wichtig und aus heutiger Sicht ungewohnt ist die Tatsache, daß das Sakrament der Eucharistie und der Gottesdienst völlig getrennt voneinander abgehandelt werden, wie es der damaligen Liturgie entsprach, in der der Empfang der Kommunion durch das Volk kaum vorgesehen war, vielmehr wurde vor oder auch nach dem Gottesdienst Gelegenheit dazu gegeben. Der Gottesdienst selbst wurde als Opferfeier des Priesters für das Volk verstanden, der es in Ehrfurcht beizuwohnen hatte.[10]

Die Statuten des Jahres 1897 spiegeln das Bild einer Kirche, die sich in der Auseinandersetzung mit den Nichtkatholiken, die als Konflikt und Bedrohung erfahren wird, zu einer geschlossenen Gesellschaft formiert. Nach innen gliedert sie sich in Standesgemeinschaften, die ganz unterschiedliche Aufgaben wahrnehmen, wie es sich nicht zuletzt in der Liturgie niederschlägt.

3. Die Synode von 1924[11]

1924 hatte sich die Welt verändert: Nach dem verlorenen Weltkrieg brach die Monarchie zusammen, der Revolution von 1918 folgte die Weimarer Republik und mit der Inflation von 1923 eine gesellschaftliche Krise unbekannten Ausmaßes. Das Verhältnis der Katholiken zur Republik war ambivalent: Einerseits stellte man sich rasch auf den Boden der Tatsachen, und das Zentrum, die Partei der Katholiken, arbeitete sogar in Koalitionsregierungen u. a. mit der SPD zusammen, andererseits schmerzte viele, daß die Verfassung kein christliches Selbstverständnis von Staat und Gesellschaft mehr garantierte, wie es das Gottesgnadentum der Monarchie getan hatte. Im Gegenteil: Die Gesellschaft zerfiel in verschiedene Gruppierungen, die sich erbittert bekämpften: Monarchisten, Nationalisten, Sozialdemokraten, Marxisten, Liberale – und dazwischen die Katholiken.

„Wir leben und arbeiten heute in einem religiös und politisch zerrissenen Lande, in sturmbewegter Zeit"[12] – so umschrieb Bischof Johannes Poggenburg (1913-1933) die Gegenwart, als er die Synode eröffnete. Ziel der Versammlung solle es sein, so hatte es schon in dem Einberufungsschreiben geheißen, darüber zu beraten, „wie das rege Glaubensleben ... erhalten und vermehrt, wie den zahlreichen schweren Gefahren, die in unserer sturmbewegten Zeit den hl. Glauben und die christliche Sitte bedrohen, begegnet werden kann."[13]

Zu welchen Ergebnissen kam die Synode? Ganz augenfällig ist die Tatsache, daß sich der überwiegende Teil der Statuten mit den Anforderungen auseinandersetzt, die die Zeitumstände an den Priester stellen. Eine „Neuorientierung auf den verschiedenen Arbeitsgebieten der Seelsorge wird zur zwingenden Notwendigkeit, wenn anders der Geist des hl. Evangeliums auch in unserer Zeit wirksam und lebendig sein und bleiben soll."[14]

Vergleicht man die Statuten der Synode von 1924 mit denen des Jahres 1897, tritt zunächst einmal der kämpferische Akzent zurück. Zwar wird z. B. der Sozialismus weiterhin als „die große Irrlehre unserer Zeit"[15] verurteilt, aber der Stil der Auseinandersetzung hat sich verändert. Ausdrücklich soll auf Polemik verzichtet werden, umgekehrt „zeige der Prediger, daß er Verständnis hat für das, was Gutes an den Forderungen der Brüderlichkeit und Gemeinschaft ist."[16]

Die Einsicht, daß Verkündigung eine Einfühlung in besondere Lebens- und Denkformen erfordern kann, hat das Gesamtkonzept der Synode entscheidend geprägt. Man erkennt, daß es keine Einheits-Seelsorge geben kann, sondern sie jeweils vom sozialen Umfeld bestimmt sein muß. Entsprechend gliedert die Synode von 1924 ihre Richtlinien zur Seelsorge nicht mehr schematisch, z. B. nach der Reihenfolge der Sakramente (wie 1897), sondern nach Lebenskreisen: Familie, Stadt und Land, Randgruppen (Kranke, Gefangene, Fremdsprachige), verschiedene Schultypen.[17] Schließlich müsse die allgemeine Seelsorge durch die „Standesseelsorge", d. h. die „Pastoration einzelner Klassen und Berufe"[18], ergänzt und vorbereitet werden, wie es innerhalb des Vereinswesens geschah.

Mit der hier angesprochenen Spezialisierung wird ein grundsätzliches Dilemma der Synodenbeschlüsse des Jahres 1924 sichtbar: Einerseits erkennt man, daß die „Zerrissenheit" der Gesellschaft auch von der Kirche fordert, auf die verschiedenen auseinanderstrebenden Klassen und Gruppen in spezifischer Weise zuzugehen, andererseits stellt sich so verschärft die Frage nach dem einigenden Band: „Die heutige Seelsorge drängt mehr und mehr nach Arbeitsteilung. Dadurch wird eine erfolgreiche Inangriffnahme einzelner Seelsorgszweige ermöglicht. Doch darf diese Einzelarbeit nie den Blick auf das Ganze trüben und den Zusammenhang mit den anderen seelsorglichen Arbeitsgebieten gefährden."[19] Alles in allem ist es 1924 die Persönlichkeit des Seelsorgers, die diese Aufgabe zu leisten hat.

Und doch begegnet in den Statuten bereits ein neuer Akzent, der für die Zukunft als neues Band solcher Gemeinsamkeit wegweisend wurde. In einem Abschnitt über den „Pfarrgottesdienst" heißt es: „In der Gliederung der Kirche ... ist die Pfarrei die für die Seelsorge praktisch bedeutsamste Gemeinschaft. Je mehr die Pfarrei Gottes Familie wird, je inniger sie sich mit Christi Altar und Opfer verbunden hält, um so mehr nähern wir uns den zeitlichen und ewigen Zielen aller Seelsorge."[20] Ausdrücklich macht sich die Synode das Ziel zu eigen, „die Gläubigen aufs engste mit der Meßhandlung zu verbinden."[21] Es sei ein „Wachsen des liturgischen Interesses in der Laienwelt" zu beobachten, das freilich „vorerst in besonderer Weise nur die gebildeten Kreise" erfaßt habe.[22]

Alle diese Gedankengänge sind der Synode von 1897 noch völlig fremd. Sie belegen, daß sich im Bistum Münster schon zu Beginn der 20er Jahre Einflüsse der Liturgischen Bewegung bemerkbar machten, die am Vorabend des Ersten Weltkrieges im Umkreis des benediktinischen Mönchtums und katholischer Akademiker entstanden war und sich zu einer der wichtigsten innerkirchlichen Erneuerungsbewegungen dieses Jahrhunderts entfaltete.

Für den Historiker ist die Bedeutung dieser Liturgischen Bewegung[23] für die allgemeine Geschichte des Katholizismus im 20. Jahrhundert leicht zu verkennen, wenn er hier Bestrebungen vermutet, die sich ausschließlich auf eine wie immer geartete kultische Praxis gerichtet hätten.

Tatsächlich haben die Vertreter der Liturgischen Bewegung es als ihr Ziel verstanden, in der als krisenhaft erfahrenen Gegenwart zu einer Erneuerung der Identität der Katholiken und ihrer Kirche beizutragen – aus einem neu eröffneten Verständnis des Gottesdienstes, der Liturgie heraus. Die Krise der Zeit nach 1918 – das war die in Deutschland allgemein beklagte ‚Zerrissenheit' der Gesellschaft, der Zweifel am Gestaltungsvermögen des auf sich selbst gestellten Individuums, die Sehnsucht nach Gemeinschaft, nach objektiven und verbindlichen Normen. In der Liturgie wurden nun Inhalte der christlichen Glaubens- und Lebenswirklichkeit neu erlebt und entdeckt, die in einer Zeit der Desintegration Halt versprachen: Eine rettende Gemeinschaft, die als göttliche Stiftung in ihrem Wesen der menschlichen Verfügbarkeit entzogen ist. An dieser Objektivität vermag sich das Individuum zu orientieren und wächst über sich selbst hinaus, wenn es sich selbst in diese Ordnung – die Kirche – einbringt. Der Zugang zu diesen Inhalten vollzieht sich dabei nicht theoretisch, sondern praktisch, in der unmittelbaren, existentiellen Erfahrung dieser Liturgie.[24] Der Liturgiebewegung ging es also nicht um die Gestaltung des Gottesdienstes als Selbstzweck, sondern wesentlich um einen Vermittlungsprozeß von Inhalten des christlichen Glaubens.

Dazu war es nun freilich erforderlich, den Christen die zum unverstandenen Ritual erstarrte Liturgie erstens wieder verständlich zu machen und zweitens den Gottesdienst ihrem Sinn entsprechend als Feier der gesamten christlichen Gemeinschaft zu begehen: Die ‚aktive Teilnahme' aller Christen am Gottesdienst – im Gegensatz zum passiven ‚Messe hören' – wurde zu einer zentralen Forderung.[25]

Hand in Hand mit der Wieder-Entdeckung der konkreten, zum Gottesdienst versammelten Gemeinschaft wurde auch die Kirche insgesamt neu gesehen: Weniger als Heilsanstalt, als durch göttlichen Willen eingerichtete Organisation zur Verwaltung der Sakramente, sondern vielmehr als Gemeinschaft, theologisch formuliert (in Anlehnung an Paulus und den 1. Korintherbrief, Kap. 12) als

Abb. 17 Bischof Clemens August Graf von Galen in Werden 1934

‚Corpus Christi mysticum', als mystischer Leib Christi, der sich aus den von seinem Geist belebten und geleiteten Christen bildet.

Dieses für die Liturgiebewegung typische Verständnis von Kirche fällt in den 20er Jahren im Umfeld der katholischen Jugendbewegung auf fruchtbaren Boden. Die Entdeckung der Liturgie wurde zur Grundlage der Spiritualität einer jungen Generation von Katholiken. Schließlich verbreiten sich die Anliegen der liturgischen Erneuerung über die Jugendbewegung in die Pfarreien. Auch die Pfarrei wird nun nicht mehr bloß als juristischer Bezirk zur Verwaltung der Sakramente verstanden, sondern als Gemeinde, als ‚Pfarrgemeinde'. Dieser Prozeß zieht aber erst in den dreißiger Jahren weitere Kreise, wovon im folgenden die Rede sein wird.

Die weitere Geschichte der Liturgischen Bewegung ist dadurch gekennzeichnet, daß ihre Anliegen (nicht zuletzt angeregt durch z. T. heftige Kontroversen) durch Papst Pius XII. aufgegriffen wurden, schließlich in das Kirchenbild und die Reformen des II. Vatikanischen Konzils eingegangen sind und so das Selbstverständnis von Kirche und Katholiken am Ende des 20. Jahrhunderts weit über eine bloße Reform der Riten hinaus maßgeblich beeinflußt haben.

Von dieser Zukunft war nun freilich in den 20er Jahren nichts erkennbar. Noch waren es nur kleine Zirkel, in denen sich das neue Denken verbreitete, aber immerhin hat die Synode diese Impulse vereinzelt aufgenommen – freilich kaum in praktische Konsequenzen umgesetzt. Prägend bleibt das Konzept einer zunehmend differenzierten Seelsorge, deren Bewältigung und Bündelung hohe Anforderungen an den Klerus stellt.

4. Die Synode von 1936[26]

Als Bischof Clemens August v. Galen am 2. März 1936 eine neuerliche Diözesansynode einberief, waren die anfangs von vielen gehegten Illusionen über die Möglichkeit einer friedlichen Koexistenz mit den nationalsozialistischen Machthabern verflogen. Bereits mit dem Osterhirtenbrief von 1934[27] hatte Clemens August öffentlich signalisiert, daß er zu keinerlei weltanschaulichen Kompromissen mit der rassistischen Blut-und-Boden-Ideologie bereit war. Schritt für Schritt begannen die nationalsozialistischen Machthaber, die Katholiken und die Kirche in ihren Aktivitäten einzuschränken. Nach dem Untergang des Zentrums und der Knebelung der kirchlichen Presse waren es vor allem die Vereine, die zunehmend mit Betätigungs- oder Versammlungsverboten belegt wurden. 1935 verschärfte sich die Auseinandersetzung zusehends, als die nationalsozialistische Propaganda Kirche und Katholiken unverhüllt anzugreifen begann. Insbesondere die jetzt erhobene Forderung nach einer „Entkonfessionalisierung des öffentlichen Lebens"[28] machte deutlich, daß es den Nationalsozialisten darum ging, die Kirche und die Katholiken ganz aus der Öffentlichkeit zu verdrängen.

Die Einberufung der Synode fiel also in eine Phase der NS-Herrschaft, in der die Ziele der Machthaber erkennbar geworden waren; die eigentliche Eskalation des Kirchenkampfes begann.

4.1 Das Leitmotiv „Pfarrgemeinde"

Die von der Synode verabschiedeten „Leitsätze und Weisungen" sind nach Aufbau und Inhalt völlig anders als die Statuten des Jahres 1924 konzipiert. Als Gegenstand der Beratungen hatte der Bischof das Thema: „Die Pfarrgemeinde als die lebendige Gemeinschaft der in Christus vereinigten Glieder der Kirche" vorgegeben. Damit war der 1924 erstmals formulierte Gedanke zwölf Jahre später in den Mittelpunkt der Seelsorge gerückt. Die Gründe für diese Entscheidung gab v. Galen in einem einleitenden Referat bekannt:

„‚Die Pfarrgemeinde als Gemeinschaft': Das ist wohl ein aktuelles Thema in einer Zeit, die, des extremen Individualismus überdrüssig, sich wieder auf den Wert der Gemeinschaft besinnt. Auf einer Diözesansynode könnte man über die verschiedensten Gemeinschaften der Christgläubigen sprechen; in den letzten Jahrzehnten war es notwendig und zeitgemäß, über das in Fülle sich entwickelnde kirchliche Vereinsleben zu sprechen ... Nicht weil es sich nicht bewährt hätte oder als überflüssig erkannt wäre, wollen wir dieses Mal von einer ausführlichen Besprechung desselben Abstand nehmen ..., sondern weil es gewaltsam zurückgedrängt ist und es weitgehend nicht von uns abhängt, ob und wie wir es erhalten, ausbauen, fördern können.

Dennoch: Jetzt erst recht können wir nicht auf eine sichtbare Gemeinschaft der Christgläubigen verzichten und nicht verzichten auf ein sichtbares Gemeinschaftsleben; wir müßten dann auf die Kirche verzichten, die in ihrem ‚streitenden Teil'

Abb. 18 Bischof Clemens August Graf von Galen in Telgte (1935?)

hier auf Erden als ‚Stadt auf dem Berge', als sichtbare Gemeinschaft gegründet ist und nur als solche bestehen und wirken kann."[29]

Die Pfarrgemeinde als sichtbare Gemeinschaft der Kirche unter den Bedingungen der Diktatur – das war das Programm der Synode von 1936. In einer Phase, in der sich der Druck der nationalsozialistischen Verwaltungs- und Polizeiorgane auf Kirche und Katholiken verstärkte und der äußere Höhepunkt des Kirchenkampfes noch nicht erreicht war, hatte die Bistumsleitung offenbar erkannt, daß die Seelsorge nach gänzlich neuen Grundsätzen geordnet werden mußte, um überleben zu können. Das Konzept einer in Vereinen und Verbänden formierten katholischen Gesellschaft, wie es 1897 beschrieben und 1924 immer weiter ausdifferenziert wurde, war nicht mehr zu halten. Mit den Worten des Bischofs bot „die im Wechsel der Zeiten voraussichtlich unser Leben überdauernde Institution der Pfarrgemeinde"[30] eine neue Orientierung.

Es wäre jedoch verkürzt, diesen Paradigmenwechsel auf einen taktischen Anpassungsprozeß zu reduzieren. Die Eröffnungsrede v. Galens enthält eine theologische Deutung der Pfarrgemeinde, die weit über die verstreuten Andeutungen von 1924 hinausgeht und belegt, wie stark v. Galen und diejenigen, die an der Vorbereitung der Synode beteiligt waren, bereits unter dem Einfluß der immer weitere Kreise ziehenden Liturgischen Bewegung standen. Das ist bisher übersehen worden, obwohl es schon in der Galen-Biographie von Max Bierbaum einen – freilich undeutlichen – Hinweis zum Thema der Synode gab: „Dieses Thema wurde gewählt, weil wegen der damaligen Behinderung des katholischen Vereinswesens die Pfarrei als Mittelpunkt des kirchlichen Lebens wieder zu größerer Bedeutung gekommen war; auch innerkirchliche Bewegungen dogmatischer Art unter hervorragender Beteiligung der Jugend hatten schon vor 1933 das Gemeindebewußtsein neu belebt und zu einem engeren Zusammenschluß in der Pfarrgemeinde geführt."[31] „Innerkirchliche Bewegungen dogmatischer Art unter hervorragender Beteiligung der Jugend" – fast will es so erscheinen, als habe Bierbaum hier umständlich den Begriff „Liturgiebewegung" bewußt umschifft, aber der Sache nach kann kein Zweifel daran bestehen, daß sie gemeint ist.

Die durch den Bischof zu Beginn der Synode vorgetragene Theologie der „Pfarrgemeinde" setzt bei der Deutung der Kirche als mystischer Leib Christi an: „Der auferstandene, der fortlebende Christus ist das einigende Band, das alle Glieder der Kirche zu einer Gemeinschaft verbindet. Er ist das Haupt des Leibes der Kirche ... Diese Verbindung der Gläubigen mit Christus und durch Christus untereinander ist nicht nur eine gedachte oder willkürlich, etwa durch Rechtssatzungen, fundierte Konstruktion, sondern sie ist reales Sein ... Eine Tatsache, die an sich dem menschlichen Auge, der sinnlichen Erkenntnis entzogen ist, die aber ... sichtbar und wirksam werden soll, in der Kirche, in dem durch Christus gestalteten Leben jedes Gliedes seines mystischen Leibes und in der lebendigen Wechselwirkung der Glieder aufeinander ...."[32] Diese Struktur der Kirche wird nun auf die Pfarrgemeinde übertragen: „Aber die Tatsache der realen Einheit Christi mit seinen erlösten Gliedern ... wird stärker und konkreter, fühlbarer und Mitarbeit fordernder für den einzelnen und die Gemeinschaften der Glieder des Leibes Christi lebendig in der Pfarrgemeinde, in der wir ‚die lebendige und lebenvermittelnde Zelle der Gemeinschaft in Christus' erkannt haben."[33] Aus dieser Analogie zwischen Kirche und Pfarrei leitet sich das Thema der Synode ab:

„Die Pfarrgemeinde als die lebendige Gemeinschaft der in Christus vereinigten Glieder der Kirche."

Offensichtlich steht die hier entfaltete Theologie stark unter dem Einfluß des Österreichers Pius Parsch (1884-1954), der die Liturgiebewegung seit Ende der 20er Jahre nachhaltig mitgeprägt hat.[34] P. Parsch verstand Kirche und Pfarrei als von der Liturgie belebte Organismen, die Pfarrei als die konkrete Kirche im kleinen, den einzelnen Christen als Glied dieses Organismus.[35] Eine religiöse Erneuerung der Kirche erwartete er „von der Entfaltung der übernatürlichen Lebenszellen und der Eröffnung der Lebensquellen, mit anderen Worten von der *lebendigen Pfarrgemeinde.*"[36] Diese „lebendige Pfarrgemeinde" war das Ziel der von ihm betriebenen ‚volksliturgischen Erneuerung'.

Die Abhängigkeit des Einführungsreferats vom Gedankengut P. Parschs läßt sich bis in sprachliche Details nachweisen: So verwendet v. Galen hier (und in der Schlußrede) regelmäßig den Begriff der „Pfarrkinder", wenn er von den Gemeindemitgliedern spricht – ganz wie P. Parsch, der dies aus der Analogie von Familie und Pfarrfamilie ableitet, in der der Pfarrer Vater und Haupt der Familie (als Stellvertreter Christi) ist, die Gläubigen die Kinder sind. In den eigentlichen „Leitsätzen" der Synode kommt der Begriff nur im Ausnahmefall vor.[37]

Der Befund, daß die theologische Einführung v. Galens in das Thema der Synode eine deutliche Abhängigkeit von einem der profiliertesten Vertreter der Liturgiebewegung aufzeigt, ist nur schwer mit dem gängigen Bild zu vereinbaren, der Bischof sei allen modischen Strömungen in der Theologie, insbesondere auch der Liturgiebewegung grundsätzlich abgeneigt gewesen. Am stärksten ist dies von Portmann betont worden[38]: Zwar habe der Bischof das Bestreben nach „Verschönerung und feierlicher Gestaltung des Gottesdienstes" begrüßt und unterstützt, aber „der Bewegung als solcher mit ihren Folgeerscheinungen, in ihren verschiedenen Ausstrahlungen und Auswirkungen, begegnete er mit Reserve." Mißfallen habe ihm, wenn die liturgische Bewegung „der liturgischen Handlung fast den alleinigen Wert beimaß und das persönliche Gebetsbemühen der Gläubigen für wertlos erachtete" oder aber die esoterische Tendenz, „mit dem ‚kleinen Kreis' einiger frommer auserwählter Christen religiös und ästhetisch feine Unterhaltungen zu führen"[39] – verbreitete zeitgenössische Vorbehalte, um deren Widerlegung sich die Verfechter der Erneuerung bemühten.[40] An einem anderen Beispiel wird erkennbar, wie bei Portmann Erinnerung und persönliche Stellungnahme zusammenfließen: „Etwas eigenartig empfand er es, daß die Eiferer der liturgischen Bewegung, die sich doch gerade für die Liturgie der Ostkirche zu begeistern pflegten, die Ikonostase, die sogenannte Bilderwand, übersahen, hinter der, vor den Augen der Gläubigen verhüllt, der Priester allein das Opfer feierte, wie ja auch im Alten Bunde nur der Hohepriester das Allerheiligste betreten durfte. ... Fordert sie (die Ikonostase, W.D.) nicht Schweigen und Stille, Abstand und Scheu? Weckt sie nicht heilige Ehrfurcht und tiefe Demut? Solche Betrachtungen, wie sie Clemens August nicht selten anzustellen pflegte, sind geeignet, darauf hinzuweisen, wie heilsam es ist, maßvolle Zurückhaltung bei der Hinführung der Gläubigen an den Opferaltar und die hl. Opferhandlung zu beobachten. Das ist notwendig angesichts der hastigen Unbekümmertheit, Betriebsamkeit, Ehrfurchtslosigkeit, Kritiksucht und Blasiertheit unserer Tage."[41]

Wie aber sind derartige Bedenken mit dem Leitmotiv der Synode zu vereinbaren und der Konsequenz, daß die ‚lebendige Pfarrgemeinde' zugleich eine „Gebets-

und Opfergemeinschaft der Pfarrkinder mit dem Priester am Altare" verbindet?[42] An einem Detail läßt sich das Auseinanderklaffen der Bedenken des Bischofs, wie sie von Portmann berichtet werden, und dem, was faktisch in seiner Verantwortung beschlossen wurde, besonders deutlich aufzeigen: So berichtet Portmann, es habe v. Galen „nicht gefallen ..., wie sie (die liturgische Bewegung, W.D.) den Empfang der hl. Kommunion nur in Verbundenheit mit der Opferfeier duldete"[43] – für die Reformer ein wichtiger Schritt zur Betonung des Gemeinschaftsdenkens, entgegen der früheren Praxis, vor oder nach dem Gottesdienst zu kommunizieren. Und was beschließt die Synode? „Bei der hl. Messe soll ... die hl. Kommunion nach Möglichkeit innerhalb der hl. Messe in Verbindung mit der Kommunion des Priesters ausgeteilt werden, auch beim Hochamt und bei Totenmessen."[44]

Das Problem ist offensichtlich: Wie kommt es dazu, daß ein Bischof, dem allgemein der Ruf nachgeht, der liturgischen Erneuerungsbewegung äußerst reserviert gegenüberzustehen, in einer von ihm geleiteten Synode ein Leitmotiv eben dieser Erneuerungsbewegung übernimmt und nicht einmal Bedenken hat, wenn es dort in den Leitsätzen heißt, das „Interesse des Klerus für die Liturgie, für schönen liturgischen Gottesdienst und die liturgische Bewegung" sei „zu begrüßen und zu fördern"?[45]

Im Grunde bieten sich nur zwei Möglichkeiten zur Lösung dieser Frage an: Wenn der Bischof den Anliegen der Liturgiebewegung wirklich so ablehnend gegenüberstand, wie Portmann es schildert, dann hat er anderen Beratern, die ihr nahestanden, bei der Vorbereitung und Durchführung der Synode freie Hand gelassen und sich selbst sehr stark zurückgenommen. Zu klären wäre aber dann immer noch, wieso er sich selbst in einer Einführung das Leitmotiv von Pius Parsch so zu eigen macht, wenn man nicht einen ‚Ghostwriter' vermuten will, dem der Bischof sozusagen gegen seine Überzeugung gefolgt sei. Oder v. Galen stand den Anliegen dieser Erneuerungsbewegung gar nicht so ablehnend gegenüber, wie immer berichtet wird.

Unbestreitbar ist, daß v. Galen Schwierigkeiten mit der Liturgiebewegung hatte. 1926 kommt er im Zusammenhang mit theologischen Vorbehalten gegenüber der Jugendbewegung in einem Brief an seinen Freund Heinrich Holstein auf sie zu sprechen: Die Suche der Jugendlichen nach freien und natürlichen Lebensformen leiste unversehens dem Irrtum Vorschub, der Mensch sei von Natur aus gut und unverdorben. In der Konsequenz könne dies nach und nach zur „praktischen Leugnung der Erbsünde", d. h. der Erlösungsbedürftigkeit des Menschen führen.[46] In diesem Zusammenhang heißt es auch: „Selbst in der Liturgischen Bewegung: Ist nicht manchmal der Zug zur ‚Hingabe an das Objektive' in Wirklichkeit das Verlangen, selbst das Objektive sich anzueignen, es selbst in Vollzug zu setzen?"[47] Mit anderen Worten: Er fürchtete, das im Gottesdienst gefeierte und vermittelte, aber letztlich unzugängliche Geheimnis der Erlösung als Gnade Gottes könne nun umgekehrt zum Ritus der Selbsterlösung werden.

Möglicherweise verschaffte ihm einige Jahre später das Programm von Pius Parsch einen Zugang zur Liturgiebewegung, als erkennbar wurde, daß es sich nicht mehr um eine Angelegenheit elitärer Zirkel intellektueller Jugendlicher handelte, sondern um einen religiösen Aufbruch, der auf die gesamte Seelsorge abzielte. Jedenfalls öffnete er sich zögernd den neuen Impulsen, wie es sein Kaplan Hermann Eising am Beispiel der ‚Gemeinschaftsmesse' beschrieben hat, die seit

Anfang der 20er Jahre (auch unter maßgeblichem Einfluß von P. Parsch) Verbreitung fand. In unterschiedlicher Form bezog sie die Laien in das Lesen der Meßtexte mit ein und wurde so zu einem Inbegriff der Anliegen der Liturgischen Bewegung.[48]

„Schwierigkeiten hatte er, sich auf die damalige Entwicklung einzustellen, nämlich in der sogenannten ‚Gemeinschaftsmesse' den Dialog zwischen dem zelebrierenden Priester und den Gläubigen durch ein laut gesprochenes Dominus Vobiscum, Orate Frates, usw. zu vollziehen. Er wollte nicht in die Kirche hineinrufen. Er ließ sich allerdings auf die Dauer bewegen, das doch zu tun, weil er merkte, wie wichtig das für das Gemeinschaftsbewußtsein der Gläubigen war."[49]

Vermutlich dürfte dieses Beispiel aus seiner liturgischen Praxis exemplarisch das Verhältnis des Bischofs zur Liturgiebewegung überhaupt umschreiben: Zögernd, mit Vorbehalten, aber dann doch bereit, sich auf das Neue einzustellen – wohl nicht zuletzt auf das Drängen seiner Berater hin.

Daß er sich der Entwicklung öffnete, bedeutete umgekehrt aber nicht, daß er alle seine Vorbehalte aufgegeben hätte – manches deutet gar darauf, daß sie sich in den Kriegsjahren wieder verstärkten. Dies wird erkennbar, als es in der deutschen Bischofskonferenz zu einer Kontroverse um die Liturgische Bewegung kam.[50] Der Freiburger Erzbischof Conrad Gröber verfaßte 1943 ein Memorandum an den deutschen Episkopat, in dem er in 17 Punkten seiner Beunruhigung über die Auswirkungen der Liturgischen Bewegung Ausdruck verlieh.[51] Als sich daraufhin der Bischof von Mainz, Stohr, um eine gemeinsame, positive Stellungnahme der Bischöfe zur Liturgiebewegung bemühte und dazu mehrere Entwürfe vorlegte, schrieb ihm v. Galen, die „Mängel" der Freiburger Denkschrift seien zwar „offensichtlich", umgekehrt sei er aber auch nicht in der Lage, den Gegengutachten seine Zustimmung zu geben: „Sie sind mir sehr wertvoll, als Ergänzund und teilweise Widerlegung der Freiburger Darstellung. Aber mir fehlen Vorkenntnisse und jetzt die erforderliche Studierzeit, um alles Dargebotene gründlich zu prüfen und aus eigenem Wissen bestätigen zu können." Deshalb könne er Gröber nicht als Diskussionsgegner entgegentreten; unter den Entwürfen entspreche die von Stohr verfaßte Antwort noch am ehesten seinen Vorstellungen, „obgleich ich doch einige der Freiburger ‚Beunruhigungen' stärker empfinde." Vor allem fürchtete er in der Praxis eine Schwächung christlicher Ethik: „Es hat leider auch früher manche gegeben, die die Übungen der ‚subjektiven Frömmigkeit': Betrachtung, Gewissenserforschung, Danksagung nach der hl. Kommunion, Visitatio SSmi., Rosenkranz, Kreuzweg vernachlässigten. Heute aber nehmen solche da und dort die moderne Hinwendung zur sog. ‚objektiven Frömmigkeit' der Liturgie, wenn auch durchaus zu Unrecht, zum Vorwand, um vor sich und anderen solche Nachlässigkeiten zu rechtfertigen und sogar als vorbildliche ‚liturgische Haltung' zu empfehlen." Insgesamt empfahl er aber, die Bischöfe sollten erklären, daß sie „nicht in dem Maße zu Beunruhigung Anlaß zu haben glauben, wie der Verfasser der Denkschrift."[52]

Damit ist offensichtlich, daß v. Galen nicht mit der Position Gröbers identifiziert werden kann, denn im Gegensatz zu diesem hatte v. Galen zentrale theologische Vorgaben und Anliegen der Liturgiebewegung grundsätzlich akzeptiert. Es gibt dafür kaum einen deutlicheren Beleg als die Ansprache v. Galens vor der Synode von 1936, in der er das Leitmotiv der ‚lebendigen Pfarrgemeinde' aus eben dem

‚organischen' Kirchenbegriff des Corpus Christi mysticum ableitete, der dann 1943 im Mittelpunkt der heftigen Kritik Gröbers an der Liturgiebewegung stand.[53]

Die Bedenken des münsterischen Bischofs betrafen eher mögliche negative Auswirkungen, die sich aus diesem seiner Meinung nach grundsätzlich positiven Ansatz ergeben konnten, insbesondere die pastoralen Folgen liturgischer Reformen im engeren Sinne[54] auf Frömmigkeit und Ethik.[55]

Versuchen wir, die verschiedenen Beobachtungen zusammenzufassen: Daß der münsterische Bischof den Anliegen der Liturgiebewegung von seiner konservativen Grundhaltung her quasi selbstverständlich und grundsätzlich ablehnend gegenübergestanden hätte, läßt sich mit dem Befund nur schwerlich in Einklang bringen. Man wird vielmehr davon ausgehen müssen, daß er zwar Bedenken hatte, die sich vielleicht im Zuge der Kontroversen der 40er Jahre noch einmal verstärkten, aber spätestens 1936 die positiven Kräfte dieser Erneuerungsbewegung zu begreifen begann und sein Einverständnis zu einem pastoralen Programm gab, in dem sich das Bistum Münster dem neuen Denken öffnete.

Im folgenden sollen die von der Synode verabschiedeten „Leitsätze und Weisungen" näher dahingehend betrachtet werden, wie der Kurswechsel in Richtung „Pfarrgemeinde" praktisch bewerkstelligt werden sollte.

4.2 Der Priester

Schon die Gliederung und der Umfang der Leitsätze läßt den Paradigmenwechsel erkennen: Während die Statuten von 1924 durchweg die Persönlichkeit und die Aufgaben des Seelsorgers in den Mittelpunkt stellen, ist 1936 die Pfarrgemeinde entscheidende Bezugsgröße, der verschiedene Personen und Personengruppen zugeordnet werden.

Nach der kurzen Einleitung, die sich von einer bloß juristischen Betrachtungsweise der Gemeinde distanziert, behandeln ganze 12 Seiten (von 52) die Person und Tätigkeit des Priesters und Seelsorgers.[56] Anders als 1924 geht es aber hier nicht um eine Sammlung von Einzelanweisungen für die Praxis, sondern darum, aus dem Wissen um die Gemeinschaft mit Christus, dem Papst, dem Bischof, den Mitbrüdern und schließlich der Pfarrgemeinde bestimmte Verantwortlichkeiten für die Gemeinschaft abzuleiten, z. B.: „Die Ehrfurcht vor der heiligen Opferhandlung, die Christus durch ihn darbringt, soll ihm Antrieb sein, die gesamte Liturgie ... würdig zu feiern. Darum soll er die Früchte der liturgischen Forschung zur persönlichen Vertiefung in den Geist der Liturgie sich zu eigen machen. ..."[57]

Bemerkenswert ist, daß nur noch zwei Komplexe der eigentlichen Seelsorge ausführlicher behandelt werden: der „Pfarrgottesdienst"[58] und der religiöse Unterricht vor allem der Kinder. Im Mittelpunkt der Ausführungen zum Gottesdienst stehen die Bemühungen, die Gemeinde in die Meßfeier einzubeziehen. So soll im Hochamt „die Beteiligung des ganzen Volkes am Gesang der Ordinarium Missae immer mehr angestrebt werden."[59] Auch die von der liturgischen Bewegung entwickelten neuartigen Formen der „Gemeinschaftsmesse" und „Bet-Singmesse" werden als „besondere Betonung der Gebets- und Opfergemeinschaft der Pfarrkinder mit dem Priester am Altare" hervorgehoben.[60] Am Beispiel der „Gemeinschaftsmessen" läßt sich übrigens gut erkennen, daß sich das Bistum Münster den Impulsen der Liturgiebewegung im Verhältnis zu anderen nordwestdeutschen Bistümern keineswegs verstellt hat: In den 1937 abgehaltenen Diözesansynoden von Köln und Hildesheim wird die „Gemeinschaftsmesse" ausschließlich als besondere Veranstaltung für die Jugendseelsorge betrachtet.[61] Die münsterischen Dekrete behandeln sie dagegen als Form des Pfarrgottesdienstes – wenngleich „besonders für kleine Gruppen".[62]

Die katechetischen Hinweise widmen sich kurz der Einführung in die Beichte, der Erstkommunion, dem Schulgottesdienst und der Christenlehre – betont wird die Mitwirkung der Eltern, wobei gleichzeitig eine Vertiefung des religiösen Wissens auch bei den Erwachsenen angestrebt wird.

Damit konzentriert sich die Funktion des Priesters in der Gemeinde im dritten Jahr der Diktatur – nimmt man den Text der Synode zum Maßstab – auf zwei bzw. drei Schwerpunkte: Die Feier der Liturgie, die Einführung in die Sakramente und damit verbunden die Katechese. Gemessen an der Allzuständigkeit des Priesters für fast alle Gegenwartsfragen im Jahre 1924 ist dies offensichtlich eine durch die Unterdrückung erzwungene Konzentration auf unverzichtbare Aufgaben – und doch nicht nur das, denn es entspricht zugleich der von P. Parsch im Zuge der liturgischen Erneuerung geforderten Konzentration auf das sakramentale Leben in der Pfarrgemeinde.[63]

4.3 Die Familie

Die Verlagerung der Schwerpunkte wird noch deutlicher, wenn man den Abschnitt „Die Familie in der Pfarrgemeinde"[64] hinzunimmt. Ehe und Familie werden 1924 noch eher beiläufig abgehandelt[65], jetzt aber wird ihnen ein eigener Abschnitt gewidmet, der dem Umfang nach den Teilen über den Klerus entspricht. Was schon rein quantitativ ins Auge fällt, wird auch inhaltlich ausgesprochen. Für die Pfarrgemeinde als Gemeinschaft sei die Ehe das „Aufbruchsakrament", betont die Synode zu Beginn. Bischof v. Galen hatte diesen Gedanken im Einleitungsreferat – ganz im Sinne des ‚organischen' Denkens von P. Parsch – bereits angesprochen: Die Familien sollten „lebenvermittelnde Zellen der Pfarrgemeinschaft und damit der Kirche und des mystischen Leibes Christi werden."[66] Entsprechend nehme – so die „Leitsätze" – „in der gesamten Pastoration die Sorge um die Erhaltung und Förderung der christlichen Ehe und Familie einen Hauptplatz ein." Auch der Zeitbezug wird deutlich: „In doppeltem Maße gilt das für eine Zeit, wo eine allgemein um sich greifende Gottlosigkeit die gottgewollten Ordnungen in der Menschheit zerstören will."[67] Die „Leitsätze" der Synode kreisen im Grunde um zwei Ziele mit pädagogischem Akzent: Einmal um die Hinführung und Erziehung zur christlichen Ehe, um sie ihrerseits als „Erziehungsgemeinschaft" instand zu setzen, den Glauben selbständig weiterzuvermitteln. Welches Anliegen hier gegen den Erziehungsanspruch der totalitären Diktatur verfolgt wird, formulieren die „Leitsätze" durch ein politisch brisantes Zitat:

„Hier sei an ein Wort des Bischofs Ketteler erinnert, das für unsere Zeit von aktuellster Bedeutung ist: ‚Die Familie wird in dem Maße immer wichtiger, als die anderen Werkzeuge Gottes in ihrer Tätigkeit gehemmt sind, wie in der Gegenwart. Es können Zeiten kommen, wo die Familie fast alle Funktionen des Priestertums übernehmen muß, Gott braucht, wenn es nötig ist, auch außergewöhnliche Mittel, seine Kirche zu erhalten. ... Die Eltern brauchen kein staatliches Examen zu machen, und es bedarf zu ihrer Anstellung als Religionslehrer ihrer Kinder keiner Anzeige und staatlicher Bestätigung.'"[68]

4.4 Die Jugend

Auch der Abschnitt „Die Jugend von der Schulzeit bis zur Ehe in der Pfarrgemeinde"[69] hat in den Beschlüssen der Synode von 1924 keine Parallele. Die Gründe für diese Entwicklung liegen auf der Hand. Seit 1933 arbeiteten die nationalsozialistischen Jugendorganisationen mit allen ihnen zur Verfügung stehenden Mitteln und Unterstützung der staatlichen Instanzen, besonders der Schulen, gezielt darauf hin, die ganze deutsche Jugend in ihre Einheitsorganisationen einzuverleiben. Man kann sagen, daß die katholischen Jugendverbände die „sperrigste und hartnäckigste Barriere" waren, „auf die der Monopolanspruch der HJ auf dem Feld der herkömmlichen Jugendverbände stieß."[70] Hatten sich die katholischen Jugendverbände 1933/34 in weiten Teilen des Bistums Münster der HJ trotz staatlicher Hilfestellung noch durchaus ebenbürtig oder gar überlegen erwiesen, holte die HJ im Jahre 1935 zu einer „Frühjahrsoffensive" aus, wobei man nunmehr die Lehrer in den Schulen gezielt zur Mitgliederwerbung für HJ oder BDM einsetzte. Im Herbst 1935 war zu erkennen, daß der Druck, der auf den Mitgliedern der katholischen Verbände lastete, allmählich unzumutbar wurde. Die Frage nach der Zukunft der kirchlichen Jugendarbeit war unausweichlich gestellt.[71]

Im April 1936 erließen die deutschen Bischöfe „Richtlinien für die Katholische Jugendseelsorge", die eine doppelte Strategie verfolgten. Jugendarbeit solle durchgeführt werden „1. in der Form der allgemeinen Pfarrjugendseelsorge mit dem Ziele, möglichst alle Jugendlichen zum bewußten, frohen Leben mit der Kirche zu führen; 2. in der Form der jugendlichen Lebensgemeinschaften mit dem Ziele, eine Kernschar religiös zu vertiefen und für besondere apostolische Aufgaben zu bereiten."[72] Damit war ein Kurswechsel vollzogen, der die bisher von den Verbänden geführte Jugendarbeit zwar nicht aufgab, aber doch in die Pfarrseelsorge einzugliedern suchte. Tatsächlich hatten die Jugendverbände ihre Organisationen in den Jahren der Weimarer Republik, geführt von ihren Verbandszentralen, ganz unabhängig (auch finanziell) von den Diözesen und Pfarreien aufgebaut. Unter dem Druck der Diktatur erschien ein Überleben nur unter dem Schutz der bislang unangetasteten Pfarreien möglich. Ziel der Bischöfe war es, ihr Engagement in eine zwar geforderte, aber bislang faktisch nicht existierende allgemeine Jugendarbeit der Pfarrgemeinde einzubringen und so fruchtbar zu machen: „Auch bei Ausschöpfung aller Möglichkeiten einer allgemeinen Pfarrjugendseelsorge sind für eine erfolgreiche Jugendarbeit lebendige Jugendgemeinschaften (Kernscharen) unerläßlich, wie sie sich in den kirchlichen Jugendverbänden bewährt haben."[73]

Die Synode von 1936 folgt der von den deutschen Bischöfen vorgegebenen Linie, freilich mit eigenen Akzenten. Für die Jugendverbände war es ein zentrales Problem, ob ihr der Jugendbewegung entstammendes Selbstverständnis, die ganze Lebenswelt der Jugendlichen zum Gegenstand ihrer Arbeit zu machen, aufrechterhalten werden konnte. Denn zum einen standen die Jugendverbände unter dem äußeren Druck der Diktatur, zum anderen versuchte man von kirchlicher Seite, das kirchliche Vereinswesen in ein rein religiös orientiertes umzuwandeln. Die bischöflichen Richtlinien können eine solche Interpretation nahelegen. Dort heißt es, in den Kernscharen sollten sich Jugendliche sammeln, „die den entschiedenen Willen haben, sich durch die bewährten Heiligungs- und Bildungsmittel der Kirche zu vertiefen und für besondere Aufgaben (Ehe- und Berufsvorbereitung, Laienkatechese, Pfarrcaritas, W.D.) zu schulen."[74] Demgegenüber betont die münsterische Synode, es sei „auch das außerkirchliche Gemeinschaftsleben der Jugend anzuerkennen und zu fördern, nicht nur, um eine unverdiente Geringschätzung und Mißachtung vergangener Arbeiten und Leistungen katholischer Jugendführung zu verhindern, sondern in der immer gültigen Erkenntnis, daß ‚eine rein innerkirchliche religiöse Betätigung erzieherisch nur ein Stückwerk wäre' (Kardinal Faulhaber)."[75] Praktisch war eine solche Arbeit jedoch immer größeren Schwierigkeiten unterworfen – einen Ausweg wies die Synode durch den Hinweis, als „Führung und Bildung einer Kernschar" müsse der Jugendseelsorger „auch die Erziehung der Meßdiener und der Sängerknaben der schola cantorum betrachten."[76] Hier war die Möglichkeit gegeben, eine Gemeinschaft mit rein religiösen Aufgaben zu schaffen, die die Versammlungs- und Betätigungsverbote der Geheimen Staatspolizei umging. Schon vor der Synode, seit Anfang 1936, hatte sich die Praxis verbreitet, die immer stärker bedrängten Jugendverbände in Meßdiener- und Chorgruppen zu transformieren.[77]

Mit der Synode von 1936 beginnt im Bistum Münster eine neue Epoche der Jugendarbeit, orientiert an der Pfarrei und getragen von den „untergetauchten" Jugendverbänden und der Entdeckung der Meßdienerarbeit. Freilich waren die Schwierigkeiten besonders bei der von den Bischöfen geforderten „allgemeinen Pfarrjugendseelsorge" groß, so daß viele Seelsorger nach vergeblichen Anstrengungen ihre Tätigkeit doch wieder auf die „Kernschar" konzentrierten.[78] Erst nach dem Kriege konnte dieses neue Konzept dann unbehindert weiter entfaltet werden.

4.5 Die Stände

Der Übergang von der Vereins- zur Pfarrseelsorge spiegelt sich auch in dem kurzen Abschnitt „Die verschiedenen Stände in der Pfarrgemeinde"[79] wider. Fast sämtliche „Leitsätze" handeln vom Aufbau einer pfarrbezogenen Männerseelsorge.[80] Das Frömmigkeitsideal solle auf „Gestaltungsmöglichkeit und Selbstverantwortung" angelegt sein, es widerspreche einer Seelsorge, „die lediglich auf Betreuung und Leitung eingestellt ist. Die Männer vor allem sollen Träger der Mitsorge für die Seelen werden."[81] Wie in der Jugendseelsorge war allerdings nicht an einen Bruch mit der Vergangenheit gedacht: „Die gewissenhafte Erhaltung und Pflege bewährter Gemeinschaften bleibt erste Pflicht", es sei „nicht erlaubt, kirchliche Vereine ohne bischöfliche Erlaubnis aufzulösen oder durch mangelnde Betreuung langsam zum Aussterben zu bringen."[82] Auch sie sollten zur „Kernschar" umgebildet werden, um missionarisch in der Gemeinde wirken zu können. Da die berufsständisch organisierten Vereine wie KAB, Kolping usw. wegen der nationalsozialistischen Unterdrückung praktisch ausfielen, dachte man besonders an die in der zweiten Hälfte des 19. Jahrhunderts gegründeten Kongregationen: „Die Marianischen Männerkongregationen waren in den letzten Jahrzehnten aus ihrer früheren beherrschenden Stellung durch die Standesvereine ... zurückgedrängt. ... Wie die ‚Kernschar' für die Jugendlichen muß für die Männer der Pfarrei die Männerkongregation der Sauerteig sein."[83]

Ein letzter Abschnitt der „Leitsätze" widmet sich der „Pfarrgemeinde als Gemeinschaft der christlichen Nächstenliebe". Hier sind durchaus verschiedenartige

Dinge zusammengefaßt. Angestrebt wurde, in der Pfarrgemeinde ein selbständig finanziertes und organisiertes soziales Netz aufzubauen, das „sich auf alle Fälle (erstreckt), in denen leibliche und geistige Not sichtbar wird"[84] – vom Einsatz in Fragen der Fürsorge bis zur Betreuung des örtlichen Krankenhauses.[85]

Es dürfte deutlich geworden sein, daß die Synode von 1936 ein pastorales Konzept entfaltete, das einerseits auf Impulsen der Liturgiebewegung beruhte, die bereits in den zwanziger Jahren im Bistum Münster Fuß gefaßt hatte, andererseits aber eine pragmatische Anpassung an die Unterdrückung des vom Vereinswesen getragenen organisatorischen Netzwerks der katholischen Gesellschaft darstellte, wie es sich gegen Ende des 19. Jahrhunderts ausgebildet hatte.

4.6 Die „Katholische Aktion"

Und doch wäre die Synode und mit ihr die Richtung der Seelsorge im Bistum Münster in den Jahren des Dritten Reiches (und noch lange darüber hinaus!) so nur unzureichend erfaßt, wenn man nicht das Programm der „Actio Catholica" berücksichtigt, das Pius XI. seit den zwanziger Jahren propagiert hatte und dessen Umsetzung Kirche und Katholiken in Deutschland bis zum Vorabend des II. Vatikanischen Konzils nachhaltig beschäftigt hat. Es ist zu Recht darauf hingewiesen worden, daß das heute noch verbreitete Wissen von der „Katholischen Aktion" im umgekehrten Verhältnis zur früheren Popularität dieses gesamtkirchlichen Reformprogramms stehe[86], dessen Bedeutung für das Verständnis des inneren Wandels von Kirche und Katholizismus im 20. Jahrhundert von der Forschung zweifellos noch nicht im vollen Umfang erkannt worden ist.[87]

Pius XI. hatte seit Beginn seines Pontifikats (1922) unter Berufung auf das Allgemeine Priestertum alle Gläubigen zur Ausbreitung und Erneuerung des Reiches Christi in der Gesellschaft aufgerufen und diesen Einsatz als „Actio Catholica" bezeichnet.[88] Im Laufe der Zeit konkretisierten er und sein Nuntius Pacelli (der spätere Papst Pius XII.) dieses Programm:[89] Die Katholische Aktion wurde als Teilnahme der Laien am hierarchischen Apostolat der Kirche definiert. Auf der Grundlage von religiöser Erneuerung und Schulung sollten die Laien zum missionarischen Einsatz in der Welt befähigt werden. Das Fernziel war eine soziale Bewegung, die gegenüber der Säkularisierung und Entchristlichung der Gesellschaft wieder die Initiative übernehmen konnte.

Ohne hier auf die einzelnen Schritte der Rezeption des päpstlichen Programms in Deutschland eingehen zu wollen[90], kann man festhalten, daß im Rahmen der Katholischen Aktion ein neuartiges Organisationskonzept zum Zuge kam, das durch seinen einfachen Aufbau bestach: Auf Pfarrebene sollten sich die in der Katholischen Aktion engagierten Laien nach den Naturständen (Männer, Frauen, Jungmänner, Jungfrauen) gliedern und auf Bistumsebene einheitlich geführt werden. Das Problem der Umsetzung der Katholischen Aktion in die Praxis bestand darin, daß das päpstliche Konzept an den Verhältnissen in den romanischen Ländern orientiert war, in denen es bislang keine organisierte Laientätigkeit gab. Wie aber sollte der im Vereins- und Verbandswesen formierte deutsche Laienkatholizismus mit der Idee der Katholischen Aktion verbunden werden? Der Initiative einer bestehenden Organisation, des Volksvereins[91], sich selbst als Träger der Katholischen Aktion anzubieten, wurde von seiten der Bischöfe eine klare Absage erteilt.[92] Umgekehrt sollte das Vereinswesen durchaus als Grundlage der Ausgestaltung der Katholischen Aktion dienen, freilich mit der Erwartung, daß so eine Vereinheitlichung des Organisationswesens erreicht werden könne, an dessen Unübersichtlichkeit Kritik laut geworden war.[93] Nach den Richtlinien, die von den deutschen Bischöfen im Jahre 1929 erlassen wurden, sollte die Katholische Aktion keinen neuen Verein bilden, sondern eine „Lebens-" oder „Arbeitsgemeinschaft" auf Pfarr- bzw. Bistumsebene, an der auch die Vereine teilnehmen konnten.[94]

Soweit erkennbar, sind den Richtlinien im Bistum Münster zunächst keine Initiativen gefolgt, diese auch praktisch umzusetzen.[95]

Das Jahr 1933 brachte hier allerdings eine Neubesinnung. Die Kontrolle und Gleichschaltung des öffentlichen Lebens durch die Nationalsozialisten, die die Berufs- und Standesvereine der Katholiken unter starken Druck setzten, vor dem nur die rein religiösen Vereinigungen sicher zu sein schienen, machten die Katholische Aktion zu einer vielversprechenden Alternative, die ja auch im faschistischen Italien entwickelt worden war.[96]

Unter dem 24.4.1934 erließ Clemens August v. Galen für das Bistum Münster „Richtlinien für die Arbeit der Katholischen Aktion in der Diözese Münster".[97] Die Katholische Aktion solle kein neuer Verein sein, sondern „Zusammenfassung und Krönung der bisher bestehenden katholischen Vereine und des Lebens der katholischen Pfarrgemeinde."[98] Beginnen solle der Klerus mit der „Schulung besonders befähigter Laien (Männer und Frauen)". Vorgesehen war ein „Pfarrausschuß"[99] unter Vorsitz eines Laien, dem der Pfarrer, die Vorsitzenden der vier Lebensstände sowie deren geistliche Beiräte und Einzelpersönlichkeiten angehören sollten. Diese kleine Gruppe solle gemeinsam die zwei Ziele der Katholischen Aktion verfolgen: „Formung des Gewissens, Durchtränkung des ganzen Menschen mit katholischem Geist und Leben, und Apostolat."[100] Langfristig wurde angestrebt, für bestimmte Aufgaben neue Gruppen zu bilden, wobei jedoch bei den Mitarbeitern „mehr auf die Qualität als auf die Quantität" zu sehen sei.[101]

Stehen wir mit diesen Richtlinien von 1934 am Anfang einer Entwicklung, die zum heutigen Pfarrgemeinderat geführt hat? Neben dieser für die innere Geschichte des deutschen Katholizismus im 20. Jahrhundert nicht unwichtigen Frage steht die Feststellung, daß es sich zugleich um eine sehr bedeutsame Etappe in der Geschichte des Kirchenkampfes handelt. Denn obwohl von kirchlicher Seite nach 1933 immer wieder betont wurde, es handele sich bei der Katholischen Aktion um eine rein religiöse Einrichtung der Pfarrgemeinde, wurde diese Deutung von den nationalsozialistischen Sicherheitsdiensten nicht akzeptiert. Der Lagebericht des Chefs des Sicherheitsamtes des Reichsführers SS vom Mai/Juni 1934 stellt fest, daß sich die Katholische Aktion „von den religiösen Vereinen dadurch (unterscheidet), daß sie neben dem religiösen einen gesellschaftlichen Zweck verfolgt".[102] Daß dem tatsächlich so war, läßt auch die 1933 erschienene Schrift „Katholische Aktion. Eine systematische Darstellung ihrer Idee"[103] erkennen, verfaßt vom damaligen Subregens am Osnabrücker Priesterseminar und späteren Bischof von Münster, Michael Keller. „Das letzte Ziel der Katholischen Aktion", heißt es dort, sei ein „rein religiöses", nämlich „die Begründung, Verbreitung, Befestigung des Reiches Christi in den Seelen, in den Familien und in der Gesellschaft"[104] – freilich müsse man dem „verhängnisvollen Mißverständnis" vorbeugen, die Katholische Aktion habe sich ausschließlich um den religiösen Bereich zu kümmern. Vielmehr seien den „übernatürlichen Gütern ... unzertrennlich viele andere natürliche verbunden, auch solche, die der bürgerlichen Ordnung angehören, z. B. Förderung des Friedens unter den Klassen und Völkern."[105] Für den Sicherheitsdienst war entsprechend ausgemacht, daß es sich bei der Katholischen Aktion um ein „Mittel des politischen Katholizismus", eine „Auffangstellung für die Kräfte der früheren politischen Parteien" handele.[106]

Leider sind die ersten Bemühungen zum Aufbau der Pfarrausschüsse und damit der Katholischen Aktion im Bistum Münster nach dem heutigen Kenntnisstand sehr schlecht dokumentiert, was auch auf dabei entstandene Probleme zurückzuführen sein dürfte. So berichtete v. Galen der Bischöflichen Hauptarbeitsstelle für die Katholische Aktion von einer „gewisse(n) Unsicherheit in der Behandlung und Durchführung in den Gemeinden", was mit der „ungeklärten Gesamtlage des Vereinswesens in den Pfarreien" zusammenhänge.[107] Dem Protokoll der Dechantenkonferenz vom 28.10.1935 ist zu entnehmen, daß die Dechanten wohl im Sommer 1935 über die Erfahrungen berichteten, die mit der Umsetzung der Richtlinien von 1934 gemacht worden waren. Die Ergebnisse scheinen wohl wenig ermutigend gewesen zu sein, denn v. Galen bemerkte, daß diese „Versuche ... dem eigentlichen Ziel der Katholischen Aktion ... noch nicht allgemein und voll gerecht werden." Trotzdem müsse man den Weg fortsetzen, denn „vielleicht müssen wir uns eingestehen, selbst wenn die alten Formen und Veranstaltungen unserer Seelsorgsarbeit, besonders das katholische Vereinsleben noch intakt daständen, daß neue Wege und Methoden erforderlich sind ...."[108] Auch hier wird erkennbar, daß v. Galen durchaus umdenken konnte, selbst wenn es schwerfiel: „Meine Herren! Ich gebe offen zu: erst die Not der Zeit und das Suchen nach möglichen und erfolgreichen Heilmitteln hat mich gelehrt und überzeugt, daß solche umfassendere und systematische Belehrung und Schulung der Laien und von Helfern aus dem Laienstande notwendig, ja der einzige Weg ist ...."[109] Das Ergebnis der Beratungen der Dechantenkonferenz war, daß man sich zunächst auf die Arbeit mit kleinen Gruppen von Jugendlichen konzentrieren wollte und die Bildung der Pfarrausschüsse zunächst aufgeschoben wurde.[110]

Mit der Synode von 1936 aber setzte sich das Programm der Katholischen Aktion als organisatorische Richtlinie der Seelsorge in der Pfarrei endgültig durch: Das Pfarrprinzip hat das Vereinswesen völlig zurückgedrängt, der eigentliche Impuls für die Seelsorge soll von kleinen, besonders geschulten, aktiven Gruppen vor allem der Männer und Jungmänner ausgehen, den „Kernscharen" – eine „Massenorganisation" wird zunächst nicht angestrebt.[111]

Freilich ist auffallend, wie selten der eigentliche Begriff der „Katholischen Aktion" in den Leitsätzen genannt wird. Nur gelegentlich und mehr beiläufig ist davon die Rede, daß z. B. die Einführung in die Liturgie oder ein aktives Apostolat der Männer „im Sinne der Katholischen Aktion" geschehen solle.[112] Allerdings wurde v. Galen in seinem Schlußwort zur Synode mit einem Rückblick auf die Synode von 1924 deutlicher. Im allgemeinen hätten sich deren Statuten bewährt, so der Bischof, aber: „Daneben legten uns ... die Zeitlage und besonders auch die Anweisungen des heiligen Vaters über die ‚actio catholica' eine besondere Einstellung nahe, welche uns fast unwillkürlich bei unseren Beratungen und Beschlüssen beeinflußt und bestimmt hat." Die „Verhältnisse der Umwelt" seien „in einem Wandel, ja Umsturz begriffen, dessen Dauer, Umfang und Wirkung niemand von uns voraussehen und voraussagen kann." In Erkenntnis dieser Lage habe der Papst „die Parole zur ‚actio catholica' ausgegeben." Die Laien sollten „in den wechselvollen Zeitverhältnissen imstande sein, auch ohne Einzelanweisungen und beständige persönliche Leitung, nicht nur für ihr eigenes Verhalten die richtige Gewissensentscheidung zu treffen, sondern auch beispielgebend, beratend und führend ihre Umwelt, ihre Familien, ihre Berufsgenossen, ihre Mitbürger und Volksgenossen zu einem christlichen Denken und Leben anzuleiten, und so der Anerkennung und Befestigung der Königsherrschaft Christi über die Menschheit Vorkämpfer und Apostel sein. Wir alle wissen, wie notwendig es ist, daß unsere Gläubigen in weit größerer Zahl, als es bisher der Fall ist, zu solcher Mündigkeit und verantwortungsfähigen und -bereiten Selbständigkeit und Aktivität nicht nur durch die hl. Firmung gesalbt, sondern auch ausgerüstet und aufgerufen würden!" Dieses Programm verwirkliche sich in der Pfarrgemeinde: „Wenn und soweit es uns gelingt, alle unsere Pfarrkinder zu selbstmächtiger Bewegung, Aktion ... zu schulen, zu erziehen, zu führen, dann und in gleichem Maß erwecken, fördern, verwirklichen wir die ‚actio catholica' und die Eingliederung der Laien in das hierarchische Apostolat!"[113]

Die Tatsache, daß der Bischof erst im Schlußwort davon spricht, daß das päpstliche Programm die Beratungen „fast unwillkürlich" bestimmt habe, während sein einleitendes Referat das Wesen der Pfarrgemeinde in den Mittelpunkt stellte, ohne die „Katholische Aktion" überhaupt zu erwähnen, läßt vermuten, daß es immer noch eine „gewisse Unsicherheit" gab – oder auch weitergehende Vorbehalte z. B. von Vertretern des Vereinswesens.[114]

Immerhin wird so deutlich, daß der Bischof und die Synode die Wende zu einer Seelsorge der Pfarrgemeinde nicht als Überstülpen der „actio catholica" verstanden[115], sondern die eigentliche theologische Begründung in der durch die Liturgische Bewegung geförderten Neubesinnung auf die Gemeinschaft in der Gemeinde sahen. Die Pfarrgemeinde stellte gewissermaßen den gemeinsamen Nenner von „Actio catholica" und Liturgiebewegung dar, beiden ist die Synode von 1936 verpflichtet.[116] Mehr hypothetisch ist die Frage, wie sich die Verbindung dieser zwei bestimmenden Elemente vollzogen hätte ohne den dritten Faktor, die nationalsozialistische Unterdrückung des von den Vereinen getragenen organisatorischen Netzwerks der katholischen Gesellschaft vor 1933. Es scheint zweifelhaft, ob der Durchbruch in die neue Form so eindeutig ausgefallen wäre, wenn die Unterdrückung der alten Lebensformen nicht den Handlungsbedarf geliefert hätte.

5. Die Synode von 1958[117]

Was kann die Synode von 1958, am Vorabend des II. Vatikanischen Konzils, an Beobachtungen über das Fortwirken der pastoralen Konzeption von 1936 in der Nachkriegszeit vermitteln?

Als Michael Keller (1947-1961) die Leitung des Bistums übernahm, stellte sich sogleich die Frage, unter welchen Vorzeichen die Seelsorge nun weiter entwickelt werden sollte. Waren die „Leitsätze" des Jahres 1936 nur auf die Bedingungen der Diktatur zugeschnitten gewesen, oder konnten sie auch in einer Gesellschaft Geltung beanspruchen, in der sich die Katholiken völlig frei entfalten konnten? Sollte man den Status quo von 1933, das von den Vereinen getragene und fein verästelte organisatorische Netzwerk der katholischen Gesellschaft wieder herstellen oder waren die im Kampf mit der Diktatur entwickelten Strategien auch im freiheitlichen Pluralismus von Nutzen? Im Mittelpunkt stand bald die Diskussion um das Pfarrprinzip in der Seelsorge.[118] Wir können uns hier nicht mit den Einzelheiten dieser Entwicklung befassen, sondern wollen nur danach fragen, ob und wie die Synode von 1958 auf 1936 zurückgreift.

Dabei fällt zunächst auf, daß 1958 darauf verzichtet wurde, die ganze Synode einem Rahmenthema zu widmen, man wollte nur „Schwerpunkte" behandeln, „die für die weitere Entwicklung von Bedeutung sind."[119] Diese Einzelthemen begegnen teilweise schon 1936 (Priester, Familie, Caritas), teilweise haben sie keine Entsprechung (Priester- und Ordensberufe[120], Laienapostolat). Auffällig ist, daß der Jugend anders als 1936 kein eigenes Kapitel gewidmet wurde.[121] Wohl die erstaunlichste Beobachtung betrifft die Tatsache, daß das Leitmotiv von 1936, die Pfarrgemeinde, 1958 fast überhaupt nicht mehr vorkommt, sondern durchweg durch die „Pfarrei" ersetzt wird.[122] Beruht dies auf einer stärker juristischen Terminologie, auf einer Distanzierung vom protestantischen Gemeindebegriff?[123]

Der Sache nach ist der Durchbruch von der bloß juristischen Betrachtungsweise der Pfarrei zur Pfarrgemeinde im Sinne der Theologie von 1936 allerdings keineswegs aufgegeben, wird vielmehr regelmäßig vorausgesetzt. Aber es wird deutlich, daß der Gedanke, daß alle Getauften als Glieder der Pfarrgemeinde Verantwortung für diese Gemeinschaft tragen, systematisch weiterentwickelt worden ist. Das Ergebnis dieser Entwicklung findet sich in dem Kapitel „Das Laienapostolat". Nach der Entfaltung der Lehre vom allgemeinen Priestertum wird eine wichtige Differenzierung eingeführt zwischen einem „allgemeine(n)" Apostolat, zu dem jeder Christ in seinem täglichen Leben berufen ist, und dem „eigentliche(n)" oder „offizielle(n)" Laienapostolat, das „auf einem besonderen Mandat der Hierarchie (beruht)".[124] Dieses „Laienapostolat" im Auftrag der Hierarchie ist identisch mit der „Katholischen Aktion".[125] Auf der Grundlage einer gründlichen religiösen Formung[126] sollen die „Laienapostel" eine missionarische Funktion in der Seelsorge der Pfarrei und darüber hinaus übernehmen.[127] Auch die Organisationen (Vereine und Verbände) werden als „Schule des Laienapostolates"[128] umschrieben, wobei sie ihre Aufgaben gleichfalls in enger Anbindung an die Pfarrei wahrzunehmen haben.[129] Zur Koordinierung aller Aktivitäten des Laienapostolats sind in allen Pfarreien, Dekanaten und auf Bistumsebene Komitees zu gründen.[130]

Die Einführung dieses Systems kirchlicher Laienräte war seit Anfang der 50er Jahre vorbereitet worden; in anderen Bistümern wie Köln hatte man solche Ausschüsse schon Ende der 40er Jahre eingerichtet, 1952 gefolgt von der Gründung des Zentralkomitees der deutschen Katholiken als Spitzengremium des Laienkatholizismus. Die Besonderheit der münsterischen Synodenbeschlüsse lag in der Ausrichtung dieser Laienräte, in denen auch die Verbände vertreten sein sollten, auf die erwähnte Theorie des Laienapostolates.[131]

Was 1936 vergleichsweise offen formuliert worden war, ist nun konkretisiert worden: Die immer schon ausgeübte Praxis, daß die Laien sich in Vereinen selbständig organisieren, wird durch die Möglichkeit ergänzt, im innerkirchlichen Bereich, d.h. der Pfarrei und dem Bistum, verantwortliche, quasi amtliche Funktionen zu übernehmen – als „Mitarbeit am hierarchischen Apostolat der Kirche"[132] im Sinne der Katholischen Aktion.

Aus heutiger Perspektive zeigen die Synodenbeschlüsse von 1958 ein doppeltes Gesicht: Einerseits verweisen sie auf die Zukunft, indem sie konkrete Schritte zur Institutionalisierung der Zusammenarbeit von Klerus und Laien unternehmen – der Pfarrgemeinderat ist also keineswegs eine völlige Neuschöpfung des Konzils[133] –, andererseits ist offensichtlich, daß die Tendenz, sämtliche Aktivitäten der Laien über eben dieses Rätesystem auf das engste mit der Hierarchie zu verbinden, nur schwerlich mit der Einsicht des II. Vatikanischen Konzils zu vereinbaren ist, daß die Laien in Fragen der ‚zeitlichen Ordnung' aus ihrer Sachkenntnis heraus in eigener Verantwortung zu handeln haben.[134] Schließlich hat Heinz Hürten eine wichtige Anfrage an die Ausbildung dieses Systems gestellt: Hat diese „Verkirchlichung" des organisierten Laienkatholizismus vielleicht Kräfte für innerkirchliche Aufgaben gebunden, die sonst für das gesamtgesellschaftliche Engagement zur Verfügung gestanden hätten?[135] Mit diesen Fragen greifen wir allerdings über unsere Fragestellung hinaus.

6. Ergebnisse

Die unter der Leitung von Clemens August v. Galen gehaltene Synode des Jahres 1936 war nicht nur ein für die Geschichte der Seelsorge im Dritten Reich bedeutsames Ereignis, sondern stellt darüber hinaus eine für die innere Geschichte des Katholizismus im Bistum Münster im 20. Jahrhundert bedeutsame Weichenstellung dar.

Die Entwicklung Deutschlands zu einer urbanisierten und pluralisierten Industriegesellschaft stellte das überkommene Gefüge der katholischen Lebenswelt zunehmend in Frage, auch im Bistum Münster. Das Modell einer in Vereine und Verbände formierten, geschlossenen katholischen Gesellschaft stieß offenbar spätestens in den 20er Jahren an innere Grenzen. Erneuerungsbestrebungen wie die Liturgiebewegung oder das päpstliche Programm der Katholischen Aktion zielten darauf ab, den Katholizismus zu den Grundlagen der Gemeinschaft zurückzuführen und zu reformieren. 1933 kam der äußere Druck der Diktatur hinzu und begann das hergebrachte organisatorische Netzwerk der Katholiken zu zerschlagen.

Als Ergebnis dieser Studie können wir festhalten, daß v. Galen nicht so unbeweglich war, wie ihm oft nachgesagt wird. Die von seinem unbeirrten Einsatz gegen die Euthanasie her geprägte Vorstellung, v. Galen sei zeit seines Lebens von einmal erkannten Wahrheiten ausgegangen und habe diese unwandelbar vertreten, entspricht nicht den Realitäten seines bischöflichen Wirkens. An seiner konservativen Grundeinstellung kann nicht gezweifelt werden, aber umgekehrt ist unübersehbar, daß er in der kritischen Lage des Jahres 1936 entschlossen war, neue Wege zu gehen, selbst wenn es ihm schwerfiel. Indem er als Bischof eine Synode einberief, um über ein neues Konzept für die Seelsorge der Zukunft zu beraten, und ihr ein Thema gab, das dem Programm eines der profiliertesten Vertreter der liturgischen Erneuerungsbewegung entlehnt war, mußte er vermutlich über tief verwurzelte persönliche Vorbehalte hinweggehen – teils gedrängt von den Umständen, aber auch geführt von der Einsicht in die Tragkraft der neuen Ideen.

Es mag paradox erscheinen, aber mit dieser Synode leitete der ‚konservative Kirchenfürst' – so R. Morsey – eine Entwicklung ein, die langfristig über die Synode von 1958 und verstärkt durch das Konzil von 1962-1965 in einen neuartigen

Prozeß der Gemeindebildung einmündete, wie er sich zuletzt in dem 1980 im Bistum Münster in Kraft gesetzten Pastoralplan „Communio. Kirche ist Gemeinschaft" niedergeschlagen hat. Hier wird die nach-vatikanische Diskussion zusammengefaßt und die Gemeinde als konkrete Gestalt der Communio mit Gott und den Menschen und als sichtbares Zeichen des Glaubens in den Mittelpunkt gestellt.[136]

Den Beginn dieser langfristigen, unser Jahrhundert durchziehenden und vermutlich noch nicht zum Abschluß gekommenen Entwicklung dürfen wir im Bistum Münster mit Bischof v. Galen und der Synode von 1936 datieren.

Anmerkungen

1 Vgl. Codex juris canonici (1917), can. 356.
2 Vorbereitung, Verlauf und Beschlüsse der Synode sind dokumentiert in: Acta et statuta synodi dioecesanae monasteriensis quam illustrissimus ac reverendissimus dominus Hermannus episcopus monasteriensis anno domini MDCCCXCVII habuit, Monasterii Guestfalorum 1897 (im weiteren Acta 1897). Im Text werden deutsche Übersetzungen geboten, der lateinische Originaltext findet sich in den Anmerkungen.
3 Acta 1897 (wie Anm. 2), S. 6f: „Exsurgunt autem ex mutabilibus temporum rationibus, moribus, institutis, erroribus difficultates nonnunquam et sollicitudines, quibus sustinendis vincendisque singuli pastores pares se vix esse ultro profiteantur."
4 Die Einzelheiten der Vorbereitung und Durchführung der Synoden können wir hier und im folgenden übergehen. Es wurde eine Vorlage (Schema) angefertigt, das den vom Bischof berufenen Synodalen (Domkapitulare, Professoren, Dechanten und Vertreter des Seelsorgeklerus) zugeleitet und von diesen mit dem übrigen Klerus besprochen und dann mit Kommentaren versehen wurde. Eine Vorbereitungskommission überarbeitete aufgrund dieser Eingaben die Vorlage und legte sie dann der Versammlung vor, die darüber abstimmte. Abschließend bestätigte der Bischof die Beschlüsse und setzte sie in Kraft.
5 Acta 1897 (wie Anm. 2), S. 4: „Fides, sine qua impossibile est quemquam salvari, ut gregi sibi concredito singulisque oviculis integra inviolataque conservetur ac custodiatur, gravissimum sane munus est pastorum."
6 Ebd., S. 5: „Nostra aetate quo faciliore quam saeculis anteactis negotio et commercio populi inter se nectuntur, eo maior cura et sollicitudo ab animarum curatoribus incessanter adhibenda est, ne fideles ex hac communione cum acatholicis periculum et dispendium salutis suae aeternae desumant."
7 Ebd., S. 7. Es werden genannt Indifferentismus, Freimaurerei, Formen des Okkultismus und vor allem der Sozialismus: „Verum eninmvero inter errores nostrae aetatis vix est, qui tot insidias paret ac tam diram stragem faciat, maxime inter homines operarios aliosque inferioris conditionis, quam socialistarum error, qui revera serpit ut cancer in societate hodierna." Acta 1897, 8 (Unter den Irrtümern unserer Zeit gibt es kaum einen, der so viele Täuschungen bereithält und eine so schreckliche Seuche herbeiführt, vor allem unter den Arbeitern und anderen, die unter schlechten Bedingungen leben, wie der Irrtum der Sozialisten, der sich wirklich wie ein Krebsleiden in unserer heutigen Gesellschaft ausbreitet). Im Sinne der Enzyklika „Rerum Novarum" von 1891 drängt die Synode auf einen sozialen Ausgleich.
8 Ebd., S. 99: „Christiani nominis hostes nefanda conspiratione impia consilia ac foedera machinantur ... Quare amicorum Christi est, aciem instruere sanctam et fidelem, congregare pios coetus et uniones ..."
9 Vgl. ebd., S. 107-120. Offensichtlich sind die Empfehlungen der Synode weithin umgesetzt worden, denn nach 1900 kam es im Bistum Münster zu einer regelrechten Gründungswelle von Vereinen. Während z. B. von 1880-1889 23 Arbeiter- und Bergarbeiter-Vereine und von 1890-1899 31 Vereine gegründet wurden, waren es von 1900-1909 110. Dabei spielte natürlich auch die Ausbreitung des Industriegebietes eine Rolle. Vgl. dazu: Schematismus der Diözese Münster 1910, Münster 1910.
10 Vgl. ebd., S. 165. Die Gläubigen sollen den Gottesdiensten „pie adstent", also in frommer Haltung beiwohnen.

11 Vorbereitung, Verlauf und Beschlüsse der Synode sind dokumentiert in: Bischöfliches Generalvikariat, Münster (Hrsg.): Diözesansynode des Bistums Münster 1924, Münster 1924 (im weiteren Diözesansynode 1924).
12 Ebd., S. 27f.
13 Ebd., S. 8.
14 Ebd., S. 64. Ein erstes Kapitel widmet sich den Standestugenden des Priesters, die zwei folgenden – über ein Drittel des Gesamtumfangs – umschreiben „Besondere Aufgaben des Seelsorgers in heutiger Zeit" und „Die Aufgaben des Predigers in der Gegenwart".
15 Ebd., S. 105.
16 Ebd.
17 Vgl. dazu das Inhaltsverzeichnis in: Ebd., S. V-VI.
18 Ebd., S. 73.
19 Ebd., S. 65.
20 Ebd., S. 65f.
21 Ebd., S. 69.
22 Ebd., S. 102.
23 Kurze Einführung: Erwin Iserloh: Innerkirchliche Bewegungen und ihre Spiritualität. In: Hubert Jedin/Konrad Repgen (Hrsg.): Handbuch der Kirchengeschichte, Bd. VII: Die Weltkirche im 20. Jahrhundert, Freiburg 1979, S. 303-308. Ausführlichere Darstellung: Alois Baumgartner: Die Auswirkungen der Liturgischen Bewegung auf Kirche und Katholizismus. In: Anton Rauscher (Hrsg.): Religiös-kulturelle Bewegungen im deutschen Katholizismus seit 1800, Paderborn 1986, S. 121-136; Arno Schilson: Die Liturgische Bewegung. Anstöße – Geschichte – Hintergründe. In: Klemens Richter/Arno Schilson: Den Glauben feiern. Wege liturgischer Erneuerung, Mainz 1989, S. 11-48. Zum Verhältnis von Liturgischer Bewegung und Pfarrei: Theodor Maas-Ewerd: Liturgie und Pfarrei. Einfluß der Liturgischen Erneuerung auf Leben und Verständnis der Pfarrei im deutschen Sprachgebiet, Paderborn 1969.
24 Das Bedürfnis nach unmittelbarer, jedenfalls nicht theoretisch reflektierter Erfahrung ist gleichfalls ein typischer Zug der 20er Jahre.
25 Bereits 1903 hatte Papst Pius X. die „actuosa participatio" aller Gläubigen an der Liturgie gefordert. Zur Bedeutung Pius' X. für die Liturgiebewegung vgl. Schilson (wie Anm. 23), S. 33. In der Liturgiebewegung ist zweifellos eine Spannung angelegt zwischen der betonten Objektivität der Liturgie einerseits und dem pädagogischen Ziel, das Individuum zu einer bewußten Annahme dieser Ordnung anzuleiten, d. h. als Subjekt ernstzunehmen. Eine historische Würdigung der Liturgiebewegung wird diese Ambivalenz zu berücksichtigen haben.
26 Vorbereitung, Verlauf und Beschlüsse dokumentiert in: Bischöfliches Generalvikariat, Münster (Hrsg.): Diözesansynode des Bistums Münster 1936, Münster 1937 (im weiteren Diözesansynode 1936).
27 Abdruck: Peter Löffler (Bearb.): Bischof Clemens August Graf von Galen. Akten, Briefe und Predigten 1933-1946, 2 Bde., Mainz 1988, Bd. I, S. 67-72 (im weiteren als Löffler I bzw. Bd. II als Löffler II zitiert).
28 So Innenminister Frick am 7.7.1935 auf dem Gauparteitag 1935 in Münster. Abdruck der Rede: Kirchliches Amtsblatt für die Diözese Münster (im weiteren KABL) 1935, S. 103f.
29 Diözesansynode 1936 (wie Anm. 26), S. 22.
30 Ebd., S. 41.
31 Max Bierbaum: Nicht Lob Nicht Furcht. Das Leben des Kardinals von Galen nach unveröffentlichten Briefen und Dokumenten, 9. Aufl., Münster 1984, S. 209.
32 Diözesansynode 1936 (wie Anm. 26), S. 22f.
33 Ebd., S. 23. Die Markierung durch Anführungszeichen kann im Synodentext ein Zitat bezeichnen, wird aber auch zur einfachen Hervorhebung (wie durch Sperrung) verwandt. Zur Herkunft s.u., bes. Anm. 36.
34 Zu Pius Parsch vgl. Norbert Höslinger/Theodor Maas-Ewerd (Hrsg.): Mit sanfter Zähigkeit. Pius Parsch und die biblisch-liturgische Erneuerung, Klosterneuburg 1979 und Maas-Ewerd (wie Anm. 23), S. 175-184.
35 Die „organische" Denkweise ist ein typischer Zug verschiedenster Reformansätze der Weimarer Zeit, denen die Ablehnung der „unnatürlichen" Zersplitterung der Lebenszusammenhänge gemeinsam ist.
36 Pius Parsch: Die lebendige Pfarrgemeinde. In: Bibel und Liturgie 8 (1933/34), S. 186. P. Parsch wiederholt den Grundgedanken in seinen zahlreichen Veröffentlichungen in immer neuen Varianten: „Die heutige Seelsorge also hat die *lebendige Pfarrgemeinde* als Zelle des mystischen

Leibes vor Augen." Ders.: Umbruch in der Seelsorge. In: Bibel und Liturgie 10 (1935/36), S. 3. Ein Zitat in der durch die Synode hervorgehobenen Form konnte noch nicht nachgewiesen werden, der Sache nach ist die Abhängigkeit offensichtlich (vgl. Anm. 33).

37 Vgl. Diözesansynode 1936 (wie Anm. 26), S. 47, 54. In den Statuten von 1924 sucht man einen derartigen Begriff vergeblich.
38 Vgl. Heinrich Portmann: Kardinal von Galen. Ein Gottesmann seiner Zeit, 17. Aufl., Münster 1981, S. 133-145. In neueren Veröffentlichungen z.B. bei Heinz Hürten: Aktualität und Geschichtlichkeit. In: Unsere Seelsorge 28 (1978), Nr. 2, S. 13: „'Modern' war Clemens August seiner Lebtage lang nicht. Keine der Bewegungen, die zu seiner Zeit die Verheißung der Zukunft in sich zu tragen schienen, hat er wesentlich gefördert – geschweige, daß er etwa zu ihren Vorkämpfern gehört hätte. Die liturgische Bewegung und die Jugendbewegung haben ihm offensichtlich nichts Entscheidendes zu geben vermocht. Sein Verhältnis zu den neuen Ansätzen in der Theologie seiner Zeit wird zwar aus den bisher zugänglichen Quellen nicht recht deutlich. Aber die Vermutung, daß er ihnen kaum mehr als freundliche Kenntnisnahme geschenkt haben dürfte, hat einiges für sich." Ähnlich zuletzt bei Rudolf Morsey: Clemens August Kardinal von Galen – Größe und Grenze eines konservativen Kirchenfürsten (1933-1946). In: Jahres- und Tagungsbericht der Görres-Gesellschaft 1990, S. 8: „Er hielt Distanz gegenüber der jugendbestimmten Liturgischen Bewegung..."
39 Portmann (wie Anm. 38), S. 142ff.
40 Vgl. Theodor Maas-Ewerd: Die Krise der Liturgischen Bewegung in Deutschland und Österreich. Zu den Auseinandersetzungen um die „Liturgische Frage" in den Jahren 1939 bis 1944, Regensburg 1981, S. 89-93.
41 Portmann (wie Anm. 38), S. 143.
42 Diözesansynode 1936 (wie Anm. 26), S. 55.
43 Portmann (wie Anm. 38), S. 143.
44 Diözesansynode 1936 (wie Anm. 26), S. 56.
45 Ebd., S. 52f.
46 v. Galen an Heinrich Holstein vom 6.8.1926. Bistumsarchiv Münster (im weiteren BAM), Sammlung v. Galen 9, Nr. 2288.
47 Ebd.
48 Zur Gemeinschaftsmesse vgl. Emil J. Lengeling: Art. Gemeinschaftsmesse. In: Lexikon für Theologie und Kirche, Bd. 4, Freiburg 1960, Sp. 655f. Beispiele für die Suche nach neuen Formen der Gottesdienstgestaltung bei Maas-Ewerd (wie Anm. 23), S. 66-115. Für den neuartigen Charakter der Gemeinschaftsmesse sind die Schwierigkeiten bezeichnend, die sich bei der allmählichen Einführung in den Pfarrgemeinden ergaben: Meßbesucher fühlten sich durch die Dialoge in ihren (Rosenkranz)Gebeten gestört, in die sie sich bisher während der Messe vertieft hatten. Vgl. Maas-Ewerd (wie Anm. 40), S. 81.
49 Hermann Eising: Notizen und Erinnerungen betr. Bischof Clemens August v. Galen, S. 8, BAM, Sammlung Kardinal v. Galen.
50 Vgl. dazu Maas-Ewerd (wie Anm. 40).
51 Im Kern äußert Gröber die Befürchtung, über die Liturgiebewegung werde ein neuer Kirchenbegriff vermittelt. So moniert er u.a. eine „Grenzöffnung anderen Kirchen gegenüber" (Nr. 8), einen „neuzeitliche(n) Kirchenbegriff, wonach die Kirche nicht mehr die von Christus gestiftete societas perfecta ... ist, ... sondern eine Art ‚biologischer Organismus'" (Nr. 9 in Verbindung mit Nr. 11) sowie eine „falsche oder wenigstens übertriebene Auslegung" der Lehre vom „Corpus Christi mysticum" (Nr. 12), die „Überbetonung des allgemeinen Priestertums" (Nr. 13) und das Drängen auf die verpflichtende Einführung der Gemeinschaftsmesse, in der die „Neuliturgiker" den „Ausdruck ihrer Anschauungen über das allgemeine Priestertum und eine Betonung der Laienrechte auf die Mitwirkung beim heiligen Meßopfer erblicken." (Nr. 16). Abdruck: Maas-Ewerd (wie Anm. 40), S. 540-569. Gröbers Bedenken gegen diesen Kirchenbegriff, die nicht zuletzt einer schleichenden Protestantisierung galten, waren schon wenige Monate später überholt, als er von Papst Pius XII. in die Enzyklika „Mystici Corporis" aufgenommen wurde. Vgl. ebd., S. 456-460.
52 v. Galen an Stohr vom 31.3.1943. Diözesanarchiv Mainz, Nachlaß Stohr. Kopie: BAM, Bischöfliches Sekretariat, Neues Archiv A 0-70. Zum Inhalt des Entwurfs vgl. Maas-Ewerd (wie Anm. 40), S. 380-383. Das Vorhaben Stohrs scheiterte an den zu unterschiedlichen Positionen der Bischöfe.
53 Vgl. Anm. 51.
54 Zweifellos brachte er Experimenten im rituellen Bereich schon deshalb wenig Verständnis

entgegen, weil er selbst in diesem Punkt ausgesprochen penibel war und auf die genaue Einhaltung der entsprechenden Vorschriften achtete. Vgl. Hermann Eising: Erinnerungen an Bischof Clemens August v. Galen. Vortrag in Stapelfeld, S. 14. BAM, Sammlung Kardinal v. Galen 24. Vgl. auch Diözesansynode 1936 (wie Anm. 26), S. 56: „Bei allen kirchlichen Handlungen, besonders bei der Spendung der hl. Sakramente und Sakramentalien, müssen die festliegenden liturgischen Formen genau beobachtet ... werden." Diese Einstellung hat das Verhältnis zu seinen liturgiebegeisterten Kaplänen sicherlich belastet.

55 In der Dechantenkonferenz vom 24.11.1943 wurde auf den Passus eines Schreibens Pius' XII. an den Bischof von Mainz hingewiesen, in dem es hieß, die Liturgische Bewegung dürfe nicht die Bedeutung der Sakramente, der ewigen Wahrheiten und des persönlichen Kampfes gegen die Sünde verdrängen. Vgl. Löffler, Bd. II, S. 1019f. Die Bedeutung der individuellen Frömmigkeitspraxis betonte v. Galen in der Verordnung über „Die gemeinschaftliche Feier der hl. Messe im Bistum Münster" vom 7.3.1944. Hier heißt es abschließend, daß „die alte Sitte persönlicher privater ,Danksagung' nach dem Empfang der Heiligen Kommunion, (womöglich) über die Zeit bis zum Abschluß der heiligen Messe hinaus, von allen Priestern und Laien geübt und gefördert werden soll." KABL 1944, S. 43-48. Von diesem Anliegen berichtet auch Portmann, vgl. Portmann (wie Anm. 38), S. 143f. Die Verordnung dürfte durch ein Rundschreiben Kardinal Bertrams an die Mitglieder der Bischofskonferenz vom 15.1.1944 veranlaßt worden sein. Bertram brachte hier eine römische Entscheidung zur Frage der Liturgiebewegung zur Kenntnis, die einerseits z.B. die in Deutschland eingeführte Sonderform Gemeinschaftsmesse grundsätzlich akzeptierte, andererseits von einem deutlichen Mißtrauen gegenüber weiteren Neuerungen geprägt war. Bertram verstärkte den restriktiven Tenor noch; einige Formulierungen sind z.T. wörtlich in die münsterische Verordnung eingegangen. Vgl. den Abdruck bei Maas-Ewerd (wie Anm. 40), S. 688-691. Der Passus über die Danksagung im KABL ist offensichtlich auf Initiative v. Galens angefügt worden.
56 B: „Der Priester und Seelsorger in der lebendigen Gemeinschaft der Pfarrgemeinde", C: „Der innerkirchliche Wirkraum des Priesters in der Pfarrgemeinde".
57 Diözesansynode 1936 (wie Anm. 26), S. 48.
58 Vgl. ebd., S. 55ff.
59 Ebd., S. 55.
60 Ebd., S. 54. .
61 Vgl. Maas-Ewerd (wie Anm. 40), S. 84ff.
62 Diözesansynode 1936 (wie Anm. 26), S. 54.
63 Vgl. Maas-Ewerd (wie Anm. 23), S. 180.
64 Vgl. Diözesansynode 1936 (wie Anm. 26), S. 61-72.
65 Vgl. Diözesansynode 1924 (wie Anm. 11), S. 74-79.
66 Diözesansynode 1936 (wie Anm. 26), S. 27.
67 Ebd., S. 61.
68 Ebd., S. 65f. .
69 Vgl. ebd., S. 73-84. .
70 Arno Klönne: Jugend im Dritten Reich. Die Hitler-Jugend und ihre Gegner, Düsseldorf 1982, S. 177f.
71 Einzelheiten zur Geschichte der Jugendverbände im Bistum Münster sind einer demnächst erscheinenden Dissertation von Christoph Kösters zu entnehmen.
72 KABL 1936, S. 70.
73 Ebd., S. 71.
74 Ebd.
75 Diözesansynode 1936 (wie Anm. 26), S. 80.
76 Ebd., S. 83.
77 Vom Regierungspräsidenten in Münster angeforderte Berichte der Schulräte über die Lage der kirchlichen Jugendverbände im Juli 1936 spiegeln den parallelen zahlenmäßigen Rückgang der Vereine und die Expansion der Meßdienergruppen wider. Vgl. Wilhelm Damberg: Der Kampf um die Schulen in Westfalen 1933-1945, Mainz 1986, S. 146f.
78 Vgl. dazu die unveröffentlichte Examensarbeit von Christoph Kösters: Katholische Verbände im Dritten Reich. Eine Regionalstudie am Beispiel des Westmünsterlandes unter besonderer Berücksichtigung der Jugendorganisationen, Münster 1986, bes. S. 243-247.
79 Vgl. Diözesansynode 1936 (wie Anm. 26), S. 85-88.
80 Nur Nr. 18 handelt von der Frauenseelsorge. Vgl. ebd., S. 88.
81 Ebd., S. 85.
82 Ebd., S. 86, 88.

83 Diözesansynode 1936 (wie Anm. 26), S. 86f.
84 Ebd., S. 90.
85 Wenn an dieser Stelle auch die Verbreitung von Literatur („Pflege des religiös-geistigen Lebens") eingeordnet wird, dann wohl deshalb, um in diesem argwöhnisch überwachten Feld den Vorwurf zu unterlaufen, man treibe politische ‚Hetze'. Vgl. ebd., S. 94.
86 Vgl. Angelika Steinmaus-Pollak: Das als Katholische Aktion organisierte Laienapostolat. Geschichte seiner Theorie und seiner kirchenrechtlichen Praxis in Deutschland, Würzburg 1988, S. 49f.
87 Zumeist wird die Katholische Aktion unter der Perspektive des Jahres 1933 diskutiert. Besondere Beachtung verdient die Studie von Doris Kaufmann: Katholisches Milieu in Münster 1928-1933. Politische Aktionsformen und geschlechtsspezifische Verhaltensräume, Düsseldorf 1984, die die Katholische Aktion als Modell für die Neuformierung des im Zusammenhalt bedrohten katholischen Milieus interpretiert, das jedoch keine konkrete organisatorische Umsetzung erfahren habe (S. 54-62, bes. S. 61). Die Entwicklung nach 1933 deutet sie nur an (S. 182). Zu Doris Kaufmann: Steinmaus-Pollak (wie Anm. 86), S. 306f, Anm. 4. Auf die Weimarer Republik konzentriert sich auch: Joachim Köhler: Katholische Aktion und politischer Katholizismus in der Endphase der Weimarer Republik. In: Rottenburger Jahrbuch für Kirchengeschichte 2 (1983), S. 141-153. Zur Auseinandersetzung mit seiner These, daß die Katholische Aktion die ‚Entpolitisierung' des Katholizismus im Jahre 1933 vorbereitet habe, vgl. Steinmaus-Pollak (wie Anm. 86), bes. S. 193-208 und 447f. Anders Heinz Hürten: Kurze Geschichte des deutschen Katholizismus 1800-1960, Mainz 1986, der die langfristige Bedeutung und Wirkung der Katholischen Aktion auch nach 1945 deutlich herausstellt.
88 Vgl. Enzyklika „Ubi arcano Dei" v. 23.12.1922. In: Acta Apostolicae Sedis 1922, S. 673-700.
89 Steinmaus-Pollak betont, daß das Anliegen des Papstes erst im Laufe des Pontifikates entfaltet worden sei: Steinmaus-Pollak (wie Anm. 86), S. 251.
90 Vgl. dazu ebd., S. 55-104 und S. 193-281, bes. S. 251-281.
91 Der 1890 gegründete „Volksverein für das katholische Deutschland" war ein Verein zur Förderung der politischen, sozialen und religiös-kulturellen Volksbildung.
92 Vgl. Steinmaus-Pollak (wie Anm. 86), S. 213-221.
93 Vgl. ebd., S. 260f.
94 Vgl. ebd., S. 268f. Die Richtlinien wurden veröffentlicht im KABL 1929, S. 93-97, erg. durch KABL 1930, S. 82f.
95 Vgl. ebd., S. 306f.
96 Oswald von Nell-Breuning hat diesen Sachverhalt in einem Kommentar zum Abschluß des Reichskonkordates präzise benannt. Dort heißt es zu den Bestimmungen über das Vereinswesen (RK § 31): „Der Sache nach ist der Gedanke der ‚Katholischen Aktion' im Konkordat zur Geltung gebracht, wenn auch das Wort – offenbar mit Rücksicht auf die besonderen deutschen Verhältnisse – vermieden erscheint." O. v. Nell-Breuning: Friedensbund zwischen Kirche und Reich. In: Rhein-Mainische Volkszeitung vom 23.7.1933.
97 Vgl. KABL 1934, S. 55-58.
98 Ebd., S. 57.
99 Ebd.
100 Ebd., S. 57-58.
101 Ebd.
102 Heinz Boberach (Bearb.): Berichte des SD und der Gestapo über Kirchen und Kirchenvolk in Deutschland 1934-1944, Mainz 1971, S. 12.
103 Michael Keller: Katholische Aktion. Eine systematische Darstellung ihrer Idee, Paderborn 1933 (2. Aufl. 1935, 3. Aufl. 1936).
104 Ebd., S. 38.
105 Ebd., S. 39f.
106 Boberach (wie Anm. 102), S. 13.
107 Zit. nach Steinmaus-Pollak (wie Anm. 86), S. 443. Die neuerlichen Richtlinien der deutschen Bischöfe vom August 1935 betr. Katholische Aktion ordneten die Vereine als „Glieder im Körper der Katholischen Aktion" ein, die deshalb Weisungen des „Pfarr-Rats" zu befolgen hatten. Zweifellos hatte diese enge Anbindung an die Pfarrei den Zweck, die Reste der Organisationen so zu schützen. Vgl. Bernhard Stasiewski (Bearb.): Akten deutscher Bischöfe über die Lage der Kirche 1933-1945, Bd. II: 1934-1935, Mainz 1976, S. 90-195, bes. S. 292f und Steinmaus-Pollak (wie Anm. 86), S. 408.
108 Konferenz der Dechanten am 28. Oktober 1935 in Münster. Beilage zum Kirchlichen Amtsblatt

für die Diözese Münster 1935, S. 1. Teilabdruck mit Ansprache v. Galens: Löffler I (wie Anm. 27), S. 301-313 (hier: S. 301f).

109 Ebd., S. 7 bzw. Löffler I (wie Anm. 27), S. 312.
110 Vgl. ebd., S. 10.
111 Vgl. Diözesansynode 1936 (wie Anm. 26), S. 79, 87.
112 Ebd., S. 53f, 86.
113 Ebd., S. 40f. Interessant ist hier, wie v. Galen die eher kämpferische Sprache der Katholischen Aktion mit dem Familienbild der Gemeinde („Pfarrkinder" nach P. Parsch) verbindet.
114 Es sei hier an die Bemerkung Nell-Breunings zum Reichskonkordat erinnert. Vgl. Anm. 96.
115 Auch Pius XI. hatte immer wieder betont, daß die konkrete Durchführung der Katholischen Aktion sich den Gegebenheiten der einzelnen Länder anpassen müsse.
116 Dieses Zusammenwirken wird auch bei Maas-Ewerd angesprochen: Maas-Ewerd (wie Anm. 23), S. 124.
117 Vorbereitung, Verlauf und Beschlüsse dokumentiert in: Bischöfliches Generalvikariat, Münster (Hrsg.): Diözesansynode des Bistums Münster 1958, Münster 1958 (im weiteren Diözesansynode 1958).
118 Vgl. Maas-Ewerd (wie Anm. 23), S. 253-320.
119 Ebd., S. 45f.
120 Vgl. ebd., S. 134f. Für die Diskussion um die Auswirkungen des II. Vatikanischen Konzils ist es nicht unwichtig, darauf hinzuweisen, daß der Priestermangel ein Phänomen ist, das schon lange vor 1962 einsetzt. Langfristige Statistiken lassen erkennen, daß der eigentliche Wendepunkt zwischen 1935 und 1940 anzusetzen ist. Man könnte versucht sein, hier eine unmittelbare Folge der NS-Zeit zu sehen, aber Untersuchungen über den Priesternachwuchs in den Niederlanden weisen aus, daß hier der Wendepunkt – wenn auch auf viel höherem Niveau – um dieselbe Zeit anzusetzen ist. Solche Beobachtungen lassen doch vermuten, daß es sich um langfristige, internationale Veränderungen in ähnlichen Gesellschaften handelt. Dazu: Kirchliches Handbuch für das katholische Deutschland, Freiburg/Köln 1908ff und J.J. Dellepoort: De priesterroepingen in Nederland, s-Gravenhage 1955.
121 Im Kapitel über das Laienapostolat findet sich ein Abschnitt über die Jugendverbände: Diözesansynode 1958, (wie Anm. 117), S. 203-205. Daß sich zu dem Thema nur wenige Zeilen finden, die noch dazu ganz auf den Apostolatsauftrag hin angelegt sind, deutet an, daß man den sich anbahnenden und in den 60er Jahren durchbrechenden Generationskonflikt nicht erkannt hat.
122 Im Register der Synodenbeschlüsse erscheint die „Pfarrgemeinde" überhaupt nicht mehr (vgl. ebd., S. 242), im Text nur vereinzelt: S. 197, 201.
123 Im Anfang der 60er Jahre erschienenen Lexikon für Theologie und Kirche wird unter dem Stichwort „Gemeinde" der protestantische Gemeindebegriff behandelt und auf die Stichworte „Kirche" und „Pfarrei" verwiesen; unter „Pfarrei" wird der Begriff „Pfarrgemeinde" umgangen oder in Anführungszeichen gesetzt: Vgl. Eugen Isele/Eugen Walter/Rudolf Bohren: Art. Pfarrei. In: Lexikon für Theologie und Kirche, Bd. VIII, Freiburg 1963, Sp. 398-407. Eine Ausnahme: Sp. 405 erscheint die „lebendige Pfarrgemeinde".
124 Diözesansynode 1958 (wie Anm. 117), S. 188f.
125 Vgl. ebd., S. 190, Anm. 18: „Kath. Aktion ist in diesem Zusammenhang gleichbedeutend mit Laienapostolat."
126 Vgl. ebd., S. 190-194.
127 Vgl. ebd., S. 194-201.
128 Ebd., S. 200.
129 Vgl. ebd., S. 200f.
130 Vgl. ebd., S. 210-213.
131 Ein Vergleich mit den entsprechenden Abschnitten der freilich stärker kirchenrechtlich, weniger pastoral formulierten Kölner Synodenbeschlüsse von 1954 macht dies sehr deutlich. Dort ist auf wenigen Seiten zunächst ganz allgemein von den verschiedenen Vereinigungen der Gläubigen die Rede und dann von ihrer Koordination in den Komitees. Die den viel umfänglicheren münsterischen Text prägende Konzeption des Laienapostolats, der die verschiedenen Vereine und Zusammenschlüsse zugeordnet werden, findet hier keine Entsprechung. Vgl. Erzbischöfliches Generalvikariat in Köln (Hrsg.): Kölner Diözesan-Synode 1954, Köln o.J., S. 179-184.
132 Diözesansynode 1958, (wie Anm. 117), S. 189.
133 Die Einführung der Komitees war 1958 beschlossen worden; die allgemeine Konstituierung als „Pfarrgemeinderäte" fand dann aber erst 1965 statt.

134 Z.B. im Dekret über das Laienapostolat „Apostolicam actuositatem" Nr. 7. Deutsche Fassung: Karl Rahner/Herbert Vorgrimler: Kleines Konzilskompendium. Alle Konstitutionen, Dekrete und Erklärungen des zweiten Vaticanum in der bischöflich genehmigten Übersetzung, Freiburg 1966 (Zahlr. Neuauflagen).
135 Vgl. Hürten (wie Anm. 87), S. 256f.
136 Vgl. Bischöfliches Generalvikariat, Münster (Hrsg.): Communio. Kirche ist Gemeinschaft. Schwerpunkte der Heilssorge im Bistum Münster, Münster 1980 (bes. S. 9-21).

Das Verhältnis der Bischöfe Berning und von Galen zum Nationalsozialismus vor dem Hintergrund kirchenamtlicher Traditionen des 19. Jahrhunderts

Klemens-August Recker

Der Nationalsozialismus ist bekanntlich keine politische Erscheinung, die plötzlich ‚vom Himmel gefallen' ist. Er ist Ergebnis eines längeren Prozesses. Will man ihn in seinen historischen Ursachen zureichend verdeutlichen, so müssen die Traditionsströme auf ihre Bedeutung für eine Zustimmung zum NS-Regime bzw. Ablehnung des NS-Regimes hin befragt werden. Der Rückgriff auf historische Traditionsstränge kann somit als Erklärungsansatz für die Haltung von Zeitgenossen zum Nationalsozialismus 1933 und während der NS-Zeit dienen.

Die gewählte Perspektive[1] strebt an, eine bisweilen vorherrschende personalistische Betrachtungsweise auf eine strukturelle Ebene zu heben mit dem Ziel, grundlegende Bedingungsfaktoren von individuellen Gesichtspunkten zu trennen. Diesem Ziel dient auch das verwendete „komparative Verfahren", nach dem ein Vergleich der Aktivitäten öffentlich Handelnder angestrebt wird.

Dies soll im folgenden am Verhalten der katholischen Bischöfe Berning und von Galen 1933 und während der NS-Zeit vor dem Hintergrund der katholischen Traditionen der „cura religionis" und der Staatsrechtslehre des 19. Jahrhunderts geschehen. Die Bischöfe Berning und von Galen eignen sich für dieses Vorhaben wegen des bisherigen vorherrschenden Verständnisses dieser beiden Würdenträger, ihrer biographischen Daten und auch ihrer politischen Aktivitäten.

Es geht daher im folgenden nicht um eine Untersuchung des politischen Katholizismus, etwa des Zentrums, oder um Forschungen zum Wahlverhalten und zu den politischen Einstellungen des katholischen Kirchenvolkes 1933, sondern um die Bedeutung kirchenamtlicher katholischer Traditionen des 19. Jahrhunderts als kategorialer Rahmen bischöflicher Hinwendung zur bzw. Hinnahme der NS-Herrschaft einerseits und Kritik an ihr andererseits.

Die folgenden Darlegungen stellen aus Gründen des Forschungsstandes Bischof Berning stärker in den Vordergrund. Seine Tätigkeit in der NS-Zeit ist im Vergleich zu der von Galens weniger erforscht und erfordert daher ausführlichere Erörterungen, um den Vergleich sinnvoll durchführen zu können.

I. Die katholische Tradition der „cura religionis" und das überlieferte Staatsverständnis des 19. Jahrhunderts in ihrer Bedeutung für die Hinwendung zum bzw. Hinnahme des NS-Staates 1933/34 durch die Bischöfe Berning und von Galen

1. Bernings Haltung zur neuzeitlichen Aufklärungstradition am Beispiel der Weimarer Republik

„Zu dem unglücklichen Ausgang des Krieges kam die Revolution mit ihren furchtbaren Folgen. Die Throne der Fürsten sind in unserem Vaterlande gestürzt. Der ganze bisherige Aufbau unseres Staatslebens ist zerstört. Die Grundlagen des

Rechtes und der Gesetze sind erschüttert. ... Die Bande der Sittlichkeit scheinen gelöst zu sein"[2], so schreibt Berning Anfang 1919. Die Novemberrevolution des Jahres 1918 erscheint ihm als ein Ereignis, das den Menschen den Boden unter den Füßen wegzieht. Diese haben nach seiner Einschätzung keinen Halt mehr, weil die traditionelle Ordnung durch die politischen Entwicklungen infolge des verlorenen Krieges beseitigt worden ist. Der einzige stabilisierende ‚Felsen' in dieser Zeit der Unruhen ist nach Meinung Bernings die Kirche. Wenngleich sie nach seinen Worten sehr angefeindet wird, so gibt sie den Menschen doch nicht nur Perspektiven und Hoffnungen, sondern sie stellt auch die Grundlage einer jeglichen politischen Ordnung dar: „Christi Reich soll auch in unserem Vaterlande nicht vernichtet werden. Denn ohne Christentum wäre Deutschland dem Untergange geweiht ... Ohne Christus und seine Kirche keine wahre Freiheit und kein dauernder Friede, ohne Christus und seine Kirche keine Ordnung und kein Recht. Auf Christus und seiner Kirche allein aber kann eine glückliche Zukunft unseres Volkes aufgebaut werden."[3] Für Berning sind die christliche Religion und die Kirche eine unverzichtbare Basis der politischen Existenz eines Volkes. Wenngleich die Kirche selbst keine Politik betreiben will, so hat sie doch, wie Berning hervorhebt, in der Vergangenheit segensreich in der Familien-, Sozial- und Bildungspolitik gewirkt. Außerdem fordert sie die „Untertanen zum Gehorsam gegen die staatlichen Obrigkeiten" auf. Eine Heilung der Zustände ist nur möglich, wenn „die von der Kirche verkündeten Sittengebote Christi" beachtet und befolgt werden. „Auch Völkerbund und Völkerfriede", so Berning im Februar 1919, „werden ein schöner Traum bleiben oder doch ohne Dauer sein, wenn man die Gesetze der Bergpredigt Christi, an die der Friedensfürst auf Petri Stuhl alle Nationen so oft während des Krieges erinnert hat, nicht zur Grundlage macht."[4] Berning lehnt die Revolution unüberhörbar ab, da sie die Freiheit der Kirche und die Notwendigkeit ihrer Existenz zur Sicherung eines menschenwürdigen Zusammenlebens im Staat negiere.

Demgegenüber sieht Berning in der Monarchie eine Kraft, die den Rechten der Kirche im Interesse des menschlichen Heils Raum gegeben und sie unterstützt habe. Stellte doch nach seiner Einschätzung die Monarchie eine auf Gott gegründete Herrschaft dar, die sich daher auch der Autorität Gottes zu unterstellen hatte: „Alle irdischen Machthaber unterstehen der Autorität Gottes, von dem sie die Aufgabe erhalten haben, die Völker in seinem Namen zu regieren ... Wenn wir also unserem geliebten Landesvater, der ‚von Gottes Gnaden' Kaiser und König ist, Ehrfurcht, Liebe und Gehorsam entgegenbringen, so ehren wir Gott, von dem jede Obrigkeit ihre Würde und Macht erhalten hat."[5] Der Kaiser ist sich nach Einschätzung Bernings der Verpflichtung dem Amt gegenüber auch bewußt, hat er doch beispielsweise nach der Kriegserklärung vom Juli 1914 die Parole ausgegeben: „'Nun empfehle ich Euch Gott. Jetzt geht in die Kirche, kniet nieder vor Gott und bittet ihn um Hilfe für unser braves Heer.'"[6] Kirche und Staat stehen zusammen. Beide dienen in der Verantwortung vor Gott dem Heil des Menschen.

Im Hirtenbrief zu seiner Inthronisation vom 29.9.1914 lobt er die deutschen Kaiser dafür, daß sie seit 1871 dem Reich den Frieden erhalten hätten. „Und selbst als man jetzt von allen Seiten uns schon bedrohte, da hat unser geliebter Kaiser den Krieg zu vermeiden gesucht, um seinem Volke die Schrecken zu ersparen."[7] Neben den Gedanken der Zuneigung zum Kaiser tritt der der Vaterlandsliebe. Beide werden miteinander verwoben: „Ein guter Katholik ist stets ein guter Patriot. Uns ist und sei die Vaterlandsliebe eine heilige, eine religiöse Pflicht ... Treu stehen wir deshalb, auch in Not und Tod, zu unserem geliebten Vaterland und unserm verehrten Kaiser und König Wilhelm II., dem gerechten und gütigen Landesvater, dem wir unverbrüchliche Treue und Liebe bewahren."[8] Dementsprechend hat der Bischof auch Ergebenheitstelegramme an den Kaiser gesandt. Dieser telegraphierte ihm beispielsweise am 31.12.1917 zurück: „Ich habe Ihre freundlichen Segenswünsche zum neuen Jahre mit Befriedigung entgegengenommen und spreche Ihnen, Ihrer Geistlichkeit und Ihren Diözesanen für das erneute Gelöbnis der Treue zu Kaiser und Reich und die erfolgreiche Betätigung vaterländischer und opferwilliger Gesinnung meinen herzlichen Dank aus. Wilhelm R."[9]

Das Verhältnis Bernings zur Hohenzollernmonarchie war ungebrochen. Die konfessionelle Trennung – immerhin handelte es sich um den Oberbischof der evangelischen Kirche Preußens – bedeutete ihm keinerlei Schwierigkeit.[10] Mögliche Vorbehalte, die aufgrund der historischen Entwicklung seit 1866 zu diesem Zeitpunkt bei den Katholiken Osnabrücks noch hätten vorherrschen können[11], finden sich daher auch bei ihm nicht. Im Gegenteil! Berning erhöht durch seine Predigt bei dem katholischen Volksteil die Akzeptanz der Hohenzollernmonarchie. Die Hirtenbriefe bis zur Abdankung des Kaisers 1918 weisen den monarchischen Gedanken immer wieder auf. Bernings Verhalten entspricht dem, was der Meppener Landrat Georg Behnes in einem Gutachten an den Regierungspräsidenten von Osnabrück anläßlich der Wiederbesetzung des Bischöflichen Stuhles des Bistums Osnabrück 1914 über ihn schreibt: „Ich nehme aber auch hier in Berücksichtigung der oben geschilderten Charaktereigenschaften an, daß seine Haltung eine loyale, königstreue sein würde."[12]

In den Hirtenbriefen der Weimarer Zeit finden sich keine Darlegungen des Bischofs, die von einer derartigen Wärme für die Herrschaftsträger oder auch die Ordnung zeugen wie in der Kaiserzeit. Ebenso gibt es keine Telegramme mehr an die Reichsleitung. Wolfgang Seegrün hat in seinem „Lebensbild" Bernings auf dessen positive Haltung zu „Monarchie" und „Autorität" hingewiesen.[13] Zur Erklärung hierfür ist häufig auf das persönliche Autoritätsbedürfnis des Bischofs und auf dessen entsprechendes Auftreten beispielsweise in den Gemeinden hingewiesen worden. Dieser seine Person betreffende Gesichtspunkt darf nicht außer acht gelassen werden und hat seine Bedeutung für die behauptete Haltung des Bischofs. Die Betonung von „Monarchie" und „Autorität" hat ihre tiefere Begründung aber keineswegs in seiner Person, sondern in seiner Auffassung vom Verhältnis von Staat und Kirche und von der damit verbundenen politischen Ordnung. Ein Blick auf die Äußerungen Bernings über die Weimarer Republik bestätigen diese Aussage.

Eine direkte Ablehnung der Weimarer Verfassung durch Berning ist nicht zu finden. Als Bischof ist er zur praktischen Zusammenarbeit mit den politischen Entscheidungsträgern, etwa in der Reichsschulkonferenz, bereit.[14] Dennoch zeigt sich eine deutliche Distanz des Bischofs zu den Weimarer politischen und gesellschaftlichen Verhältnissen, sofern sie Ausdruck einer staatspolitischen Auffassung sind, die sich nicht vom Gottesglauben her leiten läßt. So gilt diese Ablehnung zunächst allen jenen Politikern, die sich in ihren Wertvorstellungen nicht der Kirche verbunden fühlen, weshalb er das katholische Volk ermahnt, diejenigen Vertreter in die Nationalversammlung zu wählen, die „freimütig für

Religion und Sittlichkeit eintreten, sich entschieden allen Bestrebungen widersetzen, die der Kirche ihren Einfluß im Staatsleben, in der Schule und in der Familie rauben wollen."[15] Diese Mahnung richtet er – die Forderungen der „Linken" vom November und Dezember 1918[16] waren bekannt – insbesondere gegen die Sozialdemokratie, wie aus dem gemeinsamen Hirtenschreiben der deutschen Bischöfe über den Sozialismus vom 8. Januar 1919 hervorgeht. Der von ihr vertretene Sozialismus stellt, so Berning, eine „materialistische Weltanschauung" dar. Er wolle „die katholische Sittenlehre und das katholische Sittenleben zertrümmern"[17]. Die politischen Entwicklungen in der Sowjetunion und die dortige Verfolgung jeglichen religiösen Lebens veranlaßten Berning, auch den „Bolschewismus" strikt zu verurteilen. So heißt es etwa: „Der Bolschewismus leugnet jede Geistigkeit der Seele und ihre Fortdauer nach dem Tode. Er leugnet das Dasein, die Weltschöpfung und Welterhaltung Gottes ... Der diesseitige Mensch ist allein die höchste Norm für alle Wirtschafts- und Lebensfragen, für die Bewertung des Kindes und der Familie. Es gibt für ihn kein Naturgesetz, kein göttliches und kein kirchliches Gesetz ... Moralisch gut ist nur das, was der kommunistischen Partei zweckdienlich ist."[18]

Aus dieser Einschätzung von Sozialismus und Bolschewismus heraus lehnte er etwa die Anti-Papen-Politik[19] des Zentrums im Jahre 1932 ab. Sie weckte in ihm Befürchtungen vor dem Verfall jeglicher Autorität und dem Abrutschen nach links.[20]

Am 8. Januar 1919 läßt Berning im Kirchlichen Amtsblatt eine päpstliche Verlautbarung zur kirchenpolitischen Lage veröffentlichen, die das Verhältnis von Kirche und Staat nach der Novemberrevolution von 1918 im Blick hat. Der Papst deutet die Ereignisse als „einen ... verhängnisvollen Wechsel in den Beziehungen zwischen Staat und Kirche", der dazu angetan sei, die „freie und ungestörte Ausübung der katholischen Religion" zu bedrohen. Er ermuntert die Bischöfe, die Stimme zu erheben „zur Verteidigung der Rechte, welche die katholische Kirche in Preußen unter den wechselvollen Ereignissen der vergangenen Jahrhunderte mit vieler Mühe zu bewahren verstanden hat und welche man jetzt mit einem Schlage unterdrücken möchte."[21] In Konsequenz der päpstlichen Feststellungen fordert der Osnabrücker Bischof daher: „Die Grundlage des neu aufzubauenden Staates muß das Christentum bleiben, denn ‚ein anderes Fundament kann niemand legen, als das, welches schon gelegt ist, Jesus Christus.'"[22] Genau diese Formulierung wählt Berning auch in der Silvesterpredigt 1933 und im Fastenhirtenbrief 1934.[23] In diesem Sinne äußert er sich auch in einer Rundfunkansprache am Silvesterabend 1931.[24] Der Bischof sieht eine Erosion der Sittlichkeit: „In unserer heutigen Zeit spielt eine fast heidnische Körperkultur eine so große Rolle, als wenn der Leib das Höchste wäre."[25] Er spricht von einem „weichliche(n) Zeitalter"[26]. Die Säkularisierungstendenzen werden ihm Gegenstand der Kritik: „Ohne Gottesglauben gibt es keine wahre Staatsautorität. ... Darum muß der Staat jeder Gottlosenbewegung entgegentreten. Wenn eine Staatsregierung selbst das erste Gebot Gottes nicht mehr anerkennt und die Autorität Gottes leugnet, untergräbt sie die eigene Autorität."[27] Die Verweltlichungsprozesse in der Konsequenz der Aufklärung unterminieren nach seiner Ansicht nicht nur die Staatsautorität, sondern auch die Rechtsordnung. Ebenso werde die Lösung der sozialen Frage unmöglich, da die „Wirtschaftskreise sich dann nicht wie organische Glieder einer Gemeinschaft" gegenüberstehen.[28] Wenngleich diese Äußerungen Bernings in der Auseinandersetzung mit dem Bolschewismus formuliert wurden, so gelten sie grundsätzlich für jede entsprechende Erscheinung, also auch für die bürgerliche „Gottlosenbewegung"[29]. Berning differenziert in dieser Frage nicht.

Große Gefahren sieht er für die religiöse Erziehung der Kinder: „Wer weiß, ob nicht schon bald die religiöse Erziehung der Kinder eine ernste und schwere Sorge für uns alle wird. Noch haben wir konfessionelle, katholische Schulen, in denen unsere treu katholisch gesinnten Lehrpersonen die Kinder im religiösen und kirchlichen Geiste erziehen. Wie lange noch?"[30] Im Jahre 1929 äußert sich Berning zum Freiheitsbegriff: „Für viele gilt es heutzutage als ausgemachte Sache, daß jeder einzelne Mensch das Recht habe, sich seine Religion selbst zu machen. Man nennt das Denkfreiheit. Dabei setzt man voraus, daß es eine für alle gültige Wahrheit überhaupt nicht gibt ... Dem widerspricht nun die katholische Kirche mit einer Bestimmtheit und Sicherheit, wie man sie sonst nirgends findet. Sie verkündet, unbekümmert um moderne Geistesströmungen, die ewigen Glaubenswahrheiten ... , sie macht dem modernen Unglauben keine Zugeständnisse."[31] Entsprechend der katholischen Staatsrechtslehre Leos XIII. zeigt sich hier Bernings Absage an die liberale Interpretation grundlegender Prinzipien der Aufklärung. Dementsprechend betont er den „Gehorsam aus Ehrfurcht vor der Autorität" als „Grundprinzip der gottgewollten Ordnung in der Familie, im Staat und in der Kirche."[32] Folgt man diesem Prinzip nicht, so „gibt es in der menschlichen Gesellschaft, in Staat und Familie einen regellosen Wirrwarr, eine fürchterliche Unordnung. Friede und Glück in Familie, Kirche und Staat hängen von der Gewissenhaftigkeit ab, mit welcher der Gehorsam eingeübt wird."[33] Der einzelne soll sich dementsprechend in diese Gemeinschaft einfügen.[34] Der Gedanke offenbart Anklänge an organologische Vorstellungen der antiaufklärerischen Tradition, wie sie etwa im gemeinsamen Pfingsthirtenbrief der katholischen Bischöfe von Anfang Juni 1933 geäußert werden.[35]

Es läßt sich feststellen: Berning lehnt die neuzeitliche politische, gesellschaftliche und kulturelle Entwicklung in der Folge der Aufklärung ab. Sie führt nach seiner Meinung zu Individualismus, Ablehnung des Gottesglaubens, zu Wirrwarr, zum Verlust der Sittlichkeit, zur Aushöhlung der Familie, zur Beseitigung der Staats- und Kirchenautorität, des Rechtes und jeglichen menschenwürdigen Zusammenlebens. Diesem Prozeß kann nur abgeholfen werden, wenn der Staat der Kirche entgegen der neuzeitlichen Entwicklung den angemessenen Freiheitsraum gibt und beide „als die höchsten Spitzen der einen Christenheit"[36] dienen. Oberstes Ziel, das Bernings Überlegungen leitet, ist das des menschlichen Heiles. Im Fastenhirtenbrief des Jahres 1919 heißt es dazu: „... sie (die Kirche, K.-A.R.) hat, wenn sie ihre Stimme im öffentlichen Leben erhebt, nur den einen Zweck im Auge, die Seelen zu Gott und zum zeitlichen und ewigen Heile zu führen. Eines der größten Worte Christi heißt: ‚Suchet zuerst das Reich Gottes und seine Gerechtigkeit'. Diese Mahnung ihres Stifters hat die Kirche nie außer acht gelassen, und was immer sie tut, das gilt der Sorge um die unendlich wertvolle Menschenseele."[37] Im Jahre 1917 formuliert er: „Nicht darin, daß wir frei von jedem Ungemach hier auf Erden sind, sollen wir Gottes weise Weltregierung erkennen, sondern darin, daß alles, das Kleine wie das Große, das Glück wie das Unglück, dem Endzweck der Weltschöpfung dient: Gottes Ehre und das Heil der Geschöpfe, besonders die ewige Glückseligkeit der Menschen, zu fördern."[38] Kirche und Staat haben die

Aufgabe, in gegenseitiger Achtung und Verpflichtung diesem Heil des Menschen zu dienen. Daher unterstehen beide der Autorität Gottes.

2. Bernings Hinwendung zum autoritären NS-Staat als Folge des katholischen Verständnisses der „cura religionis" und des Staates im 19. Jahrhundert

Der Osnabrücker Bischof sieht in dem durch die „Nationale Bewegung" geprägten autoritären Staat eine Möglichkeit, die Einheit von Staat und Kirche wiederherzustellen. In seiner Schrift „Katholische Kirche und deutsches Volkstum" aus dem Jahre 1934 stellt Berning das Reichskonkordat vom Juli 1933 als Symbol dieser Einheit vor. Wenngleich bei seinen Äußerungen angesichts der stockenden Verhandlungen mit dem Staat über die katholischen Vereine, die er selbst zu führen hatte, auch taktische Überlegungen eine Rolle gespielt haben mögen, so drückt Berning hier doch grundsätzliche Überlegungen zum Verhältnis von Staat und Kirche aus. Es heißt dort: „Im Reichskonkordat ... haben sich katholische Kirche und Staat zu friedlicher Zusammenarbeit die Hände gereicht. Es ist das kirchenpolitische Zeugnis einer neuen deutschen Ära, die in einem positiven Verhältnis des Menschen zu Religion und Kirche etwas Lebensnotwendiges sieht, im Gegensatz zu der vergangenen liberalistischen Kulturepoche. Der neue Staat erkannte, daß eine Kirche, die eine Freiheit genießt, wie sie ihrem Wesen und ihren Aufgaben entspricht, an seiner Seite stehen wird und daß ihre wertvollen Kräfte sich mit ihm für den Neuaufbau des deutschen Staates verbünden werden."[39] Gleichsam als Bestätigung wie auch im Sinne einer Festlegungstaktik[40] zitiert Berning aus der Rede Hitlers vom 23.3.1933: „'Die Sorge der nationalen Regierung gilt dem aufrichtigen Zusammenleben zwischen Staat und Kirche. Der Kampf gegen eine materialistische Weltauffassung für die Herstellung einer wirklichen Volksgemeinschaft dient ebensosehr den Interessen der deutschen Nation wie denen unseres christlichen Glaubens.'"[41] Es geht Berning bei dieser Hinwendung zum autoritären Staat 1933 also nicht um vordergründige Momente einer opportunistischen Existenzsicherung der Kirche angesichts des Säkularisierungsprozesses der Moderne, sondern um die Erhaltung einer so verstandenen menschenwürdigen Welt, deren Koordinaten eine durch Gott sanktionierte Ordnung sind.

1933/34 – also nach Abschluß des Konkordates – weitet Berning seine bisherigen Überlegungen zum Verhältnis von Kirche und Staat auf die mittelalterliche Reichsidee aus. Der Reichsgedanke ermöglicht dem Bischof, den autoritären Staat Hitlers in das katholische Verständnis der „cura religionis" des 19. Jahrhunderts einzubeziehen – freilich in restaurativer Weise. Nach den Entwicklungen der Französischen Revolution und der in ihrem Gefolge sich bildenden Staatswesen im 19. und 20. Jahrhundert ermöglicht dieser nach Maßgaben Hitlers in den Erklärungen vom 23.3.1933 umzugestaltende Staat nunmehr entsprechend der katholischen Staatsrechtslehre den Bischöfen die Mitarbeit. Er seinerseits befreit dadurch die Kirche aus ihrer Isolation gegenüber dem liberalen Staat, indem er ein gedeihliches Verhältnis von Staat und Kirche verspricht. Aus durchaus eigenen Interessen und Wertvorstellungen, die mit denen der Kirche keineswegs identisch, sogar gegensätzlich waren, schufen die Nationalsozialisten dazu die Grundlage, indem sie den demokratischen Staat beseitigten und einen Staatsaufbau gestalteten, der scheinbar den staatspolitischen Vorstellungen Bernings entsprach. Es war keine unkritische Identität von Staat und Kirche gemeint. Dagegen steht die von ihm für die konkrete Situation 1933/34 verwendete mittelalterliche Zweischwerterlehre des Gelasius, der gemäß er fordert, daß die Kirche dabei dem Staat die Richtung anzugeben habe: „Wo der Staat seine natürlichen Grenzen hat, da setzt die Kirche ein und stellt ihm noch einmal Ziele und Aufgaben, die auch seinen Wegen voranleuchten."[42] In der Forderung nach einer Überordnung der Kirche über den Staat finden sich Anklänge an den „Syllabus" Pius' IX.[43] Das Verhältnis von Staat und Kirche, so meinte Berning, müsse nach dem Vorbild des mittelalterlichen „Ordo" geregelt werden: „Willig haben die gläubigen Kaiser des Mittelalters die übernatürliche Bestimmung der Kirche anerkannt. ... Wo immer wir nämlich die Geschichte der Weltreiche aufschlagen, werden wir finden, daß beide Pole, Staat und Kirche, irgendwie darin wirksam sind und daß das Wohl und die Dauer des Ganzen von dem Verhältnis abhängig sind, das zwischen diesen Polen waltet." Tatsächlich waren diese Forderungen nach der Meinung des Bischofs in der Reichsidee des Mittelalters verwirklicht. So wird ihm die Reichsidee, die im katholischen politischen Denken der Zeit weit verbreitet war[44], zu einem ewigen „Sinnbild menschlicher Ordnung über alle geschichtlichen Bedingungen einer Zeit".

Berning befindet sich mit seinen Überlegungen von der „Libertas ecclesiae" und dem damit verbundenen Verhältnis von Kirche und Staat in der Tradition der „sogenannten konservativen Reaktion"[45], die mit der Enzyklika „Mirari vos" (1832) durch Gregor XVI. in der Ablehnung des modernen liberalen Staates – sowohl was dessen theoretische Grundlagen als auch was das Verhältnis zur Kirche angeht – einen ersten Höhepunkt erreichte, sich über den „Syllabus errorum" (1864) Pius' IX. fortsetzte und bei Leo XIII. mit der Indifferenz-These theoretisch neu durchdacht wurde, ohne ansonsten die prinzipielle Position der Tradition aufzugeben. Damit setzte eine gewisse Entkrampfung im Verhältnis von kirchlichem Lehramt und Liberalismus ein.[46]

Es handelt sich bei dieser Traditionsströmung um eine Absage an die durch die Aufklärungstradition bestimmten philosophischen Orientierungen und politischen Ordnungen.[47] Der Liberalismus bringe „Verwirrung der heiligen und der zeitlichen Ordnung des menschlichen Lebens"[48]. Nach dem Verständnis der katholischen Staatsrechtslehre führt das Selbstverständnis der Aufklärung zu einem Staatsbegriff, der das Gemeinwesen ebenso wie den Einzelmenschen nicht vom Sein Gottes her bestimmt. Insbesondere trifft diese Kennzeichnung den liberalen, demokratischen Staat. In ihm werden Religion und Kirche zu einer Privatangelegenheit. Die „cura religionis" ist daher keine Angelegenheit dieses Staates mehr und die „Libertas ecclesiae" mithin nicht ein durch den Staat zu schützendes Gut. Demgegenüber kann wahre Autorität nach Leo XIII. im Dienste des Allgemeinwohls nur fundiert und gesichert werden durch ein Staatsverständnis, nach dem sich der Staat der Ordnung Gottes unterwirft und in der Ausübung seiner Macht dem göttlichen Gesetz folgt. Unter diesen Prämissen wird dem Staat als der Macht „der zeitlichen Ordnung des menschlichen Lebens"[49] eine relative Autonomie eingeräumt.

Die Position der Kirche traf ihrerseits auf eine ablehnende Haltung des Liberalismus. Auch er war nicht bereit, seine Beurteilung des kirchlichen Standpunktes aufzugeben. So legte der Herausgeber der 1859 gegründeten „Historischen Zeitschrift" im Vorwort dar, daß der „Ultramontanismus" in ihr nicht zu Wort komme.⁵⁰ Der Gegensatz zwischen beiden war inzwischen so sehr gewachsen, daß eine Versöhnung kaum noch möglich war.

Soweit vom vorliegenden Material her ersichtlich, erscheint die traditionelle Position der Kirche zur „cura religionis" bei Berning in dreierlei Hinsicht akzentuiert:

1. Berning meint nicht nur eine Begrenzung staatlicher Macht zugunsten der „Freiheit der Kirche", sondern verleiht ihr gegenüber dem Staat ein besonderes Gewicht, durch das sie diesem übergeordnet wird. Die Kirche hat richtungsweisende Funktion. Der mittelalterliche „Ordo"-Gedanke steht dabei Pate.
2. Die „Libertas ecclesiae" wird von ihm ansatzweise eingebettet in eine Heilstheologie. Die Freiheit der Kirche wird nicht um ihrer selbst willen angestrebt, sondern weil sie für das zeitliche und ewige Heil des Menschen unerläßlich ist.
3. Eine Deutung der konkreten staatlichen Gestalt Weimars als einer „totalitären" Macht im Sinne der Überlieferung findet sich bei Berning nicht, wenngleich er entsprechend der Tradition die politische Autorität Gott unterstellt und sie in der Ausübung ihrer Gewalt dem göttlichen Gesetz unterworfen sehen möchte.

Der Bischof präsentiert mithin ein Weltbild, das von Kategorien geprägt wird, die der neuzeitlichen Entwicklung in der Konsequenz der Aufklärung fremd sind. Der von den Nationalsozialisten geprägte autoritäre Staat steht wie Berning in Gegnerschaft zur Aufklärungstradition. Aus beider Antagonismus zur Aufklärung erwächst eben jene partielle Kontinuität, die eine kritische Kooperation Bernings mit dem NS-Staat 1933 ermöglichte.⁵¹

Neben Antisozialismus und -bolschewismus bildet auch der Führergedanke ein Brückenglied. Berning nimmt ihn in der Fastenpredigt vom 2. Februar 1933 auf⁵² und interpretiert ihn im Sinne der katholischen Tradition. „Es ringen", so formuliert er, „die Geister des Unglaubens mit den Geistern christlicher Kultur und Sitte". Insbesondere die Jugend bedarf daher in der „Zeitenwende ... tüchtiger Führer, um Christus die Treue zu halten." Die Führer seien gottgegeben. Sie fänden sich zunächst in den Eltern, in den „katholischen Vereinen" sowie in den Priestern und Laien. Sodann wendet er den Führergedanken auch auf Christus an: „Christus ist für die Jugend der höchste und sicherste Führer." Den Führern obliegt es, „ein liebevolles Verständnis für das stürmische, freiheitsliebende Wesen" der Heranwachsenden zu entwickeln und sich mit Liebe den inneren Schwierigkeiten anzunehmen. Das dürfe „nicht mit Zwang und harten Worten geschehen, vielmehr in besorgter und aufmunternder Aussprache ...", denn „unsere heutige Jugend hat ja einen stark ausgeprägten Freiheitssinn, einen großen Hang zur Selbständigkeit." Berning bewertet diesen Prozeß positiv, „denn unsere Zeit verlangt feste Charaktere, die nicht ‚wie ein Rohr vom Wind bewegt' werden ... und vor jedem Tagesgötzen sich tief ducken." Schon im Jahre 1923 hätte sich Berning mit der Frage der Erziehung der Jugend befaßt. Damals waren seine Ausführungen noch einseitig geprägt vom Gedanken der Autorität und des Gehorsams.⁵³ Die Ausführungen zur Selbständigkeit der Jugend zeigen, daß Berning mit dem Begriff des Führers durchaus eigenständige Inhalte verbindet, die nicht im Sinne der NS-Ideologie interpretiert werden dürfen.

In der Silvesterpredigt 1933 erörtert der Bischof den oben angeführten Führergedanken grundsätzlicher, indem er das Führerprinzip als Gemeinsamkeit zwischen

dem soeben begründeten nationalsozialistischen autoritären Staat und der Struktur der Kirche begreift. Es heißt in dieser Predigt: „Wir haben nunmehr statt der Herrschaft von vielen eine einheitliche Führung. Wir Katholiken erkennen das Führerprinzip freudig an. Es ist für uns ja nichts Neues. In der Kirche haben wir den Papst, den Stellvertreter Christi, als den unbedingten Führer, der niemandem verantwortlich ist als Gott und seinem Gewissen. Er kann letzte Entscheidungen treffen über alle den Glauben und die Sitten betreffenden Fragen. Den Bischöfen, ,die vom Hl. G.⁵⁴ gesetzt sind, die Kirche Gottes zu regieren', kommt Führerschaft und -pflicht zu in Unterordnung unter den Papst, dem Pfarrer in Unterordnung unter den Bischof. Führersein bedeutet aber nicht willkürliches Herrschendürfen, sondern lebendigen Dienst an der Gemeinschaft. Paulus sagt: ,Jeder Pontifex ist aus dem Volk genommen und für das Volk bestellt'. Der Führer unseres Staates ist sich auch seiner Verantwortung vor Gott und seiner Hingabe an das Volk bewußt, wie er es oft ausgesprochen hat. Wir anerkennen diese staatliche Autorität aus religiöser Auffassung und bringen ihr Ehrfurcht, Liebe, Gehorsam entgegen."
Weiter lobt Berning an dem neuen Staat dessen konsequente Gegnerschaft zum Bolschewismus, die Bemühungen um die Beseitigung der Arbeitslosigkeit und die Schaffung der Einheit des Volkes: „Mit besonderer Freude verzeichnen wir als Erfolg des Jahres 1933 die Einigung des ganzen Volkes. Partei- und Klassenkämpfe sind vorüber. Einig steht das Volk nach außen und im Innern da." Dabei betont Berning, „daß der Führer unseres Staates ein offenes Bekenntnis zum Christentum abgelegt hat, daß er erklärt, im Christentum liegen die unerschütterlichen Fundamente für Moral und Sittlichkeit des Volkes, und daß er die Rechte der Kirche achten will. Es gibt kein anderes Fundament, als das da gelegt ist, Jesus Christus ... (Das Konkordat, K.-A.R.) war eine große Tat, wodurch der Friede zwischen Staat und Kirche feierlich gesichert, ein harmonisches Zusammenwirken zwischen beiden Gewalten zum Wohl des Volkes gewährleistet ist." Abschließend erklärt Berning die Mitarbeit am Aufbau des Staates „aus dem Bewußtsein unserer Verantwortung". Katholiken bringen dabei nach seiner Meinung „eine große Liebe zu Volk und Vaterland" wie auch einen „starken Gemeinschaftsgeist" ein.⁵⁵

Im Fastenhirtenbrief vom 28. Januar 1934 wiederholt der Bischof Gedanken der Silvesterpredigt. Auch hier zitiert er wie schon in der Weimarer Zeit und in der Silvesterpredigt 1933 1. Kor. 3, 11: „Ein anderes Fundament kann niemand legen, als das da gelegt ist, nämlich Jesus Christus."⁵⁶ Es wird ersichtlich, daß der Bischof seine Grundeinstellung zum Verhältnis von Kirche und Staat in der gesamten Zeit – auch angesichts der Etablierung der nationalsozialistischen Herrschaft – nicht geändert hat. Die Zusagen Hitlers, die er als Beleg immer wieder zitiert, sind ihm Garantie dafür, daß sein Konzept einer gedeihlichen Zusammenarbeit von Kirche und Staat nunmehr verwirklicht werden kann. So könne den Menschen Heil widerfahren. Mit dem Hinweis auf Jesus Christus als Basis des Staates macht er zugleich auch die Grenzen seiner Zustimmung deutlich. Bernings zitierte Ausführungen sind ein Beleg für dessen kooperative Haltung zum Nationalsozialismus, die unter der Voraussetzung gilt, daß dieser Bernings oben dargelegte Interpretation des Verhältnisses von Kirche und Staat teilt.

Trotz aller partiellen Kontinuität zwischen der „Nationalen Bewegung" und der katholischen Tradition in der Interpretation Bernings dürfen die Unterschiede inhaltlicher Art nicht übersehen werden. Die NS-kritischen Erklärungen des deutschen Episkopats von 1930 bis 1933, an deren Zustandekommen und Durchsetzung Berning teilhatte[57], machten eine unmittelbare und uneingeschränkte Akzeptanz des Nationalsozialismus durch den Bischof unmöglich, schlossen aber eine partielle Hinwendung Bernings zu den Nationalsozialisten in der politischen Praxis nicht aus. Berning hat daher, von seinem Ansatz her nur konsequent, eine Mitarbeit von Katholiken in Organisationen der NSDAP empfohlen. Er wollte so die „Bewegung" in seinem Sinne beeinflussen. Stand sie doch in wesentlichen inhaltlichen Fragen in Gegensatz zur Lehrauffassung der katholischen Kirche. Gerade die von ihm gewünschte Einheit von Staat und Kirche, sollte sie für die Zukunft fruchtbar sein, mußte diesen Gegensatz überwinden. Dies konnte nach Lage der Dinge nicht unter Verzicht auf kirchliche Positionen geschehen, sondern nur durch die Veränderung der NS-Ideologie. Seine Vorstellungen vom Verhältnis von Kirche und Staat, wie er sie etwa in der Silvesterpredigt 1933 und in der Schrift „Katholische Kirche und deutsches Volkstum" darlegte, ermöglichten und begrenzten zugleich Bernings Kritik an der NS-Ideologie auf den der katholischen Lehre unmittelbar widersprechenden Rahmen. Die autoritäre Staatsordnung als solche wurde erst dann der Kritik unterzogen, als sie sich in eine die Lehre und die Rechte der Kirche oder des einzelnen negierende totalitäre Instanz wandelte. So heißt es etwa in einem Vortrag Bernings in der Technischen Hochschule Hannover vom 22.11.1934 zum Antisemitismus der Nationalsozialisten: „Wir lieben unsere deutsche Rasse, die uns die natürliche Grundlage unseres Volkstums ist. Aber diese Liebe zur eigenen Rasse darf nicht ausarten in Hass gegen andere Völker und Rassen, und es darf nicht die Rassenpflege in Gegensatz gebracht werden zum Christentum. Rasse und Christentum sind keine Gegensätze, sondern gehören verschiedenen Ordnungen an. Die christliche Religion mit der Betonung des Glaubenssatzes, daß Christus für die Angehörigen aller Rassen sein Blut vergossen und sie erlöst hat, schafft damit einen Ausgleich der Spannungen, die in der natürlichen Sphäre oft zwischen einzelnen Rassen bestehen."[58]

Berning gehörte zu jenen Kräften im deutschen Katholizismus, die in der „Machtergreifung" des Nationalsozialismus eine Chance sahen, das Verhältnis von Kirche und Staat in ihrem Sinne neu zu gestalten. Hoffnung auf eine gedeihliche Zusammenarbeit konnte er haben, da Hitler sich wiederholt für ein positives Verhältnis von Kirche und Staat ausgesprochen und die „Gottlosigkeit" Weimars gegeißelt hatte.[59] Er sicherte den Kirchen alle Freiheiten der Verkündigung und der Lehre zu, verhieß den Bischöfen das lang ersehnte Konkordat und schloß es ab. Wenngleich auch Zentrums-Beamte aufgrund des Gesetzes zur Wiederherstellung des Berufsbeamtentums von Entlassungen betroffen waren, so kam dem Bischof doch entgegen, daß die Nationalsozialisten in der Folge des Gesetzes nichtgläubige Beamte als Marxisten betrachteten, die man mit der Entfernung aus dem Dienst bedrohte. Der Nationalsozialismus bot so dem Bischof ein Aktivierungspotential, das vor dem Hintergrund der neuzeitlichen Entwicklung scheinbar einen wesentlichen Teil der staatspolitischen Auffassungen der katholischen Tradition zu verwirklichen half. Darin mußte er auch durch das Gespräch mit Hitler vom 26.4.1933 bestärkt werden. Hitler äußerte sich laut Protokoll Berning gegenüber wie folgt: „Denn er sei auf das festeste davon überzeugt, daß ohne Christentum weder ein persönliches Leben noch ein Staat aufgebaut werden könne, und besonders der Deutsche Staat sei in seiner Geschichte und bei seinem weiteren Bestande ohne die feste Basis des Christentums gar nicht denkbar. ... Staat und Kirche müssen zusammenarbeiten, um recht gute Schulen, die gläubige Menschen herausbilden, zu halten."[60]

An diesem Staat glaubten die Bischöfe mitarbeiten zu können.[61] Einerseits waren sie keine „Reichsfeinde" mehr, andererseits ermöglichten ihnen Hitlers Zusagen die Aufgabe der traditionellen Defensivstellung im Gefolge der katholischen Staatsrechtslehre des 19. Jahrhunderts, so daß sie ihre Diözesanen auf diesen Staat verpflichten konnten: „Ein guter Katholik fühlt sich dem Volk u(nd) Vaterland, dem Staat und der Regierung in seinem Gewissen zur Ehrfurcht, Liebe u(nd) Gehorsam verpflichtet u(nd) fühlt sich seinem Volke aufs innigste verbunden"[62], heißt es in der Ruller Predigt Bernings vom 27. Mai 1934. Diese Äußerungen verbindet er angesichts der ergebnislosen Verhandlungen mit der Regierung über die katholischen Vereine allerdings mit dem Hinweis auf das Konkordat: „Wir vertrauen auf die feierlichen Abmachungen zwischen deutschem Reich u(nd) dem Hl. Stuhl . . . ."

Er hegte inzwischen Zweifel an der Glaubwürdigkeit seiner staatlichen Verhandlungspartner. Ihnen ging es, wie bekannt, nicht um eine gedeihliche Zusammenarbeit, sondern um eine augenblickliche Zustimmung von seiten der Kirche mit dem Ziel der Herrschaftsetablierung und -stabilisierung. Die Gegensätze sollten schon bald offen zutage treten.

Bernings Fehler wie auch der anderer Bischöfe bestand – aus der Retrospektive betrachtet – darin, die NS-Bewegung 1933 in ihrer Gefährlichkeit unterschätzt und nicht ernstgenommen zu haben und daher die Zurückhaltung des katholischen Volksteils, die sich in den Wahlen vom 5.3.1933 zeigte, nicht auch nach Hitlers Rede vom 23.3.1933 fortdauernd unterstützt zu haben.[63] Darüber hinaus hat Berning Möglichkeiten einer Beeinflussung des NS-Staates in seinem Sinne überschätzt. Ein weiterer gravierender Fehler muß darin gesehen werden, daß Berning aufgrund der katholischen Staatsrechtslehre des 19. Jahrhunderts und des traditionellen katholischen Verständnisses der „cura religionis" eine innere Bejahung der Weimarer Republik nicht gelungen ist. Die fehlende theologische Auseinandersetzung mit Kräften wie etwa Lamennais, die die Kirche zum Bündnis mit der Demokratie aufriefen[64], erscheint in ihrer ungenügenden kirchenamtlichen Rezeption für die deutsche Kirche in der in Rede stehenden Frage aus heutiger Sicht als folgenschwere Fehlentscheidung. Die Distanz zu Weimar erlaubte es dem Episkopat daher in der Situation des Jahres 1933 auch nicht, die Demokratie gegen die Nationalsozialisten zu stützen. Das lag entsprechend dem eigenen Traditionspotential außerhalb ihres Kompetenz- und Selbstverständnisses.

In der Zurückhaltung gegenüber der Weimarer Republik und der kritischen Öffnung zum autoritären Staat 1933 findet sich Berning mit seinen Positionen in der Gemeinschaft der Bischöfe wieder, wie ein Vergleich seiner Aktivitäten mit den Aussagen des gemeinsamen Pfingsthirtenbriefes von Anfang Juni 1933 ausweist.[65] Der Bischof machte der „Nationalen Bewegung" keinerlei Zugeständnisse auf Kosten der Kirche und ihrer Lehre, sondern forderte im Interesse der Einheit von Staat und Kirche eine Veränderung der Positionen der Nationalsozialisten, wie oben dargelegt wurde. Berning ging allerdings da über die im gemeinsamen Hirtenbrief genannten Forderungen der Bischöfe hinaus, wo er den Staat der Kirche unterordnete und ihr gegenüber dem staatlichen Handeln eine richtungsweisende Funktion gab. Sein Verständnis von der „Libertas ecclesiae", verdichtet im Mythos des „Reiches", ermöglichte ihm einerseits die Distanz – auch die öffentliche – und machte andererseits die Zusammenarbeit notwendig. Mithin stellt die Reichsidee für Berning nicht nur die Grundlage für die Zusammenarbeit mit dem

Staat dar, sondern zugleich auch die Basis für die Kritik am nationalsozialistischen Staat. Dieser Aspekt ist in der Diskussion über die Reichsidee bislang übersehen worden. Sie betont ausschließlich die durch den Reichsbegriff insinuierten Gemeinsamkeiten mit dem NS-Staat.[66] Es handelt sich in der Berningschen Konzeption des Reichsmythos um eine Gemeinsamkeit mit dem NS-Staat im Sinne partieller Kontinuität. Ob und inwieweit der Bischof seinen Kurs durchhalten konnte, hing entscheidend von der Politik der Nationalsozialisten ab. Mit dieser Position legte er den Erfolg seiner Konzeption zu einem guten Teil in deren Hand.

3. Von Galens Einstellung zur neuzeitlichen Aufklärungstradition als Folge der katholischen Staatsrechtslehre des 19. Jahrhunderts und seine Haltung zum NS-Staat 1933/34

Schriften und Äußerungen des späteren Münsteraner Bischofs in der frühen Weimarer Zeit zeigen einen Adligen, der aus Gründen der katholischen Staatsrechtslehre die Weimarer Republik prinzipiell ablehnt. Wenngleich von Galen seine loyale Haltung zur Republik bekundet, so sind seine überaus kritischen Einlassungen zum Weimarer Staat doch unüberhörbar. Am 20.7.1919 erklärt sich der Pfarrer aus Berlin in einem Beitrag über „Unsere Stellung zu Artikel I der Reichsverfassung" dem vorliegenden Verfassungsentwurf gegenüber kritisch, da „ihre verfassungsgemäße Legitimierung als vom Volke und nicht im Sinne des Paulus-Wortes im Römerbriefe von Gott" ausgehe.[67]

Die politische Vorstellungswelt von Galens erschließt sich näherhin aus einer Analyse des Zeitschriftenbeitrages „Wo liegt die Schuld? Gedanken über Deutschlands Niederbruch und Aufbau" aus dem Jahre 1919[68], der kurz nach der Veröffentlichung seiner Überlegungen zu Artikel I der Reichsverfassung in der „Germania" erschienen ist.

Eine Ursache für den Niedergang Deutschlands ist nach Galens Meinung der Staatsabsolutismus Preußens.[69] Unter dem Einfluß Hegels sei, so der Bischof, an die „Stelle des persönlichen Königs" der „unpersönliche Staat" getreten. Der Staat sei die einzige Quelle des Rechtes. Eine derartige Auffassung führt nach Meinung von Galens zur Entfremdung des Staates vom Volk. Das Strukturprinzip eines mit dem Volk verbundenen Staates kann aber auch nicht, so von Galens Argumentation in der genannten Schrift, durch eine irgendwie geartete Entscheidungsgewalt einer „Mehrheit von Volksvertretern" gesichert werden, sondern nur durch eine berufsständische bzw. ständische Ordnung, durch die jeder einzelne kontinuierlich an der Ausübung der Staatsgewalt beteiligt ist. So heißt es etwa: „Wir fordern also Freiheit für die ständischen und beruflichen Verbände und Vereinigungen der Staatsbürger; nicht nur Freiheit zur Selbstverwaltung und Pflege ihrer inneren Angelegenheiten, sondern auch Freiheit, ihre berechtigten Interessen den andern Ständen und dem Staate gegenüber wirksam zu vertreten; ja Freiheit, direkt auf die Ausgestaltung und Leitung des gesamten Staatslebens mitbestimmenden Einfluß auszuüben."[70] Dabei läßt sich Galen leiten von organologischen Vorstellungen. Sie stehen im Gegensatz zur staatspolitischen Tradition der Aufklärung, in deren Gefolge auch die Staatsordnung Weimars zu sehen ist. Ausdrücklich grenzt Galen sich in seiner Schrift „Die ‚Pest des Laizismus' und ihre Erscheinungsformen" ab von der Theorie des Gesellschaftsvertrages, wie sie die Aufklärer Locke oder auch Rousseau formuliert haben. Die Volkssouveränität und das Widerstandsrecht lehnt er ab, weil in ihnen „das Recht der Auflehnung gegen die bestehende Obrigkeit und der beliebigen Neueinsetzung einer solchen" gefordert werde.[71] In den Ausführungen von Galens finden sich Anklänge an die politische Vorstellungswelt der Piusvereine von 1848.[72] Das gilt insbesondere für den korporativen Freiheitsbegriff, der im Gegensatz zum Freiheitsverständnis des Liberalismus steht.[73] Während der Weimarer Zeit wurden diese Gedanken auf katholischer Seite von jenen Kräften vertreten, die sich an den „Gelbe(n) Heften" orientierten.[74] Sie standen dem „Katholikenausschuß in der DNVP" nahe. Das ständisch-organologische Denken sowie auch die katholische Staatsrechtslehre hindern Galen daher daran, aus seiner Kritik an der Staatsomnipotenz Preußens[75], die wegen ihrer Allgewalt nach seiner Meinung Ursache für das Scheitern Deutschlands im Weltkriege war, politische Konsequenzen im Sinne des Parlamentarismus Weimars zu ziehen. Der Liberalismus gilt ihm sogar als eine Kraft, die jenen Absolutismus des preußischen Staates übernommen hat und die Freiheit des Individuums daher nicht gewährleisten kann und nicht gewährleistet.[76]

Im Jahre 1932 nimmt er diese Gedanken wieder auf und gelangt dabei zu einer äußerst kritischen Betrachtung des Mehrheitsprinzips, das für eine parlamentarische Demokratie im Gefolge der Aufklärung konstitutiv ist. Er formuliert: „Solche Anschauung (Naturalismus, K.-A.R.) statuiert freilich die absolute Herrschaft des Menschenwillens, die Omnipotenz der Menge, zunächst der größeren Kopfzahl."[77] Weiter heißt es dann: „Jedenfalls ist bei der konsequenten Durchführung solcher Gedankengänge für eine Gesetzgebung und Regierung nach dem in Naturrecht und Offenbarung uns erkennbar gemachten Willen Gottes gar keine Gewähr gegeben. Im Gegenteil: es ist Gefahr, daß die absolute Verbindlichkeit des Willens Gottes für das staatliche Leben immer mehr dem Bewußtsein entschwindet. Denn darin stimmen alle überein: es soll gut regiert werden. Wenn dieser Satz bestehen soll und gleichzeitig der andere: es soll nach dem Willen des Volkes regiert werden, dann kommt man unwillkürlich zu dem Schluß: Gut ist, was das Volk will. Dann ist nicht mehr der absolute Wille Gottes der Maßstab dessen, was wir gut nennen, sondern der Menschenwille." Demgegenüber mache die Begründung der Herrschaft im „Fürstenabsolutismus" als ‚von Gottes Gnaden' dem Volke deutlich, „daß das Gesetz nur insoweit für sie verbindlich war, als es mit dem Willen des ‚Königs der Könige' nicht im Widerspruch stand."

Daß die geschilderten politischen Grundkategorien von Galens nicht nur theoretische Bedeutung hatten, zeigt eine Notiz Nell-Breunings. Dieser hatte als Student im katholischen Gesellenverein Berlin-Niederwallstraße einen Vortrag über die zur Beratung stehende Reichsversicherungsordnung gehalten. Die Gesellen wollten mit ihm sogleich die Renten ausrechnen. „Der Präses von Galen", so Nell-Breuning, „winkte ab: das sei Staatssozialismus, und er verwies seine Gesellen auf die Sparkasse des Gesellenvereins."[78]

Diese Begebenheit macht deutlich, daß von Galens theoretische Positionen politische Relevanz hatten, daß sie zugleich politisch waren, obwohl er selbst betonte, es handle sich bei ihnen um die Formulierung „katholischer Interessen". Wie ersichtlich, lassen sich seine Darlegungen nicht aus ihrem historisch-politischen Kontext lösen und dürfen daher nicht als rein religiös-katholisch verstanden werden. Die grundsätzliche politische Relevanz der Überlegungen beinhaltet bei von Galen allerdings keine spezifische parteipolitische Präferenz. Dennoch war er sich bewußt, daß seine Ausführungen parteipolitisch genutzt werden konnten.[79]

Auch darin wird deutlich, daß er sich ihres politischen Charakters durchaus bewußt war. In diesem Sinne hat er sich gezielt zu grundlegenden politischen Fragen seiner Zeit geäußert, wie etwa am Beispiel der Novemberrevolution 1918 erkennbar ist.

Der mittelalterliche Ordo ist von Galens Idealvorstellung einer politischen Ordnung. So heißt es: „Wenn du (das Volk, K.-A.R.) zu ihm zurückkehrst, zu ihm, der dich einst vor allen Völkern auserwählte, im römischen Kaisertum deutscher Nation seiner geliebten Braut, der heiligen Kirche, den Schirmvogt und Beschützer zu stellen, der dir Ansehen gab im Mittelalter und Macht ... , nicht durch Waffengewalt und physische Macht so sehr als durch das gesunde organische innere Leben deiner Stämme, das sich unter der segnenden Hand seiner Kirche zu herrlichster Blüte entfaltete, dann, nur dann, aber dann auch sicher darfst du auf Genesung hoffen und neuen Aufstieg aus tiefstem Fall."[80]

Von seinem Ansatz her ist es nur konsequent, wenn er die Novemberrevolution von 1918 grundsätzlich ablehnt. Dabei zeigt er auch seine klare Distanz zu einigen der wichtigsten Herrschaftsträger der Weimarer Republik. Es heißt: „Nicht Anstifter vielleicht in diesem Augenblick, aber stets Anhänger und Förderer der Revolution waren die Mehrheitssozialisten, Scheidemann und Ebert, die als kaiserliche Staatssekretäre am 9. November 1918 die sozialistische Republik ausriefen, nachdem der letzte Reichskanzler Prinz Max von Baden seinen kaiserlichen Herrn für abgedankt erklärt hatte."[81]

Nur folgerichtig war es, wenn Clemens August Graf von Galen sich 1927 „noch tüchtig überwinden muß(te), den Widerwillen gegen das Wort ‚Deutsche Republik' abzulegen"[82]. Die repräsentative parlamentarische Demokratie bringe dem Volk nicht genügend Mitspracheöglichkeit, wie dies etwa nach seiner Meinung eine ständestaatliche Ordnung ermöglicht, da die Mitwirkung beschränkt sei „auf die magere Bettelsuppe einer fast einflußlosen Wahlstimme, aus deren mechanischer Summierung sich der fremde Gewalthaber Staat von Zeit zu Zeit neu erzeugt."[83]

Eine Gesamtwürdigung der Schriften von Galens zeigt, daß man bei den politischen Vorstellungen des Bischofs schwerlich von einer „monarchisch-autokratischen Struktur" sprechen kann, wie das Löffler tut.[84] Eher handelt es sich bei seinen Überzeugungen um monarchisch-ständestaatliche Konzeptionen, nach denen dieser so begriffene Staat Gott unterstellt ist und die Aufgabe hat, die Freiheit der Menschen und der Kirche zu sichern. Die Stellung eines Herrschers als eines Autokraten lehnt von Galen gerade ab, wie aus seiner Kritik an der Staatsomnipotenz Preußens ersichtlich wird. Ähnliche ständestaatliche Vorstellungen finden sich auch in weiten Teilen des Konservatismus, wie etwa von den Verfassungsplänen Becks und Goerdelers von Anfang 1941 her bekannt ist.[85]

Die vorliegende Analyse zeigt, daß die Einlassungen Wilhelm Heinrich Heufers, der in Berlin einer von Galens Kaplänen an St. Matthias gewesen war, über von Galen nur bedingt zutreffen. Ende Juni 1936 schreibt Adolph, Mitarbeiter des Berliner Ordinariats und enger Vertrauter des Berliner Bischofs von Preysing: „Eines Abends erzählte mir Heufers im Hotel, daß er den Eindruck gewonnen habe, daß Clemens Galen dem System des Dritten Reiches innerlich viel näher stehe als dem parlamentarischen System von Weimar und daß es sein innerlichster persönlicher Wunsch sei, mit dem Dritten Reich zum Frieden zu kommen. Seine adlige Herkunft und sein sehr stark entwickeltes Autoritätsbewußtsein ließen ihn von Natur aus schon einem autoritären Führerstaat näherstehen als einem parlamentarisch regierten Staat."[86] Die Einschätzungen Heufers über Galens Einstellung zur parlamentarischen Demokratie werden durch die vorliegende Analyse bestätigt. Allerdings dürfen aus diesen Anmerkungen keine Schlüsse dahingehend gezogen werden, als sei der Münsteraner Bischof Befürworter eines „autoritären Führerstaates" gewesen. Die Autokratie wird von ihm konsequent und kompromißlos abgelehnt. Eine persönliche autoritäre Disposition des Charakters hat noch keine entsprechende staatspolitische Konzeption zur Folge. Vor dem Hintergrund der katholischen Tradition bieten von Galens staatsrechtliche Perspektiven geradezu eine Basis der Kritik am NS-Staat.[87]

Von Galen wandte sich nicht nur gegen die parlamentarische Demokratie, sondern auch entschieden gegen Sozialismus und Bolschewismus. Dieser konnte sich seiner Ansicht nach überhaupt nur entwickeln, weil der ‚Manchesterliberalismus' keine Schranken des Wirtschaftens kannte und er daher die Arbeiter in soziales Elend stürzte. Von Galens Kritik spitzt sich zu auf die Frage nach der Vergesellschaftung der Produktionsmittel. Es heißt in der Schrift „Die ‚Pest des Laizismus' und ihre Erscheinungsformen": „... denn immer muß das natürliche Recht, Privateigentum zu besitzen und im Erbgang weiterzugeben, unberührt und unverletzt bleiben, denn der Staat hat keine Macht, es zu entziehen"[88]. Gegen den Sozialismus argumentiert er aus der Perspektive des natürlichen Rechtes auf Eigentum[89], während Berning primär aus der philosophisch-theologischen Sicht einer Ablehnung des Materialismus urteilt.

Von Galens Ausführungen zum Sozialismus, zur Staatsomnipotenz Preußens oder auch zur parlamentarischen Demokratie einschließlich seiner Beurteilung der Volkssouveränität sind gekennzeichnet von der katholischen Staatsrechts- und Soziallehre des 19. Jahrhunderts. Der säkulare Staat weiß sich keiner ihn begrenzenden Macht unterworfen, weshalb er nach Meinung von Galens für sich notwendigerweise den Omnipotenzanspruch erhebt. Freiheitssichernde Momente einer Verfassung wie die Grundrechte oder auch beispielsweise der Minderheitenschutz, die nach liberalem Verständnis unerläßlich sind, bilden nach von Galens Einschätzung entsprechend der katholischen Staatsrechtslehre keine das Handeln des Staates begrenzenden Pflöcke.

Die politische Grundeinstellung von Galens, die eine deutliche Ablehnung der politischen Prinzipien Weimars zur Folge hatte, bedeutete für ihn noch keine unmittelbare Zustimmung zum Nationalsozialismus. Er stand ihm am Ende der Weimarer Republik vergleichsweise kritisch gegenüber und betrachtete ihn als „radikal". Galen teilte vor und nach 1933 – dies wird aus seinen späteren Einlassungen dem Nationalsozialismus gegenüber erkennbar – die ablehnende Haltung des Episkopates zur Ideologie der NSDAP. Offensichtlich unterstützte er in der Endphase der Weimarer Republik den Präsidialkurs Reichskanzler Brünings.[90] Nach dessen Scheitern sah er in der Berufung der Regierung Papen den Versuch einer Verhinderung der Herrschaft des Nationalsozialismus.[91] Er trug somit auch dazu bei, die Papenregierung gegen liberale Strömungen im Zentrum zu stärken. Wenngleich von Galen die demokratietheoretische Ablehnung der Weimarer Demokratie mit vielen „Katholiken in der DNVP" gemeinsam hatte[92], so unterschied er sich von ihnen sowohl in Taktik und Strategie wie auch teilweise in den Zielvorstellungen. Sie wollten diese Regierung, weil sie die Beseitigung der Demokratie ein Stück weiter voranbrachte, er betrachtete sie dagegen als Mittel zur Verhinderung einer Herrschaft der NSDAP. Eine Hinwendung zu linksorientierten und liberalen Kräften, die eine Stützung der Weimarer Demokratie bedeutet hätten, war ihm aufgrund seiner eigenen politisch-theologischen Vorstellungen und wohl auch wegen der Entwicklung während der Präsidialkabinette unmöglich.

Quellenbelege von Galens Einstellung zur NSDAP im Jahre 1933 sind nur sehr spärlich vorhanden und in ihrem Wahrheitsgehalt umstritten.[93] Dies gilt sowohl für die Einlassungen Piepers[94] als auch für die späteren Tagebuchaufzeichnungen Adolphs.[95] Sicher überliefert ist, daß von Galen als Pfarrer denjenigen, die aus beruflichen oder anderen Gründen in nationalsozialistische Organisationen eintraten, empfahl, dort – soweit möglich – nach katholischen Grundsätzen mitzuarbeiten.[96] Ob Galen in diesem Sinne auch einen korporativen Übertritt der katholischen Jugend in die HJ in Erwägung gezogen hat, wie Adolph in seinen Tagebuchaufzeichnungen des Jahres 1937 berichtet[97], ist zweifelhaft. Galens Entwurf zur Betreuung von Mitgliedern nationalsozialistischer Organisationen aus dem Jahre 1933 war gerade als Stellungnahme gegen eine von Papen favorisierte Eingliederung der katholischen Jugendorganisationen in die HJ gedacht.[98] Allerdings wurde sein Entwurf von einer größeren Zahl von Bischöfen abgelehnt, da er zu Mißverständnissen in der Haltung des Episkopates zu den katholischen Verbänden hätte Anlaß geben können.[99] Kurze Zeit nach seiner Bischofsweihe forderte von Galen nach einem Vorschlag Gröbers zusammen mit dem Erzbischof von Paderborn am 9.11.1933 in einem Aufruf, dem sich Berning anschloß, die Katholiken des Bistums Münster dazu auf, bei der Volksabstimmung am 12.11.1933 für die Politik der NSDAP zu stimmen: „Es erscheint ... uns als vaterländische Pflicht, dem deutschen Vaterland und Volk wie bisher, so auch in der gegenwärtigen Schicksalsstunde die Liebe und Treue zu bewahren und am 12. November die Einmütigkeit mit den übrigen Volksgenossen zu beweisen."[100] Seine diesbezüglichen Einlassungen tragen aber auch kritische Züge, insofern er die Einhaltung des Konkordates anmahnt.[101] Ausdrücklich bestätigt der bischöfliche Kaplan von Galens, Hermann Eising, den Wunsch des Münsteraner Bischofs, „mit dem Dritten Reich zum Frieden zu kommen". Dies galt entsprechend der festgestellten kritischen Linie Galens gegenüber dem Nationalsozialismus „unter der Voraussetzung, daß Staat und Partei die Rechte Gottes und der Kirche im Sinne des Konkordates voll und ganz gewahrt hätten."[102] Im September 1934 betont er die Staatstreue der Katholiken und bekräftigt unter Berufung auf die katholische Staatsrechtslehre gegenüber NS-Angriffen: „Nein, wir stehen nicht in verneinender Opposition gegen den Staat, gegen die jetzige Staatsgewalt!"[103] Entsprechend seinen politischen Vorstellungen, die er in der „Pest des Laizismus" entwickelt hatte, grenzt er sich dabei vom preußisch-kleindeutschen Kaiserreich und der Weimarer Republik ab.[104]

Neben antidemokratischen bzw. ademokratischen Einstellungen finden sich Parallelen politischen Bewußtseins zwischen der „Nationalen Bewegung" und den Bischöfen etwa in der Einschätzung von Sozialismus und Kommunismus. Antikommunismus und Antisozialismus waren im Volk weit verbreitet. Sie zeigen sich ebenso wie die ademokratischen bzw. antidemokratischen Einstellungen auch bei Galen, vorbereitet waren sie durch die katholische Tradition. Galen bezieht sich in der Einschätzung dieser politischen Bewegungen ausdrücklich auf sie und erwähnt in Abwehr nationalsozialistischer Vorwürfe rechtfertigend diesbezügliche bischöfliche Erklärungen seit 1919.[105] Am 14.9.1941 begrüßt er die Aufkündigung des Nichtangriffspaktes mit der Sowjetunion vom 23.8.1939 durch Deutschland, indem er in einem Hirtenbrief formuliert: „... war es für uns die Befreiung von einer ernsten Sorge und eine Erlösung von schwerem Druck, als der Führer und Reichskanzler am 22. Juni 1941 den im Jahre 1939 mit den bolschewistischen Machthabern abgeschlossenen sog. ‚Russenpakt' als erloschen erklärte und in einem ausführlichen Aufruf an das deutsche Volk die Verlogenheit und Treulosigkeit der Bolschewisten aufdeckte."[106] In diesem Hirtenbrief schließt sich Galen der Argumentation Hitlers zur Kriegseröffnung gegen die Sowjetunion an. Zugleich kritisiert er den Nationalsozialismus. Galen findet diese Worte, in denen er den Überfall auf die Sowjetunion gutheißt, einige Wochen nach seiner berühmten Predigt gegen die Euthanasiepolitik der Nationalsozialisten. Kritik und Zustimmung liegen unmittelbar beisammen. Bedarf es noch eines entschiedeneren Beweises, die Haltung Galens zum NS-Staat im Sinne partieller Kontinuität zu kennzeichnen?

Von anderer Qualität, was die Bedeutung des traditionellen katholischen Staatsrechtsverständnisses angeht, ist Galens Betonung des Deutschtums.[107] Diese teilt er mit vielen Zeitgenossen, ohne daß er sich dabei auf die katholische Tradition berufen kann und beruft. Sie ist wegen ihrer weltumspannenden Perspektive gerade zu einer Funktionalisierung durch die Nationalsozialisten ungeeignet.

Galens schließliche Hinnahme der nationalsozialistischen Bewegung war zu keinem Zeitpunkt vorbehaltlos. Seine inhaltlichen Positionen insbesondere hinsichtlich ihrer naturrechtlichen Verankerung unterschieden sich von denen der Nationalsozialisten grundlegend. Wenngleich er als national und konservativ galt, so konnte die NSDAP sowohl auf Grund der politischen Einstellungen von Galens als auch seines persönlichen Naturells mithin nicht unbedingt einen botmäßigen „Staatsbischof"[108] erwarten.

In der Pfarrpraxis hatte von Galen als Leiter der Gemeinde von St. Lamberti in Münster Beispiele einer kritischen Auseinandersetzung mit den örtlichen Stellen der Geheimen Staatspolizei gegeben.[109] Jenseits dieser politisch-praktischen Ebene findet sich allerdings eine politische Grundeinstellung, die im Sinne partieller Kontinuität Gemeinsamkeiten mit der „Nationalen Bewegung" zeigt. Sie sind insbesondere in der Ablehnung der Moderne als Folge der Aufklärungstradition und des mit ihr verbundenen kategorialen politischen Rahmens zu suchen.

In diesem Sinne war von Galens Haltung zum Nationalsozialismus auch bestimmt durch die Erklärung Hitlers in der Garnisonkirche zu Potsdam am 21. März 1933, nach der das Christentum die Grundlage des neuen Staatsaufbaues sein sollte.[110] Von Galen betonte deshalb: „Der Führer hat sein Wort verpfändet und nicht zurückgenommen. Es ist richtig und heilsam, sich bei passender Gelegenheit hierauf zu berufen."[111]

4. Vergleichende Betrachtung des politisch-theologischen Denkens und des Verhaltens der Bischöfe Berning und von Galen vor dem Hintergrund der Auseinandersetzung um die Rezeption der Aufklärungstradition durch Lamennais im Jahre 1832

Die vorstehende Analyse weist Unterschiede auf, die das Spezifische der durch die Person der Bischöfe und ihre unterschiedlichen Ämter vor 1933 bedingten

Einstellungen deutlich hervortreten lassen. Berning zeigt sich auf Grund seines Amtes als Bischof und seiner persönlichen Charaktereigenschaften zurückhaltender gegen die Weimarer Republik als von Galen. Die Monarchie kritisiert er öffentlich überhaupt nicht. Gegenteilige private Äußerungen sind nicht bekannt. Sein Eid auf den Kaiser verbietet ihm dies. So lehnt Berning den preußischen Staat und das in besonderem Maße durch ihn gestaltete kleindeutsche Reich auch nicht wie von Galen grundsätzlich ab. Repräsentiert durch die Hohenzollernmonarchie, stellt sich ihm Preußendeutschland dar als eine politische Macht, die im Sinne der katholischen Staatsrechtslehre – wie oben beschrieben – Gott untersteht und sich diesem Anspruch stellt. Insofern gewährleistet sie die Freiheit der Kirche. Nach Ansicht des Osnabrücker Bischofs wird daher auch die Einheit von Kirche und Staat im Kaiserreich von den Hohenzollern gewünscht und unterstützt. Ständestaatliche Vorstellungen hat Berning nicht entwickelt.

Die Stellung als Pfarrer und seine kämpferische Art erlauben Galen demgegenüber eine grundsätzlichere und kompromißlosere Sicht der Dinge. Diese leitet sich unmittelbar von seinem – vor allem in der ‚Pest des Laizismus' dargelegten – staatsrechtlichen Ansatz her ab. Daher ist ihm auch jede Art von Anpassung an den Zeitgeist fremd. Dies ist etwa an seiner Haltung zu Preußen oder zum Parlamentarismus der Weimarer Zeit nachweisbar. Beide Zeitepochen, die der Monarchie und die der Republik, sind nach seiner Ansicht durch „Staatsomnipotenz" gekennzeichnet.

Während Berning sich bei seiner Kritik stärker von heilstheologischen Überlegungen leiten läßt, die in den Gedanken der mittelalterlichen Reichsidee münden, argumentiert von Galen in dieser Phase weniger konziliant aus der Tradition eines Verständnisses vom Staat, wie sie im „Syllabus" vorgeprägt und von Leo XIII. weiterentwickelt wurde.[112]

Die theologische Beurteilung des Staates aus der Sicht der katholischen Tradition des 19. Jahrhunderts trifft sowohl bei Berning als auch bei von Galen auf die persönliche Neigung, die Autorität zu betonen[113] und demokratische Verhaltensweisen daher auch eher geringzuschätzen. Mithin stehen vorgegebene historische Traditionen im vorliegenden Fall in Wechselwirkung mit persönlichen Eigenschaften, wodurch die Rezeption der Tradition verstärkt wird.

Das Autoritätsbewußtsein von Galens führte allerdings nicht zu entsprechenden staatspolitischen Vorstellungen monarchisch-autoritärer Art. Seine adlige Herkunft begünstigte demgegenüber offensichtlich die Entwicklung ständestaatlicher Ordnungsschemata. Die Galensche Position hätte Berning, selbst wenn er gewollt hätte, auf Grund seines Amtes als Bischof öffentlich auch nicht einnehmen können. Eine gewisse bei Berning festzustellende Offenheit gegenüber politischen Zeitströmungen fand zusätzliche Nahrung durch seine Weltläufigkeit, die er auf vielen Reisen erworben hatte.[114] Bernings Haltung zeichnet sich im Vergleich zu der von Galens insofern durch ein gewisses Maß an „Weite" und Offenheit aus. Diese zeigte er auch gegenüber Minderheiten.[115] Beide – Berning wie von Galen – haben in der Zeit des NS-Regimes ihre hier festgestellten persönlichen Eigenschaften in der Auseinandersetzung mit den Nationalsozialisten beibehalten. Insbesondere von Galen zeigt als Pfarrer charakteristische Züge, die ihm im Kampf mit dem Nationalsozialismus zugute kommen. Er hat schon sehr früh auch als Bischof seine kompromißlose Art unmißverständlich in die Auseinandersetzung mit den Nationalsozialisten eingebracht.[116] Das unterschiedliche Verhalten 1933 zeigt sich beispielhaft an der Reaktion beider auf die Schließung der Geschäftsstellen der katholischen Verbände durch die Geheime Staatspolizei Berlin am 1.7.1933. In ihr spiegelt sich sowohl die zu diesem Zeitpunkt jeweils unterschiedliche amtliche Stellung der kirchlichen Akteure Berning und von Galen, deren persönlicher Charakter wie auch ansatzweise ihr späteres Vorgehen gegen antikirchliche Entscheidungen des NS-Staates. Von Galen protestiert gegen die Maßnahmen vom 1.7.1933 in schriftlicher und mündlicher Form bei den örtlichen Stellen der Polizei[117], während sich Berning – von Bertram beauftragt – namens der Bischofskonferenz in Verhandlungen mit der Reichsregierung um eine Rücknahme der staatlichen Anweisungen bemüht, wie dies auch andere geistliche Würdenträger taten.[118] Ab dem Jahre 1934 tritt neben Bernings Verhandlungsaktivitäten zunehmend auch dessen öffentliche Kritik am NS-Staat. Die Tatsache öffentlicher Kritik durch von Galen während der NS-Zeit ist allgemein bekannt.

Beider Ausführungen lassen neben den Unterschieden deutliche Parallelen im politischen Denken Bernings und von Galens sichtbar werden, die dem individuellen Handeln der Personen Richtung und Grenze weisen. Diese bilden den historisch überkommenen kategorialen Rahmen für die Einstellung der genannten Bischöfe zur politischen Ordnung der Kaiserzeit, zu den demokratischen Bestrebungen Weimars, aber auch zum Nationalsozialismus. Monarchisches Denken, ademokratisches bzw. antidemokratisches Denken, die Haltung zur Revolution 1918 wie auch antisozialistische und antibolschewistische Einstellungen erweisen sich als Facetten einer tieferliegenden Struktur. Es handelt sich um die Interpretation des Verständnisses von der „cura religionis" und der katholischen Staatsrechtslehre im 19. Jahrhundert vor dem demokratischen Anspruch der Moderne, die für Deutschland in der Weimarer Republik ihren historischen Ausdruck fand. Der demokratische Staat, insbesondere dessen theoretische Grundlagen, wird vor diesem Hintergrund entweder grundsätzlich abgelehnt (von Galen) oder nur mit erheblichem Vorbehalt betrachtet (Berning). Die fehlende Verankerung seiner Herrschaftsprinzipien in der Ordnung Gottes ermöglicht dem säkularen Staat nach Meinung der beiden Theologen eine unbegrenzte Autonomie. Dieser betrachtet die Religion als Privatsache und die Freiheit der Kirche daher nicht mehr als öffentliche Aufgabe des Staates – mit allen Folgen für die Sittlichkeit der Menschen. Dieser Staat glaubt auch, die Kirche bevormunden zu müssen.[119] Berning und von Galen setzen dabei allerdings insofern jeweils unterschiedliche Akzentuierungen, als der Osnabrücker Theologe als Bischof vornehmlich die „Libertas ecclesiae" betont, während demgegenüber von Galen die staatsrechtliche Sicht – naturrechtlich verankert – vorträgt. Idealvorstellung ist beiden der mittelalterliche „Ordo". Berning unterscheidet sich dabei allerdings von dem Münsteraner Pfarrgeistlichen von Galen dadurch, daß er die Reichsidee in der Diskussion um das Verhältnis von Kirche und Staat aufnimmt und im Sinne der Zweischwerterlehre des Gelasius interpretiert.

Seine demokratiekritische Grundposition hinderte Berning nicht daran, in der politischen Praxis mit dieser Republik zusammenzuarbeiten, wie etwa seine Teilnahme an den Sitzungen der Reichsschulkonferenz von 1921-1923[120] deutlich macht. In diesem Sinne mag auch seine Anwesenheit bei den Osnabrücker Feiern der Verfassungstage[121] während der Weimarer Zeit zu deuten sein. Eine derartige Hinwendung zu Weimar ergab sich aus Notwendigkeiten, die mit einem gedeihlichen Verhältnis von Kirche und Staat zu tun hatten und infolgedessen mit der

Berücksichtigung der Vorstellungen der Kirche in den politischen Entscheidungsprozessen. Gegenüber der grundsätzlicheren Kritik von Galens wird hier Bernings politischer Realismus sichtbar.

In der Ablehnung der Weimarer Demokratie unterscheiden sich beide Bischöfe von maßgeblichen Teilen des politischen Katholizismus.[122] Sie sind stärker als diese den staatsrechtlichen Vorstellungen der kirchlichen Tradition verhaftet. Im Gegensatz zu diesen Gruppen, die die Zusammenarbeit mit dem demokratischen Staat anstrebten und auch in der politischen Verantwortung des Zentrums während der Weimarer Zeit eine tragende Rolle spielten[123], befinden sich die genannten Theologen gegenüber dem liberalen Staat in der Defensive. Das mit der Aufklärungstradition nicht versöhnte Verständnis der „cura religionis" des 19. Jahrhunderts und des katholischen Staatsverständnisses schafft 1933 somit eine historisch bedingte strukturelle Disponibilität, die trotz aller weltanschaulichen Gegensätze zum Nationalsozialismus bei beiden Bischöfen zu einer inhaltlich begrenzten und von Kritik begleiteten Hinwendung (Berning) bzw. einer entsprechenden schließlichen Hinnahme des NS-Staates (Galen) führt. Dabei setzt Berning konsequenter als von Galen auf Kooperation.

Es zeigt sich ein Kaleidoskop unterschiedlicher Reaktionen katholischer Kreise auf die nationalsozialistische Herausforderung 1933. Da gibt es öffentliche, von der Tradition katholisch geprägte Schulen, die sich aufgrund ihrer Verankerung im staatlichen Schulwesen und der beamtenrechtlichen Bindungen der Lehrer vergleichsweise schneller als etwa die katholische Bevölkerung auf NS-Ideologeme einließen. Grenzen ihrer Zuwendung zeigen sich gegenüber jenen Elementen der NS-Ideologie, die der katholischen Lehre widersprechen.[124] Weiterhin gibt es eine katholische Bevölkerung, die auch noch nach 1933 ein hohes Maß an Resistenz aufweist[125], sowie eine politische Vertretung des Katholizismus, das Zentrum, das in der Frage der Zustimmung zum NS-Regime in seinen Antipoden Brüning und Kaas gespalten war[126], und einen Episkopat, der schließlich in seiner überwiegenden Mehrheit nach der Wahl vom 5.3.1933 und Hitlers Erklärung vom 23.3.1933 anläßlich des Ermächtigungsgesetzes – wenngleich mit deutlichen Einschränkungen in ideologischer Hinsicht – auf eine Zusammenarbeit mit dem NS-Staat setzte.[127]

Einen Markstein dieser für die katholische Kirche Deutschlands so unheilvollen Entwicklung bildeten die Jahre 1832 und 1834. In diesen Jahren verbot Papst Gregor XVI. in seinen Enzykliken „Mirari vos" (1832) und „Singulari nos" (1834) auf Druck des österreichischen Staatskanzlers Metternich wesentliche theologisch-philosophische Darlegungen Lamennais'.[128] Zugleich stellen diese päpstlichen Rundschreiben eine Absage dar an die Aufklärungstradition und die durch sie sich bildende gesellschaftliche, kulturelle und politische Wirklichkeit. Der Papst geißelt in „Mirari vos" insbesondere Gewissensfreiheit, Pressefreiheit, „Indifferentismus", die Angriffe auf die kirchliche und staatliche Ordnung wie etwa auch die Trennung von Kirche und Staat.[129]

Demgegenüber stellen die Überlegungen Lamennais' einen Versuch dar, die Aufklärungstradition mit kirchlich-katholischem Selbstverständnis zu versöhnen. Lamennais sah im Liberalismus eine von Gott gewollte politische Strömung, deren Ziel es gewesen sei, die Freiheit des Menschen gegen Unterdrückung zu sichern. Insofern galt ihm der Liberalismus als eine begrüßenswerte Erscheinung. Abgelehnt hat er den „doktrinären Liberalismus", der den einzelnen Menschen im

Anspruch auf Autonomie zum Maß aller Dinge gemacht habe. Durch ihn werde, so Lamennais, menschliche Gesellschaft zerstört, da sie keiner alle geistig verbindenden Autorität unterstellt sei. Gegenüber einer Kirche, die sich von der monarchischen Gewalt gegen die Freiheit der Menschen nutzen lasse, wie er dies etwa im Gallikanismus vorfand, betonte er die Freiheit der Menschen und forderte deshalb eine absolute Trennung von Staat und Kirche. Die liberalen Freiheitsrechte, insbesondere die Gewissensfreiheit, sind ihm folgerichtig verpflichtende Richtschnur. Für sie habe sich die Kirche in der Person des Papstes immer einzusetzen. Die Position Lamennais' bewegt sich im Spannungsfeld von Freiheit und Autorität. Beide gehören zusammen und sind aufeinander bezogen: „Freiheit der Menschen untereinander, aber die Menschheit bleibt unterworfen der Autorität der Wahrheit, da Freiheit ohne Autorität in Anarchie auszuarten drohe"[130]. Was die Wahrheit ist, das erkennt mit Hilfe des „sens commun" die Allgemeinheit und nicht ein einzelner. Unabhängig von der christlichen Offenbarung hatten nach seiner Ansicht die Griechen schon teil an diesen Wahrheiten, die somit, wie er meinte, Bindeglied zwischen allen Menschen seien. Inhaltlich handelt es sich dabei etwa um die Erkenntnis der Existenz Gottes, die Unterscheidung von Gut und Böse oder von Recht und Unrecht.[131] Die Erkenntnis der Wahrheit setze Freiheit voraus. Kadavergehorsam sei wider die Natur und dem wirklichen Geist des Christentums entgegengesetzt. Dementsprechend sei die freie und offene Auseinandersetzung notwendigerweise „gegen die autoritäre und monarchische Disziplin der römischen Kirche" gerichtet.[132] "Indem Lamennais sich von einer Hierarchie entfernte, die zu sehr in ihren weltlichen Interessen gefangen war, zu sehr empfänglich für ihre menschlichen Leidenschaften, enthüllte er die geheimnisvolle Wirklichkeit einer Kirche, die nicht mehr als autoritäre und monarchische Institution verstanden werden konnte, sondern als Lebensgemeinschaft mit Christus, als Anteilnahme an seinem Geist."[133]

II. Die Konfliktbereitschaft der Bischöfe Berning und von Galen gegenüber dem Nationalsozialismus an der Macht als Ausdruck der katholischen Tradition der „cura religionis" und des überlieferten Staatsverständnisses

1. Bernings öffentliche Kritik am Nationalsozialismus als Folge seines Verständnisses von der „cura religionis"

Bernings Auffassung von der Einheit von Staat und Kirche in der Interpretation der mittelalterlichen Reichsidee bot den Rahmen und die Grenze für seine kooperative Tätigkeit zu Beginn der NS-Zeit. Von dieser Konzeption her ist es nur schlüssig, wenn der Bischof den ihm von Göring angetragenen Titel eines „Preußischen Staatsrates" annahm.[134] Die Ernennung erfolgte am 11. Juli 1933. Auf dieser Linie müssen auch seine Silvesterpredigt von 1933 und seine Darlegungen in „Katholische Kirche und deutsches Volkstum" – wie oben besprochen – gesehen werden. Seine Appelle an den Gehorsam des Katholiken der Obrigkeit gegenüber entsprechen der katholischen Staatsrechtslehre und dienen ebenso seinem Konzept von der Einheit von Kirche und Staat. In diesem Sinne trat er in den ersten Jahren der NS-Herrschaft auch öffentlich auf.[135] Seine Verhandlungstätigkeit hinsichtlich der Selbständigkeit der katholischen Verbände entsprach ebenso seinem Verständnis des Verhältnisses von Kirche und Staat. Allerdings mußte Berning schon sehr bald erkennen, daß die Verhandlungspartner auf seiten des Staates die Angelegenheit dilatorisch behandelten, in Wirklichkeit keine Regelung im Sinne der Kirche wünschten. Auf der zweiten gesamtdeutschen Bischofskonferenz des Jahres 1933, Ende August, berichtete er über seine Gespräche mit NS-Regierungsstellen: „Ich bin angelogen (worden) wie noch nie in meinem Leben!"[136] Berning „hatte den Gegensatz von deklamatorischen Äußerungen zum praktischen Verhalten des Regimes schnell und richtig durchschaut."[137] Schon Ende Mai 1934 – etwa zeitgleich mit der Veröffentlichung seines Aufsatzes „Katholische Kirche und deutsches Volkstum" – äußerte sich Berning in einer öffentlichen Veranstaltung in Meppen gegenüber dem kirchenpolitischen Kurs der Nationalsozialisten sehr zurückhaltend.[138] Der Mord an Erich Klausener, dem Vorsitzenden der Katholischen Aktion des Bistums Berlin, am 30. Juni 1934 läßt Bernings Hoffnung zusehends schwinden.[139] Diese Tatsache veranlaßte ihn zu einem Antrag bei seinen bischöflichen Kollegen, eine öffentliche Protesterklärung gegen derartige Terrormethoden namens der Bischofskonferenz herauszugeben. Diesem Wunsche kam der Vorsitzende Bertram allerdings nicht nach. Außerdem war es nach den Ereignissen des Röhmputsches, bei dem neben Klausener auch andere Katholiken, z. B. der Papen-Berater Edgar J. Jung, ermordet wurden, nur folgerichtig, wenn Berning von einem empfehlenden Bischofswort zur Volksabstimmung vom 19. August 1934 absah. Von NS-Seite war er vielfach zu einer derartigen Erklärung gedrängt worden.[140] Berning vertrat mithin keinen nur defensiven Kurs.[141] Die Rede zum Antisemitismus in der Technischen Hochschule Hannover bestätigt das. Eine kritiklose Anerkennung des NS-Staates hätte auch seinem Verständnis vom Verhältnis von Kirche und Staat widersprochen. In seinen Hirtenbriefen rief er verstärkt auf zum Gebet für den „großen schweren Kampf der Kirche um die Rettung unsterblicher Menschenseelen" und warnte vor den „neuen Propheten".[142] Allerdings wollte und konnte er – zumindest zu diesem Zeitpunkt – trotz aller Enttäuschungen und zum Leidwesen der „Deutschen Briefe" von seinem politisch-theologischen Ansatz her die Tür für Verhandlungen nicht versperren.[143]

Die genannten Strategien – Kritik und Zusammenarbeit – gegenüber dem Staat ergänzten sich, bildeten eine Einheit und entsprachen seinen Vorstellungen von der Einheit von Kirche und Staat, wonach die Kirche dem Staat die Richtung zu weisen habe. Diese Konzeption war bei einer grundsätzlichen Ablehnung im Konfliktfall nicht durchzuhalten. Daher verbot sie sich schon aus diesem Grunde, abgesehen von der bloßen Notwendigkeit von Verhandlungen als Konsequenz des Konkordates.[144] Sie erlaubte ihm keinen ausschließlichen Kurs der Eingabepolitik, aber auch keine Form der Konfrontation, wie sie von Galen für sich wählen zu müssen meinte. Berning bewegte sich daher mit seinen Aktionen zwischen beiden Lagern im Bischofskollegium. Nur so konnte er die ihm gestellte Aufgabe als Verbindungsmann des Episkopates erfüllen.

Im Laufe des Jahres 1934 ist eine deutlich kritischer werdende Einstellung Bernings erkennbar. Gegen Ende des Jahres spricht er von einem „Sturmangriff auf Christentum und Kirche"[145]. Berning nutzt die Silvesterpredigt des Jahres 1934, um sich wie auch andere Bischöfe mit der in diesem Jahr von der NSDAP stärker propagierten Schrift „Der Mythus des 20. Jahrhunderts" von Alfred Rosenberg auseinanderzusetzen.[146] Bei solcher Entwicklung auf seiten der NSDAP und des Staates kann es nach Meinung Bernings nicht ausbleiben, „daß alle wirklich gläubigen Christen nicht nur im Interesse der Kirche, sondern auch im Interesse des Volkes sich energisch zur Wehr setzen."¹⁴⁷ Weiter heißt es dann: „Positives Christentum soll nach einem Worte der höchsten Stelle die Grundlage des deutschen Reiches sein. ... Ein weitverbreitetes, von der Kirche verbotenes Buch erklärt, daß die Werte der christl(ichen) Kirchen unserer deutschen Seele nicht immer entsprechen u(nd) den nordisch-rassischen Kräften Platz machen müßten. In einer Religion aus Blut u(nd) Rasse wird das positive Christentum gesehen."¹⁴⁸ Gegenüber derartigen Vorstellungen schärft Berning dem Zuhörer die Glaubensinhalte der katholischen Kirche ein und betont: „Was soll es nun heißen, wenn man diesen christl(ichen) Gottesglauben bis zur Vernichtung zu bekämpfen unternimmt, wenn man ihn schon aus den Herzen der Jugendlichen reißt, um einen anderen, einen germanischen Gottesglauben an die Stelle zu setzen. ... Hier steht Credo gegen Credo. Wem wollt ihr glauben? Den modernen Propheten oder der ewigen Wahrheit Jesus Christus?"¹⁴⁹ Berning weist darauf hin, daß er zur Stützung und Stärkung der Gläubigen das „ewige Gebet" verordnet habe, wodurch „in jeder Nacht ... in irgend einer Kirche der Diözese die Anbetung des Heilandes im Tabernakel" stattfinde.

Trotz dieser kritischen öffentlichen Einlassungen Bernings glaubte die Staatspolizeistelle Osnabrück 1935 die Zurückhaltung der Geistlichen in Predigten und Kanzelabkündigungen auf bischöfliche Anweisungen zurückführen zu können, ohne dafür allerdings Belege beizubringen.¹⁵⁰ Es handelte sich bei diesen Berichten an die Gestapo Berlin um reine Vermutungen, wie sie selbst sagte. Die Darlegungen sind aber insofern aufschlußreich, als Bernings Kurs – im Gegensatz etwa zu demjenigen von Galens – zu dem genannten Zeitpunkt von sogar dem Regime Nahestehenden offenbar als keineswegs konfliktorientiert, sondern eher als kooperativ angesehen wurde. Diesen Eindruck hatte man offensichtlich auch im Reichssicherheitshauptamt, hegte aber auch erhebliche Zweifel an Bernings „Zuverlässigkeit". Es heißt in einem Schreiben Heydrichs an Rosenberg vom 8. April 1935 im Zusammenhang der Neubesetzung des Berliner Bischofsstuhles: „Bischof Berning ist äußerst ehrgeizig. Sobald er in Berlin auf dem Bischofsstuhl sitzt, wird sein nächstes Ziel der Kardinalshut sein und den kann ihm nicht der nationalsozialistische Staat, sondern nur der Papst verleihen. Berning wird dann ebenso für Rom und gegen Deutschland arbeiten, wie jeder andere Bischof."¹⁵¹ Das Zitat zeigt, daß die Nationalsozialisten Bernings wirkliche Motivation und Einstellungen überhaupt nicht verstanden hatten.

Die Berichte der Staatspolizeistelle belegen schon für 1935 Begeisterung im Bistum Osnabrück ob des Verhaltens des Münsteraner Bischofs Galen und der dortigen Katholiken anläßlich der Großen Prozession, die einen Tag nach dem Gauparteitag der NSDAP vom 5.-7.7.1935 in Münster, auf dem Rosenberg als Hauptredner gesprochen hatte, stattfand. In einem von der Stapo Osnabrück zitierten Brief heißt es: „Ich habe auch die Rede vom Bischof. Leider ist das Kirchenblatt beschlagnahmt worden u(nd) die es schon erhalten hatten, geben es nicht ab ... Wenn es Sie aber interessiert, schreibe ich Ihnen die Ansprache ab, ja? Die Ovation soll grossartig gewesen sein. Fast 7 000 Leute waren mehr mit als voriges Jahr. Insgesamt waren es über 19 000."¹⁵²

Im Gegensatz zu von Galen, der zu diesem Zeitpunkt öffentlich schon auf deutlichen Konfliktkurs zu einzelnen Vertretern des Regimes und deren antikirchlichen und antireligiösen Aussagen gegangen war¹⁵³, versuchte Berning im Zuge der Verhandlungsnotwendigkeiten noch immer einen Ausgleich, geleitet von seiner Auffassung vom Verhältnis von Kirche und Staat, obwohl der kirchenfeindliche und inhumane Charakter des Systems immer offenkundiger[154] und von ihm auch öffentlich angeprangert wurde. Auch angesichts der Machtlosigkeit der Kirche erschien ihm der Weg der Verhandlungen erfolgversprechender, den er als einen Kompromiß wertete zwischen einer reinen Defensivposition, nach der man die Handlungen des Regimes widerspruchslos hinnähme, und einem Offensivkurs, der in energischen Vorstellungen bei der Reichsregierung bestünde, verbunden mit öffentlicher Kundgabe.[155] In einem Gespräch mit Domkapitular Heufers äußerte Berning: „Wir können ja nicht anders, wir sind ja machtlos"[156]. Preysing schätzte Bernings Vermittlungsqualitäten, wenn er nach den Aufzeichnungen Adolphs meint: „Dem Osnabrücker Bischof spricht unser Chef die Befähigung einer Führergestalt ab. Dagegen hält er ihn für den Posten eines Vermittlers zwischen Reichsregierung und Episkopat sehr geeignet. Allgemein ist man sich darüber klar, daß Berning viel Demütigungen und verletzende Enttäuschungen einstecken muß. Über diesen Punkt äußerte sich mir gegenüber der Kardinal (Bertram, K.-A.R.), daß diese Demütigungen viel schmerzlicher seien als körperliche Leiden."[157]

Bernings optimistische Perspektive 1933/34 vor dem Hintergrund seines Verständnisses der Tradition der „cura religionis" des 19. Jahrhunderts war 1936 einer scheinbar resignativen Haltung gewichen. Bernings Konzept von der Einheit von Kirche und Staat, auf das er zu Beginn der NS-Zeit gesetzt hatte, konnte nicht gelingen, wenn der Staat seinen Aufgaben als Beschützer der Kirche nicht nachkam und diese sogar noch behinderte.

Vor diesem Hintergrund sind auch seine Einlassungen vom 25. Juni 1936 im Strafgefangenenlager Aschendorfermoor zu sehen, die schon von Zeitgenossen mit Unverständnis betrachtet wurden.[158] Sie erfolgten zeitgleich mit der zitierten Eintragung Adolphs über Bernings Haltung zum nationalsozialistischen Kirchenkampf und der Reaktion der Kirche. Angesichts der fast ausweglosen Situation im Verhältnis von Kirche und Staat wollte er auf diese Weise offensichtlich die Verhandlungsgrundlage der Kirche verbessern, wofür auch der Hinweis auf seinen anschließenden Bericht in Berlin spricht.

Der weitere Kampf der Nationalsozialisten gegen die katholische Kirche verschärfte die Diskussion im Bischofskollegium um die Frage, wie man sich einem derartigen Vorgehen des Regimes gegenüber verhalten solle. Bertram hielt den Weg der Eingabepolitik als für die Situation der Katholiken angemessen. Er wollte die Aktivitäten der Bischofskonferenz darauf beschränken. Demgegenüber forderte beispielsweise Galen einen auch öffentlich kritischeren Kurs. Die Enzyklika „Mit brennender Sorge", an deren Vorbereitung von Galen beteiligt war, schuf die Grundlage für die geforderte offensivere Auseinandersetzung mit dem Regime. Zur Vorbereitung dieses Rundschreibens war Berning trotz des Verlangens Bertrams nicht hinzugezogen worden. Man hielt in Rom dessen Mission für gescheitert.[159] Darauf läßt auch der Wunsch des Vatikans aus dem Jahre 1935 schließen, Berning möchte seinen Staatsratsposten zur Verfügung stellen, was er dann auf Anraten Bertrams und zur Genugtuung Preysings aber nicht tat.[160] Ähnliche Verzweiflung wie Berning plagte im Jahre 1938 auch von Galen. Ihm war gerade wegen seines Konfrontationskurses nicht klar, wohin ‚die Reise gehen' sollte. Nach den Aufzeichnungen Adolphs soll sich Galen „tief bedrückt" über die Lage geäußert und Sorge gehabt haben, ob nicht „alles zerschlagen" werde.[161]

Wenngleich auch Berning seine grundsätzlichen Ansichten über die Notwendigkeit von Verhandlungen nicht veränderte, so markiert die Enzyklika doch einen Zeitpunkt, nach dem der Bischof in seinen öffentlichen Ansprachen offensiver wurde. Gegenüber der bisherigen Berningforschung sind auch hier neue Akzente zu setzen.[162] Wie angesichts des Kirchenkampfes nicht anders zu erwarten war, standen dabei zunächst konkrete Fragen des Verhältnisses von Kirche und Staat im Mittelpunkt. Am 5.12.1937 hielt er anläßlich der Abstimmungen zur Einführung der Gemeinschaftsschule in Osnabrück eine Predigt, in der er mit Verweis auf die Mahnungen des Paulus an Timotheus betonte, daß nunmehr der Zeitpunkt gekommen sei, „dass Euer Bischof ein offenes Wort sprechen muss und will...."[163] Er wandte sich zunächst gegen den Vorwurf, Katholiken stünden außerhalb der Volksgemeinschaft oder seien „Landesverräter und Staatsfeind(e)", weil sie die Einführung der Gemeinschaftsschule ablehnten. Im Weltkriege habe man seine Treue zum deutschen Volke bewiesen. Den Feinden des Christentums gehe es um eine Vernichtung der Konfessionen. „An die Stelle des verachteten Christentums", so Berning, „soll etwas anderes treten, was das Volk eint. Was soll denn das sein? Eine deutschgläubige Weltanschauung oder eine andere; etwa die Weltanschauung des Mythos, die Gotteserkenntnis von General Ludendorff, oder noch so viele andere, für die heutzutage auch Propaganda gemacht wird...." Die wahren Störer der Volksgemeinschaft seien jene, die die historisch überkommenen Verhältnisse beseitigen wollten.

Drei Wochen später, in der Silvesterpredigt desselben Jahres, nahm Berning sich wiederum der kirchenfeindlichen Bestrebungen der Nationalsozialisten an, indem er die Frage nach der „Libertas ecclesiae" thematisierte und den Religionsanspruch des Nationalsozialismus geißelte. Er führte aus: „Die Kirche steht vor uns wie eine hochragende Burg. Um diese Burg tobt ein ungeheurer Kampf, geführt mit fanatischer Wut, geführt mit allen Waffen. Immer wieder wird in aller Oeffentlichkeit gesagt: Christentum und Kirche sind nicht mehr geeignet für das Deutsche Volk. Das Christentum ist überholt und muss durch eine neue Religion, die aus Blut und Boden geboren wird, ersetzt werden. Man leugnet alles Uebernatürliche und will nur eine natürliche Lebensauffassung und Weltanschauung anerkennen. ... Man behauptet, die Religion von der Politik reinigen zu wollen und kämpft gegen einen sogenannten politischen Katholizismus, versucht aber zur gleichen Zeit die politische Weltanschauung zur Religion, zum Religionsersatz zu gestalten. Wie ist es mit solchen Behauptungen vereinbar, wenn man noch versichert: dass es jedem in Deutschland freistehe, nach seiner Religion zu leben und dass die Kirche frei und ungehindert ihre Tätigkeit entfalten könne?"[164]

Weiter zitiert der Bischof aus der Enzyklika „Mit brennender Sorge" und fährt dann fort: „Nur mit aufrichtigem Schmerz wird jeder um das Wohl des Vaterlandes besorgte Deutsche den Kampf gegen Christentum und Kirche im vergangenen Jahr verfolgt haben. Denn wenn in diesem Streite auch Macht und Gewalt sich billige Triumphe erringen können, so ist doch die Einheit unseres Volkes tödlich bedroht, wenn dem christusgläubigen Volksteil Gewissens- und Bekenntnisfreiheit vorenthalten wird. Glaubt es mir, dass die deutschen Bischöfe alles tun, was in ihren Kräften steht, um die Gewissensnot der gläubigen Christen zu beheben, um die Freiheit der Kirche zu retten. Wir Bischöfe würden freudig die Stunde des religiösen Friedens begrüssen, die unserem Volk bitter nottut. Wir wären aber Mietlinge, wenn wir den Frieden erkaufen würden durch Verrat an den heiligsten

Gütern, die Christus uns anvertraut hat"[165]. Abschließend spricht der Bischof seinen Gläubigen Mut zu, indem er meint: „Mit tiefer Dankbarkeit haben Bischöfe, Priester und Gläubige in Deutschland die Worte des Hl. Vaters aufgenommen. So hat der Hl. Vater durch seine Enzyklika ‚Mit brennender Sorge' in dunkler Zeit von neuem uns erleben lassen, dass unsere Kirche ist ‚die Kirche des lebendigen Gottes, die Säule und Grundfeste der Wahrheit'"[166].

Wie von Galen[167], so verteidigt auch der Osnabrücker Oberhirte das Glaubensgut gegenüber der Rassenlehre des Nationalsozialismus. Insbesondere wendet er sich in dieser Predigt dagegen, daß man behauptet: „Der Deutsche oder die deutsche Rasse ist nicht erbsündig, sondern erbadelig." Dazu Berning: „Niemand in der katholischen Kirche behauptet, dass die deutsche Rasse als solche erbsündig sei. Auch wir wissen, dass das deutsche Volk edle Züge in seinen erblichen Anlagen hat und sind stolz darauf, Angehörige dieses Volkes zu sein. Das hat aber nichts zu tun mit der Lehre der Kirche, dass der einzelne Mensch durch seine Abstammung von Adam unter dem Gesetz der Sünde steht ... Durch Christus wird das Menschenkind, das die Erbsünde als Nachkomme Adams trägt, von der Erbsünde in der Hl. Taufe befreit und zu einem Kinde Gottes erhoben. Dadurch sind wir nicht mehr erbsündig, sondern erbadelig."[168] Weiter betont er im Zusammenhang des Vorwurfs, das Christentum sei schwächlich, die Stärke und das Heldentum dieser Religion, indem er auf Jesus Christus und auch auf die vielen Heiligen verweist. Abschließend heißt es dann: „Aber man will das Heldentum Christi und des Christentums nicht anerkennen, weil man das Christentum selbst nicht kennt oder nicht anerkennt. Man will nur ein Heldentum des Körpers, des Blutes, aber nicht des Geistes. Allen denen, die Heldentum nur in physischer Tapferkeit und körperlicher Härte und im kämpferischen Geiste sehen, allen denen sagen wir: Das Christentum kennt und schätzt auch diesen Heroismus, aber es strebt darüber hinaus zu einem sittlichen Heroismus."[169]

Entsprechend seinen Zusagen in der vorgestellten Silvesterpredigt von 1937 bemühte sich Berning um ein Gespräch mit Lammers von der Reichskanzlei. Adolphs Hinweis vom 14. Juli 1938, wonach Wolker und Berning „sich zur Zeit bemühten, einen Friedenszustand zwischen Kirche und Staat herbeizuführen" bezieht sich auf diesen Vorgang.[170] Das Gespräch fand am 13. Oktober 1938 in der Reichskanzlei mit Ministerialdirektor Kritzinger statt.

Diesem gegenüber äußerte Berning seine Vorstellungen zum Verhältnis von Kirche und Staat und wies dabei auf die tatsächliche Entwicklung hin.[171] Indem er zugleich aber auch die Grenzen einer derartigen Zusammenarbeit von seiten der Kirche aufwies, versuchte er den Staat entsprechend seiner Haltung in Anspruch zu nehmen. Nach seinem Verständnis hatte dieser die Aufgabe der Sicherung der Freiheit der Kirche, wie 1933 von Hitler versprochen. Es heißt im Protokoll dieser Besprechung vom 14. Oktober 1938, das von Kritzinger angefertigt wurde: „Mit größerer Sorge aber betrachte man in der katholischen Kirche die zunehmende Einflußnahme staatlicher Stellen auf die religiöse bzw. weltanschauliche Gesinnung des einzelnen ... Wenn man solche Ausschreitungen dulde, ohne energisch einzugreifen, so sehe er eine schwere Gefahr für die weitere Entwicklung der Dinge. Die katholische Kirche wolle", so Berning nach den Aufzeichnungen, „durchaus den Frieden mit dem Staat. Das könne er namens aller Bischöfe versichern. Sie sei auch bereit, den Interessen des Staates in vollem Umfange gerecht zu werden, nur den katholischen Glauben könne sie nicht preisgeben ...

Sie wolle keine Vorrechte irgendwelcher Art, sondern nur Freiheit des Glaubens." Der Bischof betonte dann, daß eine gute Zusammenarbeit von Kirche und Staat „letzten Endes doch im dringenden Interesse des ganzen Deutschen Volkes" liege. Berning machte nach entsprechender Aufforderung seines Gegenüber den Vorschlag, „daß sich die Vertreter des Staates und der Kirche wieder an einen Tisch zusammensetzten. Wenn man über all die verschiedenen Streitpunkte offen spreche, werde sich wahrscheinlich herausstellen, daß viele Meinungsverschiedenheiten auf Mißverständnissen beruhten, und man werde sich verständigen können." Auch nach der kirchenfeindlichen Politik der Nationalsozialisten ab 1935 wollte Berning entsprechend seinem Verständnis des Verhältnisses von Kirche und Staat auf eine gedeihliche Zusammenarbeit zwischen beiden im Interesse des Volkes nicht verzichten, so daß er die Frage aufwarf, „ob es nicht möglich sei, daß der Führer sich des Verhältnisses des Staates zur katholischen Kirche annähme."[172]
Entsprechend der Bitte des Bischofs gab Kritzinger, Ministerialdirektor in der Reichskanzlei, die Überlegungen Bernings an Lammers weiter. Dieser setzte Hitler in Kenntnis[173] und vereinbarte auf dieses Gespräch hin erneut eine Unterredung mit Kritzinger. Eine Reaktion Hitlers ist nicht überliefert.
Der Osnabrücker Bischof ging in diesem Gespräch noch davon aus, daß die Staatsspitze für die Spannungen zwischen Kirche und Staat nicht verantwortlich sei, daß insbesondere Hitler ein gutes Verhältnis des Staates zur Kirche wolle. Der Führer wird somit für den Bischof – wie auch für von Galen[174] – im Sinne der Instrumentalisierung zur Appellationsinstanz gegen dessen „Apparat". Auch in öffentlichen Erklärungen des Bischofs finden sich ähnliche Einlassungen. Damit entzieht er Hitler der Kritik und trägt somit ungewollt zur Stabilisierung nationalsozialistischer Herrschaft bei.
Es fällt auf, daß Berning in dem Gespräch mit Kritzinger nicht nur die Bedrängung der katholischen Kirche durch den NS-Staat zurückweist, sondern jegliche Einflußnahme auf die weltanschauliche Gesinnung von Menschen. Dieser Einsatz des Bischofs weist Zielperspektiven auf, die Pius' XI. in der Enzyklika „Mit brennender Sorge" gewiesen hatte.[175] Die Forderung einer Überordnung der Kirche über den Staat, die der Bischof 1934 noch formuliert hatte, ist 1938 nicht mehr festzustellen. Unter dem Zwang der staatlichen Kirchenpolitik wandelt sich somit Bernings Position von der Überordnung von Kirche über den Staat zu einer Forderung lediglich nach der Freiheit von Religion und Kirche von staatlichem Druck. Die Darlegungen gegenüber Kritzinger bewegen sich ansonsten im Rahmen der Äußerungen Bernings in der Silvesterpredigt des Jahres 1937.
Gerade weil der Staat die kirchlichen Forderungen im Sinne der traditionellen Vorstellungen der „Libertas ecclesiae" nicht dulden wollte, hielt Berning es für nötig, im Einzelfall gegenüber den Reichsbehörden die Grenze staatlichen Handelns aus seiner Sicht zu konkretisieren, wobei er auch mögliche Entwicklungen hin zum Kampf zwischen Kirche und Staat nicht ausschloß. In einem Tagebucheintrag hielt er fest, wie er sich gegenüber Ministerialdirigent Franck vom Reichserziehungsministerium bezüglich des Religionsunterrichtes im Jahre 1939 äußerte: „Ich habe den Ernst der Sache betont. Es sei dann nicht Schuld der Bischöfe, wenn es zu einem offenen Kampf komme, sondern Schuld des Ministeriums, das trotz des sichtlichen Drängens nicht eine Regelung getroffen habe."[176]
In den Jahren 1939 bis Anfang 1943 protestierte Berning dreimal schriftlich und verschiedentlich mündlich gegen die Einführung des Buches „Führer und Völker",

weil es nach seiner Einschätzung den Wertvorstellungen des christlichen Glaubens widersprach.[177]

Der Bischof mußte ebenso wie von Galen die Erfahrung machen, daß der von ihm zu Beginn unterstützte Führerstaat entgegen dessen Zusagen aus dem Jahre 1933 keineswegs gewillt war, seine Versprechen einzuhalten, und er sich sogar bemühte, durch weitere Entkonfessionalisierung und Entchristlichung die Religion zu ersetzen.[178] Das Konzept des Bischofs von der Einheit von Staat und Kirche zum Heil des Menschen, das gegenüber der Weimarer Republik aus der katholischen Defensivtradition des 19. Jahrhunderts heraus nicht realisieren ließ[179], drohte auch jetzt zu scheitern. Berning mußte erkennen, daß sein Einsatz für den Staat der „Nationalen Bewegung" nicht die Früchte brachte, die er sich erhofft hatte. Der religiöse Anspruch des NS-Staates und die damit verbundene Einschränkung bzw. Beseitigung der Freiheit der Kirche bildete eine entscheidende Konfliktlinie zwischen Kirche und Staat. Der Widerspruch der Kirche konnte unter diesen Bedingungen nicht ausbleiben. So findet sich auch bei Berning eine fortgesetzte Konfliktbereitschaft im Hinblick auf das NS-Regime – nicht nur in den nichtöffentlichen Verhandlungen, sondern auch in der Öffentlichkeit selbst, wie schon an den untersuchten Predigten sichtbar wurde. Die landläufige Meinung, Berning habe sich in der Öffentlichkeit nicht kritisch zum Nationalsozialismus und dessen Regime geäußert[180], muß aufgrund des vorliegenden Befundes revidiert werden. Es ist nicht verwunderlich, wenn Berning im Gegensatz zu 1935 nunmehr des öfteren daran dachte, das Staatsratsamt niederzulegen. Ohnehin schwand sein Einfluß in diesem Gremium. Ende April 1938 bat er den Papst bei seinem pflichtmäßigen Rombesuch um Entbindung von dem Amt. Pius XI. ging im Gegensatz zu seiner Haltung vom Jahre 1935 darauf nicht ein und meinte: „Wir verhandeln selbst mit dem Teufel, wenn es um das Heil der Seelen geht."[181]

Mit der zunehmend offensiven Haltung Bernings gegenüber dem NS-Staat veränderte sich auch das Berningbild der „Deutschen Briefe". Bis zu diesem Zeitpunkt war es geprägt von einer ablehnenden Kritik des bischöflichen Verhandlungskurses, doch jetzt wandelte es sich zu einer von verhaltener Zustimmung gekennzeichneten Einstellung zum Osnabrücker Bischof.[182] Die NS-kritische Haltung Bernings führte in Emigrationskreisen, die sich mit den „Deutschen Briefen" verbunden fühlten, zu der Erwartung, er werde nunmehr sein Amt als Staatsrat niederlegen, um seinem Ausschluß zuvorzukommen.[183] An der Übernahme dieser Aufgabe hatte sich insbesondere auch ihre Kritik entzündet. Wie die Untersuchungen zum Jahre 1938 zeigen, hat Berning daran tatsächlich ernsthaft gedacht.

2. „Wer ist wie Gott?" – Bernings und von Galens Kritik an der Euthanasie als Ausdruck ihres Verständnisses des natürlichen Sittengesetzes

a) Bernings und von Galens Euthanasiekritik

Die zunehmend kritische Haltung Bernings registrierte auch die Partei, wie folgende Eintragung in die Personalkarteikarte Bernings vom 30.5.1940 zeigt: „Er (ist, K.-A.R.) Führer der Katholiken Norddeutschlands und Betreuer der kath. Jugend Deutschlands. Ist ein geschickter Taktiker und wird als gefährlicher Vertreter der politischen Romkirche angesehen. In seinen Predigten geht er oft über die Grenze des Erlaubten hinaus. Ein direktes Einschreiten gegen ihn war bisher noch nicht erforderlich."[184]

Berning erweist sich als ein Bischof, der auf Grund seines Verständnisses vom Verhältnis von Kirche und Staat einerseits trotz der verbrecherischen Politik des Staates die Notwendigkeit von Verhandlungen mit der Regierung betont, andererseits gerade aufgrund dieses Verständnisses den zunehmenden Konflikt wagt, wenngleich nicht in der Schärfe, mit der etwa von Galen vorgegangen ist. So trifft von Galen mit seinem Brief vom 26.5.1941, in dem er für ein entschiedeneres Aufbegehren der Bischöfe gegen die Maßnahmen des NS-Staates eintritt[185], auf einen Bischof, der den Anliegen des Münsteraners gegenüber auf Grund seines Selbstverständnisses und seiner gescheiterten politischen Aktionen des Jahres 1938 grundsätzlich offen ist. Wenn von Galen diese Vorstellungen Berning darlegt, so hat das seinerseits mit dessen Funktion als Sprecher des Konveniats der westdeutschen Bischöfe nach dem Tod Kardinal Schultes und auch mit der Einschätzung Bernings durch von Galen zu tun. Im Gegensatz zu Bertram, dem gegenüber von Galen verschiedentlich ähnliche Vorstellungen geäußert hatte[186], erwartete der Münsteraner Bischof von dem Osnabrücker Kollegen eine Unterstützung der in Rede stehenden Frage. Von Galen selbst sah Berning daher auch nicht als einen unbedingten Parteigänger Bertrams. Dann hätte sich ein derartiges Ansinnen – zumal in einer Form, die die Gewissensnot des Münsteraners sehr deutlich werden läßt – erübrigt. Berning und von Galen standen in einem Vertrauensverhältnis zueinander[187], das eine Parteinahme Bernings für den Kurs Bertrams so gut wie ausschloß.

Hatte Berning sich auf der Bischofskonferenz vom 8.-9.1.1936 auf den Brief Galens vom 29.12.1935 hin noch im Sinne des Münsteraner Bischofs wenig kooperativ gezeigt[188], so negiert er von Galens Ansinnen jetzt nicht mehr. Wenngleich er am 6.5.1941 in seinem Tagebuch aus einem Gespräch mit Prälat Kreutz zur Euthanasie noch notiert hatte: „Geht auf ausdrückliche Befehle des Führers zurück. 200 000 Menschen kommen in Frage. Eine Beschwerde dagegen nicht mehr möglich"[189], so verabschiedete die westdeutsche Bischofskonferenz unter seinem Vorsitz am 28.8.1941 einen Protestbrief gegen die „Tötung des ‚unwerten Lebens' der Geisteskranken"[190], den Berning an die vorgesehenen Stellen der Regierung und an die Reichskanzlei sandte.[191] Abschließend heißt es in diesem Schreiben: „Wir sehen uns genötigt, zur Aufklärung und Belehrung des katholischen Volkes auch öffentlich dagegen Stellung zu nehmen, damit unser Volk nicht an den Grundsätzen der wahren Sittlichkeit irre wird."[192] Solche Äußerungen waren mit einer ausschließlichen Eingabepolitik, wie Bertram sie vertrat, nicht zu vereinbaren. Berning ließ sie nicht nur zu, sondern machte sie selbst in seinen Predigten, wie im folgenden noch aufgewiesen wird. Indem sich die Bischöfe – und mit ihnen der den Vorsitz führende Berning – auf diese Weise äußerten, stellten sie sich auch hinter von Galen, der sich durch seine drei berühmten Predigten aus dem Jahre 1941 gegenüber den Nationalsozialisten in gefährlicher Weise exponiert hatte.

Etwa zeitgleich mit Galens Predigten und dem Protest der westdeutschen Bischofskonferenz gegen die Tötung ‚lebensunwerten Lebens' wandte Berning sich in Eingaben vom 27.8.1941 gegen den Klostersturm der Nationalsozialisten.[193]

Das Jahr 1941 ist das Jahr der großen Predigten von Galens. Der Münsteraner Oberhirte übertraf alle anderen Bischöfe an Mut und Entschlossenheit. Neben ihm sind viele, die ähnliche Äußerungen getan haben, verblaßt. So wird in einer Personalnotiz der Nationalsozialisten über Berning unter dem 11.3.1942 berichtet:

„B. hatte in einer Predigt in Hamburg erklärt: Ich bin in der Lage (zu sagen, K.-A.R.), dass in der letzten Zeit 1000 von Kindern in den Irrenanstalten getötet wurden."[194] Es handelt sich um die Predigt vom 16.11.1941.[195] Berning hatte sie in Anlehnung an den Kampf Michaels mit den abtrünnigen Engeln nach Off. 12,7ff unter das Thema gestellt: „Wer ist wie Gott?" Die Notiz über die Euthanasie in der Personalakte verdeutlicht den politischen Rahmen, in dem der Bischof diese Überlegungen anstellte.

Die Tötung sogenannten „lebensunwerten Lebens" bedeutete in den Augen des Bischofs den unzulässigen Anspruch des Menschen, Gott gleich sein zu wollen. Die Nationalsozialisten maßten sich in der Tat an, über Leben und Tod zu entscheiden. Indem Berning den Kampf des Erzengels Michael gegen den Drachen zur Kennzeichnung des nationalsozialistischen Euthanasieverhaltens aufgreift, wird ihm biblische Erkenntnis zur Verpflichtung politischer Predigt. Gegen eine resignative Haltung sucht Berning die Männer angesichts dieser Grunderkenntnis zu stärken, indem er ihnen in Hamburg zuruft: „Heute steht die Kirche ganz besonders im Geisteskampf. Die Wogen der religiösen Auseinandersetzungen gehen hoch. In Kampfzeiten gehört der Mann an die Front." Weiter heißt es: „Wer darf es wagen, den ewigen Gott zu leugnen oder seine Offenbarung und Gesetze zu verachten und sich selbst zum Herrgott zu machen. Gott allein ist der Herr, der Allerhöchste." Damit bezieht sich Berning sinngemäß auf den Protestbrief der westdeutschen Bischofskonferenz gegen die Tötung ‚lebensunwerten Lebens' vom 28.8.1941. Der Kampf des Erzengels Michael gegen die abtrünnigen Engel wird ihm zum ‚Vorbild' für den Kampf katholischer Männer und der Kirche gegen den nationalsozialistischen Staat und dessen Euthanasiepolitik. Berning fordert von den Zuhörern Treue zur Kirche und ruft ihnen ferner zu: „Treue zu Gott und zum Glauben muß auch bereit sein, in Anfechtungen und Verfolgungen (zu) leiden und Opfer auf sich (zu) nehmen. Es gibt eine Krankheit, für die auch kath. Männer empfänglich zu sein scheinen. Viele sind davon angesteckt. Diese Leute bekommen zittrige Knie, wenn man sie öffentlich fragt, und akute Stummheit, wenn sie ihren Glauben beschimpft hören; diese Männerkrankheit heißt Menschenfurcht."[196] In der Silvesterpredigt des Jahres 1941 – etwa sechs Wochen nach seinen Äußerungen in Hamburg – wiederholte er diese Gedanken und bezog dabei in seine Kritik die Maßnahmen des Staates gegen Kirche und Klöster, gegen den Religionsunterricht und auch gegen Geistliche ein.[197] Daß diese Darlegungen für Berning grundsätzliche Bedeutung hatten, wird nicht nur an der Wiederholung deutlich, sondern auch an der symbolhaften Verwendung der Formulierung „Schutzgeistes des Deutschen Volkes, des Erzengels St. Michael". Der rhetorische Ruf: „Wer ist wie Gott?" dient ihm angesichts des Tötens von Menschen durch die Nationalsozialisten zur Kennzeichnung und zur Kritik ihrer Machtausübung in Deutschland. Die Stapo Osnabrück hatte den Bischof richtig verstanden, wenn sie nach Berlin meldete, Berning habe gesagt: „(E)s ist eine Clique am Ruder, die sich in ihrer Machtgier mit Gott gleichstellt und nichts Höheres neben sich duldet. Diese rufen ins Volk: Was ist Gott, wer ist Gott? Sie nennen sich gottgläubig und sind gottlos."[198]

Schon im Jahre 1934 formuliert Berning in Auseinandersetzung mit der von Nationalsozialisten vorgetragenen Kritik am Sündenverständnis der christlichen Kirchen den grundsätzlichen theoretischen Rahmen seiner Kritik: „Gott als der Herr hat uns Menschen in seinen Geboten eine bestimmte sittliche Ordnung gegeben, die wir einhalten sollen. Sittliche Aufgabe des Menschen ist es, die Gebote Gottes anzuerkennen und in freiem Ja zu erfüllen. Der Mensch kann aber die Ordnung Gottes ignorieren u(nd) sich selbst seine Lebensordnung konstruieren. Dann will er sein wie Gott. Das ist die Sünde, die Auflehnung gegen Gott." Gegenüber dem Darwinismus der NS-Ideologie fordert Berning die christliche Liebe, die nicht begrenzt sei auf die Zuwendung zu „Gesunden u(nd) Starken. So soll auch unsere Liebe allen Menschen gehören, sie soll nicht durch Stand u(nd) Konfession, durch Rasse u(nd) Partei ihre Schranken haben."[199]

Die Silvesterpredigt Bernings aus dem Jahre 1941 führte in einem Schreiben vom 5.3.1942 zu einer Ermahnung des Bischofs durch Göring.[200] Zeitgleich, mit ähnlichem Inhalt und fast identischen Formulierungen erhielt auch von Galen einen ermahnenden Brief des Reichsmarschalls. Beide Schreiben wie auch die Antworten der Bischöfe wurden von der Parteikanzlei der Reichskanzlei zur Kenntnis gegeben.[201] Offensichtlich sah Göring beide Bischöfe in einer geistigen Verwandtschaft gegen die Euthanasie und den NS-Staat, so daß er sie auf diese Weise maßregeln zu müssen glaubte. Allerdings betrachtete der Reichsmarschall im Gegensatz zu den Äußerungen von Galens, die er als „Hetzreden und Hetzschriften" bezeichnete, die Predigt Bernings lediglich als eine „gehässige" Herabsetzung der Volksgemeinschaft und bat um sofortige Stellungnahme, „wie Sie ein solches Verhalten mit ihrer Stellung als Preußischer Staatsrat und mit dem Eide in Einklang bringen können ... Ich verweise Sie schon heute darauf, daß es auch für Sie nur eine Obrigkeit gibt: das ist die des Staates, die für jeden deutschen Staatsbürger gilt."[202] In zwei Antwortschreiben vom 14. und 26. März 1942 korrigierte Berning die Stapo-Mitteilungen an Göring über seine Predigt, geißelte die Übergriffe auf die Kirche und stellte klar, was er in der Predigt gesagt hatte: „Ich habe ... den Schlachtruf St. Michaels genannt: Wer ist wie Gott? ‚Das rief Michael den aufrührerischen Engeln einst entgegen; das ruft er auch in unsere Welt hinein. Niemand darf sich Gott gleichstellen. Gott allein ist der höchste Herr."[203] Abschließend betonte Berning entsprechend seiner grundsätzlichen Einstellung vom Verhältnis von Kirche und Staat: „Ich bitte Sie dringend, verehrter Herr Reichsmarschall, Ihren großen Einfluß dahin geltend zu machen, daß diese Angriffe und Maßnahmen aufhören, damit das ganze Volk in Einheit zusammensteht, um den endgültigen Sieg über die Feinde davonzutragen. Ich persönlich habe mich in meiner Stellung als Preußischer Staatsrat immer dafür eingesetzt, daß der Friede zwischen Staat und Kirche erhalten bleibt und gefördert wird. Ich werde auch weiterhin mit aller Kraft mich dafür einsetzen, weil ich darin die Grundlage einer glücklichen Zukunft unseres Volkes sehe. Dadurch glaube ich meiner Aufgabe als deutscher Bischof und Preußischer Staatsrat und meinem Eide am besten gerecht zu werden."[204]

b) Folgerungen

Obgleich der Staat vielfach die Rechte der Kirche und auch das Recht auf Leben angetastet hatte, hielt Berning seine Linie einer kritischen Zusammenarbeit der Kirche mit dem Staat aufrecht. Er mahnte ein entsprechendes Verhalten des staatlichen Partners auch öffentlich an. Seine Predigten hatten gerade auch durch die Kritik am Staat für das katholische Volk im Dunkel der Zeit aufmunternde und stabilisierende Wirkung.[205] Der Bischof erkannte auf Grund einer fehlenden Alternative nicht, daß sein Konzept einer gedeihlichen Zusammenarbeit von Staat und Kirche zum Heil der Menschen in antiaufklärerischer Restauration aus den Jahren 1933/34 gescheitert war. Er konnte sich daher auch von seinen politisch-kirchlichen Vorstellungen in der konkreten Situation nicht trennen, obwohl ihnen – wie übrigens auch auf andere Weise denen von Galens – von eben diesem verbrecherischen NS-Staat die Grundlage entzogen wurde. In der Konsequenz gelang es ihm daher auch nicht, sich aus der Loyalitätspflicht dem Staat gegenüber zu befreien und entsprechende Schlußfolgerungen zu ziehen. Darin gerade unterscheidet sich der Münsteraner Bischof von seinem Nachbarn in Osnabrück.

Von Hehls Urteil über Berning: „Aber daß der Kirchenpolitiker Berning so ausschließlich die Rolle des ‚Vermittlers zwischen Reichsregierung und Episkopat' ausfüllte, ohne sich mit gleicher Konsequenz dem Problem der Loyalitätspflicht gegenüber einer verbrecherischen Obrigkeit zu stellen, zeigt die Grenzen seines bischöflichen Wirkens"[206] muß nach dem vorliegenden Befund modifiziert werden. Bernings Verständnis von der „Vermittlung" war nie „ausschließlich". Es umfaßte, gerade von seinem Ansatz her, immer auch die Kritik, die er sowohl in Verhandlungen wie auch in der Öffentlichkeit geübt hat. Der Brief von Göring – nur an Berning und von Galen geschrieben – beweist es. Insofern liegt die Grenze des bischöflichen Wirkens nicht in der Ausschließlichkeit der Vermittlungstätigkeit – sie mag verstärkende Wirkung hinsichtlich der Loyalität gehabt haben –, sondern in der Unfähigkeit zu erkennen, daß sein restauratives Konzept von der Einheit von Kirche und Staat gescheitert war, bevor die Nationalsozialisten die Geschicke in Deutschland bestimmen konnten. Er hat den rückwärts gewandten Charakter seiner politischen Ordnungsvorstellungen nicht durchschaut. Dies haben andere Bischöfe mit ihm allerdings auch nicht erkannt – so beispielsweise auch von Galen nicht. Auf Grund der kirchlichen Tradition der „cura religionis" und ihres aus dem 19. Jahrhundert stammenden Staatsverständnisses konnten sie kein Konzept entwickeln, das bei allen tatsächlich bestehenden Gegensätzen Ansätze einer Aussöhnung mit den Aufklärungstraditionen der Moderne zeigte.

III. Das historische Scheitern der spezifischen Interpretation der „cura religionis" und des traditionellen Staatsverständnisses am Beispiel der Kritik der Bischöfe Berning und von Galen

Nicht nur hinsichtlich der Hinwendung zum bzw. der Hinnahme des Nationalsozialismus durch die Bischöfe 1933 finden sich Gemeinsamkeiten und Unterschiede. Dies gilt auch für die bischöfliche Kritik am Nationalsozialismus. Dabei ist zu unterscheiden zwischen der Inhaltlichkeit der Kritik und der Form, in der sie vorgetragen wurde.

In ihren inhaltlichen Ausprägungen entspricht die Kritik Bernings der von Galens. Es finden sich kaum Unterschiede.[207] So wehren sich beide in öffentlicher und nichtöffentlicher Rede gegen die Einschränkung der Rechte der Kirche, insbesondere gegen die Maßnahmen, die die Nationalsozialisten gegen die Orden trafen, gegen die Beschlagnahme kirchlicher Häuser, gegen die Einschränkung der christlichen Erziehung der Jugendlichen, gegen die Gemeinschaftsschulen. Im Laufe der Entwicklung steigert sich die Kritik insofern, als sie sowohl bei von Galen als auch bei Berning grundsätzlicher wird. Sie erweitert und vertieft sich um die Forderung nach Beachtung des allgemeinverbindlichen Sittengesetzes durch den Staat. Die Gegenstände sind durch das Staatshandeln vorgegeben. So wird dem Münsteraner die Euthanasie zum Anlaß, über die Zehn Gebote, insbesondere über das Gebot „Du sollst nicht töten!" zu sprechen, während Berning sie nutzt, um die Begrenzung staatlicher Macht überhaupt zu fordern. Der NS-Staat ist ihm eine Macht, die sich Gott gleichsetzt und damit über das Leben von Menschen glaubt entscheiden zu können. Beide greifen den NS-Staat nicht prinzipiell als Verfechter eines alternativen staatstheoretischen Modells an, sondern wenden sich gegen die praktischen Folgen des Staatshandelns und führen sie auf die beanspruchte Allmacht des Staates zurück. Dabei sehen sie in ihrer Kritik nicht nur ein christliches Anliegen, sondern verstehen sie als Einsatz für das Humanum überhaupt. Sie lehnen alle der christlichen Lehre widersprechenden Ideologeme der Nationalsozialisten ab, insbesondere die Rassenlehre. In der Deutlichkeit der Darlegung dieser Forderung übertrifft von Galen den Bischof von Osnabrück.[208] Bei Berning ist auch keine Parallele zur Bereitschaft von Galens überliefert, sich auch öffentlich in Reden für die Juden zu verwenden. Allerdings verbieten die Äußerungen Bernings zum Rassismus es, daraus den Schluß zu ziehen, Berning habe den Antisemitismus gutgeheißen.

Die heute häufig zu hörenden kritischen Anmerkungen, die Einlassungen der Bischöfe hätten sich nur auf den Interessenbereich der Kirche beschränkt, sind schon aus diesem Grunde korrekturbedürftig. Die Bischöfe argumentieren theologisch. Sie fordern Rechte, die auch heute jedem Menschen in der Konsequenz der Aufklärungstradition zugebilligt werden. Sie weisen öffentlich nach, daß das verhängnisvolle Staatshandeln gegen das Recht auf Leben und die Gerechtigkeit gerichtet ist.[209] Indirekt kommen somit auch Galens freiheitssichernde staatsrechtliche Vorstellungen in der Ablehnung der „Staatsomnipotenz" zum Tragen.

Es unterscheidet beide Bischöfe die Form, die Intensität und die Konsequenz, mit der sie ihre Kritik öffentlich vortragen. Berning sucht trotz aller Kritik den Ausgleich mit dem Staat, auch nachdem dieser auf verbrecherische Weise das Konzept des Bischofs von der Einheit von Kirche und Staat zunichte gemacht hat. Berning ist mit seinen politisch-kirchlichen Vorstellungen gescheitert. Weil er sich aber dennoch nicht von diesem Denkmuster trennen kann, bleibt er der Loyalität gegenüber dem Staat verhaftet. Unter dem Gesichtspunkt der Vermittlungsnotwendigkeiten zwischen Reichsregierung und Fuldaer Bischofskonferenz entbehrt seine Situation nicht einer gewissen Tragik. Sein persönliches autoritätsbezogenes Naturell mag bei der Unfähigkeit zur grundsätzlichen Trennung eine gewisse, wenngleich untergeordnete Rolle gespielt haben.

Demgegenüber setzt die Kritik von Galens an NS-Handlungen schon sehr früh ein und ist von einer Kompromißlosigkeit gekennzeichnet, die er auch schon in anderem Zusammenhang in der Zeit vor 1933 gezeigt hat. Insofern ist der Münsteraner Bischof sich treu geblieben. Die Form seiner kritischen Einlassungen entspricht seinem Charakter. Zu einem Zeitpunkt, als Berning seine Schrift „Katholische Kirche und deutsches Volkstum" herausgab, ließ von Galen eine Fülle von Artikeln gegen staatliche Übergriffe auf die Kirche veröffentlichen[210] und übte vor der Dechantenkonferenz in Münster entsprechende Kritik, wobei er seinen Standort in der Frage des Verhältnisses von Freiheit und Autorität folgendermaßen bestimmte: „Wenn aber diese tiefsten Grundlagen des Volkswohls von Gewalthabern angegriffen werden, da wollen wir auf dem Posten sein. Gegenüber dem Liberalismus, der die Freiheit des Individuums und der Menschheit von jeder Bindung verkündete, hat die Kirche stets das in Gott gegründete

Recht der Autorität verteidigt. Wenn aber wirkliche oder angemaßte Autorität ihre Macht und ihren Einfluß mißbraucht, um Wahrheit und Gerechtigkeit und die Freiheit der Kirche zu beeinträchtigen, so werden wir mit der Kirche auf Seiten der Freiheit stehen."[211] Erkennbar werden auch die staatspolitischen Vorstellungen des Bischofs in der Konsequenz der katholischen Tradition zum Maßstab seiner Kritik gegenüber den Nationalsozialisten. Vorhaltungen etwa aus der Perspektive einer parlamentarisch-demokratischen Staatstheorie sind ihm fremd.

Wie Berning, so ist auch von Galen mit seinen Vorstellungen an der Wirklichkeit nationalsozialistischer verbrecherischer Politik gescheitert, trotz gewisser Einzelerfolge wie beispielsweise in der Frage der Euthanasie. Im Gegensatz zu diesem ist er aber aufgrund seines Charakters und seiner bekannten Kompromißlosigkeit in der Lage, sich der Loyalitätspflicht gegenüber dem Staate stärker zu entziehen. Die Galenschen Predigten übertrafen in ihrer Wirkung bei weitem die Bernings. Insofern stabilisierte von Galen die kritische Einstellung des katholischen Volksteils gegenüber dem Nationalsozialismus deutlicher und konsequenter als Berning. In diesem Sinne hat von Galen insbesondere auch in der konkreten kirchenpolitischen Auseinandersetzung mit dem Nationalsozialismus eher den Konflikt gesucht, als Berning das tat. Dieser versuchte dagegen auf nichtspektakuläre Weise durch seine Vermittlungstätigkeit mit Verbindungen bis in die Spitze der Ministerien bei vielen Anliegen den Bischöfen und anderen Menschen zu helfen.

Berning wie auch von Galen erkennen ihr eigenes politisch-theologisches Denken vor 1933 nicht als einen Faktor, der die Etablierung der NS-Herrschaft im Jahre 1933 begünstigte. Beide reflektieren daher auch nicht das Scheitern ihrer persönlichen politischen, voraufklärerischen Vorstellungen während der Zeit des Nationalsozialismus. Der Vergleich der Aktivitäten der beiden Bischöfe in der NS-Zeit macht die katholische Tradition der „cura religionis" und ihres Verständnisses vom Staat – angesichts ihres historischen Scheiterns in der NS-Zeit – in all ihrer Problematik exemplarisch sichtbar. Das Jahr 1933 war der Versuch der Nationalsozialisten und in Reaktion darauf der Kirche, den Konsequenzen der neuzeitlichen Entwicklung in der Folge der Aufklärung – aus welchen Gründen auch immer – entgegenzuwirken. Die historische Analyse legt daher unabweisbar eine Perspektive vor, deren Ziel es sein muß, jene seit dem Beginn des 19. Jahrhunderts feststellbare und aus der Retrospektive verhängnisvolle Entwicklung des Verhältnisses von Kirche und Staat in Deutschland zu überdenken.

Die Erfahrungen mit dem Totalitarismus haben unter den Päpsten Pius XI. und Pius XII. – beginnend mit der Enzyklika „Mit brennender Sorge" und verstärkt zu Beginn der vierziger Jahre – zu einer Weiterentwicklung der kirchenamtlichen Staatstheorie auf der Grundlage der scholastischen Lehre von der Volkssouveränität geführt.[212] In Abgrenzung zur Hitlerschen Herrschaft fordern sie ein Regierungssystem, das „mehr mit der Würde und Freiheit der Bürgerschaft übereinstimmt."[213] Dazu fordert Pius XII. einen konstitutionellen Staat, der die Machtausübung aus Gründen der Menschenrechte begrenzt.[214] "Der Mensch als solcher", so Pius XII., „darf keinesfalls als Objekt des sozialen Lebens oder als eine Art untätiges Element in ihm betrachtet werden. Im Gegenteil, er ist das Subjekt, die Grundlage und das Ziel des sozialen Lebens."[215] Mit diesen Forderungen spricht der Papst Strukturmomente an, die auch einen demokratischen Verfassungsstaat im Sinne der Aufklärungstradition kennzeichnen. Allerdings denkt er noch nicht an eine geschriebene Verfassung. Auch der demokratische Staat untersteht Gott.

Innerhalb eines derartigen Gemeinwesens ist die Freiheit der Kirche und die religiöse Freiheit durch Konkordate und durch die Achtung der Menschenrechte zu sichern.

Die im folgenden zu besprechenden staatsrechtlichen Darlegungen Bernings und von Galens aus den ersten Jahren nach 1945 knüpfen an den durch Pius' XII. skizzierten Rahmen an. Eine Annäherung an die demokratischen Entwicklungen der Aufklärungstradition kommt allerdings über zaghafte Schritte nicht hinaus.

Die Erfahrungen von Galens mit dem NS-Staat sind ihm Bestätigung seiner Thesen von der Verderblichkeit der Staatsomnipotenz. Seine staatsrechtliche Position vor 1933 hat sich insofern durch die Zeit des Nationalsozialismus hin nicht verändert. So sieht von Galen auch nach 1945 die Hauptursache für politische Übel, z. B. für den Krieg, in der „Neigung des modernen Staates zum gigantischen Totalitarismus"[216] und folgert: „Wer also wahre Staatstätigkeit und wahre Staatsautorität will, muß den modernen Staat auf seine wesentliche Aufgabe zurückführen. Denn heute ist er gar oft der Leviathan des Alten Testamentes geworden ... , d. h. ein mehr oder weniger gigantisches Gebilde, das alles an sich zieht und alles macht. Er ist es schließlich, der bestimmt, was die Einzelnen wissen oder glauben dürfen, was sie zu tun und zu lassen haben, was sie besitzen und verbrauchen können."[217] Er fordert daher die „Achtung und Förderung der Würde der menschlichen Persönlichkeit". Sie bestehe „vor der Gemeinschaft ... und hat über sie hinaus Bestand"[218]. „Von Gott", so von Galen, „hat die menschliche Persönlichkeit mannigfache Rechte erhalten, die jede Gemeinschaft achten muß: ‚das Recht auf das Leben und auf die Unverletzlichkeit des Körpers, das Recht auf die zum Leben nötigen Mittel, das Recht, auf dem von Gott vorgezeichneten Wege dem letzten Ziele zuzustreben, das Recht auf Zusammenschluß, das Recht auf den Besitz und den Gebrauch von Eigentum' (Pius XI.)."[219] Im Sinne der katholischen Soziallehre müsse der Staat nach dem Prinzip der Subsidiarität dort helfen, wo der einzelne dazu nicht in der Lage sei. Dieser Staat habe sich Gott zu unterstellen, damit die Freiheit der Person mit ihren unabdingbaren Rechten gesichert sei und Familie, Staat und Staatsgewalt nicht zersetzt werden. Andernfalls „wird die Staatsgewalt allmählich zu einem bloßen Instrument der Macht einzelner Gruppen über die anderen."[220] Mit seinen Überlegungen, insbesondere zu den grundlegenden Menschenrechten, finden sich neue Akzente. Er knüpft damit an die staatstheoretischen Vorstellungen der Päpste Pius XI. und Pius XII. an. Zwar formuliert von Galen 1946 keine monarchisch-ständestaatlichen Vorstellungen mehr, öffnet sich aber auch nicht ausdrücklich den staatspolitischen Traditionen der Aufklärung als mögliche Folge des historischen Scheiterns des traditionellen Verständnisses der „cura religionis" und des Staates in der NS-Zeit. Freilich ist ihm dazu auch nur wenig Zeit geblieben.

Auch Bernings politisch-theologische Vorstellungen bleiben trotz ihres Scheiterns infolge der NS-Zeit allzusehr den vor 1933 vorzufindenden Kategorien verhaftet. Zaghafte Öffnungen finden sich in seiner zustimmenden Veröffentlichung des „Aufruf(s) der bayerischen Bischöfe an alle, welche die natürlichen, gottgegebenen Menschenrechte heilig halten wollen"[221]. Darin zitieren die Bischöfe aus dem Hirtenbrief der Bischöfe der Vereinigten Staaten vom 17.11.1946. Sie knüpfen – mithin auch Berning – an die staatspolitischen Traditionen der Aufklärung an, indem sie die Menschenrechtsformulierung der amerikanischen Unabhängigkeitserklärung wiedergeben: ‚'Wir halten es für eine selbstverständliche Wahrheit, daß alle Menschen gleich geschaffen sind, daß sie vom Schöpfer mit gewissen unveräußerlichen Rechten ausgestattet wurden, wie mit dem Recht auf Leben, Freiheit und Streben nach Wohlstand.'" Diese Ansätze werden aber nicht weitergeführt, sondern treten zurück gegenüber einer einseitigen Betonung der Autorität.[222] Deshalb müssen, so Berning, alle „Türen und Fenster des Elternhauses ... der Religion weit geöffnet werden, damit der frische Luftzug des christlichen Geistes die dumpfe Stickluft einer materialistischen, rein irdischen Welt- und Lebensanschauung heraustreibt."[223] Berning findet über die zitierte Achtung vor den Menschenrechten hinaus wenig Anschluß an die parlamentarische Demokratie. Der Bischof betont, daß die „Gerechtigkeit ... auch das Fundament der staatlichen Ordnung" sei. Insofern diene der Staat dem Allgemeinwohl. Mit Paulus lehrt Berning die Pflicht des einzelnen zum Gehorsam gegenüber der staatlichen Obrigkeit. Erschwert wird die Hinwendung zum demokratischen Gedanken nach 1945 durch den erneut ausbrechenden Kampf um die Schule.

Die Untersuchung weist eine grundsätzlich ablehnende Haltung der Bischöfe gegenüber der Aufklärungstradition und dem modernen liberalen Staat des 19. Jahrhunderts und der Zeit der Weimarer Republik nach. Dadurch befinden sie sich gegenüber der Aufklärungstradition und ihrem Staatsverständnis in der Defensive. Religion ist Privatsache geworden und Kirche eine Anstalt öffentlichen Rechtes, die auf den besonderen Schutz des liberalen Staates nicht hoffen kann. Die Beseitigung dieses Staates durch die Nationalsozialisten und Hitlers Zusagen von 1933 an die Kirche implizieren die Revision dieser aus der Sicht des Episkopates fehlerhaften Entwicklung. Die Ironie der Geschichte besteht darin, daß gerade die „Nationale Bewegung", die eine Befreiung vom Staat der Aufklärungstradition zu bringen versprach, durch ihr totalitäres Verhalten die Basis für eine Annäherung der Kirche an staatstheoretische Inhalte dieser Überlieferung legt. Gerade der von der Tradition her abgelehnte demokratische Staat wird nun zum Garanten der Freiheit der Kirche – freilich ohne exklusiven Anspruch und unter Verzicht auf die kirchliche Inanspruchnahme dieses Staates in religiösen Fragen. Wenngleich Berning und von Galen diesen Prozeß noch nicht entscheidend förderten, so zeigt er sich im Verlauf der weiteren politischen Entwicklung, unabhängig von der konkreten Ausgestaltung der kirchlichen Rechte[224], doch grundsätzlich als abgeschlossen, jedenfalls nicht im Sinne des 19. Jahrhunderts, gemessen am kirchlichen Anspruch, revidierbar. Die „cura religionis" als Problem sittlich verantworteten Handelns des Staates bleibt in Deutschland dagegen weiterhin bestehen. Der Staat muß es in jeder historischen Situation neu lösen. Er ist daraus nicht entlassen.

IV. Zusammenfassung der Ergebnisse

1. Das Verhältnis der Bischöfe von Galen und Berning zum NS-Staat von 1933 bis 1945 ist geprägt von der spezifischen Interpretation der katholischen Tradition der „cura religionis" und des Staates im 19. Jahrhundert. Einen ersten bestimmenden Ausdruck fand sie in der Ablehnung der politisch-theologischen Vorstellungen Lamennais' durch die Enzyklika „Mirari vos" im Jahre 1832. Sie ist gekennzeichnet durch die Ablehnung und scharfe Abgrenzung von der Aufklärungstradition der Moderne. In eben diesem Antagonismus zur Aufklärungstradition finden sich Gemeinsamkeiten mit der NS-Ideologie. Der Rück-

griff auf diese Überlieferung bietet einen Erklärungsansatz für das ‚dialektische' Verhältnis der genannten Bischöfe zum Nationalsozialismus.
2. Berning akzentuiert die Tradition aus heilstheologischen Erwägungen unter dem Gesichtspunkt der „Libertas ecclesiae" und verdichtet sie im Sinne der gelasianischen Zweischwerterlehre zum „Reichsmythos". Demgegenüber betont von Galen stärker die staatsrechtliche Sicht. Die unterschiedlichen Betonungen der Tradition ergeben sich auch aus persönlichen Prägungen.
3. Die spezifische Interpretation der „cura religionis" und des Staates aus dem 19. Jahrhundert bestimmt dieses Verhältnis in zweierlei Hinsicht:
   a) Sie ermöglicht einerseits eine Hinwendung zur bzw. Hinnahme der NS-Herrschaft im Jahre 1933 (strukturelle Disponibilität) und findet daher zu einer Zustimmung auch einzelner Elemente nationalsozialistischer Ideologie, etwa dem Antisozialismus und -kommunismus oder auch eine kritische bis ablehnende Einstellung zu den staatspolitischen Folgen der Aufklärungstradition. Unterschiede zwischen Berning und von Galen finden sich im Grad der Hinwendung, nicht in der Tatsache als solcher.
   b) Die Tradition bildet andererseits zugleich die Grundlage der bischöflichen Kritik am Nationalsozialismus. Dies gilt sowohl für die Forderungen aus dem Verständnis der „cura religionis" wie aus der Achtung des natürlichen Sittengesetzes im Interesse des Humanum überhaupt. Hinsichtlich Begründung und Umfang der Kritik unterscheiden sie sich daher auch nicht wesentlich, wohl aber in der Art des Vortrags, der Konsequenz und Intensität, wie exemplarisch sichtbar wird an der Kritik an der Euthanasie. Berning sucht trotz allem den Ausgleich mit dem Staat und verbleibt auf Grund seines Verständnisses von der Einheit von Kirche und Staat sowie seiner Vermittlungstätigkeit der Loyalität diesem gegenüber verhaftet, während von Galen sich stärker daraus befreien kann.
4. Die Hitlersche Herrschaft, die 1933 die Defensivstellung der Kirche gegenüber dem demokratischen Staat der Moderne durch die Beseitigung eben dieses Staates aufzuheben schien, legte die Grundlage für eine Hinwendung der Kirche zur Aufklärungstradition nach 1945. Der Totalitarismus gewährleistete eben nicht die Freiheit der Kirche, sondern trachtete danach, sie zu zerstören. Die Sicherung ihrer Freiheit war nunmehr nur noch in dem ehedem, im Gefolge der Tradition des 19. Jahrhunderts verfemten demokratischen Staat möglich.

Anmerkungen

1 Der vorliegende Aufsatz stellt die wesentlich erweiterte Überarbeitung eines Vortrages dar, den der Verfasser am 31.8.1990 anläßlich der Neueröffnung des Bistumsarchivs Osnabrück gehalten hat. Herrn Archivdirektor Dr. Wolfgang Seegrün, Osnabrück, danke ich für vielfältige Anregungen und Fr. Marlies Suerbaum, Osnabrück, für die Transkription Berningscher Predigten.
2 Kirchliches Amtsblatt für die Diözese Osnabrück und die Norddeutschen Missionen (im weiteren KA) 35 (1919), S. 165.
3 Und zum folgenden: Ebd., S. 165-169.
4 Ebd., S. 169.
5 KA 33 (1917), S. 259.
6 KA 30 (1914), o. S. Entsprechend der Theorie des Verteidigungskrieges als eines gerechten Krieges stellt sich ihm das Völkerringen 1914 als von den Feinden aufgezwungen dar: „Auf unserer

Seite ist das Recht. Und darum ist auch Gott auf unserer Seite. ... Gott hat das Vertrauen schon belohnt durch so manche glänzende Siege." Es fehlt der Jubel vieler Zeitgenossen über den Kriegsausbruch: „Ihr alle habt ja auch Schweres zu tragen durch den ausgebrochenen Krieg. Wieviel Opfer mußten gebracht werden, als es hieß, Abschied nehmen von Vater oder Sohn, von Mann oder Bruder, die auf des Kaisers Wort hinauszogen gegen die Feinde unseres Landes! Wieviele Sorge haben diese Wochen schon gebracht! Wieviel Leid noch kommen wird, das weiß Gott allein." (Inthronisationshirtenbrief v. 29.9.1914. Ebd.)

7 Ebd.
8 Ebd.
9 Osnabrücker Volkszeitung (im weiteren OV) vom 2.1.1917.
10 Vgl. Klemens-August Recker: „... meinem Volke und meinem Herrgott dienen ...". Das Gymnasium Carolinum zwischen partieller Kontinuität und Resistenz in der NS-Zeit. Ein Beitrag zur Bildungsgeschichte der Stadt und des Bistums Osnabrück zwischen 1848 und 1945, Osnabrück 1989, S. 137.
11 Vgl. ebd., S. 25ff.
12 Niedersächsiches Staatsarchiv (im weiteren NStA) Osnabrück, Rep 430, Dez 407 acc 21/43, Nr. 587.
13 Vgl. Wolfgang Seegrün: Wilhelm Berning (1877-1955) – Ein Lebensbild. In: Osnabrücker Mitteilungen (im weiteren OM) 79 (1972), S. 84.
14 Vgl. W. Seegrün: Wilhelm Berning. In: Erwin Gatz (Hrsg.): Die Bischöfe der deutschsprachigen Länder 1785/1803 bis 1945. Ein biographisches Lexikon, Berlin 1983, S. 41.
15 KA 35 (1919), S. 146.
16 Vgl. Hans Müller: Der deutsche Katholizismus 1918/19. In: Geschichte in Wissenschaft und Unterricht (im weiteren GWU) 17 (1966), S. 521ff.
17 KA 35 (1919), S. 149.
18 KA 48 (1932), S. 18.
19 Vgl. hierzu Rudolf Morsey: Der Untergang des politischen Katholizismus. Die Zentrumspartei zwischen christlichem Selbstverständnis und ‚Nationaler Erhebung' 1932/33, Stuttgart/Zürich 1977, S. 45ff.
20 Vgl. Seegrün (wie Anm. 13), S. 84.
21 KA 35 (1919), S. 145.
22 Ebd., S. 146.
23 Vgl. Diözesanarchiv (im weiteren DA) Osnabrück 04-17-72-32; KA 20 (1934), S. 11.
24 Vgl. OV v. 2.1.1932.
25 KA 43 (1927), S. 123.
26 Ebd., S. 126.
27 KA 48 (1932), S. 20.
28 Ebd.
29 Vgl. Art. Freidenker- und Gottlosenbewegung. In: Der Große Herder, Bd. VI, Freiburg 1932, Sp. 1365-1368.
30 KA 35 (1919), S. 168.
31 KA 45 (1929), S. 189.
32 KA 35 (1919), S. 194.
33 Hirtenbriefe des deutschen Episkopates, Paderborn 1923, S. 96.
34 Vgl. KA 49 (1933), S. 194; Thomas Ewerword: Das Parteiwesen. Ein Kampfruf gegen seine Schäden. In: Gelbe Hefte. Historische und politische Zeitschrift für das katholische Deutschland I (1924/25), 1. Hbd., S. 304-344.
35 Vgl. KA 49 (1933), S. 268.
36 Wilhelm Berning: Katholische Kirche und deutsches Volkstum. In: Das Neue Reich, hrsg. v. d. deutschen Akademie, München 1934, S. 39.
37 KA 35 (1919), S. 166.
38 KA 33 (1917), S. 259.
39 Berning (wie Anm. 35), S. 41.
40 Vgl. Peter Löffler (Bearb.): Bischof Clemens August Graf von Galen. Akten, Briefe und Predigten 1933-1946, 2 Bde. (im weiteren Löffler I und Löffler II), Mainz 1988, hier Bd. I, Nr. 43, S. 84.
41 Berning (wie Anm. 35); vgl. dazu die Rede Hitlers vom 23.3.1933. In: Ursachen und Folgen. Vom deutschen Zusammenbruch 1918 und 1945 bis zur staatlichen Neuordnung Deutschland in der Gegenwart. Eine Urkunden- und Dokumentensammlung zur Zeitgeschichte, hrsg. u. bearb. v.

Herbert Michaelis/Ernst Schraepler, Bd. IX: Das Dritte Reich. Zertrümmerung des Parteienstaates und die Grundlage der Diktatur, Berlin o. J., S. 141.
42 Berning (wie Anm. 35), S. 39.
43 Vgl. Pius IX.: Syllabus errorum. In: Emil Marmy u. a. (Hrsg.): Mensch und Gemeinschaft in christlicher Schau, Freiburg (Schweiz) 1945, Nr. 54, S. 51.
44 Vgl. Klaus Breuning: Die Vision des Reiches. Deutscher Katholizismus zwischen Demokratie und Diktatur (1929-1934), München 1989.
45 John Courtney Murray: Die religiöse Freiheit und das Konzil. In: Wort und Wahrheit 20 (1965), Bd. II, 2, S. 509.
46 Vgl. Leo XIII.: Rundschreiben „Libertas praestantissimum". In: Marmy (wie Anm. 42), Nr. 137, S. 115f.; Murray (wie Anm. 44), S. 505-513; Alexander Hollerbach: Katholische Kirche und Katholizismus vor dem Problem der Verfassungsstaatlichkeit. In: Anton Rauscher (Hrsg.): Der soziale und politische Katholizismus. Entwicklungslinien in Deutschland 1803-1963, Bd. I, München 1981, S. 55; Rudolf Lill: Das Zeitalter der Restauration von Leo XII. bis Gregor XVI. In: Martin Greschat (Hrsg.): Gestalten der Kirchengeschichte, Bd. 12: Das Papsttum II. Vom Großen Abendländischen Schisma bis zur Gegenwart, Stuttgart 1985, S. 171-183; Bernhard Stangl: Staat und Demokratie in der Katholischen Kirche. In: Aus Politik und Zeitgeschichte 46/47 (1987), S. 33ff.
47 Vgl. Breuning (wie Anm. 43), S. 314ff.; Ernst-Wolfgang Böckenförde: Der deutsche Katholizismus im Jahre 1933. Eine kritische Betrachtung. In: Hochland 53 (1960/61), S. 232f.
48 Murray (wie Anm. 44), S. 510f.
49 Ebd., S. 511.
50 Vgl. Heinz Hürten: Kurze Geschichte des deutschen Katholizismus 1800-1960, Mainz 1986, S. 125.
51 Die partielle Kontinuität meint Berührungspunkte irgendeiner Tradition mit NS-Gedankengut aufgrund historischer Bewußtseinsinhalte. Sie bedeutet keine Identität mit der NS-Ideologie. Aufgrund ihrer Struktur als partielle Kontinuität impliziert sie auch Vorbehalte gegenüber dem NS-Gedankengut, die eine Basis der Kritik darstellen. Die Ambivalenz dieser Hinwendung zum nationalsozialistischen Staat 1933 kann mit dem Begriff der „Affinität" (Beatrix Herlemann/Karl-Ludwig Sommer: Widerstand, Alltagsopposition und Verfolgung unter dem Nationalsozialismus in Niedersachsen. Ein Literatur- und Forschungsüberblick. In: Niedersächsisches Jahrbuch 60 (1988), S. 256) nicht zureichend erfaßt werden, weil in ihm der ausschließliche Akzent auf die Gemeinsamkeiten beider Traditionen gelegt wird. Der hier für das Verhalten Bernings 1933 gewählte Begriff der partiellen Kontinuität steht nicht im Gegensatz zu dem von W. Seegrün geprägten Begriff des „pädagogischen Optimismus" (wie Anm. 12, S. 85). Dieser setzt die partielle Kontinuität geradezu voraus. Zur Diskussion um Berning s. Ulrich von Hehl: Bischof Berning und das Bistum Osnabrück im „Dritten Reich". In: OM 86 (1980), S. 83-104; W. Seegrün (wie Anm. 13), S. 79-92; W. Seegrün: Bischof Berning von Osnabrück und die katholischen Laienverbände in den Verhandlungen um Artikel 31 des Reichskonkordats 1933-1936. In: OM 80 (1973), S. 150-182; W. Seegrün (wie Anm. 14), Sp. 40-43; U. v. Hehl: Berning. In: Staatslexikon. Recht, Wirtschaft, Gesellschaft, hrsg. v. d. Görres-Gesellschaft, 7., völlig neu bearb. Aufl., Bd. I, Freiburg im Breisgau 1985, Sp. 654-656; Recker (wie Anm. 10), S. 12ff., S. 65-72, S. 128ff.
52 Vgl. KA 49 (1933), S. 191ff.
53 Vgl. Hirtenbriefe des deutschen Episkopates 1923, Paderborn 1923, S. 92ff.
54 Hl. G. = Heiliger Geist.
55 DA Osnabrück 04-17-72-32.
56 KA 50 (1934), S. 11.
57 DA Osnabrück 04-61-00-5.
58 DA Osnabrück 04-17-72-11.
59 Vgl. Ursachen und Folgen (wie Anm. 40), S. 141; Bernhard Stasiewski (Bearb.): Akten deutscher Bischöfe über die Lage der Kirche 1933-1945, Bd. I: 1933-1934 (im weiteren Stasiewski I), Mainz 1968, Nr. 32/I, S. 101f.
60 Ebd.
61 Vgl. dazu den gemeinsamen Pfingsthirtenbrief vom 3.6.1933. In: Stasiewski I, Nr.45, S. 239-248. .
62 DA Osnabrück 04-17-72-34.
63 Vgl. Wilfried Hinrichs: Die emsländische Presse unter dem Hakenkreuz. Selbstanpassung und Resistenz im katholischen Milieu. In: Emsland/Bentheim. Beiträge zur Geschichte, Bd. VI, hrsg. v. d. Emsländischen Landschaft, Sögel 1990, S. 76; zur Einschätzung des Berningschen Verhaltens im Jahre 1933 durch die „Deutschen Briefe" vgl. H. Hürten (Bearb.): Deutsche Briefe 1934-1938. Ein Blatt der katholischen Emigration, 2 Bde., Mainz 1969, hier Bd. II: 1936-1938, S. 33. Es heißt

unter dem 24.1.1936: „Aber offenbar dachte der (spätere) Staatsrat Bischof Berning daran, dass man den Nationalsozialismus ebenso behandeln könne wie irgend eine parlamentarische Gruppe, man müsse sich mit ihr koalieren, Kompromisse schliessen, nicht grundsätzliche Konzessionen machen ... Der Staatsrat und Bischof stand offenbar dem Phänomen des Nationalsozialismus ebenso hilflos gegenüber wie der als Politiker geltende Prälat Kaas ... Als Bischof Berning auf gewisse bedenkliche Momente seiner geplanten Taktik aufmerksam gemacht wurde, meinte er: ‚Es könnte natürlich auch schief gehen, aber man müsste zunächst versuchen ... .‘".

64 Vgl. Lill (wie Anm. 45), S. 177; Hürten (wie Anm. 49), S. 42ff; Oskar Schroeder: Lamennais, der Vater der „Christlichen Demokratie". In: ders.: Aufbruch und Mißverständnis. Zur Geschichte der reformkatholischen Bewegung, Graz 1969, S. 13-46.
65 Wie Anm. 60.
66 Vgl. Breuning (wie Anm. 43), S. 179ff., 314ff.; Franz-Josef Jakobi: Mittelalterliches Reich und Nationalgedanke. Zur Funktion der Mittelalterrezeption und des Mittelalterbildes im 19. und 20. Jahrhundert. In: Karl-Ernst Jeismann (Hrsg.): Einheit, Freiheit, Selbstbestimmung. Die Deutsche Frage im historisch-politischen Bewußtsein, Frankfurt 1988, S. 155-176.
67 Clemens Graf von Galen: Unsere Stellung zu Artikel I der Reichsverfassung. In: Germania v. 20.7.1919.
68 Clemens Graf von Galen: Wo liegt die Schuld? Gedanken über Deutschlands Niederbruch und Aufbau. In: Historisch-politische Blätter für das katholische Deutschland 164 (1919), S. 221-231, 293-305.
69 Vgl. ebd., S. 294.
70 Ebd., S. 303.
71 Graf Clemens von Galen: Die ‚Pest des Laizismus' und ihre Erscheinungsformen. Erwägungen und Besorgnisse eines Seelsorgers über die religiös-sittliche Lage der deutschen Katholiken, Münster 1932, S. 42.
72 Vgl. Recker (wie Anm. 10), S. 22ff; Ernst Heinen: Das katholische Vereinswesen in der Rheinprovinz und in Westfalen 1848 bis 1855. Kirchenpolitik oder Christliche Demokratie? In: Winfried Becker/Rudolf Morsey (Hrsg.): Christliche Demokratie in Europa. Grundlagen und Entwicklungen seit dem 19. Jahrhundert, Köln 1988, S. 29-58, bes. S. 47ff.
73 Vgl. Recker (wie Anm. 10), S. 23.
74 Zur Stellung der „Gelbe(n) Hefte" innerhalb des politischen Spektrums der Weimarer Republik vgl. Josef Stegmann: Um Demokratie und Republik. Zur Diskussion im deutschen Katholizismus der Weimarer Zeit. In: Jahrbuch für Christliche Sozialwissenschaften 109 (1969), S. 120.
75 Vgl. Galen (wie Anm. 67), S. 294; Hürten (wie Anm. 49), S. 41f.
76 Vgl. Galen (wie Anm. 67), S. 295.
77 Galen (wie Anm. 70), S. 44ff.
78 Oswald von Nell-Breuning: Kirche und Arbeiterschaft. Zum Streit um die gleichnamige Synodenvorlage. In: ders. (Hrsg.): Den Kapitalismus umbiegen, Düsseldorf 1990, S. 59, Anm. 11.
79 Vgl. Galens Brief an Albert Coppenrath, Pfarrarchiv St. Matthias, Berlin.
80 Galen (wie Anm. 67), S. 223.
81 Ebd., S. 225f.
82 Zit. nach Max Bierbaum: Nicht Lob nicht Furcht. Das Leben des Kardinals von Galen nach unveröffentlichten Briefen und Dokumenten, Münster [8]1978, S. 191.
83 Galen (wie Anm. 67), S. 304.
84 Löffler I, S. LVII.
85 Vgl. Bodo Scheurig (Hrsg.): Deutscher Widerstand 1938-1944. Fortschritt oder Reaktion?, München [2]1984, S. 126-129.
86 Walter Adolph: Geheime Aufzeichnungen aus dem nationalsozialistischen Kirchenkampf 1935-1943, bearb. v. Ulrich v. Hehl, Mainz 1979, S. 22. Zur Einschätzung der „Geheimen Aufzeichnungen" Adolphs vgl. die Rezension von Hermann Eising. In: Theologische Revue 76 (1980), Sp. 210ff.
87 Vgl. Erwin Iserloh: Clemens August Graf von Galen. In: Westfälische Lebensbilder, hrsg. v. Robert Stupperich, Bd. XIV, Münster 1987, S. 196f.
88 Galen (wie Anm. 70), S. 26.
89 Vgl. ebd., S. 22ff.
90 Vgl. Joachim Kuropka: Clemens August Graf von Galen. Politisch interessierter Seelsorger in Münster 1929 bis 1933. In: Hermann Bringmann/Hubert Stuntebeck (Hrsg.): Den Menschen lebensstark machen. Festschrift für Bernd Thonemann, Hannover 1991, S. 121.
91 Vgl. den Brief Galens an Coppenrath vom 17.6.1932, Pfarrarchiv St. Matthias, Berlin.

92 So beispielsweise der Katholikenausschuß in der DNVP Osnabrücks, vgl. hierzu NStA Osnabrück, Erw C1, Nr. 99; Breuning (wie Anm. 43), S. 99-113.
93 Vgl. Kuropka (wie Anm. 89), S. 117-128.
94 Vgl. Josef Pieper: Noch wußte es niemand. Autobiographische Aufzeichnungen 1904-1945, München 1976, S. 105.
95 Vgl. Adolph (wie Anm. 85), S. 57.
96 Vgl. Kuropka (wie Anm. 89), S. 124.
97 Vgl. Adolph (wie Anm. 85), S. 228f.
98 Vgl. Stasiewski I, S. 508, Anm. 2; Nr. 99, S. 442-446.
99 Vgl. Stasiewski I, Nr. 122, S. 508f.
100 Zit. nach Böckenförde (wie Anm. 46), S. 224, Anm. 26.
101 Vgl. Rote Erde v. 11.11.1933.
102 Eising (wie Anm. 85), Sp. 211.
103 Löffler I, Nr. 69, S. 126.
104 Vgl. ebd.
105 Vgl. ebd., Nr. 79, S. 149-157; vgl. dazu auch B. Stasiewski: Clemens August Graf von Galen. In: M. Greschat (Hrsg.): Gestalten der Kirchengeschichte, Bd. 10,1: Die neueste Zeit III, Stuttgart 1985, S. 288.
106 Ebd., Nr. 348, S. 901f.
107 Vgl. ebd., Nr. 69, S. 127f.
108 Iserloh (wie Anm. 86), S. 191.
109 Vgl. Pfarrchronik St. Lamberti Münster: 1933/1934.
110 Vgl. Löffler I, Nr. 43, S. 84.
111 Ebd.
112 Ebd., S. LVII; Murray (wie Anm. 44), S. 507-513.
113 Vgl. Hehl (wie Anm. 50), S. 84; zur Person v. Galens: Adolph (wie Anm. 85), S. 22, 232, 236; s. auch Iserloh (wie Anm. 86), S. 189ff.
114 Vgl. Seegrün (wie Anm. 13), S. 79f.
115 Vgl. Ludwig Volk (Bearb.): Kirchliche Akten über die Reichskonkordatsverhandlungen 1933, Mainz 1969, Nr. 15, S. 33; Bernings zuvorkommende Haltung gegenüber Minderheiten bestätigt Herr Ludwig Loheide. Danach wies Berning seine Geistlichen an, sich der Minderheiten anzunehmen. In dem in Rede stehenden Fall handelte es sich um die Zuwendung zu einer Gruppe Sinti: schriftliche Auskunft von Herrn Ludwig Loheide, Ostercappeln, vom 8.3.1990.
116 Vgl. Iserloh (wie Anm. 86), S. 189-208; Rudolf Morsey: Clemens August Kardinal von Galen (1878-1946). In: ders. (Hrsg.):, Zeitgeschichte in Lebensbildern, Bd. 2: Aus dem deutschen Katholizismus des 20. Jahrhunderts, Mainz 1975, S. 37-47; Stasiewski (wie Anm 104), S. 287-301.
117 Vgl. Pfarrchronik St. Lamberti, Pfarrarchiv.
118 Vgl. Volk (wie Anm. 114), Nr. 39, 41, 46, 48, 49; diese Maßnahmen waren auf den einhelligen Protest der Bischöfe gestoßen. Wolker, Generalpräses des katholischen Jungmännerverbandes, war es im preußischen Innenministerium gelungen, die Aufhebung der Zwangsmaßnahmen gegen den Jungmännerverband zu erreichen. Berning hatte Gespräche mit Hitler, Frick und Göring geplant, von denen nur das Zusammentreffen mit Frick am 6.7.1933 belegt ist: Ebd., Nr. 50, S. 117f.
119 So beispielsweise auch die Kritik der Fuldaer Bischofskonferenz auf ihrer Tagung vom 22.-24.8.1918. In: L. Volk (Bearb.): Akten Kardinal Michael von Faulhabers 1917-1945, Bd. I: 1917-1934, Mainz 1975, S. 111, Anm. 1.
120 Vgl. Seegrün (wie Anm. 13), S. 82.
121 Die Teilnahme Bernings ist etwa nachzuweisen für die Jahre 1929-1932: OT v. 12.8.1929, 12.8.1930, 12.81931, OV v. 12.8.1932.
122 Zu den unterschiedlichen Gruppen im politischen Katholizismus vgl. Stangl (wie Anm. 45), S. 36f.
123 Vgl. Stegmann (wie Anm. 73), S. 101-127.
124 Vgl. Recker (wie Anm. 10), S. 81ff, 162ff; Klaus van Eickels: Das Collegium Augustinianum Gaesdonck in der NS-Zeit 1933-1942. Anpassung und Widerstand im Schulalltag des Dritten Reiches, Kleve 1982; Rudolf Willenborg: Die Schule muß bedingungslos nationalsozialistisch sein. Erziehung und Unterricht im Dritten Reich, Vechta 1986.
125 Vgl. Wilfried Hinrichs (wie Anm. 62), S. 75ff.; J. Kuropka: Zur historischen Identität des Oldenburger Münsterlandes, Münster ²1982; J. Kuropka (Hrsg.): Zur Sache – Das Kreuz! Untersuchungen zur Geschichte des Konflikts um Kreuz und Lutherbild in den Schulen Oldenburgs, zur Wirkungsgeschichte eines Massenprotests und zum Problem nationalsozialistischer

Herrschaft in einer agrarisch-katholischen Region, 2., durchgesehene Aufl., Vechta 1987; U. v. Hehl: Das Kirchenvolk im Dritten Reich. In: Klaus Gotto/Konrad Repgen (Hrsg.): Die Katholiken und das Dritte Reich, 3., erw. u. überarb. Aufl., Mainz 1990, S. 93-118.
126 Vgl. Morsey (wie Anm. 19); U. v. Hehl: Staatsverständnis und Strategie des politischen Katholizismus in der Weimarer Republik. In: Karl Dietrich Bracher/Manfred Funke/Hans-Adolf Jacobsen (Hrsg.): Die Weimarer Republik 1918-1933. Politik, Wirtschaft, Gesellschaft, Düsseldorf 1987, , S. 250ff.; L. Volk: Nationalsozialistischer Kirchenkampf und deutscher Episkopat. In: Gotto/Repgen (wie Anm. 124), S. 51.
127 Wie Anm. 60; s. auch Bernhard Zimmermann-Buhr: Die katholische Kirche und der Nationalsozialismus in den Jahren 1930-1933, Frankfurt 1982.
128 Vgl. Gerhard Valerius: Deutscher Katholizismus und Lamennais, Mainz 1983; Louis Le Guillou: Félicité-Robert de Lamennais (1782-1854). In: Emerich Coreth u. a. (Hrsg.): Christliche Philosophie im katholischen Denken des 19. und 20. Jahrhunderts, Bd. I: Neue Ansätze im 19. Jahrhundert, Graz 1987, S. 449-476; O. Schroeder (wie Anm. 63).
129 Vgl. Gregor XVI.: „Mirari vos", In: E. Marmy (wie Anm. 42), S. 29ff.
130 Valerius (wie Anm. 127), S. 18.
131 Vgl. Le Guillou (wie Anm. 127), S. 464f.
132 Ebd., S. 472.
133 Ebd., S. 473. Aus Gründen der Klarheit dürfen Probleme, die mit den Gedanken Lamennais' aus theologischer Sicht verbunden sind, nicht verschwiegen werden. Insbesondere besteht die Gefahr, die christliche Offenbarung zu naturalisieren, so daß die natürliche Offenbarung die christliche ersetzen kann. Mithin würde sich die christliche Religion in eine Aufklärungsphilosophie auflösen. Damit würde es unmöglich, aus der Sicht des Christentums einen eigenständigen Beitrag zur Aufklärungsdiskussion zu leisten. Daher darf sich das Christentum bei aller Notwendigkeit von „Plausibilität" und „Inkulturation" nicht in eine Aufklärungsphilosophie auflösen. Die Kritik an der „autoritären" Struktur der Kirche muß sich auch der Frage nach der Notwendigkeit, Rechtmäßigkeit und Tätigkeit des Lehramtes stellen.
134 Vgl. Seegrün (wie Anm. 13), S. 85f.
135 Vgl. Emsländische Volksblätter vom 30.5.1934: DA Osnabrück 04-63-05.
136 Zit. nach Seegrün (wie Anm. 13), S. 86.
137 Ebd.
138 Vgl. Emsländische Volksblätter vom 30.5.1934.
139 Vgl. Seegrün (wie Anm. 13), S. 86.
140 Zu den Umständen einer von der NSDAP veröffentlichten „Erklärung" vgl. Hehl (wie Anm. 50), S. 92f; Hürten (wie Anm. 62), Bd. I, S. 139.
141 Vgl. Seegrün (wie Anm. 13), S. 88.
142 Zit. nach Seegrün (wie Anm. 13), S. 86.
143 Vgl. Seegrün (wie Anm. 50), S. 176; Hürten (wie Anm. 62), Bd. I, 406ff.
144 Vgl. Adolph (wie Anm. 85), S. 39.
145 Hehl (wie Anm. 50), S. 93.
146 Vgl. Raimund Baumgärtner: Weltanschauungskampf im Dritten Reich. Die Auseinandersetzung der Kirchen mit Alfred Rosenberg, Mainz 1977.
147 DA Osnabrück 03-17-72-32; Angesichts einer auch schon für das Jahr 1934 bezeugten kritischen Haltung Bernings zum Nationalsozialismus stellt sich die Frage nach der Herkunft des abwertenden Begriffes „Nazibischof" in der Anwendung auf Berning. In einem Brief anläßlich der öffentlichen Auseinandersetzungen um die Darstellung Bischof Bernings in einer Ausstellung über die Geschichte Osnabrücks im Jahre 1980 teilte der frühere Direktor des Verkehrsamtes von Osnabrück Witte mit, man habe Berning mit diesem Begriff schon während der Zeit des Nationalsozialismus im Emsland bezeichnet. Der Wahrheitsgehalt dieser Aussage konnte nicht erhoben werden. Sofern sie richtig ist, wäre auch die Frage zu stellen, ob Verbindungen zwischen der Herkunft dieser Bezeichnung und Bernings Ablehnung einer Anerkennung der Marienerscheinungen in Heede bestehen: Heinrich Eizereif: Tut was er Euch sagt. Mutter-Gottes-Erscheinungen in Heede, Gröbenzell ²1973, S. 83ff.
148 DA Osnabrück 03-17-72-32.
149 Wie Anm. 147.
150 Vgl. Bundesarchiv (im weiteren BA) Koblenz R 58/534, S. 11; einen ähnlichen Eindruck vermitteln weitere Stapo-Berichte des Jahres 1935, z. B. R 58/566, S. 44.
151 BA Koblenz NS 8/150. Gleichlautende Schreiben Heydrichs gingen auch an den Stellvertreter des ‚Führers', an Wiedemann als Adjutanten Hitlers, an Reichsleiter Buch und Reichserziehungsmi-

nister Rust, vgl. Carsten Nicolaisen (Bearb.): Dokumente zur Kirchenpolitik des Dritten Reiches, Bd. II: 1934/35, München 1975, S. 311f.
152 BA Koblenz R 58/672, S. 24.
153 Vgl. J. Kuropka: Clemens August Graf von Galen. Das Bild des Bischofs zwischen zeitgenössischer Bewunderung und neuerer Kritik. In: Joachim Kuropka/Willigis Eckermann (Hrsg.): Oldenburger Profile, Cloppenburg 1989, S. 107.
154 Vgl. Hehl (wie Anm. 50), S. 96, S. 98.
155 Vgl. Seegrün (wie Anm. 50), S. 176; BA Koblenz NS 8/256, Bl. 31f.
156 Adolph (wie Anm. 94), S. 21.
157 Ebd., S. 100f.
158 Vgl. Hürten (wie Anm. 62), Bd. II, S. 271, 294, 309, 325; Erich Kosthorst/Bernd Walter: Konzentrations- und Strafgefangenenlager im Emsland 1933-1945. Zum Verhältnis von NS-Regime und Justiz. Darstellung und Dokumentation, Düsseldorf 1985, S. 321ff., 345-349.
159 Vgl. Adolph (wie Anm. 85), S. 41; L. Volk: Die Enzyklika „Mit brennender Sorge". In: Stimmen der Zeit 183 (1969), S. 178.
160 Vgl. Adolph (wie Anm. 85), S. 39.
161 Ebd., S. 228.
162 Vgl. Hehl (wie Anm 50), Sp. 654.
163 Und zum folgenden: DA Osnabrück 07-14-90; wesentliche Teile der Predigt sind zitiert bei Recker (wie Anm. 10), S. 136f.
164 DA Osnabrück 03-17-72-32.
165 Ebd.
166 Ebd.
167 Vgl. Heinz Mussinghoff: Rassenwahn in Münster. Der Judenpogrom 1938 und Bischof Clemens August Graf von Galen, Münster 1989.
168 Wie Anm. 162.
169 Ebd.
170 Adolph (wie Anm. 85), S. 267.
171 BA Koblenz R 43 II/178.
172 Ebd.
173 Vgl. ebd.
174 Vgl. Adolph (wie Anm. 85), S. 185.
175 Vgl. Murray (wie Anm. 44), S. 516.
176 DA Osnabrück 03-17-72-72, Block 21.
177 L. Volk: Akten deutscher Bischöfe über die Lage der Kirche 1933-1945, Bd. VI: 1943-1945, Mainz 1985, Nr. 868/IIa, S. 147; es handelt sich um das 1939 eingeführte Lehrbuch Paul Schmitthenner/ Friedrich Fliedner (Hrsg.): Führer und Völker. Geschichtsbuch für Höhere Schulen, 8 Bde., Bielefeld 1939.
178 Vgl. Recker (wie Anm. 10), S. 128ff; Evi Kleinöder: Katholische Kirche und Nationalsozialismus im Kampf um die Schulen. Antikirchliche Maßnahmen und ihre Folgen untersucht am Beispiel Eichstätts, Eichstätt 1981, S. 63ff.
179 Vgl. Breuning (wie Anm. 43), S. 315.
180 So bei Wolf-Dieter Mohrmann/Wilfried Pabst: Einführung in die politische Geschichte des Osnabrücker Landes. Darstellung und Quellen, Osnabrück 1990, S. 96.
181 Zit. nach Seegrün (wie Anm. 13), S. 87; Botschafter von Bergen berichtet am 20.5.1938 über eine Unterredung mit Berning anläßlich dessen Ad-limina-Besuch 1938 im Vatikan dahingehend, daß Berning „weitgehendes Verständnis" für den kirchenpolitischen Standpunkt des NS-Staates gehabt habe. In der Diplomatensprache läßt dieser Hinweis eher auf Vorbehalte und Dissens auf seiten Bernings schließen denn auf wirkliches Verständnis. Dies wird durch die zeitgleich gehaltenen öffentlichen Reden und auch die Verhandlungen des Bischofs mit Regierungsstellen in Berlin eindeutig bestätigt; vgl. Helmut Heiber (Bearb.): Akten der Partei-Kanzlei der NSDAP. Regesten, Bd. I, Wien 1983, S. 310.
182 Vgl. Hürten (wie Anm. 62), Bd. I, S. 406ff, 535; Bd. II, S. 752, 821, 850.
183 Vgl. ebd., Bd. II, S. 1026.
184 Personalblatt Berning, Document Center Berlin.
185 Vgl. Löffler II, Nr. 330, S. 837f.
186 Vgl. Löffler I, Nr. 144, S. 321; Nr. 268, S. 665ff.; zur Einschätzung der Galenschen Predigten und von dessen Person durch Bertram vgl. Adolph (wie Anm. 85), S. 38f., S. 137.
187 Vgl. L. Volk: Clemens August Graf von Galen. Schweigen oder Bekennen? In: Stimmen der Zeit 194 (1976), S. 219.

188 Vgl. B. Stasiewski (Bearb.): Akten deutscher Bischöfe über die Lage der Kirche 1933-1945, Bd. III: 1935-1936, Mainz 1979, S. 165, Anm. 4.
189 L. Volk (Bearb.): Akten deutscher Bischöfe über die Lage der Kirche 1933-1945, Bd. V: 1940-1942, Mainz 1983, S. 537, Anm. 4.
190 Ebd., Nr. 694, S. 537.
191 Vgl. ebd., Nr. 695, S. 539f.
192 Ebd., Nr. 695, S. 540.
193 Vgl. Hehl (wie Anm. 50), S. 98.
194 Personalblatt Berning, Document Center Berlin.
195 Vgl. DA Osnabrück 03-17-72-37, Bd. I.
196 Ebd.
197 Vgl. DA Osnabrück 03-17-72-64.
198 Ebd.
199 DA Osnabrück 03-17-72-32.
200 Vgl. BA Koblenz R 43 II/173.
201 Wie Anm. 195.
202 BA Koblenz R 43 II/173. Der Brief an von Galen war gegenüber dem an Berning im Ton schärfer. Dort heißt es: „Im Widerspruch hierzu (zum geleisteten Eide, K.-A.R.) sabotieren Sie mitten im Kriege durch Ihre Hetzreden und Hetzschriften die Widerstandskraft des deutschen Volkes. . . . Ich verweise Sie schon heute darauf, daß es auch für Sie nur eine Obrigkeit gibt: das ist die des Staates, die für jeden deutschen Staatsbürger gilt." Löffler II, Nr. 364, S. 939.
203 DA Osnabrück 03-17-72-64.
204 Ebd.
205 Vgl. DA Osnabrück 03-17-72-64, 03-17-72-32, 04-63-05; Gespräch mit Pfr. Wilhelm Jaeger am 4.11.1990; dem Verfasser ist davon in Gesprächen vielfach Kenntnis gegeben worden. Dabei wurde insbesondere auf die Ruller Wallfahrten verwiesen.
206 Hehl (wie Anm. 50), S. 103.
207 Vgl. Löffler II, Nr. 333, S. 843ff; Nr. 336, S. 855ff; Nr. 341, S. 874ff; DA Osnabrück 03-17-72-32.
208 Vgl. Löffler II, Nr. 333, S. 849; Iserloh (wie Anm. 86), S. 203.
209 Vgl. Löffler II, Nr. 333, S. 849f.
210 Vgl. Löffler I, S. 85, Anm. 9.
211 Ebd., Nr. 43, S. 85ff.
212 Vgl. die Rundfunkbotschaft Pius XII. über Demokratie und Weltfrieden am 24.12.1944. In: Wilhelm Jussen (Hrsg.): Gerechtigkeit schafft Frieden. Reden und Enzykliken Papst Pius XII., Hamburg 1946, S. 96f; Stangl (wie Anm. 45), S. 36ff.
213 Murray (wie Anm. 44), S. 513.
214 Vgl. ebd., S. 514.
215 Zit. nach Murray (wie Anm. 44), S. 514; vgl. dazu auch die Rundfunkbotschaft Pius XII. über Demokratie und Weltfrieden am 24.12.1944. In: Jussen (wie Anm. 209), S. 93-114.
216 Löffler II, Nr. 549, S. 1311.
217 Ebd., Nr. 549, S. 1310.
218 Ebd., Nr. 475, S. 1156.
219 Ebd., Nr. 475, S. 1157.
220 Ebd., Nr. 549, S. 1305.
221 KA 63 (1947), S. 217f.
222 Ebd., S. 154.
223 Ebd., S. 155.
224 Vgl. R. Morsey: Vorstellungen Christlicher Demokraten innerhalb und außerhalb des „Dritten Reiches" über den Neuaufbau Deutschlands und Europas. In: Becker/Morsey (wie Anm. 71), S. 198.

Hat Bischof Clemens August Graf von Galen Widerstand gegen den Nationalsozialismus geleistet?

Joachim Kuropka

I. Galen und der Begriff Widerstand

Die Miterlebenden der Jahre 1933 bis 1945 und die Zeitgenossen in der Nachkriegszeit hätten diese Frage entweder nicht ernst genommen oder als eine Provokation aufgefaßt. Ganz selbstverständlich waren sie der Meinung, der Bischof von Münster habe Widerstand gegen das NS-Regime geleistet; dafür gibt es viele Zeugnisse. Als Galen von Papst Pius XII. zum Kardinal erhoben wurde, verstand man dies weltweit als Würdigung seiner Taten in der Zeit von 1933 bis 1945, und diese Taten wurden allgemein als solche angesehen, die gegen das NS-Regime gerichtet waren. Galen war geradezu zum Symbol für dieses ‚andere' Deutschland geworden, das sich nicht hatte gleichschalten lassen, das ‚widerstanden' hatte.

So war sich denn auch die deutsche und internationale Presse über die Gründe seiner Kardinalserhebung ebenso einig wie über die Bewertung des bischöflichen Wirkens unter der NS-Diktatur. „Als eine Ehrung des mannhaften Verteidigers der christlichen Wahrheit und der unveräußerlichen Menschenrechte ..., die im totalen Nazistaat ausgerottet werden sollten", wurde die Verleihung der Kardinalswürde in der Presse angesehen.[1] Als „Streiter fürs Recht" bezeichnete die Wochenzeitung Die Zeit den verstorbenen Kardinal, der wie „ein Ritter zwischen Tod und Teufel" seinen Weg gegangen sei.[2] Schon während des Krieges war in der US-amerikanischen Presse zu lesen gewesen, in Deutschland gebe es einen „gigantic struggle" von „religion versus tyranny", und in der New York Times hatte im Jahre 1942 eine Serie über Kirchenführer „who defy Hitler" mit einem Artikel über den Grafen Galen begonnen.[3]

Ganz selbstverständlich war in den ersten Nachkriegsdarstellungen vom „kirchlichen Widerstand" die Rede, bei dem Galen eine bedeutende Rolle gespielt habe.[4] Die ersten biographischen Würdigungen Galens atmen ebenfalls diesen Geist des Kampfes gegen das NS-Unrechtsregime[5], und es gibt eine Anzahl kleinerer Schriften, die Galens Wirken in ähnlicher Weise würdigen.[6]

Seit Ende der sechziger Jahre wurde die in diesem Sinne positive Bewertung Galens zunehmend mit Fragen verbunden, warum er gegen die Euthanasie nicht eher protestiert habe, etwa in dem Sinne, „so sehr man auch die Unerschrockenheit des Bischofs loben und bewundern muß, es bleibt doch zu fragen, warum nicht schon ein Jahr früher dieser öffentliche Auftritt stattgefunden hat."[7] Andere fragten, warum Galen nicht auch gegen die Verfolgung und Ermordung der Juden protestiert habe[8], und wieder andere kamen zu dem Schluß, ‚Widerstand' seien Galens Taten nicht gewesen, denn einen politischen Umsturz habe er nicht gewollt, und nur Handlungen, die darauf zielten, könne man mit dem Begriff Widerstand bezeichnen.

In dieser Schlichtheit wird teilweise dort argumentiert, wo man eher politische denn wissenschaftliche Interessen verfolgt[9], teilweise von Autoren, die dem

Thema auch einfach nicht gewachsen sind.[10] Doch spielt das Bewertungskriterium ‚politischer Widerstand' in der wissenschaftlichen Diskussion ebenfalls eine wichtige Rolle, wenn z.B. das Handeln der Kirchenleitungen nach dem Raster von „politischen und kirchenpolitischen Aktionen" sowie „Sicherung und Selbstbehauptung des Bestehenden" unterschieden wird.[11] Dabei wurde weniger das Augenmerk darauf gelegt, ob mit diesem Instrumentarium angemessen gearbeitet werden kann, ob, worauf Heinz Hürten aufmerksam gemacht hat, „diese politisch bestimmte Widerstandsbegrifflichkeit geeignet ist, die Haltung der Kirche zu fassen, die ihre Existenz und ihr Handeln nicht politisch verstand."[12]

Hinsichtlich des Bischofs Clemens August von Galen ist Rudolf Morsey dem Problem einer genaueren Einordnung dadurch ausgewichen, daß er Galens Handeln als Widerstand nicht „im landläufigen Sinne" bezeichnete[13], was immer das dann sein mag. Das Dilemma – und die Forschungsdesiderate – scheinen noch deutlicher auf in einem wichtigen Werk über die Verfolgung katholischer Priester in der NS-Zeit. In Ulrich von Hehls biographischer und statistischer Erhebung sucht man Clemens August Graf von Galen wider Erwarten vergeblich, denn es handelt sich um eine Dokumentation „politisch bedingter NS-Maßnahmen" gegen katholische Geistliche, in die nur aufgenommen wurde, wer aus religiösen oder politischen Motiven verfolgt wurde, so daß „bekannte Regimegegner wie die Bischöfe Galen von Münster und Preysing von Berlin fehlen", wie im Vorwort erläutert wird.[14] Der Leser ist geneigt anzunehmen, daß diejenigen, die verfolgt wurden, auch Widerstand geleistet haben, und es mag ihm einleuchten, daß Galen nicht aufgenommen wurde, wiewohl er als Regimegegner bezeichnet wird, wenn die Voraussetzung zutrifft, daß es gegen Galen tatsächlich keine Zwangsmaßnahmen gegeben hat.

II. Probleme der Widerstandsforschung

Schon diese wenigen Bemerkungen zeigen, wie schwierig das Feld der Widerstandsforschung inzwischen geworden ist. Neben einer kaum noch zu überblickenden Literatur mangelt es bis heute an einer befriedigenden Bestimmung des Begriffes Widerstand, der in einer Weise definiert werden müßte, die es ermöglicht, die komplexe Lebensrealität unter der NS-Diktatur zu erfassen.

Auf den ersten Blick könnte es scheinen, als wäre Widerstand an Verfolgung gekoppelt, denn es liegt auf der Hand, daß diejenigen verfolgt wurden, die Widerstand leisteten. Dieser Zusammenhang wird dann auch von einer Reihe von Buchtiteln nahegelegt.[15] Aber diese gedankliche Verbindung führt zu Folgerungen, die mit der Realität nicht recht in Einklang zu bringen sind, denn es gab durchaus nicht verfolgte Personen, die Widerstand geleistet haben. Dieses Dilemma hat dazu geführt, daß man Stufenmodelle für Widerstandstätigkeit entwickelt hat, in denen als eine erste Stufe punktuelle Unzufriedenheit gewertet wird, in einer zweiten Stufe das Bewahren eigener Identität als Widerstand angesehen wird, in einer dritten Stufe öffentlicher Protest und in einer vierten und letzten Stufe dann der ‚aktive Widerstand' sozusagen den eigentlichen Widerstand darstellt, unter den solche Aktivitäten fallen, „die auf politischen Umsturz des Regimes hin orientiert waren und also nicht nur ein partielles ... Nein zum Regime bedeuteten."[16] In der praktischen Anwendung führt dieses Konzept jedoch zu merkwürdigen Folgen, weil dann z.B. Kommunisten, die Flugblätter verteilten, ohne große Resonanz zu finden, ‚Widerstand' geleistet haben und andere, die

Hunderttausende mit öffentlichen Protesten erreichten, im eigentlichen Sinne keinen Widerstand geleistet haben. Wenn also keine ‚Maßnahmen' des Regimes zu beobachten sind, handelte es sich nicht um Verfolgung, gab es keine Verfolgung, war es auch kein Widerstand, so ließe sich in dieser Logik folgern.

An dieser Schlußfolgerung wird das Problem des wissenschaftsmethodischen Zugangs zum Komplex ‚Widerstand gegen den Nationalsozialismus' deutlich. Die Ergebnisse nämlich hängen nicht nur von den Quellen ab, die der Historiker auswerten kann, sondern die Ergebnisse werden auch durch das Konzept von Widerstand präjudiziert, das den historischen Analysen zugrunde gelegt wird. Wenn hier nicht eindeutig die Voraussetzungen offengelegt werden, dann treffen sich möglicherweise unversehens konträre Positionen, etwa im Ergebnis die fehlende Einordnung unter die verfolgten Priester in von Hehls Werk und die oben angesprochenen Einwände gegen Galens Haltung. Was nun eigentlich noch zum Widerstand zu zählen sei, entzog sich somit immer mehr dem analytischen Zugriff und führte zu fruchtlosen Diskussionen über die Frage, was wirklich *politische* oder *nur* interessengebundene Handlung gewesen sei, eine Unterscheidung, die die Realität totalitärer Bedrohung ignoriert.

Einen neuen Ausgangspunkt fand die Widerstandsforschung durch den seit 1977 in die Diskussion gebrachten wirkungsgeschichtlichen Ansatz. Mit dem damals eingeführten Begriff ‚Resitenz' wurde die „wirksame Abwehr, Begrenzung, Eindämmung der NS-Herrschaft oder ihres Anspruchs, gleichgültig von welchen Motiven, Gründen und Kräften her" erfragt. Während Widerstand oder Opposition wertbesetzte Begriffe sind und vor allem die Motivations- und Aktionsgeschichte des Widerstandes betreffen und somit das subjektive Handeln in den Mittelpunkt stellen, steht bei der wirkungsgeschichtlichen Frage im Vordergrund „was getan und was bewirkt wurde", weniger das, „was nur gewollt oder beabsichtigt war."[17] Damit wird es nicht nur möglich, die Beharrungs- und Widerstandskräfte bestimmter sozialer Milieus zu beschreiben und Antwort auf die Frage zu finden, inwieweit die Bevölkerung angesichts der totalen Ansprüche des Nationalsozialismus tatsächlich vereinnahmt werden konnte, sondern es wird auch möglich, die Eliten und das Volk gleichzeitig in die Analyse einzubeziehen, eine Verbindung, die für die Gestalt des Grafen von Galen von großer Bedeutung war.[18]

Wenn man nun also der Frage nachgeht, ob Clemens August Graf von Galen Widerstand gegen den Nationalsozialismus geleistet hat, so wird man beide Widerstandskonzepte auf ihn anwenden müssen. Zu untersuchen wäre also einerseits, ob überhaupt und gegebenenfalls wo der Bischof von Münster in dem genannten Stufenkonzept von Widerstand einzuordnen wäre und ob gegen ihn Verfolgungsmaßnahmen in Gang gesetzt wurden, und andererseits wäre der Frage nachzugehen, welche Wirkungen seines Handelns sich ergeben haben.

III. Stufen des Widerstandes und Maßnahmen des Regimes

Es fällt nicht schwer, Clemens August Graf von Galen in das Stufenkonzept der Widerstandsforschung einzuordnen, denn zweifellos hat er die Versuche des Regimes, auch die katholische Kirche ‚gleichzuschalten', mit Nachdruck zurückgewiesen und so mitgewirkt, die bedrohte Identität der Kirche zu bewahren. Ebensowenig zweifelhaft ist es, daß der Bischof öffentlich Protest erhoben hat, wie er selbst sagte, die „Flucht in die Öffentlichkeit" angetreten hat. Auch dies geschah häufig und vehement, indem er sich in Predigten und Hirtenbriefen an das Kirchenvolk wandte, aber auch indem er Proteste an die Regierung richtete – u. a. an Hitler selbst – und diese Proteste gleichzeitig veröffentlichte, um auf diese Weise die staatlichen Stellen dem Meinungsdruck der Bevölkerung auszusetzen. Selbst wenn dieser unter totalitären Bedingungen öffentlich wenig spürbar war, wurde er von den Staats- und Parteistellen doch registriert und beachtet, was dazu führte, daß deren Möglichkeiten begrenzt und eingedämmt wurden. Aufgrund dessen sind Galens öffentliche Handlungen der dritten Stufe von Widerstand zuzuordnen, da sie durch ihre Öffentlichkeit offensiven Charakter trugen. Fraglich bleibt lediglich, ob Galen, wie behauptet wird, dabei nur die Interessen der Kirche vertreten habe, sich also nur auf einem Sektor gegen das Regime gewandt hat, nämlich nur dort, wo dessen Herrschaftsansprüche mit religiös-kirchlichen Einflüssen kollidierten.

Eine solche Betrachtungsweise wird der Realität totalitärer Regime jedoch nicht gerecht, denn *rein* religiös-kirchliche Interessen lassen sich nicht mehr gegen die Ansprüche eines Regimes abgrenzen, das den *ganzen* Menschen vereinnahmen, im konkreten Fall den ‚nationalsozialistischen Menschen' schaffen will. Dieser sollte nach ‚neuen' Werten ausgerichtet werden, die den christlichen Vorstellungen in zentralen Punkten widersprachen, so daß das offensive Vertreten christlicher Werte in der Öffentlichkeit objektiv einen „generellen Loyalitätsbruch"[19] darstellt, selbst wenn – wie Galen mehrfach betont hat – ein politischer Umsturz nicht seine Absicht war und nach seiner Meinung nicht Ziel der Christen sein konnte, die der Obrigkeit Gehorsam schuldeten, wenn auch nicht absoluten Gehorsam. Galen hat aus der Unvereinbarkeit von christlichen und nationalsozialistischen Wertvorstellungen, wie sie sich im Kampf um die Freiheit der Kirche zeigte, für seine Person die Konsequenz gezogen, daß er sein Gewissen mit „papierenen und wirkungslosen, der Öffentlichkeit unbekannten Protesten ... bald nicht mehr zur Ruhe bringen" könne und er aus „Liebe zur gesunden Entwicklung unseres Volkslebens ... freimütig und öffentlich für die Wahrung von Recht und Freiheit" eintreten müsse.[20]

Der Bischof von Galen sah also die Verteidigung der Interessen der Kirche in dem größeren Zusammenhang der Verteidigung christlicher Grundsätze, die in der Gestaltung des öffentlichen Lebens wirksam bleiben sollten. Insofern war der Kampf um die Erhaltung der katholischen Verbände, der katholischen Presse, der katholischen Schulen ein Kampf um die Bedingungen der Möglichkeit zur Erhaltung christlicher Werte. Galen wandte sich um dieses Zieles willen bewußt nicht nur an die Katholiken, sondern an alle, die die Menschenrechte als Grundlage des Staates akzeptierten. Bereits in seinem Osterhirtenbrief von 1934 sprach er alle an, „die nicht die Anarchie und den Terror wollen", weil jeder die „Fundamente der Religion und der gesamten Kultur" angreife, „wer das moralische Gesetz im Menschen zerstört."[21] Der Bischof überschritt damit nicht nur die Konfessionsgrenze zu den Protestanten, sondern er versuchte eine „Front ... alle(r) rechtschaffenen und normal denkenden deutschen Volksgenossen"[22] zustande zu bringen. Wenn Galen also den politischen Umsturz auch abgelehnt hat, so lag diese Möglichkeit doch in der Konsequenz seiner an den Menschenrechten orientierten öffentlichen Aktivitäten, was von den Repräsentanten des Regimes durchaus auch so gesehen wurde.

Unter diesen Umständen ist natürlich die Frage von Interesse, ob und inwiefern Bischof von Galen auch zu den Verfolgten des Regimes zu zählen ist. Da Hitler ihn für die ‚Abrechnung' nach dem Kriege vorgemerkt hatte, könnte eine Art aufgeschobener Verfolgung konstatiert werden, die deshalb nicht vorher zur Ausführung kam, weil das Regime den Volkszorn fürchtete. Doch muß angesichts der obigen Feststellungen bezweifelt werden, ob es tatsächlich keine ‚Maßnahmen' des Regimes gegen Galen gegeben hat, wie durch seine Nichtaufnahme unter die verfolgten Priester behauptet wird.

Unter den ‚Maßnahmen' sind alle Verfolgungsaktionen gegen einzelne oder Gruppen zu verstehen, von denen sich „weit mehr als ein halbes Hundert" feststellen lassen.[23] Es handelt sich um Zwangsmaßnahmen, die sich in die Bereiche berufliche Diskriminierung, Terror und Verfolgung sogenannter ‚Vergehen' gliedern lassen, letzteres also Handlungen, die gegen den Totalitätsanspruch des Regimes gerichtet waren, was nach NS-Recht strafwürdig sein konnte. Die Palette der Maßnahmen gegen Geistliche reicht im einzelnen, um einige Beispiele zu nennen, von Predigtverboten, Zwangsversetzungen, Entzug der Lehrbefugnis, Verbot seelsorglicher Tätigkeit in den Schulen, Ausweisungen über Haussuchungen, Beschlagnahmungen, Festnahmen, Verhöre, Überwachung des Postverkehrs, Verwarnungen und Aktionen des gelenkten ‚Volkszorns', Beleidigungen, Störungen, tätlichen Bedrohungen, Überfällen, Denunziationen, Geld- und Freiheitsstrafen, KZ-Haft bis zu Reaktionen des Regimes auf Verlesung regimekritischer Hirtenbriefe, Ausländerseelsorge, Verstöße gegen das Heimtückegesetz, verdächtiges Abstimmungsverhalten, kritische Äußerungen zur Rassenlehre, angebliches staatsfeindliches Verhalten, Wehrkraftzersetzung, vermeintlichen Landes- und Hochverrat. Unter den Maßnahmen unterhalb von Verhaftung, Gefängnis und KZ-Haft finden sich beispielsweise solche wie Verhör wegen Anfrage zum Glockengeläut, Drohung eines Parteigenossen mit Anzeige wegen einer Predigt, Verhör wegen einer Predigt, Überwachung von Predigten, Einwerfen von Fensterscheiben, Anzeige und staatsanwaltliche Untersuchung.

Mit vergleichbaren Maßnahmen wurde auch gegen Bischof von Galen vorgegangen, dessen Predigten von der Gestapo überwacht wurden[24], der in Friesoythe Schulverbot erhielt[25], der sogar von Göring abgemahnt wurde.[26] Dieser Bereich der Maßnahmen gegen den Bischof ist bisher in der Galenforschung nicht thematisiert worden und kann, auch aufgrund neuer Quellenfunde, hier erstmals eingehender, wenn auch noch nicht vollständig dargestellt werden.

Durch Galens Osterhirtenbrief wurde das Regime aufgeschreckt, und der Bischof kam erstmals in das Blickfeld der Überwachungsorgane.[27] In den Auseinandersetzungen des Weltanschauungskampfes um die Thesen Rosenbergs kam es zu ersten öffentlichen Verunglimpfungen des Bischofs, der als „Dunkelmann" beschimpft wurde[28] und gegen den von Mitgliedern der NSDAP und der HJ Spottlieder in Umlauf gebracht wurden. Das Lied „Vom August von Münster", das u. a. in einer Dokumentation Galens über die Ereignisse um den Gauparteitag 1935 in Münster überliefert ist[29], hat folgenden Wortlaut:

> Wie schön ist mein Westfalen,
> Besonders Münster diese Stadt,
> Denn nur diese kann sich rühmen,
> Daß sie einen Bischof hat,
> Der anstatt als Seelenhirte

> Sich mit Politik befaßt
> Und die bösen, bösen Heiden
> Aus tiefster Seele christlich haßt.
>
> Als er einst mit seinem Stabe
> Dieser Heilge wutentbrannt
> Hört, daß in dem frommen Münster
> Auch schon Heiden sind bekannt,
> Ließ er, unser schöner August,
> Einen Hirtenbrief dann los:
> Haltet fest ihr frommen Schäfchen
> Wie bisher am Römerschoß.
>
> Darauf sprach ein Teil der Schwarzen
> „Wir wollen unsern August sehn".
> Ob er in der neuen Richtung
> Will nun endlich mit uns gehn.
> Darauf fing er an zu blecken
> Und wir sprachen, jetzt ist's aus,
> Du kannst uns in die M... lecken,
> Wir treten aus der Kirche aus.

Am 29. Juni 1935 beschwerte sich Bischof von Galen in einem Schreiben an den Oberbürgermeister der Stadt Münster über mehrfache nächtliche Belästigungen. Er sei durch Sprechchöre „verhöhnt und mit gemeinen Worten angepöbelt" worden, und es habe Einbruchsversuche in den Hof des bischöflichen Palais' gegeben, ohne daß die Polizei tätig geworden sei.[30]

War schon in diesem Zeitraum das Lied „Hängt die Juden, stellt die Schwarzen an die Wand" in der Öffentlichkeit gesungen worden[31] und hatte dokumentiert, daß neben den Juden die Katholiken als Staatsfeinde angesehen wurden – so daß ausländische Beobachter schon Ende 1934 fragten, ob nicht „Katholikenpogrome" bevorstünden[32] –, mußte der Bischof dies in der Nacht vom 9. zum 10. Dezember 1938 insoweit konkret erfahren, als 15 Pflastersteine gegen das bischöfliche Palais geworfen und acht Fensterscheiben, u.a. des Arbeitszimmers des Bischofs, zertrümmert wurden.[33] So wie man die Juden durch Schilder an Ortseingängen mit der Aufschrift „Juden sind hier unerwünscht" diffamierte, so gingen Galens nationalsozialistische Gegner auch gegen ihn in dieser Weise vor, wenn sie entlang des bei Firmungsreisen zurückzulegenden Weges an Mauern und Brücken schrieben „Clemens August, du bist hier unerwünscht", was dessen Anhänger allerdings manchmal in „Clemens August, sehr erwünscht!" veränderten.[34]

Schon diese ‚Maßnahmen' würden ausreichen, Clemens August Graf von Galen einen Platz unter den verfolgten Priestern zu sichern. Doch es gab weitreichendere Versuche von seiten der Partei und staatlicher Stellen, gegen den Bischof vorzugehen. Das belegt der von der Gestapo geführte Personalbogen des Bischofs[35], der für die Jahre 1936 bis 1943 insgesamt 22 Eintragungen enthält. Festgehalten sind u.a. „unerwünschte Demonstrationen" bei seinen Firmungsreisen und „staatsfeindlich gehaltene Stellungnahmen". Über seine Predigten vom Juli und August 1941 heißt es, sie hätten „ausschliess-(lich) Angriffe auf den Staat und die NSDAP enthalten." Aus einer Eintragung vom 6. Dezember 1943 geht hervor, daß der Postverkehr des Bischofs überwacht wurde. Bedeutsamer noch ist

Abb. 19 Bischof Clemens August Graf von Galen unter Gläubigen (1936?)

der Vermerk über ein gegen den Bischof eingeleitetes Strafverfahren wegen eines Heimtückevergehens. Das Verfahren wurde aufgrund des Straffreiheitsgesetzes eingestellt, das nach der Rheinlandbesetzung erlassen worden war. Mit der Einleitung eines Strafverfahrens hatte man erstmals versucht, den Bischof auf einem in der breiten Öffentlichkeit akzeptierten Wege des Rechtsbruches zu überführen, wozu sich allerdings Vergehen gegen das schwammig formulierte Heimtückegesetz wenig eigneten.

Neben einem weiteren Strafverfahren, das gegen Bischof von Galen und den Vorsitzenden der Bischofskonferenz, Kardinal Bertram von Breslau, eingeleitet werden sollte[36], hat es ein bisher vollständig unbekanntes Strafverfahren gegeben, das bis zur Phase der Anklageerhebung verfolgt worden war. Die Unterlagen sind im ehemaligen Zentralen Staatsarchiv der DDR in Potsdam, der heutigen Außenstelle des Bundesarchivs gefunden worden.

Am 23. Mai 1938 hatte Bischof Clemens August anläßlich des 900. Todestages des Bischofs Godehard eine Festandacht in der überfüllten Godehardi-Kirche in Hildesheim gehalten und war bei dieser Gelegenheit auch auf die Vertreibung des Bischofs Sproll in Rottenburg eingegangen, der sein Bistum hatte verlassen müssen. Aus den Reihen der Kirchenbesucher ertönten daraufhin ‚Pfuirufe'.[37] Zwei Kriminalbeamte der Staatspolizeistelle Hildesheim hatten die Predigt überwacht, und die Gestapo war der Meinung, die Vorgänge in Rottenburg seien durch Bischof von Galen „tendenziös und irreführend" dargestellt worden.[38] Anstoß wurde daran genommen, daß Galen die Weigerung Sprolls, an der Volksabstimmung vom 10. April 1938 teilzunehmen, *nach* dessen Vertreibung und Rückkehr angesetzt hatte, obwohl Sprolls Weigerung der Anlaß für das Vorgehen des Regimes gegen ihn gewesen sei, woraus die Schlußfolgerung gezogen wurde, Galen habe „mit seiner Darstellung den Nationalsozialismus treffen"[39] wollen.

Nach Abschluß der Ermittlungen in Hildesheim wurde Bischof Clemens August von Galen vom Oberstaatsanwalt in Münster unter Vorhalt des Ermittlungsergebnisses vernommen. Dabei bestand der Bischof darauf, daß er den Vorgang zutreffend geschildert habe, denn es liege ihm vollständig fern, einen ihm bekannten Tatbestand absichtlich unrichtig wiederzugeben, „und er gebe anheim", dazu den Erzbischof in Paderborn und die Bischöfe von Hildesheim und Fulda zu vernehmen, die seine Predigt gehört hätten.[40] Dadurch brachte er das Reichsjustizministerium in einige Verlegenheit, so daß an den Reichskirchenminister die Nachricht ging, ein Strafverfahren gegen den Bischof könne nur dann in Erwägung gezogen werden, wenn seine Verurteilung „mit völliger Sicherheit zu erwarten ist". Da der Prozeß größtes Aufsehen erregen würde, und zwar im Inland wie im Ausland, könne ein Freispruch „nicht in Kauf genommen werden". Die Predigt war von einem 34jährigen Kriminaloberassistenten und einem 27 Jahre alten Kriminal-Angestellten nicht in der Kirche mitgeschrieben worden, sondern die beiden hatten sich anschließend in einer Gaststätte Notizen gemacht, was nach der Bewertung im Justizministerium „zu einer sicheren Überführung des Beschuldigten" nicht ausreiche, so daß man sich gezwungen sah, das Verfahren mangels Beweises einzustellen.

Vom Oberstaatsanwalt in Münster war Galen auch zu seinem Hirtenbrief vom 30. Juni 1938 über die Ausweisung des Bischöflichen Offizials in Vechta aus dem Land Oldenburg vernommen worden, doch lehnte er eine Erklärung dazu schlichtweg mit der Begründung ab, er glaube „sich genügend deutlich ausgesprochen zu haben". Im Justizministerium war man zwar der Meinung, Galen habe gegen den Paragraphen 130a des Strafgesetzbuches verstoßen[41], doch konnte man sich zur Einleitung eines Strafverfahrens nicht entschließen, weil eine weitere Erörterung der in dem Hirtenbrief[42] angesprochenen Schulverhältnisse in Oldenburg – in Goldenstedt, Landkreis Vechta, war es wegen der Einführung der Gemeinschaftsschule am 2. Mai 1938 zu einem Schulstreik gekommen[43] – sowie der Vorfälle in Rottenburg „kaum noch wünschenswert" erschien.[44]

IV. Zur Wirkungsgeschichte Galens

Wird das wirkungsgeschichtliche Konzept von Widerstand auf den Bischof Clemens August angewandt, so steht völlig außer Frage, daß er mit seinen Protesten und Predigten eine ungeheure Wirkung erzielt hat. Darüber war man sich während der NS-Zeit und in der Nachkriegszeit allgemein einig, rechnete man es ihm doch vor allem als Verdienst an, daß er durch seine Predigten und Proteste zur Beendigung der Euthanasie-Aktion beigetragen habe. Über die Wirkung der Protestaktionen des Bischofs liegt inzwischen umfangreiches Quellenmaterial vor, das noch nicht zureichend ausgewertet ist, nämlich in der Berichterstattung der Parteidienststellen, des Sicherheitsdienstes der SS und der Gestapo. In diesen Quellen finden sich vielfältige Belege für die Resonanz, die der Bischof von Galen im Volke fand, das natürlich in erster Linie das katholische Kirchenvolk war, aber der Bischof fand auch Zustimmung und Unterstützung in evangelischen Kreisen der Bekennenden Kirche. Einige Beispiele mögen dies beleuchten.

„(M)it Heilrufen und Händeklatschen" wurde der Bischof nach einer Marienfeier am 25. Mai 1935 auf dem Domplatz empfangen, berichtete die Staatspolizeistelle für den Regierungsbezirk Münster: „Die Rufe begleiteten ihn, bis er den Bischofspalast erreichte. Hierauf wurde aus der Menge in Sprechchören gerufen: ‚Wir wollen unseren Bischof sehen'. Der Bischof zeigte sich am Fenster und wurde wieder mit Heilrufen und Händeklatschen begrüßt. Er erteilte dann seinen Segen. Von den Anwesenden wurde mit der erhobenen rechten Hand gesungen: ‚Fest soll mein Taufbund immer steh'n'. Nach Absingen dieses Liedes wurde von Sprechchören wieder gerufen: ‚Wir wollen unsern Bischof sehen'. Der Bischof zeigte sich abermals am Fenster und erteilte wiederum den Segen. Die Anwesenden antworteten mit Heilrufen und Händeklatschen." Dann wurde das Lied ‚Großer Gott, wir loben Dich' gesungen, das Glaubensbekenntnis gesprochen, „und zwar mit der erhobenen rechten Hand", bis endlich der Bischof noch den Segen erteilte und zum Nachhausegehen aufforderte. Danach kam es zu Zusammenstößen zwischen Katholiken und Nationalsozialisten in der Innenstadt.[45]

Nach einer Bekenntnisstunde der Katholischen Jugend am 3. Juni 1936 im Dom zu Münster wurden dem Bischof auf dem Rückweg ins Palais „aus der Menge begeisterte Ovationen dargebracht mit lauten Heilrufen unter Erhebung der 3 Schwurfinger und unter Absingen des Bekenntnisliedes ‚Fest soll mein Taufbund immer stehn!'. Als der Bischof seine Wohnung betreten hatte, bildeten sich Sprechchöre, die wiederholt riefen: ‚Wir wollen unseren Bischof sehen'." In den Tumulten mit der Polizei wurden dann mehrere Personen wegen „Auflaufs bzw. Widerstandes" festgenommen und die Pfui-rufende Menge mit einem Wasserwerfer auseinandergetrieben.[46]

Als nach der Brandprozession 1936 die Polizei den Domplatz in Münster räumte, um ähnliche Vorkommnisse zu verhindern, drängte die Menge in den Dom. In dem

Bericht der Gauleitung heißt es: „Die Stimmung der anwesenden Menge stieg nunmehr auf das höchste. Der Dom selbst mit seinen Menschenmassen machte bei der nachfolgenden Rede den Eindruck eines Versammlungsraumes, bei der die Menge mit ‚Pfui- und Heilrufen' ihre Meinung öffentlich kundtat." Als der Bischof gegen eine Absperrung auf dem Domplatz protestierte und das Vertrauensverhältnis von Bischof und Kirchenvolk konstatierte, rief ihm die Menge „ein minutenlanges ‚Ja' entgegen, und an einzelnen Stellen im Dom begann man das Lied ‚Fest soll mein Taufbund ...' zu singen. Nachdem der Bischof abwinkte, fragte er wörtlich: ‚Können Euch solche Maßnahmen von Eurem Bischof trennen?' ‚Nie, Nie!' schrie die Menge. Minutenlange Heilrufe folgten darauf ... Die Begeisterung der Menge kannte keine Grenzen; man konnte Frauen beobachten, die durch das theatralische Benehmen des Bischofs bis ins Innerste gerührt waren. Sie weinten."[47]

Am 30. Mai 1937 predigte der Bischof im Dom vor 7-10000 Zuhörern.[48] Es ging um das Verbot der kirchlichen Presse, um die Nichteinhaltung des Konkordats, um die Schließung der Druckerei Regensberg wegen des Druckes der Enzyklika „Mit brennender Sorge" und um den Religionsunterricht. Die Predigt des Bischofs war bereits von Pfui-Rufen und Beifallskundgebungen begleitet. Über das Ende der Veranstaltung schrieb der V-Mann der Gestapo offenbar einigermaßen fassungslos: „Die Menge, die schon während der Ausführungen im Dom zu impulsiven Kundgebungen hingerissen worden war, ließ sich nunmehr von einem reinen Begeisterungstaumel treiben. Heil-Rufe wechselten mit dem Absingen von Kirchenliedern, und diese wurden wieder unterbrochen von Rufen wie ‚Heil und Treu-Heil unserem Bischof' unter Erheben des rechten Armes bzw. der drei Schwurfinger der rechten Hand. Soweit die Nahestehenden des Bischofs habhaft werden konnten, küßten sie sein Gewand. Das Ganze stellte sich als eine wogende und völlig führerlos gewordene Menschenmasse dar. Die Kundgebungen hielten auch noch längere Zeit an, nachdem der Bischof bereits sein Palais betreten hatte. Der Bischof machte seine Ausführungen anhand von Konzeptzetteln, die er während der Darlegungen offensichtlich wechselte. Ein genauer Worttext kann nicht vorgelegt werden, da eine besondere Aufnahme der Ausführungen unter den gegebenen örtlichen Verhältnissen, selbst nicht einmal durch Stenographieren, möglich ist, wenn man nicht den mitschreibenden Beamten der unmittelbaren persönlichen Gefährdung durch die Kirchenbesucher aussetzen will."[49]

Als der Bischof am 13. Juli 1941 in der Lamberti-Kirche gegen die Kloster-Enteignungen protestierte, kam es nach dem Bericht des Sicherheitsdienstes der SS „zu tumultartigen Szenen". Dem Bischof selbst kamen mehrfach die Tränen, und als er „an die Stelle kam, wo von der Beschlagnahme der Niederlassungen die Rede war, entstand unter den Kirchenbesuchern eine starke Erregung. Es wurde laut ‚Pfui' gerufen ... Die Kirche glich während des Vorlesens des Rundschreibens sowie der Ausführungen des Bischofs eher einem Versammlungsraum. Nach dem Verlassen der Kirche waren die Kirchenbesucher außerordentlich erregt."[50] Während der Predigt des Bischofs am 3. August 1941 gegen die Euthanasiemaßnahmen waren in der Lamberti-Kirche mehrfach „gewaltige Pfui-Rufe" zu hören.[51]

Die ausführlicheren Zitate vermögen einen gewissen Eindruck von der unmittelbaren Wirkung der Predigten und Hirtenbriefe Galens zu vermitteln. Es gibt viele weitere Belege für die weite Resonanz der Proteste Galens, für die Verbreitung seiner Gedanken, für das ungeheure Ansehen, das er durch seine Proteste und

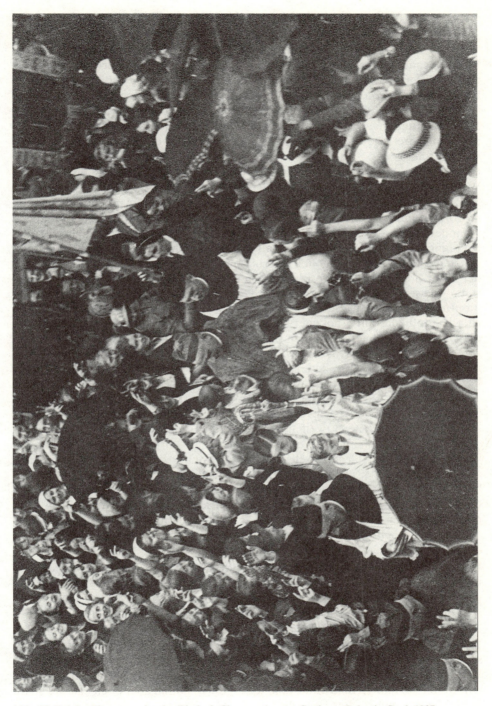

Abb. 20 Bei der Firmungsreise des Bischofs Clemens August Graf von Galen in Goch 1937

einige seiner Maßnahmen, mit denen er das Kirchenvolk über das Vorgehen des Regimes informierte, über die Konfessionsgrenzen hinaus genoß.[52]

'Wirkungen' Galens sind also vielfach nachzuweisen. Unter einem Regime, das die Massenbeeinflussung bis zu einem gewissen Grade perfektioniert und vor allem monopolisiert hatte, gelang es ihm, ebenfalls ‚Massen' zu bewegen und zu beeinflussen. Schon dies allein mußte das Regime als Begrenzung seiner Macht empfinden. Zur näheren Beschreibung der Qualität der Massenaufläufe und Beifallsbekundungen gibt ein Bericht des Polizeidezernenten der Stadt Münster aus dem Jahre 1936 wichtige Hinweise, aus dem daher etwas ausführlicher zitiert werden soll.

Früher sei es üblich gewesen, daß die Gläubigen am Rande des bischöflichen Weges vom Dom ins Palais niederknieten und ehrfurchtsvoll den Segen empfingen, schrieb der Dezernent und berief sich auf seine eigene Anschauung. „Schon im vorigen Jahre ist mir aufgefallen, daß sich das Bild gegenüber früher erheblich verändert hat ... Es handelt sich bei den jetzigen Vorgängen nicht mehr um eine Empfangnahme des Segens, es handelt sich nicht mehr um harmlose Kundgebungen in der Form von ehrenvollen Begrüßungen, wie ich sie z. B. vor 14 Tagen nach der Liboriprozession in Paderborn gesehen habe, sondern es handelt sich hier um stets wachsende fanatische kirchliche Demonstrationen. Rufe wie ‚Wir wollen unsern Bischof sehen', Beten des Glaubensbekenntnisses, das Absingen kirchlicher Kampflieder mit erhobener Schwurhand haben nichts mehr zu tun mit einer persönlichen Kundgebung für den Bischof."[53] Es ist kein Zufall, daß der Polizeidezernent gerade auf die Symbolhandlungen hinweist, denn den Zeitgenossen sprang natürlich sofort ins Auge, daß der Ruf „Wir wollen unseren Bischof sehen!" eine Parallele zu dem „Wir wollen unseren Führer sehen!" darstellte, der wohl meist spontan vor der Reichskanzlei oder dem Hotel erklang, wo Hitler sich gerade aufhielt. Die erhobene Schwurhand mit dem Bekenntnislied auf den Lippen hinterließ dann auch noch zweifellos einen tieferen Eindruck als der Hitlergruß mit dem Lied „Die Fahne hoch". Was sich in solchen Symbolhandlungen andeutete, war die katholische ‚Gegengesellschaft' zur nationalsozialistischen ‚Volksgemeinschaft', die ja auf der angeblich freiwilligen Zustimmung der Massen zum Führer beruhte, der „mit allen seinen Maßnahmen den Willen des Volkes" vollzog.[54] Wo diese Übereinstimmung sich freilich nicht von selbst einstellte, wurde sie erzeugt oder erzwungen. Wenn nun freiwillig und unter potentieller Gefährdung der eigenen Sicherheit Massen sich um einen anderen ‚Führer' scharten, so mußte dies als systemgefährdend eingestuft werden.

Unter den konkreten Auswirkungen der Proteste Galens, die selbst unter dem totalitären Regime zu einer nicht übersehbaren Mobilisierung der Öffentlichkeit geführt hatten, finden sich die greifbarsten Ergebnisse im Jahre 1941. Sein Protest hat zur Beendigung des sogenannten Klostersturms geführt und dazu beigetragen, daß die Morde an Geisteskranken im wesentlichen eingestellt wurden. Seine vielen anderen Proteste z. B. gegen die Einführung der sogenannten Deutschen Gemeinschaftsschule, gegen die Auflösung der katholischen Verbände, gegen die Beschneidung des Religionsunterrichts, gegen das Verbot der katholischen Presse usw. waren im äußerlichen Sinne nicht erfolgreich, hatten aber doch nachweisbare Wirkungen in mehrfacher Hinsicht.

So kam es zu einer Solidarisierung des katholischen Kirchenvolkes, aber auch über die Konfessionsgrenzen hinaus zu einer Solidarisierung derjenigen, die sich als

Christen verstanden. Damit war diese Gruppe der vollständigen Atomisierung zwecks besserer Beherrschung zumindest partiell entzogen, und ihr blieb eine Art staatsfreien Raumes erfahrbar, in dem der Totalitätsanspruch des Regimes nicht durchgesetzt werden konnte. Äußerlich sichtbar war dies vor allem bei den Glaubensdemonstrationen und bei den Massenaktionen, als z. B. 1939 mit Unterschriftslisten auf örtlicher Ebene und durch Handaufheben in den Kirchen auf Bistumsebene gegen die Einführung der Gemeinschaftsschule protestiert wurde und Galen an Hitler schreiben konnte, daß von 824 122 erwachsenen Kirchenbesuchern sich 813 471, also 98,7 %, für die Erhaltung der Konfessionsschule ausgesprochen hätten.[55] Erlebbar wurde die Solidarität der Gutgesinnten auch bei konspirativen Formen der Weitergabe von Abschriften der Predigten Galens aus dem Sommer 1941, die ebenfalls weit über den Kreis der Katholiken hinaus erfolgte.

Galens öffentliche Proteste und deren Weitergabe praktisch durch ganz Europa führten dazu, daß Sachverhalte in die Öffentlichkeit gelangten und eine, wenn auch versteckte Diskussion in Gang kam, die das Meinungsmonopol des Regimes durchbrach. Während es bis 1935 noch möglich war, die Predigten und Hirtenbriefe auch über die Presse zu verbreiten, war man danach auf die mündliche Weitergabe angewiesen. Galen unternahm jedoch auch gezielte Informationsaktionen, wenn er sich z. B. nicht, wie der Kölner Kardinal Schulte, scheute, die von katholischen Wissenschaftlern erarbeiteten „Studien zum Mythus des XX. Jahrhunderts" zu veröffentlichen[56], die wichtigsten Schriftstücke der oldenburger Kreuzkampfaffäre im Kirchlichen Amtsblatt abzudrucken[57] und die Enzyklika „Mit brennender Sorge" in vielen tausend Exemplaren, weit mehr als in anderen Diözesen, drucken und verbreiten zu lassen.[58]

Mit öffentlich vorgebrachten Argumentationen zu Behauptungen und Maßnahmen der Nationalsozialisten lieferte der Bischof seinen Zuhörern ein Muster dafür, wie man im nationalsozialistischen „Doppelstaat" (Fraenkel) eine gewisse Absicherung auch für systemwidriges Verhalten erreichen konnte. So heißt es in einer Kanzelabkündigung vom 1. Februar 1942: „Und weil ich auf schriftliche Eingaben u. ä. nie eine Antwort erhielt, deshalb habe ich meine Anliegen vor der Öffentlichkeit vorgetragen (Bravo-Rufe) ... Denjenigen aber, die mir das Recht verwehren möchten, mich an die Öffentlichkeit zu wenden, halte ich die Worte des Führers Adolf Hitler in seinem Buch ‚Mein Kampf', Seite 399, entgegen. Hier heißt es: ‚Ein Mensch, der eine Sache weiß, eine gegebene Gefahr kennt, die Möglichkeit einer Abhilfe mit seinen Augen sieht, hat die verdammte Pflicht und Schuldigkeit, nicht im ‚stillen' zu arbeiten, sondern vor aller Öffentlichkeit gegen das Übel auf- und für seine Heilung einzutreten. Tut er das nicht, dann ist er ein pflichtvergessener elender Schwächling, der entweder aus Feigheit versagt oder aus Faulheit und Unvermögen ...' Nicht anders habe ich gehandelt."[59] Ähnlich verhält es sich mit der Bekanntgabe von Rechtspositionen, die aus dem Reichskonkordat herzuleiten waren oder auch aus den staatsrechtlichen Regelungen im Bereich des Schulwesens, die formalrechtlich weiterbestanden.

Wenn Bischof Clemens August Graf von Galen auch nicht darin erfolgreich war, den deutschen Episkopat zu einer Strategie zu bewegen, mit der durch den Appell an die Öffentlichkeit eine ‚Front aller rechtlich denkenden Menschen' zusammenzubringen war, die für die Einhaltung der – in seinem Verständnis naturrechtlich begründeten – Menschenrechte eintrat, so hat er diesen Weg doch selbst bewußt und konsequent durch seine „Flucht in die Öffentlichkeit" beschritten.[60] Galen ist es bis zu einem gewissen Grade tatsächlich gelungen, eine, wenn auch ‚heimliche Front' dieser Art zu schaffen.

V. Religion und Politik

Der Abschluß des Reichskonkordats durch die Regierung Hitler hatte innenpolitisch ursprünglich vor allem das Ziel, den politischen Katholizismus auszuschalten, also durch das Verbot politischer Betätigung für Geistliche der Zentrumspartei das Rückgrat zu brechen. Dann war es schneller als erwartet gelungen, die politischen Parteien auszuschalten, doch blieb in den Augen des Regimes der ‚politische Katholizismus' als ein ernstzunehmender Gegenspieler erhalten. Schon im Sommer 1934 konstatierte die Gestapo „offensichtliche Oppositionsstimmung in der katholischen Bevölkerung"[61] und sah sehr deutlich die Schwierigkeit, gegen solche Formen ein angemessenes Instrumentarium zu entwickeln. Die staatlichen Machtmittel und die Kampf- und Zwangsmittel der Partei jedenfalls schienen für diese Auseinandersetzung ungeeignet, so daß man eher glaubte, „nur durch geistige und weltanschauliche Überlegenheit nachhaltige Erfolge erringen" zu können.[62] Aber gerade in der geistigen Auseinandersetzung entwickelten sich die Dinge nicht wie gewünscht, denn im Herbst 1934 sprach die Gestapo schon davon, daß „Ansätze zu einer geistigen Widerstandsfront" zu beobachten seien, die sich aus der Stärkung des Selbstbehauptungswillens der „unter dem Einfluß des politischen Klerus stehenden katholischen Bevölkerung" entwickelt hätten.[63] Und im Frühjahr 1935 war nach Ansicht der Gestapo bereits der Zeitpunkt erreicht, wo die Ablehnung der nationalsozialistischen Ideen im Kirchenvolk zu einer „Ablehnung des heutigen Staates, seiner leitenden Persönlichkeiten und der Bewegung" umzuschlagen begannen und dieser Prozeß in der Bevölkerung bereits als ein neuer „Kulturkampf" angesehen wurde, „den der Staat ebenso wie alle vorhergehenden verlieren werde."[64] Im September des gleichen Jahres stellte die Gauleitung Westfalen-Nord fest: „Es kann wohl angenommen werden, daß bei einem offen aufbrechenden Konflikt zwischen Kirche und Staat sich die Mehrzahl der Bevölkerung auf die Seite der Kirche stellen wird."[65] Insofern sah man diese Auseinandersetzung „sich mehr und mehr zu einer ernsten Gefahr für den nationalsozialistischen Staat" entwickeln.[66]

Als sich der Bischof im Januar 1936 von der Domkanzel gegen einen Artikel in der „HJ", dem amtlichen Organ der Reichsjugendführung, verwahrte, sagte er u. a.: „Man wird über meine heutigen Worte hier sagen, ich treibe Politik auf der Kanzel. Aber nicht wir tragen die Politik ins Gotteshaus. Ich wehre nur jene ab, die unter politischem Vorwand gegen die Kirche hetzen, die die Religion in die Politik hineinzerren!"[67] In der Tat war es so, daß Partei- und Staatsstellen Galens Predigten und Hirtenbriefe und natürlich ihre Auswirkungen als *politische* Aktionen einstuften. Der Bischof habe „in einer Kirche eine lange Ansprache größtenteils politischen Inhalts gehalten, während der aus der Menge Pfui-Rufe ertönten, die der Staatsregierung galten", berichtete der Oberlandesgerichtspräsident von Hamm im Mai 1937 dem Reichsjustizminister.[68] Bezüglich der „politischen Auswirkung der Ausführungen des Bischofs" wies die Staatspolizeistelle darauf hin, daß sich unter den auswärtigen Autos „unter anderem auch 12 holländische Kraftwagen befunden haben."[69] Die Predigt vom Januar 1936 ist auch deshalb von Interesse, weil sich der Bischof gegen einen Artikel in dem amtlichen Organ der Reichsjugendführung wandte, der unter der Überschrift „Krummstab, Kommune und Kaiserkrone" die Katholiken und die katholische Kirche bezichtigte, mit dem Kommunismus zusammenzuarbeiten oder ihm in die Hände zu spielen. Galen verwahrte sich im März 1938 in einer anderen Predigt ausdrücklich dagegen, daß im Völkischen Beobachter, im Stürmer und in Organen der deutschen Glaubensbewegung behauptet wurde, die Kirche paktiere mit dem Kommunismus.[70] Selbst durch staatliche Verordnungen wurde diese Verbindung nahegelegt, wenn beispielsweise das Verbot des Kirchlichen Amtsblattes für die Diözese Münster auf die Verordnung „Zum Schutz von Volk und Staat" vom 28. Februar 1933 gestützt wurde, das Verbot des Amtsblattes also ebenso wie das Verbot kirchlicher Vereine „wegen kommunistischer hochverräterischer Betätigung" erfolgte.[71] Es ist hier weniger von Belang, ob es sich um eine tatsächliche Zusammenarbeit von Katholiken und Kommunisten handelte, die es nur in Ausnahmefällen gab. Wichtig für unseren Zusammenhang ist es, daß die nicht anpassungsbereiten Katholiken – häufig in einem Atemzug – mit Juden und Kommunisten als ‚Staatsfeinde' apostrophiert und angeklagt wurden. Der Oberbürgermeister von Münster schrieb 1941, daß der Bischof „seit seiner Einweisung im Jahre 1934 (!) ununterbrochen eine staatsfeindliche Haltung bekundet" habe.[72]

Als Galen im Sommer 1941 gegen Klosterenteignungen und Euthanasie predigte und seine Predigten und Proteste dann auch noch von der englischen Flugblattpropaganda und von feindlichen Rundfunksendern verbreitet wurden, war sich das Regime in seiner Beurteilung vollends sicher. Nun hatte er tatsächlich „dem Staat brutal den Krieg" erklärt, wie man aus Parteikreisen hören konnte.[73] Galen selbst rief seinen Zuhörern am 1. Februar 1942 in der Lamberti-Kirche zu: „Ich selbst bin, ihr wißt es, ... in Zeitungsartikeln und in Versammlungen als Landesverräter und Staatsfeind beschimpft worden."[74]

Die Kreisleiter des Gaues Westfalen-Nord waren „einheitlich der Überzeugung, daß gegen den Bischof von Münster im Interesse der Staats- und Parteiautorität eingeschritten werden müßte."[75] Gauleiter Meyer plädierte dringend für eine Verhaftung Galens „zur Wiederherstellung der Autorität von Partei und Staat, zur Verhinderung der weiteren Zersetzung der inneren und äußeren Front, zur Verhinderung vor allen Dingen, daß Wehrmacht, Partei und Staat in ernsten Gegensatz gebracht werden und nicht zuletzt des Auslandes wegen."[76] Er schlug einen Zeitpunkt zur Verhaftung des Bischofs vor, „in dem Siegesnachrichten das Volk in eine Hochstimmung versetzen und der Fall des Bischofs von Galen überschattet wird durch das große Zeitgeschehen", nur wollte er keine Prognose wagen, ob da nicht ein offener Kampf mit der katholischen Kirche ausbräche.[77] Goebbels notierte denn auch: „Hoffentlich bietet eine günstige Entwicklung des Ostfeldzuges bald die Möglichkeit dazu" und hielt Hitlers Beurteilung fest, der „den Bischof Galen ... auf dem Kieker" habe. Goebbels legte sich für die Abrechnung nach dem Krieg eine „Mappe Graf Galen" an, denn der Führer wollte im Innern keine Risiken eingehen und Galen, der „komplette Landesverräter", sollte erst nach dem Endsieg zur Verantwortung gezogen werden. Hitler selbst drohte an, „daß nach Beendigung des Krieges mit ihm auf Heller und Pfennig abgerechnet werde" und „ihm bei dieser Abrechnung kein Tüpfelchen vergessen werde."[78] Propagandaminister Goebbels hat die Wirkung der Aktionen Galens so beschrieben: Man könne ganz Westfalen für den Kriegseinsatz abschreiben, wenn man jetzt gegen den Bischof vorging. Daraus zog er die Schlußfolgerung, „(m)an dürfe eine Rache nie heiß genießen, sondern kalt. In der Politik müsse man warten können"[79]. So ist die Tatsache, daß Galen unbehelligt blieb, obwohl – wie es in einer Vorlage des Propagandaministeriums hieß – „es im Augenblick ... nur ein wirksames Mittel" gegen ihn gäbe, „nämlich den Bischof aufzuhängen"[80], der eindeutigste Beleg dafür, daß Galen die Möglichkeiten des Regimes und seiner Herrschaft beschränkte und eindämmte.

Ein anderer wichtiger Beleg für die politische Qualität seines Wirkens liegt in der volksdiplomatischen Verwendung seiner Predigten und Proteste durch die Engländer[81], die das deutsche Volk über Radio London damit konfrontierten und zudem Flugblätter mit seinen Predigten und Protesten abwarfen, um den Durchhaltewillen der Deutschen zu beeinträchtigen. Galen, der nach Goebbels Worten in der „Auslandspresse als einer der Hauptkronzeugen gegen uns zitiert" wurde[82], hatte mit seinen Protesten und Predigten Argumente geliefert, die die Kriegsgegner benutzen wollten, um die Moral der Deutschen zu untergraben und die Konsistenz des deutschen sozio-politischen Systems überhaupt in Frage zu stellen. Dem Bischof selbst war dies „in tiefster Seele widerwärtig"[83], und es traf ihn sehr, wenn ihm von seiten der Partei Zersetzung und eine „Dolchstoßpolitik" vorgeworfen wurde, mit der er den Feind auf innere Schwierigkeiten aufmerksam mache.[84] Nach Galens Worten im Hirtenbrief vom 16. April 1939 lehnen Christen „grundsätzlich jede gesetzwidrige Revolution und jede gewaltsame Auflehnung gegen die Obrigkeit ab". Allerdings bedeutete dies nach seiner Ansicht nicht, daß man allen Maßnahmen zustimmen müsse und sich in Zukunft damit abzufinden habe.[85] Damit wird die oben geschilderte Unterscheidung von Widerstandshandlungen nach ihren Motiven und ihren Wirkungen praktisch. Galens Protesten lag nicht der politische Umsturz als Motiv zugrunde. Allerdings hat er mit seinen Protesten nachhaltige politische Wirkungen erzielt. Galens öffentliches Eintreten für Religionsfreiheit, Recht und Menschenwürde war somit zu einer *politischen* Aktion geworden. Im Laufe der Jahre war dieser Übergang vom Religiösen zum Politischen selbst kirchlichen Kreisen deutlich geworden, und in der Tat ließ sich auch im theologischen Verständnis Religiöses und Politisches nicht trennen, vor allem nicht in einem totalitären Regime, das die Kontrolle aller Lebensbereiche beanspruchte und alle nicht kontrollierten oder kontrollierbaren Aktionen zu politischen Aktionen werden ließ. So sind ‚totaler Staat' und Widerstand untrennbar aufeinander bezogen. Konrad Repgen hat auf diesen Zusammenhang aufmerksam gemacht: „Wer vom Totalitarismus nicht reden will, muß vom Widerstand schweigen!"[86]

Bischof von Galen dürfte dieser Zusammenhang durchaus bewußt gewesen sein, hat er doch mit „Staatsallmacht" das beschrieben, was sich nun zum Totalitarismus potenzierte. „Der Staat ist Alles, der Einzelmensch ist nichts", hatte er 1919 geschrieben[87], ein Wort, das nun der offiziellen Ideologie genau entsprach: ‚Du bist nichts, Dein Volk ist alles.' Damals, nach dem Zusammenbruch des Deutschen Reiches als Ergebnis des Ersten Weltkrieges hatte Galen eine politische Kritik der Verhältnisse in Preußen geschrieben, die seit 1933 immer mehr zu einer Prophetie des sogenannten Dritten Reiches wurde. Wenn er damals als Folgen preußischer Allmacht Einheitsstaat, Einheitsschule, Einheitssteuern, Einheitsarbeitstag konstatierte und diese wiederum als Indizien des Verfalls ansah und gegen einen Staat polemisiert hatte, der auch noch eine „Einheitsreligion" und einen „Einheitsarbeitgeber und Brotherrn" hätte schaffen wollen, dann stünden ihm die Folgen für das Deutsche Volk klar vor Augen: „Dann fehlt nur noch die Einheitskost und die

Einheitskleidung, und das deutsche Haus ist ein Zuchthaus"[88]. Auch 1919 hatte er als Ursache des politischen Zusammenbruchs die Abwendung von den Prinzipien des Naturrechts konstatiert. Forderte er nun im nationalsozialistischen Deutschland das Naturrecht ein, so mußte dies notwendig wiederum politische Folgen haben.

Auf die eingangs formulierten Fragen läßt sich zusammenfassend sagen, daß Bischof Clemens August Graf von Galen unzweifelhaft Widerstand gegen den Nationalsozialismus geleistet hat, ganz gleich, welches Konzept von Widerstand zugrunde gelegt wird. Seine öffentlichen Proteste sind im Rahmen des Stufenkonzepts im Übergang zum aktiven Widerstand einzuordnen, weil sie eben mehr als eine partielle Gegnerschaft zum Regime bedeuteten, von dessen Repräsentanten selbst die Proteste als systemgefährdend empfunden wurden. Weil das NS-Regime die naturrechtlichen Normen mißachtete, rüttelte es „an den Tragpfeilern, auf denen die Gemeinschaft ruht, und gefährdet damit Ruhe, Sicherheit, ja den Bestand der Gemeinschaft selbst", wie es in der Enzyklika „Mit brennender Sorge" hieß. Wurde also von kirchlicher Seite die Beachtung der Normen des Naturrechts eingefordert, wie dies Bischof von Galen unter überwältigender Zustimmung großer Teile der Bevölkerung immer wieder tat, dann bedeutete dies – und wurde so empfunden –, daß auch das Regime selbst abzulehnen war. Insofern ergab sich aus dem „traditionellen Selbstverständnis ein ‚politisches Mandat' der Kirche"[89]. Unter dem wirkungsgeschichtlichen Ansatz betrachtet, haben Galens Protestaktionen an den Grundfesten des Regimes gerüttelt, indem sie dazu beitrugen, diesem die Unterstützung breiter Kreise der Bevölkerung zu entziehen, zunächst im geistig-moralischen Sinne, aber auch im konkreten Handeln. Daß dieses Handeln zum überwiegenden Teil leidendes Aushalten war, hat der Bischof in einem ausdrucksstarken Bild in seiner Predigt in der Überwasserkirche zu Münster am 20. Juli 1941 beschrieben: „Was auf dem Amboß geschmiedet wird, erhält seine Form nicht nur vom Hammer, sondern auch vom Amboß. Der Amboß kann nicht und braucht auch nicht zurückzuschlagen, er muß nur fest, nur hart sein! Wenn er hinreichend zäh, fest, hart ist, dann hält meistens der Amboß länger als der Hammer. Wie heftig der Hammer auch zuschlägt, der Amboß steht in ruhiger Festigkeit da, und wird noch lange dazu dienen, das zu formen, was neu geschmiedet wird."[90]

Anmerkungen

1 Neue Westfälische Zeitung vom 28.12.1945.
2 Die Zeit vom 28.3.1946.
3 The New York Times vom 8.6.1942.
4 Vgl. Johann Neuhäusler: Kreuz und Hakenkreuz. Der Kampf des Nationalsozialismus gegen die katholische Kirche und der kirchliche Widerstand, München ²1946, 1. Teil, S. 106f., 146, 216; 2. Teil, S. 16f., 257f., 364f., 369.
5 Vgl. Heinrich Portmann: Kardinal von Galen. Ein Gottesmann seiner Zeit, Münster 1948 (18. Aufl. 1986); Heinrich Portmann: Der Bischof von Münster. Das Echo eines Kampfes für Gottesrecht und Menschenrecht, Münster 1946; Max Bierbaum: Nicht Lob, nicht Furcht. Das Leben des Kardinals von Galen nach unveröffentlichten Briefen und Dokumenten, Münster 1955 (9. Aufl. 1984).
6 Z.B. Gottfried Hasenkamp: Der Kardinal. Taten und Tage des Bischofs von Münster Clemens August Graf von Galen. Ein Lebensumriß, Münster 1957 (3. Aufl. 1987).

7 Georg Denzler: Widerstand oder Anpassung? Katholische Kirche und Drittes Reich, München 1984, S. 79.
8 Vgl. Arno Herzig: Judentum und Emanzipation in Westfalen, Münster 1973, S. 142f.
9 Vgl. Reinhold Schmidt: Der Kardinal und das 3. Reich. Legende und Wahrheit über Kardinal von Galen, Münster ³1978, S. 18; Herbert Klein: Ein ‚Löwe' im Zwielicht – Der Bischof von Galen und die katholische Opposition gegen den Nationalsozialismus. In: Hans-Günter Thien/Hanns Wienold (Hrsg.): Münster – Spuren aus der Zeit des Faschismus (Arbeitshefte zur materialistischen Wissenschaft 19), Münster 1983, S. 72f.; Stefan Rahner/Franz-Helmut Richter/Stefan Riese/Dirk Stelter: „Treu deutsch sind wir – wir sind auch treu katholisch." Kardinal von Galen und das Dritte Reich, Münster 1987.
10 Vgl. Marie-Corentine Sandstede-Auzelle/Gerd Sandstede: Clemens August Graf von Galen. Bischof von Münster im Dritten Reich, Münster 1986.
11 Klaus Scholder: Politischer Widerstand oder Selbstbehauptung als Problem der Kirchenleitungen. In: Jürgen Schmädeke/Peter Steinbach (Hrsg.): Der Widerstand gegen den Nationalsozialismus. Die deutsche Gesellschaft und der Widerstand gegen Hitler, München/Zürich ²1986, S. 254.
12 Heinz Hürten: Selbstbehauptung und Widerstand der katholischen Kirche. In: Schmädeke/Steinbach (wie Anm. 11), S. 240.
13 Rudolf Morsey: Clemens August Kardinal von Galen. Bischöfliches Wirken in der Zeit der Hitler-Herrschaft, Düsseldorf 1987, S. 25.
14 Ulrich von Hehl (Bearb.): Priester unter Hitlers Terror. Eine biographische und statistische Erhebung, Mainz ²1985, S. XXXIII.
15 Z.B. Ernst Schmidt: Lichter in der Finsternis: Widerstand und Verfolgung in der NS-Zeit 1933-1945, Frankfurt/M. 1980; Widerstand und Verfolgung in Köln 1933-1945, Ausstellungskatalog des Historischen Archivs der Stadt Köln, Köln 1984; Widerstand und Verfolgung in der Stadt Dortmund 1933-1945, Ausstellungskatalog, Dortmund 1981; Brigitte Galanda: Widerstand und Verfolgung in Oberösterreich, Wien 1982; Kurt Klotzbach: Gegen den Nationalsozialismus. Widerstand und Verfolgung in Dortmund 1930-1945, Hannover 1969 u. a. m.
16 Klaus Gotto/Hans Günter Hockerts/Konrad Repgen: Nationalsozialistische Herausforderung und kirchliche Antwort. Eine Bilanz. In: Klaus Gotto/Konrad Repgen (Hrsg.): Kirche, Katholiken und Nationalsozialismus, Mainz 1980, S. 103.
17 Martin Broszat: Resistenz und Widerstand. Eine Zwischenbilanz des Forschungsprojekts. In: Ders. u. a. (Hrsg.): Bayern in der NS-Zeit, Bd. IV: Herrschaft und Gesellschaft im Konflikt, München/Wien 1981, S. 697/698.
18 Vgl. Joachim Kuropka: Widerstand gegen den Nationalsozialismus in Münster. Neuere Forschungen zu einigen Problemfeldern. In: Westfälische Zeitschrift 137 (1987), S. 159.
19 Gotto/Hockerts/Repgen (wie Anm. 16), S. 103.
20 Galen an Berning vom 26.5.1941. In: Ludwig Volk (Bearb.): Akten deutscher Bischöfe über die Lage der Kirche 1933-1945, Bd. V: 1940-1942, Mainz 1983, S. 363; vgl. Ludwig Volk: Clemens August Graf von Galen. Schweigen oder Bekennen? Zum Gewissensentscheid des Bischofs von Münster im Sommer 1941. In: Stimmen der Zeit 194 (1976), S. 219-224.
21 Hirtenbrief vom 26.3.1934. In: Peter Löffler (Bearb.): Bischof Clemens August Graf von Galen. Akten, Briefe und Predigten 1933-1946, 2 Bde. (im weiteren als Löffler I und Löffler II zitiert), Mainz 1988, hier Bd. I, S. 68.
22 Denkschrift Galens an Faulhaber vom 31.7.1937, Löffler I, S. 555.
23 Von Hehl (wie Anm. 14), S. XXXIX.
24 Vgl. Bericht der Staatspolizeileitstelle Münster vom 31.5.1937. In: Joachim Kuropka (Bearb.): Meldungen aus Münster 1924-1944. Geheime und vertrauliche Berichte von Polizei, Gestapo, NSDAP und ihren Gliederungen, staatlicher Verwaltung, Gerichtsbarkeit und Wehrmacht über die politische und gesellschaftliche Situation in Münster, Münster 1992, S. 495ff.
25 Vgl. Willi Baumann/Peter Sieve: Konflikte zwischen Kirche und Nationalsozialismus in Friesoythe 1936/37. In: Joachim Kuropka (Hrsg.): Zur Sache – Das Kreuz! Untersuchungen zur Geschichte des Konflikts um Kreuz und Lutherbild in den Schulen Oldenburgs, zur Wirkungsgeschichte eines Massenprotests und zum Problem nationalsozialistischer Herrschaft in einer agrarisch-katholischen Region, Vechta ²1987, S. 171ff.; vgl. auch den Beitrag von Rudolf Willenborg in diesem Band.
26 Vgl. Göring an Galen vom 5.3.1942, Löffler II, S. 938/939.
27 Vgl. Lagebericht des Chefs des Sicherheitsamtes des Reichsführers SS für Mai/Juni 1934. In: Kuropka (wie Anm. 24), S. 430.
28 Der Begriff entstammt Rosenbergs Entgegnungsschrift zu den von katholischen Wissenschaftlern erarbeiteten und von Bischof von Galen veröffentlichten „Studien zum Mythus des XX.

Jahrhunderts", die den Titel trug: „An die Dunkelmänner unserer Zeit. Eine Antwort auf die Angriffe gegen den ‚Mythus des 20. Jahrhunderts'", München 1935.
29 Kuropka (wie Anm. 24), S. 573; Dokumentation Galens (undadiert), Erzbischöfliches Archiv München, Akten Kardinal Faulhaber, Nr. 3305.
30 Kuropka (wie Anm. 24), S. 445.
31 Lagebericht der Staatspolizeistelle für den Regierungsbezirk Münster für Juni 1935. Ebd., S. 444.
32 Joachim Kuropka: Vom Antisemitismus zum Holocaust. Zu Vorgeschichte und Folgen des 9. November 1938 unter Berücksichtigung der Stadt Münster. In: Westfälische Zeitschrift 140 (1990), S. 202.
33 Vgl. Bericht der Staatspolizeileitstelle Münster vom 15.12.1938. In: Kuropka (wie Anm. 24), S. 511; Portmann: Kardinal von Galen (wie Anm. 5), S. 163.
34 Ebd., S. 166.
35 Reproduktion bei Joachim Kuropka: Clemens August Graf von Galen. Das Bild des Bischofs zwischen zeitgenössischer Bewunderung und neuerer Kritik. In: Joachim Kuropka/Willigis Eckermann (Hrsg.): Oldenburger Profile, Cloppenburg 1989, S. 100-102.
36 Vgl. den Beitrag von Rudolf Willenborg in diesem Band.
37 Staatspolizeistelle Hildesheim an Geheimes Staatspolizeiamt Berlin vom 23.5.1938, Bundesarchiv Potsdam (im weiteren BA Potsdam), 51.01 RKM 22 231.
38 Gestapo Berlin an Reichsminister für die kirchlichen Angelegenheiten vom 27.6.1938, ebd.
39 Bericht an den Reichsminister der Justiz vom 15.7.1938, ebd.
40 Der Reichsminister der Justiz an den Reichsminister für die kirchlichen Angelegenheiten vom 19.12.1938, ebd.
41 Beim § 130a StGB handelt es sich um den zur Zeit des Kulturkampfes eingeführten und bis 1953 in Geltung befindlichen sogenannten Kanzelparagraphen, der die Verkündigung oder Erörterung von Angelegenheiten des Staates „in einer den öffentlichen Frieden gefährdenden Weise" mit Gefängnis oder Festungshaft bis zu 2 Jahren bedrohte.
42 Löffler I, S. 636f; der Hirtenbrief stammte nicht, wie das Reichsjustizministerium schrieb, vom 7.7.1938, sondern vom 30.6.1938 und war am 3.7.1938 im oldenburgischen Teil der Diözese Münster verlesen worden.
43 Vgl. Walter Schultze: Kreuzkampf und Schulkampf in der Gemeinde Goldenstedt. In: Kuropka (wie Anm. 25), S. 134/35.
44 Wie Anm. 40.
45 Vgl. Bericht der Staatspolizeistelle für den Regierungsbezirk Münster vom 7.6.1935. In: Kuropka (wie Anm. 24), S. 442f.
46 Stimmungs- und Lagebericht der NSDAP-Gauleitung Westfalen-Nord für Juni 1936. Ebd., S. 467.
47 Ebd., S. 468f.; Text der Predigt bei Löffler I, S. 403ff.
48 Vgl. Text der Predigt bei Löffler I, S. 526ff.
49 Bericht der Staatspolizeileitstelle Münster vom 31.5.1937. In: Kuropka (wie Anm. 24), S. 497/98.
50 Bericht des Inspekteurs der Sicherheitspolizei und des SD vom 31.7.1941. Ebd., S. 531/532.
51 Bericht des Abteilungsleiters für Propaganda an den Reichspropagandaminister Dr. Goebbels vom 12.8.1941. Ebd., S. 538.
52 Vgl. Heinz Hürten (Bearb.): Deutsche Briefe 1934-1938. Ein Blatt der katholischen Emigration, Bd. II: 1936-1938, Mainz 1969, Nr. 121 vom 15.1.1937, S. 531.
53 Bericht des Polizeidezernenten der Stadt Münster vom 4.8.1936. In: Kuropka (wie Anm. 24), S. 478.
54 Hürten (wie Anm. 52), Nr. 116 vom 11.12.1936, S. 492.
55 Vgl. Schreiben vom 8.3.1939, Löffler II, S. 709/710.
56 Als amtliche Beilage zum Kirchlichen Amtsblatt für die Diözese Münster, Oktober 1934; vgl. Ulrich von Hehl: Katholische Kirche und Nationalsozialismus im Erzbistum Köln 1933-1945, Mainz 1977, S. 88.
57 Vgl. Rudolf Willenborg: Zur Rezeptionsgeschichte des Kreuzkampfes im Deutschen Reich und im Ausland. In: Kuropka (wie Anm. 25), S. 337.
58 Vgl. Löffler I, S. 496f; Maria Anna Zumholz: Clemens August Graf von Galen und der deutsche Episkopat 1933 bis 1945, in diesem Band.
59 Bericht der Staatspolizeileitstelle Münster an den Regierungspräsidenten und die NSDAP-Gauleitung Westfalen-Nord vom 1.2.1942. In: Kuropka (wie Anm. 24), S. 559f.; Text der Predigt bei Löffler II, S. 931ff.
60 Vgl. Zumholz (wie Anm. 58).
61 Lagebericht der Staatspolizeistelle für den Regierungsbezirk Münster für Juli 1934. In: Kuropka (wie Anm. 24), S. 431.

62 Lagebericht der Staatspolizeistelle für den Regierungsbezirk Münster für August 1934. Ebd., S. 433.
63 Lagebericht der Staatspolizeistelle für den Regierungsbezirk Münster für Oktober 1934. Ebd., S. 435.
64 Lagebericht der Staatspolizeistelle für den Regierungsbezirk Münster für April 1935. Ebd., S. 439.
65 Tätigkeits- und Stimmungsbericht der NSDAP-Parteikanzlei für September 1935. Ebd., S. 457.
66 Lagebericht der Staatspolizeistelle für den Regierungsbezirk Münster für Juli 1935. Ebd., S. 454.
67 In einem Zusatz bei der Verlesung des Hirtenbriefs des Deutschen Episkopats vom 9.1.1936 am 26.1.1936, Bericht der Staatspolizeistelle für den Regierungsbezirk Münster für Januar 1936. Ebd., S. 463.
68 Lagebericht des Oberlandesgerichtspräsidenten an den Reichsminister der Justiz vom 5.5.1937. Ebd., S. 492/493.
69 Bericht der Staatspolizeileitstelle Münster vom 31.5.1937. Ebd., S. 495.
70 Vgl. Bericht der Staatspolizeileitstelle Münster vom 7.3.1938. Ebd., S. 502/503; Text der Predigt vom 6.3.1938 bei Löffler I, S. 603ff.
71 Vgl. Hirtenbrief Galens vom 11.11.1937, Löffler I, S. 575.
72 Oberbürgermeister an Oberpräsidenten vom 30.7.1941, Staatsarchiv Münster (im weiteren StAMS), Oberpräsidium, Nr. 5310.
73 Bericht des Inspekteurs der Sicherheitspolizei und des SD vom 25.9.1941, Bistumsarchiv Münster, Fremde Provenienzen A 1.
74 Predigt vom 1.2.1942, Löffler II, S. 933; zu Beispielen vgl. Löffler II, S. 913/14.
75 Gauleiter Meyer an Bormann vom 23.9.1941, StAMS, Oberpräsidium, Nr. 5310.
76 Meyer an Bormann vom 23.8.1941, ebd.
77 Meyer an Bormann vom 13.8.1941 und an Goebbels vom 27.8.1941, ebd.
78 Zit. nach Hans Günter Hockerts: Die Goebbels-Tagebücher 1932-1941. Eine Hauptquelle zur Erforschung der nationalsozialistischen Kirchenpolitik. In: Dieter Albrecht u.a. (Hrsg.): Politik und Konfession. Festschrift für Konrad Repgen zum 60. Geburtstag, Berlin 1983, S. 389; Henry Picker: Hitlers Tischgespräche im Führerhauptquartier, Stuttgart ³1977, S. 416.
79 Vorlage Tiesslers, Propagandaministerium, vom 13.8.1941 für Bormann über ein Gespräch mit Goebbels. Zit. nach Portmann: Der Bischof von Münster, S. 195; vgl. Löffler II, S. 891/92.
80 Portmann (wie Anm. 79), S. 194.
81 Vgl. Dieter Schröder: Die Volksdiplomatie, Den Haag 1972.
82 Hockerts (wie Anm. 78), S. 389.
83 Predigt vom 1.2.1942, Löffler II, S. 933.
84 Wie Anm. 73.
85 Vgl. Löffler II, S. 719.
86 Konrad Repgen: Das Wesen des christlichen Widerstandes. Prolegomena. In: Wolfgang Frühwald/Heinz Hürten (Hrsg.): Christliches Exil und christlicher Widerstand. Ein Symposion an der Katholischen Universität Eichstätt 1985, Regensburg 1987, S. 14; vgl. auch Erwin Iserloh: Clemens August Graf von Galen. In: Robert Stupperich (Hrsg.): Westfälische Lebensbilder, Bd. XIV, Münster 1987, S. 203.
87 Clemens Graf von Galen: Wo liegt die Schuld? Gedanken über Deutschlands Niederbruch und Aufbau. In: Historisch-politische Blätter für das katholische Deutschland 164 (1919), S. 294.
88 Ebd., S. 295.
89 Heinz Hürten: Verfolgung, Widerstand und Zeugnis. Kirche im Nationalsozialismus. Fragen eines Historikers, Mainz 1987, S. 37.
90 Löffler II, S. 859.

Zeitzeugen berichten 1991 über Verbreitung und Wirkung der Predigten des Bischofs von Münster, Clemens August Graf von Galen, im Sommer 1941

Christoph Arens

I. Die weltberühmten Predigten

„Staatsfeindlich" und „landesverräterisch"[1] nannte der Leiter des SS-Reichssicherheitshauptamtes und Gestapo-Chef Reinhard Heydrich die Meldungen aus Westfalen. Die Predigten des Bischofs von Münster, Clemens August Graf von Galen, schlugen in Berlin wie eine Bombe ein. Der Leiter des Reichsrings für nationalsozialistische Propaganda und Volksaufklärung, Walter Tießler, schlug seinem Vorgesetzten, Reichsleiter Martin Bormann, am 12. August 1941 vor, „daß in diesem Fall die einzigste (!) Maßnahme, die propagandistisch und strafrechtlich ergriffen werden kann, durchgeführt wird, daß nämlich der Bischof von Münster erhängt wird."[2] Doch Hitler und Goebbels winkten ab. Sie wollten, wie Hitler es formulierte, erst nach dem Krieg „auf Heller und Pfennig"[3] mit dem Bischof abrechnen. Ansonsten seien Münster und Westfalen – so Goebbels – für den Krieg abzuschreiben.[4]

Die Ursache für den Zorn der NS-Führungsspitze: Am Samstag, dem 12. Juli 1941, hat die Gestapo Ordenshäuser in Münster zwangsgeräumt. Am nächsten Morgen hält Galen in der Stadtkirche St. Lamberti die erste seiner später weltberühmten Predigten: „Der physischen Übermacht der Geheimen Staatspolizei steht jeder deutsche Staatsbürger völlig schutzlos und wehrlos gegenüber. ... Keiner von uns ist sicher, ... daß er nicht eines Tages aus seiner Wohnung geholt, seiner Freiheit beraubt, in den Kellern und Konzentrationslagern der Geheimen Staatspolizei eingesperrt wird."[5] Am Sonntag darauf bestärkt der Bischof mit einer rhetorischen Glanzleistung in der Überwasserkirche seine Anklage: „Gegen den Feind im *Innern*, der uns peinigt und schlägt, können wir nicht mit Waffen kämpfen. Es bleibt uns nur ein Kampfmittel: starkes, zähes, hartes Durchhalten. ... Wir sind in diesem Augenblick nicht Hammer, sondern Amboß. ... Fragt den Schmiedemeister und laßt es euch von ihm sagen: ... Wenn er hinreichend zäh, fest, hart ist, dann hält meistens der Amboß länger als der Hammer."[6]

Ende Juli erfährt der Bischof vom Abtransport Geisteskranker aus Heilanstalten des Bistums Münster. Galen ist seit längerem bekannt, daß diese Geisteskranken anschließend getötet werden sollen, denn er hatte im Sommer 1940 Informationen über sogenannte „Euthanasie"-Aktionen aus den Bodelschwingh'schen Anstalten aus Bielefeld erhalten.[7] Am 3. August 1941 prangert er in einer dritten Predigt in der Lamberti-Kirche den Massenmord öffentlich an: „Wenn man den Grundsatz aufstellt und anwendet, daß man den ‚unproduktiven' Mitmenschen töten darf, dann wehe uns allen, wenn wir alt und altersschwach werden!"[8]

Die Predigten hatten weltweit eine gewaltige Resonanz. Das zeigte sich 1941, und das zeigt sich auch noch heute: Wenige Wochen nach Galens Predigten sendeten Rundfunkstationen des Auslandes Auszüge und Kommentare. Englische Flugzeuge warfen Flugblätter mit Textauszügen ab. Hektographierte oder handschriftlich hergestellte Abschriften zirkulierten heimlich in ganz Deutschland. Die Aufzeichnungen der Geschwister Scholl[9] oder die Briefe des Widerstandskämpfers Helmuth James Graf von Moltke[10] geben z.B. Zeugnis davon. Außerdem erreichte eine Fülle von Zuschriften aus allen Bevölkerungskreisen den Bischof.

Daß die Predigten auch heute noch populär sind und in der Erinnerung vieler Menschen eine Rolle spielen, beweist eine Umfrageaktion der Bischöflichen Pressestelle in Münster, die aus Anlaß des 50. Jahrestages der Predigten im Sommer 1991 durchgeführt wurde. In über 80 Briefen und mindestens 30 Telefonaten berichteten Augen- und Zeitzeugen von ihren Erlebnissen im Umfeld der Predigten.

Daraus ergeben sich für den Historiker mehrere Fragen, die sich allerdings, bedingt durch den zeitlichen Abstand, leider nur ansatzweise beantworten lassen: Wie erklärt sich die enorme Verbreitung der Predigten in einer Zeit, in der der Besitz oder gar die Weitergabe der Texte ein großes Risiko bedeuteten? Welche Motive hatten die Menschen, die sich diesem Risiko während der NS-Zeit aussetzten? Auf welchen Wegen gelangten die Predigten in die Öffentlichkeit? Worauf gründet sich die Popularität der Galenschen Predigten noch heute, und welche Art von Erinnerungen knüpfen die Zeitzeugen heute an ihre Erlebnisse von damals?

II. Aussagen von Zeitzeugen: Eine Quellenbeschreibung

1. Unmittelbare Reaktionen auf die Galen-Predigten:

In der vom Generalvikariat in Münster herausgegebenen Zeitschrift „Unsere Seelsorge" hat Peter Löffler 1977 eine kurze Untersuchung über die Reaktionen, die Bischof von Galen unmittelbar nach seinen berühmten Predigten aus der Bevölkerung erhalten hatte, veröffentlicht.[11] Ungefähr 80 Briefe und Postkarten von Schreibern aller Schichten, Berufe und Altersgruppen hatten die Zerstörung der Aktenregistratur des Generalvikariates im Oktober 1943 überstanden. Löffler beschreibt seinen Eindruck folgendermaßen: „Männer und Frauen der Arbeitswelt, Schüler, junge Leute, Verwaltungsbeamte, Männer des Wirtschaftslebens, Ärzte, Geistliche beider Konfessionen, Künstler, Offiziere, Frontsoldaten – sie alle griffen zu Papier und Feder, um in begeisterten Hurraworten, Gedichten ... ihren aufgewühlten Gefühlen und Eindrücken Raum zu geben." Galens Predigten hätten bewußt die Grenzen zwischen den Konfessionen übersprungen; beinahe ein Viertel der Dankesbriefe stammten von evangelischen Christen.

Anhand der Untersuchung Löfflers lassen sich vier wesentliche Aussagen der Briefe zusammenstellen:

a) Lob des Bischofs und leise Kritik an der Kirche: Als Grundtenor der meisten Zuschriften hält Löffler fest: „Endlich hat ein bischöflicher Oberhirte den Mut gehabt, das offen auszusprechen, was in weiten Volkskreisen kursierte, aber niemand zu nennen wagte." Kritik an der allzulangen Passivität der Kirche schwingt da neben dem Lob für den Bischof von Münster mit. „Auf ein solches Wort haben wir seit 8 Jahren gewartet", schrieb beispielsweise ein Arzt aus Duisburg.

b) Persönliche moralische Entlastung: Für die Menschen, so Löffler, seien die Predigten „eine Stunde des Aufatmens vom dumpfen, beengenden Druck des alle Lebensbereiche kontrollierenden unheimlichen Partei- und Staatsapparates" gewesen. Der Bischof habe „neuen Mut" gegeben, ebenso „neue Kraft und Entschlossenheit ... , in den gegenwärtigen Kämpfen das Schwerste zu ertragen." Betonten diese Verfasser eher die privaten Motive, so unterstrich die Dichterin Ricarda Huch politische Folgen der mutigen Predigten: „Erfahren zu müssen, daß unserem Volk das Rechtsgefühl zu fehlen scheint, war wohl das bitterste, was die letzten Jahre uns gebracht haben. Die dadurch verdüsterte Stimmung erhellte sich, als Sie, Hochverehrter Herr Bischof, dem triumphierenden Unrecht sich entgegenstellten ... ."

c) Konkrete politische Konsequenzen für das Regime: Gerade aus den Reihen des Militärs erreichten den Bischof Briefe, die die Empörung der Verfasser über die Maßnahmen gegen Kirche und Geisteskranke ausdrückten. Hier klangen die konkretesten politischen Folgen aus den Galen-Predigten an. So zitiert Löffler einen Unteroffizier von der Ostfront mit den Worten: „Über diese Zustände herrscht hier große Empörung. Der Kampfesmut steigt dadurch nicht. Denn was nützt es, wenn wir gegen die Moskauer Kirchenzerstörer kämpfen und in der Heimat werden die katholischen Schwestern und Patres verjagt ... ?"

d) Idealisierung des Bischofs: Löffler bemerkt in seiner Untersuchung, daß in „fast sämtlichen Äußerungen zu den Predigten ... eine instinktive Idealisierung des Bischofs" anklinge. Galen werde als „großer Deutscher", „vaterländischer Held", „Führer der deutschen Katholiken" und „Sprecher des Volkes" gesehen.

Festzuhalten bleibt, daß es sich bei diesen Briefen und Postkarten um unmittelbare Reaktionen handelt. Das Ende der Diktatur war für die Verfasser nicht abzusehen. Angst, Bedrohung und moralische Zweifel sind direkt faßbar. Dankesbriefe an den Bischof konnten – angesichts der Briefzensur – gefährliche Konsequenzen haben. Um so erstaunlicher ist die große Offenheit der Verfasser.

2. *Erinnerungen von Zeitzeugen im Jahr 1991*

Im April 1991 veröffentlichte die Bischöfliche Pressestelle in Münster einen Aufruf zum 50. Jahrestag der berühmten Predigten des Bischofs und späteren Kardinals. Zeitzeugen wurden aufgefordert, ihre Erinnerungen an die Predigten mitzuteilen und insbesondere Auskunft über deren Verbreitung und Vervielfältigung zu geben. Der Aufruf wurde in den Zeitungen des Münsterlandes und des Oldenburger Münsterlandes, aber auch über die Katholische Nachrichtenagentur, die Deutsche Tagespost, das Liboriusblatt und zahlreiche Kirchenzeitungen Deutschlands verbreitet.

Die Resonanz war gewaltig: Über 120 Briefe, Telefonanrufe und persönliche Besuche konnte die Pressestelle verzeichnen. 90 Prozent der Rückmeldungen kamen aus dem Münsterland; andere Zeitzeugen meldeten sich aus München, Freiburg, Berlin und Dresden. Deutlich läßt sich somit feststellen, daß die Antworten beinahe ausschließlich aus katholischen Kreisen – mit Ausnahme von fünf Briefen von evangelischen Christen – kamen. Das mag auch daran gelegen haben, daß der Aufruf vornehmlich in der katholischen bzw. kirchennahen Presse veröffentlicht wurde. Schlüsse über eine Verbreitung der Predigten in der nichtkatholischen oder der Kirche fernstehenden Bevölkerung können daher kaum gezogen werden.

Wie groß der Anteil der Antworten aus den katholischen Kreisen ist, läßt sich noch an weiteren Details ersehen. Allein aus neun Briefen ist direkt zu erkennen, daß die Zeitzeugen Priester, Theologiestudenten oder Ordensleute waren. 19 weitere Briefe lassen Rückschlüsse darauf zu, daß die Verfasser als Haushälterinnen, Organisten oder Küster sehr stark katholisch sozialisiert waren. Nur die Gruppe der Verfasser, die damals als Soldaten mit den Predigten in Kontakt kamen, ist mit 14 Rückmeldungen ähnlich gut vertreten. Lediglich sechs der Briefschreiber waren selbst Zeugen der Predigten; alle übrigen kamen nur indirekt über Abschriften oder Erzählungen mit den Texten in Berührung.

Natürlich ist es problematisch, aus den zahlreichen Berichten der Zeitzeugen irgendwelche wissenschaftlichen Schlüsse zu ziehen. Zu unterschiedlich ist die Art der Nachrichten, zumal es keinen standardisierten Fragebogen gab, weil eine auch im weiteren Sinne wissenschaftliche Auswertung der Aktion anfangs nicht vorgesehen war. Wenn z. B. einer der Verfasser in seinem Brief keine Angaben über eine Vervielfältigung der Predigten macht, so heißt das noch lange nicht, daß er auch in der Realität keine Abschriften angefertigt hat. Die Ergebnisse dieser Befragung sind also nur sehr eingeschränkt aussagefähig, andererseits vermitteln sie doch aufschlußreiche Einblicke in die Verbreitung und Wirkung der Predigten, die im folgenden in einer vorsichtigen Interpretation näher erläutert werden. Deren Grundlage sollen nur die ca. 80 eingegangenen Briefe, nicht auch die Telefonate, sein, da sich aus den Briefen die zuverlässigsten Schlüsse ableiten lassen.

III. Bedingungen von Öffentlichkeit

1. Das katholische Milieu

Um die Verbreitung der Galenpredigten und die Aussagen der Zeitzeugen richtig einordnen zu können, bedarf es zunächst einiger Erläuterungen über die Bedingungen, unter denen sich kirchliche und regimekritische Äußerungen während der Zeit des Nationalsozialismus verbreiten konnten. Es geht um das, was heute als „Öffentlichkeit" oder „öffentliche Meinung" bezeichnet wird.

Zur Durchsetzung seiner totalitären Herrschaft war der Nationalsozialismus darauf angewiesen, die öffentliche Meinung zu kontrollieren und die vorhandenen Medien dafür zu nutzen, die Menschen in seinem Sinne zu beeinflussen. Einerseits bediente sich die NSDAP der Zensur und der Gewaltmaßnahmen, um abweichende Meinungsbildung zu verhindern; andererseits nutzte sie alle zur Verfügung stehenden Medien zur Propaganda für die eigene Ideologie: Radio, Zeitungen und Bücher gehörten ebenso dazu wie Feste und Feiern oder Theaterstücke.

Die totale Beherrschung der öffentlichen Meinung konnte jedoch nur gelingen, wenn Konkurrenten, die ein funktionierendes Kommunikationssystem und durchsetzungsfähige Medien besaßen, ausgeschaltet wurden. Einer dieser Konkurrenten der NSDAP war die Katholische Kirche. Besonders im katholischen Milieu des Münsterlandes[12] war sie vor 1933 die wichtigste gestalterische Kraft in der Öffentlichkeit, was sich an kirchlichen Feiertagen, bei Wallfahrten, Gottesdiensten, Prozessionen, Predigten und im katholischen Vereinswesen dokumentierte.

In der relativ geschlossenen katholischen Gesellschaft dieses Raumes gab es also ein funktionierendes und dichtgeknüpftes Kommunikationsnetz der katholischen Kirche.

Diese Strukturen zu zerstören ist dem Nationalsozialismus nie ganz gelungen. Auch die große Verbreitung der Galen-Predigten zeigt, daß die Verbindungen in den Gemeinden, Verbänden und Betrieben weitgehend intakt geblieben waren. Was für das Münsterland und einige geschlossen katholische Gebiete in Süddeutschland galt, sah in den protestantisch oder auch weniger religiös geprägten Regionen Deutschlands ganz anders aus. Dort war die Schutzfunktion eines geschlossenen Milieus nicht vorhanden. Die Nationalsozialisten hatten es leichter, kirchliche – katholische wie evangelische – Kommunikationsstrukturen zu zerstören. Was blieb, waren kleine private Zirkel und der innere Kreis der Pfarrgemeinden.

2. Kirchliche Formen von Öffentlichkeit in der NS-Diktatur

Nach einer kurzen Phase der Zurückhaltung im Sommer 1933 ging der Nationalsozialismus auch im katholischen Milieu des Münsterlandes in die Offensive. Die NSDAP entwickelte eigene Feierformen, setzte ihre eigenen Symbole durch und drängte gleichzeitig kirchliche Vereine, Verbände und Symbole in den Hintergrund. Auch im katholischen Münsterland lief die Kirche Gefahr, ihrer eigenen Ausdrucks- und Öffentlichkeitsformen beraubt zu werden. Die Katholiken fanden jedoch unterschiedliche Strategien, sich zu verteidigen.

a) Die Mobilisierung der Massen

Schon ab 1934 setzte die Bedrohung durch den Nationalsozialismus eine Bewegung in Gang, die von vielen Zeitgenossen mit dem Kulturkampf im 19. Jahrhundert verglichen wurde: Feiern und religiöse Massenveranstaltungen wurden nach dem Verbot der kirchlichen Verbände und Vereine und der Zensur der früher sehr kirchenfreundlichen Lokalpresse Ausdruck eines kraftvollen Selbstbehauptungswillens der Kirche. Die Gestapo wertete diese öffentlichen Demonstrationen des Glaubens als politische Demonstration gegen das Regime. 10.000 Menschen kamen bei der Kreuztracht 1935 in Coesfeld, 18.000 Pilger 1934 in Billerbeck zusammen; zur Wallfahrtswoche in Telgte 1936 seien, so die Kirchenzeitung, so viele Pilger gekommen, daß man sich in die Glanzzeiten des Mittelalters habe versetzt fühlen können.[13] Ähnliches galt für die großen Fronleichnamsprozessionen und Kundgebungen in Münster. Hatte die Kirche sich vor 1933 als unangefochtener Gestalter der Öffentlichkeit gezeigt, so wurde das kirchliche Kommunikationsnetz nunmehr nur durch den Druck der großen Masse aufrechterhalten und gegen den Totalitätsanspruch der Nationalsozialisten behauptet.

Zwei Merkmale dieser Massenbewegung sind im Rahmen unseres Themas noch wichtig: In der Auseinandersetzung mit der NSDAP wuchs Bischof Galen, dem man zuvor nicht ohne weiteres eine große persönliche Autorität zugetraut hatte[14], ein Charisma zu, das ihn in seinem Bistum durchaus zu einer Konkurrenz zur Führergestalt Hitlers werden ließ. Der Bischof wurde mehr als jemals zuvor zum religiösen Führer; zeigte er sich auf dem Domplatz oder im Fenster seines Palais, so formierte sich jedesmal eine begeisterte Menschenmenge, die laute Heil-Rufe, Sprechchöre oder Bekenntnislieder anstimmte. Nur in den Zeiten des Kultur-

395

kampfes war die Bindung zwischen dem Kirchenvolk und seinem Oberhirten so eng gewesen.

Gleichzeitig zeigte das Kirchenvolk ganz neue Qualitäten, wie es im Bericht der Gestapo vom Dom-Gottesdienst zur Großen Prozession 1936 beispielhaft zum Ausdruck kommt: „Die Stimmung der Bevölkerung im Dom selbst", so berichtete der Spitzel an die Geheimpolizei, „war äußerst gespannt. ... Nach dem Tedeum bestieg der Bischof die Kanzel ... Der Dom selbst mit seinen Menschenmassen macht bei der nachfolgenden Rede den Eindruck eines Versammlungsraumes, bei der die Menge mit ‚Pfui- und Heilrufen' ihre Meinung öffentlich kundtat."[15] Die Gestapo ging sogar so weit, von einer „Volksversammlung" zu sprechen. In einem Bericht nach Berlin vom 23. Juli 1936 hieß es entsprechend: „Es dürfte dies in Münster der erste Fall sein, daß in einer katholischen Kirche Gottesdienst mit parlamentarischen Gebräuchen gehalten worden ist."[16]

b) Der Rückzug in die Gemeinden und in kleine Gruppen

Massenbewegung, ‚demokratische' Äußerungen der Gläubigen und die enge Beziehung zwischen Kirchenvolk und Bischof demonstrierten den Nationalsozialisten also, wie enggeknüpft das Netz der Lebensbezüge, Wertvorstellungen und Kommunikationsstrukturen im katholischen Milieu war. Allerdings: Die Partei nutzte ihre staatliche und polizeiliche Macht im Verlauf der 30er Jahre, um immer mehr kirchliche Symbole und schließlich auch die großen Massenveranstaltungen zu verbieten. Noch schwieriger wurde die Situation der Kirche mit dem Beginn des Krieges. Die Partei nahm Schutzmaßnahmen, drohende Luftangriffe und die Einschränkungen des täglichen Lebens zum Anlaß, die öffentliche Wirksamkeit der Kirche noch weiter zu beschneiden. Alle kirchlichen Großveranstaltungen wurden verboten, kirchliche Festtage mit entsprechender Dienstbefreiung in Behörden und Schulen wurden abgeschafft, und selbst die Zahl der Gottesdienste wurde eingeschränkt. Das alles diente auch dazu, das enge Geflecht des kirchlichen Kommunikationsnetzes zu lockern und auf Dauer zu zerstören.

Doch das gelang nur teilweise: Das kirchliche Leben im katholischen Milieu verlagerte sich in die kleinen Gemeinden und Gemeinschaften. Mit einer gesteigerten Zahl von Gottesdiensten und Hausbesuchen – der Stimmungsbericht einer NSDAP-Ortsgruppe aus Münster vermerkt im März 1938 erstaunt, daß sogar eine Messe für Wintersportler im Bahnhof gelesen wurde[17] – legten die Pfarrer den Schwerpunkt auf die Seelsorge vor Ort. Wie intakt das Netz von Verbindungen im katholischen Milieu blieb, zeigt nicht zuletzt die Verbreitung der Galen-Predigten.

IV. Auswertung der Berichte von Zeitzeugen

1. Gründe für die Reaktion auf den Aufruf der Pressestelle

Welche Erinnerungen an die Galen-Predigten sind bis heute lebendig geblieben? Was ist den Zeitzeugen aus heutiger Perspektive noch wichtig und was ist mehr in den Hintergrund getreten? Aus den über 80 Briefen an die Bischöfliche Pressestelle lassen sich einige wichtige Informationen über den Umgang der Zeitzeugen mit der Geschichte ziehen.[18]

Wichtigstes inhaltliches Motiv der von Peter Löffler ausgewerteten Briefe von 1941/42 an Bischof Galen war die Dankbarkeit der Zeitgenossen dafür, daß endlich ein Bischof öffentlich den Mut gefunden hatte auszudrücken, was Tausenden von Menschen Gewissensqualen bereitete. Menschen, die selber nicht wagten, öffentlich zu protestieren, identifizierten sich mit Galen und fühlten sich entlastet und befreit. Wichtigstes Motiv der 1991 verfaßten Berichte an die Bischöfliche Pressestelle ist dagegen die – nur indirekt geäußerte – Aussage: ‚Ich bin dabei gewesen, ich bin mit diesen historischen Ereignissen direkt in Berührung gekommen.'

Allein in 30 Briefen ist die eigene Angst, Bedrohung oder das Gefühl, noch einmal davongekommen zu sein, ganz deutlich das eigentliche Thema. Berichte von Gestapo-Maßnahmen, Hausdurchsuchungen oder Verhaftungen von Freunden oder Familienangehörigen stehen im Vordergrund, weniger der Inhalt der Galen-Predigten oder die eigene Motivation für deren Vervielfältigung. Darüber hinaus konzentrieren sich fünf Zuschriften auf lustige Anekdoten: Die Abschriften waren im Starenkasten versteckt und über Nacht von den Vögeln auf die Wiese geworfen worden, oder: Eine Abschrift der Predigten öffnete den Zugang zu einer ganzen Kanne frischer Milch. Über zehn Personen haben zudem Original-Abschriften der Predigten oder Original-Flugblätter mit dem Wortlaut der Predigten, die von englischen Flugzeugen abgeworfen worden waren, an die Pressestelle geschickt. Aus den Begleitbriefen läßt sich schließen, daß diese Unterlagen für die Zeitzeugen einen hohen Erinnerungswert haben und wichtige Bestandteile der eigenen Biographie sind.

Zu einem neuen Nachdenken über den Nationalsozialismus oder gar die Euthanasie hat der Aufruf der Pressestelle – nimmt man den Text der Briefe als Indikator – nur in ganz wenigen Fällen geführt.

Ein Beispiel dafür ist eine ca. 70jährige Münsteranerin aus einer mit Galen eng befreundeten Familie. Ihr Vater war noch 1943 Opfer der Euthanasie geworden. In einem langen persönlichen Gespräch mit dem Verfasser berichtete sie vom Tod ihres Vaters und den Bemühungen des Bischofs, ihrer Familie zu helfen. Die Auseinandersetzung mit ihrem eigenen Tod spielte in dem Gespräch offensichtlich eine wichtige Rolle.

2. Motive für die Vervielfältigung der Galen-Predigten 1941

Aus 40 der über 80 Zuschriften geht hervor, daß die Verfasser die Predigten mit eigenen Händen vervielfältigt und verteilt haben. In 10 Briefen wird deutlich, daß sie die Predigten nur erhalten, aber nicht weitergegeben haben. Bei den übrigen Rückmeldungen ist eine zweifelsfreie Zuordnung nicht möglich. Erstaunlich bleibt, wie viele Menschen den Mut und die Risikobereitschaft zeigten, trotz der Gefahr für ihr eigenes Leben die Anklagen des Bischofs weiterzuverbreiten. Erstaunlich bleibt aber auch, daß kaum einer der Zeitzeugen im Jahr 1991 konkrete Motive dafür nennt, warum er sich solch einer Gefahr aussetzte.

Viele Beweggründe wären denkbar: Direkter Widerstand gegen ein unmenschliches Regime, persönliche moralische Entlastung, Demonstration der Zugehörigkeit zur Kirche oder Selbstbehauptungswille gegen ein alles regelndes Regime. Doch selbst die Frage der Euthanasie wird nicht weiter reflektiert und als Antrieb für Vervielfältigung und Weitergabe genannt. Waren Risikobereitschaft und der Einsatz für christliche Werte während der NS-Zeit so selbstverständlich? Haben die Verfasser damals unreflektiert und allein aus dem Bewußtsein gehandelt, Teil der katholischen Kirche zu sein und deshalb das eigene Milieu gegen den Nationalsozialismus verteidigen zu müssen? Die Identifikation mit Bischof Galen war jedenfalls – wie später noch zu erläutern sein wird – zumindest im Münsterland so hoch, daß durch eine Beteiligung an der Verbreitung der Predigten ein neues Wir-Gefühl entstehen konnte. Viel wahrscheinlicher ist meiner Ansicht nach jedoch die Vermutung, daß eigene Motive heute gar nicht mehr reflektiert werden, weil die Zeitzeugen aufgrund ihres heutigen Wissens um die Greuel der NS-Zeit ihre damaligen Handlungen im nachhinein als selbstverständlich bzw. geradezu zwingend empfinden.

Die wenigen konkreten Handlungsbegründungen sollen dennoch kurz genannt werden. Pfarrer Josef Perau, der während des Krieges bei einer Familie aus der polnischen Intelligenz einquartiert war, sah die Predigten als ein Zeichen eines besseren Deutschland. „Es traf mich tief, als mir die Dame des Hauses eines Tages weinend mitteilte, gerade sei ihr Mann von der Gestapo abgeholt worden", schreibt er. „Wie stets bei solchen Gelegenheiten befiel mich wieder einmal Scham wegen des Hakenkreuzes an meiner Uniform. Du mußt der Frau die Predigten des Bischofs zeigen, durchfuhr es mich, damit sie sieht, daß es noch ein anderes Deutschland gibt. Ich folgte diesem Impuls und erlebte in der Entlastung, die ich dabei empfand, die befreiende Fernwirkung der Worte aus St. Lamberti und Überwasser."

Für Hedwig Vetterlein-Freytag aus einer Gemeinde in Berlin war die Verteilung der Galen-Predigten die Fortsetzung ihres Engagements in der katholischen Jugendbewegung. Drei ehemalige Soldaten berichten, wie die Weitergabe der Predigten an Kameraden im Lazarett oder an der Front zu einem gemeinschaftlichen Erlebnis unter überzeugten Katholiken wurde. Und in zwei Briefen wird ein bestimmtes Münsteraner „Wir-Gefühl", das sich fern der näheren Heimat entwickelte, beschrieben. Der Stolz auf den Bischof von Münster mag der Auslöser für die Weitergabe der Abschriften gewesen sein.

3. Wege der Verbreitung

a) Die Adressaten

Wie ein Lauffeuer hatten sich die Abschriften der Predigten im Münsterland und auch darüber hinaus verbreitet; bald erreichten sie – wie auch die Zuschriften der Zeitzeugen nachweisen – Rußland, Nordafrika oder Lappland. „Noch in der Nacht nach der ersten Predigt wurde das Manuskript von Domvikar Roth vervielfältigt", schreibt Heinrich Portmann, Kaplan und Geheimsekretär des späteren Kardinals, in seiner Galen-Biographie. „Am folgenden Morgen erhielt es Pfarrer Uppenkamp, dessen Büro sogleich an die Arbeit ging. ... Jedenfalls wurden schon am gleichen Montagabend Aktentaschen voll vom Caritasbüro auf die Eisenbahn in Marsch gesetzt."[19]

Kaum wird sich darüber hinaus rekonstruieren lassen, auf welchen Wegen die Abschriften weiterverbreitet wurden. Einen kleinen Einblick in die Verteilungswege innerhalb des katholischen Milieus des Münsterlandes erlauben die Berichte der Zeitzeugen. Aus den Zuschriften ergibt sich, daß die meisten Abschriften nur sehr gezielt weitergegeben wurden und auch innerhalb des katholischen Milieus verblieben. Allein aus 16 Zuschriften wird deutlich, daß Abschriften im internen katholischen Kreis der Gemeinde, der Amtsbrüder, Ordensleute oder in Gebetskreisen verteilt wurden. So berichtet beispielsweise Josefa Ortmanns, damals Lehrköchin im Pfarrhaus von Amelsbüren bei Münster, wie die vervielfältigten Exemplare abends heimlich aus Münster gebracht und in der Amelsbürener Kirche versteckt wurden. Am folgenden Tag habe sie alle Pfarrämter des Dekanates Nottuln mit Abschriften beliefert. Und Josef Teigelkamp aus Haltern erinnert sich: „Als mein Heimaturlaub zu Ende ging, habe ich den vervielfältigten Text je einer Predigt vom 13. Juli und 20. Juli mit nach Holland genommen und im Sekretariat des damaligen Kardinals De Jong in Utrecht mit strengster Diskretion abgeliefert. Schon am nächsten Sonntag wurden in den katholischen Kirchen in Holland die Predigten des Bischofs von Münster als stark und mutig erwähnt."

Als ebenfalls zahlenmäßig bedeutende Gruppen von Empfängern der Galen-Predigten sind die Soldaten der Wehrmacht und evangelische Mitchristen auszumachen. 14 Zuschriften berichten von Briefen an die Front; damit wurden meist die Ehemänner oder die Soldaten aus der eigenen Gemeinde oder dem Heimatort bedacht. In sieben Fällen werden protestantische Empfänger erwähnt.

Einen weiteren Hinweis auf einen überwiegend enggefaßten Verteilerkreis liefern die 17 Berichte, aus denen hervorgeht, daß die Predigten ausschließlich im internen Familien- oder Bekanntenkreis weitergegeben oder diskutiert wurden. Lediglich acht Zuschriften sprechen ausdrücklich davon, daß Briefe ohne genaue Kenntnis der Empfänger abgeschickt worden sind. Meist handelt es sich dabei wiederum um Briefe an die Front oder die heimliche Verteilung von Abschriften in die Briefkästen größerer Wohnblocks. Als Beispiel mag der Bericht des münsterischen Theologen Professor Dr. Herbert Vorgrimler dienen, in dem der Verfasser von einer Deckorganisation mit Namen „Kirchliche Kriegshilfe" berichtet, die von Freiburg aus Soldaten an der Front die Galen-Predigten zugänglich machte. Und die Berlinerin Hedwig Vetterlein-Freytag schreibt von ihrem Vater: „Er nahm sich des Vertriebes propagandistisch an. Er nahm stapelweise unsere Produktion und steckte Graf Galens Predigten in alle Briefkästen (des Wohnblocks, C.A.)."

b) Die Vervielfältigung und Weitergabe der Predigten

In den wenigen Briefen läßt sich genau ermitteln, wie viele Abschriften die Zeitzeugen angefertigt haben. Bei den zu beziffernden Fällen lassen sich zumeist zehn bis zwanzig Kopien ausmachen; nur selten werden ausdrücklich größere Mengen genannt. Besonders viele Exemplare scheinen – wie schon bei Portmann angedeutet – in den Bistumseinrichtungen in Münster angefertigt worden zu sein. Pfarrer Heinrich Enneking aus Visbek, der damals im Theologenkonvikt „Borromäum" in Münster lebte, berichtet, daß er zusammen mit Kommilitonen ca. 2.000 Abschriften angefertigt habe. Eine große Zahl von Kopien wurde auch dann hergestellt, wenn ganze Abteilungen größerer Firmen oder ganze Organisationen – siehe das Beispiel von Professor Vorgrimler – an der Vervielfältigung beteiligt waren. Der folgende Bericht von Ernst Bollwerk aus Bocholt gibt einen guten Einblick: Gemeinsam mit sechs Schreibmaschinenschülern hat Bollwerk die Predigten an einem Samstag im August 1941 vervielfältigt. „Während wir nun tippten", so heißt es, „schrieb Frau Vahle handschriftlich 60 bis 70 Briefumschläge. Sie waren nach ganz (Groß-)Deutschland adressiert. Ich sagte Herrn Vahle, daß ich es für auffällig und gefährlich hielte, alle diese Briefe in Bocholt aufzugeben. Herr Vahle lächelte und sagte, daß seine Frau die Strecke Bocholt-Coesfeld fahre und auf jeder Bahnstation einige Briefe einwerfe; er selbst führe Bocholt-Wesel und täte das gleiche."

Auffällig bei der Lektüre der Zuschriften ist, daß es meist kleine oder größere Gruppen von Menschen waren, die die Predigten vervielfältigten oder intern weitergaben. In nur acht Briefen ist ausdrücklich von Handlungen einzelner Personen die Rede. Um die Galen-Predigten herum bildeten sich also viele kleine, verschworene Gemeinschaften in Betrieben, Nachbarschaften oder Familien. Das heimliche Gespräch oder das Wissen um den Besitz einer Abschrift schuf Vertrauen. „Ich war als Angestellte bei einer Waschmaschinenfabrik in Lette (heute Stadt Oelde, C.A.) beschäftigt", erinnert sich beispielsweise Gertrud Han aus Verl, die gemeinsam mit ihren Kolleginnen in den Arbeitspausen Kopien der Predigten herstellte. „Ich arbeitete in einem großen Büroraum mit 10 bis 12 weiteren Angestellten. Wir waren alle katholisch, auch die Chefs und die leitenden Angestellten, und brauchten aus unserer Einstellung zum Führer kein Hehl zu machen."

Ähnliche Berichte gibt es auch von Soldaten der Wehrmacht. Hubert Teschlade aus Münster beispielsweise erinnert sich positiv an die Geschlossenheit seiner Kompanie, die zum Großteil aus rheinischen und westfälischen Katholiken bestanden habe. In einer solchen Gemeinschaft habe der Austausch der Predigten und das Gespräch darüber keine Gefahr gebracht.

c) Resümee

An beiden Punkten läßt sich also belegen, daß es innerhalb eines katholischen Milieus ein funktionierendes System kleiner ‚Zellen' gab, das für die Verbreitung der Galen-Predigten sorgte. In einer Zeit, in der, wie anfangs beschrieben, die Nationalsozialisten versuchten, der Kirche alle Möglichkeiten öffentlicher Darstellung zu nehmen, verlagerte sich die Kommunikation auf eine privatere Ebene funktionierender Kreise katholischer Prägung, d.h. auf Familien, Betriebe oder andere gesellschaftliche Gruppen. Dabei war der Austausch innerhalb eines relativ stabilen katholischen Milieus wie im Münsterland intensiver und weitreichender als in nicht so stark katholisch geprägten Gegenden. Zwar scheinen die Kopien der Predigten auch im Münsterland zumeist nur einige wenige Adressaten gehabt zu haben. Abschriften blieben vor allem im internen Kreis. Die intensiven Kontakte und das dichte Kommunikationsnetz zwischen Bistumsspitze, Pfarrgemeinden, Pfarrern und einzelnen Katholiken garantierten insgesamt jedoch eine weite Verbreitung.

Auf der anderen Seite waren Katholiken in weniger kirchlich geprägten Gebieten gezwungen, andere Formen der Weitergabe zu finden. Das jedenfalls läßt sich aus den wenigen Berichten, die wir – wie im Fall der oben zitierten Hedwig Vetterlein-Freytag – aus Berlin, dem Ruhrgebiet oder Ostdeutschland erhielten, erahnen. Bezeichnend ist, daß von der anonymen Form der Verteilung der Predigten die Rede ist: Die Abschriften wurden jeweils heimlich in Briefkästen großer Wohnblocks gesteckt.

4. Bischof Galen als Identifikationsfigur

Wie bereits oben beschrieben, verlagerte sich angesichts des Terrors und des totalitären Zugriffs der Nationalsozialisten auf alle Bereiche der Gesellschaft die kirchliche Kommunikation in kleine Gruppen und Zirkel. Allerdings war es dem Bischof Galen bereits 1934/35 gelungen, innerhalb des katholischen Milieus bei Wallfahrten, Prozessionen und Gottesdiensten Massen katholischer Gläubiger zu mobilisieren und dadurch ein Gegengewicht zum nationalsozialistischen Meinungsmonopol zu schaffen. Die Popularität des Bischofs einerseits und die große Masse kirchentreuer Katholiken andererseits schufen einen Schutzraum, in dem sich die katholische Kirche eine gewisse Freiheit erhalten konnte. Die öffentliche Meinung ließ sich nicht in dem Maße gleichschalten, wie das Regime es wünschte.

Ein ähnliches Grundmuster öffentlicher Meinungsbildung und -bekundung wiederholte sich – das zeigen auch die Zuschriften von Zeitzeugen – im Umfeld der drei Galen-Predigten im Sommer 1941. Mit seinen mutigen Predigten wuchs der Bischof erneut in die Rolle des ‚religiösen Führers', der sich zum Gegenpol zu Hitler und den NS-Größen entwickelte. Ein altes, im Münsterland bekanntes Denkmuster wurde wieder aktuell: Galen wuchs, wie einer seiner Vorgänger, der im Kulturkampf nach 1870 verhaftete und ins Exil gezwungene Bischof Bernhard Brinkmann, in die Rolle des Bekennerbischofs, der das katholische Milieu und die christlichen Werte verteidigte. Mit seinen Predigten eroberte der spätere Kardinal die „Meinungsführerschaft" im Milieu zurück und durchbrach das enge Geflecht nationalsozialistischer Herrschaftsnormen.

„Wir wußten genau, wann Bischof Galen predigte", so heißt es in einem Brief der damaligen münsterischen Schülerin Christel Mühlenbein und anderen Zuschriften. In einer Zeit, in der Radio, Zeitungen und öffentliche Reden nur Propaganda verbreiteten, gewann das aufrechte Wort des Bischofs ungeheure Autorität. Bewunderung mischte sich in der Bevölkerung mit Angst um das Leben des Bischofs. „Während der Predigt am 3. August war in der Kirche ein lautes Geräusch zu hören, ähnlich wie ein Pistolenknall", erinnert sich beispielsweise der heutige Oberstadtdirektor Münsters, Dr. Tilman Pünder, der damals als Achtjähriger Zeuge der Predigten wurde. „Ich meine mich zu erinnern, daß der Bischof kurz zusammenzuckte, seine Predigt aber fortsetzte. Das Geräusch entstand, weil wohl jemand eine der Türen der Kirche zugeschlagen hatte. Das Ereignis ist deshalb interessant, weil wir schon damals offen über die Gefahr sprachen, der sich der Bischof durch seine Predigten ausgesetzt hatte. Wir sprachen die Möglichkeit an, daß hier jemand vielleicht ein Attentat auf den Bischof verüben wollte."

Entscheidend für die weite Verbreitung der Predigten war also nicht nur ein intaktes Netz kleiner Zellen innerhalb des katholischen Milieus. Auch die Identifikation der Bevölkerung mit dem Bischof und das Bewußtsein, zu einer Gemeinschaft aufrechter Christen zu gehören, förderten die Bereitschaft, ein großes persönliches Risiko einzugehen.

Anmerkungen

1 Rudolf Morsey: Clemens August Kardinal von Galen. Bischöfliches Wirken in der Zeit der Hitler-Herrschaft, Düsseldorf 1987, S. 19.
2 Zit. nach Peter Löffler (Bearb.): Bischof Clemens August Graf von Galen. Akten, Briefe und Predigten 1933-1946, 2 Bde., Mainz 1988, Bd. II, S. 891, Anm. 4 (im weiteren als Löffler II bzw. Bd. I als Löffler I zitiert).

3 Zit. nach Rudolf Morsey: Clemens August Kardinal von Galen (1878-1946). In: Ders. (Hrsg.): Zeitgeschichte in Lebensbildern, Bd. 2: Aus dem deutschen Katholizismus des 20. Jahrhunderts, Mainz 1975, S. 43.
4 Vgl. Löffler I, S. LXXIII.
5 Löffler II, S. 847.
6 Löffler II, S. 859.
7 Vgl. Löffler I, S. LXX.
8 Löffler II, S. 878.
9 Vgl. Barbara Schellenberger: Katholischer Jugendwiderstand. In: Jürgen Schmädeke/Peter Steinbach (Hrsg.): Der Widerstand gegen den Nationalsozialismus. Die deutsche Gesellschaft und der Widerstand gegen Hitler, München 1985, S. 323.
10 Vgl. Beate Ruhm von Oppen (Hrsg.): Helmuth James von Moltke: Briefe an Freya 1939-1945, München 1988, S. 281f.
11 Peter Löffler: Die Reaktion der Bevölkerung auf die drei Predigten des ‚Löwen von Münster' im Sommer 1941. In: Unsere Seelsorge 27 (1977), S. 28-34 (Die nachfolgenden Zitate sind, soweit keine anderen Quellen angegeben sind, hieraus entnommen).
12 Vgl. Doris Kaufmann: Katholisches Milieu in Münster 1928-1933. Politische Aktionsformen und geschlechtsspezifische Verhaltensräume, Düsseldorf 1984.
13 Die Zahlen stammen aus der Katholischen Kirchenzeitung für die Stadt Münster vom Juli 1934, vom 23. Juni 1935 sowie vom 13. September 1936.
14 Vgl. Morsey (wie Anm. 3), S. 41.
15 Zit. nach Joachim Kuropka (Bearb.): Meldungen aus Münster 1924-1944. Geheime und vertrauliche Berichte von Polizei, Gestapo, NSDAP und ihren Gliederungen, staatlicher Verwaltung, Gerichtsbarkeit und Wehrmacht über die politische und gesellschaftliche Situation in Münster und Umgebung, Münster 1992, S. 468.
16 Staatsarchiv Münster, Oberpräsidium 5029.
17 Vgl. Kuropka (wie Anm. 15), S. 503.
18 Die Briefe, aus denen im folgenden zitiert wird, sind im Bistumsarchiv einzusehen.
19 Heinrich Portmann: Kardinal von Galen. Ein Gottesmann seiner Zeit, Münster 1948, S. 181.

Religiöse Erziehung durch Vorbilder – Clemens August Kardinal von Galen im Religionsunterricht der Sekundarstufe I

Bernd Koopmeiners

I. Vorbemerkungen

Zu den herausragenden Gestalten der neueren Kirchengeschichte gehört Kardinal Clemens August Graf von Galen (1878-1946). Als Bischof von Münster lebte er während der NS-Herrschaft überzeugend seinen Glauben und kämpfte unerschrocken für die von den Nationalsozialisten willkürlich verletzten Grund- und Menschenrechte. Vergleichbar mit anderen großen Gestalten des Glaubens in der Bibel (Propheten) und in der Kirchengeschichte leistete Bischof von Galen Widerstand gegen Unrecht und Gewalt. Unter Einsatz des eigenen Lebens wagte er Protest und Zurechtweisung gegen das NS-Regime, übernahm aber auch Haftung und Bürgschaft für die ihm anvertrauten Gläubigen. Als Leitfigur seiner Diözesanen wurde er nicht müde, in Predigten, Hirtenbriefen und vielen schriftlichen Eingaben das „Neuheidentum" anzuklagen. Im Juli und August 1941 hielt Bischof von Galen drei berühmt gewordene Predigten, in denen er gegen Klosterenteignungen öffentlich protestierte, vor allem aber das NS-Regime wegen der Vernichtung sogenannter „unproduktiver Volksgenossen" unmißverständlich anklagte.

Bischof von Galen hat vorgelebt, was die Bindung an Gottes Wort in Zeiten schlimmster Bedrohung und grauenvollster Menschenverachtung für den Christen bedeutet. Mit Kraft und Mut stellte er sich gegen die Gewalt absoluter Skrupellosigkeit, denn sein naturrechtlich begründetes Rechtsverständnis und sein Gewissen ließen ihm keine Ruhe. Nicht umsonst ist in totalitären Systemen das Gewissen als Erzfeind gebrandmarkt, und wer sich auf seine innere Stimme öffentlich beruft, wird für staatsfeindlich erklärt.

Die Stimme gegen offensichtliches Unrecht zu erheben, während viele andere ängstlich schweigen, ist in einer Diktatur mit Lebensgefahr verbunden. Der englische Lordkanzler Thomas Morus (1478-1535) wurde in London geköpft, der Jesuitenpater Alfred Delp (1907-1945) starb am 2. Februar 1945 in Plötzensee am Galgen und der evangelische Theologe Dietrich Bonhoeffer (1906-1945) wurde im April 1945 im KZ Flossenbürg hingerichtet. Im Grunde geschah immer dasselbe: Ein Mensch wagte es, aus der Souveränität des eigenen Gewissens anzuklagen und alle rechtlich fühlenden Menschen wußten, daß er recht hatte.

Daß Bischof von Galen nicht sofort verhaftet oder gar exekutiert wurde, hatte er nur seiner Verehrung im gläubigen Kirchenvolk zu verdanken, das zu irritieren die NS-Machthaber während des 2. Weltkrieges nicht wagten. So notierte Joseph Goebbels am 14. August 1941 in seinem Tagebuch, es sei „wohl im Augenblick psychologisch kaum tragbar" Galen vor den Volksgerichtshof zu stellen, aber nach Beendigung des Krieges werde man mit ihm „abrechnen".[1]

Ist Kardinal Clemens August Graf von Galen, der als Bischof von Münster in „dunklen" Jahren unserer Geschichte überzeugend seinen Glauben lebte, Mißstände und Unrecht anklagte und für Entrechtete Partei ergriff, ein Thema im Religionsunterricht in der Sekundarstufe I? Diese Frage soll durch eine kritische Sichtung und Auswertung von Lehrplänen, Rahmenrichtlinien, eingeführten Unterrichtswerken sowie Lehrbüchern für den katholischen und evangelischen Religionsunterricht (einschließlich Unterrichtsmodellen und Medien) beantwortet werden. Vorab sollen die gegenwärtige Situation im Religionsunterricht unter besonderer Berücksichtigung der neueren Kirchengeschichte skizziert und der Begriff „Vorbild" sowie neue Ansätze in der Religionspädagogik thematisiert werden.

II. Kirchengeschichte ist wieder gefragt[2]

1. Religionsunterricht nicht ohne Kirchengeschichte

Seit einiger Zeit meldet sich die Geschichte als Schulfach wieder verstärkt zu Wort; das gilt auch für die Kirchengeschichte im Religionsunterricht. In einer Befragung konnten Schüler (gemeint als Sammelbegriff für Jungen und Mädchen) auf einer 20 kirchengeschichtliche Themen umfassenden Liste zuerst alle für sie interessanten Themen ankreuzen und anschließend eine Reihenfolge (Rangplätze 1 bis 6) für die ausgewählten Themen festlegen. Die „Wunschliste" der Schüler enthielt folgende, nach abnehmendem Interesse geordnete Themen: 1. Judentum; 2. die christlichen Kirchen im Dritten Reich; 3. Kreuzzüge; 4. Naturwissenschaft und Glaube; 5. Mission außerhalb Europas und 6. nicht-christliche Religionen: Islam – Buddhismus – Hinduismus.[3]

In der Weltgeschichte gibt es schon fast 2000 Jahre eine von Jesus Christus gegründete Kirche. Menschen, die sich Christen nennen, haben wie ihre Zeitgenossen ihre Geschichte; sie erleben Ereignisse und Schicksale. Um zu erfahren, ob und wie diese Menschen auf die Herausforderungen ihrer Zeit eine Antwort gefunden haben, die sich von Antworten anderer unterschied, ist es notwendig, sich die Lebenssituation von Christen und das Geschehen in bestimmten Zeitabschnitten zu vergegenwärtigen. Überzeugende Gründe, sich mit der Vergangenheit zu beschäftigen, erwachsen aus der Gegenwart, sonst gibt es keine. Es ist einsichtig, daß zwischen der biblischen Zeit des Ursprungs der Kirche und dem jeweiligen Heute „Geschichte" liegt, die nicht übersprungen werden kann. In der Dogmatischen Konstitution über die Kirche „Lumen Gentium"[4] des I. Vatikanischen Konzils wird „die ganze Kirche als ‚das von der Einheit des Vaters und des Sohnes und des Heiligen Geistes her geeinte Volk'"[5] definiert. Hierbei wird die geschichtliche Wirklichkeit mit der Kirche sowohl in einer Verbindung mit dem Volke Gottes des Alten Bundes gesehen[6], als auch – vorwärtsblickend – auf die Eschatologie hin ausgerichtet.[7]

Kirchengeschichte als Geschichte des Volkes Gottes kann darüber Aufschluß geben, woher die Kirche die Kraft schöpfte, Jahrhunderte zu überdauern, während Reiche und Völker untergingen. Kirchengeschichte ist daher kein Randgebiet im Religionsunterricht und berichtet darüber hinaus auch über das Leben von Menschen, die ihrer Aufgabe kompromißloser, hingabevoller, klarer und eindeutiger gedient haben als andere, sogar bis zur Hingabe des Lebens. Für junge Menschen, die heute vor konkreten Entscheidungen stehen, ist es besonders wichtig zu erfahren, wie sich die christliche Lebensform bewährt hat. Aber auch für die Kirche gilt: Ohne Verständnis für die Herkunft kein Verständnis für ihre Gegenwart; ohne beides keine Perspektive für die Zukunft.

Eine starke Motivationskraft für Themen aus der neueren kirchlichen Zeitgeschichte, wie z. B. aus der NS-Zeit, liegt in der Sensibilität vieler Schüler für das Schicksal ihrer Vorfahren (Großeltern, Verwandte, Nachbarn, Bekannte). Die Schüler können verstehen, daß es kein Volk ohne Geschichte gibt. Die Geschichte der Kirche kann somit als „Geschichte des Volkes Gottes" interpretiert werden. Christlicher Glaube vollzieht sich nicht im Verborgenen. Er zeigt sich im konkreten Handeln der Christen in der Welt. Insofern muß im Kirchengeschichtsunterricht „neben die ‚Perspektive von oben' die ‚Perspektive von unten' treten. Der Religionslehrer bemüht sich, den Schülern auch die ‚Sicht des kleinen Mannes' zu vermitteln. Die Sicht der Geschichte aus der Position der Opfer – und dazu gehören auch Menschen, die wegen der Kirche auf der Strecke blieben – ist nicht auszuklammern. So können neue Impulse erwachsen, die den Weg des Volkes Gottes durch die Geschichte beleben."[8]

Methodisch geht die Kirchengeschichte die Wege, die auch sonst die Geschichtswissenschaft geht, d. h. sie erforscht Vergangenes aus den Spuren, die hinterlassen worden sind, wie z. B. Dokumente und Kulturzeugnisse. Drei didaktische Grundtypen von Kirchengeschichtsunterricht lassen sich unterscheiden: Kirchengeschichte als eigenständiger didaktischer Typus, Kirchengeschichte im Rahmen eines bibelorientierten Religionsunterrichts und Kirchengeschichte als Teilbereich eines problemorientierten Religionsunterrichts. In der Sekundarstufe I kann die Themenauswahl am besten mit den Adjektiven exemplarisch, fundamental und elementar charakterisiert werden. Ein Thema für eine kirchengeschichtliche Unterrichtseinheit ist „dann gefunden, wenn die Interessen der Schüler, der kirchengeschichtlichen Fachwissenschaft und der ökumenischen Bemühungen des Religionsunterrichts in Einklang gebracht sind."[9]

2. Christliche Vorbilder sind im Religionsunterricht notwendig

Durch Parolen der Nationalsozialisten, die zwölf Jahre lang die Worte „Führer" und „Vorbild" drastisch strapazierten und gleichzeitig „den Führer" als Vorbild herausstellten, war die Vorbildthematik für einige Jahrzehnte in Mißkredit geraten. Die Geschichte der Pädagogik zeigt jedoch, daß im Erziehungsprozeß schon immer Vorbilder eine wichtige Rolle gespielt haben. Die humanistische und geistige Kultur Europas und außereuropäischer Länder ist von solcher Erziehung ausgegangen. Erziehung und Bildung durch Vorbild und durch das Erleben einer exemplarischen Lebensführung sind älter als viele pädagogischen Theorien.

In der Religionspädagogik gewinnt die Vorbildthematik für die religiöse Erziehung in jüngster Zeit wieder an Bedeutung.[10] Unter dem Stichwort „Identifikation" haben sowohl die Tiefenpsychologie als auch die Lernpsychologie in der Diskussion der „Ich- und Selbstwerdung des Menschen" die Relevanz der Leitbildfunktion in der Erziehung erneut aufgezeigt. Was die Pädagogik als Vorbild bezeichnet, kann im theologischen Zusammenhang auch als Glaubenszeugnis bezeichnet werden. Vorbilder im christlichen Sinne sind Glaubenszeugen. Im Glauben-Lernen überzeugt nicht mehr der kategorische Imperativ, sondern das konkrete Beispiel. In der Heiligen Schrift wie auch in den verschiedenen Epochen der Kirchengeschichte begegnen uns immer wieder Menschen, die Vorbilder für

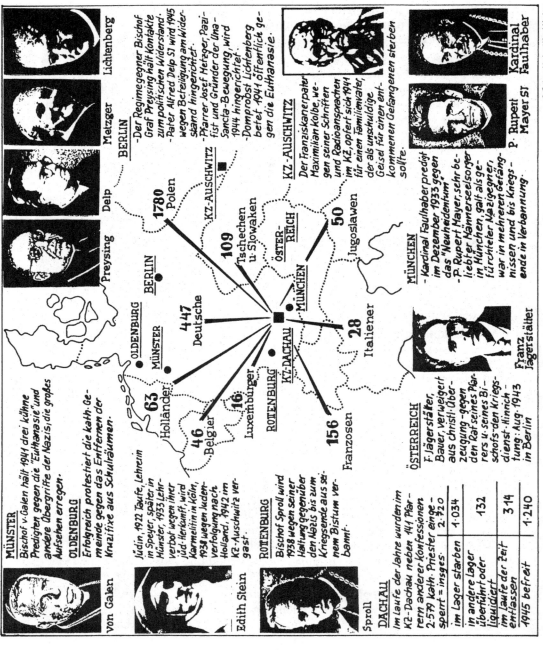

Abb. 21 Beispiel einer Arbeitsfolie

andere sein können. Diese vorbildlichen, mitunter selig- oder heiliggesprochenen Christen sind personale Zeichen für die Nähe Gottes; sie erinnern an ihn durch ein Leben in der Nachfolge Christi.

Der Religionsunterricht in der Sekundarstufe I soll neben der Aufgabe der Daseinserhellung der Schüler unter religiösem Aspekt im weitesten Sinne sowie unter dem Anspruch des christlichen Glaubens zugleich den Heranwachsenden in einer altersgemäßen Weise christliche Tradition vermitteln und sie darin einführen. Zu beachten ist, daß Tradition in der Sekundarstufe I nicht in Form von Definitionen vorgegeben wird, sondern daß die Schüler an exemplarischen Persönlichkeiten einen Zugang zum gelebten christlichen Glauben finden können. Wenn dem Jugendlichen ein Christ begegnet, dessen gläubiges Verhalten ihn beeindruckt, so kann das Auswirkungen haben auf die Entwicklung der religiösen Dimension seiner eigenen Persönlichkeit. Durch die Identifikation eines Jugendlichen mit einer geschichtlichen Person oder mit einem Zeitgenossen können Werte glaubwürdig vermittelt werden, denn der „heranwachsende junge Mensch sucht für seine Selbstwerdung Identitätsfiguren. An ihnen möchte er den Wahrheitsgehalt von Sinndeutungssystemen ablesen."[11] Folglich soll der Religionsunterricht eine echte Begegnung mit Gestalten des christlichen Glaubens herbeiführen, denn „das konkrete Ethos der Christen wird nicht so sehr von Moraltheologen und ihrer Argumentation geprägt, sondern von Menschen, deren Lebensgestalt überzeugende Kraft hat".[12] Aus diesen Überlegungen resultiert, wie notwendig Vorbilder für die christlich-religiöse Erziehung sind.

3. Das Leben fordert den Glauben zum Handeln heraus

„Werden unsere Kinder noch Christen sein?"[13] Zu dieser Frage und der Zielsetzung „Für eine menschennahe Weitergabe des Glaubens"[14] brachte der Südwestfunk Baden-Baden in der ersten Jahreshälfte 1989 eine vielbeachtete Sendefolge. Der Vorsitzende der Deutschen Bischofskonferenz, Bischof Karl Lehmann, sowie die eingeladenen Referenten thematisierten in Sorge um die Zukunft der Kirche die derzeitige Kirchen- und Glaubenssituation. Zur Überwindung der Krise bei der Weitergabe und Vermittlung des Glaubens an die heutige und die kommende Generation wurde u. a. auch vorgeschlagen, wie „Religion für Schüler wieder attraktiv werden kann".[15] Aus einer vom Allensbacher Institut für Demoskopie im Auftrag der Deutschen Bischofskonferenz erstellten Studie geht hervor, daß die Mehrzahl der 1094 befragten Schüler in Haupt- und Realschulen sowie in Gymnasien und Berufsschulen vom Religionsunterricht keine Belehrung in Dogmatik, in Sexualmoral oder über biblische Themen erwartet, sondern allgemeine Lebenskunde. Die Jugend fordert Gerechtigkeit, Frieden und Bewahrung der Schöpfung sowie Solidarität mit den Menschen in der Dritten Welt. Sie stellt sich auf die Seite der Propheten (manchmal sind es indes die falschen). Insofern müssen existentielle und gesellschaftliche Aspekte im Religionsunterricht stärker thematisiert werden, was nicht bedeuten soll, daß der Religionsunterricht in Konkurrenz zum Sozialkundeunterricht treten soll. Die neuen Themen könnten lauten: Ehrfurcht vor dem Geheimnis des Lebens; Rücksichtnahme; Toleranz; Versöhnungsbereitschaft, Zärtlichkeit; Engagement für Schwache und Unterdrückte; wache Aufmerksamkeit für politische und gesellschaftliche Entwicklungen; Mut und Zivilcourage; Einsatz für Freiheit und Menschenwürde, für Gerechtigkeit und Frieden.[16]

Aus den praktischen Konsequenzen für eine Neuorientierung im Religionsunterricht resultieren konkrete Fragestellungen für den Lehrer: „Bedeutet das, was ich meinen Schülern heute zu vermitteln suche, eine Botschaft, die ihnen guttut?

Bringen die Inhalte meiner heutigen Unterrichtsstunde eine Antwort auf ihre Lebensfragen? ... Helfe ich ihnen mit meinem Unterricht, Unrechtsstrukturen und Zwangsmechanismen zu erkennen, Heuchelei und Lüge zu entlarven, Furcht und Kleinmut im Einsatz für Gerechtigkeit, Frieden und Bewahrung der Schöpfung zu überwinden? Mache ich ihnen Mut zu einem Leben aus der befreienden und helfenden Botschaft Jesu?"[17]

III. Kardinal von Galen und seine thematische Zuordnung im katholischen Religionsunterricht

1. Lehrpläne und Religionsbücher von 1949 bis zum II. Vatikanischen Konzil (1962-1965)

Im „Lehrplan für den katholischen Religionsunterricht in den Volksschulen der Diözese Münster"[18] von 1949 – herausgegeben mit einem Geleitwort des damaligen Bischofs Michael Keller, des unmittelbaren Nachfolgers Kardinal von Galens – wurde für das 8. Schuljahr im Rahmen kirchengeschichtlicher Bilder „Clemens August Kardinal von Galen" dem Thema „Die verfolgte und siegende Kirche"[19] verbindlich zugeordnet und damit erstmals thematisch in den katholischen Religionsunterricht eingebunden. Laut Stundentafel sollten damals für diese Thematik vier Wochenstunden Religionsunterricht erteilt werden. Auch der „Lehrplan für den katholischen Religionsunterricht an den Volksschulen in der Diözese Münster" von 1961[20] berücksichtigte das Thema „von Galen". Als übergeordnete Zielvorgabe für die Oberstufe (8. Schuljahr) formulierte der Lehrplan: „Die Kirchengeschichte bildet die Weiterführung der Geschichte des Gottesvolkes. Kirchengeschichte und Katechismus sind einander koordiniert; von jeweils charakteristischen Ereignissen und Persönlichkeiten werden wichtige Wahrheiten der Glaubens- und Sittenlehre erschlossen."[21] Für das ausgewiesene Thema „Clemens August, Graf von Galen. Bischof von Münster" war das Katechismus-Lehrstück Nr. 93 „Das Gewissen" vorgesehen.[22]

Zudem erinnerte die eingeführte „Kirchengeschichte" (Ausgabe für das Bistum Münster)[23] im Anhang an Bischof von Galen, „der bereit war, für die Freiheit der Kirche sein Leben zu wagen".[24] Im allgemeinen Teil dieser Kirchengeschichte wurde von Galen ebenfalls ausdrücklich für seinen Kampf gegen das NS-"Euthanasie"-Programm gewürdigt: „Der Münsterer Bischof hörte deshalb nicht auf, in seinen wuchtigen Predigten diese ungeheuerlichen Morde wie alle anderen Greueltaten der Hitlerregierung zu brandmarken. Die Polizei verhinderte deren Druck und beschlagnahmte die Abschriften seiner Ausführungen, wo sie konnte. Aber in Windeseile wurden die Abschriften dieser Predigten in Deutschland und bis in die vordersten Frontlinien verbreitet."[25]

2. Neuorientierung im „curricularen" Religionsunterricht nach dem II. Vatikanischen Konzil: Vom „Rahmenplan" (1967) zum „Zielfelderplan" (1973)

In einer Periode des Umbruchs nach dem II. Vatikanischen Konzil wurde im Jahre 1967 ein „Rahmenplan für die Glaubensunterweisung"[26] erstmalig verpflichtend für alle Diözesen der Bundesrepublik Deutschland eingeführt. Eine Neuorientierung der Theologie, wie sie in den Konstitutionen des II. Vatikanums ihren Ausdruck gefunden hatte, konnte nicht ohne Konsequenzen für Lehrpläne und Schulbücher des Religionsunterrichts bleiben, so daß der „Rahmenplan" vorsah:

„Kirchengeschichte kann im Volksschulalter am wirksamsten in der lebendigen Darstellung von Personen vermittelt werden, die repräsentativ für eine bestimmte Epoche und für das Mysterium der Kirche in der Welt sind."[27]

Als Handlungsrahmen für die Katechese gaben die deutschen Bischöfe vor: „Eine zusammenhängende Darstellung der Kirchengeschichte vom 5.-8. Schuljahr ist im Plan nicht vorgesehen. Im 5.-7. Schuljahr ist bei gegebenem Anlaß von großen Gestalten der Kirche, von den Heiligen der Heimat, den Patronen der Diözese und der Pfarrei zu sprechen."[28] Insofern wurden aus der Kirchengeschichte im 8. und 9. Schuljahr nur einzelne Themen (Gestalten und Ereignisse) beleuchtet. Falls bei den Schülern Interesse bestand, konnte jedoch in Klasse 9 bzw. in Klasse 10 auch ein Überblick über die Kirchengeschichte gegeben werden.[29] Kardinal von Galen fand in diesem „Rahmenplan" keine Erwähnung.

Mit dem „Zielfelderplan für den katholischen Religionsunterricht der Schuljahre 5-10 (Sekundarstufe I)", der dem „Rahmenplan" schon im Herbst 1973 folgte, legte der Deutsche Katecheten-Verein eine gegenüber bisherigen Lehrplänen neuartige Konzeption und Terminologie vor. Die neuen Schlüsselwörter lauteten jetzt „Curriculum", „Erfahrungsbereiche" und „didaktische Grundfunktionen". Für das 7. Schuljahr war u. a. das Themenfeld „Mut – Zivilcourage"[30] ausgewiesen. Religionspädagogisch begründeten die Autoren dieses Themenfeld mit der Feststellung: „Die dem Mut verwandte Tapferkeit spielt in der klassischen Tugendlehre als Kardinaltugend eine bedeutende Rolle. Bibel und Kirchengeschichte sind voller Beispiele mutiger, wenn auch nicht unangefochten mutiger Handlungsträger."[31] Bei dem untergeordneten Einzelthema „Mut – wo fängt er an?" waren unter der Anregung „Mut, sich unbeliebt zu machen – mit dem Mute der Verzweiflung" Kardinal von Galen, Thomas Morus, Anne Frank, Don Mazzi, Johannes Nepomuk und Solchenizyn aufgeführt.[32] Ferner befand sich im Medien- und Literaturverzeichnis zu diesem Themenfeld auch die Dicophon-Schallplatte „Nicht Menschenlob – nicht Menschenfurcht, Kardinal von Galen".[33]

Die Zielfelderplan-Themenfeldskizzen der Schuljahre 9 und 10 enthielten ebenfalls Hinweise auf von Galen. In der didaktischen Begründung des Themenfeldes „Gestalten religiösen Engagements" hieß es erläuternd, das Christentum könne „nicht auf die Identifikation mit Gestalten der Geschichte verzichten."[34] Bei den möglichen Einzelthemen dieses Themenfeldes tauchte zwar der Name Bischof von Galen nicht mehr auf, jedoch im Medienverzeichnis wurde der Film „Nicht Lob, noch Furcht (Kardinal von Galen, 75 Minuten)"[35] aufgenommen. Dies gilt auch für das Themenfeld „Heilige und Ketzer".[36]

Das Unterrichtswerk „Zielfelder ru"[37] für den katholischen Religionsunterricht in der Sekundarstufe I wurde parallel zum „Zielfelderplan" erarbeitet. Es enthält in keiner Ausgabe Hinweise auf Kardinal von Galen.

3. Nach der Revision des „Zielfelderplans"

Der 1984 verabschiedete „Grundlagenplan für den katholischen Religionsunterricht im 5. bis 10. Schuljahr"[38] stellt ein Resultat der neueren theologischen und religionspädagogischen Entwicklung dar, die eine Revision des „Zielfelderplans" von 1973 unumgänglich werden ließ. Er trägt insbesondere dem Beschluß „Der Religionsunterricht in der Schule" (1974) der Gemeinsamen Synode der Bistümer in der Bundesrepublik sowie dem Apostolischen Schreiben „Catechesi Tradendae" (1979) von Papst Johannes Paul II. Rechnung, womit die Amtskirche und der Heilige Vater einen neuen pädagogisch-wissenschaftlichen Ansatz für den katholischen Religionsunterricht vorgaben.[39] Über die Zielsetzung des Religionsunterrichts heißt es u. a. im Beschluß der deutschen Bischöfe: „Religionsunterricht soll zu verantwortlichem Denken und Verhalten im Hinblick auf Religion und Glauben befähigen. Wie kein anderes Schulfach fragt der Religionsunterricht auf der Grundlage reflektierter Tradition nach dem Ganzen und nach dem Sinn des menschlichen Lebens und der Welt. Er erörtert die Antworten, die Menschen heute auf diese Fragen geben und die sie in der Geschichte gegeben haben und zeigt dabei Mensch und Welt in ihrem Bezug zu Jesus Christus im Licht des kirchlichen Glaubens und Lebens. Auf diese Weise leistet er Hilfe zur verantwortlichen Gestaltung des eigenen wie des gesellschaftlichen Lebens."[40]

Auch die didaktische Erschließung und Ausarbeitung der klassenspezifischen Themenfelder des „Grundlagenplans" sind maßgeblich von den kirchenamtlichen Vorgaben beeinflußt worden, d. h. sie bedingten eine „stärkere theologische und anthropologische Profilierung jedes einzelnen Themenfeldes."[41]

Für jeden Jahrgang sind sechs verpflichtende Kernthemen vorgesehen: Es gibt jeweils elf Wahlthemen für die Schulstufen 5/6 und 7/8 sowie 13 Wahlthemen für die Klassen 9/10.[42] Während bei den Kernthemen für das 5. und 6. Schuljahr (in Niedersachsen Orientierungsstufe) eine Zuordnung des Themas „Kardinal von Galen" nicht sinnvoll erscheint, bietet das Wahlthema 6 „Unsere Gemeinde hat Geschichte"[43] einen möglichen Zugang, denn in vielen Gemeinden des Bistums und weit darüber hinaus erinnern Straßen- und Siedlungsnamen an den berühmten Bischof von Münster.

Im 7. Schuljahr ermöglichen die beiden Kernthemen „Lästige Mahner: Propheten" (7/3) und „Handeln im Geiste Jesu – Christen in der Nachfolge" (7/4) weitere Zugänge.[44] Denn zu den Mindestanforderungen für 7/3 gehört u. a. die Fähigkeit der Schüler, an „einem Beispiel aus der Neuzeit ... prophetisches Handeln" erklären zu können bzw. für 7/4 die Kenntnis der „Biographie eines Christen (kennen), der seinen Glauben überzeugend verwirklicht(e)".[45] Beim Wahlthema 12 „Vorbilder für mein Leben" der gleichen Jahrgänge soll ebenfalls die Vita eines Menschen, der sichtbar als Christ gelebt hat, vorgestellt werden.[46]

Im 9. Schuljahr sind abermals zwei Kernthemen für eine Zuordnung relevant. Konkret handelt es sich hierbei um die Themen „sich entscheiden: Gewissen" (9/11)[47] bzw. „Passion Jesu und Leidensgeschichten der Menschen" (9/4)[48]. Für das erste Kernthema lautet beispielsweise eine Mindestanforderung, „den Verpflichtungscharakter einer ethischen Situation verstehen"[49] lernen, und als ein zentraler Inhalt für 9/4 werden die Behandlung mehrerer „Beispiele vom Umgang der Christen mit verschiedenen Arten von Leid (z. B. Heime für Behinderte, unheilbar Kranke; Christenschicksale in totalitären Regimen u. a.)"[50] ausgewiesen. Für die Klassen 9 und 10 bieten außerdem die Wahlthemen „Kirche und Staat", „Stationen der Kirchengeschichte" und „Macht, Autorität, Verantwortung" interessante Zugänge.[51]

Wenn also Bischof Clemens August Graf von Galen im „Grundlagenplan" auch nicht direkt als Thema vorgeschlagen wird, so ermöglichen dennoch mehrere vorgesehene Themenbereiche, sein Wollen und Wirken in den katholischen Religionsunterricht der Sekundarstufe I einzubringen.

4. Niedersächsische Rahmenrichtlinien für den katholischen Religionsunterricht

Die Rahmenrichtlinien des Landes Niedersachsen bieten in mehreren Themenfeldern die Möglichkeit, die dort geforderten Lernziele am Beispiel des Bischofs von Galen zu erschließen.

In den einzelnen Themenfeldern der Rahmenrichtlinien für die *Hauptschule*[52] wird unter jeweils verschiedenen Aspekten die Wechselbeziehung von konkreten Lebensvollzügen und christlicher Botschaft aufgearbeitet. Wie im „Grundlagenplan" ist für die Schuljahrgänge 7 und 8 der Themenkomplex „Vorbild" berücksichtigt. Die „Bedeutung heiligmäßiger Menschen als Leitbilder und Orientierungshilfen (zu) erkennen" bzw. „vorbildliches Verhalten im Alltag und in außergewöhnlichen Situationen" sind u. a. zwei Lernziele, die im Themenfeld „Stars, Idole, Heilige" formuliert werden.[53] Am Beispiel von Bischof Clemens August Graf von Galen, der im „Gotteslob" als „Im Rufe der Heiligkeit"[54] stehend, aufgeführt ist und dessen Seligsprechungsprozeß in Rom eingeleitet wurde, könnten Inhalte und Lernziele dieses Themenfeldes überzeugend erarbeitet werden.

Für den 9. Schuljahrgang ist das Themenfeld: „Das Verhältnis von Kirche und Staat"[55] zu beachten. Eine Unterrichtseinheit über Kardinal von Galen böte sich hier an, weil für das Themenfeld relevante Inhalte und Lernziele zutreffen. Die Schüler sollen u. a. „an einigen geschichtlichen Beispielen aufzeigen können, daß Christen ihrem vom Glauben bestimmten Gewissen mehr zu gehorchen haben als staatlichen Gesetzen und gesellschaftlichen Normen"[56].

Auch im 10. Schuljahrgang gibt es eine sinnvolle Zuordnung im Themenfeld: „Propheten als Mahner und Rufer Gottes"[57]. Das Lernziel, die Schüler sollen „Rufer und Mahner unserer Zeit (heutige ‚Propheten') erkennen und ihre Aufgaben und Ziele beschreiben können"[58] läßt sich eindrucksvoll am Beispiel Galens erreichen.

Wie für die Hauptschule, so sehen die Rahmenrichtlinien für die *Realschule*[59] das Thema „Stars – Idole – heiligmäßige Menschen"[60] in den Klassen 7 und 8 verbindlich vor. Darüber hinaus bieten die Rahmenrichtlinien in diesen beiden Jahrgängen noch die Möglichkeit, Galen im Rahmen des Themenfeldes „Kirche im Wandel der Zeiten"[61] zu bearbeiten, denn die Schüler sollen u. a. „an Beispielen aus Vergangenheit und Gegenwart" das „Spannungsverhältnis zwischen Kirche und Staat" kennenlernen. Zur Erreichung speziell dieses Lernzieles wird beispielsweise das Einzelthema „Leidende Kirche im 20. Jahrhundert"[62] angeboten, so daß in einer Lerneinheit problemlos an Bischof von Galen erinnert werden könnte.

In den Schuljahrgängen 9 und 10 ermöglicht das Themenfeld „Kirche in unserer Gesellschaft" mit dem Thema „Stellung der Kirche in totalitären Staaten"[63] einen direkten Bezug zu Bischof von Galen. Sinnvoll ist auch – wie bereits an anderer Stelle erläutert – die Zuordnung zu der fakultativen Lerneinheit „Propheten".[64]

Nach den Rahmenrichtlinien für das *Gymnasium*[65] soll mit einem Zeitbedarf von 7 bis 8 Stunden im ersten Zweijahresblock (Schuljahrgänge 7 und 8) das als verbindlich erklärte 11. Themenfeld „Verfolgte Kirche – Verfolgende Kirche"[66] erarbeitet werden. In der didaktischen Begründung dieses Themenfeldes wird davon ausgegangen, daß die Kirche „von vielen Schülern als eine Institution gesehen (wird), die zwar durch Anforderungen und Wertsetzungen in das Leben des einzelnen Schülers eingreift (z. B. Erstkommunion, Religionsunterricht, Sonntagspflicht), die aber oft ihren Alltagserfahrungen gegenüber unverständlich bleibt. Sie gründet auf weit zurückliegenden Ereignissen, läßt ihre lange Geschichte in vielen Details des Alltagslebens immer wieder durchscheinen und ist für viele Schüler eine veraltete, ‚unmoderne' Institution. Dabei sind die Vorstellungen der Schüler über die tatsächliche Geschichte der Kirche und ihren Einfluß auf die Gestaltung der Gesellschaft über viele Jahrhunderte bis in unsere Zeit hinein eher zusammenhanglos und bruchstückhaft"[67]. Um diesem Unwissen der Schüler entgegenzuwirken, sollen im obigen Themenfeld „Beispiele der Konfrontation zwischen Kirche und Staat in totalitären Systemen" sowie „Die in der Botschaft Jesu begründete kritische Funktion der Kirche in unserer Gesellschaft"[68] als Lerninhalte fungieren.

Während also Bischof von Galen – ein Sohn des Landes Niedersachsen – in den niedersächsischen Rahmenrichtlinien expressis verbis nicht genannt wird, findet sich interessanterweise sein Name im curricularen Lehrplan des Freistaates Bayern. Der für die 10. Gymnasialklasse vorgesehene Inhalt „Sie gehorchten nicht – Widerstand aus christlichen Motiven" im Rahmen des Themenbereiches „Autorität" soll u. a. am Beispiel „Clemens August, Graf von Galen"[69] konkretisiert werden.

5. Kardinal von Galen in ausgewählten Schulbüchern für den katholischen Religionsunterricht

Im folgenden wird untersucht, inwiefern die eingeführten bzw. zugelassenen Schulbücher für den katholischen Religionsunterricht das Thema „von Galen" berücksichtigen. Um Wiederholungen zu vermeiden, werden die Religionsbücher nur einmal vorgestellt, auch wenn sie gleichzeitig für mehrere Schulformen genehmigt sind. Die Reihenfolge ist zufällig und soll keine Wertung vermitteln.

5.1 „Von Jesus bis heute – 46 Kapitel aus der Geschichte des Christentums"[70]

Wie im Titel angeführt, sind ausgewählte Begebenheiten und Fragen aus der zweitausendjährigen Geschichte der Kirche exemplarisch dargestellt. Die didaktische Stärke dieses Buches liegt in der geglückten Verbindung von Quellen und Rahmentext. Zur neueren kirchlichen Zeitgeschichte sind folgende Themen aufgenommen: Die Oktoberrevolution in Rußland; Kardinal Faulhaber und Dietrich Bonhoeffer; Die weiße Rose; Albert Schweitzer (1875-1965); Die ökumenische Bewegung; Johannes XXIII. (1881-1963); Das 2. Vatikanische Konzil (1962-1965); Die Kirche in China; Die Kirche in Südamerika.

Unter dem obigen Titel „Kardinal Faulhaber und Dietrich Bonhoeffer"[71] wird im Kapitel 39 die Situation der beiden christlichen Kirchen während der zwölf Jahre nationalsozialistischer Herrschaft in Deutschland dargestellt. Wenngleich die Persönlichkeiten Kardinal Faulhaber und Dietrich Bonhoeffer schwerpunktmäßig vorgestellt und gewürdigt werden, erinnern die Autoren ebenso an den Bischof von Münster, der „einer der entschlossensten Gegner des Nationalsozialismus" war und „später zum Kardinal ernannt"[72] wurde. Diese Information wird durch ein Porträtfoto von Galens ergänzt.

5.2 „Brennpunkte der Kirchengeschichte"[73]

Diese problemorientierte Kirchengeschichte für Schüler der Sekundarstufe I wurde gemeinsam von einem katholischen und von einem evangelischen Theologen herausgegeben. In zwölf zentralen „Brennpunkten" werden wichtige kirchengeschichtliche Entwicklungen aufgezeigt. Es sind Themen ausgewählt, die Interesse wecken und Schüler motivieren können. Zum didaktischen Konzept dieser Kirchengeschichte mit hohem Anspruchsniveau gehört jeweils ein Einstieg in die Thematik mit einer gezielten These. Durch Provokationen und Impulse wird die Fragehaltung der Schüler geweckt. Zu allen „Brennpunkten" enthält das Arbeitsbuch geeignete Quellentexte. An verschiedenen Stellen dieses Buches wird auf das Geschichtsbuch verwiesen, um für fächerübergreifendes Arbeiten zu motivieren. Arbeitsaufgaben zu den Quellen und Darstellungen dienen zur Vertiefung der Lerninhalte. Nützlich sind die im Anhang befindlichen Wort- und Sacherklärungen.

Im Kapitel 11 „Die Kirche unter dem Hakenkreuz: Kirchenkampf im Dritten Reich"[74] findet Galen im 4. Unterkapitel „Der Kampf um die Kirchen" Erwähnung. Ein Porträtfoto sowie ein kurzer Auszug aus seiner Predigt vom 3. August 1941 verweisen auf seinen Protest gegen das „Euthanasie"-Programm.[75]

5.3 „Religion in der Hauptschule"[76]

Dieses neue Unterrichtswerk ist in acht überschaubare Abschnitte gegliedert. Durch gelungene Provokationen und Impulse wird die Fragehaltung der Schüler geweckt. Abschnitt 7 bringt das Thema: „Die Kirchen im Dritten Reich" mit den Untertiteln: 1. Kirchenpolitik der NSDAP; 2. Die Jahre 1930-1933; 3. Die Wende im Kirchenkampf; 4. „Deutsche Christen" und „Bekennende Kirche"; 5. Widerstand wagen?[77] Eine Fotoseite als motivierender Einstieg in die Gesamtthematik zeigt die Lambertikirche von Münster (Westf.) mit dem Aufmarsch der NSDAP am 1. Mai 1933.

In der Einheit „Wende zum Kirchenkampf" wird von Galen als „‚Löwe von Münster'" vorgestellt, der in seinen drei großen Predigten von 1941 „gegen die Gewaltherrschaft der Gestapo und die Beschlagnahmung von Klöstern und die Tötung von Geisteskranken"[78] protestierte. Kurze Auszüge aus diesen Predigten sowie ein Porträtfoto vermitteln einen kämpferischen Eindruck von der Person und dem Wirken des Bischofs.

5.4 „Mitten unter euch"[79]

Dieses Arbeitsbuch enthält 17 Unterrichtsreihen mit einem ausgewogenen Angebot anthropologischer, theologischer und kirchengeschichtlicher Themen. Alle Kapitel werden mit einem kurzen Leitfaden auf jeweils einer farblich abgesetzten Seite eingeleitet. Informierende und motivierende Texte auf zweispaltig bedruckten Seiten vermitteln wesentliche Inhalte des Glaubens und Lebens der Kirche. Ausgewählte Bilder repräsentieren eine Vielfalt der künstlerischen Darstellungsweisen aus verschiedenen Epochen. Die übersichtlich gegliederten Textspalten sind „angereichert" durch themenbezogene Fotos, Liedgut, Diagramme und Piktogramme sowie durch optisch hervorgehobene Aussprüche, Bibelzitate und Merksätze.

Das Arbeitsbuch enthält zwei ausführliche kirchengeschichtliche Kapitel mit den Titeln „Kirche und Welt im 19. Jahrhundert"[80] bzw. „Kirche im 20. Jahrhundert".[81]

Im letzteren „wird der Weg der Kirche und damit des Christen in unserer Zeit gekennzeichnet"[82] und in vier Einzelschritte gegliedert. Der zweite Einzelschritt ist dem Thema „Kirche unter dem Nationalsozialismus" gewidmet, in dem u. a. von Galens Protest gegen das „Euthanasie"-Programm der Nationalsozialisten erwähnt wird. Ein halbseitiges Bild von Galens im Kardinalspurpur anläßlich seiner Ansprache vor dem Dom zu Münster am 16. März 1946 regt dazu an, seine exponierte Stellung im Kampf gegen den Nationalsozialismus herauszuarbeiten.[83]

5.5 „Zeichen der Hoffnung"[84]

In diesem Unterrichtswerk soll christlicher Glaube als ein Impuls dienen, der dem Leben junger Menschen Hoffnung und Sinn gibt. Die Autoren haben schülerorientiert 19 Themenfelder erarbeitet, in denen christlicher Glaube als realistische Lebensmöglichkeit angeboten wird. Neben einer gelungenen äußeren Aufmachung spricht die inhaltliche Qualität für dieses Religionsbuch.

Christlicher Glaube wird in sachlicher Auseinandersetzung mit anderen Weltanschauungen, Religionen und Einstellungen vorgestellt. Die Texte und Arbeitsaufgaben haben durchgehend ein beachtliches Anspruchsniveau. Inhaltlich können die Themenfelder folgenden fünf Schwerpunkten zugeordnet werden: Biblischer Bereich; christlicher Glaube; Kirchengeschichte; Ethik und Weltreligionen. Neuere kirchliche Zeitgeschichte wird in den Themenfeldern „Drei Leitbilder", „Politik aus christlicher Verantwortung", Arbeit und Freizeit", „Propheten" und „Fremdbestimmung – Selbstbestimmung" berücksichtigt.

Im zweitgenannten Themenfeld werden unter dem Titel „Wir schweigen nicht..." Menschen vorgestellt, die „aus christlicher Verantwortung politisch gehandelt und dafür sogar ihr Leben eingesetzt haben."[85] Bischof von Galen lernen die Schüler als einen Mann kennen, der „„den Mut"[86] bewies, die Nationalsozialisten offen anzugreifen.

„Propheten kommen immer wieder" erfahren die Schüler dann im 4. Themenfeld und finden als ausgewählte Beispiele Fotos mit knappen Informationen über Papst Johannes XXIII. und Kardinal Clemens August Graf von Galen.[87]

5.6 „Den Glauben leben"[88]

Dieses neuere Religionsbuch enthält zehn Kapitel, von denen drei kirchengeschichtliche Themen sind. Unter dem Titel „Kirche und Nationalsozialismus" wird in Kapitel 9 der als Weltanschauungskampf begriffene Konflikt der Kirche mit dem NS-Regime behandelt.[89] Der 4. Unterrichtseinheit „Kirche und Nationalsozialismus nach 1934" ist das Einzelthema „Der Protest der Kirche gegen das Euthanasieprogramm der Nationalsozialisten"[90] zugeordnet.

In diesem Abschnitt wird Bischof Clemens August Graf von Galen mit einem Foto vorgestellt (leider ohne biographische Daten) und als „ein entschlossener Gegner des Nationalsozialismus" gewürdigt, der „die Täuschung (entlarvte), die man (die Nationalsozialisten, B.K.) vornahm, wenn die geistig Behinderten aus der Heimat abtransportiert, in eine weit entfernte Heilanstalt gebracht und dort getötet wurden"[91].

IV. Kardinal von Galen und seine thematische Zuordnung im evangelischen Religionsunterricht

1. Niedersächsische Rahmenrichtlinien für den evangelischen Religionsunterricht

Auch in den Rahmenrichtlinien des Landes Niedersachsen für den evangelischen Religionsunterricht können die ausgewiesenen Lernziele in den kirchengeschichtlichen Themenfeldern exemplarisch am Thema „Bischof von Galen" erreicht werden. Zur Verdeutlichung wird im folgenden auf die jahrgangsspezifischen Themenbereiche der drei Schultypen verwiesen.

Zum Pflichtkanon der Klassen 7 bis 9 gehört laut Rahmenrichtlinien des Landes Niedersachsen für die *Hauptschule*[92] der kirchengeschichtliche Themenbereich „Kirche und Gesellschaft in Geschichte und Gegenwart".[93] Für ein freiwilliges 10. Schuljahr an der Hauptschule wird u. a. das Thema „Kirche im Dritten Reich"[94] vorgeschlagen.

Im Pflichtkanon der Themen für die Klassen 9 und 10 wird in den Rahmenrichtlinien für die *Realschule*[95] als ein Ziel des Themas „Kirche und Staat" formuliert: Die Schüler sollen „das Verhältnis von Kirche und Staat an ausgewählten Beispielen aus der Geschichte kennenlernen und untersuchen".[96] Die thematischen Einzelaspekte, wie z. B. „Unterschiedliche Haltungen gegenüber dem nationalsozialistischen Staat" bzw. „Christen im Widerstand (Dietrich Bonhoeffer)"[97] schließen die Behandlung katholischer Christen im NS-Staat nicht aus.

In den Rahmenrichtlinien für das *Gymnasium*[98] werden in den didaktischen Vorbemerkungen für das Lernfeld A „Erscheinungsformen und Deutungen des christlichen Glaubens in Geschichte und Gegenwart" u. a. folgende allgemeine und verbindliche Lernziele formuliert: Die Schüler sollen „Gestalten aus der Geschichte des christlichen Glaubens" sowie „den lebensgeschichtlichen Kontext und die Umwelt dieser Gestalten kennen".[99] Ausdrücklich heben die Autoren hervor, daß „der evangelische Religionsunterricht aufgrund gemeinsamer Glaubensüberlieferung viele Themen"[100] mit dem katholischen Religionsunterricht teilt.

Für die konkrete Unterrichtsplanung enthalten die Rahmenrichtlinien jeweils 13 Leitthemen für die Schuljahrgänge 7 und 8 sowie 9 und 10. Als beispielhafte Inhalte des Leitthemas 5 „Christ und Welt – Nachdenken über neuere Kirchengeschichte" für die Klassen 9 und 10 werden u. a. aufgeführt: „Deutsche Christen – Bekennende Kirche, Christen im Widerstand (Niemöller, Bonhoeffer, Schneider)"[101].

2. Kardinal von Galen in zwei ausgewählten Lehrbüchern für den evangelischen Religionsunterricht

Analog zum II. Kapitel werden die beiden ausgewählten Schulbücher für den evangelischen Religionsunterricht auf die didaktische Erschließung und Ausarbeitung des Themas „von Galen" untersucht.

2.1 „Zweitausend Jahre Christentum"[102]

Unter diesem Titel werden insgesamt 17 epochenübergreifende Themen und Problemstellungen in 31 Kapiteln aus evangelischer Sicht dargeboten. Es ist ein Hauptanliegen des aus drei Bänden bestehenden Schulbuchwerkes, die Frage nach der Abhängigkeit der Geschichte des Christentums von der allgemeinen Geschichte zu untersuchen. Übersichttabellen ermöglichen es, die Hauptereignisse einer Epoche zu überschauen. Neben Ereignissen aus der Geschichte des Christentums stehen solche aus Politik, Wirtschaft und Kultur. Die Hauptprobleme einer Epoche werden im jeweiligen Einführungstext benannt.

Sorgfältig ausgewählte Quellen (Texte und Bilder) nehmen den größten Teil des Buches ein; Karten und Graphiken verdeutlichen wichtige Lagemerkmale und Details. Jedes Kapitel endet mit einer Auswahl von Jugend- und Sachbüchern, die eine selbständige Vertiefung und Weiterarbeit des Themas ermöglichen.

Im Kapitel 14 „Das Christentum in der Zeit des Nationalsozialismus und des Zweiten Weltkrieges"[103] wird Kardinal von Galen ausdrücklich gewürdigt, der „als Grundübel des nationalsozialistischen Staates die ‚Willkür und Rechtlosigkeit'"[104] anprangerte. Als Hauptereignis für das Jahr 1941 werden in der Übersichtstabelle die „Predigten des Kardinals von Galen in Münster/Westf. gegen NS-Verbrechen"[105] herausgestellt.

2.2 „Entdeckungen machen"[106]

Dieses neue Unterrichtswerk verdeutlicht im Titel ein elementares Anliegen des Religionsunterrichts in der Sekundarstufe I: Schüler sollen die biblische Begründung sowie die geschichtliche Entfaltung und Entwicklung der theologischen Überlieferung kennenlernen und in ihrer persönlichen Lebenswirklichkeit entdecken. Eine Verschränkung von theologischen und anthropologischen Aspekten ermöglicht auch Schülern mit religiöser Distanz zu den Inhalten des Religionsunterrichts Zugänge zu finden.

Durch die Beschäftigung mit vertrauten Inhalten und Problemstellungen lernen die Schüler wichtige Themen der Theologie und des Glaubens kennen. Menschwerdung und zukünftiger Lebensweg sind die Zentralthemen im Band 9/10. Dieses Religionsbuch gibt keine fertigen Antworten: Es will vielmehr anleiten, selbstverantwortlich zu entscheiden und zu handeln. Nach dem „Doppelseitenprinzip" werden einzelne Themen in sich geschlossen dargeboten. In den Rubriken „Ideenecke", „Zum Nachdenken", „Aufgabe" und „Tip" motivieren abwechslungsreiche Aufgabenstellungen zur aktiven Auseinandersetzung mit dem Einzelkapitel.

Das Unterrichtswerk enthält zwei kirchengeschichtliche Kapitel: „Juden – Christen – Deutsche"[107] (Untertitel: „Neuanfänge") und „Kirche muß Kirche bleiben"[108] (Untertitel: „Zwischen Anpassung und Widerstand").

V. Kardinal von Galen in Unterrichtsmodellen und Medien für den katholischen Religionsunterricht

1. „Eingreifprogramm Christentum in der Geschichte – Christentum und Nationalsozialismus"[109]

Mit diesem kirchengeschichtlichen Eingreifprogramm versuchen die Autoren in fünf Einheiten die Situation der katholischen Kirche im Dritten Reich darzustellen.

In der III. Einheit wird „Der nationalsozialistische Kirchenkampf (1933-1945)"[110] anhand ausgewählter Quellentexte thematisiert, wobei die Schüler u. a. die

„Sonderstellung" Galens im Kampf der deutschen Bischöfe gegen den Nationalsozialismus herausarbeiten sollen. Vor dem Hintergrund der Auseinandersetzungen innerhalb des deutschen Episkopats bezüglich einer angemessenen Reaktion auf das kirchen- bzw. christenfeindliche Verhalten des NS-Staates sollen die Schüler Galens Motive für eine ‚Flucht in die Öffentlichkeit' nachvollziehen. Ein Brief Galens an den Osnabrücker Bischof Berning vom 26. Mai 1941 dient den Schülern als Arbeitsgrundlage zur Beantwortung folgender Fragen: „Welche Argumente nennt Galen, die gegen eine ‚Flucht in die Öffentlichkeit' seinerseits sprechen? Zu welcher Konsequenz kommt er?"[111]

Galens konkretes Handeln wird in die Einheit V integriert, dessen Thema „Christlich motivierter Widerstand"[112] im NS-Staat lautet. Möglichkeiten und Grenzen des Widerstandes werden zunächst am Beispiel des sogenannten „Kreuzkampfes" im Oldenburger Münsterland, aber vor allem auch am Protest kirchlicher Vertreter gegen das „Euthanasie"-Programm Hitlers aufgezeigt. „Zu den profiliertesten Gegnern dieser Euthanasieaktion gehören auf evangelischer Seite Landesbischof Wurm und auf katholischer Seite der Bischof von Münster, Clemens-August Graf v. Galen."[113] Zur Konkretisierung der Rolle Galens 1941 dienen ein Predigtauszug aus seiner berühmt gewordenen Predigt vom August 1941 sowie eine Quelle zur „Reaktion der Parteiführung auf die Predigt Galens"[114].

2. „Wendepunkte" Arbeitshefte zur Kirchengeschichte Heft 4: „Die Kirchen im Dritten Reich"[115]

Der Kirchenkampf in der nationalsozialistischen Zeit soll in diesem Arbeitsheft dargestellt werden. Das Inhaltsverzeichnis enthält fünf Kapitel mit insgesamt 22 Einzelthemen. Einführend wird anhand ausgewählter Quellentexte versucht, Hitlers Grundhaltung zu den beiden Kirchen zu definieren. Das Kapitel „Der Kampf verschärft sich"[116] informiert über das „Euthanasie"-Programm der Nationalsozialisten sowie über die diesbezüglichen Reaktionen der evangelischen und katholischen Kirche. Beispielhaft für den Widerstand der katholischen Kirche werden „der Kampf des Bischofs von Münster, Graf von Galen, und das Zeugnis und Opfer des Berliner Dompropstes Lichtenberg"[117] hervorgehoben. Wesentliche Aussagen der Predigt von Galens vom 3. August 1941 in der Lambertikirche zu Münster, ein Foto des Bischofs und unmittelbare Reaktionen der NS-Machthaber verdeutlichen diese schwierige Epoche deutscher Kirchen- und Zeitgeschichte.

3. „Katholische Religionslehre 9"[118]

Im Abschnitt VII „Die Kirche im 20. Jahrhundert" dieser Stundenentwürfe wurde als 4. Unterrichtseinheit das Thema: „Wie bekämpfte Bischof v. Galen den Nationalsozialismus?"[119] aufgenommen. Die Lernziele lauten: „Die Schüler zeigen die Fähigkeit, wichtige Verteidigungspunkte Graf Galens in seinen berühmten drei Predigten 1941 zu benennen. Sie zeigen Hochschätzung für den Mut und die Einsatzbereitschaft des Münsteraner Bischofs."[120] Wichtige Inhalte der Erarbeitungsphase sind die drei Predigten des Bischofs, die Biographie Galens und sein Wahlspruch ‚Nicht Lob, nicht Furcht'. Als zusätzlicher Informationstext im Rahmen dieser Unterrichtseinheit dient ein Artikel aus dem Bistumsblatt der Diözese Passau vom 16. Februar 1986 mit dem Titel „Sie standen für ein anderes Deutschland. Preysing, Galen, Frings wurden vor 40 Jahren zu Kardinälen ernannt"[121].

4. „Fertig ausgearbeitete Unterrichtsbausteine für den Religionslehrer"[122]

Unter den Stichworten „Kirche – Antisemitismus – III. Reich" enthalten die Unterrichtsbausteine auch Materialien zum Thema „Kirche und Nationalsozialismus".[123] Die „Aktion Gnadentod" ist der Titel einer Einzelstunde, in der die Schüler u. a. den „christlich motivierten Widerspruch gegen dieses Programm (NS-"Euthanasie"-Programm, B.K.) kennenlernen und die Motive des Widerspruchs als Grundaussagen des Christentums nachvollziehen"[124] sollen. Als Arbeitsgrundlage dienen u. a. Briefpassagen des evangelischen Landesbischofs von Württemberg, Theophil Wurm, sowie markante Auszüge der vielbeachteten Predigt vom 3. August 1941.[125] Die Fragen auf dem beigefügten Arbeitsblatt konzentrieren sich auf die Erarbeitung der Gründe von Galens bzw. Wurms für deren Proteste.[126]

5. „Die Kirche in der Auseinandersetzung mit der modernen Kultur" (von 1815 bis 1945)[127]

In dieser Dia-Reihe wird u. a. an Ereignisse und Personen während der Zeit der Hitler-Diktatur in Deutschland erinnert. Zum Thema „Der Widerstand" ist ein Dia ausgewählt, das den neuernannten Kardinal Clemens August von Galen im März 1946 inmitten der zerstörten Stadt Münster zeigt. Der Kommentar lautet: „Ein leuchtendes Beispiel im Widerstand der Kirche gegen das Hitlerreich gab der Bischof von Münster, Clemens August Graf von Galen."[128] Einige Kernsätze aus seinen Predigten von 1941 charakterisieren Galens mutigen Einsatz gegen die Gewalt- und Greueltaten der NS-Regierung.

6. „Arbeitsfolien Religion"[129]

Mit den Arbeitsfolien Religion (Teil 2) können zehn Kapitel aus der Kirchengeschichte – von der frühen Kirche bis zur ökumenischen Bewegung in der Gegenwart – unterrichtlich arbeitet werden.

Durch Sachinformationen und Strukturierung sollen die Folien zum Verstehen kirchengeschichtlicher Zusammenhänge und menschlicher Schicksale beitragen. Die Arbeitsfolien enthalten für jedes Kapitelthema fünf Grundkarten-Folien mit jeweils ergänzenden Aufbau-Folien. Den Karten sind Bilder beigefügt, um die Anschaulichkeit für Schüler zu verbessern. Zu allen Kapiteln ermöglicht eine Zeittafel mit synoptisch aufgeführten Jahreszahlen und Ereignissen der politischen Geschichte und der Kirchengeschichte eine historische Einordnung der Themen. Ein „Überblick" vermittelt den kirchengeschichtlichen Zusammenhang. Die Inhalte der Aufbau-Folien (Einzelkarten) werden ebenfalls erläutert. Historische und theologische Detailinformationen sowie methodische Hinweise und Literaturhinweise unterstützen die Unterrichtenden bei ihrer Vorbereitung.

Das Thema 8 „Die Zeit des Nationalsozialismus"[130] enthält neun Einzelkarten. In Karte 3, die zahlreiche Konflikte zwischen katholischer Kirche und dem NS-Regime zusammenstellt, wird Galen mit seinen „drei kühne(n) Predigten gegen die ,Euthanasie'"[131] gezeigt. Darüber hinaus thematisiert die Karte 4 anhand der Proteste Galens, Friedrich v. Bodelschwinghs und des Landesbischofs Wurm gegen die NS-"Euthanasie"-Aktion die verschiedenen Formen des Widerstandes.[132] Die jeweiligen Informationen zu diesen beiden Karten vermitteln notwendige Sachkenntnisse.

In der Zeittafel wird ebenfalls die Predigt des Bischofs von Galen vom 3. August 1941 gegen die „Euthanasie" aufgeführt.[133]

VI. Auswertung und Ausblick

Kirchengeschichte ist für einen zeitgemäßen Religionsunterricht unverzichtbar, wenn wesentliche Zielsetzungen religiöser Erziehung, wie sie v.a. im Beschluß der Gemeinsamen Synode der Bistümer in der BRD „Der Religionsunterricht in der Schule" von 1974 zum Ausdruck gebracht worden sind, gelten sollen.

Die aktuellen Lehrpläne und Rahmenrichtlinien des Landes Niedersachsen für den katholischen und evangelischen Religionsunterricht berücksichtigen kirchengeschichtliche Themen – wenn auch in den verschiedenen Schulformen und Klassenstufen sehr unterschiedlich.

Innerhalb der kirchengeschichtlichen Sektion des Religionsunterrichts in der Sekundarstufe I ist das Leben und Wirken des Kardinals und Bischofs Clemens August Graf von Galen, der in der nationalsozialistischen Zeit „prophetische Akzente" setzte, durchaus ein geeignetes Thema, weil sich Kirchengeschichte ohne christliche Vorbilder nicht vermitteln läßt. Vorbilder christlichen Lebens sind für die religiöse Erziehung unverzichtbar, da an „lebendigen Beispielen" Glaubenszeugnisse sichtbar werden können.

Obwohl Bischof von Galen in den niedersächsischen Rahmenrichtlinien in den kirchengeschichtlichen Themenfeldern nicht ausdrücklich aufgeführt wird, bietet sich die Beschäftigung mit seinem Leben und Wirken als Thema besonders aus zwei Gründen an: Er ist ein Sohn des Landes Niedersachsen und steht den Schülern schon aus diesem Grunde nahe. Ferner lassen sich am Beispiel seines Lebens und Wirkens zahlreiche in den Rahmenrichtlinien ausgewiesene Lernziele erreichen.

Dieser Erkenntnis tragen die neueren Schulbücher und Unterrichtswerke für den Religionsunterricht Rechnung, indem sie das Thema „von Galen" wieder verstärkt aufgreifen. In den 60er und 70er Jahren war Galen vorübergehend aus dem Religionsunterricht verschwunden, ein Defizit, das sowohl auf mangelndes Interesse an kirchengeschichtlichen Themen als auch auf Kontroversen in der Galen-Forschung zurückzuführen ist.

Dennoch bleibt kritisch anzumerken, daß sich zu Galen in den durchgesehenen Unterrichtswerken überwiegend nur kurze Hinweise finden, um erbrachte Lernziele zu verdeutlichen bzw. zu vertiefen. Mitunter ist seine Zuordnung innerhalb einer Unterrichtseinheit nicht immer für die Schüler einsichtig und wird ihnen durch eine wenig ansprechende inhaltliche und sprachliche Darstellung erschwert.

Die herausragende Bedeutung Galens und der umfangreiche Quellenbestand rechtfertigen es hingegen, Galen in den Mittelpunkt einer Unterrichtseinheit zu stellen, so daß die Schüler zu diesem bedeutenden Bischof einen Zugang finden und sein vorbildliches Wirken erfassen. Zugleich kann auf exemplarische Weise ein anschauliches Bild von der Haltung katholischer Kirchenvertreter im Dritten Reich vermittelt und so – möglicherweise – vorhandene Vorurteile abgebaut werden.

Unverzichtbar ist eine Kooperation der Religionslehrer und Religionslehrerinnen mit ihren Kollegen des Faches Geschichte – zumal ein entsprechendes Vorwissen der Schüler nicht vorausgesetzt werden kann –, um die Einordnung kirchengeschichtlich orientierter Themen in den historischen Zusammenhang auf diese Weise leisten zu können.

Abschließend sei kritisch angemerkt, daß fachdidaktische und methodische Aspekte der Vermittlung von Kirchengeschichte im Studium der Theologie und Religionspädagogik (auch in der II. Ausbildungsphase) bisher nur eine Randstellung einnehmen.

Anmerkungen

1 Zit. nach Hans Günter Hockerts: Die Goebbels-Tagebücher 1932-1941. Eine neue Hauptquelle zur Erforschung der nationalsozialistischen Kirchenpolitik. In: Internationale katholische Zeitschrift „Communio" 13 (1984), S. 563.
2 In Anlehnung an Bernhard Jendorffs Buchtitel: Kirchengeschichte – wieder gefragt! Didaktische und methodische Vorschläge für den Religionsunterricht, München 1982.
3 Vgl. ebd., S. 47.
4 Constitutio Dogmatica de Ecclesia „Lumen gentium" vom 21.11.1964. Zit. nach Karl Rahner/Herbert Vorgrimler: Kleines Konzilskompendium. Alle Konstitutionen, Dekrete und Erklärungen des Zweiten Vaticanums in der bischöflich genehmigten Übersetzung, Freiburg ⁴1968, S. 123ff.
5 Ebd., S. 125.
6 Vgl. ebd., S. 2.
7 Vgl. ebd., S. 133.
8 Jendorff (wie Anm. 2), S. 38.
9 Ebd., S. 10.
10 S. z.B. Robert Ebner: Vorbilder und ihre Bedeutung für die religiöse Erziehung in der Sekundarstufe: Eine wissenschaftliche Darstellung mit einer empirischen Untersuchung, St. Ottilien 1988. Günter Biemer/Albert Biesinger (Hrsg.): Christ werden braucht Vorbilder: Beiträge zur Neubegründung der Leitbildthematik in der religiösen Erziehung und Bildung, Mainz 1983.
11 Ralph Sauer: Die religiöse Ansprechbarkeit junger Menschen heute. In: Katechetische Blätter 106 (1981), S. 720.
12 Adolf Exeler: Jungen Menschen leben helfen. Die alten und die neuen Werte, Freiburg, Basel, Wien 1984, S. 67.
13 Jürgen Hoeren/Karl Heinz Schmitt (Hrsg.): Werden unsere Kinder noch Christen sein? Für eine menschennahe Weitergabe des Glaubens, Freiburg i.Br. 1990.
14 Ebd.
15 Norbert Scholl: Eine Botschaft, die guttut. Wie Religion für Schüler(innen) wieder attraktiv werden kann. Ebd., S. 130ff.
16 Vgl. ebd., S. 133f.
17 Ebd., S. 140f.
18 Lehrplan für den katholischen Religionsunterricht in den Volksschulen der Diözese Münster, hrsg. v. Bischöflichen Generalvikariat in Münster, Münster 1949.
19 Ebd., S. 72.
20 Lehrplan für den katholischen Religionsunterricht an den Volksschulen in der Diözese Münster, hrsg. v. Bischöflichen Generalvikariat, Münster 1961, S. 60.
21 Ebd., S. 55.
22 Ebd., S. 60.
23 Adolf Heuser: Kirchengeschichte für den katholischen Religionsunterricht an Volksschulen; Ausgabe für das Bistum Münster mit einer Geschichte des Bistums Münster im Überblick von Alois Schröer, Münster 1955.
24 Ebd., S. 109.
25 Ebd., S. 70.
26 Rahmenplan für die Glaubensunterweisung mit Plänen für das 1.-10. Schuljahr, hrsg. v. den katholischen Bischöfen Deutschlands durch den Deutschen Katecheten-Verein, München 1967.
27 Ebd., S. 11.
28 Ebd., S. 43.

29 Ebd., S. 43.
30 Zielfelderplan für den katholischen Religionsunterricht der Schuljahre 5-10 (Sekundarstufe I). Themenfeldskizzen der Schuljahre 7 und 8. Erarb. v. einer Kommission des Deutschen Katecheten-Vereins e.V. (München) in Zusammenarbeit mit der Bischöflichen Hauptstelle für Schule und Erziehung (Bonn/Köln), München 1974, S. 18.
31 Ebd.
32 Ebd., S. 19.
33 Ebd., S. 20.
34 Zielfelderplan für den katholischen Religionsunterricht der Schuljahre 5-10 (Sekundarstufe I). Themenfeldskizzen der Schuljahre 9 und 10. Erarb. v. einer Kommission des Deutschen Katecheten-Vereins e.V. (München) in Zusammenarbeit mit der Bischöflichen Hauptstelle für Schule und Erziehung (Bonn/Köln), München 1974, S. 80.
35 Ebd., S. 83.
36 Ebd., S. 138.
37 Zielfelder ru. Unterrichtswerk für den katholischen Religionsunterricht in der Sekundarstufe I, hrsg. v. Deutschen Katecheten-Verein, München 1975f; Ausgabe A: Hauptschule; Ausgabe B: Realschule/Gymnasium.
38 Grundlagenplan für den katholischen Religionsunterricht im 5. bis 10. Schuljahr, hrsg. v. der Zentralstelle Bildung der Deutschen Bischofskonferenz, München 1984.
39 Vgl. ebd., S. 3.
40 Ebd., S. 11f.
41 Ebd., S. 13.
42 Vgl. ebd., S. 15.
43 Ebd., S. 100.
44 Ebd., S. 50ff.
45 Ebd., S. 51ff.
46 Vgl. ebd., S. 106.
47 Ebd., S. 70f.
48 Ebd., S. 76f.
49 Ebd., S. 71.
50 Ebd., S. 77.
51 Ebd., S. 117ff.
52 Rahmenrichtlinien für die Hauptschule Katholischer Religionsunterricht (im weiteren RRL Katholischer Religionsunterricht, HS), hrsg. v. Niedersächsischen Kultusminister, Hannover 1983.
53 Ebd., S. 12f.
54 Gotteslob. Katholisches Gebet- und Gesangbuch (Ausgabe Bistum Münster), hrsg. v. den Bischöfen Deutschlands und Österreichs und der Bistümer Bozen-Brixen und Lüttich, Münster 1975, S. 909f.
55 RRL Katholischer Religionsunterricht, HS (wie Anm. 52), S. 39.
56 Ebd., S. 41. Zu weiteren Lernzielen s. ebd., S. 40f.
57 Ebd., S. 49.
58 Ebd., S. 50.
59 Rahmenrichtlinien für die Realschule Katholische Religionslehre, hrsg. v. Niedersächsischen Kultusminister, Hannover 1982.
60 Ebd., S. 12.
61 Ebd., S. 21f.
62 Ebd., S. 22.
63 Ebd., S. 48f.
64 Ebd., S. 12.
65 Rahmenrichtlinien für das Gymnasium Klasse 7 – 10 Katholischer Religionsunterricht, hrsg. v. Niedersächsischen Kultusminister, Hannover 1982.
66 Ebd., S. 12.
67 Ebd., S. 35.
68 Ebd., S. 36.
69 Curricularer Lehrplan Katholische Religionslehre für die 10. Jahrgangsstufe des Gymnasiums, hrsg. v. Katholischen Schulkommissariat II in Bayern, München 1977, S. 13.
70 Von Jesus bis heute – 46 Kapitel aus der Geschichte des Christentums, hrsg. v. Winfried Blasig/ Wolfgang Bohusch, München 1973. Zugelassen durch die Lehrbuchkommission der Deutschen

Bischofskonferenz; genehmigt u. a. in Baden-Württemberg, Nordrhein-Westfalen und Niedersachsen für Gymnasien und Realschulen.
71 Vgl. ebd., S. 166ff.
72 Ebd., S. 169.
73 Brennpunkte der Kirchengeschichte – Ein Arbeitsbuch v. Herbert Gutschera/Jörg Thierfelder, Paderborn 1976. Zugelassen durch die Lehrbuchkommission der Deutschen Bischofskonferenz; genehmigt in Niedersachsen für Gymnasien und Realschulen. Ein Ergänzungsheft mit einem „Nachtragskapitel" wurde 1987 veröffentlicht.
74 Ebd., S. 215ff.
75 Ebd., S. 230f.
76 Religion in der Hauptschule – Unterrichtswerk für katholische Religionslehre in den Klassen 5-9, hrsg. v. Willi Stengelin/Ludwig Volz, 9. Jahrgangsstufe, 3. Aufl., München 1990. Zugelassen durch die Lehrbuchkommission der Deutschen Bischofskonferenz.
77 Ebd., S. 105ff.
78 Ebd., S. 113.
79 Mitten unter euch. Arbeitsbuch für den katholischen Religionsunterricht 9. und 10. Jahrgangsstufe, hrsg. v. Andreas Baur, Donauwörth 1984. Zugelassen durch die Lehrbuchkommission der Deutschen Bischöfe; genehmigt in Niedersachsen für die Hauptschule. .
80 Ebd., S. 205ff.
81 Ebd., S. 223ff.
82 Ebd., S. 224.
83 Ebd., S. 233.
84 Zeichen der Hoffnung. Unterrichtswerk für den katholischen Religionsunterricht der Jahrgangsstufen 9/10, hrsg. v. Werner Trutwin/Klaus Breuning/Roman Mensing, Düsseldorf 1978. Zugelassen durch die Lehrbuchkommission der Deutschen Bischöfe; genehmigt u. a. in Niedersachsen für Gymnasien, Realschulen und Hauptschulen.
85 Ebd., S. 71.
86 Ebd., S. 72.
87 Ebd., S. 81.
88 Den Glauben leben – Als Christ leben und handeln. Ein Religionsbuch für das 9. Schuljahr, erarb. v. Hans-Walter Nörtersheuser u. a., Freiburg, Basel, Wien 1990. Zugelassen durch die Lehrbuchkommission der Deutschen Bischofskonferenz; genehmigt in Baden-Württemberg für Haupt- und Realschulen.
89 Vgl. ebd., S. 117ff.
90 Ebd., S. 124ff.
91 Ebd., S. 126.
92 Rahmenrichtlinien für die Hauptschule Evangelische Religion, hrsg. v. Niedersächsischen Kultusminister, Hannover 1984.
93 Ebd., S. 7f.
94 Ebd., S. 8.
95 Rahmenrichtlinien für die Realschule Evangelische Religion, hrsg. v. Niedersächsischen Kultusminister, Hannover 1984. .
96 Ebd., S. 25.
97 Ebd., S. 25f.
98 Rahmenrichtlinien für das Gymnasium Klasse 7-10 Evangelische Religion, hrsg. v. Niedersächsischen Kultusminister, Hannover 1987.
99 Ebd., S. 7.
100 Ebd., S. 6.
101 Ebd., S. 33.
102 Zweitausend Jahre Christentum, Bd. II, 2: Die Gegenwart. Ein Arbeitsbuch v. Martin Stupperich/ Amrei Stupperich u. a., Göttingen 1984.
103 Ebd., S. 3ff.
104 Ebd., S. 13.
105 Ebd., S. 7.
106 Entdeckungen machen. Unterrichtswerk für den evangelischen Religionsunterricht in der Sekundarstufe I, Bd. 9/10, hrsg. v. Jürgen Kluge, Düsseldorf 1987; genehmigt in Niedersachsen für Gymnasien, Realschulen und Hauptschulen.
107 Ebd., S. 119ff.
108 Ebd., S. 135ff.

109 Eingreifprogramm Christentum in der Geschichte: Christentum und Nationalsozialismus (Schülerheft), hrsg. v. Michael Gartmann/Reinhard Göllner, Hildesheim 1983.
110 Ebd., S. 33ff.
111 Ebd., S. 43.
112 Ebd., S. 61ff.
113 Ebd., S. 65.
114 Ebd., S. 66ff.
115 Wendepunkte Arbeitshefte zur Kirchengeschichte v. Werner Seeling, Hf. 4: Die Kirchen im Dritten Reich, Düsseldorf 1982.
116 Ebd., S. 38ff.
117 Ebd., S. 41.
118 Katholische Religionslehre 9, 2. Teil v. Karl-Heinz Grünauer, Puchheim 1990.
119 Ebd., S. 111.
120 Ebd.
121 Ebd., S. 116.
122 Fertig ausgearbeitete Unterrichtsbausteine für den Religionslehrer. Ein aktueller Ratgeber für alle Pflicht- und Wahlthemen religiöser Erziehung in der Sekundarstufe I, Kissing u.a. 1989.
123 Ebd., Teil 11/4, S. 1ff.
124 Ebd., Teil 11/4.3, S. 1.
125 Ebd., Teil 11/4.3, S. 2f.
126 Ebd., Teil 11/4.3, S. 5.
127 Albert Geiger (Bearb.): Die Kirche in der Auseinandersetzung mit der modernen Kultur (von 1815-1945), Tonbild-Reihe (Cf 499), München o.J.
128 Ebd., S. 64.
129 Arbeitsfolien Religion, Teil 2: Kirchengeschichte, erarb. v. Otto Niederer, Dieter Petri u.a., Stuttgart, München 1989.
130 Ebd., S. 56ff.
131 Ebd. (Anhang), Thema 8: Karte 3.
132 Ebd. (Anhang), Thema 8: Karte 4.
133 Ebd., S. 58.

Literaturverzeichnis

Acta et statuta synodi dioecesanae monasteriensis quam illustrissimus ac reverendissimus dominus Hermannus episcopus monasteriensis anno domini MDCCCXCVII habuit, Monasterii Guestfalorum 1897.

Adenauer, Konrad: Erinnerungen 1945-1953, Stuttgart 1965.

Adolph, Walter: Adolf Kardinal Bertram, Erzbischof von Breslau (1859-1945). In: Ders.: Hirtenamt und Hitler-Diktatur, Berlin 1965, S. 102-116.

Adolph, Walter: Hirtenamt und Hitler-Diktatur, Berlin 1965.

Adolph, Walter: Kardinal Preysing und zwei Diktaturen. Sein Widerstand gegen die totalitäre Macht, Berlin 1971.

Adolph, Walter: Geheime Aufzeichnungen aus dem nationalsozialistischen Kirchenkampf 1935-1943, bearb. v. Ulrich von Hehl, Mainz 1979, ²1980 (= Veröffentlichungen der Kommission für Zeitgeschichte, Reihe A: Quellen, Bd. 28).

Albrecht, Dieter (Bearb.): Der Notenwechsel zwischen dem Heiligen Stuhl und der deutschen Reichsregierung, Bd. I: Von der Ratifizierung des Reichskonkordats bis zur Enzyklika „Mit brennender Sorge", Bd. II: 1937-1945, Bd. III: Der Notenwechsel und die Demarchen des Nuntius Orsenigo 1933-1945, Mainz 1965, 1969, 1980 (= Veröffentlichungen der Kommission für Zeitgeschichte, Reihe A: Quellen, Bd. 1, 10, 29).

Albrecht, Dieter (Hrsg.): Katholische Kirche und Nationalsozialismus. Ausgewählte Aufsätze von Ludwig Volk, Mainz 1987 (= Veröffentlichungen der Kommission für Zeitgeschichte, Reihe B: Forschungen, Bd. 46).

Ambrosius, Gerold: Die Durchsetzung der Sozialen Marktwirtschaft in Westdeutschland 1945-1949, Stuttgart 1977 (= Studien zur Zeitgeschichte, Bd. 10).

Amelunxen, Rudolf: Ehrenmänner und Hexenmeister. Erlebnisse und Beobachtungen, München 1960.

Aschoff, Hans-Georg: Die Hildesheimer Bischofswahlen im 20. Jahrhundert. In: Die Diözese Hildesheim in Vergangenheit und Gegenwart 48 (1980), S. 65-82.

Bach, Jürgen A.: Franz von Papen in der Weimarer Republik. Aktivitäten in Politik und Presse 1918-1932, Düsseldorf 1977.

Bauer, Dieter R./Kustermann, Abraham P. (Hrsg.): Gelegen oder ungelegen – Zeugnis für die Wahrheit. Zur Vertreibung des Rottenburger Bischofs Joannes Baptista Sproll im Sommer 1938, Stuttgart 1989.

Baumann, Willi/Sieve, Peter: Konflikte zwischen Kirche und Nationalsozialismus in Friesoythe 1936/37. In: Joachim Kuropka (Hrsg.): Zur Sache – Das Kreuz! Untersuchungen zur Geschichte des Konflikts um Kreuz und Lutherbild in den Schulen Oldenburgs, zur Wirkungsgeschichte eines Massenprotests und zum Problem nationalsozialistischer Herrschaft in einer agrarisch-katholischen Region, 2., durchges. Aufl., Vechta 1987, S. 165-175.

Baumgartner, Alois: Die Auswirkungen der Liturgischen Bewegung auf Kirche und Katholizismus. In: Anton Rauscher (Hrsg.): Religiös-kulturelle Bewegungen im deutschen Katholizismus seit 1800, Paderborn 1986 (= Beiträge zur Katholizismusforschung, Reihe B: Abhandlungen), S. 121-136.

Baumgärtner, Raimund: Weltanschauungskampf im Dritten Reich. Die Auseinandersetzung der Kirchen mit Alfred Rosenberg, Mainz 1977 (= Veröffentlichungen der Kommission für Zeitgeschichte, Reihe B: Forschungen, Bd. 22).

Beaugrand, Günter (Hrsg.): Die neuen Heiligen. Große Christen auf dem Weg zur Heilig- oder Seligsprechung, Augsburg 1991.

Beaugrand, Günter: Kardinal Graf von Galen, Aschaffenburg 1985.

Beer, Wilfried: Kriegsalltag an der Heimatfront. Alliierter Luftkrieg und deutsche Gegenmaßnahmen zur Abwehr und Schadensbegrenzung, dargestellt am Raum Münster, Bremen 1990.

Beil, Alfons: Umkehr. Gedanken zur gegenwärtigen Prüfung, Heidelberg 1948.

Ben-Chorin, Schalom: Bruder Jesus, München 1967.

Berg, Ludwig (Hrsg.): Peter Tischleders Auffassung von den Menschenrechten. In: Archiv für mittelrheinische Kirchengeschichte 14 (1962), S. 387-407.

Bergmann, Georg: Franz Jägerstätter. Ein Leben vom Gewissen entschieden, Stein am Rhein 1980.

Berning, Wilhelm: Katholische Kirche und deutsches Volkstum. In: Das Neue Reich, hrsg. v. d. deutschen Akademie, München 1934, S. 3-41.

Biemer, Günter/Biesinger, Albert (Hrsg.): Christ werden braucht Vorbilder: Beiträge zur Neubegründung der Leitbildthematik in der religiösen Erziehung und Bildung, Mainz 1983.

Bierbaum, Max: Die letzte Romfahrt des Kardinals von Galen, Münster 1946.

Bierbaum, Max: Kardinal von Galen. Bischof von Münster, Münster 1947.

Bierbaum, Max: Nicht Lob – Nicht Furcht. Das Leben des Kardinals von Galen nach unveröffentlichten Briefen und Dokumenten, 7., erw. Aufl., Münster 1974, ⁸1978, ⁹1984.

Birke, Adolf M.: Bischof Ketteler und der deutsche Liberalismus. Eine Untersuchung über das Verhältnis des liberalen Katholizismus zum bürgerlichen Liberalismus in der Reichsgründerzeit, Mainz 1971.

Birke, Adolf M.: Geschichtsauffassung und Deutschlandbild im Foreign Office Research Department. In: Bernd Jürgen Wendt (Hrsg.): Das britische Deutschlandbild im Wandel des 19. und 20. Jahrhunderts, Bochum 1984 (= Arbeitskreis Deutsche England-Forschung), S. 171-197.

Bischöfliche Hauptarbeitsstelle Düsseldorf (Hrsg.): Stundenbilder (ausgeführte Katechesen) zu den „Katechismuswahrheiten", Düsseldorf 1937.

Bischöfliches Generalvikariat Münster (Hrsg.): Diözesansynode des Bistums Münster 1924, Münster 1924.

Bischöfliches Generalvikariat Münster (Hrsg.): Diözesansynode des Bistums Münster 1936, Münster [1937].

Bischöfliches Generalvikariat Münster (Hrsg.): Diözesansynode des Bistums Münster 1958, Münster 1958.

Bischöfliches Generalvikariat Münster (Hrsg.): Communio. Kirche ist Gemeinschaft. Schwerpunkte der Heilssorge im Bistum Münster, Münster 1980.

Blessing, Werner K.: "Deutschland in Not, wir im Glauben ...". Kirche und Kirchenvolk in einer katholischen Region 1933-1949. In: Martin Broszat/Karl-Dietmar Henke u.a. (Hrsg.): Von Stalingrad zur Währungsreform. Zur Sozialgeschichte des Umbruchs in Deutschland, München 1988 (= Quellen und Darstellungen zur Zeitgeschichte, Bd. 26), S. 3-111.

Boberach, Heinz (Bearb.): Berichte des SD und der Gestapo über Kirchen und Kirchenvolk in Deutschland 1934-1944, Mainz 1971 (= Veröffentlichungen der Kommission für Zeitgeschichte, Reihe A: Quellen, Bd. 12).

Böckenförde, Ernst-Wolfgang: Der deutsche Katholizismus im Jahre 1933. Eine kritische Betrachtung. In: Hochland 53 (1960/61), S. 215-239.

Breuning, Klaus: Die Vision des Reiches. Deutscher Katholizismus zwischen Demokratie und Diktatur (1929-1934), München 1969.

Brickwedde, Fritz: Die Frühgeschichte der westfälischen CDU, Münster 1978 (unveröffentlichte Magisterarbeit).

Broszat, Martin: Resistenz und Widerstand. Eine Zwischenbilanz des Forschungsprojekts. In: Martin Broszat/Elke Fröhlich/Anton Grossmann (Hrsg.): Bayern in der NS-Zeit, Bd. IV: Herrschaft und Gesellschaft im Konflikt, Teil C, München/Wien 1981, S. 691-709.

Bunda, Josef: Der Priestergebetsverein im theologischen Konvikt Canisianum. In: Festschrift zur Hundertjahrfeier des theologischen Konvikts Innsbruck 1858-1958, Innsbruck 1958, S. 99-100.

Clemens, Gabriele: Martin Spahn und der Rechtskatholizismus in der Weimarer Republik, Mainz 1983 (= Veröffentlichungen der Kommission für Zeitgeschichte, Reihe B: Forschungen, Bd. 37).

Codex juris canonici Pii X Pontificis Maximi jussu digestus Benedicti Papae XV auctoritate promulgatus, Romae 1917.

Coreth, Emerich: Die Philosophie an der theologischen Fakultät Innsbruck 1857-1957. In: Zeitschrift für katholische Theologie 80 (1958), S. 142-183.

Corsten, Wilhelm (Hrsg.): Kölner Aktenstücke zur Lage der katholischen Kirche in Deutschland 1933-1945, Köln 1949.

Damberg, Wilhelm: Der Kampf um die Schulen in Westfalen 1933-1945, Mainz 1986 (= Veröffentlichungen der Kommission für Zeitgeschichte, Reihe B: Forschungen, Bd. 43).

Dellepoort, J.J.: De priesterroepingen in Nederland, 's-Gravenhage 1955.

Denzler, Georg/Fabricius, Volker: Die Kirchen im Dritten Reich. Christen und Nazis Hand in Hand?, Bd. 1: Darstellung, Frankfurt 1984.

Denzler, Georg: Widerstand oder Anpassung? Katholische Kirche und Drittes Reich, München 1984.

Deutscher, Isaac: Reportagen aus Nachkriegsdeutschland, Hamburg 1980.

Deutschland-Berichte der Sozialdemokratischen Partei Deutschlands (Sopade), 4. Jg. (1937), Salzhausen/Frankfurt a.M. 1980.

Dierks, Walter (Hrsg.): Die Aufgabe des Christen für den Frieden – Max Joseph Metzger und die christliche Friedensarbeit zwischen den Weltkriegen, München/Zürich 1987.

Duhamel, Josef: Das siebente Lustrum der Stella Matutina: 1886-91. In: 75 Jahre Stella Matutina. Festschrift, Bd. III: Stellazeiten und Stellaleben, Feldkirch 1931, S. 168-178.

Eberle, Joseph: Ein Gespräch über politische Fragen in Deutschland. In: Schönere Zukunft, 8. Jg., Nr. 4 v. 23.10.1932, S. 1-3.

Ebner, Robert: Vorbilder und ihre Bedeutung für die religiöse Erziehung in der Sekundarstufe: Eine wissenschaftliche Darstellung mit einer empirischen Untersuchung, St. Ottilien 1988.

Eickels, Klaus van: Das Collegium Augustinianum Gaesdonck in der NS-Zeit 1933-1942. Anpassung und Widerstand im Schulalltag des Dritten Reiches, Kleve 1982 (= Schriftenreihe des Kreises Kleve 3).

Eising, Hermann: Rezension zu Walter Adolph: Geheime Aufzeichnungen aus dem nationalsozialistischen Kirchenkampf 1935-1943, bearb. v. Ulrich von Hehl, Mainz 1979. In: Theologische Revue 76 (1980), Sp. 210-212.

Eizereif, Heinrich: Tut was er Euch sagt. Mutter-Gottes-Erscheinungen in Heede, Gröbenzell ²1973.

Erzbischöfliches Generalvikariat Köln (Hrsg.): Kölner Diözesan-Synode 1954, Köln o.J.

Eschenburg, Theodor: Die improvisierte Demokratie. Gesammelte Aufsätze zur Weimarer Republik, München 1963.

Eschenburg, Theodor: Jahre der Besatzung 1945-1949, Wiesbaden 1983 (= Geschichte der Bundesrepublik Deutschland, Bd. 1).

Evans, Ellen Lovell: The German Center Party 1870-1933. A Study in Political Catholicism, Carbondale/Edwardsville 1981.

Ewerword, Thomas: Das Parteiwesen. Ein Kampfruf gegen seine Schäden. In: Gelbe Hefte. Historische und politische Zeitschrift für das katholische Deutschland I (1924/25), 1. Hbd., S. 304-344.

Exeler, Adolf: Jungen Menschen leben helfen. Die alten und die neuen Werte, Freiburg/Basel/Wien 1984.

Fricke-Finkelburg, Renate (Hrsg.): Nationalsozialismus und Schule. Amtliche Erlasse und Richtlinien, Opladen 1989.

Frings, Josef: Für die Menschen bestellt. Erinnerungen des Alterzbischofs von Köln Josef Kardinal Frings, Köln 1973.

Fröhlich, Elke (Hrsg.): Tagebücher von Josef Goebbels. Sämtliche Fragmente, Teil 1: Aufzeichnungen 1924-1941, Bd. 3: 1.1.1938-31.12.1939, München/New York/London/Paris 1987.

Galanda, Brigitte: Widerstand und Verfolgung in Oberösterreich, Wien 1982.

Galen, Clemens Graf von: Wahlrecht – Wahlpflicht. In: Allgemeine Rundschau v. 8.6.1918.

Galen, Clemens Graf von: Unsere Stellung zu Artikel I der Reichsverfassung. In: Germania v. 20.7.1919.

Galen, Clemens Graf von: Wo liegt die Schuld? Gedanken über Deutschlands Niederbruch und Aufbau. In: Historisch-politische Blätter für das katholische Deutschland 164 (1919), S. 221-231, S. 293-305.

Galen, Clemens Graf: Katholische Wirtschaftsordnung. In: Katholische Politik. Eine Sammlung von Vorträgen gehalten bei Zusammenkünften des rheinisch-westfälischen katholischen Adels, Heft 1 (1924), S. 21-31.

Galen, Clemens Graf von: Die „Pest des Laizismus" und ihre Erscheinungsformen. Erwägungen und Besorgnisse eines Seelsorgers über die religiös-sittliche Lage der deutschen Katholiken, Münster 1932.

Gessner, Dieter: Agrarverbände in der Weimarer Republik. Wirtschaftliche und soziale Voraussetzungen agrarkonservativer Politik vor 1933, Düsseldorf 1976.

Gotto, Klaus: Die katholische Kirche und die Entstehung des Grundgesetzes. In: Anton Rauscher (Hrsg.): Kirche und Katholizismus 1945-1949, München/Paderborn/Wien 1977, S. 88-108.

Gotto, Klaus: Zum Selbstverständnis der katholischen Kirche im Jahre 1945. In: Dieter Albrecht u. a. (Hrsg.): Politik und Konfession. Festschrift für Konrad Repgen zum 60. Geburtstag, Berlin 1983, S. 465-481.

Gotto, Klaus/Hockerts, Hans Günter/Repgen, Konrad: Nationalsozialistische Herausforderung und kirchliche Antwort. Eine Bilanz. In: Klaus Gotto/Konrad Repgen (Hrsg.): Kirche, Katholiken und Nationalsozialismus, Mainz 1980, S. 101-118.

Gotto, Klaus/Hockerts, Hans Günter/Repgen, Konrad: Nationalsozialistische Herausforderung und kirchliche Antwort. Eine Bilanz. In: Klaus Gotto/Konrad Repgen (Hrsg.): Die Katholiken und das Dritte Reich, 3., erw. u. überarb. Aufl., Mainz 1990, S. 173-190.

Gottwald, Herbert: Franz von Papen und die „Germania". Ein Beitrag zur Geschichte des politischen Katholizismus und der Zentrumspresse in der Weimarer Republik. In: Jahrbuch für Geschichte 6 (1972), S. 539-604.

Groppe, Lothar: Der Kirchenkampf im Dritten Reich. Kirche und Juden im Dritten Reich. Sonderbeilage zu Heft 1 „ibw-Journal" (1983), S. 17-35.

Gründer, Horst: Rechtskatholizismus im Kaiserreich und in der Weimarer Republik unter besonderer Berücksichtigung der Rheinlande und Westfalens. In: Westfälische Zeitschrift 134 (1984), S. 107-155.

Gruss, Heribert: Hat Bischof Clemens August Graf von Galen am Passionssonntag 1942 (22.3.1942) öffentlich für die Nichtarier (Juden) protestiert? Eine Hypothese, aus Bischofsakten erhoben und diskutiert. In: Theologie und Glaube 81 (1991), S. 368-385.

Gutschera, Herbert/Thierfelder, Jörg: Brennpunkte der Kirchengeschichte, Paderborn 1976.

Hackmann, Josef: Entwicklung von Schülerzahlen am Gymnasium Antonianum. In: Gymnasium Antonianum Vechta (Hrsg.): Iuventuti Instituendae. Festschrift zur 275-Jahrfeier des Gymnasium Antonianum in Vechta, Vechta 1989, S. 31-42.

Hähling von Lanzenauer, Heinrich: Auf zum Kampf für die freie, konfessionelle Schule, Paderborn 1922.

Hasenkamp, Gottfried: Der Kardinal. Taten und Tage des Bischofs von Münster Clemens August Graf von Galen. Ein Lebensumriß, Münster 1957, [3]1987.

Hegel, Eduard: Klemens August Graf von Galen. In: Erwin Gatz (Hrsg.): Die Bischöfe der deutschsprachigen Länder 1785/1803 bis 1945. Ein biographisches Lexikon, Berlin 1983, S. 225-227.

Hehl, Ulrich von: Katholische Kirche und Nationalsozialismus im Erzbistum Köln 1933-1945, Mainz 1977.

Hehl, Ulrich von: Das Kirchenvolk im Dritten Reich. In: Klaus Gotto/Konrad Repgen (Hrsg.): Kirche, Katholiken und Nationalsozialismus, Mainz 1980, S. 63-82.

Hehl, Ulrich von: Bischof Berning und das Bistum Osnabrück im „Dritten Reich". In: Osnabrücker Mitteilungen 86 (1980), S. 83-104.

Hehl, Ulrich von: Konrad Kardinal von Preysing, Bischof von Berlin. In: Aus Politik und Zeitgeschichte. Beilage zur Wochenzeitung „Das Parlament", B 39-40/80 v. 27.9.1980.

Hehl, Ulrich von (Bearb.): Priester unter Hitlers Terror. Eine biographische und statistische Erhebung, Mainz [2]1985.

Hehl, Ulrich von: Berning. In: Staatslexikon. Recht, Wirtschaft, Gesellschaft, hrsg. v. d. Görres-Gesellschaft, 7., völlig neu bearb. Aufl., Bd. I, Freiburg im Breisgau 1985, Sp. 654-656.

Hehl, Ulrich von: Staatsverständnis und Strategie des politischen Katholizismus in der Weimarer Republik. In: Karl Dietrich Bracher/Manfred Funke/Hans-Adolf Jacobsen (Hrsg.): Die Weimarer Republik 1918-1933. Politik – Wirtschaft – Gesellschaft, Düsseldorf 1987 (= Bonner Schriften zur Politik und Zeitgeschichte, Bd. 22), S. 238-253.

Hehl, Ulrich von: Das Kirchenvolk im Dritten Reich. In: Klaus Gotto/Konrad Repgen (Hrsg.): Die Katholiken und das Dritte Reich, 3., erw. u. überarb. Aufl., Mainz 1990, S. 93-118.

Heiber, Helmut (Bearb.): Akten der Partei-Kanzlei der NSDAP, Regesten Bd. I, Wien 1983.

Heinen, Ernst: Das katholische Vereinswesen in der Rheinprovinz und in Westfalen 1848 bis 1855. Kirchenpolitik oder Christliche Demokratie? In: Winfried Becker/Rudolf Morsey (Hrsg.): Christliche Demokratie in Europa. Grundlagen und Entwicklungen seit dem 19. Jahrhundert, Köln/Wien 1988, S. 29-58.

Heinzel, Gottfried: Hieronymus Noldin und sein Werk. In: Zeitschrift für Katholische Theologie 80 (1958), S. 200-210.

Heitmann, Clemens: St. Catharina Dinklage, Dinklage 1971.

Heitmann, Clemens: Kardinal von Galen und seine Ahnen, Dinklage 1975.

Heitmann, Clemens: Clemens August Kardinal von Galen und seine geistlichen Verwandten, Dinklage 1983.

Heitzer, Horstwalter: Die CDU in der britischen Zone 1945-1949. Gründung, Organisation, Programm und Politik, Düsseldorf 1988 (= Forschungen und Quellen zur Zeitgeschichte, Bd. 12).

Herlemann, Beatrix/Sommer, Karl-Ludwig: Widerstand, Alltagsopposition und Verfolgung unter dem Nationalsozialismus in Niedersachsen. Ein Literatur- und Forschungsüberblick. In: Niedersächsisches Jahrbuch 60 (1988), S. 229-298.

Hertling, Georg von: Erinnerungen aus meinem Leben, Bd. 1, Leipzig-Reudnitz 1919.

Herzig, Arno: Judentum und Emanzipation in Westfalen, Münster 1973.

Heuser, Adolf: Kirchengeschichte für den katholischen Religionsunterricht an Volksschulen, Ausgabe für das Bistum Münster mit einer Geschichte des Bistums Münster im Überblick von Alois Schröer, Münster 1955.

Hildebrandt, Horst (Hrsg.): Die deutschen Verfassungen des 19. und 20. Jahrhunderts, Paderborn 1977.

Hinrichs, Wilfried: Die emsländische Presse unter dem Hakenkreuz. Selbstanpassung und Resistenz im katholischen Milieu. In: Emsland/Bentheim. Beiträge zur Geschichte, Bd. 6, hrsg. v. d. Emsländischen Landschaft, Sögel 1990.

Hinxlage, Helmut: Geschichte des Bischöflich Münsterschen Offizialats in Vechta. In: Beiträge zur Geschichte der Stadt Vechta, hrsg. v. d. Stadt Vechta, red. v. Wilhelm Hanisch, Franz Hellbernd und Joachim Kuropka, 6. Lieferung, Bd. I, S. 383-467, Vechta 1991.

Hirtenbriefe des deutschen Episkopates 1923, Paderborn 1923.

Hockerts, Hans-Günter: Die Sittlichkeitsprozesse gegen katholische Ordensangehörige und Priester 1936/1937. Eine Studie zur nationalsozialistischen Herrschaftstechnik und zum Kirchenkampf, Mainz 1971.

Hockerts, Hans Günter: Die Goebbels-Tagebücher 1932-1941. Eine neue Hauptquelle zur Erforschung der nationalsozialistischen Kirchenpolitik. In: Dieter Albrecht u. a. (Hrsg.): Politik und Konfession. Festschrift für Konrad Repgen zum 60. Geburtstag, Berlin 1983, S. 359-392.

Hockerts, Hans Günter: Die Goebbels-Tagebücher 1932-1941. Eine neue Hauptquelle zur Erforschung der nationalsozialistischen Kirchenpolitik. In: Internationale katholische Zeitschrift „Communio" 13 (1984), S. 539-566.

Hoeren, Jürgen/Schmitt, Karl Heinz (Hrsg.): Werden unsere Kinder noch Christen sein? Für eine menschennahe Weitergabe des Glaubens, Freiburg i.Br. 1990.

Hofmann, Josef: Journalist in Republik, Diktatur und Besatzungszeit. Erinnerungen 1916-1947, Mainz 1977 (= Veröffentlichungen der Kommission für Zeitgeschichte, Reihe A: Quellen, Bd. 23).

Hofmann, Michael: Das theologische Konvikt zu Innsbruck einst und jetzt. Das Nikolaihaus zu Innsbruck einst und jetzt, Innsbruck 1908.

Hollaender, Albert E. J.: Offiziere und Prälaten. Zur Fuldaer Bischofskonferenz, August 1945. In: Mitteilungen des Österreichischen Staatsarchivs 25 (1972), S. 197-206.

Höllen, Martin: Heinrich Wienken, der ‚unpolitische' Kirchenpolitiker. Eine Biographie aus drei Epochen des deutschen Katholizismus, Mainz 1981 (= Veröffentlichungen der Kommission für Zeitgeschichte, Reihe B: Forschungen, Bd. 33).

Hollerbach, Alexander: Katholische Kirche und Katholizismus vor dem Problem der Verfassungsstaatlichkeit. In: Anton Rauscher (Hrsg.): Der soziale und politische Katholizismus. Entwicklungslinien in Deutschland 1803-1963, Bd. I, München 1981, S. 46-71.

Hömig, Herbert: Das Preußische Zentrum in der Weimarer Republik, Mainz 1979.

Höslinger, Norbert/Maas-ewerd, Theodor (Hrsg.): Mit sanfter Zähigkeit. Pius Parsch und die biblisch-liturgische Erneuerung, Klosterneuburg 1979 (= Schriften des Pius-Parsch-Instituts Klosterneuburg 4).

Huber, Ernst Rudolf: Deutsche Verfassungsgeschichte seit 1789, Bd. VII: Ausbau, Schutz und Untergang der Weimarer Republik, Stuttgart 1984.

Hünermann, Wilhelm: Clemens August. Aus dem Lebensbuch des Kardinals Graf von Galen, Bonn 1947.

Hürten, Heinz (Bearb.): Deutsche Briefe 1934-1938. Ein Blatt der katholischen Emigration, 2 Bde., Bd. I: 1934-1935, Bd. II: 1936-1938 Mainz 1969 (= Veröffentlichungen der Kommission für Zeitgeschichte, Reihe A: Quellen, Bd. 6, 7).

Hürten, Heinz: Kardinal von Galen zum 25. Todestag. In: Unsere Seelsorge 21 (1971), S. 15-18.

Hürten, Heinz: Aktualität und Geschichtlichkeit. In: Unsere Seelsorge 28 (1978), S. 13-17.

Hürten, Heinz: Kardinal Clemens August von Galen – Mensch und Priester. In: Unsere Seelsorge 28 (1978), S. 7-12.

Hürten, Heinz: Kurze Geschichte des deutschen Katholizismus 1800-1960, Mainz 1986.

Hürten, Heinz: Selbstbehauptung und Widerstand der katholischen Kirche. In: Klaus-Jürgen Müller (Hrsg.): Der deutsche Widerstand 1933-1945, Paderborn/München/Wien/Zürich 1986, S. 135-156.

Hürten, Heinz: Selbstbehauptung und Widerstand der katholischen Kirche. In: Jürgen Schmädeke/ Peter Steinbach (Hrsg.): Der Widerstand gegen den Nationalsozialismus. Die deutsche Gesellschaft und der Widerstand gegen Hitler, München/Zürich ²1986, S. 240-253.

Hürten, Heinz: Verfolgung, Widerstand und Zeugnis. Kirche im Nationalsozialismus. Fragen eines Historikers, Mainz 1987.

Hüttenberger, Peter: Nordrhein-Westfalen und die Entstehung seiner parlamentarischen Demokratie, Siegburg 1973 (= Veröffentlichungen der staatlichen Archive des Landes Nordrhein-Westfalen, Reihe C, Bd. 1).

Isele, Eugen/Walter, Eugen /Bohren, Rudolf: Art. Pfarrei. In: Lexikon für Theologie und Kirche, Bd. VIII, Freiburg 1963, Sp. 398-407.

Iserloh, Erwin: Innerkirchliche Bewegung und ihre Spiritualität. In: Hubert Jedin/Konrad Repgen (Hrsg.): Handbuch der Kirchengeschichte, Bd. VII: Die Weltkirche im 20. Jahrhundert, Freiburg 1979, S. 303-308.

Iserloh, Erwin: Wilhelm Emmanuel von Ketteler. In: Martin Greschat (Hrsg.): Gestalten der Kirchengeschichte. Die neueste Zeit II, Band. 9,2, Stuttgart/Berlin/Köln/Mainz 1985, S. 87-101.

Iserloh, Erwin: Clemens August Graf von Galen. In: Robert Stupperich (Hrsg.): Westfälische Lebensbilder, Bd. XIV, Münster 1987, S. 189-208.

Iserloh, Erwin: Clemens August Graf von Galen. In: Joel Pottier (Hrsg.): Christen im Widerstand gegen das Dritte Reich, Stuttgart/Bonn 1988, S. 114-123.

Iserloh, Erwin (Hrsg.): Wilhelm Emmanuel von Ketteler 1811-1877, Paderborn 1990.

Jäckel, Eberhard: Hitlers Weltanschauung. Entwurf einer Herrschaft, erw. u. überarb. Neuausgabe, Stuttgart 1986.

Jacobmeyer, Wolfgang: Vom Zwangsarbeiter zum Heimatlosen Ausländer – Die Displaced Persons in Westdeutschland 1945-1951, Göttingen 1985.

Jakobi, Franz-Josef: Mittelalterliches Reich und Nationalgedanke. Zur Funktion der Mittelalterrezeption und des Mittelalterbildes im 19. und 20. Jahrhundert. In: Karl-Ernst Jeismann (Hrsg.): Einheit, Freiheit, Selbstbestimmung. Die Deutsche Frage im historisch-politischen Bewußtsein, Frankfurt 1988, S. 155-176.

Jakobi, Franz-Josef/Sternberg, Thomas (Hrsg.): Kulturpolitik in Münster während der nationalsozialistischen Zeit, Münster 1990.

Jendorff, Bernhard: Kirchengeschichte – wieder gefragt! Didaktische und methodische Vorschläge für den Religionsunterricht, München 1982.

Jungmann, Andreas: Im Nikolaihaus. In: Festschrift zur Hundertjahrfeier des theologischen Konvikts Innsbruck 1858-1958, Innsbruck 1958, S. 10-23.

Jungnitz, Ingobert: Bischof Wilhelm E. von Ketteler. Stationen seines Lebens, Mainz 1977.

Junker, Detlef: Die Deutsche Zentrumspartei und Hitler 1932/33. Ein Beitrag zur Problematik des politischen Katholizismus in Deutschland, Stuttgart 1969.

Jussen, Wilhelm (Hrsg.): Gerechtigkeit schafft Frieden. Reden und Enzykliken Papst Pius XII., Hamburg 1946.

Kaufmann, Doris: Katholisches Milieu in Münster 1928-1933. Politische Aktionsformen und geschlechtsspezifische Verhaltensräume, Düsseldorf 1984 (= Düsseldorfer Schriften zur neueren Landesgeschichte und zur Geschichte Nordrhein-Westfalens, Bd. 14).

Keinemann, Friedrich: Soziale und politische Geschichte des westfälischen Adels 1815-1945, Hamm 1976.

Keller, Erwin: Conrad Gröber 1872-1948. Erzbischof in schwerer Zeit, Freiburg 1981.

Keller, Michael: Katholische Aktion. Eine systematische Darstellung ihrer Idee, Paderborn 1933, ²1935, ³1936.

Kempen, Thomas von: Die Nachfolge Christi, Kevelaer 1987.

Ketteler, Wilhelm Emmanuel von: Freiheit, Autorität und Kirche. Erörterungen über die großen Probleme der Gegenwart, Mainz 1862.

Kirchliches Amtsblatt für die Diözese Osnabrück und die Norddeutschen Missionen 35-70 (1919-1955).

Kirchliches Handbuch für das katholische Deutschland, Freiburg [Köln] 1908ff.

Kirchner, Klaus (Hrsg.): Flugblätter aus England 1939/1940/1941, Erlangen 1978 (= Flugblatt-Propaganda im 2. Weltkrieg. Europa, Bd.1).

Klee, Ernst: 'Euthanasie' im NS-Staat. Die ‚Vernichtung lebensunwerten Lebens', Frankfurt am Main 1985.

Klein, Herbert: Ein ‚Löwe' im Zwielicht – Der Bischof von Galen und die katholische Opposition gegen den Nationalsozialismus. In: Hans-Günter Thien/Hanns Wienold (Hrsg.): Münster – Spuren aus der Zeit des Faschismus, Münster 1983 (=Arbeitshefte zur materialistischen Wissenschaft 19), S. 65-80.

Kleinöder, Evi: Katholische Kirche und Nationalsozialismus im Kampf um die Schulen. Antikirchliche Maßnahmen und ihre Folgen untersucht am Beispiel Eichstätts, Eichstätt 1981.

Klocke, Irmgard: Kardinal von Galen. Der Löwe von Münster, Aschaffenburg 1979.

Klönne, Arno: Jugend im Dritten Reich. Die Hitlerjugend und ihre Gegner, Düsseldorf 1982.

Klotzbach, Kurt: Gegen den Nationalsozialismus. Widerstand und Verfolgung in Dortmund 1930-1945, Hannover 1969.

Knauft, Wolfgang: Widerspruch um der Menschenrechte willen. Zum 100. Geburtstag Konrad Kardinal von Preysings. In: Stimmen der Zeit 198 (1980), S. 527-541.

Knünz, Josef: 100 Jahre Stella Matutina 1856-1956. Sonderausgabe des Kollegheftes „Aus der Stella Matutina", Feldkirch 1956.

Knünz, Josef: Die Stella Matutina in Feldkirch 1856-1931. In: 75 Jahre Stella Matutina. Festschrift, Bd. III, Feldkirch 1931, S. 3-8.

Koch, Maria Elisabeth: Adolf Kardinal Bertram als Kirchenpolitiker im Dritten Reich. In: Archiv für schlesische Kirchengeschichte 47/48 (1989/90) S. 37-115.

Kohl, Wilhelm: Die Ämter Vechta und Cloppenburg vom Mittelalter bis zum Jahre 1803. In: Albrecht Eckhardt (Hrsg.): Geschichte des Landes Oldenburg, Oldenburg 1987, S. 229-270.

Köhler, Joachim: Katholische Aktion und politischer Katholizismus in der Endphase der Weimarer Republik. In: Rottenburger Jahrbuch für Kirchengeschichte 2 (1983), S. 141-153.

Kolb, Eberhard: Die Weimarer Republik, München/Wien 1984 (= Oldenbourg Grundriß der Geschichte, Bd. 16).

Koopmeiners, Bernd: Visbeker standen in Treue zum Kreuz. In: Joachim Kuropka (Hrsg.): Zur Sache – Das Kreuz! Untersuchungen zur Geschichte des Konflikts um Kreuz und Lutherbild in den Schulen Oldenburgs, zur Wirkungsgeschichte eines Massenprotests und zum Problem nationalsozialistischer Herrschaft in einer agrarisch-katholischen Region, 2., durchges. Aufl., Vechta 1987, S. 153-164.

Kopf, Paul/Miller, Max (Hrsg.): Die Vertreibung von Bischof Joannes Baptista Sproll von Rottenburg 1938-1945. Dokumente zur Geschichte des kirchlichen Widerstands, Mainz 1971 (= Veröffentlichungen der Kommission für Zeitgeschichte, Reihe A: Quellen, Bd. 13).

Kopf, Paul/Miller, Max: Die Vertreibung des Bischofs Joannes Baptista Sproll von Rottenburg 1938-1945, Mainz 1972.

Kösters, Christoph: Katholische Verbände im Dritten Reich. Eine Regionalstudie am Beispiel des Westmünsterlandes unter besonderer Berücksichtigung der Jugendorganisationen, Münster 1986 (unveröffentlichte Examensarbeit).

Kosthorst, Erich/Walter, Bernd: Konzentrations- und Strafgefangenenlager im Emsland 1933-1945. Zum Verhältnis von NS-Regime und Justiz. Darstellung und Dokumentation, Düsseldorf 1985.

Kroos, Franz: Der Fall Regensberg/Dunkle Dokumente. In: Aus westfälischer Geschichte. Festgabe für Anton Eitel, Münster 1947, S. 154–160.

Kupper, Alfons (Bearb.): Staatliche Akten über die Reichskonkordatsverhandlungen 1933, Mainz 1969.

Kuropka, Joachim: 2. April 1945. Ostermontag vor 30 Jahren: In Münster beginnt die Nachkriegszeit ... In: Westfälische Nachrichten v. 28./29.3.1975, Sonderseiten.

Kuropka, Joachim: Eine diplomatische Aktion aus dem Jahre 1945 um die Romreise des Bischofs Clemens August von Münster. Zur Problematik des Verhältnisses von Kirche und Besatzungsmacht in den ersten Monaten nach der Kapitulation. In: Westfälische Forschungen 28 (1976/77), S. 206-211.

Kuropka, Joachim: Die Machtergreifung der Nationalsozialisten, Münster ⁴1981 (= Geschichte original – am Beispiel der Stadt Münster 2).

Kuropka, Joachim: Zur historischen Identität des Oldenburger Münsterlandes, Münster ²1982.

Kuropka, Joachim: Für Wahrheit, Recht und Freiheit – gegen den Nationalsozialismus, Vechta 1983.

Kuropka, Joachim: Auf dem Weg in die Diktatur. Zu Politik und Gesellschaft in der Provinzialhauptstadt Münster 1929-1934. In: Westfälische Zeitschrift 134 (1984), S. 157-199.

Kuropka, Joachim (Hrsg.): Zur Sache – Das Kreuz! Untersuchungen zur Geschichte des Konflikts um Kreuz und Lutherbild in den Schulen Oldenburgs, zur Wirkungsgeschichte eines Massenprotests und zum Problem nationalsozialistischer Herrschaft in einer agrarisch-katholischen Region, 2. durchgesehene Aufl., Vechta 1987.

Kuropka, Joachim: 1945/1946. Ende und Neubeginn, Münster 1987 (= Geschichte original – am Beispiel der Stadt Münster 15).

Kuropka, Joachim: Widerstand gegen den Nationalsozialismus in Münster. Neuere Forschungen zu einigen Problemfeldern. In: Westfälische Zeitschrift 137 (1987), S. 159-182.

Kuropka, Joachim: Clemens August Graf von Galen. Das Bild des Bischofs zwischen zeitgenössischer Bewunderung und neuerer Kritik. In: Joachim Kuropka/Willigis Eckermann (Hrsg.): Oldenburger Profile, Cloppenburg 1989, S. 95-123 (= Vechtaer Universitätsschriften, Bd. 6).

Kuropka, Joachim: Aspekte des kulturellen Lebens in Münster während der NS-Zeit. In: Franz-Josef Jakobi/Thomas Sternberg (Hrsg.): Kulturpolitik in Münster während der nationalsozialistischen Zeit, Münster 1990, S. 96-118.

Kuropka, Joachim: Vom Antisemitismus zum Holocaust. Zu Vorgeschichte und Folgen des 9. November 1938 unter Berücksichtigung der Stadt Münster. In: Westfälische Zeitschrift 140 (1990), S. 185-205.

Kuropka, Joachim: Clemens August Graf von Galen. Politisch interessierter Seelsorger in Münster 1929 bis 1933. In: Hermann Bringmann/Hubert Stuntebeck (Hrsg.): Den Menschen lebensstark machen. Festschrift für Bernd Thonemann, Hannover 1991, S. 117-128.

Kuropka, Joachim (Bearb.): Meldungen aus Münster 1924-1944. Geheime und vertrauliche Berichte von Polizei, Gestapo, NSDAP und ihren Gliederungen, staatlicher Verwaltung, Gerichtsbarkeit und Wehrmacht über die politische und gesellschaftliche Situation in Münster und Umgebung, Münster 1992.

Kuropka, Joachim: Das katholische Schulwesen im Wiederaufbau 1945-1960. In: Handbuch Katholische Schule, hrsg. v. Arbeitskreis katholischer Schulen in freier Trägerschaft in der Bundesrepublik Deutschland, Bd. 3, Köln 1992.

Lakner, Franz: Die dogmatische Theologie an der Universität Innsbruck 1857-1957. In: Zeitschrift für Katholische Theologie 80 (1958), S. 101-141.

Lapide, Pinchas E.: Rom und die Juden, Freiburg im Breisgau 1967.

Le Guillou, Louis: Félicité-Robert de Lamennais (1782-1854). In: Emerich Coreth u. a. (Hrsg.): Christliche Philosophie im katholischen Denken des 19. und 20. Jahrhunderts, Bd. 1: Neue Ansätze im 19. Jahrhundert, Graz/Wien/Köln 1987, S. 459-476.

Lengeling, Emil J.: Art. Gemeinschaftsmesse. In: Lexikon für Theologie und Kirche, Bd. 4, Freiburg 1960, Sp. 655-656.

Leugers, Antonia: "Heiligste Pflicht zwingt uns zu sprechen ..." Kirchenpolitische Kontroversen im deutschen Episkopat um den geplanten Hirtenbrief von 1941. In: Dieter R. Bauer/Abraham P. Kustermann (Hrsg.): Gelegen oder ungelegen – Zeugnis für die Wahrheit. Zur Vertreibung des Rottenburger Bischofs Joannes Baptista Sproll im Sommer 1938, Stuttgart 1989, S. 111-141.

Leugers, Antonia: Adolf Kardinal Bertram als Vorsitzender der Bischofskonferenz während der Kriegsjahre (1939-1945). In: Archiv für Schlesische Kirchengeschichte 47/48 (1989/90), S. 7-35.

Lewy, Guenter: Die katholische Kirche und das Dritte Reich, München 1965.

Lill, Rudolf: Das Zeitalter der Restauration von Leo XII. bis Gregor XVI. In: Martin Greschat (Hrsg.): Gestalten der Kirchengeschichte, Bd. 12: Das Papsttum II. Vom Großen Abendländischen Schisma bis zur Gegenwart, Stuttgart 1985, S. 171-183.

Listl, Joseph (Hrsg.): Die Konkordate und Kirchenverträge in der Bundesrepublik Deutschland, Berlin 1987.

Löffler, Peter: Die Reaktion der Bevölkerung auf die drei Predigten des „Löwen von Münster" im Sommer 1941. In: Unsere Seelsorge 27 (1977), S. 28-34.

Löffler, Peter (Bearb.): Bischof Clemens August Graf von Galen. Akten, Briefe und Predigten 1933-1946, 2 Bde., Bd. I: 1933-1939, Bd. II: 1939-1946, Mainz 1988 (= Veröffentlichungen der Kommission für Zeitgeschichte, Reihe A: Quellen, Bd. 42).

Maas-Ewerd, Theodor: Liturgie und Pfarrei. Einfluß der Liturgischen Erneuerung auf Leben und Verständnis der Pfarrei im deutschen Sprachgebiet, Paderborn 1969.

Maas-Ewerd, Theodor: Die Krise der Liturgischen Bewegung in Deutschland und Österreich. Zu den Auseinandersetzungen um die „liturgische Frage" in den Jahren 1939 bis 1944, Regensburg 1981 (= Studien zur Pastoralliturgie, Bd. 3).

Macharet, Augustin: Portrait der Universität Freiburg. In: Universität Freiburg 1889-1989, Freiburg/ Schweiz 1989, S. 41-86.

Maier, Joachim: Schulkampf in Baden 1933-1945. Die Reaktion der katholischen Kirche auf die nationalsozialistische Schulpolitik, dargestellt am Beispiel des Religionsunterrichts in den badischen Volksschulen, Mainz 1983 (= Veröffentlichungen der Kommission für Zeitgeschichte, Reihe B: Forschungen, Bd. 38).

Mann, Thomas: Der Zauberberg, Frankfurt 1982.

Marmy, Emil u. a. (Hrsg.): Mensch und Gemeinschaft in christlicher Schau, Freiburg (Schweiz) 1945.

Marti, Stéphane: Geschichtlicher Überblick. In: Universität Freiburg, 1889-1989, Freiburg/Schweiz 1989, S. 15-35.

May, Georg: Kirchenkampf oder Katholikenverfolgung? Ein Beitrag zu dem gegenseitigen Verhältnis von Nationalsozialismus und christlichen Bekenntnissen, Stein am Rhein 1991.

Mensing, Hans Peter (Bearb.): Adenauer. Briefe 1945-1947, Berlin 1983 (= Adenauer, Rhöndorfer Ausgabe, Bd. 1).

Mohrmann, Wolf-Dieter/Pabst, Wilfried: Einführung in die politische Geschichte des Osnabrücker Landes. Darstellung und Quellen, Osnabrück 1990.

Morsey, Rudolf: "Beliebte abfällige Kritik meiner bischöflichen Amtsführung". Ein Kapitel aus dem Kampf des Bekennerbischofs Clemens August Graf von Galen um die Freiheit der kirchlichen Lehrverkündigung in der Schule. In: Kirche und Leben 11 (1956), Nr. 44.

Morsey, Rudolf: Clemens August Kardinal von Galen. Versuch einer historischen Würdigung. In: Wilhelm Weber (Hrsg.): Wissenschaft-Ethos-Politik (Festschrift J. Höffner), Münster 1966/67, S. 367-382.

Morsey, Rudolf: Klemens August Kardinal von Galen zum Gedächtnis. Gedenkstunde zum 20. Jahrestag seines Todes im Stadttheater zu Münster am Sonntag, dem 24. April 1966, Münster 1967.

Morsey, Rudolf: Clemens August Kardinal von Galen (1878-1946). In: Ders. (Hrsg.): Zeitgeschichte in Lebensbildern, Bd. 2: Aus dem deutschen Katholizismus des 20. Jahrhunderts, Mainz 1975, S. 37-47.

Morsey, Rudolf: Franz von Papen (1879-1969). In: Ders. (Hrsg.): Zeitgeschichte in Lebensbildern, Bd. 2: Aus dem deutschen Katholizismus des 20. Jahrhunderts, Mainz 1975, S. 75-87.

Morsey, Rudolf: Der Untergang des politischen Katholizismus. Die Zentrumspartei zwischen christlichem Selbstverständnis und ‚Nationaler Erhebung' 1932/33, Stuttgart/Zürich 1977.

Morsey, Rudolf: Zwischen Verwaltung und Parteipolitik. Hermann Pünder und die Gründung der CDU in Münster 1945. In: Heinz Dollinger/Horst Gründer u. a. (Hrsg.): Weltpolitik, Europagedanke, Regionalismus. Festschrift für H. Gollwitzer zum 65. Geburtstag, Münster 1982, S. 529-545.

Morsey, Rudolf: Adenauer und Kardinal Frings 1945-1949. In: Dieter Albrecht/Hans Günter Hockerts u. a. (Hrsg.): Politik und Konfession. Festschrift für Konrad Repgen zum 60. Geburtstag, Berlin 1983, S. 483-501.

Morsey, Rudolf: Clemens August Kardinal von Galen. Bischöfliches Wirken in der Zeit der Hitler-Herrschaft, hrsg. v. d. Landeszentrale für politische Bildung Nordrhein-Westfalen, Düsseldorf 1987.

Morsey, Rudolf: Vorstellungen Christlicher Demokraten innerhalb und außerhalb des „Dritten Reiches" über den Neuaufbau Deutschlands und Europas. In: Winfried Becker/Rudolf Morsey (Hrsg.): Christliche Demokratie in Europa. Grundlagen und Entwicklungen seit dem 19. Jahrhundert, Köln/Wien 1988, S. 189-212.

Morsey, Rudolf: Clemens August Kardinal von Galen – Größe und Grenze eines konservativen Kirchenfürsten (1933-1946). In: Jahres- und Tagungsbericht der Görres-Gesellschaft 1990, S. 5-25.

Muckermann, Friedrich: Der deutsche Weg. Aus der Widerstandsbewegung der deutschen Katholiken von 1930-1945, Zürich 1946.

Muckermann, Friedrich: Im Kampf zwischen zwei Epochen. Lebenserinnerungen, bearb. u. eingel. v. Nikolaus Junk, Mainz 1973.

Müller, Hans: Katholische Kirche und Nationalsozialismus. Dokumente 1930-1935, München 1963.

Müller, Hans: Der deutsche Katholizismus 1918/19. In: Geschichte in Wissenschaft und Unterricht 17 (1966), S. 521-536.

Müller, Helmut: Fünf vor Null. Die Besetzung des Münsterlandes 1945, Münster [7]1975.

Murawski, Erich: Der deutsche Wehrmachtbericht 1939-1945. Ein Beitrag zur Untersuchung der geistigen Kriegsführung. Mit einer Dokumentation der Wehrmachtberichte vom 1.7.1944 bis zum 9.5.1945, Boppard a. Rhein 1962.

Murray, John Courtney: Die religiöse Freiheit und das Konzil. In: Wort und Wahrheit 20 (1965), Bd. II, Teil 1: S. 409-430, Teil 2: S. 505-536.

Mussinghoff, Heinz: Rassenwahn in Münster. Der Judenpogrom 1938 und Bischof Clemens August Graf von Galen, Münster 1989.

Mussner, Franz: Traktat über die Juden, München 1979.

Nell-Breuning, Oswald von: Kirche und Arbeiterschaft. Zum Streit um die gleichnamige Synodenvorlage. In: Ders. (Hrsg.): Den Kapitalismus umbiegen, Düsseldorf 1990.

Nell-Breuning, Oswald von: Friedensbund zwischen Kirche und Reich. In: Rhein-Mainische Volkszeitung vom 23.7.1933.

Neuhäusler, Johann: Kreuz und Hakenkreuz. Der Kampf des Nationalsozialismus gegen die katholische Kirche und der kirchliche Widerstand, München [2]1946.

Nicolaisen, Carsten (Bearb.): Dokumente zur Kirchenpolitik des Dritten Reiches, Bd. II: 1934/35, München 1975.

Nowak, Kurt: "Euthanasie" und Sterilisierung im „Dritten Reich". Die Konfrontation der evangelischen und katholischen Kirche mit dem Gesetz zur Verhütung erbkranken Nachwuchses und der „Euthanasie"-Aktion, Göttingen 1980.

Oeltjen, Christina: Als die Preußen kamen – Kein Kulturkampf am Antonianum. In: Gymnasium Antonianum Vechta (Hrsg.): Iuventuti Instituendae. Festschrift zur 275-Jahrfeier des Gymnasium Antonianum in Vechta, Vechta 1989, S. 107-117.

Oenipotanus: Klemens August Graf Galen. In: Begegnung. Zeitschrift für Kultur und Geistesleben, 27. Jg., Nr. 1 v. 15.1.1947, S. 27-30.

Oesch, Albert: P. Michael Hofmann S.J. Regens des theologischen Konvikts Canisianum in Innsbruck, Innsbruck 1951.

Parsch, Pius: Die lebendige Pfarrgemeinde. In: Bibel und Liturgie 8 (1933/34), S. 185-194, 211-216, 235-240, 263-267.

Parsch, Pius: Umbruch in der Seelsorge. In: Bibel und Liturgie 10 (1935/36), S. 1-4.

Picker, Henry: Hitlers Tischgespräche im Führerhauptquartier 1941-1942. Vollständig überarbeitete und erweiterte Neuausgabe mit bisher unbekannten Selbstzeugnissen Adolf Hitlers, Abbildungen, Augenzeugenberichten und Erläuterungen des Autors: Hitler, wie er wirklich war, Stuttgart 1977 (Studienausgabe).

Pieper, Josef: Noch wußte es niemand. Autobiographische Aufzeichnungen 1904-1945, München 1976.

Pieper, Josef: Noch nicht aller Tage Abend. Autobiographische Aufzeichnungen 1945-1964, München 1979.

Pohlschneider, Johannes: Der nationalsozialistische Kirchenkampf in Oldenburg. Erinnerungen und Dokumente, Kevelaer 1978.

Poll, Bernhard: Franz Oppenhoff (1902-1945). In: Edmund Strutz (Hrsg.): Rheinische Lebensbilder, Bd. 1, Düsseldorf 1962, S. 244-264.

Portmann, Heinrich: Der Bischof von Münster. Das Echo eines Kampfes für Gottesrecht und Menschenrecht, Münster 1946.

Portmann, Heinrich: Kardinal von Galen. Ein Gottesmann seiner Zeit, Münster 1948, ^{17}1981, ^{18}1986.

Portmann, Heinrich: Cardinal von Galen by his chaplain the reverend Heinrich Portmann Dr. jur. can. Translated, adapted and with an Introduction by Russell L. Sedgwick, London 1957.

Pünder, Hermann: Von Preußen nach Europa. Lebenserinnerungen, Stuttgart 1968.

Raem, Heinz-Albert: Pius XI. und der Nationalsozialismus. Die Enzyklika „Mit brennender Sorge" vom 14. März 1937, Paderborn/München/Wien/Zürich 1979.

Rahner, Hugo: Die Geschichte eines Jahrhunderts. Zum Jubiläum der Theologischen Fakultät der Universität Innsbruck 1857-1957. In: Zeitschrift für Katholische Theologie 80 (1958), S. 1-65.

Rahner, Hugo: P. Michael Hofmann. In: Festschrift zur Hundertjahrfeier des theologischen Konvikts Innsbruck 1858-1958, Innsbruck 1958, S. 69-72.

Rahner, Karl/Vorgrimler, Herbert: Kleines Konzilskompendium. Alle Konstitutionen, Dekrete und Erklärungen des Zweiten Vaticanums in der bischöflich genehmigten Übersetzung, Freiburg im Breisgau 1966, ^{4}1968.

Rahner, Stefan/Richter, Franz-Helmut/Riese, Stefan/Stelter, Dirk: „Treu deutsch sind wir – wir sind auch treu katholisch." Kardinal von Galen und das Dritte Reich, Münster 1987.

Rauscher, Anton/Hollerbach, Alexander: Subsidiarität. In: Staatslexikon. Recht, Wirtschaft, Gesellschaft, hrsg. v. d. Görres-Gesellschaft, 7., völlig neu bearb. Aufl., Bd. 5, Freiburg im Breisgau 1989, Sp. 386-390.

Recker, Klemens-August: "... meinem Volke und meinem Herrgott dienen ...". Das Gymnasium Carolinum zwischen partieller Kontinuität und Resistenz in der NS-Zeit. Ein Beitrag zur Bildungsgeschichte der Stadt und des Bistums Osnabrück zwischen 1848 und 1945, Osnabrück 1989.

Reinke, Georg: Die Familie von Galen und das oldenburgische Münsterland. In: Heimatblätter, Zeitschrift des „Heimatbundes für das Oldenburger Münsterland", Beilage zur „Oldenburgischen Volkszeitung", 15. Jg., Nr. 10 v. 30.10.1933, S. 145-148.

Rensing, Franz: Clemens August Graf von Galen als Kuratus von St. Clemens und Kolpingpräses in Berlin. In: Paulus und Ludger, Münster 1948, S. 28-36.

Repgen, Konrad: Kardinal Frings im Rückblick. Zeitgeschichtliche Kontroverspunkte einer künftigen Biographie. In: Historisches Jahrbuch 100 (1980), S. 286-317.

Repgen, Konrad: Das Wesen des christlichen Widerstandes. Prolegomena. In: Wolfgang Frühwald/ Heinz Hürten (Hrsg.): Christliches Exil und christlicher Widerstand. Ein Symposion an der Katholischen Universität Eichstätt 1985, Regensburg 1987, S. 13-20.

Rosenberg, Alfred: Der Mythus des 20. Jahrhunderts. Eine Wertung der seelisch-geistigen Gestaltenkämpfe unserer Zeit, München 1930.

Rosenberg, Alfred: An die Dunkelmänner unserer Zeit. Eine Antwort auf die Angriffe gegen den ‚Mythus des 20. Jahrhunderts', München 1935.

Ruhm von Oppen, Beate (Hrsg.): Helmuth James von Moltke. Briefe an Freya 1939-1945, München 1988.

Sandstede-Auzelle, Marie-Corentine/Sandstede, Gerd: Clemens August Graf von Galen. Bischof von Münster im Dritten Reich, Münster 1986.

Sauer, Ralph: Die religiöse Ansprechbarkeit junger Menschen heute. In: Katechetische Blätter 106 (1981), S. 712-721.

Schellenberger, Barbara: Katholischer Jugendwiderstand. In: Jürgen Schmädeke/Peter Steinbach (Hrsg.): Der Widerstand gegen den Nationalsozialismus. Die deutsche Gesellschaft und der Widerstand gegen Hitler, München 1985, S. 314-326.

Schematismus der Diözese Münster 1910, Münster 1910.

Scheurig, Bodo (Hrsg.): Deutscher Widerstand 1938-1944. Fortschritt oder Reaktion?, München ^{2}1984.

Schewick, Burkhard van: Die katholische Kirche und die Entstehung der Verfassungen in Westdeutschland 1945-1950, Mainz 1980 (= Veröffentlichungen der Kommission für Zeitgeschichte, Reihe B: Forschungen, Bd. 30).

Schewick, Burkhard van: Katholische Kirche und nationalsozialistische Rassenpolitik. In: Klaus Gotto/ Konrad Repgen (Hrsg.): Die Katholiken und das Dritte Reich, 3., erw. u. überarb. Aufl., Mainz 1990, S. 151-171.

Schilson, Arno: Die Liturgische Bewegung. Anstöße – Geschichte – Hintergründe. In: Klemens Richter/Arno Schilson: Den Glauben feiern. Wege liturgischer Erneuerung, Mainz 1989, S. 11-48.

Schlömer, Hans: Die Gestapo kam zu spät. In: Kirche und Leben, Nr. 14 v. 3.4.1977.

Schlömer, Hans: Seelsorger an St. Matthias – Berlin. In: Heimatblätter. Beilage zur Oldenburgischen Volkszeitung v. 8.4.1978.

Schmidt, Ernst: Lichter in der Finsternis: Widerstand und Verfolgung in der NS-Zeit 1933-1945, Frankfurt/M. 1980.

Schmidt, Reinhold: Der Kardinal und das 3. Reich. Legende und Wahrheit über Kardinal von Galen, Münster 1978, 3., erw. Aufl., Münster 1980.

Schneider, Burkhart (Hrsg.): Die Briefe Pius' XII. an die deutschen Bischöfe 1939-1944, Mainz 1966 (= Veröffentlichungen der Kommission für Zeitgeschichte, Reihe A: Quellen, Bd. 4).

Scholder, Klaus: Die Kirchen und das Dritte Reich, Bd. 1: Vorgeschichte und Zeit der Illusionen 1918-1934, Frankfurt/M./Berlin/Wien 1977.

Scholder, Klaus: Politischer Widerstand oder Selbstbehauptung als Problem der Kirchenleitungen. In: Jürgen Schmädeke/Peter Steinbach (Hrsg.): Der Widerstand gegen den Nationalsozialismus. Die deutsche Gesellschaft und der Widerstand gegen Hitler, München/Zürich ²1986, S. 254-264.

Scholl, Inge: Die weiße Rose, Frankfurt a.M. ⁹1952.

Scholl, Norbert: Eine Botschaft, die guttut. Wie Religion für Schüler(innen) wieder attraktiv werden kann. In: Jürgen Hoeren/Karl Heinz Schmitt (Hrsg.): Werden unsere Kinder noch Christen sein? Für eine menschennahe Weitergabe des Glaubens, Freiburg i.Br. 1990, S. 130-143.

Schröder, Dieter: Die Volksdiplomatie, Den Haag 1972.

Schroeder, Oskar: Lamennais, der Vater der „Christlichen Demokratie". In: Ders.: Aufbruch und Mißverständnis. Zur Geschichte der reformkatholischen Bewegung, Graz 1969, S. 13-46.

Schultze, Walter: Kreuzkampf und Schulkampf in der Gemeinde Goldenstedt. In: Joachim Kuropka (Hrsg.): Zur Sache – Das Kreuz! Untersuchungen zur Geschichte des Konflikts um Kreuz und Lutherbild in den Schulen Oldenburgs, zur Wirkungsgeschichte eines Massenprotests und zum Problem nationalsozialistischer Herrschaft in einer agrarisch-katholischen Region, 2., durchges. Aufl., Vechta 1987, S. 129-136.

Schütte, Josef: Auftrag und Weg. 100 Jahre Priester aus der Diözese Münster in Berlin, Berlin o.J.

Schwalbach, Bruno: Erzbischof Conrad Gröber und die nationalsozialistische Diktatur. Eine Studie zum Episkopat des Metropoliten der Oberrheinischen Kirchenprovinz während des Dritten Reiches, Karlsruhe 1985.

Schwarze, Gisela: Eine Region im demokratischen Aufbau. Der Regierungsbezirk Münster 1945/46, Düsseldorf 1986.

Seegrün, Wolfgang: Wilhelm Berning (1877-1955) – Ein Lebensbild. In: Osnabrücker Mitteilungen 79 (1972), S. 79-92.

Seegrün, Wolfgang: Bischof Berning von Osnabrück und die katholischen Laienverbände in den Verhandlungen um Artikel 31 des Reichskonkordats 1933-1936. In: Osnabrücker Mitteilungen 80 (1973), S. 150-182.

Seegrün, Wolfgang: Wilhelm Berning. In: Erwin Gatz (Hrsg.): Die Bischöfe der deutschsprachigen Länder 1785/1803 bis 1945. Ein biographisches Lexikon, Berlin 1983, S. 40-43.

Seraphim, Hans-Günther: Das politische Tagebuch Alfred Rosenbergs aus den Jahren 1934/35 und 1939/40, Göttingen 1956.

Speckner, Karl: Die Wächter der Kirche. Ein Buch vom deutschen Episkopat, München 1934.

Spotts, Frederic: Kirchen und Politik in Deutschland, Stuttgart 1976.

Stadtmuseum Münster (Hrsg.): Bomben auf Münster. Ausstellung über die Luftangriffe auf Münster im Zweiten Weltkrieg (Katalog), Münster 1983.

Stangl, Bernhard: Staat und Demokratie in der Katholischen Kirche. In: Aus Politik und Zeitgeschichte 46/47 (1987), S. 32-45.

Stasiewski, Bernhard: Die Stellung Karl Joseph Kardinal Schultes zum Nationalsozialismus. In: Wilhelm Corsten u. a.(Hrsg.): Die Kirche und ihre Ämter und Stände, Köln 1960, S. 570-599.

Stasiewski, Bernhard (Bearb.): Akten deutscher Bischöfe über die Lage der Kirche 1933-1945, Bd. I: 1933-1934, Bd. II: 1934-1935, Bd. III: 1935-1936, Mainz 1968/1976/1979 (= Veröffentlichungen der Kommission für Zeitgeschichte, Reihe A: Quellen, Bde. 5, 20, 25).

Stasiewski, Bernhard: Clemens August Graf von Galen. In: Martin Greschat (Hrsg.): Gestalten der Kirchengeschichte, Bd. 10,1: Die neueste Zeit III, Stuttgart 1985, S. 287-301.

Stegmann, Josef: Um Demokratie und Republik. Zur Diskussion im deutschen Katholizismus der Weimarer Zeit. In: Jahrbuch für Christliche Sozialwissenschaften 109 (1969), S. 101-127.

Steinmaus-Pollak, Angelika: Das als Katholische Aktion organisierte Laienapostolat. Geschichte seiner Theorie und seiner kirchenrechtlichen Praxis in Deutschland (= Forschungen zur Kirchenrechtswissenschaft 4).

Stella Matutina (Hrsg.): Zöglinge der Stella Matutina 1856-1906 und Schüler des k.k. Gymnasiums in Feldkirch 1856-1868, Feldkirch 1906.

Stella Matutina (Hrsg.): 75 Jahre Stella Matutina. Festschrift Band III: Stellazeiten und Stellaleben, Feldkirch 1931.

Studien zum Mythus des XX. Jahrhunderts. Amtliche Beilage zum Kirchlichen Amtsblatt, Münster 1934.

Supreme Headquarters Allied Expeditionary Force: Handbook for Military Government in Germany Prior to Defeat or Surrender, 1944.

The Persecution of the Catholic Church in the Third Reich. Facts and Documents translated from the German, London 1942.

Tischleder, Peter: Die Staatslehre Leos XIII., M. Gladbach ³1927.

Uertz, Rudolf: Christentum und Sozialismus in der frühen CDU. Grundlagen und Wirkung der christlich-sozialen Ideen in der Union 1945-1949, Stuttgart 1981.

Ursachen und Folgen. Vom deutschen Zusammenbruch 1918 und 1945 bis zur staatlichen Neuordnung Deutschlands in der Gegenwart. Eine Urkunden- und Dokumentensammlung zur Zeitgeschichte, hrsg. u. bearb. von Herbert Michaelis/Ernst Schraepler, Bde. 9, 11, 24 Berlin o.J.

Utz, Arthur-Fridolin/Groner, Joseph-Fulko (Hrsg.): Aufbau und Entfaltung des gesellschaftlichen Lebens. Soziale Summe Pius' XII., Bd. 2, Freiburg (Schweiz) ²1962.

Valerius, Gerhard: Deutscher Katholizismus und Lamennais, Mainz 1983.

Vallaster, Christoph: Stella Matutina 1856-1979, Bregenz 1985.

Viergutz, Volker: Schöneberg, Berlin 1988 (= Geschichte der Berliner Verwaltungsbezirke, Bd. 5).

Volk, Ludwig: Adolf Kardinal Bertram (1859-1945). In: Katholische Kirche und Nationalsozialismus. Ausgewählte Aufsätze, hrsg. von Dieter Albrecht, Mainz 1987, S.252-263.

Volk, Ludwig: Die Enzyklika „Mit brennender Sorge". Zum hundertsten Geburtstag Kardinal Michael v. Faulhabers am 5. März 1969. In: Stimmen der Zeit 183 (1969), S. 174-194.

Volk, Ludwig (Bearb.): Kirchliche Akten über die Reichskonkordatsverhandlungen 1933, Mainz 1969 (= Veröffentlichungen der Kommission für Zeitgeschichte, Reihe A: Quellen, Bd. 11).

Volk, Ludwig: Das Reichskonkordat vom 20. Juli 1933. Von den Ansätzen in der Weimarer Republik bis zur Ratifizierung am 10. September 1933, Mainz 1972.

Volk, Ludwig (Bearb.): Akten Kardinal Michael von Faulhabers 1917-1945, Bd. I: 1917-1934, Bd. II: 1935-1945, Mainz 1975/1978 (= Veröffentlichungen der Kommission für Zeitgeschichte, Reihe A: Quellen, Bde. 17, 26).

Volk, Ludwig: Clemens August Graf von Galen. Schweigen oder Bekennen? Zum Gewissensentscheid des Bischofs von Münster im Sommer 1941. In: Stimmen der Zeit 194 (1976), S. 219-224.

Volk, Ludwig: Der Heilige Stuhl und Deutschland 1945-1949. In: Anton Rauscher (Hrsg.): Kirche und Katholizismus 1945-1949, München/Paderborn/Wien 1977, S. 53-87.

Volk, Ludwig: Rezension zu Frederic Spotts. Kirchen und Politik in Deutschland, Stuttgart 1976. In: Theologische Revue 73 (1977), S. 232-234.

Volk, Ludwig (Bearb.): Akten deutscher Bischöfe über die Lage der Kirche 1933-1945, Bd. IV: 1936-1939, Bd. V: 1940-1942, Bd. VI: 1943-1945, Mainz 1981/1983/1985 (= Veröffentlichungen der Kommission für Zeitgeschichte, Reihe A: Quellen, Bde. 30, 34, 38).

Volk, Ludwig: Die Enzyklika „Mit brennender Sorge". Zum hundertsten Geburtstag Kardinal Michael von Faulhabers am 5. März 1969. In: Katholische Kirche und Nationalsozialismus. Ausgewählte Aufsätze, hrsg. v. Dieter Albrecht, Mainz 1987, S. 34-55.

Volk, Ludwig: Die Fuldaer Bischofskonferenz von Hitlers Machtergreifung bis zur Enzyklika „Mit brennender Sorge". In: Katholische Kirche und Nationalsozialismus. Ausgewählte Aufsätze, hrsg. v. Dieter Albrecht, Mainz 1987, S. 11-33.

Volk, Ludwig: Die Fuldaer Bischofskonferenz von der Enzyklika „Mit brennender Sorge" bis zum Ende der NS-Herrschaft. In: Katholische Kirche und Nationalsozialismus. Ausgewählte Aufsätze, hrsg. v. Dieter Albrecht, Mainz 1987, S. 56-82.

Volk, Ludwig: Episkopat und Kirchenkampf im Zweiten Weltkrieg. I. Lebensvernichtung und Klostersturm 1939-1941. In: Katholische Kirche und Nationalsozialismus. Ausgewählte Aufsätze, hrsg. v. Dieter Albrecht, Mainz 1987, S. 83-97.

Volk, Ludwig: Episkopat und Kirchenkampf im Zweiten Weltkrieg. II. Judenverfolgung und Zusammenbruch des NS-Staats. In: Katholische Kirche und Nationalsozialismus. Ausgewählte Aufsätze, hrsg. v. Dieter Albrecht, Mainz 1987 S. 98-113.

Volk, Ludwig: Flucht aus der Isolation. Zur „Anschluß"-Kundgebung des österreichischen Episkopats vom 18. März 1938. In: Katholische Kirche und Nationalsozialismus. Ausgewählte Aufsätze, hrsg. v. Dieter Albrecht. Mainz 1987, S. 175-200.

Volk, Ludwig: Kardinal Michael von Faulhaber (1869-1952). In: Katholische Kirche und Nationalsozialismus. Ausgewählte Aufsätze, hrsg. v. Dieter Albrecht, Mainz 1987, S. 201-251.

Volk, Ludwig: Konrad Kardinal von Preysing (1880-1950). In: Katholische Kirche und Nationalsozialismus. Ausgewählte Aufsätze. hrsg. v. Dieter Albrecht, Mainz 1987, S. 264-276.

Volk, Ludwig: Nationalsozialistischer Kirchenkampf und deutscher Episkopat. In: Klaus Gotto/ Konrad Repgen (Hrsg.): Die Katholiken und das Dritte Reich, 3., erw. u. überarb. Aufl., Mainz 1990, S. 49-91.

Wallenberg, Hans: Die neuen Kardinäle. In: Die neue Zeitung. Eine amerikanische Zeitung für die deutsche Bevölkerung v. 4.1.1946.

Weidner, Marcus: Nur Gräber als Spuren. Das Leben und Sterben von Kriegsgefangenen und „Fremdarbeitern" in Münster während der Kriegszeit 1939-1945, Münster 1984.

Weidner, Marcus: Skizzen zur Situation ausländischer Kriegsgefangener und Zwangsarbeiter in Münster nach dem Zusammenbruch der nationalsozialistischen Gewaltherrschaft. In: Hans-Günter Thien/Sabine Preuß u. a. (Hrsg.): Überwältigte Vergangenheit – Erinnerungsscherben: Faschismus und Nachkriegszeit in Münster i. W., Münster 1985, S. 103-119.

Westfälische Geschichte. Festgabe für Anton Eitel, Münster 1947.

Widerstand und Verfolgung in der Stadt Dortmund 1933-1945, Ausstellungskatalog, Dortmund 1981.

Widerstand und Verfolgung in Köln 1933-1945, Ausstellungskatalog des Historischen Archivs der Stadt Köln, Köln 1984.

Wilhelm, Carsten (Hrsg.): Kölner Aktenstücke zur Lage der Katholischen Kirche in Deutschland 1933-1945, Köln 1949.

Willenborg, Paul: 'Wir sind Amboss – Nicht Hammer' – Zur 110. Wiederkehr des Geburtstages von Clemens August Kardinal von Galen. In: Clemens-August-Gymnasium Cloppenburg (Hrsg.): 1914-1989 Clemens-August-Gymnasium Cloppenburg, Cloppenburg 1989, S. 15-34.

Willenborg, Paul: Clemens August Kardinal von Galen. Zeugnis und Vermächtnis, Cloppenburg 1992 (= Beiträge zur Geschichte des Oldenburger Münsterlandes. Die ‚Blaue Reihe', Hf. 1).

Willenborg, Rudolf: Die Schule muß bedingungslos nationalsozialistisch sein. Erziehung und Unterricht im Dritten Reich, Vechta 1986.

Willenborg, Rudolf: Zur Rezeptionsgeschichte des Kreuzkampfes im Deutschen Reich und im Ausland. In: Joachim Kuropka (Hrsg.): Zur Sache – Das Kreuz! Untersuchungen zur Geschichte des Konflikts um Kreuz und Lutherbild in den Schulen Oldenburgs, zur Wirkungsgeschichte eines Massenprotests und zum Problem nationalsozialistischer Herrschaft in einer agrarisch-katholischen Region, 2., durchges. Aufl., Vechta 1987, S. 332-356.

Wuermeling, Henric L.: Die weiße Liste. Umbruch der politischen Kultur in Deutschland 1945, Berlin/Frankfurt/M./Wien 1981.

Zeender, John K.: The German Catholics and the Presidential Election of 1925. In: The Journal of Modern History 35 (1963), S. 366-381.

Zimmermann-Buhr, Bernhard: Die katholische Kirche und der Nationalsozialismus in den Jahren 1930-1933, Frankfurt 1982.

Abbildungsnachweis

1 Pfarrarchiv St. Katharina in Dinklage

2, 3, 5, 6, 7, 8, 11, 12, 13, 16, 19, 20 Bistumsarchiv Münster

4 Paulus und Liudger. Ein Jahrbuch aus dem Bistum Münster 2 (1948), S. 33

9 Stadtarchiv Münster

10 Privatbesitz Prof. Schröer

14 Heinrich Portmann: Cardinal von Galen, translated, adapted and with an introduction by R.L. Sedgwick, London 1957

15 Pfarrarchiv Liebfrauen – Überwasser, Münster

17, 18 Heimathaus Telgte

21 Arbeitsfolien Religion, Teil 2: Kirchengeschichte, erarb. v. Otto Niederer u. a., Stuttgart/München 1989

Autorenverzeichnis

Christoph Arens, M.A., Journalist, Mitarbeiter der Pressestelle des Bistums Münster

Wilhelm Damberg, Dr. theol., Geschäftsführer der Kommission für kirchliche Zeitgeschichte im Bistum Münster

Barbara Imbusch, Doktorandin an der Freien Universität Berlin (Stipendiatin der Hanns-Seidel-Stiftung)

Bernd Koopmeiners, Realschulkonrektor in Visbek

Joachim Kuropka, Dr. phil., Professor, Institut für Geschichte und historische Landesforschung, Universität Osnabrück – Standort Vechta

Susanne Leschinski, Ass.'in d. L., wiss. Mitarbeiterin, Institut für Geschichte und historische Landesforschung, Universität Osnabrück – Standort Vechta

Joachim Maier, Dr. theol., Studienrat i.H., Pädagogische Hochschule Heidelberg

Klemens-August Recker, Dr. phil., Oberstudienrat, Gymnasium Carolinum in Osnabrück

Gertrud Seelhorst, Realschullehrerin, Ramsloh

Werner Teuber, Realschullehrer, Doktorand an der Universität Osnabrück – Standort Vechta (Stipendiat der Friedrich-Ebert-Stiftung)

Rudolf Willenborg, Realschullehrer, Lehrbeauftragter am Institut für Geschichte und historische Landesforschung, Universität Osnabrück – Standort Vechta

Maria Anna Zumholz, wiss. Mitarbeiterin, Institut für Geschichte und historische Landesforschung, Universität Osnabrück – Standort Vechta